新世纪研究生教学用书 · 会计系列

新高教精品课程系列 大信会计审计丛书

含

MPAcc、MAud

及MBA、EMBA财会方向

U0791954

商业伦理与会计职业道德

BUSINESS ETHICS AND PROFESSIONAL ETHICS FOR ACCOUNTANTS

（第五版）

叶陈刚 郑忠良 钟廷勇 主 编

东北财经大学出版社

Dongbei University of Finance & Economics Press

大 连

图书在版编目（CIP）数据

商业伦理与会计职业道德 / 叶陈刚，郑忠良，钟廷勇主编．—5版．—大连：东北财经大学出版社，2023.7（2024.4重印）
（新世纪研究生教学用书·会计系列）
ISBN 978-7-5654-4910-9

Ⅰ．商…　Ⅱ．①叶…②郑…③钟…　Ⅲ．①商业道德-研究生-教材②会计人员-职业道德-研究生-教材　Ⅳ．①F718②F233

中国国家版本馆CIP数据核字（2023）第134263号

东北财经大学出版社出版
（大连市黑石礁尖山街217号　邮政编码　116025）
网　址：http://www.dufep.cn
读者信箱：dufep@dufe.edu.cn
大连天骄彩色印刷有限公司印刷　东北财经大学出版社发行
幅面尺寸：185mm×260mm　字数：593千字　印张：24.75
2023年7月第5版　2024年4月第2次印刷
责任编辑：吴　茜　责任校对：王　莹
封面设计：张智波　版式设计：原　皓
定价：59.00元

教学支持　售后服务　联系电话：（0411）84710309

如有印装质量问题，请联系营销部：（0411）84710711

第五版前言

中国特色社会主义进入新时代，现代国家建设和社会综合治理需要法律和道德共同发挥作用。既重视发挥法律的规范作用，又重视发挥道德的教化作用，以法治体现道德理念、强化法律对道德建设的促进作用，以道德滋养法治精神、强化道德对法治文化的支撑作用，实现法律和道德相辅相成、法治和德治相得益彰，“坚持依法治国和以德治国相结合，把社会主义核心价值观融入法治建设、融入社会发展、融入日常生活”[①]，构建美丽强大中国，以中国式现代化推进中华民族伟大复兴。

中国古代先贤曾提出“道者，路也；德者，得也”的精妙论断，说明“道”即“路”，而“德”与“得”在本质上是相通的，这也从源头上解释了“为什么人与人不一样”，特别是“为什么每个人生来就不一样”的哲学难题。万世师表孔子在四书五经之首的《大学》中提出了人生“德者本也，财者末也”的著名论断，进而在《孝经》中告诫曾子与后人“夫孝，德之本也，教之所由生也……身体发肤，受之父母，不敢毁伤，孝之始也。立身行道，扬名于后世，以显父母，孝之终也……故不爱其亲而爱他人者，谓之悖德；不敬其亲而敬他人者，谓之悖礼……孝悌之至，通于神明，光于四海，无所不通”。教育的“教”字分拆看，左边是“孝”字，右边是“文”字，传递孝道的文化才是教育的本质。

18世纪，以《国富论》闻名天下的英国经济学代表人物亚当·斯密（Adam Smith，1723—1790），在其倾注了人生大部分心血的名著《道德情操论》中向世人强调，“人在追求自身物质利益的同时要受道德观念的约束，不可伤害他人，而要帮助他人，人既要‘利己’也要‘利他’，道德与正义对于社会乃至于市场经济的运行至关重要”，并告诫我们“自爱、自律、劳动习惯、诚实、公平、正义感、勇气、谦逊、公共精神以及公共道德规范等，所有这些都是人们在前往市场之前就必须拥有的”[②]。

19世纪西方思想家傅立叶（Fourier）明确指出，伦理协作是普遍的完善，在经营制度上有极其光辉的一面。他把物质利益与情感的平衡视为善与美、有益与愉快的关系[③]。西方国家数百年市场经济发展历史表明，商业伦理道德对市场经济的健康运行具有重要意义。因为诚信与道德是市场经济和企业发展的基石，所以，企业违反诚信规则无异于饮鸩止渴，不仅会毁了自己，还会危害社会。

市场经济体系按照价值规律与等价交换原则推动生产要素流动，将社会资源优化配置

① 习近平. 高举中国特色社会主义伟大旗帜 为全面建设社会主义现代化国家而团结奋斗——在中国共产党第二十次全国代表大会上的报告［R］.2022-10-16.

② 斯密. 道德情操论［M］. 韩巍，译. 北京：西苑出版社，2005.

③ 宋希仁. 西方伦理思想史［M］. 北京：中国人民大学出版社，2004.

到效益好的项目上去，给企业以巨大压力和内外部动力实行优胜劣汰，然而市场经济体系是否有效运作有其前提条件。美国学者大卫·J.佛里彻（David J.Fritzsche）发现了至少三个条件：一是拥有支配私有财产的权力；二是拥有买卖产品和服务的平等自由选择权；三是能获得与这些产品和服务相关的准确信息。美国学者理查德·比特纳（Richard Bitner）在其著作的导读中指出，美国的次贷市场真是一个缺失“上帝之城”秩序的“地狱之城”，“次贷市场的很多经纪商是骗子、流氓、无赖、妓女、恶棍，他们形成了混乱的交易网，反映了交易背后的利益勾结，造成美国次贷危机的真相就是贪婪、欺诈和无知”[①]。

党的二十大报告明确提出：“坚持和发展马克思主义，必须同中国具体实际相结合。”“坚持和发展马克思主义，必须同中华优秀传统文化相结合。只有植根本国、本民族历史文化沃土，马克思主义真理之树才能根深叶茂。中华优秀传统文化源远流长、博大精深，是中华文明的智慧结晶，其中蕴含的天下为公、民为邦本、为政以德、革故鼎新、任人唯贤、天人合一、自强不息、厚德载物、讲信修睦、亲仁善邻等，是中国人民在长期生产生活中积累的宇宙观、天下观、社会观、道德观的重要体现，同科学社会主义价值观主张具有高度契合性。”

为了全面适应我国会计专业学位研究生开展“商业伦理与会计职业道德”必修课程教育的需要，加强商业伦理与会计职业道德建设，必须进行相关方面的理论研究和实践分析。然而，长期以来，我国学者对这一领域关注不够，研究不多，著述较少。我们撰写本书正是为改变这一局面所做的努力。我们于2004年出版了本书的第一版，2023年完成第五版的修订工作。本书主要面向高等学校经济、管理、法律、会计、审计专业硕士研究生与会计、审计、财务管理专业高年级学生。

2018—2019年，全国会计专业学位研究生教育指导委员会秘书处在大规模问卷调查、实地调研访谈和征集培养单位意见的基础上，开展了“面向未来 提升能力 深化MPAcc教育改革研究”，在此基础上，对原有培养方案进行修订，形成“会计硕士专业学位研究生参考性培养方案（2019年）”。为了使MPAcc学生树立良好的职业道德，提高会计职业道德水平，在原有财务会计、财务管理、审计、管理会计四门专业必修课的基础上，增加“商业伦理与会计职业道德”课程，从而将专业必修课增加至五门。基于同样考虑，2018年教育部高等学校会计学专业教学指导分委员会把“会计职业道德”列为本科会计学专业教育核心必修课程。由此，商业伦理与企业社会责任及会计职业道德教育开启新篇章。所以，修订出版《商业伦理与会计职业道德》教材，实属必要，非常及时，很有出版价值与时代教育意义。

《商业伦理与会计职业道德》（第五版）全面阐述了商业伦理与会计职业道德的思想体系、理论框架与实践方法。全书综合运用经济学、管理学、信息经济学、制度经济学、行为科学、经济法学、社会学、系统论、博弈论和伦理学以及心理学理论、思想与方法，采用实践研究与规范研究相统一、定量分析与定性论述相结合的写作特色，在查阅与研究中外大量文献资料的基础上，结合国内外社会经济生活中典型的诚信缺失情况和突出的商业伦理问题，提出了一系列独到、新颖的观点，构建了商业伦理与会计职业道德理论及应用体系。本书具有重要的理论、现实意义与应用价值。

---

① 比特纳．贪婪、欺诈和无知——美国次贷危机真相［M］．覃扬眉，丁颖颖，译．北京：中信出版社，2008.

本书在编写过程中力求体现以下特点：

1.实践性强，数据翔实。本书提出，伦理经济并非从属于法治经济，伦理经济与法治经济同等重要，从而重新诠释了伦理革命的地位，强调商业伦理者必须做出伦理领导和伦理决策，从而前瞻性地预测伦理革命是一次伟大的管理变革。本书基于我国“会计人员职业道德”问卷调查结果，提出我国会计职业道德规范体系设计，阐述商业伦理与会计职业道德机制。

2.资料丰富，信息量大。本书在收集大量资料的基础上，采用案例研究法，介绍华为、山西天元集团、宁波方太公司、广东泰威公司、苏州固锝公司、立信、大信会计师事务所等成功案例，解剖同仁堂、瑞幸咖啡、同济堂、康美药业及康得新与瑞华等公司财务造假案。本书还提供了中外会计职业道德与潘序伦倡导立信会计职业道德思想等历史资料。这些都将极大地丰富了本书的阅读信息量，从而为本书的理论阐述提供大量佐证。

3.体系完备，便于应用。本书上篇探讨商业伦理道德基础理论、商业伦理判断与道德决策流程，重点论述商业伦理判断与道德决策、商业伦理道德原则、企业内部管理道德规范、企业对外经营道德规范、企业信用管理道德规范；下篇解读中外会计职业道德历史演进、单位负责人与公民会计道德规范、会计职业道德规范、注册会计师职业道德规范、会计假账与财务舞弊道德对策、会计职业道德机制与法治协调、会计职业道德实践与境界升华。笔者密切联系中国政策动态，提出商业伦理实践者必须借助伦理道德建立强有力的自律机制与他律机制，伦理道德必须与法律法规相配合，以提高企业经营管理水平。

4.版式活泼，易于教学。本书在内容安排、体例设计、写作方法等方面匠心独运。使用本书，可采取弹性的教学内容与学时安排，便于教师根据不同情况授课。结合经济、管理、法律等专业教学特点，每章都配以经典警句、学习目的与要求、导言、关键概念、复习思考题与案例分析题，便于组织课堂讨论，培养学生解决实际伦理道德问题的能力。

本书是国家社会科学基金重点项目（13AZD002）、世界银行委托财政部招标课题研究项目（2018）研究成果。本书由对外经济贸易大学博士生导师、西京学院会计学院教授叶陈刚博士（执笔第1章）、中国农业大学经济管理学院会计系主任郑忠良教授（执笔第2章）与重庆工商大学会计学院副院长钟廷勇教授（执笔第3章）担任主编，全面设计篇章架构；由上海财经大学期刊社《外国经济与管理》编辑部副主任王孜博士（执笔第4章）、宁波大学商学院会计系副教授徐荣华博士（执笔第5章）、湖北经济学院会计学院审计系主任徐伟副教授（执笔第6章）、山西财经大学会计学院王玉兰教授（执笔第7章）担任副主编；参加本书撰写的还有对外经济贸易大学国际商学院孙歆惠与刘怡然博士（执笔第8章）、北京工商大学商学院李金甜博士（执笔第9章）、东北大学秦皇岛分校裘丽博士（执笔第10章）、北方工业大学经济管理学院会计系副教授刘桂春博士（执笔第11章）、北京第二外国语学院国际商学院会计系副教授武剑锋博士（执笔第12章）、吉林财经大学会计学院副教授王海菲博士（执笔第13章）。

本书适用于普通高等院校管理类、经济类、社会类、法律类等专业本科生以及工商管理专业硕士（MBA）、会计专业硕士（MPAcc）与审计专业硕士（MAud）等学习商业伦理与会计职业道德课程，也可供管理、经济与法律在职人士学习和参考。

我们对本书所引资料的各位作者表示感谢。同时，真诚感谢长期以来关心、帮助和支持作者学习、工作与生活的各位老师、领导、亲人、朋友、同事和同学们。感谢东北财经大学出版社为本书出版所做的工作。

我们的目标是编写一本高水平的《商业伦理与会计职业道德》，为培养面向21世纪的新型人才发挥积极作用。但由于本书选题属于现代管理学科前沿课题，可供借鉴与参考的资料有限以及受我们的水平所限，撰写难度较大，加之时间较紧，书中难免存在不妥与疏漏之处，衷心地希望能够得到学界同仁、实务界的朋友以及广大读者的批评指正，以期在今后的教学实践与教材修订中不断提高与完善。

叶陈刚

2023年4月25日于北京馨港庄园

目　录

上　篇　商业伦理判断与道德规范体系

第一章　绪　论　⇨2
【经典警句】　/2
【学习目的与要求】　/2
【导言】充分发挥道德模范的榜样示范作用——习近平总书记会见全国道德模范及提名奖获得者　/2
第一节　提升商业伦理与会计职业道德水准　/4
第二节　道德、社会公德与社会主义核心价值观　/13
第三节　职业道德与会计职业道德　/17
第四节　商业伦理的内容与任务　/24
第五节　研究商业道德新学科：商业伦理学　/28
【关键概念】　/33
【复习思考题】　/33
【案例分析题】同仁堂最贵重的一味药，或许是诚信　/33
第二章　商业伦理判断与道德决策　⇨35
【经典警句】　/35
【学习目的与要求】　/35
【导言】充分发挥社会信用体系支撑新发展格局的重要作用　/36
第一节　道德滑坡与囚徒困境　/36
第二节　道德风险与逆向选择　/41
第三节　商业伦理判断及其影响因素　/47
第四节　商业伦理道德决策模型与步骤　/52
【关键概念】　/57
【复习思考题】　/57
【案例分析题】山西天元集团“助人成功”，更要“助人成长”　/57
第三章　商业伦理道德原则　⇨60
【经典警句】　/60
【学习目的与要求】　/60
【导言】从传统儒家思想到新儒商精神　/61

第一节 集体主义原则：打造优秀团队 /62
第二节 诚实守信原则：企业经营之灵魂 /66
第三节 义利统一原则：现代企业强大之源泉 /70
第四节 公平与效率兼顾原则：企业和谐发展之根本 /73
第五节 公平公正公开公信原则：市场经济基石 /77
【关键概念】 /82
【复习思考题】 /82
【案例分析题】宁波方太公司以道御术 /82
第四章 企业内部管理道德规范 ⇨86
【经典警句】 /86
【学习目的与要求】 /86
【导言】新时代儒商气质 /86
第一节 企业与股东道德规范：投资者是上帝 /89
第二节 董事会与监事会道德规范：勤勉尽责，廉洁监督 /96
第三节 企业经理层道德规范：依法为民，追求卓越 /102
第四节 企业与员工道德规范：员工是上帝 /109
第五节 科技知识产权道德规范：以人为本，尊重人才 /116
【关键概念】 /121
【复习思考题】 /121
【案例分析题】“家文化”造就苏州固锝公司 /122
第五章 企业对外经营道德规范 ⇨124
【经典警句】 /124
【学习目的与要求】 /124
【导言】信守诺言 取信于民 /124
第一节 企业与购销客户道德规范：顾客是上帝 /126
第二节 企业与竞争者道德规范：互惠互利，实现双赢 /134
第三节 互联网道德规范：健康自律，安全他律 /140
第四节 企业相对政府与社会：遵纪守法，足额纳税 /145
第五节 企业慈善公益道德规范：做优秀企业公民 /146
【关键概念】 /149
【复习思考题】 /149
【案例分析题】至诚守信：华为的生命之基 /149
第六章 企业信用管理道德规范 ⇨151
【经典警句】 /151
【学习目的与要求】 /151
【导言】2023年“3•15”主题：用诚信之光照亮消费信心 /151
第一节 契约经济、道德契约与信用机制 /152
第二节 企业信用管理道德要求：履行契约，信守诺言 /157
第三节 企业信用管理模式的比较与选择 /159

第四节 我国企业信用管理体系 /164
【关键概念】 /170
【复习思考题】 /170
【案例分析题】九十年诚信立潮头之继往开来谱新篇——立信会计师事务所90年发展纪实 /170

下 篇 公民会计道德与会计职业道德

第七章 中外会计职业道德历史演进 ⇨174
【经典警句】 /174
【学习目的与要求】 /174
【导言】职业化和信息化：注册会计师行业的双重任务 /175
第一节 我国会计职业道德的历史发展 /176
第二节 我国会计职业道德现实要求 /180
第三节 我国会计人员职业道德规范问卷调查分析 /184
第四节 国际会计职业道德历史演进 /198
第五节 美、英、加、澳会计职业道德沿革 /203
【关键概念】 /212
【复习思考题】 /212
【案例分析题】未尽责审计致大华会计师事务所被处罚 /213
第八章 单位负责人与公民会计道德规范 ⇨214
【经典警句】 /214
【学习目的与要求】 /214
【导言】新时代会计诚信教育探究 /215
第一节 大力开展会计职业道德教育 /216
第二节 重视会计职业，提高会计地位 /219
第三节 尊重会计人员，配合会计工作 /221
第四节 利用会计信息，做好经营决策 /222
第五节 遵守会计法规，强化会计责任 /224
第六节 践行会计诚信，优化会计环境 /232
【关键概念】 /235
【复习思考题】 /235
【案例分析题】康美药业财务造假与正中珠江会计师事务所——虚构财务报告与未勤勉尽责 /235
第九章 会计职业道德规范 ⇨238
【经典警句】 /238
【学习目的与要求】 /238
【导言】财政部关于加强会计人员诚信建设的指导意见 /239
第一节 市场经济对会计职业道德的影响 /240
第二节 会计职业道德核心规范：诚信为本，操守为重 /242

第三节　会计职业道德核心规范：坚持准则，不做假账　/246
第四节　会计职业道德具体规范要求　/250
【关键概念】　/263
【复习思考题】　/263
【案例分析题】宁可辞职　绝不做假：一位上市公司CFO的职业抉择　/263
第十章　注册会计师职业道德规范　⇨267
【经典警句】　/267
【学习目的与要求】　/267
【导言】财政部：加强注册会计师行业诚信建设　/268
第一节　中国注册会计师面临的道德问题及对策　/269
第二节　制度安排：权衡短期利益与长期利益　/272
第三节　诚信为本，操守为重：注册会计师审计基石　/275
第四节　注册会计师职业道德规范要求　/278
【关键概念】　/289
【复习思考题】　/290
【案例分析题】广东泰威公司独特的“天地人和”股权设计　/290
第十一章　会计假账与财务舞弊的道德对策　⇨295
【经典警句】　/295
【学习目的与要求】　/295
【导言】德以治企，教化为先　/296
第一节　利益驱动、信息不对称及会计败德行为　/296
第二节　权钱交易、腐败寻租与会计假账　/301
第三节　上市公司会计假账与财务舞弊的手段　/306
第四节　会计假账与财务舞弊的道德对策　/314
【关键概念】　/319
【复习思考题】　/319
【案例分析题】证监会2019年最新调查牵出瑞华“连环雷”——已连累40多家公司，成中国版安然事件？　/319
第十二章　会计职业道德机制与法治协调　⇨322
【经典警句】　/322
【学习目的与要求】　/322
【导言】中国式现代化既造福中国人民、又促进世界共同发展　/323
第一节　会计职业道德自律与他律的辩证关系　/324
第二节　会计职业道德自律机制　/326
第三节　会计职业道德他律机制　/331
第四节　健全以道德为基础的会计法治建设　/334
第五节　会计德治与会计法治协调机制　/340
【关键概念】　/345
【复习思考题】　/345

【案例分析题】虚增收入超两百亿元的同济堂将摘牌退市　/345
第十三章　会计职业道德实践与境界升华　⇨347
【经典警句】　/347
【学习目的与要求】　/347
【导言】积极履行新时代企业家的社会责任　/348
第一节　会计职业道德行为特征与选择　/349
第二节　会计职业道德的检查与评价　/354
第三节　会计职业道德修养的实践原则与方法　/358
第四节　会计职业道德品质的特征与形成　/362
第五节　会计职业道德境界升华　/365
【关键概念】　/367
【复习思考题】　/367
【案例分析题】大诚于人，信通天下：大信会计师事务所七十载　/367
主要参考文献　⇨370
附录1　关于印发《注册会计师行业诚信建设纲要》的通知　⇨373
附录2　导言、专栏与案例分析题索引　⇨379

上篇

商业伦理判断与道德规范体系

第一章　绪　论
第二章　商业伦理判断与道德决策
第三章　商业伦理道德原则
第四章　企业内部管理道德规范
第五章　企业对外经营道德规范
第六章　企业信用管理道德规范

第一章

绪论

【经典警句】

天行健，君子以自强不息；地势坤，君子以厚德载物。

——《周易·乾·象》

大道之行也，天下为公。选贤与能，讲信修睦，故人不独亲其亲，不独子其子，使老有所终，壮有所用，幼有所长，鳏寡孤独废疾者皆有所养，男有分，女有归。货恶其弃于地也，不必藏于己；力恶其不出于身也，不必为己。是故谋闭而不兴，盗窃乱贼而不作，故外户而不闭，是谓大同。

——孔子《礼运大同篇》

为中国人民谋幸福，为中华民族谋复兴。

——“不忘初心、牢记使命”主题教育

【学习目的与要求】

1. 了解商业伦理道德建设的时代意义；
2. 理解道德、社会公德、职业道德的社会功能；
3. 明确商业伦理与会计职业道德的定义及关系；
4. 把握商业伦理与会计职业道德的构成、功能与基本内容。

【导言】

充分发挥道德模范的榜样示范作用

——习近平总书记会见全国道德模范及提名奖获得者

2021年11月5日上午，习近平总书记在人民大会堂亲切会见第八届全国道德模范及提名奖获得者。这充分体现了党中央和习近平总书记对道德建设的高度重视，对道德模范的诚挚关怀。

2021年是中国共产党成立100周年，也是“十四五”开局之年。本届全国道德模范评选紧紧围绕庆祝中国共产党成立100周年这条主线，聚焦奋斗“十四五”、奋进新征程，结合决胜全面小康、决战脱贫攻坚、抗击新冠肺炎疫情等重大事件，推选出322名候选人。最终，张桂梅等68人获第八届全国道德模范荣誉称号，李增军等254人获第八届全国道德模范提名奖。

这322个名字背后，是一个个不同寻常的故事。积蓄全部用于兴教办学、扶贫济困的云南省丽江华坪女子高级中学校长张桂梅，圆了多少贫困山区女孩的大学梦；重庆市合川区隆兴镇玉河村村民蒋诚在抗美援朝战争中英勇作战，荣立一等功，复员还乡隐于乡野劳作36载，举债带领村民修通致富路，带头发展特色农业；投身中医33年、救治患者无数的广州中医药大学副校长张忠德，一次次站在抗击疫情最前线……

这322个名字背后，是一个个平凡、普通的职业。全国道德模范如星光般耀眼，却离我们并不遥远。他们来自农民、工人、学生、教师、医务工作者、科技工作者等各个群体。他们或助人为乐，或见义勇为，或诚实守信，或敬业奉献，或孝老爱亲，在平凡中迸发崇高的道德风尚。他们润物无声，感染着周围越来越多人见贤思齐。无数平凡的英雄，用数不尽的凡人善举，让人们感受到新时代的温度，从中获取前行的力量。

我国每两年举办一届全国道德模范评选表彰活动。截至目前，共评出476名全国道德模范和1 994名提名奖获得者。这些模范人物是社会主义道德的践行者、民族精神和时代精神的引领者、中国特色社会主义事业的奋斗者，他们的先进事迹和高尚品质生动诠释了社会主义核心价值观的丰富内涵，集中体现了思想道德建设的丰硕成果，充分彰显了奋斗新时代、奋进新征程的精神风貌，具有鲜明的典型性示范性和引领力感召力。

无论是全国道德模范，还是身边好人，他们的诞生，离不开崇德、重德的土壤，离不开中华优秀传统文化和社会主义先进文化的滋养。党的十八大以来，习近平总书记就加强道德建设做出一系列重要论述，深刻阐明了加强新时代道德建设的方向性、根本性问题。习近平总书记强调，“全国道德模范体现了热爱祖国、奉献人民的家国情怀，自强不息、砥砺前行的奋斗精神，积极进取、崇德向善的高尚情操。”国无德不兴，人无德不立。2019年，《新时代公民道德建设实施纲要》印发实施，推动全民道德素质和社会文明程度向着新高度发展。事实证明，只要我们坚定道德追求，充分发挥道德模范的榜样示范作用，不断激发全社会向上向善的正能量，必定为中国特色社会主义事业乘风破浪、阔步前行提供不竭的精神力量。

资料来源：尹婕．充分发挥道德模范的榜样示范作用［N］．人民日报（海外版），2021-11-06.

“以德治国”和“依法治国”相结合的治国方略，是在全面而深刻地总结古今中外治国经验的基础上得出的科学结论，是对建设中国特色社会主义市场经济规律性认识的升华。2014年10月党的十八届四中全会通过《中共中央关于全面推进依法治国若干重大问题的决定》，明确提出扎实推进社会主义法治国家建设，必须坚持依法治国和以德治国相结合的原则。

随着社会主义市场经济健康发展，在现代企业管理中，商业伦理与会计职业道德显得越来越重要，发挥着越来越大的作用，成为提高企业整体绩效的影响因素。一般认为，市场经济在不同的时代、不同的国家与不同的社会制度中各有其特色。不过，有两个特点是非常相似的，即市场优化配置资源与企业自主经营性。这两个共同特点又是以人类共同的伦理价值观，如诚信与公平等为基础的，商业伦理存在于市场经济体系的发展过程之中。

● 第一节　提升商业伦理与会计职业道德水准

一、商业伦理在市场经济及其主体中的重要性

（一）强调伦理道德，发展市场经济

1. 市场经济从本质上说是伦理道德经济

市场经济是竞争经济、法治经济，更是伦理道德经济。首先，市场经济体现为竞争经济，竞争的规则是公开、公平、公正，用以规范竞争者的行为活动。其次，市场经济体现为法治经济，通过对各种市场行为的立法、执法来规范市场秩序，采用法律约束控制竞争者的行为。最后，市场经济体现为伦理道德经济，依靠诚实、守信、义务、良心、荣誉、节操、人格与责任等道德范畴来建立相互交往的友好关系，以确保社会成员的行为合法、合情、合理。

2. 弘扬儒商理念

党的十六届三中全会通过的《中共中央关于完善社会主义市场经济体制若干问题的决定》指出："形成以道德为支撑、产权为基础、法律为保障的社会信用制度，是建设现代市场体系的必要条件，也是规范市场经济秩序的治本之策。"2018年10月26日修订发布的《中华人民共和国公司法》（以下简称公司法）第五条明确要求："公司从事经营活动，必须遵守法律、行政法规，遵守社会公德、商业道德，诚实守信，接受政府和社会公众的监督，承担社会责任。"弘扬"仁义礼智信，信内求财；温良恭俭让，让中取利"的儒商理念，完善法治约束并从严从快惩戒，方能提升商业伦理道德水准，打造公司治理与商业诚信文化，扎实有效地搞好全社会思想道德建设，敦促企业切实履行社会责任，促进市场经济发展，在建设和谐社会进程和履行大国责任中发挥积极作用，为实现中华民族伟大复兴的中国梦创造文化条件。

3. 弘扬社会主义核心价值观

国家兴亡，匹夫有责。2001年9月，中共中央颁布的《公民道德建设实施纲要》提出了"爱国守法、明礼诚信、团结友善、勤俭自强、敬业奉献"的公民基本道德规范。2019年10月，中共中央、国务院印发的《新时代公民道德建设实施纲要》指出，"在全社会大力弘扬社会主义核心价值观，积极倡导富强民主文明和谐、自由平等公正法治、爱国敬业诚信友善，全面推进社会公德、职业道德、家庭美德、个人品德建设"。不断深化和拓展公民道德建设规范，对于弘扬民族精神和时代精神、形成良好的社会道德风尚，具有十分重要的意义。

（二）依托伦理道德，确保市场效用

1. 市场经济的"双刃剑"效应

市场经济在推动社会经济发展方面发挥着巨大的正效应，但也有其天然的负效应。例如，市场经济的竞争原则及适度投机行为的合法性会刺激一些人的投机心理和不正当竞争行为；市场经济的等价交换原则会不自觉地渗透到人际关系之中，渗透到政治生活和行政行为中；市场经济的价值取向在讲效益、讲盈利、讲激励时，也很容易滋生极端利己主义思想和自私行为，对爱国主义、社会主义和集体主义思想产生强大冲击。

2. 在经济管理中崇尚伦理道德是正确的世界性发展趋势

尽管市场经济这把“双刃剑”同时发挥着正负两方面的巨大作用，但更为关键的是，市场经济主体如何把握和发挥伦理道德与责任的调节作用，以推动市场经济持续、稳定、协调发展。“西方主要国家的市场经济发展了这么多年，遇到了不少问题，付出了沉重的代价，最终总结出一个规律：发展市场经济必须加强伦理教育”；“我国企业的社会责任问题也开始引起人们的关注，如欺行霸市、弄虚作假、制造伪劣产品、污染环境等，企业应负社会责任逐渐成为人们的共识”①。在经济管理中崇尚伦理道德是正确的世界性发展趋势。

3. 合乎伦理道德的企业行为是市场体系有效运作的现实基础

在市场经济中，如果买卖双方不能自由交换，或是提供的产品和服务信息不准确，那么人们就可能错误地选择某些劣质的产品和服务，而市场体系又是按销售量来配置资源的，这样资源将会流向那些低劣的领域，使市场体系优化资源配置的运作失去效用，从而导致“优不胜、劣不汰”。那么，始作俑者就是企业经营过程中种种不合伦理的行为。

如果轻视企业伦理与社会责任的约束，就可能导致市场经济的运行极不规范，企业之间竞争不公平甚至迷失方向，进而演变成“官商权力经济”“虚假欺骗经济”“贿赂垄断经济”，而那些循规蹈矩、合法经营的企业则难以发展壮大。因此，合乎伦理道德的企业行为是市场体系有效运作的现实基础。

二、东西方社会迎来伦理道德教育与实践的新时代

（一）崇尚伦理道德，成为东西方经济社会活动一道亮丽的风景线

1. 东西方企业迎来了一个伟大的伦理道德时代

从20世纪60年代开始，社会各界崇尚伦理道德已经成为世界性发展趋势。东西方企业迎来了一个伟大的伦理道德时代。②在全球化进程中，因政治、经济、技术和文化环境变化而出现的新问题，如利益相关者和企业的伦理关系问题、现代企业跨国经营中的伦理问题、信息技术条件下的伦理问题等，越来越引起社会大众的重视。

2. 大力开展商业伦理道德教育，提升商业伦理与会计职业道德水准

我国企业发展的当务之急是要在经营管理和思想认识上强化伦理道德理念，将商业伦理与职业道德作为企业体制改革的重要部分和企业文化建设的重要方面，在组织框架中建立一套行之有效的伦理监督机制，切实提升商业伦理与职业道德水准，增强企业核心竞争力。与此同时，在行业层面大力开展商业伦理道德教育，促使企业承担更多的社会责任，推动企业良性竞争，在正确轨道上健康、持续、协调地发展社会主义市场经济。

（二）先进企业正以管理机制和职务设计推进商业伦理道德建设

1. 许多先进企业内部已逐步建立起严格的商业伦理制度和监督机制

在英国、美国、日本及西欧各国，许多先进企业内部已逐步建立起严格的伦理制度和监督机制，主要表现在：职能、地位、作用向伦理方面侧重，企业战略、决策与道德融合；企业整体、企业高层和员工在企业实践活动中强烈感受到伦理道德的感召力和丰富的社会回报。商业伦理道德的巨大力量以其“秩序与资源”的基本价值向这个时代充分展示出勃勃生机。据有关权威机构的调查研究，世界500强企业的前100强企业中近90%的企

① 张文贤，高伟富．高级财务会计理论与实务［M］．大连：东北财经大学出版社，2005.
② 王学义．企业伦理学［M］．成都：西南财经大学出版社，2004.

业非常重视商业伦理与管理道德，有明确的伦理手册、伦理章程或管理伦理纲要，制定成文的伦理准则来规范员工的行为。

2.不少企业中出现了一种新职位伦理主管：首席道德官

国际企业往往都突破了经营观念中的偏见，把企业目标定位在追求利润与推动社会发展的良性循环上，使企业能够长久、持续、协调生存并且发展壮大。不少企业中还出现了一种新职位：伦理主管（或称首席道德官，Chief Ethics Officer，缩写为CEO）。伦理主管（CEO）与我们常见的首席执行官（Chief Executive Officer，缩写同样为CEO）高度一致，首席执行官首先应该是首席道德官。

经营业绩一直不俗的强生、惠普、波音、IBM等企业，因成功践行商业伦理而受到业界广泛认可。美国微软公司的价值观尤具代表性："正直诚实；对客户、合作伙伴和新技术充满热情；直率地与人相处，尊重他人并且助人为乐；勇于迎接挑战，坚持不懈；严于律己，善于思考，坚持自我提高和完善；对客户、股东、合作伙伴或者其他员工而言，在承诺、结果和质量方面都值得信赖。"

（三）国内外一流商学院重视商业伦理教学并将其作为MBA核心课程之一

1.商业伦理学成为当今国际MBA教学中一门引人注目的课程

1987年，美国证券交易委员会前主席约翰·沙德成为社会公众的焦点人物，他在将2 000万美元捐赠给哈佛商学院时，倡议开设"管理决策与伦理价值"课程。商业伦理学已成为当今国际MBA教学中一门引人注目的课程，全美10所最佳商学院MBA的9门核心课程中就有商业伦理学。国际商学院联合会（The Association to Advance Collegiate Schools of Business，AACSB）在关于商学院为学生提供知识和技能培训的规定中第一条就是要提供履行伦理和法律责任所需的知识和技能培训。

【专栏1-1】　　商业伦理对国家强大和经济有序发展十分重要

哈佛商学院、牛津大学和剑桥大学都把商业伦理管理作为MBA的核心课程，这说明管理学离不开伦理文化，在国内外企业界大力倡导社会责任和全球契约的今天更是如此。商业伦理对国家强大和经济有序发展十分重要，管理学离不开商业伦理。

麻省理工学院（MIT）沙因教授指出，商业伦理的核心是人的价值高于物的价值、共同价值高于个体价值、社会价值高于利润价值。其本质是价值排序、伦理排序，诚信是其灵魂，不诚信则是社会经济无序的根源。

商业伦理，即正确处理商业关系中的道德问题，在企业界大力倡导企业社会责任和全球契约的今天更为重要。作为"亚洲四小龙"之一，韩国的经济发展与青瓦台实施"向顶尖企业学习（TCU）"计划密切相关。青瓦台曾组织三星、现代、LG公司考察世界500强的商业伦理管理和著名大学商学院的商业伦理管理课程，并聘请专家学者点评这些企业案例。联合国前秘书长、企业社会责任及全球契约委员会前主席安南曾指出，企业必须履行企业社会责任。从本质上看，美国的次贷危机是华尔街金融寡头商业伦理泯灭的结果。

布拉格、悉尼、纽约、芝加哥、伦敦、格拉斯哥国际商业伦理论坛都达成了"企业应当重视经济伦理和商业伦理"的共识。

资料来源：刘光明．企业应再造商业价值观［EB/OL］．［2009-05-22］．https：//business.sohu.com/20090522/n264113801.

2.国际一流商学院把商业伦理学相关课程作为MBA核心课程之一

美国90%以上的商学院或管理学院及欧洲的绝大多数大学都开设了商业伦理学、管理与商业伦理道德、商业伦理与企业职业道德等方面的课程。尤其是国际一流商学院纷纷把商业伦理学相关课程作为MBA核心课程之一，如哈佛商学院的“领导和企业社会责任”、宾夕法尼亚大学沃顿商学院的“伦理与责任”、斯坦福大学商学院的“伦理与管理”等课程都被列为MBA必修课。重视商业伦理教学成为世界各地商学院、管理学院培养MBA、EMBA与MPAcc人才的一大特色。

3.中国MBA教育倡导商业伦理教育融入MBA教育全过程

2006年12月，第三届全国MBA教育指导委员会第五次全体会议暨MBA培养学校管理学院院长联席会议发表的《中国MBA教育西湖宣言》指出：“我国MBA教育承担着为中国经济与社会发展培养管理人才的历史使命，在国家现代化建设中扮演着日益重要的角色。我国MBA教育以科学发展观为指导，以推进构建和谐社会为目标，秉持可持续发展的理念，强调管理学院与商学院所应承担的社会责任，并倡导将商业伦理与企业社会责任教育融入MBA教育全过程。”①

2018年9月，第五届全国工商管理专业学位研究生教育指导委员会第八次全体会议在北京召开，决定把“企业伦理”列为MBA核心课程之一，并启动了核心课程教学指南编写工作，这开启了我国商业伦理与企业社会责任作为核心课程教育的新征程。

2019年7月，第十一届全国MBA商业伦理与社会责任教学研讨会在山东大学召开。研讨会结合最新编写完成的教学指南，围绕商业伦理与企业社会责任的教学目的、教学内容和教学方法展开研讨，为全国MBA培养院校从事商业伦理与企业社会责任教学的学者们提供了一个相互学习、交流的平台。研讨会坚持学术研究和实践进展相结合，围绕商业伦理与企业社会责任教学工作的性质和需求，探析企业的管理模式和创新趋势，讨论教学设计、标准和效果，推进师资能力建设。

4.“商业伦理与会计职业道德”和“会计职业道德”教育受到高度重视

早在2003年，首届国务院学位办全国会计专业学位研究生（MPAcc）教育指导委员会就把“商业伦理与会计职业道德”列为会计专业硕士教育五门核心课程之一，本书主编叶陈刚于2004年在东北财经大学出版社出版了《商业伦理与会计职业道德》第一版。随后经历风风雨雨十几年，2018年教育部高等院校会计学专业教学指导分委员会把“会计职业道德”列为大学会计学专业教育核心必修课程之一，2019年MPAcc教育指导委员会又正式把“商业伦理与会计职业道德”列为会计专业硕士教育核心必修课程之一。“商业伦理与会计职业道德”和“会计职业道德”教育受到社会各界、高校内外、广大师生的高度重视。

5.商业伦理与企业社会责任及会计职业道德教育开启新篇章

会计伦理学是一门新兴的交叉学科，形成时间短，学科跨度大，发展还很不成熟。与MBA教学相比，在EMBA教学中开展商业伦理学教学的时间更短，积累的经验更少，面临的问题更多，如何面向EMBA学员有效地开展商业伦理道德与社会责任相关课程的教学，仍需要有志于该学科教学与研究的专家学者不断探索。商业伦理与企业社会责任及会

---

① 全国工商管理硕士教育指导委员会. 工商管理硕士教学大纲［M］. 北京：机械工业出版社，2011：227.

计职业道德逐渐成为我国众多院校MBA、MPA、MPAcc等经济管理类专业硕士教育与大学会计学、审计学、财务管理专业的核心课程，商业伦理与企业社会责任及会计职业道德教育开启了新的篇章。

三、诚信与道德问题突出

（一）诚信缺失与道德滑坡现象凸显

数千年来，我国封建思想残余的影响以及西方思想的侵入，使一些人崇尚金钱万能，企图不劳而获，玩忽职守，损公肥私，危害集体，弄虚作假，导致会计信息严重失真，假账假表泛滥盛行。在西方发达国家，商业界同样存在着明显的"道德滑坡"现象。

（二）道德退化和道德沦丧现象严重

当代社会，人们在享受着高度发达的物质文明时，维系着人类社会行动和社会结构正常运转、发展，秩序与价值规范层面却发生着走向极端的个人主义、享乐主义、虚无主义和非理性主义的剧烈嬗变。计算机网络犯罪、基因编辑等在带来新的道德问题和道德困惑的同时，也使得构成当代社会规范系统重要组成部分的道德领域中产生严重的道德退化和道德沦丧现象，表现在社会、经济、政治、技术、婚姻、家庭等众多方面。

四、大力加强商业伦理与社会责任建设

（一）明确道德标准，发挥能动作用

1.道德行为与败德行为的划分

在现实的社会生活中，每个社会成员的行为都会对他人乃至社会产生一定的影响。这种影响有两种后果：一是有些行为会给他人及社会带来幸福，因而被认为是合乎道德的行为；二是有些行为会给他人及社会带来痛苦和不幸，因而被认为是不道德的行为，即败德行为。道德在这里被作为评价人们行为善恶的标准。

【专栏1-2】 得黄金百斤，不如得季布一诺

秦末有个叫季布的人，一向说话算数，信誉非常高，许多人都同他建立起了深厚的友情。当时甚至流传着这样的谚语："得黄金百斤，不如得季布一诺。"

楚汉相争时，爆发了"成皋之战"。楚霸王项羽命令手下大将季布押解汉王刘邦的父亲太公。项羽对刘邦喊道："你若不急速退兵，我就把你爹用油锅烹了！"刘邦一看，自己年迈苍苍的老父亲被绑在高车上，后面是季布雄赳赳地骑在战马上，楚霸王的兵多得数也数不清，只好说道："我与楚霸王是一起分封的诸侯，互相之间约定为兄弟。因此，我的父亲也就是项王的父亲。项王果真要烹我父亲，那最好就分给我一碗肉吧！"多亏项羽的叔叔项伯在旁边劝说，项羽才没有把刘邦的老父亲放入油锅。

后来刘邦得天下，把父亲太公尊为太上皇。他想起季布押解太公的情景，一股怒火从心中升起，恨得咬牙切齿。他让大臣去查明季布的情况，但谁也不知道季布的下落。于是，他发布了"通缉令"："谁抓到季布就赏给千金，敢于藏匿季布的要诛杀三族（父族、母族、妻族）。"

在季布被悬赏捉拿期间，他旧日的朋友不仅不被重金所惑，而且冒着灭三族的危险来保护他，劝说汝阴侯夏侯婴疏通。作为一个"从谏如流"的君主，刘邦答应夏侯婴撤销"通缉令"，赦免季布，封季布做了"郎中"的官职。

刘邦去世后，汉惠帝即位，惠帝的母亲吕后执掌朝政。季布直言进谏，吕后欣赏季布是诚实的人，升任季布为中郎将——领兵大将。

一个人诚实有信，自然得道多助，能获得大家的尊重和友谊。反过来，如果贪图一时的安逸或小便宜，失信于朋友，表面上是得到了“实惠”，但实际上毁了自己的声誉，而声誉同物质相比是重要得多的。所以，失信于朋友，无异于丢了西瓜捡芝麻，得不偿失。

资料来源：佚名．季布一诺千金［EB/OL］．［2018-08-13］．https：//wenku.baidu.com/view/59fc010f0a1c59eef8c75fbfc77da26924c5966f.html.

2.道德的能动作用

需要指出的是，在社会经济关系对道德产生作用的情况下，道德仍然具有相对独立性。这是因为，在社会发展过程中，道德并不是一种被动的消极因素，而是一种能动的积极因素；道德有特殊的内在要求，并因此有自身发展的历史过程；道德能对其他社会因素（包括经济因素）产生这样或那样的影响。简言之，道德，作为每个公民修身养性、提高素质、规范工作、和谐相处的有效手段，对于社会经济基础及整个社会生活发挥着巨大的能动作用。

（二）加强商业伦理与社会责任建设势在必行

1.建构道德规范体系

面对道德危机的困境，全社会必须引起关注，以诚信增强竞争力。与此同时，我们应该看到，金融业、服务业、加工业、农业等领域面对的竞争实际上是人力资源效率的竞争，而道德建设有助于提高人力资源效率。因此，必须建构道德规范体系，重树良好的社会道德风貌。

2.坚守道德信念

事实上，小到调动人们工作的积极性，大到整个民族的凝聚力，加强商业伦理与社会责任建设都发挥着重大作用。因此，要提高企业员工的道德素质，使他们把企业道德原则、企业道德规范、企业道德范畴与企业文化精髓转化为内在信念，自觉维护国家和人民的利益，培育良好的社会风气。

五、治理商业贿赂，反腐倡廉，纠正企业不正之风

（一）商业贿赂与腐败现象的特征

1.腐败现象及其原因

市场经济是一把“双刃剑”，它对企业领域所进行的反腐败斗争提出了严峻挑战，为治理商业贿赂、营造廉洁风尚带来了重大课题。在“宏观管住管好、微观放开搞活”的改革背景下，国有企业和非国有企业、农村和城市、内陆和沿海、国内经济体制和涉外经济体制、中央和地方、政府与企业之间都存在着明显的差异。在新旧经济体制交替、胶着的状态下，大量的漏洞、摩擦、矛盾和混乱出现，再加上管理制度松散弱化，给腐败现象的滋生以可乘之机。

腐败现象滋生的原因众多，其中之一与公款流失有关，而这些公款大多是经企业员工流入腐败分子手中的。当然，公款流失的主要责任人是单位负责人，但与企业员工屈从于压力、没有坚持原则、迎合领导心意也不无关系。

2.国内外证券市场上市公司典型造假案

从国内外证券市场上市公司典型造假案（见表1-1）可以看出，企业腐败、参与造假的危害巨大。

表1-1 **国内外证券市场上市公司典型造假案**

上市企业	注册会计师/会计师事务所	造假年份	造假手法	造假金额
美国雷曼兄弟公司	安永国际会计师事务所	2007年第四季度，2008年第一、二季度	用“回购105（Repo 105）”或“回购108（Repo 108）”的会计手段粉饰账面	分别隐藏问题资产390亿美元、490亿美元、500亿美元
美国安然公司	安达信国际会计师事务所	1997年至2000年	各类子公司和合伙公司数量超过3 000个，虚夸收入和利润，隐藏债务高达数十亿美元	利用关联交易共虚报盈利5.52亿美元
美国施乐公司	毕马威国际会计师事务所	1997年至2000年	虚报营业收入和税前利润	虚报营业收入和税前利润分别近30亿美元和15亿美元
意大利帕玛拉特公司	均富国际会计师事务所	1988年至2003年	伪造文件虚报银行存款，然后以高估的资产举债；利用关联方和设立投资基金手段转移资金；利用衍生金融工具和复杂的财务交易掩盖负债	15年中帕玛拉特管理层通过伪造会计记录，以虚增资产的方法掩盖负债漏洞累计高达162亿美元
科龙电器	德勤华永会计师事务所	2002年至2004年	利用编制虚假银行收付款凭证、银行存款账簿记录、银行对账单等手段隐瞒资金的转入、转出；伪造企业印章，虚构销售收入；通过少提坏账准备、少计诉讼赔偿编制虚假报表	分别虚增利润1.2亿元、1.14亿元、1.49亿元
金亚科技	广东大华德律会计师事务所	2014年	通过虚构客户、伪造合同、伪造银行单据、伪造材料产品收发记录、隐瞒费用支出等方式虚增利润	金亚科技2014年年度报告合并财务报表共计虚增营业收入73 635 141.10元，虚增营业成本19 253 313.84元，少计销售费用3 685 014.00元，少计管理费用1 320 835.10元，少计财务费用7 952 968.46元，少计营业外收入19 050.00元，少计营业外支出13 173 937.58元，虚增利润总额80 495 532.40元
大智慧	立信会计师事务所	2013年	提前确认收入、延后确认成本支出等	虚增利润1.2亿余元
振隆特产	瑞华会计师事务所	2012年至2014年	以虚增出口销售单价方式虚增利润；通过调节出成率、调低原材料采购单价以及未在账面确认已处理霉变存货损失的方式虚增利润和存货	分别虚增利润1 962.43万元、2 863.19万元、2 790.56万元

续表

上市企业	注册会计师/会计师事务所	造假年份	造假手法	造假金额
万福生科	中磊会计师事务所	2009年至2011年	自编营业收入、营业利润、净利润分别为9.89亿元、1.28亿元及1.21亿元，其真实业绩则仅为5.29亿元、0.13亿元、0.2亿元；隐瞒了2012年上半年停产的事实；自买自卖、虚构客户	累计虚增收入7.4亿元左右，即利润、净利润中分别有90%、84%为造假
长春长生	致同会计师事务所	2018年	未按规定披露问题疫苗不符合标准以及停产和召回的相关信息；披露子公司产品有关情况的公告存在误导性陈述及重大遗漏；未披露被吉林药监局调查的信息；违规披露狂犬疫苗GMP证书失效致主业停产以及该证书重新获取的情况；披露的2015年至2017年年报及内部控制自我评价报告存在虚假记载	
康得新	瑞华会计师事务所	2019年	持续时间长、涉案金额巨大、手段极其恶劣、违法情节特别严重	账面现金150亿元存在虚假，虚增利润119亿元
康美药业	广东正中珠江会计师事务所	2016年至2018年	康美药业股份有限公司实际控制人、董事长等虚开和篡改增值税发票、伪造银行单据	累计虚增货币资金887亿元，虚增收入275亿元，虚增利润39亿元
獐子岛	大华会计师事务所	2016年至2017年	獐子岛集团股份有限公司（简称獐子岛）少报当年扇贝采捕海域、少计成本，虚增2016年利润；随后将以前年度已经采捕但未结转成本的虚假库存一次性核销，虚减2017年利润，连续两年财务报告严重失实	獐子岛2016年度结转成本时所记载的捕捞区域与捕捞船只实际作业区域存在明显出入，2016年账面结转捕捞面积较实际捕捞面积少13.93万亩，虚减营业成本6 002.99万元。同时，獐子岛未如实将当年年底新底播区域作为既往库存资产核销，虚减营业外支出7 111.78万元

资料来源：美国证券交易委员会网站、中国证券监督管理委员会网站、新浪网及《中国会计报》。

（二）全国正在开展一场前所未有的反腐败斗争

1.坚定不移惩治腐败是全党同志和广大群众的共同愿望

腐败与国家和人民的利益背道而驰。反腐败斗争是一场持久的斗争，人民群众是一切斗争的力量源泉。不敢腐、不能腐、不想腐，是从强力治标到标本兼治、从外在约束到内在自觉的过程，靠的不仅仅是严管，还要有坚定的理想信念。因此，要从根本上消除腐败，有赖于经济体制改革和政治体制改革的进一步深化，有赖于社会主义法治建设的健全运行，有赖于市场经济运行机制的完善，更重要的是要对广大党员干部进行廉洁教育，强化廉洁意识。坚定不移惩治腐败，是我们党有力量的表现，也是全党同志和广大群众的共同愿望。

2.坚持"老虎""苍蝇"一起打

我们党严肃查处一些党员干部，包括高级干部严重违纪问题的坚定决心和鲜明态度，向全党全社会表明，我们所说的不论什么人，不论其职务多高，只要触犯了党纪国法，都要受到严肃追究和严厉惩处，绝不是一句空话。从严治党，惩治这一手段决不能放松。要坚持"老虎""苍蝇"一起打，既坚决查处领导干部违纪违法案件，又切实解决发生在群众身边的不正之风和腐败问题。要坚持党纪国法面前没有例外，不管涉及谁，都要一查到底，决不姑息。

3.加强对权力运行的制约和监督，把权力关进制度的笼子里

要继续全面加强惩治和预防腐败体系建设，加强反腐倡廉教育和廉政文化建设，健全权力运行制约和监督体系，加强反腐败国家立法，加强反腐倡廉党内法规制度建设，深化腐败问题多发领域和环节的改革，确保国家机关按照法定权限和程序行使权力。要加强对权力运行的制约和监督，把权力关进制度的笼子里，形成不敢腐的惩戒机制、不能腐的防范机制、不易腐的保障机制。

（三）维护财经制度，遵守财经纪律，杜绝腐败和不正之风

1.加强对一把手的监督，遵纪守法

各级领导干部都要牢记，任何人都没有法律之外的绝对权力，任何人行使权力都必须为人民服务、对人民负责并自觉接受人民监督。要加强对一把手的监督，认真执行民主集中制，健全施政行为公开制度，保证领导干部做到位高不擅权、权重不谋私。

2.外部强制性约束条件"内化"为自觉行动：道德与诚信行为

只有包括企业员工在内的全体工作人员树立廉政观念，才能把外部强制性约束条件"内化"为自觉行动，才能自觉地维护财经制度，遵守财经纪律，有权但不搞特殊化，严于律己，进而从根本上杜绝腐败和不廉洁行为。因此，应当加强企业道德规范建设，倡导用企业道德来规范、指导行为，使全体工作人员逐渐形成责任感和荣誉感，正确地使用权利，忠实地履行义务。

● 第二节 道德、社会公德与社会主义核心价值观

一、道德的内涵及其发展

（一）道德的定义和本质属性

1.道德的定义

在马克思主义伦理学的科学体系中，道德反映了人类社会的一种特殊现象，由一定的社会经济关系所决定，依靠社会舆论、传统习俗和内心信念的约束力量来调整人们之间以及个人与社会之间的行为规范的总和。

道德以善与恶、是与非、正义与邪恶、荣誉与耻辱、诚实与虚伪等概念来评价人们的各种行为，通过各种形式的教育和社会舆论的力量使人们逐步形成正确的思想观念，培养良好的行为习惯。

2.道德的本质属性

从本质上讲，道德是一种由社会经济关系决定的、从属于上层建筑的社会意识形态。马克思曾经指出："物质生活的生产方式制约着整个社会生活、政治生活和精神生活的过程。不是人们的意识决定人们的存在，相反，是人们的社会决定人们的意识"。①

作为社会精神生活之一的道德深深扎根于社会经济生活中，为一定社会的经济基础所决定，并为该社会的上层建筑服务，正如恩格斯所说，"一切以往的道德论归根到底都是当时的社会经济状况的产物"。②

（二）道德的特征

道德作为社会意识形态之一，具有与其他意识形态不同的特点。

1.规范性

人本质上是社会人。人生活在世界上，要与他人、社会发生复杂的关系，人们在社会中的行为，均是在一定的社会关系中进行的。作为行为规范的道德，对人们的思想和言行具有规范性，比如，明确了个人与社会应该建立一种什么样的关系，他对社会需要承担什么义务，在处理与他人的关系时应该遵守哪些原则，应该采取什么样的行动等。

2.非强制性

人与人之间的社会关系非常复杂，除了道德关系外，还有政治关系、法律关系、经济关系等，因此，调整人与人之间的关系，可以采用道德规范、政治规范、法律规范和经济手段。但是道德规范不像政治规范、法律规范和经济手段那样需要由国家和经济部门制定，并由专门机关监督执行，而是依靠社会舆论、传统习俗和人们的内心信念来维持和发挥作用，具有非强制性，是一种内化的特殊调节方式。

3.历史性

就人类历史发展的全过程来说，虽然不同时代的道德体系之间有着相通的地方，但总是与特定的历史阶段相适应，是当时社会经济关系的产物，体现出那个时代的社会内容、社会要求和社会特征。

---

① 马克思．政治经济学批判导言//马克思恩格斯选集（第二卷）[M]．北京：人民出版社，1972：82.

② 恩格斯．反杜林论//马克思恩格斯选集（第三卷）[M]．北京：人民出版社，1972：134.

4.全人类性

道德是人类社会特有的现象，是人类有别于其他动物的根本标志之所在。就社会关系来说，不同阶层或对立阶级在道德上依然有着共同点以及相互联系之处，历史上各种类型的道德体系都包含全人类性。

5.社会实践性

道德贯穿于人类社会的始终，遍及社会生活的各个领域。只要有人类社会的存在，就需要道德规范来调整人与人之间的关系。道德是人类把握世界的特殊方式，是人类发展并完善自身的社会实践活动。

6.相对独立性

马克思主义伦理学认为，经济基础是第一性的，道德是第二性的，经济基础决定道德；与此同时，道德同其他社会意识形态一样，一旦形成之后，便具有相对独立性。

道德的相对独立性具有三种表现：一是道德与社会经济基础变化存在不一致的情况；二是道德意识发展和社会经济发展水平不平衡；三是道德有其独立的发展历程，在自身发展过程中呈现出连续性和继承性。

（三）道德的起源与历史发展

1.道德的起源

道德是社会经济状况的产物。历史上曾有一些伦理学家企图脱离人类历史的发展和人们的社会实践去观察和研究道德现象，寻找道德的起源。其观点大致可归纳为四类：其一，认为道德来源于客观精神和上帝及佛、道、神；其二，认为道德来源于人类天性、同情心等；其三，认为道德来源于人的自然本性、感觉欲望；其四，认为道德来源于动物世界。

2.道德的历史发展

道德随着社会经济状况的变化而不断发展。人类社会迄今为止先后经历了原始社会、奴隶社会、封建社会、资本主义社会和社会主义社会等五种社会形态。相应地，道德的发展也分为五种历史类型：原始社会道德、奴隶社会道德、封建社会道德、资本主义社会道德、社会主义社会道德。

二、社会公德的基本要求、建设基础与途径

党的二十大报告明确要求：“提高全社会文明程度。实施公民道德建设工程，弘扬中华传统美德，加强家庭家教家风建设，加强和改进未成年人思想道德建设，推动明大德、守公德、严私德，提高人民道德水准和文明素养。统筹推动文明培育、文明实践、文明创建，推进城乡精神文明建设融合发展，在全社会弘扬劳动精神、奋斗精神、奉献精神、创造精神、勤俭节约精神，培育时代新风新貌。加强国家科普能力建设，深化全民阅读活动。完善志愿服务制度和工作体系。”

（一）社会公德的基本要求：公平与正义

1.社会公德维护人民大众的整体利益

社会公德是全体公民在社会交往和公共生活中应该遵循的行为准则。马克思在1864年提出：“努力做到使私人关系间应该遵循的那种简单的道德和正义的准则，成为各民族之间的关系中的至高无上的准则。”①社会公德之所以重要，是因为它维系着人们之间正

① 马克思．国际工人协会成立宣言//马克思恩格斯选集（第二卷）［M］．北京：人民出版社，1972：135.

常的社会交往以及和睦相处，坚持社会公共生活的安定有序，维护人民大众的整体利益。

2.社会公德与个人私德对立统一

社会公德是与集体、组织、阶层乃至整个社会、民族、国家有关的道德，后者则反映个体在私生活中处理爱情、婚姻、家庭问题的道德以及个人的品德、作风、习惯等。虽然两者有所区别，但并非绝对对立，在一定条件下能相互转化。社会公德产生于人类社会中共同生活的客观需要，人们在社会生活中互相依存，彼此之间存在着共同利益，社会公德就是这种公共利益的反映。

（二）社会公德发展与完善的基础

1.依赖于特定的社会关系

有了人与人、人与集体之间的社会关系，才有可能产生道德。而社会公德的形成，同样依赖于特定的社会关系。坚持马克思主义对人类美好社会的理想，继承发扬中华传统美德，使得引领中国社会发展进步的社会主义道德体系得以形成并发展、完善。

2.依赖于一定的经济形式

农业社会的基本特征表现为封闭、稳定、保守和民众生活单一，农业经济更是自给自足的自然经济，人们的衣食住行自行解决，绝大多数人的生活内容简单，所以，长期以来我国传统道德重人伦、重礼教。如今，面对全面建成小康社会、全面建设社会主义现代化强国的战略任务，不仅要发挥礼序家规、乡规民约的教化作用，更要培育现代社会所需的公共道德、公共社会生活规范。

3.依赖于全体公民养成自觉的社会责任感

在依特权、等级来确定社会角色的等级制度中，民众不具备平等身份，也没有权利可言。这种严重不对等的权利、义务关系造成的后果从表面上看，百姓虽无权利意识，却有很强的义务意识；但实际上，百姓被动履行义务，内心产生的则是对无权利的义务的强烈抵触，权利意识和义务意识都被弱化，对许多事情抱着“事不关己，高高挂起”的态度，社会责任感被削弱。而在倡导自由平等的当今社会，人民群众的主体地位受到尊重，这激发了人们形成善良的道德意愿、道德情感，培育正确的道德判断和道德责任，提高道德实践能力，尤其是自觉实践能力。

三、社会公德的建设途径：培育和践行社会主义核心价值观

社会主义核心价值观是社会主义核心价值体系的内核，体现社会主义核心价值体系的根本性质和基本特征，反映社会主义核心价值体系的丰富内涵和实践要求，是社会主义核心价值体系的高度凝练和集中表达。“富强、民主、文明、和谐，自由、平等、公正、法治，爱国、敬业、诚信、友善”这24个字是社会主义核心价值观的基本内容，为培育和践行社会主义核心价值观提供了基本遵循依据。

中共中央办公厅于2013年12月23日印发了《关于培育和践行社会主义核心价值观的意见》。该意见包括培育和践行社会主义核心价值观的重要意义和指导思想，把培育和践行社会主义核心价值观融入国民教育全过程，把培育和践行社会主义核心价值观落实到经济发展实践和社会治理中，加强社会主义核心价值观宣传教育，开展涵养社会主义核心价值观的实践活动，加强对培育和践行社会主义核心价值观的组织领导。党中央的高度重视和有力部署，为加强社会主义核心价值观教育实践指明了努力方向，提供了重要思路。

党的二十大报告明确提出：“广泛践行社会主义核心价值观。社会主义核心价值观是

凝聚人心、汇聚民力的强大力量。弘扬以伟大建党精神为源头的中国共产党人精神谱系，用好红色资源，深入开展社会主义核心价值观宣传教育，深化爱国主义、集体主义、社会主义教育，着力培养担当民族复兴大任的时代新人。推动理想信念教育常态化制度化，持续抓好党史、新中国史、改革开放史、社会主义发展史宣传教育，引导人民知史爱党、知史爱国，不断坚定中国特色社会主义共同理想。用社会主义核心价值观铸魂育人，完善思想政治工作体系，推进大中小学思想政治教育一体化建设。坚持依法治国和以德治国相结合，把社会主义核心价值观融入法治建设、融入社会发展、融入日常生活。”

1.国家层面的价值目标：富强、民主、文明、和谐

“富强、民主、文明、和谐”是我国社会主义现代化国家的建设目标，也是从价值目标层面对社会主义核心价值观基本理念的凝练，在社会主义核心价值观中居于最高层次，对其他层次的价值理念具有统领作用。

（1）富强即国富民强，是社会主义现代化国家经济建设的应然状态，是中华民族梦寐以求的美好夙愿，也是国家繁荣昌盛、人民幸福安康的物质基础。

（2）民主是人类社会的美好诉求。我们追求的民主是人民民主，其实质和核心是人民当家作主。它是社会主义的生命，也是创造人民美好幸福生活的政治保障。

（3）文明是社会进步的重要标志，也是社会主义现代化国家的重要特征。它是社会主义现代化国家文化建设的应有状态，是对面向现代化、面向世界、面向未来的，民族的、科学的、大众的社会主义文化的概括，是实现中华民族伟大复兴的重要支撑。

（4）和谐是中国传统文化的基本理念，集中体现了学有所教、劳有所得、病有所医、老有所养、住有所居的生动局面。它是社会主义现代化国家在社会建设领域的价值诉求，是经济社会和谐稳定、持续健康发展的重要保证。

2.社会层面的价值取向：自由、平等、公正、法治

“自由、平等、公正、法治”是对美好社会的生动表述，也是从社会层面对社会主义核心价值观基本理念的凝练。它反映了中国特色社会主义的基本属性，是我们党矢志不渝、长期实践的核心价值理念。

（1）自由是指人的意志自由、存在和发展的自由，是人类社会的美好向往，也是马克思主义追求的社会价值目标。

（2）平等指的是公民在法律面前一律平等，其价值取向是不断实现实质平等。它要求尊重和保障人权，人人依法享有平等参与、平等发展的权利。

（3）公正即社会公平和正义，它以人的解放、人的自由平等权利的获得为前提，是国家、社会应然的根本价值理念。

（4）法治是治国理政的基本方式，依法治国是社会主义民主政治的基本要求。它通过法治建设来维护和保障公民的根本利益，是实现自由平等、公平正义的制度保证。

3.个人层面的价值准则：爱国、敬业、诚信、友善

“爱国、敬业、诚信、友善”是公民个人的基本道德规范和价值准则，是从个人层面对社会主义核心价值观基本理念的凝练。它覆盖社会道德生活的各个领域，是公民必须恪守的基本道德准则，也是评价公民道德行为选择的基本价值标准。

（1）爱国是基于个人对祖国依赖关系的深厚情感，也是调节个人与祖国关系的行为准则。它同社会主义紧密结合在一起，要求人们以振兴中华为己任，促进民族团结，维护祖

国统一，自觉报效祖国。

(2) 敬业是对公民职业行为准则的价值评价，要求公民忠于职守，克己奉公，服务人民，服务社会，充分体现了社会主义职业精神。

(3) 诚信即诚实守信，是人类社会千百年传承下来的道德传统，也是社会主义道德建设的重点内容，它强调诚实劳动、信守承诺、诚恳待人。

(4) 友善强调公民之间应互相尊重，互相关心，互相帮助，和睦友好，努力形成社会主义新型人际关系。

● 第三节 职业道德与会计职业道德

一、职业道德的概念与功能

(一) 职业道德的含义

1.职业道德的概念与要求

职业道德，是指在一定的职业生活中所应遵循的具有自身职业特征的道德原则和规范以及分内应做工作的总和。

职业道德规定人们“应该”做什么，“不应该”做什么，“应该”怎样做，“不应该”怎样做。换言之，职业道德是从道义上要求人们在其职业生活中以一定的思想、感情、态度、作风和行为去待人接物，明确工作任务，完成本职工作。

2.职业道德责任与职业工作规范密切相关

何谓职业？职业是指人们在社会生活中所从事的对社会承担一定的职责，并作为自己主要生活来源的具有专门职能的工作。人们的职业生活作为一个历史范畴，并非从来就有，它是社会分工的结果，而职业生活的出现与发展使职业道德的产生成为需要和可能。在此基础上，各职业团体通过其中有代表性的人物的言论和行为示范，逐步建立起各职业人员应遵守的职业道德。职业道德通过公约、守则、条例等形式，促使职工忠于职守，钻研业务，提升技术，完成工作任务，遵守工作秩序，团结协作，推动各项事业的发展。

3.职业道德的推行协调本职业内部和外部社会各方面的关系

职业道德的推行，一方面可以协调本职业与社会各方面的关系，满足社会各方面对本职业的需要，另一方面可以协调本职业内部的相互关系，解决内部矛盾和纠纷，共同完成职业工作，履行职业责任。在我国，职业道德是共产主义道德体系的重要组成部分，是共产主义道德原则与规范在职业行为和职业关系中的特殊表现，同时又受社会公德的约束，体现社会公德的要求。近代西方研究职业道德的学科被称为职业伦理学，包括律师伦理学、教师伦理学、医生伦理学、科学伦理学、管理伦理学。本书研究企业领域中因企业活动的发生所引起的商业伦理与会计职业道德、社会责任及其发展变化的规律，即“商业伦理与会计职业道德”。

(二) 职业道德的特点

职业道德作为职业生活领域特殊行为的调节手段，能够对人们的行为活动产生经常性的、深刻的影响，形成强大的职业道德力量，促进各项事业的发展。具体而言，职业道德具有以下特点：

1.鲜明的行业性

职业道德是人们在其职业活动过程中形成的特殊道德关系的反映。它与职业生活密切相连，具有鲜明的行业特点。各行业都有独特的道德规范、特殊的活动内容和特殊的活动方式。所以，行业性是职业道德最显著的特点。

2.范围的有限性

职业道德的适用范围不是普遍的，而是特殊的、有限的。其约束的对象是一定职业活动的从事者，超出这个范围，对他人行为就不具有道德调节作用。

3.形式的多样性

职业道德在形式上呈现多样性，以规章制度、工作守则、服务公约、公规民约等多种简明适用、生动活泼的形式教育和约束从业者。

4.一定的连续性

由于职业道德和职业劳动、职业要求紧密结合，而世代相传的职业传统使人们的职业道德、职业心理和职业习惯具有稳定性，因此，职业道德具有一定的连续性。

（三）职业道德的社会功能

1.职业道德是形成和改善社会风尚的重要因素

社会风尚是人们精神面貌的综合反映，归根到底是现实社会关系的综合反映。职业道德要求人们在从事职业活动时，把正确认识和处理人与人之间的关系放在重要位置，一方面通过职业活动创造物质财富，另一方面为建设精神文明承担应尽的义务。虽然社会风尚归根到底是由经济关系决定的，但是职业道德对社会风尚的作用也是不容抹杀的。各种职业都有独特的权利和义务，如果人们有高尚的职业道德，能够正确地认识和使用权利，履行义务，能够遵循职业道德规范，那么就可能在从事物质资料生产的同时，形成良好的社会关系和社会风尚；相反，如果人们不遵守职业道德，就可能在从事物质资料生产的同时，不自觉地产生尔虞我诈、制假贩假、不择手段、追逐名利等各种不良社会风尚。

2.职业道德是推动物质文明建设的重要力量

为了建设物质文明，人类社会形成了严密的分工和协作关系，因此，各行各业的分工和协作都直接或间接地影响着物质文明建设。在保证人们自觉做好本职工作，推动社会主义物质文明建设方面，职业道德起着特殊的、重要的作用。职业道德的基本要求是“忠于职守”。当人们确立起相应的职业道德观念，并且转化成信念、良知、义务和荣誉感，形成高尚的思想觉悟和精神境界时，就能比较正确地认识和处理个人与社会、本职业集体与其他职业集体之间的关系，在自己的岗位上尽职尽责地工作。只有这样，国家和民族的物质文明建设才可能硕果累累；相反，如果一个社会、一个国家的公民职业道德观念淡薄或不讲职业道德，不能很好地履行自己的职责，那么国家和民族的物质文明建设就会停滞不前。

3.职业道德可以促使人们自我完善

职业道德是职业生活的指南，对人们的思想和行为产生深刻和经常性的影响。职业道德规定了具体职业的社会责任，指导人们在具体的职业岗位上确立具体的职业生活目标，选择具体的职业生活道路，形成具体的人生观和职业理想，培养具体的职业道德品质。

历史和现实生活告诉人们，一个人能否成才，往往不在于是否有优越的客观条件，而在于是否有高尚的职业道德。有些很有才华的人之所以昙花一现，一个重要的原因是他们不注重职业道德修养；而一些本来资质平凡的人之所以能对人类社会有较大的贡献，其中重要的原因正是他们在职业生活的实践中长期注重职业道德的锤炼。

二、会计职业道德的内涵

（一）会计职业道德的含义及特征

会计职业道德，是会计领域中由会计活动引起的道德现象，以及由此归纳的道德理论的总称，是从事会计工作的人员在履行职责活动中应具备的道德品质。它是调整会计人员与国家之间、会计人员与不同利益相关者之间以及会计人员相互之间的社会关系及社会道德规范的总和，是基本道德规范在会计工作中的具体体现。它既是会计工作要遵守的行为规范和行为准则，也是衡量一个会计工作者工作好坏的标准。不难看出，会计职业道德与会计活动或者说与会计行为紧密相联，会计职业道德的特征也必然与会计工作的特征息息相关。我国社会主义初级阶段的会计工作有哪些特征呢？对于这个问题，我们应该分三个层次去认识。

1.会计工作的特征

会计长期存在和发展的历史表明，会计与社会生产有着密切的联系，它是人们对生产活动进行管理的客观需要。从这个角度讲，会计工作具有如下特征：

（1）综合性。会计实质上是对劳动耗费和劳动成果进行的考核和控制，也就是说，从观念上综合各种实物形态运动；同时，会计借助于价值形式，即以货币为主要的计量尺度，对价值运动和使用价值运动进行核算、监督，因而具有高度的综合性。

（2）系统性。会计在时间上先后记录每一项经济业务，在空间上对再生产过程的各个环节进行严格的核算和控制，从而形成一个多层次、多单元、一环扣一环的加工整理过程。以提供财务信息为主的经济信息系统，具有较强的系统性。

（3）广泛性。只要有经济活动的地方，就需要会计。会计涉及社会经济生活的各个方面、各种实体和众多单位，因此，具有广泛性。

（4）效益性。会计工作的产生和发展是由节约劳动时间的客观规律所决定的，其核心是加强经营管理，提高经济效益，是为了以最小的投入实现最大的产出。所以，效益性是会计工作的内在要求和根本目的之所在。

（5）独立性。马克思认为，会计最初是“生产职能的附带部分”，后来随着生产力发展到一定水平，剩余产品出现，会计才“从生产职能中分离出来，成为特殊的、专门委托的当事人的独立的职能”。会计工作具有相对独立性，必须不受外来干预，客观真实地考核价值运动，实现对使用价值运动的控制，从而促进再生产过程经济效益的不断提高。

2.会计信息质量要求

为投资者、债权人、政府及其有关部门和社会公众等财务会计报告使用者提供与企业财务状况、经营成果和现金流量等有关的会计信息，反映企业管理层受托责任履行情况，有助于财务会计报告使用者做出经济决策，是企业组织会计核算、编制财务会计报告的基本目标。换言之，会计信息的有用性，即会计信息对经济决策的有用性，是会计工作的焦点。为了更好地完成会计任务，实现会计目标，有必要研究会计信息质量要求。

（1）会计信息的最高质量要求是“决策有用性”（decision usefulness）。决策有用性体现在信息的相关性和可靠性两个方面。相关性是指与决策有关、具有改变决策能力的特征，凡是相关的信息必须具备预测价值、反馈价值和及时性；而可靠性是指确保会计信息能防止偏差和免于错误，且能忠实反映其意欲反映的现象及质量特征。凡是可靠的会计信息必须具有反映内容的真实性、一定的中立性和多次的可核实性等特点。

（2）会计信息的次要质量要求是可比性、重要性、成本效益原则和可理解性。可比性是指同一企业不同时期发生的相同或者相似的交易或者事项，应当采用一致的会计政策，确保会计信息口径一致、相互可比。财务会计报告所提供的信息还受重要性和成本效益原则的约束。此外，还应提高会计信息的可理解性。会计信息的可理解性是信息质量和信息使用者之间的纽带。可理解性强的会计信息能扩大会计信息使用者的范围，提高会计信息的使用效益。

3.社会主义会计的特征

由于社会再生产过程的两重性，我国会计较西方会计应有如下特征：

（1）先进性。社会主义会计的范围涉及整个社会，强调社会整体利益。我国会计无论在广度上还是深度上，较西方会计都应有较大的变化和新的突破。

（2）政策性。我国会计必须遵守国家法律制度，执行党和国家的方针、路线、政策，依法办理财政、财务收支，维护国家和人民大众的利益，促进国民经济健康发展。

（3）统一性。我国对会计科目、会计报表、账务处理程序、成本管理、工资管理有相对统一的规章制度，每一个单位的会计都应遵照执行，从而有利于整个社会范围的会计信息的处理、收集，满足国民经济宏观管理的需要。

（4）群众性。民主理财是我国会计工作的一项创新，也是党的群众路线这一优良传统在经济管理工作中的具体应用。在我国，人民群众是国家的主人、企业的主人，因此，在生产经营过程中必须依靠群众，从各个方面、各个环节挖掘增产节约、增收节支的潜力，调动广大人民群众建设社会主义的积极性，取得生产经营活动的最佳经济效益。

4.会计职业道德的特征

会计职业道德是从社会与经济生活之内的会计活动中提炼出来的，因而前述会计工作的特征必然会对会计职业道德的特征产生直接影响。会计职业道德的特征具体体现在以下几个方面：

（1）内容的一致性。一方面，社会主义经济制度的基础是生产资料的社会主义公有制，人民是社会的主人，因而，会计工作成为社会经济工作的重要组成部分，会计人员的个人利益、职业利益和社会利益是一致的，会计职业道德成为社会主义社会道德的重要组成部分。另一方面，在社会主义社会，会计人员受国家或集体的委托从事会计工作，其目的是满足社会和人民群众的需要，而会计职业道德要求会计人员敬业爱岗、熟悉法规、依法办事、客观公正、搞好服务、保守秘密，因此，会计工作的目的与会计职业道德对会计人员的行为要求也具有一致性。

（2）法律的约束性。会计职业道德与会计法规有诸多职能上的区别。前者要求会计人员“应该怎么做”，是一种内心的意识和观念；而后者要求会计人员“必须怎样做”，则是一种对禁止性后果的确认，是一种外在的强制力量。应该看到，会计职业道德通过《会计基础工作规范》等规章制度固定下来，从而也含有“必须这样做”的规定性。在会计工作中，如果不按“条例”“规范”等“必须这样做”，虽然算不上违法，但却是违纪，并且在舆论上将受到批评、谴责，而且往往会受到组织上的行政处罚或经济处罚，这就属于对禁止性后果加以追究的范围，从而使会计职业道德亦具有法律的约束性。

（3）一定的连续性。会计职业道德在内容上与会计工作的要求和会计工作实践是紧密结合的。在长期的会计工作中形成了一种比较成熟的职业品质，并且在一段较长的时间内，这些道德的性质和方向会保持不变。例如，任何社会的会计人员都希望自己正直廉洁，这一点很少成为其他职业者的标准。会计人员这种行为方向的稳定性决定了会计职业道德的连续性，具体表现为会计传统、会计习惯和会计风格。正是这种连续性，使会计实现了由低级向高级、由不完善向完善的发展和演进。

（4）广泛的渗透性。从纵向来看，会计职业道德随着会计行为渗透到人类社会的各个发展阶段。由于生产的社会化程度越来越高，因此，对会计行为的管理、控制越来越重要，作为思想意识引导的会计职业道德也就越来越有倡导和推行的必要。从横向来看，会计职业道德渗透到同一历史时期的各个国家和地区，而不管这些国家和地区是社会主义性质，还是资本主义性质。会计职业道德还渗透到工商企业、行政单位、事业团体等各个独立核算单位，对这些单位的会计工作产生重大影响。与此同时，会计职业道德还渗透到每个公民特别是会计人员的头脑中去，形成会计职业道德意识，培养会计职业道德习惯，从而达到规范会计职业道德行为的目的。这表明，会计职业道德有广泛的渗透性。

（5）经济的实践性。与其他道德相比，会计职业道德全面、深入、系统地扎根于社会经济生活最基层的价值运动中去，与社会经济实践活动总是密切地联系在一起。有经济活动的地方，就存在着会计职业道德；会计职业道德起源于经济实践，又作用于经济实践。会计职业道德是保证社会再生产过程有效运行的最有价值、最经济的工具。会计职业道德不必消耗物质材料，不必开展大规模活动，不必花费大量成本，只需武装人们的思想观念，即可潜藏于人们的心灵深处，自发约束自己的言行。

从深层次来看，会计职业道德的终极目的是不断促进社会生产力的发展，实现社会经济实践活动的最佳经济效益。因此，从这个意义上讲，会计职业道德是提高社会经济效益的社会道德。会计职业道德的长久生命力很大程度上就在于会计职业道德具有其他道德所不具备的经济实践性，这也是会计职业道德具有重大社会作用的根本原因。

（二）会计职业道德的职能

在这里，研究会计职业道德的职能是指对会计职业道德的功能和效能所作的历史分析。会计职业道德的职能是多方面的，其中主要有：

1.调节职能

就会计职业道德来说，调节是其基本职能。会计职业道德的调节职能指的是会计职业道德具有纠正人们的会计行为和指导社会经济实践活动的功能。会计职业道德的调节职能以使企业和人们的经济行为实现由“现有”到“应有”的转化为目标。

我国还处在社会主义初级阶段，会计工作中仍然存在着各种复杂的关系，集中表现在会计人员之间、会计人员与其他工作人员之间、会计人员与集体之间的关系上，表现在会计管理部门和基层单位之间、会计工作的负责人和职员之间的关系上。随着对外开放的不断扩大，会计工作的关系更加多样化、复杂化，如中外合资企业中不同利益代表的会计人员之间的关系，经济责任制推行中的责任会计和财务会计之间的关系，现代会计工作的社会化、群众化和个人理财活动的关系，宏观会计管理和微观会计管理的关系，个人在会计改革中的独立思考与集思广益的关系等。上述众多关系中不可避免地会产生各种矛盾，这些矛盾除了依照国家颁布的财经法规解决外，还必须从根本上依靠社会主义社会道德，运用会计职业道德进行调解，从而理顺会计工作中人与人之间的关系，建立正常的工作秩序。

2.导向职能

如上所述，会计领域中客观存在着很多关系和矛盾。为了正确处理会计领域内外的各种关系，合理解决各种矛盾，必须明确正确的方向，接受正确的指导。简言之，就是要有一个好“向导”。在社会经济生活中，会计职业道德就扮演着指导人们会计行为方向的“向导”角色。社会主义会计职业道德可以指导社会公民和会计人员自愿地选择有利于消除各种矛盾、调整相互关系的会计职业道德的行为，避免相互之间矛盾的产生与扩大，解决、缓和已产生的矛盾，改善会计领域内人与人之间、个人与国家之间的关系，促使会计人员协调一致、保质保量、及时地完成会计工作。

同时，会计职业道德通过社会舆论和会计人员的职业道德表现，影响和引导会计科学研究和会计事业发展的方向。会计领域中大量生动的事实表明，高尚的会计职业道德能够促进和影响会计科学研究沿着有利于社会、有利于人民群众利益的方向发展。例如，我国会计泰斗潘序伦先生，出于对中国社会的高度责任感和道德义务，最初选择“人弃我取”的会计职业，依照孔圣人的教诲“民无信不立”，倡导立信会计精神，并身体力行，建立立信会计师事务所，创办立信会计学校，编辑出版立信会计丛书，从而形成了闻名中外的立信会计事业，为中国现代会计科学和会计事业的发展做出了杰出的贡献。

3.教育职能

会计职业道德的教育职能是指会计职业道德通过培育会计职业道德风尚、树立会计职业道德榜样等方式，深刻影响人们的会计职业道德观念和会计职业道德行为，培养人们的会计职业道德习惯和会计职业道德品质。其重大意义在于，会计职业道德的教育职能可以启迪人们的会计职业道德觉悟，培养人们践行会计职业道德行为的自觉性和主动性。

会计职业道德的教育职能与调节职能、导向职能联系在一起，是相互渗透的。会计职业道德在社会生活中要调节、引导人们的会计行为，就必须重视会计职业道德的教育职能，使会计职业道德转化为人们的自觉意识和行为准则。因此，可以说，一方面，会计职业道德的教育职能是导向职能、调节职能的前提和基础；另一方面，会计职业道德教育职能的发挥，是通过对人们的行为进行会计职业道德调节和会计职业道德导向来实现并检验的。只有通过对会计行为的调节、导向和教育，引导人们履行会计职业道德原则和会计职业道德规范，才能培养会计职业道德习惯，锤炼会计职业道德品质。

4.认识职能

会计职业道德的认识职能，指的是能够通过会计职业道德判断、会计职业道德标准和会计职业道德理论等形式，反映会计人员同他人、社会的关系，向人们指明会计人员在与现实世界的价值关系中的取向，提供进行会计职业道德选择的知识。会计职业道德认识所获得的这些知识，通常会转化为人们的内心信念，成为人们在感情上对某种会计职业道德关系和会计职业道德行为必然性的确认。

与其他道德一样，会计职业道德能够通过“评价-命令”的方式推动会计行为从“现有行为”向“应有行为”的转化，把握经济实践活动的客观必然性和历史发展的脉搏。会计职业道德认识职能的直接意义是其能够帮助人们提高对会计、会计学、会计工作、会计地位、会计人员等一系列重大会计问题的认识水平，为践行会计职业道德行为作认识上的准备。

5.促进职能

会计职业道德的促进职能具有两方面含义。一方面，会计职业道德能促使会计行为的实施者（社会公民）和记录分析者（会计人员）从善而行，促使他们的人格不断升华，精神不断完善，而且会计职业道德评价、盛赞以及内心世界的肯定又能加速这一升华的进程，不断塑造一代又一代忠诚尽职的会计卫士。

另一方面，会计职业道德对提高社会道德水准有强大的能量，能产生积极的影响，这主要表现在：

第一，会计职业道德通过会计人员参加各种社会活动直接影响社会道德。这是因为，会计人员确立了社会主义会计职业道德观念，并转化为内心信念、义务感和职业荣誉感，形成共产主义精神境界和思想觉悟。这样，在职业生活和社会生活中就能正确处理个人与个人、个人与社会的关系，自觉约束自己的行为，减少与他人、社会的矛盾冲突，而且能通过道德活动对社会公共生活中的道德行为加以褒奖、肯定，对非道德行为予以揭露、贬斥，从而形成强大的社会舆论，影响社会公共生活，推动社会道德水准不断提高。

第二，会计职业道德通过会计人员与服务对象的接触和联系间接地影响社会道德。会计人员在理财过程中讲究会计职业道德，就可以用高尚的、有利于他人与社会的态度和行为去待人接物、办事处世，以优质服务和严格管理取信于民，在广大人民群众中展现自己的好作风、好风格、好品德。这样一来，直接与会计人员发生工作联系的服务对象就可以从中受到教育和启迪，还会自然而然地将他们高尚的会计职业道德传播到社会中去，促使社会道德水准提高。

第三，会计职业道德可以通过会计人员的家庭生活影响社会道德。会计人员形成高尚的职业道德之后，也会将其优秀品质带入家庭生活，影响家庭生活中的道德，形成尊老爱幼的良好家风。同时，他们也会影响邻里和社会一般人际交往关系，带动公共场所的道德风气，促使人们礼貌待人、和睦相处、遵纪守法、助人为乐，有利于促进社会风气的根本好转。

三、商业伦理与会计职业道德的关系

从以上分析中可以看到，商业伦理与会计职业道德之间既相互联系，又存在区别。

（一）商业伦理与会计职业道德的联系

具体来说，商业伦理与会计职业道德的联系主要体现在以下两个方面：

第一，商业伦理的研究内容包含了会计职业道德的研究内容。商业伦理研究的内容是商业道德。商业道德的内容比较广泛，包括企业内外关系中形成的各种伦理，而会计职业道德研究的内容是关于会计核算、管理、披露等方面的伦理，它包括在商业道德的内容中。同时，会计职业道德的研究需要从会计职业道德规范的建设、会计职业道德评价和会计职业道德品质的塑造入手，也要从制度、企业及其他组织和个人三个方面入手。

第二，商业伦理的一般规范可以指导会计职业道德。商业伦理的一般规范，在会计领域的活动中也可以起到相应的作用，商业伦理需要完成的使命同样也适用于会计职业道德。

（二）商业伦理与会计职业道德的区别

商业伦理与会计职业道德尽管有许多联系，但不能等同。如前所述，二者在研究内容、含义上存在区别。对于商业伦理与会计职业道德的理解，将会对实际工作产生重要的影响。

第四节 商业伦理的内容与任务

20世纪50年代末60年代初，美国出现了一系列企业经营丑闻，包括受贿、规定垄断价格、欺诈交易、环境污染等，公众对此反应强烈，要求政府进行调查。1962年，美国政府发布了《对商业伦理及相应行动的声明》，但是并没有遏制住企业道德沦丧的势头。20世纪70年代初期，美国企业越来越多地卷入非法政治捐款、非法股票交易、行贿受贿、弄虚作假、窃取商业机密等活动，由此引发了大众对商业伦理与企业社会责任问题的关注。

一、商业伦理的含义和范围

商业伦理，又称商业伦理道德或企业道德，是商品经济高度发达的产物，是企业在频繁的商业活动中遇到的社会问题的道德规范与自我约束的总和。

广义的商业伦理包含了相当多的内容，但对于商业伦理的含义和范围的理解存在一定的差异。一项对北京、上海、广州300家企业负责人进行的商业伦理指向的随机抽样调查表明，商业伦理包含的意义首先是职业道德，其次是行业规范、经营哲学、企业文化等（见表1-2）。这表明，虽然人们对商业伦理的认识不一致，但绝大多数人认可职业道德在商业伦理中所起的重要作用。

表1-2 商业伦理包含的意义（多项选择）

项目	样本（个）	百分比（%）
职业道德	218	72.67
行业规范	100	33.33
经营哲学	81	27.00
企业文化	72	24.00
其他	9	3.00

资料来源：苏勇，陈小平. 管理伦理学教学案例精选［M］. 上海：复旦大学出版社，2001：3.

二、商业伦理的主要功能

（一）导向功能

商业伦理对企业的发展会产生多方面的作用。商业伦理是正确处理企业与社会以及生态环境之间关系的指导原则。一个企业成功的关键在于拥有良好的商业伦理，商业伦理具有将自己获取利益的行为与人的协调发展、社会整体利益的进步以及可持续发展等价值导向相协调的功能。商业伦理还有助于企业在社会公众中形成良好的社会形象，扩大社会影响力，从而与其所赖以存在的社会环境和谐相处。

企业的决策是指为企业未来的发展指明方向、确定目标以及企业为实现自身发展所必须采用的方法以及手段的基本决定。在决策中如果缺乏商业伦理，企业就会只追求自身的经济利益，忽视社会利益和环境保护，就会产生严重的外部不经济和生态环境破坏问题。

（二）凝聚功能

商业伦理所具有的凝聚功能在很多方面都有体现。比如，商业伦理有助于企业管理者与员工之间的沟通，使企业决策能够更好地得到贯彻执行。商业伦理还可以调整企业员工的需求和期望，让员工与企业成为亲密无间的命运共同体，从而使员工从内心感受到企业的温暖，进而将自身利益与企业发展紧密联系在一起，为了共同的目标而不懈奋斗。

（三）规范功能

如果想有效实现企业目标，管理者就必须对个别员工的越轨行为进行规范。以前我们较多地强调他律，也就是外在规范，这种规范模式忽视了人的尊严和权利，忽视了人的精神追求和自我实现，这与人的全面发展不协调，具有明显的局限性。与硬性的规章制度相比，软性的商业伦理具有多方面的优越性。

商业伦理可以将规范转变为员工的自我信仰，会让员工按照伦理要求自我约束、自我规范、自我评价。通过商业伦理将行为规范内化，还可以让员工在遵守伦理规范的过程中产生自豪感和满足感。

我国的儒家传统侧重于从管理者的心性上下功夫，重点在于通过管理者自身的规范行为来督促下属的行为。拥有公正、廉洁、进取等良好道德品格的管理者，将有助于其管理权威的提升。

（四）激励功能

管理心理学认为，人们对自身行为的社会意义认识得越清楚，工作就越有勇气和信心。企业管理曾经单纯强调物质激励的有效性，忽视了物质激励的负面效应，其结果导致人们过度追求物质利益以及物欲恶性膨胀。商业伦理为企业员工提供了新的精神追求和人格提升，使员工素质不断提升，并且激发出无穷的精神力量和工作热情，进而取得良好的管理绩效。而且，这种内在的激励作用强大且持久，可以强化人的意志，激励员工不断克服工作中的困难，不断超越过去的工作成绩，有效实现组织目标。

三、商业伦理的研究内容

商业伦理研究商业道德这一特定的社会现象，不仅要研究善恶规范及其作用、形式，而且要研究商业道德规范的建设、商业道德评价和商业道德品质的塑造等。

美国堪萨斯大学教授理查德·T.德·乔治把商业伦理的研究内容划分为三个层次：(1) 对经济制度进行道德评价；(2) 对商业行为进行道德评价；(3) 对个人行为进行道德评价。这种内容划分与广义的商业道德是一致的。我们认为，商业伦理的研究内容的确定应充分考虑商业道德的基本内容。也就是说，商业伦理的研究内容应包含商业道德的所有内容。

（一）按利益关系展开商业伦理的研究内容

在企业与各利益相关者之间的关系中包含着伦理道德问题：

(1) 企业与顾客关系中的伦理道德问题；

(2) 企业与供应商关系中的伦理道德问题；

(3) 企业与竞争者关系中的伦理道德问题；

(4) 企业与政府关系中的伦理道德问题；

（5）企业与社区关系中的伦理道德问题；
（6）企业与环境关系中的伦理道德问题；
（7）企业与所有者关系中的伦理道德问题；
（8）企业与管理者关系中的伦理道德问题；
（9）企业与员工关系中的伦理道德问题等。

（二）按企业职能展开商业伦理的研究内容

企业职能是指企业所要履行的职责，主要包括采购、研发、生产、营销、财务、人事、后勤、管理等。所有这些活动中都存在着伦理道德问题：

（1）材料采购中的伦理道德问题；
（2）产品研发中的伦理道德问题；
（3）生产管理中的伦理道德问题；
（4）市场营销中的伦理道德问题；
（5）财务与会计及审计中的伦理道德问题；
（6）人事招聘中的伦理道德问题；
（7）后勤保障中的伦理道德问题；
（8）经营管理中的伦理道德问题等。

（三）按典型的伦理问题展开商业伦理的研究内容

企业在经营过程中存在着一些典型的伦理问题，商业伦理可以围绕这些问题进行讨论：

（1）产品安全性与不安全性的道德抉择问题；
（2）广告真实性与不真实性的道德抉择问题；
（3）市场正当竞争与不正当竞争的道德抉择问题；
（4）性别歧视、同工不同酬与同股不同价的道德抉择问题；
（5）环境污染与资源节约的道德抉择问题；
（6）回扣与佣金的道德抉择问题；
（7）对企业忠诚与不忠诚的道德抉择问题；
（8）道德经营行为与不道德经营行为的道德抉择问题；
（9）会计假账、财务舞弊与审计失败的道德透视等。

（四）按基本伦理范畴展开商业伦理的研究内容

（1）公正、平等、诚实、自由、守信等是重要的商业伦理范畴；

（2）诚信原则是企业经营活动所要遵守的基本原则，结合企业经营管理实践对其进行讨论也是很有意义的。

四、商业伦理的任务要素

（一）商业伦理规范

商业伦理是从伦理的角度对商业行为的目的性、合理性、义务性等进行的道德规范，是一种规则、标准、惯例或原则，是对企业的经营理念、发展战略、管理制度、伦理道德、职能权限设置等做出决策时所依据的价值观、道德观、准则和方法，是为了建立和维系合理的、和谐的关系而设计的一套企业组织内外人际、群际、环境关系互动与相互承诺的准则。商业伦理规范是一个企业道德诚信规范化的过程，使“企业管理”以“规范”的形式和内容成为企业行为遵循的依据，最终通过制定“商业道德规范”将商业伦理落到实处。

（二）关于商业伦理学任务的两种观点

关于商业伦理学的任务，国外有两种不同的看法：

1.纯理论的观点

理查德·T.德·乔治认为：“商业伦理能够证明不道德的企业行为为什么不道德，并指出取代这种不道德行为的可能选择是什么，但其本身作为一门学科并不使企业和企业中的个人更道德，商业伦理学研究的客观性应得到保证，它不能用于捍卫商业伦理现状，也不能用于对商业伦理现状进行攻击。”

2.纯功利的观点

W.A.弗兰切等人主张：“商业伦理通过激发道德想象、促进道德认识、整合道德与管理、强化道德评价等手段培养企业中个人的道德推理能力，最终达到澄清和化解企业活动中存在的利益冲突的目的。”

我们认为，商业伦理作为指导实践的理论，具有理论指导的实践，仅仅指出什么是道德的，什么是不道德的，或仅仅研究解决企业的不道德行为问题，都未包括商业伦理的全部任务。对商业伦理任务的理解，应结合理论和实践的要求。

（三）商业伦理需要承担的任务

1.描述企业道德现状，提升企业道德水准

了解企业道德的实际状况，比如，哪些企业道德规范遵守得比较好，哪些没有得到遵守；有哪些不道德的现象，其严重程度如何；产生不道德经营行为的原因是什么；企业与哪些利益相关者的关系处理得比较好，与哪些利益相关者的关系处理得比较差；企业经营者的道德素质如何；企业如何扬长避短、抑恶扬善，从而提升企业道德水准等。

2.明确企业道德规范，引导企业健康发展

市场经济条件下的企业是面向市场、自主经营、自负盈亏、自我发展和自我约束的市场竞争主体和法人实体，具有自主性、趋利性、竞争性和平等性等特点。企业与利益相关者的关系逐渐形成并趋于规范，企业经营有其自身的特点，因而，不能照搬一般伦理规范。例如，诚信作为一般伦理规范，在许多商业活动中无疑是我们需要遵守的，但在具体的经营实践中，我们需要区别对待，如企业尚在研制中的新产品的详情、企业计划中的广告策略、企业的成本及其构成等，显然不能公之于众，因此，商业伦理的任务之一是建立一套能充分考虑企业经营特点的道德规范，引导企业健康成长，使企业步入持续、稳定、协调的发展之路。

3.对企业及其成员的行为进行道德评价

运用规范并根据行为的动机和效果来评价企业及其成员行为的善恶，特别是应从理论上对似是而非的问题进行分析，明辨是非。例如，要分析买卖双方自愿的经营行为有没有道德问题，更重要的是证明“正当的行为”为什么是正当的、“不正当的行为”为什么是不正当的。正如威廉和伯瑞所说，“道德规范的有效性并不取决于权威的命令，而是取决于理由的充分性”。

4.探索新颖的、既符合企业道德又能给企业带来利益的经营管理模式

商业伦理不能仅停留在评判现状的层面，更应该具有创造性，并能开阔经营者的视

野。企业的目的是双重的，既要追求利润，又要对社会做出贡献。没有利润，企业不可能生存和发展，但追求利润并不是企业的唯一目标。因此，企业需要设计和提出能促使经营行为既符合企业道德要求又能给企业带来利润的经营目的、经营思想、决策程序、组织结构、报酬制度等。

5.造就“道德的个体”，形成正确的金钱观

造就“道德的个体”是商业伦理的归宿。“道德的个体”，是指其经营行为是善意的、理应做出的、符合道德规范要求的个体。商业伦理要充分发挥企业道德独特的调节作用，充分运用一系列监督、控制、激励等措施，使企业、个人等成为“道德的个体”，摆正义利关系，形成正确的金钱观。

● 第五节　研究商业道德新学科：商业伦理学

商业伦理学是介于伦理学和管理学之间的一门崭新的边缘学科。在伦理学学科体系中，它属于一门具有实用价值的应用伦理学学科；在管理学学科体系中，它处于企业理论的最高层次，是企业实践的精神指南，是研究商业道德的新学科。

社会主义商业伦理学是研究社会主义市场经济体制下企业领域内的商业道德现象及其发展规律的学科，是马克思主义伦理学的重要组成部分。学习和研究商业道德，不仅能够培养企业员工的商业道德品质和商业道德行为，推动企业改革的深入进行，而且对丰富和发展马克思主义伦理学，建设我国社会主义初级阶段的物质文明和精神文明，具有十分重要的现实意义和深远的历史意义。商业伦理学涉及面广，内容丰富，自成体系，结构完整。

一、商业伦理学研究的对象：商业道德

（一）伦理学与道德

伦理学是人类知识体系中最古老而又引人入胜的领域。公元前5世纪至2世纪的古代中国就有“人伦”“道德”“伦类以为理”等说法，并出现了《道德经》《论语》《墨子》《庄子》《孟子》《荀子》等具有丰富伦理思想的著作；秦汉之交，产生了“伦理”的概念，出现了《孝经》《礼记》等伦理著作。但长期以来，中国的伦理学内容与哲学、政治教育结合在一起，直到近代才分化成独立的学科。

在西方荷马时代，德谟克利特和柏拉图开始了伦理道德的研究，公元前4世纪，古希腊哲学家亚里士多德在雅典学院讲授关于道德品性的学问，创造了新名词“ethic”，即伦理学，代表著作有《尼各马可伦理学》等。从此以后，伦理学作为独立的学科在欧洲各国不断发展。

关于伦理学的定义，人们从不同角度做过多种解释和说明。亚里士多德认为伦理学是研究善与善的终极目的即至善的科学。中世纪经院哲学家阿伯拉德认为，伦理学主要是研究心灵的善恶意向的科学。18世纪法国唯物主义者爱尔维修和19世纪德国唯物主义者费尔巴哈都认为，伦理学是“达到幸福的科学”。黑格尔则表示，他的伦理学就是法哲学。边沁和穆勒从功利主义出发，认为伦理学是“求得最大幸福之术”。此外，也有人认为伦理学是“人生理想之术”。

在中国伦理思想史上，中国古代的老子、孔子、孟子、庄子直至近代的康有为、梁启

超、蔡元培等圣人、大师都把研究道德诸问题视为己任。他们有的认为伦理学是关于人性善恶的学问，有的认为是关于天理人伦的学问，有的认为是王霸义利的学问或人生理想的学问。上述很多说法颇有价值，但没有对伦理学定义给出科学的回答。马克思主义伦理学认为，科学的伦理学是通过对道德现象的全面研究，揭示道德关系的矛盾，指出道德的本质、特点、作用及其发展规律的科学。

“道德”二字最初是分开使用的。古人云，“道者，路也”，古人以“道”表示事物发展变化的规则、规律，做人做事的道理和规矩；“德者，得也”，古人把认识了的“道”内得于己，外施于人，称之为“德”。战国末期的荀子将二字连用，他在《荀子·劝学篇》中说：“故学至乎礼而止矣。夫是之谓道德之极。”“道德”一词自此延续下来。在西方古代文化中，“道德”一词起源于拉丁语“摩里斯”，意为风俗和习惯，引申其义，也有规则、规范、行为品质和善恶评价等意义。在当今社会，道德指的是人类生活特有的，由经济关系决定的依靠人们内心信念和特殊社会手段维系的，并以善恶进行评价的原则规范、心理意识和行为活动的总和。

在现实生活中，人们常常把“伦理”“道德”两个概念混用，有时连在一起叫作“伦理道德”，用以说明道德现象。之所以如此，原因之一是作为科学概念，两者有交错的部分：伦理学包含道德规范的内容，与道德有直接联系；而道德本身包含道德思想内容，这便是一种尚未展开的伦理学。但从科学研究的角度讲，二者不能混淆，必须严格区别开来：伦理学是研究道德的科学，而道德则是伦理学研究的对象。在哲学上，人们将研究道德的伦理学称为道德哲学。

（二）商业伦理学的定义

如何定义商业伦理学呢？商业伦理学是一门职业伦理学。但它与人们常说的职业道德有所不同。“职业道德”一般是指以通俗、具体的职业守则、章程、职权条例、岗位责任制等表示的职业行为规范。而商业伦理学不局限于企业领域的职业道德规范，而是用一系列概念定义、规范体系、活动体系等对商业道德的发生、发展及其作用进行系统的理论研究和表述，使之成为论述商业道德问题的理论和学说。简言之，商业伦理学是研究商业道德本质及其发展规律的科学。

应该看到，商业伦理学是管理学和伦理学相结合的一门新兴的边缘科学，同时，还涉及哲学、美学、心理学、社会学等学科的知识，具有综合性。商业伦理学把长期以来企业活动中的道德现象理论化、系统化。它既是企业员工衡量自身道德价值的尺度，又是调节企业员工职业道德行为的科学。

（三）商业道德是商业伦理学的研究对象

商业伦理学有其特殊的研究对象，这就是企业活动中的道德现象及其规律性，即商业道德。商业伦理学通过对企业活动中道德现象的全面研究，科学地揭示商业道德的本质、作用及其发展的客观规律。马克思主义伦理学原理告诉我们，企业活动的道德现象是企业领域内道德关系的具体体现。

道德关系是由经济关系决定的一种个人与个人、个人与集体之间的社会关系，具体体现在企业员工之间、企业员工与其他社会成员之间，以及企业员工与国家、集体、社会之间的特殊的社会关系。恩格斯说过：“人们自觉地或不自觉地，归根到底总是从他们阶级地位所依据的实际关系中——从他们进行生产和交换的经济关系中，吸取自己的道德观念。”[①]这表明，道德关系是随着经济关系的改变而改变的。相对于经济关系，道德关系是第二性的。而道德意识、道德原则、道德规范、道德职责则是人们对道德关系的认识和反映。

反映商业道德的现象多种多样，主要包括商业道德意识现象、商业道德规范现象、商业道德活动现象。商业道德意识现象是指企业员工的道德思想、道德观点和理论体系；商业道德规范现象是指评价和指导企业员工职业道德行为善恶的准则；商业道德活动现象是指企业员工按照一定的道德善恶现象所形成的商业道德评价、商业道德教育、商业道德修养、商业道德行为。这些企业领域的道德现象就是商业伦理学所要研究的主要内容。

（四）商业道德的概念与溯源

什么是商业道德？商业道德就是运用诚信道德观念调整员工在企业活动中所形成的相互关系的行为原则和规范活动的总和。商业道德就其适用范围而言，可分为企业经理职业道德、企业员工职业道德和企业社会道德。前两者是在企业工作人员中间倡导推行的商业行为道德，作为调整企业工作人员行为的准则和规范，是企业工作人员在职业生活中的社会关系的反映；后者则要求不能仅仅将商业道德视为职业道德，而应当把它作为社会道德的一部分，使社会公众与企业相关人员能理解、接受、遵守商业道德，相互监督，形成社会诚信氛围。

商业道德之所以产生、存在、发展，是有其客观原因和主观原因的。一方面，商业诚信行为具有悠久的历史，这是商业道德产生的客观条件。另一方面，在企业实践中，企业员工不可避免地要与各方面发生关系，难免产生这样或那样的矛盾，这个时候就有必要通过商业道德思想、商业道德原则和商业道德规范来解决，并通过道德评价、商业道德教育和商业道德修养去避免各种矛盾的出现。一言以蔽之，商业道德的产生和发展是历史的必然。

【专栏1-3】　以政务诚信建设助力国家治理效能提升

“治国有常，而利民为本。”提升国家治理效能必须坚持以人民为中心的发展思想。加强政务诚信建设，坚持阳光行政，是“以人民为中心”的生动体现，与国家治理效能提升的目标内在契合。立足新发展阶段，各领域治理效能的提升都需要以政务诚信为根基。政务诚信是确保各项政策落地落实的前提条件，是提升各领域制度执行力的必然要求。政务诚信建设是旨在优化治理“软环境”的“元治理”，是提高协同力、公信力、高效性和法治性等国家治理“硬实力”的逻辑前提。

一、以“诚”聚力：政务诚信建设助力构建协同治理网络

推进社会治理重心向基层下移，协同各方，打造共建共治共享的社会治理格局是人民当家作主制度的重要体现，也是新发展阶段推进基层治理现代化的必然要求。协同共治以合作为本质，而良好合作的长效推进必须以信任为基础。政务诚信建设以“诚”聚力，有助于推动公众、企业、社会组织等多主体积极参与社会治理，是多主体合作共治落实、增效的“助推器”。政务诚信建设注重守信践诺的制度建设，是服务重心下移、资源下沉，确保精准化、精细化服务管理真正惠及民众的制度保障，也是技术治理、智慧治理等数字化政务服务治理效能提升的前提。以政务诚信建设引领诚信社会建设，厚植信任资本，形

---

① 恩格斯. 反杜林论//马克思恩格斯选集（第三卷）[M]. 北京：人民出版社，1972：133.

成“信任-合作-共识信任”的信任文化增值链，不仅能有效推动共建共治共享社会治理格局的形成，更是弘扬诚信文化、建设诚信社会、推进社会主义文化强国建设的重要内容。

二、以“诚”取信：政务诚信建设助力夯实政府公信力

“人无信不可，民无信不立，国无信不威。”政务诚信建设以夯实并提升政府公信力为直接目标，通过构建政务诚信的专项督导、横向监督和社会监督的监督网络，健全守信激励、失信惩罚机制，逐步完善信用监测、信用公开、信用修复的全过程治理流程，不仅能推进透明行政、阳光行政的服务型政府建设，更能培育求真务实、专抓实干、公开公正的行政文化，抵制阳奉阴违、形式主义、官僚主义等不正之风。政府公信力是政府与社会合作互动的基础，是政府应对复杂、未知、突发公共问题，防范化解重大风险所倚重的重要治理资源，是实现国家治理效能提升的关键环节。

三、以“信”增效：政务诚信建设助力提升制度运行效率

“经国序民，正其制度。”制度的生命力在于执行，制度执行力是制度有效性的保障。提升制度运行效率包含制度设计、运行、监督等众多环节，是一项长期复杂的系统工程。政务诚信建设通过诚信监测治理、失信责任追究、形成多方合力并举的政务监督与信用约束体系，必然有利于政府良好形象的树立，提高制度政策的权威性。在制度运行层面，政务诚信建设着力规避“上有政策，下有对策”的政策执行偏差，降低制度执行的交易成本，提升制度运行效率。政务诚信作为制度监督的有机组成部分，是保证制度监督取得实效的基础，也是一切制度模式创新取得治理成效的价值前提。

四、以“信”正规：政务诚信建设助力推进法治政府建设

“没有规矩，不成方圆。”法治政府是建设人民满意的服务型政府的重要内容，也是提升国家治理效能的重要保障。政务诚信与法治政府具有相同的理念内核，即对人民所赋予权力的敬畏真诚之心。法治政府内在要求政府诚实守信地行使人民赋予的权力，将诚信贯穿于整个行政活动过程之中，做到言行合一，权责一致；政务诚信治理体系建设也需要在主体、规范、过程等众多方面进行立法保障，政府失信责任追究制度的长效落实也需要严格执法保驾护航。政务诚信是法治政府的构成要素，而法治政府则是政务诚信建设的必然要求。总的来说，政务诚信建设致力从主体、作风、流程、规范等方面营造凝心聚力、风清气正、令行禁止、依法合规的治理“软环境”，助力提升国家治理效能“硬实力”，体现了中国共产党立党为公、执政为民的执政理念，是彰显中国特色社会主义制度优势的重要维度。

资料来源：李艳霞. 以政务诚信建设助力国家治理效能提升［J］. 国家治理，2021（15）：38-39.

二、商业伦理学的研究方法

商业伦理学可以分成两类：一类是规范商业伦理学，即研究“应该或不应该”；另一类是实证商业伦理学，即研究“是或不是”。规范商业伦理学是以一定的价值判断为基础，提出某些标准，作为分析处理管理问题的指南，设定管理理论的前提，作为制定管理政策的依据，并研究如何才能符合这些标准。实证商业伦理学大多是与事实间的客观关系相关的分析，回答“是”什么，是关于客观性的论述。它避开价值判断问题，研究、确认事实本身，探讨管理运行的客观规律与内在逻辑，分析管理变量之间的因果关系，还要对有关现象未来会出现的情况做出分析预测。

在研究商业伦理学时，要把规范分析与实证分析两者结合起来。规范分析要以实证分析为基础，实证分析离不开规范分析的指导。越是具体问题，越需要实证分析；越是带有决策性的问题，越需要规范分析。以企业财务造假为例，实证分析探讨企业财务造假的原因，描述企业财务造假的特点，找出企业财务造假的规律；规范分析探讨企业财务造假行为对社会造成的影响和应采取的对策。这些都是形成企业职业道德活动的客观环境，对商业伦理与企业职业道德产生重大影响。

从商业伦理学研究的内容来说，它关注社会经济生活中的效率与公平、独立与公正、契约与道德、信任与竞争、产权交易、宏观经济政策目标、个人消费行为、个人投资行为、经济增长的代价、合理的经济增长率等，并进而研究它们对商业伦理与企业职业道德的影响，从伦理学角度来探讨经济中的道德问题。又由于商业伦理在一定程度上涉及社会体制，包括政治体制在内，因此，它又可能涉及政治体制改革中的一些问题。实证分析与规范分析的关系如图1-1所示。

实证分析与规范分析 { 实证商业伦理学→对事实客观分析→回答"是"→客观性论述
规范商业伦理学→价值判断→回答"应该是"→主观性叙述 }

图1-1 实证分析与规范分析的关系

商业伦理学研究的方法论主要有：

（一）归纳法与演绎法

与一般社会科学一样，研究商业道德同样需要采用归纳法与演绎法，两者各有千秋，但大多数学者认为：从特殊到一般的归纳法，得出的结论不可能全真，仅仅是一个概率问题，归纳法包含了较大的任意性；从一般到特殊的演绎法，是一种较为科学的方法，但需要设定演绎的前提假设，经验内容越多，越具有可检验性（如图1-2所示）。在分析企业财务造假根源时，通常以演绎法为主，辅之以归纳法。

科学研究方法 { 演绎法→从一般到特殊→理论是否能够容纳或包含更多经验内容
归纳法→从特殊到一般→理论与经验证据是否相匹配 }

图1-2 演绎法与归纳法

（二）问卷调查与统计分析

为紧密联系第一线会计人员工作实际，取得我国会计人员职业道德的第一手资料，发现实施中存在的问题，总结已有经验，为会计职业道德的规范、完善提供理论支持，"中国会计人员职业道德规范研究"课题组（组长为首席专家叶陈刚教授）受财政部会计司委托开展我国会计人员职业道德规范问卷调查，并自2018年8月开始投放在线网络问卷。与此同时，向参加北京、上海、厦门三大国家会计学院的培训学员发放实地调查问卷，共收回2 274份。问卷采取不记名方式，同时，在问卷中声明不追究任何责任，参加答卷人员按诚信原则如实填写自己的想法。相关分析详见第九章。

（三）案例研究法

为了使本书更贴近企业现实状况，作者收集了大量资料，以便开展翔实的案例分析。在阐述系统的商业伦理道德理论的同时辅以正面案例佐证与反面案例剖析。

【关键概念】

社会公德（Social Morality）
职业道德（Professional Ethics）
伦理学（Ethics）
商业伦理（Business Ethics）
会计职业道德（Professional Ethics for Accountants）

【复习思考题】

1.加强商业伦理与会计职业道德建设有何意义？
2.道德、社会公德与职业道德有哪些社会功能？
3.简述商业伦理与会计职业道德的定义及关系。
4.简述商业伦理与会计职业道德的构成、功能与基本内容。

【案例分析题】

同仁堂最贵重的一味药，或许是诚信

一家本该让消费者信任的老字号，却屡屡“翻车”……

老字号同仁堂的“蜂蜜门”事件又有了新处罚。2019年2月19日，国家市场监督管理总局网站披露，决定撤销中国北京同仁堂（集团）有限责任公司中国质量奖称号，收回证书和奖杯。

2018年12月15日，江苏电视台曝光北京同仁堂蜂蜜的生产商盐城金蜂食品科技有限公司涉嫌违规生产食品蜂蜜，将大量过期、临期的蜂蜜回收送入原料库，并存在更改生产日期的问题。

2018年12月16日上午，北京同仁堂蜂业有限公司发布致歉声明，称由于公司现场监管不到位，存在对清理出的蜂蜜未明确标识的问题，但尚未发现这些蜂蜜进入生产用原料库。

同日下午，北京大兴区食药监管部门已前往北京委托方开展调查。

2019年2月11日晚，同仁堂发布多份公告，表示江苏盐城市滨海县市场监管局以及北京市大兴区食药局已经完成相应调查，做出了相应行政处罚。除了被没收违法所得11.17万元以及没收蜂蜜3 300瓶外，还被处以罚款1 408.83万元。

2019年2月12日，北京市纪委、市监委针对北京同仁堂蜂蜜问题启动问责调查，对北京同仁堂集团原党委书记、董事长梅群等3名企业领导干部给予党纪政务处分，要求北京同仁堂集团纪委对相关11名企业干部给予相应党纪政务处分，按照企业管理制度进行职务调整、解除合同及经济处罚。

事实上，过期蜂蜜仅仅解开了同仁堂产品质量问题的冰山一角，《消费者报道》曾多次对其旗下产品进行测评，发现其蜂蜜掺杂糖浆、阿胶产品原料质量较差、燕窝产品几乎

无异于糖水。

2018年12月21日，山东省药品监督管理局发布了关于65批次药品质量抽检不合格的通告，涉及北京同仁堂（600085）（亳州）饮片有限责任公司生产的白矾产品，不合格项目分别是“铵盐”和“铵盐、铁盐”。

同日，北京市医疗保障局网站发布的《关于对北京东苑中医医院等14家定点医药机构违规行为处理决定的通报》显示，同仁堂旗下永泰店、马连洼店存在药品管理混乱，部分中药饮片购销存不一致等问题，被解除基本医疗保险服务协议和追回违规费用。

2018年11月，在山东省药品监督管理局发布的2018年第11期中药饮片质量抽检结果中，北京同仁堂（亳州）饮片有限责任公司生产的53批次中药饮片显示不合格。

而在此前的2016到2017年，同仁堂也曾因销售劣药、炙甘草含量测定项目不合格、翻白草性状不合格、加味左金丸不合格、熟地黄含量测定不合格等原因，频频登上质量检查黑榜。

一家本该让消费者信任的老字号，却屡屡“翻车”。毫无疑问，同仁堂最贵重的一味药，或许是诚信。

资料来源：消费者报道．“同仁堂蜂蜜门”续：最高荣誉被撤，质量丑闻不断［EB/OL］．［2019-02-21］．https：//www.toutiao.com/article/6660370935310189068.

讨论问题：

1.同仁堂的发展历史与目前状况如何？

2.同仁堂被撤回“中国质量奖”对我们有何启示？

第二章

商业伦理判断与道德决策

【经典警句】

道可道，非常道；名可名，非常名。

……

上善若水。水善利万物而不争。

……

道生之，德畜之，物形之，势成之。

是以万物莫不尊道而贵德。

道之尊，德之贵，夫莫之命而常自然。

故道生之，德畜之。

长之、育之、亭之、毒之、养之、覆之。

生而不有，为而不恃，长而不宰，是谓玄德。

——老子《道德经》

是故君子先慎乎德。有德此有人，有人此有土，有土此有财，有财此有用。

——曾子《大学》

国无德不兴，人无德不立。一个民族、一个人能不能把握自己，一个国家、一个社会的文明程度如何、精神风貌怎样，很大程度上取决于其道德标准。

——《人民日报》(2014年2月26日01版)

【学习目的与要求】

1. 了解道德领域中的囚徒困境现象；
2. 明确道德风险和逆向选择的关系以及防范方法；
3. 理解商业伦理道德判断及其影响因素；
4. 掌握商业伦理道德决策的主要模型和步骤。

【导言】

充分发挥社会信用体系支撑新发展格局的重要作用

社会信用体系是社会主义制度显著优势的重要体现。社会信用体系是社会主义市场经济体制的重要组成部分，既体现了社会主义制度的优越性，又同我国社会主义初级阶段发展水平相适应，既有利于激发各类市场主体的活力，解放和发展生产力，又有利于促进公平和效率有机统一，推动全体人民共同富裕。社会信用体系进一步丰富了中国特色社会主义制度体系，进一步提高了我国国家制度和国家治理体系的组织动员能力、统筹协调能力、贯彻执行能力，提高了抵御风险挑战水平和国家治理效能。

社会信用体系是数字经济与实体经济融合发展的重要纽带。当前，数字经济正在成为重组全球要素资源、重塑全球经济、改变全球竞争格局的关键力量。总书记强调："发展数字经济意义重大，是把握新一轮科技革命和产业变革新机遇的战略选择。"社会信用体系建设始终与信息技术、数字经济紧密相连。信用信息是重要的基础信息资源，信用基础设施是新型基础设施的重要构成，信用服务行业有显著的信息密集型、技术密集型特征。社会信用体系通过信息融合嵌入、资源引导与匹配、应用场景拓展丰富，推动数字产业化和产业数字化，加速数字经济与实体经济深度融合发展。

社会信用体系是优化营商环境的重要内容。改善营商环境和创新环境，降低市场运行成本，提高运行效率，提升国际竞争力，是建设更高水平开放型经济新体制的重要目的。健全覆盖全社会的征信系统，构建以信用为基础的新型监管机制，全面推进信用承诺制，建立健全政府失信责任追究制度，提高信用法治化水平，降低制度性交易成本，深化了"放管服"改革，提高了营商环境的市场化、法治化、国际化水平。2013年至今，中国征信信息深度指数从6提升至满分8，并连续三年保持满分；同期中国营商环境全球排名从第96位跃升至第31位，连续两年被世界银行评选为全球营商环境改善幅度最大的10个经济体之一。

资料来源：耿得科．充分发挥社会信用体系支撑新发展格局的重要作用［EB/OL］．［2019-09-09］．https：//m.gmw.cn/baijia/2022-09/09/36014513.html.

由于企业不道德、不诚信现象的加剧，人们日益关注企业的道德品质，逐渐学会也必须学会用"脚"投票的方式来惩罚不道德的企业。就企业自身而言，企业要想实现可持续发展、不断做强做大，就必须将商业伦理道德问题纳入战略决策当中。

● 第一节　道德滑坡与囚徒困境

目前，中西方企业伦理道德滑坡最严重的现象表现为食品安全与产品质量安全领域中层出不穷的恶性事件，导致这一严重问题的根本原因是市场经济体制的不完善与监管部门的监管不力。深入分析道德领域中的囚徒困境现象，是正确进行企业伦理决策的重要前提之一。

一、"道德滑坡"：成为世界各国共同忧心的一个问题

在西方发达国家的政界、企业界与法律界存在明显的"道德滑坡"现象。我们暂且以

美国为例：自21世纪之初开始，美国安然公司造假、安达信审计失败案，美国世界通信公司财务欺诈案，纳斯达克前主席麦道夫制造美国（当然也是世界历史上）最大的500亿美元的庞氏金融骗局，2008年美国次贷危机引发全球金融危机，百年老店美国雷曼兄弟破产，华尔街高管天价薪酬遭人诟病导致冲击华尔街事件，无不显示，美国社会步入“道德滑坡”的可悲时代！加之，美国以“世界警察”自居，干涉世界多国内政，无视国际规则，不惜发动战争，将世界各国多地拖入战争的深渊，给多国人民带来了家国破败、人民颠沛流离的困境，大量伊拉克与叙利亚难民流离失所，甚至失去生命。特别是美国政府奉行美国优先政策以来，挑起与世界各国多个经济体的贸易摩擦，挑起与我国的贸易摩擦并使之不断升级；退出了多个国际组织，退出巴黎气候协定及联合国教科文组织；长期拖欠联合国会费；对伊朗采取“极限施压”策略，把伊核协议逼到了悬崖边；执意启动了美国与墨西哥边境隔离墙的修建工程，造成最基本的“人权危机”，严重透支美国国家信用，给世界各国带来不安定因素。加之以2018年10月至2019年3月波音客机连续两次空难为导火索，引发了美欧日韩企业严重的产品安全质量问题，造假事件接连被曝光。同时，长期以来美国枪支失控，校园暴力及枪击事件层出不穷，给美国人民带来了巨大的伤害，给世界带来不安定因素。上述众多社会事件频发，看似偶然，其共同的深层原因为道德滑坡背后人性的黑暗面，这是所有社会问题的“毒根”。

对于中国社会是否出现“道德滑坡”现象这个问题，在2011年的时候曾经在社会上引起了广泛关注与热议。时任中央文明办专职副主任王世明说，从主流上看，中国人呈现了良好道德风貌。以下三个事实可以说明这一点：其一，从经济发展的过程看，这是一个最大的事实。中国的改革开放和现代化建设蓬勃发展，在整个世界格局中，风景这边独好。从道德的角度去考察，它展示的是中国人的自强不息，展示的是中国人的艰苦创业，是中国人的与时俱进，展示的是中国人的昂扬向上、勤劳向善。这是一份多么大的美德，应当说这就是我们中国人的道德基本状态，是中国人道德的总体状态。其二，这些年，我们成功举办一系列重大活动。在这些大事中，中国人展示了讲文明、讲礼仪的公共道德，中国展示了环境好、秩序好的良好形象，中国的志愿者展示了热情、周到服务的奉献精神。办这些大事喜事，我们受到了国际社会的广泛好评。其三，从这些年应对大灾大难的过程看，我们看到的是灾区人民的顽强不屈，看到的是灾区人民不为任何困难所压倒的坚强品格，看到的是全体中国人爱心如潮、仁者爱人的美德。每当面临灾难灾害，中国人总是万众一心、共克时艰。这些都足以说明，中华民族就是一个有道德、讲道德的民族，文明古国就是文明古国。这是主流，这是我们中国人道德的基本面貌。同时，也必须清醒地看到，拜金主义、享乐主义和极端个人主义对人们的不良影响，也是不可低估的，我们必须正视道德领域存在的问题。要切实加强道德建设，不断提高道德水平，用道德的力量支撑中华民族伟大复兴的事业。其实，这两种说法并不矛盾，一方面指出了目前我国道德建设中存在的问题，另一方面揭示出我国道德建设中的积极因素。

尽管“道德滑坡”是个相对的概念，整个社会不同层面都出现了很多不道德现象，甚至出现把“不做不道德的事情”这种最起码的道德底线当成“高尚”品质，但必须承认的是，一个国家，如果没有国民素质的提高和道德力量的约束，绝不可能成为一个真正强大的国家、一个受人尊敬的国家。

【专栏2-1】 **九好集团"忽悠式"重组案例**

成立于2010年的九好集团主要从事后勤服务中介平台业务，为后勤服务供应商和客户提供居间撮合，并向供应商收取介绍业务成交金额一定比例的服务费。调查发现，2013—2015年，九好集团为实现重组上市目的，有组织、有预谋地进行了大规模、系统性财务造假，通过虚构业务、虚设客户、虚签合同、虚减成本、虚构存款等手段达到虚增收入、利润的目的。

具体而言，九好集团在2013—2015年涉嫌虚增营业收入，金额达2.65亿元，这三年每年虚增的营业收入金额占其披露的营业收入比例分别为6.93%、27.65%、38.49%，相应地，三年共虚增利润2.55亿元，占其披露的三年利润总额的比例达53.37%。而2014年、2015年虚增利润占其年度披露利润的比例分别达到59.56%和59.43%。此外，调查还发现，九好集团虚增2015年贸易收入57万余元，虚构银行存款3亿元。九好集团通过上述种种手段，将自己包装成价值37.1亿元的"优良"资产，与鞍山重型矿山机器股份有限公司（以下简称鞍重股份）联手进行重组，以期达到借壳上市之目的。在重组过程中，监管部门获得线索，持续不断地加大稽查力度，双方斗智斗勇，最终造假黑幕被彻底揭开，"忽悠式"重组被及时制止，按照证监会的说法是"避免了有毒资产进入上市公司"。九好集团及鞍重股份因信息披露存在虚假记载和重大遗漏受到严厉处罚。该次重组事项审计机构利安达会计师事务所、法律服务机构天元律师事务所、评估机构中联资产评估集团有限公司、独立财务顾问西南证券及其责任人员全部被依法处以顶格罚款。

资料来源：王都鹏，刘慧. 还原浙江九好集团"忽悠式"重组大案［N］. 新华每日电讯，2017-03-12.

二、囚徒困境理论揭示个人最佳选择并非团体最佳选择

囚徒困境最早是由美国普林斯顿大学数学家阿尔伯特·塔克（Albert Tucker）于1950年以囚徒方式阐述并命名的。他当时编了一个故事，向斯坦福大学的一群心理学家们解释什么是博弈论，这个故事后来成为博弈论中最著名的案例。故事内容是：两个嫌疑犯（A和B）作案后被警察抓住，隔离审讯；警方的政策是"坦白从宽，抗拒从严"，如果两人都坦白则各判8年；如果一人坦白另一人不坦白，则坦白的放出去，不坦白的判10年；如果都不坦白则因证据不足，两人无罪开释。

单次发生的囚徒困境和多次重复的囚徒困境结果不会一样。在重复的囚徒困境中，博弈被反复地进行，因而每个参与者都有机会去"惩罚"另一个参与者前一回合的不合作行为。这时，合作可能会作为均衡的结果出现。欺骗的动机这时可能被受到惩罚的威胁所克服，从而可能导向一个较好的、合作的结果。作为反复接近无限的数量，纳什均衡趋向于帕累托最优。

囚徒困境案例的主旨为，囚徒们虽然彼此合作，坚不吐实，可为全体带来最佳利益（无罪开释），但在资讯不明的情况下，因为出卖同伙可为自己带来利益（缩短刑期），也因为同伙把自己招出来可为他带来利益，因此，彼此出卖虽违反最佳共同利益，反而是自己最大利益所在。但实际上，执法机构不可能设立如此情境来诱使所有囚徒招供，因为囚徒们必须考虑刑期以外之因素（出卖同伙会受到报复等），而无法完全以执法者所设立之利益作考量。

囚徒困境是博弈论的非零和博弈中颇具代表性的例子，反映个人最佳选择并非团体最

佳选择。虽然困境本身只属于模型性质，但现实中在道德领域也频繁出现类似情况。

三、社会道德领域中的囚徒困境现象

在私家车还没普及的自行车盛行时代，多数人都经历过从“买新车”到“买赃车”的过程。“赃车市场”还有一个很“响亮”的名字叫作“二手车市场”。为什么大家都热衷于买“二手车”呢？这可以从囚徒困境理论中得到解析。

当“买赃车”成为一种公众行为的时候，很多人因此责怪公众知赃买赃，助长了盗车者的气焰，导致“自行车族中没有人不丢几辆自行车”现象的产生。“买一辆赃车”尽管比“买一辆新车”成本低，但如果大家都买赃车，却提供了庞大的赃车需求，刺激了盗车现象的增多，买来的赃车又会很快丢失。结果，“反复买赃车”的成本很快超过了“买一辆新车”的成本。其中包括经常丢车给工作和生活带来的不便、心理上的挫折感等在内。但是你又无法拒绝买赃。因为在别人都买赃车的情况下，你拒绝买赃车将会使你的损失最大化：你不得不付出“买新车”的成本，所以作为“理性经济人”的你应该选择买赃车；在别人都不买赃车的情况下，你买赃车的成本显然比别人低，所以作为“理性经济人”的你也应该选择买赃车！大家都这样想，就产生了大规模的“囚徒困境”。

道德领域中的“囚徒困境”屡见不鲜。大家常见的上车挤抢、汽车抢道、排队加塞，司空见惯的“见义不为”，大家痛恨的行贿成风，都是囚徒困境的“表现”。在现实生活中，谁都希望有一个良序社会，享有一个好的道德环境，但“经济人”的自利天性又使其不想对良好的道德环境付出必要的成本。于是，一部分人在提供道德产品为全社会创造福利的同时，另一部分人“搭便车”免费使用，导致谁提供谁亏损，谁不提供谁盈利，从而，使得德行收益与德行成本不一致，非德行者比德行者获得更高的收益。最后，就德行者而言，如果在德行成本与收益的理性选择中找不到充分的根据，就会弃善从恶。久而久之，道德环境只会越来越坏，最终导致道德的无序状态，反德行的盛行也就不足为怪了。

四、道德领域“囚徒困境”的相关问题分析

（一）经济人、道德人与“囚徒困境”

英国古典经济学家亚当·斯密在他的《道德情操论》和《国富论》中，形成了“经济人”和“道德人”的悖论。在现存的经济理论和实践中，人们总是从“经济人”的角度去看待、管理、要求社会公众，把人的自爱、利己、逐利本性作为经济活动的前提和基础；在现存的道德理论和实践中，人们又总是从“道德人”的角度去看待、管理、要求社会公众，把人的仁爱、利他、为他本性作为道德活动的前提和基础。这在现存的理论和实践中，形成了“经济人”和“道德人”的悖论。

尽管“经济人”自身的特点决定了其必然会陷入“道德困境”，但是，人们都希望“经济人”与“道德人”能够走上结合的道路。一方面，“经济人”和“道德人”存在统一的一面。如果经济人的自利行为并不妨碍人类整体利益的实现，那么，这样的“经济人”的自利性特点与“道德人”为他、利他和考虑群体利益的特性不仅不冲突，而且是统一的。同时，从斯密著名的“看不见的手”的原理中可以看出，只要有良好的法律和制度保证，“经济人”在追求自身利益最大化的过程中，会无意识地促进社会公共福利的实现，从而实现“经济人”和“道德人”的统一。也就是说，一个好的社会制度必须具备这样一个特征：纵然被管理者自私自利，一心为自己打算，最终也不得不自动做出有利于社会公益的抉择。另一方面，随着人们在现实中理性的提高或递增，行为主体对于合作的意识会得到改善。多次重复博弈的过程是一个不断学习、探索和思想境界提高的过程。人们在多次重复博弈的过程中认识到，必须采取基于回报的合作策略，才能实现自己的长期利益，从而产生“人利我、我利人”的互惠互利的思想。人类正是在博弈实践中不断学习、探索和自我教育，实现从追求短期利益到追求长远利益、再到追求共同利益的转变，人类社会也由此从混乱、野蛮走向秩序、文明，从低级走向高级。

（二）个人理性、集体理性与“囚徒困境”

“囚徒困境”反映出了个人理性与集体理性的矛盾。“经济人”的个人理性，驱使单个的人围绕个人利益最大化这一目标而行动，但导致了集体利益的最小化（其实质也是个人利益的最小化）；多个理性的个人，加在一起成了非理性的集体、非理性的社会；个人的理性导致了集体的非理性。但是在以下三种情况下二者也可以统一起来。

第一，多次重复博弈可以实现个人理性和集体理性的统一。经过多次重复博弈，自利的个人所追求的并不是在某一次博弈中的期望收益最大，而是在多次重复博弈中期望收益的总和为最大；人们从追求自己的短期利益最大化的目标转变为追求长期利益最大化的目标，再转变到追求共同利益最大化的目标。这样，个人理性和集体理性实现了统一。

第二，有外部环境压力凸显集体的重要性时，可以实现个人理性和集体理性的统一。外部环境的威胁，使得集体成员之间的依存关系相当紧密，个人利益和集体的共同利益高度统一，理性的个人如果不相互合作，就会导致集体所有成员（包括其本人）的失利。在此情况下，个人理性和集体理性就会走向统一。

第三，引入人工博弈规则，使得理性的个人有追求德行的动力和外部约束，可以实现个人理性和集体理性的统一，即在满足个人私利的同时实现集体的公利。

（三）道德回报与“囚徒困境”

如果能够实现善行得益（底线是善行不能失益）、恶行失益（底线是恶行不能得益），那么“囚徒”们就能够走出道德困境。“道德回报”就是指道德行为主体因其道德行为（善行或恶行）的作用和影响，而获得相同性质、相当程度的回报结果。道德回报可以分为奖善和惩恶两个方面，可以通过物质上的奖惩和精神上的奖惩两种方式实施，道德回报是建立和维系良序社会的前提条件下的。

通过社会氛围和制度环境的创设来提高非道德行为的道德负成本，使无德失利、有德得利，使不道德行为人“下次不敢”或“下次不愿”，引导公众在追求利益的互动和博弈中感受到，合作博弈比不合作博弈更为有利；在全社会范围内建立刚性的社会补偿制度，降低道德成本，打消德行主体践行道德义务的后顾之忧，让德行主体在不付出或付出很少代价的同时去行善，避免“救人”必将“舍己”，“行善”必将“失益”和“英雄流血又流泪”现象的发生；充分利用个人行善的利益动因，从制度、机制设置上满足个人行善的利益需要，尊重、维护德行背后的世俗权益，保证行善不仅能“谋义”，而且能“得利”，从而实现德得相通、德福一致。

如果一个社会大量存在甚至普遍存在“得不必德”“德不能得”抑或“德必定失”的德福分裂现象，或者存在可能的暴利，人们从成本-收益比较中就会修正自己已有的道德意识或弱化自己的道德意志，选择恶行。在一个社会中，如果行为者基于德行成本-收益分析而普遍弃善从恶，则说明道德回报未能得到实现。道德得不到回报，在本质上就是剥夺了德行者的道德收益权，就是在引导乃至强迫人们弃善扬恶，就是引导和强迫人们“搭便车”，就形成“囚徒困境”。

● 第二节 道德风险与逆向选择

了解道德风险和逆向选择理论，掌握两者之间的区别和联系以及防范措施，是做出商业伦理判断和道德决策的重要前提之一。

一、道德风险的概念与特点

（一）道德风险的内涵与外延

1.道德风险的定义与划分

道德风险（moral hazard）是指参与合同的一方所面临的对方可能改变行为而损害到本方利益的风险，一般可分为社会道德风险与个体道德风险。道德风险并不等同于道德败坏。道德风险是20世纪80年代西方经济学家提出的一个经济哲学范畴的概念，即“从事经济活动的人在最大限度地增进自身效用的同时做出不利于他人的行动”。或者说是，当签约一方不完全承担风险后果时所采取的自身效用最大化的自私行为。道德风险亦称道德危机。

2.在经济活动中，道德风险问题不可避免

2001年度诺贝尔经济学奖获得者斯蒂格里茨在研究保险市场时，发现了一个经典的例子：美国一所大学，学生自行车被盗比率约为10%，有几个有经营头脑的学生发起了一个对自行车的保险，保费为保险标的价值的15%。按常理，这几个有经营头脑的学生应获得5%左右的利润。但该保险运作一段时间后，这几个学生发现自行车被盗比率迅速提高到15%以上。造成这种变化的主要原因是自行车投保后学生们对自行车安全防范措施明显减少。在这个例子中，投保的学生由于不完全承担自行车被盗的风险后果，因而采取了对自行车安全防范的不作为行为。而这种不作为的行为，就是道德风险。可以说，只要市场经济存在，道德风险就不可避免。

（二）道德风险的特点

1.道德风险的客观性

美国学者威雷特（A.H.Willett）博士于1901年就曾说过：“风险是关于不愿发生的事件发生的不确定性的客观体现。”在企业中人与人的关系是现实的、不可改变的，因此，道德风险就有存在的可能。所以，企业的道德风险是一种客观存在的风险，不能回避并且它不以人的意志为转移。

2.道德风险的隐蔽性和不确定性

在企业中，有些人际关系和道德观念不是我们一眼就能够看出的，它们具有一定的隐蔽性，因此，商业道德风险也相应地具有隐蔽性。而这种隐蔽性无疑又增加了商业道德风险的不确定性，使得管理层及所有者在决策中要更加谨慎小心，全面考虑企业面临的各种风险。很多逃废银行债务的企业，明知还不起也要借，甚至于有些企业在决定从银行借款时就没有打算要偿还。

3.道德风险的长期性

观念的转变是一个长期的、潜移默化的过程，尤其在当前我国正处于社会主义市场经济体制的初步建立和逐步完善阶段，着力加强供给侧结构性改革，此时出现的“阵痛”是必须承受的“阵痛”，不能因为有“阵痛”就止步不前。切实培养银行与企业之间的“契约”规则，建立有效的信用体系，需要几代人付出努力。

4.道德风险的破坏性

思想道德败坏了，事态就会越变越糟。不良资产形成以后，如果企业本着合作的态度，双方的损失将会减少到最低限度；但许多企业在此情况下，往往会选择不闻不问、能躲则躲的方式，使银行耗费大量的人力、物力、财力，也不能弥补所受的损失。

5.道德风险的复杂性

基于系统论的观点，商业道德风险之所以具有复杂性是因为企业的发展涉及人-社会-自然这一复杂系统。在企业中，我们不可能脱离人际关系来对企业进行管理，而人际关系的复杂性又决定了道德风险具有复杂性。企业的发展及其成果直接影响经济发展、环境和人民的日常生活，同时，要考虑由于道德风险存在复杂性，企业发展中遇到由于复杂人际关系和道德观念而引起的复杂道德风险，会给企业带来不必要的损失。

6.道德风险的可变性

在现实社会中，人与人之间的关系不是一成不变的，而每个人的道德观念也是会发生变化的，因此，企业中存在的道德风险也会相应地发生变化。也就是说，商业道德风险具有可变性。在企业的发展中，管理者要用与时俱进的眼光来看待企业中的道德风险，在日常管理中注意观察人际关系和个人道德观念的变化来规避由于道德风险的变化而带来的损失；同时，管理者可以对员工进行道德观念的培训来提高员工的思想道德素质，从而使企业获益。与此同时，企业的管理层和所有者应当起到模范带头作用，遵守对员工的承诺。

【专栏2-2】　　海归博士求职被拒：人品不行，能力再强也没用

有一个年轻女孩，她在上海念完大学之后，选择了去美国深造。为了省钱，她从不打车，只坐公交车。后来，她发现当地的公共交通系统是自助售票的，没有检票口，也没有检票员，她精确计算了一下，逃票被查到的概率仅为万分之三。

她暗自高兴，从此便经常逃票。

转眼间，她毕业了，名牌大学的光环和优秀的学习成绩，让她信心倍增，她便频频出入跨国公司的大门，开始推销自己。但奇怪的是，这些公司都是先热情有加，之后又都婉言拒绝了她。一次次的求职失败，让她分外焦虑。“我这么优秀，为什么得到的却是这样的结果?”

她认为，一定是这些公司有种族歧视，排斥外国人。于是，她便气愤地找到HR，要求给她一个不录用她的理由。

结果，HR的话让她羞愧难当。

首先，我们不是歧视你，相反，我们很看重你。你来求职的时候，我们对你的教育背景和学习成绩都很满意。说实话，单从工作能力来讲，你就是我们要找的人。

但是，我们查了你的信用记录，发现你有三次乘公交车逃票被处罚的记录。

第一次逃票，是在你来我们国家后的第一个星期，你说自己不熟悉自助售票系统，检查人员相信了你的解释，只是让你补了票。

可在此之后，你又两次逃票，这就说不通了。或许，这对你来说是件小事儿，但我们不这么认为，这至少证明了两点：

第一，你不尊重规则，并且，你善于发现规则中的漏洞并恶意使用。

第二，你不值得信任，而我们公司的许多工作，都是依靠信任来完成的。

如果你负责某个区域的市场开发，公司会赋予你许多职权。

为了节约成本，我们不会设置复杂的监督机构，就像我们的公共交通系统一样，全靠自觉。

所以，我们没有办法雇用你，甚至可以说，在这个国家乃至欧盟，你都可能找不到雇用你的公司。

看吧，人品不行，学历再高、能力再强也没用！而你的人品，往往也决定了你能走多远。

资料来源：佚名. 海归博士求职频频被拒！人品大于学历，这就是很好的证明！[EB/OL].[2019-08-01]. http://baijiahao.baidu.com/s?id=1642011647534615560&wfr=spider&for=pc.

（三）商业道德风险产生的原因

造成商业道德风险的原因有很多，主要有以下几个方面：

1.利益驱动性是道德风险产生的前提

根据经济学的经典假设即理性人的假设，人们都是为了自身利益而参与经济活动的，因此，人们都希望自己获得的利益更多而付出的成本更少，所以有时候在利益的驱动之下有些人就会违背伦理道德以寻求自身利益的最大化，为企业和社会带来道德风险。所以说，利益驱动性是道德风险产生的前提。

2.委托代理关系及信息不对称是道德风险产生的关键

在现代企业中，委托代理关系被称为所有者与管理者、管理者与员工之间的基本关系，由于他们之间的这种关系，就会产生所有者与管理者、管理者与员工之间的信息的不对称，因此，有人就会利用他们之间的这种信息不对称来寻求自身的利益，从而为企业带来道德风险。所以说，委托代理关系及信息不对称是道德风险产生的主要原因之一，也是道德风险产生的关键。

3.所有权的不完整是道德风险产生的重要原因

在市场经济中，大量内生系统性风险的产生与积累源于产权的不完整性与同质性。由于所有者缺位，企业的利益因制度的原因很可能被人（管理者及授权方）瓜分，而由此带来的风险却没有明确的承担者，这最终将损害与企业密切相关的特定群体的利益。因此，所有权的不完整会促使企业中道德风险的产生，使企业面临着巨大的威胁。

4.企业本身组织结构不合理与组织文化建设滞后是道德风险产生的温床

企业本身组织结构问题解决不好，将会造成企业内部有关部门利益的不一致及权责不对等，加剧有关主体在企业利益上的争夺以及对组织预警防范系统和传导机制的破坏。有关主体在企业利益上的争夺会导致道德的约束作用降低，组织预警防范系统和传导机制的破坏将会使组织的内部控制系统形同虚设。而如果企业又不注重商业诚信文化的建设，则往往员工的价值观会与企业的目标发生冲突，使企业遭受由于道德风险带来的损失。

5.不完全竞争市场的体制弊端为道德风险的产生提供了便利

不完全竞争市场是一种比较常见的市场结构。在不完全竞争市场中，供方可能会采取种种手段（如产量领导、价格领导、联合定产、联合定价、串谋等）来谋求个体或行业利益的最大化。不完全竞争市场会导致竞争的不公平性。竞争的作用在于它能产生诸如代理人努力程度等信息。而在不公平的竞争下，信息会被扭曲，而且，竞争越不公平，信息被扭曲的程度就越大，这会导致业已存在的信息不对称问题更加严重，从而使道德风险的产生更加隐蔽，因而企业的代理人做出不道德行为的胆子就越大，道德风险产生的可能性也就越大。

6.地理区域和历史文化的差异也是道德风险产生的重要原因

特别是跨国、跨地区公司，由于地区差别与制度、法律的国别化及其漏洞，“避税天堂”的设立，更加容易因此而产生道德风险。

二、逆向选择的含义与表现

（一）逆向选择的概念及出现的市场

“逆向选择”是指由于信息不对称所造成的市场资源配置扭曲现象。具体而言，市场交易的一方如果能够利用多于另一方的信息使自己受益而对方受损时，信息劣势的一方便难以顺利地做出买卖决策，于是价格便随之扭曲，并失去了平衡供求、促成交易的作用，进而导致市场效率的降低。

现实的经济生活中存在着一些与常规不一致的现象。按常规，降低商品的价格，该商品的需求量就会增加；提高商品的价格，该商品的供给量就会增加。但是，由于信息的不完全性和机会主义行为，有时候会出现“降低商品价格，消费者也不会做出增加购买的选择；提高价格，生产者也不会增加供给”的现象。这种“逆向选择”行为经常存在于二手市场和保险市场。

（二）逆向选择模型与“柠檬”理论

1.逆向选择问题来自买者和卖者的质量信息不对称

乔治·阿克劳夫（George Akerlof）在1970年发表了题为“柠檬市场：质量不确定性和市场机制”的论文，这篇论文被公认为是信息经济学中最重要的开创性文献。在美国俚语中，“柠檬”俗称“次品”，这篇研究次品市场的论文因为浅显，先后被三四份杂志退稿。然而，乔治·阿克劳夫在这篇论文中提出的逆向选择理论揭示了看似简单实际上又非常深刻的经济学道理。逆向选择问题来自买者和卖者有关车的质量信息不对称。

在旧车市场，卖者知道车的真实质量，而买者不知道。这样卖者就会以次充好，买者也不傻，尽管他们不能了解旧车的真实质量，只知道车的平均质量，买者愿为平均质量出中等价格，这样一来，那些高于中等价的上等旧车就可能会退出市场。接下来的演绎是，由于上等车退出市场，买者会继续降低估价，次上等车会退出市场；演绎的最后结果是：市场成了破烂车的展览馆，极端的情况是一辆车都不成交。现实的情况是，社会成交量小于实际均衡量。这个过程被称为逆向选择。

2.逆向选择模型的变化与比较

为更加清楚地说明逆向选择模型，可以考虑最简单的情况，假定卖者出售的旧车有两种可能类型：（1）Q=6 000元（高质量）和Q=2 000元（低质量），每一种的概率都是1/2；（2）买卖双方有相同的偏好且对车的评价等于车的质量。显然，如果买者知道车的质量，均衡价格P=6 000元（高质量）或P=2 000元（低质量）。买者不能知道车的真实质量，如果两类车都进入市场，则车的平均质量E（Q）=4 000元，由于买者不敢保证出高价就能买到高质量Q=6 000元的车，所以愿意出的最高价格P=4 000元，希望能够买到Q=6 000元的车。

但在此价格下，高质量车的卖者将退出市场，只有低质量车Q=2 000元的卖者愿意出售。买者知道高质量的车退出以后，市场上剩下的一定是低质量的车。唯一的均衡价格是

P=2 000元，只有低质量的车成交，而高质量的车只能退出市场。如果市场上是从Q=6 000元到Q=2 000元的连续分布，尽管推理稍微复杂一些，但同样能证明这一理论。

（三）逆向选择的基本特征

1.在信息不对称的情况下，市场的运行可能是无效率的

因为在上述模型中，有买主愿出高价购买好车，市场——“看不见的手”——并没有实现将好车从卖主手里转移到需要的买主手中。市场调节下供给和需求是总能在一定价位上满足买卖双方的意愿的传统经济学理论失灵了。

2.“市场失灵”具有“逆向选择”的特征

市场上只剩下次品，也就是形成了人们通常所说的“劣币驱逐良币”效应。传统市场的竞争机制导出结论——“良币驱逐劣币”或“优胜劣汰”；可是，信息不对称导出的是相反的结论——“劣币驱逐良币”或“劣胜优汰”。

【专栏2-3】　　中网联发布《互联网行业从业人员职业道德准则》

2021年12月30日，中国网络社会组织联合会第一届会员代表大会第三次会议审议通过《互联网行业从业人员职业道德准则》，倡导互联网行业从业人员规范职业行为，加强职业道德建设。现予发布，全文如下：

为加强互联网行业从业人员职业道德建设，规范职业道德养成，营造良好网络生态，推动互联网行业健康发展，依据《新时代公民道德建设实施纲要》、网信领域法律法规，结合互联网行业从业人员职业特点和相关监管要求，制定本准则。

一、坚持爱党爱国。坚持用习近平新时代中国特色社会主义思想特别是习近平总书记关于网络强国的重要思想武装头脑、指导实践、推动工作，增强“四个意识”、坚定“四个自信”、做到“两个维护”，热爱党、热爱祖国、热爱社会主义，坚决拥护党的路线方针政策。

二、坚持遵纪守法。强化法治观念、树立法治意识，带头遵守法律法规，严格落实治网管网政策要求，遵守公序良俗，抵制不良倾向，保守国家秘密，维护网络安全、数据安全和个人信息安全，推动互联网在法治轨道健康运行。

三、坚持价值引领。树立正确的政治方向、价值取向、舆论导向，大力弘扬和践行社会主义核心价值观，唱响主旋律、传播正能量、弘扬真善美，崇德向善、见贤思齐，文明互动、理性表达，推动构建清朗的网络空间。

四、坚持诚实守信。始终把诚信作为立身之本、从业之要，传播诚信理念，倡导诚信经营，重信守诺、求真务实、公平竞争，做到不恶意营销、不虚假宣传、不造谣传谣、不欺骗消费者。

五、坚持敬业奉献。立足本职、爱岗敬业，注重自我管理和自我提升，培养良好的职业素养和职业技能，发扬奉献精神，履行社会责任，始终把社会效益摆在突出的位置，实现社会效益与经济效益的统一。

六、坚持科技向善。坚决防范滥用算法、数据等损害社会公共利益和公民合法权益，充分发挥科技创新的驱动和赋能作用，运用互联网新技术新应用新业态，构筑美好数字生活新图景，助力经济社会高质量发展。

资料来源：中国网络社会组织联合会.中网联发布《互联网行业从业人员职业道德准则》.［EB/OL］.［2022-01-05］. http：//www.cfis.cn/2022-01/05/c_1128238570.htm.

（四）逆向选择模型的意义

逆向选择模型的意义主要表现为两个方面：

1.逆向选择理论深刻地改变了分析问题的角度

逆向选择理论可以说给人们提供了逆向思维的路径，会加深人们对市场复杂性的认识，由此能改变很多被认为是“常识”的结论，使市场有效性理念又遭受重创。

2.信息不对称在市场中是普遍存在的基本事实

乔治·阿克劳夫（George Akerlof）的旧车市场模型具有普遍经济学分析价值。他讲的故事虽然发生在旧车市场，但可以延伸到烟、酒等所有产品市场、劳动市场和资本市场等。这一模型也能解释为什么假冒伪劣产品充斥这些市场，是因为交易双方的信息不对称，一方隐藏了信息。逆向选择的理论也说明如果不能建立一个有效的机制遏制假冒产品，就会使假冒伪劣产品泛滥，形成“劣币驱逐良币”的后果，甚至导致市场瘫痪。

三、道德风险与逆向选择的联系、区别以及防范

（一）道德风险与逆向选择的联系、区别

逆向选择与道德风险的相互关系主要表现为两个方面：（1）根源相同，二者都源于信息不对称；（2）本质一样，二者都是一方利用信息不对称欺诈另一方。

道德风险与逆向选择的区别：道德风险，指的是进入市场后的行为；逆向选择，指的是“进入市场前的行为”，选择不进入市场，交易未达成。

（二）如何防范道德风险

1.树立以人为本的管理理念，创造良好的工作环境

企业应尽可能为员工提供宽敞、明亮、整洁、安全的工作场所，拓展管理者与员工的沟通渠道，营造一个充分沟通、信息知识共享的环境。维护员工的合法权益，为各类人才设计具有挑战性的工作、竞争性的职位，使员工有更多的发展机会和更广阔的发展空间。同时，加强商业诚信文化建设，营造融洽的企业人际关系，提高员工的认同感和归属感，提高员工的工作满意度，从而减少员工的道德风险。

2.建立监督与管理机制

建立各种机制，加大对员工的考核力度，加强对员工的监督和管理，通过各种制度的规范来减少道德风险。譬如说，为防范财务资金流失，我们采取会计与出纳岗位分离、互相牵制和监督，来规避财务人员违背职业道德挪用或转移资金的风险。再如，在采购部，我们可以利用招投标的方法，或利用询价与采购分开的方法来管理采购部的道德风险。

3.建立激励与奖惩机制

激励可以诱使员工采取经理所希望的行动，因而它能够在很大程度上有效地解决员工道德风险问题。其主要原理是通过改变经理人激励与奖惩模型来改变员工的行为，这主要是通过“纳什均衡”原理，加大其道德风险的成本。这样就可以让员工在选择的时候选择回避“道德问题”。

4.建立道德风险基金

这一项主要是针对中高层管理人员而言的，企业和管理人员签订道德风险合同，如果发现有违反道德情节，则取消管理人员的期权或其他福利。这样大大增加了管理人员违反道德的成本，从而选择回避“道德风险”。

（三）“逆向选择”问题的解决方法

在传统市场上解决“柠檬”问题的方法大致有以下几种：

1.根据商品的开价来推测商品的质量

因为“柠檬”原理告诉我们，在非对称信息环境中，商品质量依赖于价格，也就是说，高价格意味着高质量。或者更进一步讲，我们可以将价格作为传递和判断质量高低的信号，这也是市场参与者以价格判断商品质量的信息经济学解释。

2.制造与传播信号（signaling）

制造与传播信号是最为重要和最为常用的手段，卖家主要通过品牌、广告或者向客户提供质量保证书、保修、不满意退换货等办法，来使消费者把该卖家的产品与“柠檬”区别开，以使消费者相信该卖家的产品是高质量的。

3.中介为买卖方提供信息

中介利用它的专业知识为买卖双方提供信息，通过它来“撮合”买卖双方，比如券商、经纪人等，当然中介所获收益取决于它提供信息的质量。

4.政府、消费者协会

政府、消费者协会等建立质量合格标准，通过这些标准来保证市场上产品的质量。

5.搜寻与调查（seeking）

这种方法就是消费者通过自身进行信息搜寻来改变其所处的逆向选择地位，比如走访、调查、函询等。

● 第三节　商业伦理判断及其影响因素

一、商业伦理判断

（一）商业伦理判断的基本含义

1.商业伦理判断的定义

商业伦理判断也被称为商业伦理道德评价，指人们依据一定的商业伦理道德原则，运用相应的方式方法，对他人或自身的商业行为进行善恶的判断。

2.基于商业伦理判断的分类

按是否可以对商业行为进行道德评价，一般可以将商业行为分为与道德有关的商业行为和非关道德的商业行为。与道德有关的商业行为是指人们在一定的道德意识支配下有利于或有害于他人和社会的商业行为；或者说，与道德有关的商业行为是指具有道德意义、可以对其进行道德评价的商业行为。非关道德的商业行为是指不受一定道德意识支配，也不涉及有利于或有害于他人和社会的无道德意义、不能对其进行道德评价的商业行为。例如，因不可抗力而产生的商业违约行为，就属于不可以对其进行道德评价的商业行为，是非关道德的商业行为。

就那些可以对其进行道德评价的商业行为而言，其可被分为符合道德的商业行为（或也称商业伦理道德行为）和违背道德的商业行为（或称不道德的商业行为、商业失德行为）。

3.商业伦理判断的依据

人们经常说，“这个人不讲道德”“这样做不应该”，实际上这就是在做伦理判断。一般的人都会做这样的道德评价，但如果反问他们评价的依据是什么，他们就很难讲清楚了。答案很可能多种多样，有的人根据利害得失，有的人根据自己的感觉，有的人根据行为本身是否合法，有的人根据行为是否能为社会所接受……商业活动中绝大多数的判断都是基于一些公认的伦理原则或规范的，如诚信、公正等。

（二）商业伦理判断的重要性

伦理学理论对判断行为的对与错、善与恶的理由加以解释。尽管一般伦理规范在通常情况下可以应付自如，但也确实存在一些其无能为力的情况。对于几种伦理规范相冲突的情形，对于那些所遵循的伦理规范可能导致不道德行为的情形，对于新出现的现象、行为，我们如何做出评价和选择呢？伦理学理论对判断行为的对与错、善与恶的理由加以解释，为疑难问题和有争议的问题的解决提供了依据。如果一个人掌握了伦理学理论，就可以在理论指导下进行道德推理，这将有助于个人或组织解决自身面临的复杂的道德问题。

通过道德推理的过程阐述行为的依据及合理性。对于一些常常需要做出道德评价的人来说，掌握道德推理的一些工具有助于他们向他人阐述自己行为的依据及合理性。管理者在聘用、解雇或提拔某位员工时，其行为的公正性可能会遭到质疑。在这种情况下，简单地以“我们认为这样做很公平”作为理由显然是不够充分的和缺乏说服力的。有必要列举出种种具有说服力的理由和观点为自身行为进行辩护，而这一过程就是道德推理的过程。

如果我们遵循的都是传统道德准则，那么如何对传统道德进行客观的评价呢？伦理学理论致力于对传统道德合理性的探讨。借助于伦理学理论，我们可以解释为什么我们所接受的部分应当被接受，为什么对其他一些内容要做必要的修正或摒弃。从这个意义上讲，伦理学理论体现出了其批判性的特征。

二、商业伦理评价理论

伦理学理论归纳起来有两大流派，即目的论（或称结果论）和义务论（或称道义论）。道德评价理论通常也是从这两个方面展开阐述的。商业伦理道德行为的评价应该遵循一般道德评价理论。为了分析上的便利，本教材采用曼纽·G.维拉斯奎在其《商业伦理学：概念与案例》一书中从功利主义、权利论、公正论、关怀论和美德论五个方面来讨论道德评价理论的方法。

（一）功利主义

1.功利主义原则

功利主义原则是：当且只有当行为所产生的总效用大于行为主体在当时条件下可能采取的任何其他行为所产生的总效用时，该行为才是道德的。功利主义原则假设我们能够衡量并加总每项行为产生的快乐（利益），减去该项行为带来的痛苦（损害），从而确定哪项行为所产生的快乐最多或痛苦最少。

2.对功利主义原则的批评

对功利主义原则的批评主要有两个方面：一是衡量困难；二是不符合权利、公正原则。其中，针对衡量困难方面的批评集中在以下几个方面：

（1）对同一行为给不同的人带来的效用难以进行衡量和比较。例如，甲、乙两人都想要某个岗位，怎么确定谁从该岗位中获得的效用最大呢？如果这一点确定不了，也就难以确定把岗位给谁能产生最大的效用，那么功利主义原则也就不适用了。

（2）对有些利益和成本难以进行计量。例如，假设在车间里安装一套昂贵的通风系统可以大大改善室内环境，工人的寿命能延长，生活质量能提高，假设部分工人因此每人能多活五年，那么，每人增加的这五年寿命值多少钱呢？生活质量改善又值多少钱呢？如果无法定量计算安装通风系统带来的利益，那怎么将其与成本相比较呢？

（3）对许多利益和成本无法进行可靠的预测，因而也就不能对其进行确切的计量。例如，假设一项研究有可能获得理论性很强但没有直接用途的关于宇宙的知识，那么，怎么衡量这种知识的未来价值呢？怎么将其与把这笔钱投到建医院或给住房困难户建经济适用房带来的利益相比较呢？

（4）有些东西非金钱可以衡量。如生命的价值、健康的价值、美丽的价值、公平的价值、时间的价值、人的尊严的价值等。

（二）权利论

1.道德权利的特点

权利分法律权利和道德权利两类。我国宪法规定，“国家尊重和保障人权”“中华人民共和国公民的人身自由不受侵犯”“中华人民共和国公民的人格尊严不受侵犯”。这些是法律权利。道德权利通常被认为是作为人，不管是哪个国家（地区）、哪个民族的人，都应该享有的权利。这一点与法律权利不同。

道德权利有两个方面：

一是消极的权利或自由的权利，如隐私权，生命不被剥夺权、处置私有财产权等。它们之所以被称为消极的权利，是因为每一项权利都要求我们履行不干涉他人的义务。

二是积极的权利或福利的权利，包括受教育的权利、取得食物的权利、接受医疗服务的权利、住房的权利、工作的权利等。积极的权利要求我们履行积极的义务，即主动地帮助人拥有某种东西或帮助他做某些事。

道德权利具有三个特点：

第一，道德权利与义务紧密联系。一个人的道德权利至少部分可以被定义为他人对这个人承担的义务。例如，小孩有受教育的权利，家长有义务让子女接受教育。如果我有道德权利做某件事，那么，其他人有道德义务不干涉我做这件事。一个人的道德权利意味着其他人的道德义务，相应的道德义务不一定针对某个人，有时是针对整个社会。例如，一个人有工作的权利，但不是说这个人所在的单位有道德义务给他工作岗位，而是说社会中所有成员，通过公共机构，有义务给工人提供工作岗位。

第二，道德权利赋予个人自主、平等地追求自身利益的权利。承认一个人的道德权利，就是承认在权利允许范围内，我的意志不能强加给他，而且他的利益并不从属于我的利益。也就是说，在一定范围内，我们是自主平等的关系。

第三，道德权利是证明一个人行为正当性及保护或帮助他人的基础。如果我有道德权利做某件事．那么我做这件事在道德上就是正当的，他人干涉我做这件事就是不正当的。相反，他人阻止任何不让我行使权利的人和事才是正当的，或者他人有义务帮助我行使我的权利。

权利论的道德原则是：当行为人有道德权利从事某一行为，或从事某一行为没有侵害他人的道德权利，或从事某一行为增进了他人的道德权利，则该行为是道德的。

2.道德权利的基础：康德的绝对命令

我们怎么知道人有哪些权利呢？对于法律权利，这个问题很好回答，因为法律有规定。对于道德权利，问题就不是那么简单了。关于人的道德权利的基础，德国哲学家康德的观点是最重要和最有影响力的解释之一。康德试图说明有一些道德权利是所有人都拥有的，不论行使这些权利是否会给他人带来利益。

康德的理论是建立在他称为“绝对命令”的道德原则基础上的，即每一个人都应该作为平等的、自由的人来对待。康德的绝对命令包括两条：

康德的第一条绝对命令，即当且只有当一个人愿意把自己在特定条件下从事某一行为的理由作为每个人在相同条件下的行为理由，该行为才是道德的。

这一绝对命令包含两个规则：一是普遍性，即一个人的行为理由必须能够成为每个人的行为理由；二是可逆性，即一个人的行为理由必须是他愿意其他人也遵循这样的理由反过来对待他。假设因为不喜欢某一雇员的肤色，我正在考虑是否解雇他。根据康德的原则我必须问问自己，我是否愿意一个雇主在任何时候仅仅因为不喜欢某个雇员的肤色而解雇他。特别是，我必须问问自己，假如雇主不喜欢我的肤色，我是否愿意被解雇。如果我不希望每个雇主都这么做，那么，我这样对待他人是不道德的。因此，一个人从事行为的理由必须是可逆的，即一个人必须愿意其他所有人也用这样的理由。

换句话说，当行为者与受行为影响的其他人交换位置，如果行为者愿意接受同样的对待，那么该行为是善的，否则就是恶的。例如，一位制造商尽管知道产品有潜在的不安全性缺陷，而顾客不知道这一事实，但该制造商仍然推销该产品，根据普遍道德规律，判断制造商这种行为是否道德，只要问“当他是不知情的顾客时是否乐意企业推销该产品”。

康德的第二条绝对命令，即理性人应该永远同时把人看作目的，而永远不要把人只看作实现目的的手段。这一绝对命令可以表述为以下伦理原则：当且只有当一个人从事某一行为时，不把他人仅仅作为实现自身利益的工具，而是尊重并发展他人自由选择的能力时，该行为才是道德的。

应该把人同时看成是目的，并不意味着不能让雇员从事艰苦的甚至是危险的工作，如果这位雇员事先知道该工作的内容和性质，且自愿承担该工作，那么让雇员从事艰苦甚至是危险的工作是完全可以的。但是，如果事先并未告知危险，或是雇员不是自愿的，则是不道德的。一般地说，欺骗、强迫因为没有尊重人选择的自由，因而是不道德的。

（三）公正论

当人们分配利益和负债时，当企业制定和执行政策时，当群体成员间相互合作或竞争时，当人们因为做错了事情而受到惩罚时，当我们因他人的缘故而遭受的损失得到补偿时，经常会涉及公正、公平问题。公正（justice）与公平（fairness）常常不加区分，有人认为公正涉及的是更为严肃的事情，也有人认为，公平概念更为基本。有关公正的问题包括分配公正、交易公正、程序公正、惩罚公正、补偿公正，下章重点论述，这里不进行讨论。

（四）关怀论

一般的伦理学说都假设，伦理应该是不偏不倚的，在决定做什么时，对与个人有特殊关系的人，如亲属、朋友、同事、下属等，也应该一视同仁。有些功利主义者提出，一个陌生人与父亲同时落水，而你只能救一个，你是救陌生人还是救父亲？如果救陌生人比救你父亲能产生更大的效用（假如这个陌生人是一位著名的外科大夫，能救许多人的生命），那么，你的道德责任应该是救陌生人而不是救父亲。许多学者指出，这样的观点是不合情理的，是错误的。在上述例子中，你与你的父亲之间特殊的关怀、爱护关系决定了你对父亲负有特殊关怀义务，这种义务应该超过对陌生人承担的义务。

对与我们有密切关系，尤其是有依靠关系的人，承担特别的关怀的义务，是关怀伦理的关键。关怀伦理强调了两个道德需求：

（1）我们每个人都生活在关系之中，所以应该培育和维护我们与特定个人建立起来的具体的、可贵的关系；

（2）我们每个人都应该对那些与我们有实实在在的关系的人，尤其是那些易受损害的、仰仗我们关怀的人，给予特殊的关怀，关心他们的需要、价值观、欲望和福利，对他们的需要、价值观、欲望和福利做出积极的反应。

关怀伦理与中国传统文化非常吻合。但是，关怀伦理还是受到不少批评。一些人认为关怀伦理容易导致偏袒和不公正。关怀伦理要求人们对孩子、父母、配偶、朋友等给予特别的关怀，似乎在要求人们为了他人的福利而牺牲自己的需要与欲望。

（五）美德论

美德论通常又称德性论。何谓美德？美德是习得性的、体现在个人行为习惯中的、构成道德高尚的人的特征的一种品质。例如，诚实被认为是道德高尚的人的一个特征，如果一个人习惯性地讲真话，而且之所以这样做，是因为他相信讲真话是对的，是因为在讲真话时他感到愉悦，在说假话时他感到难受，那么，我们可以说这个人拥有诚实的美德。相反，如果一个人偶尔讲真话，或者之所以讲真话是因为出于错误的动机，如为了博得他人的欢心，那么，不能说这个人拥有诚实的美德。此外，美德必须是习得性的，而不是一种天生的特征，如智力、美丽、强健的体魄等。

在我国古代，人们除了把仁义礼智信作为五常德之外，还提出礼义廉耻、忠孝节义等道德要求。孙中山先生在辛亥革命时提出忠孝、仁爱、信义、和平等道德标准。当前，我们要倡导富强、民主、文明、和谐，倡导自由、平等、公正、法治，倡导爱国、敬业、诚信、友善，积极培育和践行社会主义核心价值观。

三、商业伦理判断的影响因素

（一）个人因素影响个人的道德评价

个人的道德观念是指个人对什么是正当行为的看法。一个人在成长过程中逐渐形成了一定的道德观念。根据美国心理学家劳伦斯·科尔伯格的研究，个人道德发展与生理发育一样，经历从幼儿到成年人的过程。在成长过程中，人们的道德推理一般要经历由低到高的六个阶段。

（1）逃避惩罚导向：认为能逃避惩罚的行为是正当的。

（2）寻求奖赏导向：认为能获得奖赏的行为是正当的。

（3）良好关系导向：认为那些能获得家庭、朋友、上司、同事赞同或能使他们高兴的行为是正当的。

（4）遵纪守法导向：认为履行个人的义务、尊重权威、遵守法律、维护社会秩序的行为是正当的。

（5）社会契约导向：认为虽然规则和法律在大多数情况下应该遵从，但一些根本的价值，如生命、自由，更应该得到维护。

（6）普遍伦理道德原则导向：认为正当行为是由个人基于普遍伦理原则的良心决定的。

道德推理方式不同，对行为的道德评价结果不可能总是一致的。

D.R.福尔斯（D.R.Forsyth）认为，个人之间的道德判断和行为各异，这是道德决策观念差异所致。他从两个维度来阐述不同的道德决策观念：一个维度是理想主义，即一个人相信合乎道德的行为总能带来好的结果的程度；另一个是相对主义，即一个人相信道德规范是因情景而异的程度。

情景主义者（高理想主义、高相对主义）：拒绝运用普遍的或个人的道德原则，具体情形具体分析，并根据分析确定什么是合乎道德的行为。主观主义者（低理想主义、高相对主义）：依据个人的而不是普遍的道德原则做出道德判断。绝对主义者（高理想主义、低相对主义）：相信遵循严格的普遍的道德原则能取得最佳的结果。例外主义者（低理想主义、低相对主义）：把普遍道德原则作为指导，但需要根据实际情况，允许例外发生。

（二）组织因素影响个人的道德评价

组织的伦理政策是客观存在的，因为组织必然要面对如何看待经营与伦理关系的问题，必然要面对在道德上追求到何种程度的问题，必然要面对如何处理与利益相关者关系的问题，而组织对这些问题的看法和规定，不论是否以正式的成文的形式出现，也不论是以单独的政策出现还是渗透在其他政策中，都会影响组织成员的道德评价。

组织风气通过向组织成员提供明确的或隐性的可接受的行为指南而影响他们的行为。按照差别关系理论，人们倾向于采纳与其交往更频繁的人的行为和观念。因此，组织成员会受到关系密切的同事和上司的行为和观念的影响。而根据相对权威理论，某人拥有的职位权力越大，他对决策的影响就越大。因此，管理者特别是组织中拥有最高权力的管理者对员工的道德观念影响最大。

（三）行业、职业因素影响个人的道德评价

行业政策或职业准则（或职业道德）会影响行业内成员或职业从业人员的道德评价。例如，国际投资管理与研究协会（Association for Investment Management and Research, AIMR）对会员及注册金融分析师的职业行为准则作了详细规定。要求在处理与公众、委托人、潜在的客户、雇主、雇员和同事的关系时，其应以能给会员及职业带来良好声誉的、专业的和合乎道德的方式开展工作，并鼓励他人也这样做。由于规定十分详细，什么是允许的，什么是禁止的，从业人员知道得清清楚楚。

（四）社会因素影响个人的道德评价

从众心理广泛存在，从众是指人们采纳其他群体成员的行为和意见的倾向。社会舆论对某种行为是否合乎道德的看法越一致，其对个人道德判断的影响就越大。

● 第四节　商业伦理道德决策模型与步骤

一、商业伦理道德决策的主要模型

为了将理论融入企业决策活动中，西方学者和企业还提出并运用了一些简明易行的决策模型，帮助经理们做出符合道德的决策。由于信奉的理论基础不同，相应地采用的决策模型也不同。主要的模型有以下一些：

（一）布来查德和皮尔的伦理检查模型

伦理检查模型由肯尼斯·布来查德和诺曼·V.皮尔在1988年提出，包括三个伦理检查项目。该模型主要依据合理利己论和显要义务论，优点是简单实用，无须掌握在不少人看来比较抽象的伦理原则，便可做出大致符合伦理的决策。因此，这一模型被很多企业采用。伦理检查模型如图2-1所示。

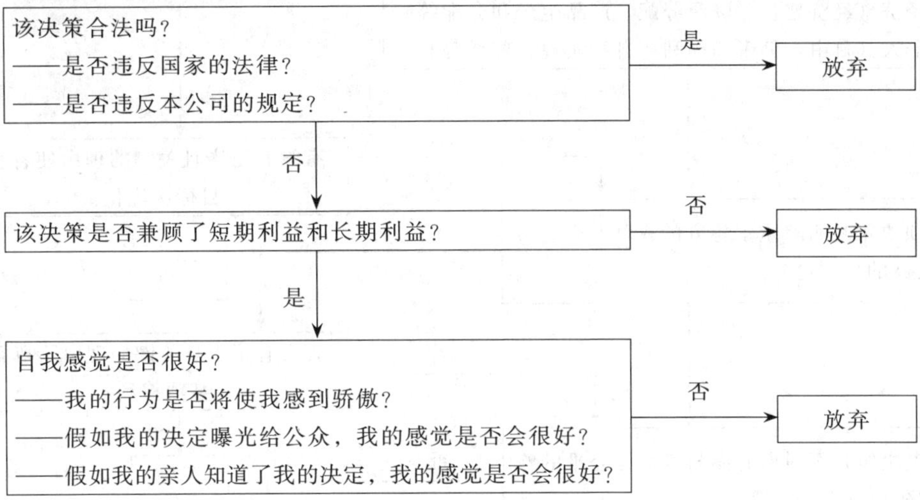

图2-1　布来查德和皮尔的伦理检查模型

企业在运用该模型制定伦理决策时，首先，要进行合法性检查。依据合理利己论，个人或本企业利益的实现应当在合乎良心与法律规范的前提条件下进行。伦理与法律是一致的，不合法的通常也是不道德的（当然也有例外）。其次，检查一项决策是否兼顾了长远利益和短期利益。其理论依据是，具有长远利益的行为不大可能是不道德的行为。最后，企业决策者对一项决策进行自我感觉检验和曝光检验。这里，模型实际上假定决策者知道对他人、对社会应尽的义务，如果决策违反了诸如诚实、感恩、公正、行善、自我完善、不作恶等当然的义务，决策者应该会感到良心受到谴责和无法面对其他人。

（二）道德决策树模型

道德决策树模型是1981年由杰拉尔德·卡瓦纳等人设计的，如图2-2所示。

1.道德决策树模型的特点

道德决策树模型有两个特点：特点之一是从决策的后果和决策对义务与权利的尊重两方面来评价决策在道德上的可接受性。模型首先要求决策者考虑决策对相当广泛的利益相关者的影响，如对企业自身、对整个社会目标的实现、对整个经济体系的运转、对决策涉及的个人权利的影响等，它是站在较高的层次运用功利论的。在从后果方面进行衡量之后，模型要求继续从道义方面评价决策，必须考虑对受影响者权利的尊重和对各方的公正性。特点之二是运用加勒特的相称理论，考虑例外情况的解决方式。模型虽然比较复杂，但其全面性是显而易见的。

2.道德决策树模型的理论依据

道德决策树模型从功利论、权利论和公正论这三个方面的理论对道德决策进行全面评价，并考虑例外事项。这些理论构成了道德决策树模型的理论依据。

（三）“九问式”模型

“九问式”模型由美国马奎特大学营销学教授基恩·拉克兹尼亚克在1983年提出。模型在9个问题中运用了显要义务论、相称论和公平公正论。企业决策者可以通过回答这些

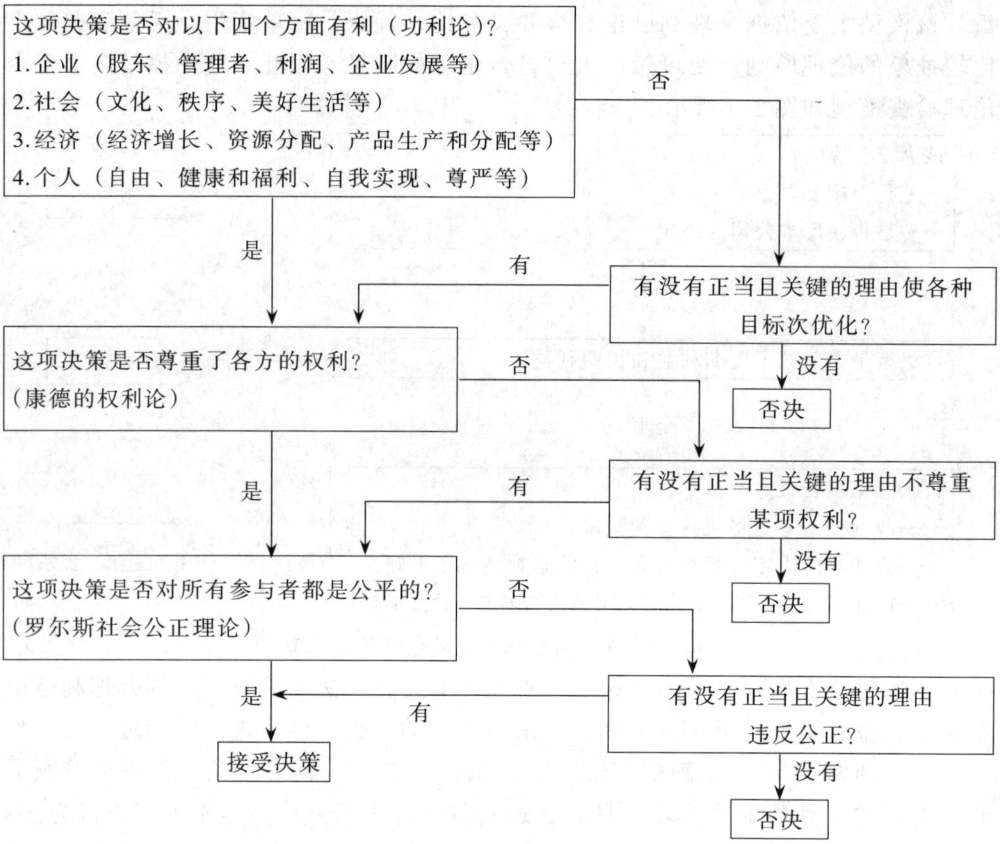

图2-2　卡瓦的纳道德决策树模型

问题来制定符合道德的决策。如果回答全部为否定，则该决策在道德上是可被接受的。该模型的问题是：

（1）该行动违法吗？

（2）该行动违反以下任一条普遍性的道义吗？

•诚实的责任；

•感恩的责任；

•公平的责任；

•仁慈的责任；

•自我完善的责任；

•无伤害的责任。

（3）该行动侵犯由组织类型相应产生的特定义务吗？

（4）该行动的动机是邪恶的吗？

（5）采取该行动会不会发生某种“大恶”？

（6）是否故意否定了可以比该行动产生更多的善、更少的恶的另一行动？

（7）该行动侵犯了消费者不可剥夺的权利了吗？

（8）该行动是否侵犯别的组织的权利？

（9）个人或组织是否已经没有相关的权利了？

我们可以看出，这个模型遵循的设计思路是，从法律检验开始，依次进行显要义务检验、特殊行业责任检验、目的检验、结果检验、过程检验、权利检验、公正检验。它不仅照顾到了一般性的问题，还针对了特定行业、特定产品面临的特殊问题，这是该模型的一个优点。

（四）纳什模型

纳什模型是由劳拉·L.纳什提出的，其提出了衡量企业决策伦理性的12个问题：

（1）你已经准确地定义决策问题了吗？对决策问题必须有清楚的理解，掌握事实越多、越准确，处理时就越少感情用事。

（2）如果你站在他人的立场上，那么你会怎样定义问题？从可能会对决策是否道德提出疑虑或最有可能受决策不利影响的人的角度审视一下决策问题，问问自己，在定义问题时是否做到了客观、不偏不倚。

（3）问题是怎样产生的？考察问题的形成过程，搞清问题的实质。

（4）作为一个个人和公司成员，你忠诚于谁，忠诚于什么？每个管理者都会遇到忠诚冲突，如自己的良心与履行公司职责之间的冲突，还有同事要你参与违反公司政策的事情等。

（5）你做该决策的意图是什么（目的）？为什么要这样做？如果得不到满意的回答，就不要选择该方案。

（6）你的决策意图与可能的结果相符合吗？有时意图很好，但结果可能是有害的。

（7）你的决策会损害谁的利益？即使产品有正当用途，但如果使用不当或落入一些人手中，也会对消费者造成伤害，管理者得重新考虑是否生产和销售该产品。

（8）你能在做决策前与受影响的各方讨论该决策问题吗？例如，你要关闭某个工厂，是否能在事先与受此影响的工人和社区讨论这一问题，以评估决策后果？

（9）你认为从长远来看，该决策将像现在看上去那样有成效吗？你能坚持你的承诺吗？你能预见可能改变你的想法的条件吗？今天的好决策到明天会是一个失误吗？

（10）你能毫无顾忌地与你的上司、高层管理者、董事、家庭以及整个社会谈论你的决策吗？你做的决策在电视上报道，你会感觉如何？你会乐意接受采访吗？

（11）如果理解正确，人们会对你的行为产生什么样的看法呢？误解了又会怎么样？这一问题涉及真诚与他人对行为的看法。

（12）在什么样的条件下，你会允许对你的立场有例外（即稍稍改变立场）？你发现一个员工挪用了1 000元，随后归还了，公司员工手册对挪用公款有严格规定，一经查实，立即开除，假如这笔钱是用于支付紧急医疗费用，你会怎么办？如果是用于赌博呢？对于这名员工在公司里工作12年或者18个月这两种情形，你的决定会有什么不同？

（五）利益相关者分析模型

利益相关者分析模型考虑如下8个问题：

（1）谁是我们现时的利益相关者？

（2）谁是我们潜在的利益相关者？

（3）利益相关者想从我们这里得到什么？

（4）我们想从利益相关者那里得到什么？

（5）我们的决策会为哪些利益相关者带去利益？利益有多大？

（6）我们的决策会给哪些利益相关者造成伤害？伤害有多大？

（7）利益相关者受到损害后会不会采取行动？如果会，他们会采取什么样的行动？

（8）可能采取行动的利益相关者的影响力有多大？

【专栏2-4】 “诚信高于一切”：创业之本、兴业之本

美国《商业周刊》从企业、经济、科技、保健等多个社会层面，列出了25项商业诚信文化新思维。而列在这25项商业诚信文化新思维之首的就是——“诚信”。《商业周刊》指出，面对社会与经济日新月异的变化，诚信与公平才是企业获得最大盈利的关键所在，企业应当倡导诚信文化。

美国商业诚信文化专家劳伦斯·米勒在《美国企业精神——未来企业经营的八大原则》一书中指出：在美国几乎每个大公司都在发生商业诚信文化的变化，老的商业诚信文化在衰变，新的商业诚信文化在形成。美国企业精神可以包括在八大基本原则之中：

（1）目标原则，成功的企业必须拥有有价值的目标；

（2）共识原则，企业成功与否，要看它能否聚集众人的能力；

（3）卓越原则，卓越不是指成就，而是一种精神，一种动力，一种工作伦理，一种追求卓越的精神；

（4）一体原则，全员参与，强化组织的一体感；

（5）成效原则，成效是激励的基础；

（6）实证原则，即强调科学的态度，善于运用事实、数据说话；

（7）亲密原则，即相互信任，互相尊重，富有团队精神；

（8）诚信原则，诚信就是诚实守信，以认真负责的态度开展工作。

资料来源：詹森，杨毅宏．诚信的种子［M］．北京：机械工业出版社，2005.

二、商业道德决策的主要步骤

（一）道德决策是决策过程的关键

决策是管理过程当中的核心问题之一，而道德决策则是决策过程的关键。决策的过程因人而异。不少学者在努力探讨比较科学合理的决策过程，以便尽量减少决策的失误。比较著名的有西蒙的决策三步骤和德鲁克的决策六步骤。甚至一些著名的大公司也形成了自己独特的决策步骤，如IBM的最佳决策五步骤。本教材在探讨商业伦理道德决策步骤时主要借鉴德鲁克的决策六步骤方法。

（二）道德决策的六个步骤

“现代管理学之父”德鲁克认为，进行有效的决策主要有六个步骤：

（1）对商业伦理道德问题进行分类，明确问题是普遍性问题、特例性问题，还是新问题。高效决策者首先会对问题进行分类，对于普遍性问题、新问题（即新问题的早期表现）则采取普遍性的解决方案，也就是制定某种规则、政策或原则，并结合实际来处理问题。而真正的特例性问题则必须个别处理。

（2）对商业伦理道德问题进行定义，即回答我们遇到的是什么问题，明确所做的定义是否能解释已发生的情况，是否能解释所有情况。高效决策者明白，在对问题进行定义的这一步骤中，应该避免出现貌似合理、实则不全面的定义。在这一步骤，还应明确定义所要促成的目标。

（3）明确决策的限定条件。“限定条件”即决策必须实现什么目标。决策的最低目标是什么，必须满足什么条件。只有满足了限定条件的决策，才会是有效的决策。

（4）判断哪些是符合限定条件的“正确”决策，而不是先考虑决策可否被接受。若从一开始就考虑“什么样的决策会被接受”，那么决策过程往往会丢掉重点，这便不利于做出有效的决策，更不用说正确的决策。应恰当运用前面所述的道德决策模型以促进决策的正确性和有效性。

（5）在制定商业伦理道德决策时，应将实施行动考虑在内。要将决策转化为行动，在制定决策时就必须确认：将决策告知哪些人。采取哪些行动。由谁来执行。为了使执行者能够胜任，任务应该是什么样的。

（6）对照实际执行情况检验决策的正确性和有效性。决策过程中还必须建立信息跟踪和汇报机制，不断将决策的预期目标与实际情况进行对照。高效管理者往往通过一个要素明确、步骤清晰的系统化过程来进行重大决策。

【关键概念】

道德滑坡（Moral Decline）
囚徒困境（Prisoner's Dilemma）
道德风险（Moral Hazard）
逆向选择（Adverse Selection）

【复习思考题】

1.分析经济人、道德人与“囚徒困境”的相互关系。
2.商业伦理道德风险产生的原因有哪些？
3.试述道德风险与逆向选择的联系、区别及解决方法。
4.试论述伦理评价理论中的公正论。
5.分析商业伦理判断的影响因素。
6.简述商业伦理道德决策的主要模型与步骤。

【案例分析题】

山西天元集团“助人成功”，更要“助人成长”

山西正和天元科贸集团（简称天元集团）坐落于山西省阳泉市，创建于1982年，2002年经过股份制改革，成为按照现代企业制度标准成立并规范运作的股份制公司。

作为集团创始人，我坚持学习践行儒家商道智慧，并将其融入企业经营和管理实践，逐步形成了“帮助人成功”的企业精神和“公益、慈善、仁爱、感恩”的企业文化，收获了企业和员工的幸福，实现了企业文化生态、产业生态、环境生态和社会生态的和谐统一，集团也成为实现达己与利他和谐共进的平台。

每一个人、每一个企业的成功都不是偶然的，天元集团40年的发展，就是顺应了历史，时刻与党和国家同频共振。在发展中，我逐渐形成个人价值观，并进一步形成天元经营理念，成功塑造了“天元精神”和“天元文化”。

1982年，我用仅有的3万元承包经营了阳泉供销社电器门市部，历经16年发展，当年的路边小店发展成为营业面积1.2万平方米的家电商场。20世纪90年代供销社改制，我毅然辞去了阳泉市供销社副主任（副县级）的领导职务，自断后路，全身心投入企业股份制改革。2002年，阳泉天元家用电器有限责任公司成立，成为阳泉市首家股份制企业。

公司成立后，我将公司股权全部分配给员工，让每一个员工都做企业的主人，享受改革带来的红利。公司以现金形式退还了全部国有资本，完成了企业所有制和员工身份的“两个置换”。

公司改制，做到了没有一名员工下岗，没有一分钱的国有资产流失，没有一分钱的债务悬空，成为阳泉市成功改制的标杆企业，载入阳泉市七十年大事记，我本人被授予“庆祝中华人民共和国成立70周年纪念章”。

秉持“帮助人成功”的企业精神，在公司这个平台上我想为所有渴望成功的人搭建平台、创造机会，帮助他们快速成功，帮助他们赚钱。于是，公司制定了“三百愿景”——培育百名经理人、培养百名百万富翁、打造百年老店。

通过这样一个一个地帮扶，公司内部涌现出一批市场开拓能手和经营人才，公司的业务步入正轨，很快百名经理人有了，百万富翁也相继出现。“三百愿景”里的前两个愿景逐一实现。

公司效益好了，经理人也挣钱了，但新的问题出现了：有的人开始享乐至上、唯利是图，不讲道义；有的人滥用职权、公私不分，触碰了道德和法律的底线；也有的人在财富面前迷失自我，家庭出现危机甚至破裂；还有的自我膨胀、盲目自信、脱离企业、单干发展。

总之，这些人或被市场经济的大潮淹没，或被追究法律责任，或被自我淘汰。面对经营中面临的新情况、新问题，我躬身自问，帮助人赚钱错了吗？带着这些疑问，我去清华大学和北京大学寻找答案。

2004年，我去北大读MBA。老师说，中国民营企业平均寿命6至7年，个体企业平均寿命只有2.9年。我就问自己，我的企业到底要成为一家什么样的企业，怎么做才能持续经营，做到百年？经营企业的目的和企业存在的价值究竟是什么？

为此，我开始研究企业的生命，研究“我是谁，我要到哪，我要怎么走”。直到接触了国学和儒家文化，才让我豁然开朗，感觉终于找到了方向。我领悟到，企业要想持续发展，就要依道而行，这个道不是利润或财富，而是要有比利润更高的目标和追求。这个目标，就是承担更多的社会责任；真正的财富不是钱，而是人格和品德；企业不仅要让员工富口袋，更要让员工富脑袋，为员工创造物质和精神两方面的幸福。

从北大学习归来，我将企业文化建设作为公司首要战略，以儒家文化作为企业文化的精神源泉，重新构建了企业文化体系，明确提出企业使命、目标、愿景，形成了天元“成人达己”的文化理念，确立公司第一目标是“实现员工幸福、为社会创造价值”，以“家”文化落地“成人达己”。

公司立家规、树家风、传家训，构建了“四代、四用、五看、六法则、八心、十修在当下”的文化体系。

在天元文化墙上有五个醒目的大字：净、静、敬、境、镜。这五个字，是天元人修为自己的次第。

干净，是环境干净，自己的内心干净，做事与做人的干净。

安静，知止而后有定，定而后能静，静而后能安，安而后能虑，虑而后能得，平实谦虚不浮躁。

恭敬，爱岗敬业，恭敬万物，“畏则不敢肆而德已成”。

环境、境界，站位要高，格局要大，不仅关爱身边的人，更要有民族大义、家国情怀，要有为国家、为社会、为人类创造价值的目标和追求。

镜，以史为镜，以人为镜，对照内观自省，使自己向上向善，做一个高尚的人，一个纯粹的人，一个有道德的人，一个有益于人民的人。

专家点评：天元集团秉承“帮助人成功”的企业精神，将中华优秀传统文化落实到企业，成功转化员工、顾客、合作厂商、社区群众乃至社会大众的思想，为中国企业经营提供了宝贵的经验：企业既要为员工创造幸福，更要为社会创造价值，成为提升能量造福众生的“公器”；企业既要“助人成功”，更要“助人成长”，实现物质与精神的双丰收；企业既要“化废为宝”，更要“化恶为善”，承担自然与社会的双责任。而在不断付出爱心的过程中，企业自然得到了发展。成人而成己，成己而成物，企业经营形成了良性的循环，企业精神也得到了善性的积累，这正是新儒商企业的成长之路。

资料来源：李景春．成人达己，构建天元经营理念［J］．企业管理，2022（5）：42-46.

讨论问题：

1.天元集团的公司发展历程与其公司现实状况如何？

2.天元集团的公司文化是什么？哪些地方值得借鉴？

第三章

商业伦理道德原则

【经典警句】

诚者，天之道也；诚之者，人之道也。

诚者，不勉而中，不思而得，从容中道，圣人也。

诚之者，择善而固执之者也。

——《中庸》

博学之，审问之，慎思之，明辨之，笃行之。

——《中庸》

诚则明矣，明则诚矣。

——《中庸》

十善业道。何等为十？谓能永离杀生、偷盗、邪行、妄语、两舌、恶口、绮语、贪欲、嗔恚、邪见。

——《十善业道经》

人民有信仰，民族有希望，国家有力量。

——习近平

【学习目的与要求】

1.了解企业推行集体主义原则的目的；

2.明确企业诚实守信原则的内在要求；

3.理解企业坚守义利统一原则是现代企业强大之源泉；

4.掌握公平与效率兼顾原则的含义及要求；

5.熟悉公平公正公开公信原则的特征与内容。

【导言】

从传统儒家思想到新儒商精神

传统的儒家思想强调"以仁为本"，孔子将"仁"定义为"爱人"，认为一个人如果能够做到恭敬、宽容、诚信、勤慧、慈爱，那就算是"仁"。

儒家经典《大学》中说："生财有大道，生之者众，食之者寡，为之者疾，用之者舒，则财恒足矣。仁者以财发身，不仁者以身发财。"意思是：生产财富有正确的途径。生产的人多，消费的人少；生产的人勤奋，消费的人节省，如此财富才会保持充足。仁爱的人仗义疏财以修养自身德行，不仁的人不惜以生命为代价敛钱发财。

中国古代涌现了以子贡、范蠡、白圭、王亥等为代表的商人群体，这些人身上都烙印着深刻的儒家痕迹，特别是孔子门生子贡，他被誉为"儒商之祖"，支撑起儒家思想在经商方面的高度。

所谓"儒商"，并不是指读书人经商或商人有读书人的气质，而是商人要以儒家"人为本""和为贵"的理念为基础，有家国天下的情怀，经商则是取财有道的一种途径和方法。

党的十八大以来，习近平总书记在重要讲话中多次提及"企业家精神""企业家作用""企业家才能"等关键词，充分体现出党中央对企业家群体的高度重视，加之中华优秀传统文化复兴掀起时代热潮，促使"儒商精神"在近年迅速升温，备受推崇。

面对全球经济复杂多变的发展趋势以及高质量发展的现实要求，企业家亟须通过新思路、新方法实现突围。向历史要智慧、要经验、要启示——正是在这样的背景下，"儒商精神"被许多中国企业家运用到日常经营管理中，助推企业转型升级，提升企业凝聚力、品牌影响力、产品竞争力，"儒商精神"也在此基础上不断发展形成"新儒商精神"。

"新儒商精神"在践行儒家经营管理理念、弘扬儒家伦理道德精神、履行儒家社会责任和使命的同时，更加强调创造性转化和创新性发展，使古人的智慧符合时代和中国发展现状的需求，并与现代商业模式有机结合，构建具有中国特色的商业文化。

作为新时代的中国企业家，有责任也有义务用中国优秀传统文化为企业把脉、引航，"新儒商精神"便是一种积极而有意义的尝试。相信在不远的将来，会有更多中国企业家以"新儒商精神"为指引，将中国商业文化不断推向新高度。

资料来源：李公绥. 从传统儒家思想到新儒商精神［J］. 企业管理，2022（5）：1.

商业伦理道德原则到底应该由哪些内容组成呢？构成商业伦理的基本原则有几项：集体主义原则、诚实守信原则、义利统一原则、公平与效率兼顾原则、公平公正公开公信原则。集体主义原则区别于其他四个原则，是基础原则。推行集体主义原则的目的是打造优秀企业团队。而只有拥有共同目标和价值观的团队，其他四个原则才有可能得以实现。它们之间的关系可参见图3-1。

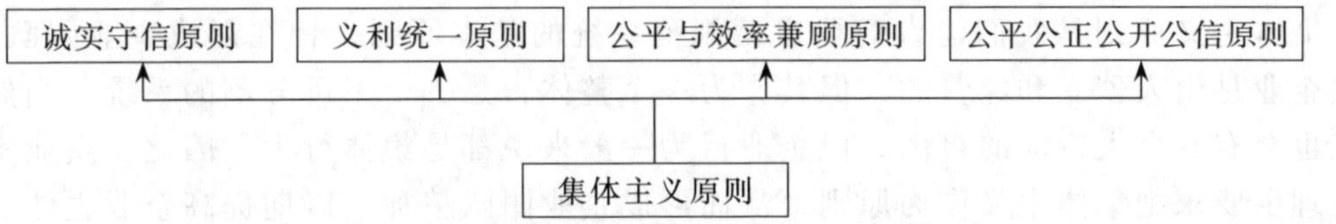

图3-1 商业伦理道德原则关系构成图

集体主义原则的精神，充分体现社会公众对于商业伦理的基本业务要求；还应体现商业伦理的基本特点，使之成为规范企业员工的行为和进行商业道德评价的基本标准。要使共性和个性有机结合起来，仅用一个商业伦理道德基本原则是难以囊括的。因此，我们提出了商业伦理道德的上述四个具体原则。

● 第一节 集体主义原则：打造优秀团队

一、企业推行集体主义原则的地位层次

（一）奠定集体主义原则的时代背景

1.集体主义精神在企业中表现为企业的凝聚力、向心力和命运共同体

从计划经济体制转向市场经济体制，同时也是个人义务本位转向个人权利本位。因此，在市场经济体制下，个人利益更加突出。这种市场经济不是放任自由的传统市场经济，而是国家宏观调控的现代市场经济。党的十八届三中全会公报指出，公有制为主体、多种所有制经济共同发展的基本经济制度，是中国特色社会主义制度的重要支柱，也是社会主义市场经济体制的根基。我们认为，现代市场经济竞争的主体首先是企业，企业成为社会主义市场经济的价值主体和功利主体，是兼容伦理性和经济性的协作利益集合体。集体主义精神在企业中就表现为企业的凝聚力、向心力和命运共同体，企业行为及其结果具有直接经济意义与重要伦理意义。

2.集体主义作为公民道德建设原则的依据

2013年5月4日，习近平总书记在同各界优秀青年代表座谈时的讲话中指出：要加强思想道德修养，自觉弘扬爱国主义、集体主义、社会主义思想，积极倡导社会公德、职业道德、家庭美德。党的十八届三中全会对培育和践行社会主义核心价值观做出了重要阐述，中共中央办公厅于2013年12月23日印发了《关于培育和践行社会主义核心价值观的意见》，也进行了具体部署，明确指出："富强、民主、文明、和谐是国家层面的价值目标，自由、平等、公正、法治是社会层面的价值取向，爱国、敬业、诚信、友善是公民个人层面的价值准则，这24个字是社会主义核心价值观的基本内容。"

社会主义核心价值观是实现中国梦的力量源泉。在全社会大力倡导社会主义核心价值观，引导人们自觉追求和实践中国梦所蕴含的价值理想，就能不断增强人们的道路自信、理论自信、制度自信、文化自信，激发开拓创新、奋发进取的精神力量；社会主义核心价值观是全面深化改革的推进器。用社会主义核心价值观引领社会思潮，能够最大程度引导广大干部群众把个人价值追求转化为国家和社会的共同价值取向，更好地凝聚共识、形成合力；社会主义核心价值观是破解转型期思想问题的导航灯。用社会主义核心价值观解疑释惑、正本清源、指引方向，就能巩固全体人民团结奋斗的共同思想道德基础。

3.集体主义原则旨在形成企业团队精神

集体主义原则是我们建设商业道德规范系统的基本原则，旨在形成企业团队精神。虽然企业是由人创立和经营的，但其作为一个整体，是一个不可分割的系统。当然企业员工也会有其个人行动的自由，但企业行为一般来说都是集体行为。因此，企业实践活动有理由要求把集体主义作为原则，从而形成企业团队精神，以期提高企业主体的经济利益。

（二）集体主义原则的地位与层次

1.集体主义原则是一切道德理论的核心

集体主义原则成为社会主义道德的基本原则，并不是偶然的，在道德理论方面具有充足依据。从社会主义道德最一般原理上看，集体主义原则必然是社会主义道德的基本问题的具体体现和集中反映。一切道德问题都是围绕集体主义这一道德基本问题展开的，最后必须借助于道德基本原则方能解答其他道德理论问题。所以，集体主义原则是一切道德理论的核心，是解答疑难道德理论问题的基本原理。从这个意义上讲，集体主义原则贯穿于马克思主义道德理论体系的始终，必然成为基本道德原则。

2.集体主义原则处于道德规范体系的最高层次

从社会主义道德规范体系上看，集体主义原则在本质上是该体系规范之一，且高于别的具体规范，是说明和统驭别的具体规范的最高道德规范，处于该道德体系的最高层次，并对其以下层次的具体道德规范和道德范畴起着指导的作用。从社会主义道德评价体系上看，人们评价善恶的尺度，评价利益的尺度，作为劳动力标准的尺度往往具体化成集体主义尺度。也就是说，集体主义原则是衡量人道德境界高低的最基本的评判标准。

二、集体主义原则的主要内容

（一）集体利益与个人利益的关系辨析

社会主义的集体主义原则的首要任务是辩证地统一集体利益与个人利益之间的关系。在我们社会主义国家，实现集体利益与个人利益的辩证、有机的统一，是社会主义的集体主义原则所追求的最高的道德目标，是社会主义道德的最核心内容。

1.集体利益的含义

集体利益是以无产阶级为核心的所有劳动社会公众的整体利益，是由无产阶级与广大社会公众所组成的利益集体在政治、经济、精神、文化诸多方面利益的总和。其系统价值目标与共产主义理想的集体利益保持一致，是介于理想的集体利益与虚幻的集体利益之间的一种现实的集体利益。

2.个人利益的含义

什么是个人利益呢？个人利益是劳动者个人全部需求的总和。这种个人利益首先体现为解决个人在经济上需求的个人经济利益，在今天分别体现为满足个人在政治、文化、精神等诸多方面需求的个人政治利益、个人文化利益和个人精神利益。

3.正当个人利益与不正当个人利益之分

个人利益在任何时候、任何地方都是一种客观存在，且有正当个人利益与不正当个人利益之分。在一定的历史条件下，上述的两种个人利益有时还会相互转化。还应明确，只有社会、国家、民族根据社会生产力的实际情况相对公平地提供和分配给个人的利益，方才是正当的。我们每个个人则应当根据社会的道德尺度，合理恰当地节制个人的无穷尽欲望，克制个人的无穷尽的物质与精神需要，追求正当的个人利益，放弃且排斥不正当的个人利益，从而与集体利益保持道德目标和手段上的协调一致性。

（二）实现集体利益和个人利益的辩证统一

1.集体主义原则强调集体利益与个人利益的辩证性

集体利益与个人利益是辩证的关系，既有统一性又有不一致性。统一性表现在：一方面，集体利益是个人利益总和的载体，是个人利益最直接、最现实、最权威、最集中的代表。另一方面，个人利益是构成集体利益的必要元素，是健康发展的、极其活跃的。不一致性表现在集体利益会偶尔与个人利益相冲突。但是从长远和整体来看，集体利益与个人利益是根本一致的。

2.集体主义原则强调集体利益与个人利益的统一性

首先，从集体利益角度看，集体利益不是虚构的，不是完全凌驾于个人利益之上的利益实体，而是实实在在由集体中各个具体成员所追求的个人利益在集体方面所表现的总和。其次，从个人利益角度看，个人利益不是孤立的，不是完全脱离集体之外的利益个体，不是独立于集体利益之外的纯粹的个人利益，而是实实在在的个人利益，但是这些个人利益应该体现集体主义精神并且被集体认同。集体主义原则最高目标就是促使集体利益与个人利益相互依赖、和谐共生、同步实施、共同完善，实现集体利益与个人利益的根本统一。

3.集体主义原则强调集体利益与个人利益的辩证统一

集体主义原则要求集体利益和个人利益的辩证统一赖以存在的基础是集体利益高于个人利益。虽然，我们知道集体利益与个人利益都很重要，但在两者之间进行权衡，集体利益更为重要。集体主义原则强调集体利益至上性的原因是只有更关注现实的、真实的集体利益，集体中的个人利益方可得以最佳实现。集体利益没有实现，个人利益也就无法实现。

也就是说，实现了集体利益才有可能实现个人利益，集体利益的实现是个人利益实现的前提条件，是个人利益实现的基础。对于集体利益至上性这一点，我国有源远流长的传统，“国家兴亡，匹夫有责”。集体主义原则倡导集体利益至上性，其出发点和归宿是兼顾集体利益与个人利益两个方面。

4.集体主义原则强调和颂扬必要情况下的自我牺牲精神

集体主义原则在强调集体利益与个人利益的辩证统一、明确集体利益至上性的同时，强调在十分必要之时，个人利益应该服从集体利益，甚至不惜牺牲个人利益来维护集体利益。当然，这种个人利益的自我牺牲不是随时随地随意随机的，而应是一种在必要的情况下，服从和维护集体利益的方式。为了准确地坚持集体主义原则，维护集体主义原则，我们必须摒弃各种形式的不合理功利主义原则、极端个人主义原则和利己主义原则，使集体主义原则真正发扬光大。

三、企业推行集体主义原则目标：培养优秀企业团队

任何团队都是一个有机的整体。作为企业员工的个人，是完全渴望加入到这个有机的整体之中的。正如利皮特博士所说的：“人的价值，除了具有独立完成工作的能力外，更重要的是要有和他人共同完成工作的能力。”在现实的市场竞争环境中，根本就不可能只凭个人的力量来大幅度地提升企业竞争力，而团队力量的发挥已成为赢得竞争的必要条件，企业的竞争优势在于它能比别的企业更充分发挥团队的力量。

（一）优秀企业团队的巨大影响力

一个优秀的企业团队，能更好地执行企业的经营和质量方针，能更好地达成企业的质量目标；一个优秀的企业团队，能更好地达成让顾客满意的目标；一个优秀的企业团队，可以使企业永续经营下去。

优秀的企业团队，其影响力是深远的。

（1）优秀的企业团队能够对团队内个体的行为产生约束及潜移默化的影响，逐渐形成团队行为及行事规范，并且团队会形成一定的行事风格与准则。

（2）优秀的企业团队能调整每个个体的期望值，尽力使其保持高度一致，而这个高度一致的期望值正是这个团队所要达成的目标。

（3）优秀的企业团队内个体间的互助及影响能产生集群效应，即个体在团队中受到影响，往往能使其发挥超出个体原本的能力，这种影响不是主管与部下一对一的互动能够替代的。也正是这种超常规的发挥使得优秀企业更加优秀，极大地提高了企业创造价值的能力。而个体间的信息共享，又有效地解决了团队或是企业内部的沟通和协调问题，从而对企业工作效率的提高起到了深远的影响。

（4）优秀的企业团队通常具有很强的凝聚力，而这绝对是关乎团队或企业成功的关键之所在。

【专栏3-1】 **海南航空公司文化**

海南航空控股股份有限公司（以下简称“海南航空”）于1993年1月成立，致力于为旅客提供全方位无缝隙的航空服务，打造安全舒适的旅行体验。自2011年起，海南航空凭借高品质的服务及持续多年的创新，已连续九年荣膺国际航空运输评级组织SKYTRAX“世界五星航空公司”称号，并于2019年跻身“全球最佳航空公司TOP10”榜单第7位。

海南航空积极践行企业文化，以“大众认同、大众参与、大众分享、大众成就”为共同追求，运营中努力遵守道德行为标准。海南航空提出的“同仁共勉”如下：“团体以和睦为兴盛；精进以持恒为准则；健康以慎食为良药；争议以宽恕为旨要；长幼以慈爱为进德；学问以勤习为入门；待人以至诚为基石；处众以谦恭为有理；凡事以预立而不劳；接物以谨慎为根本。”

为贯彻诚信合规文化，传播诚信合规理念，落实诚信合规职责，海南航空制定了《海南航空诚信与合规行为准则》，指导海南航空及海南航空员工诚信合规经营和履职，培养海南航空员工对海南航空的认同感、使命感和责任感，维护海南航空声誉。

海南航空以“海航精神”价值体系为引领，将社会责任提高到企业发展的战略高度，坚定履行政府责任、股东责任、员工责任、客户责任、伙伴责任等基础责任，并不断向社区责任、环境责任、公益慈善等外延责任扩张，积极推进企业社会责任建设。其社会责任发展目标为以可持续发展为核心，以履行社会责任为载体，以打造世界卓越航空公司为目标，建立社会责任管理体系，履行ISO 26000核心议题工作，促进海航与社会的和谐共赢与可持续发展。

海航精神由共同理想、共同信仰、共同追求和共同理念构成。海航人的共同理想是“造福于人类的幸福与世界的和平”；共同信仰是“天佑善人、天自我立、自我主宰”，是“真、善、美”，是“无疆大爱”；共同追求是“大众认同、大众参与、大众分享、大众成就”；共同理念是“诚信、业绩、创新”。

资料来源：海南航空公司网站。

（二）组建优秀企业团队的四大要件

1.优秀企业团队有共同的目标与共同的期望

优秀企业团队要有共同的目标、共同的期望，这是形成一个团队的首要条件，而这也正是企业与员工的伦理道德规范的重要组成部分。企业与员工的伦理道德规范是企业中一整套共享的观念、信念、价值和行为规则，以至得以促成一种共同的行为模式。共同的目标、共同的期望亦是形成员工对一个团队、一个企业的忠诚的重要方式。

影响员工团队意识的关键问题有如下几个：员工是否了解企业的发展目标？他们能否直接影响企业的成功？能否明确他们的职责？在创新制胜的知识经济时代，企业是否意识到员工的忠诚奉献已成为企业求发展的关键？

传统的命令加控制模式对确保企业成功已显得苍白无力，因为企业的关键资源就存在于其员工的头脑中。唯有切实了解员工的期望和需求，发展新型的员工与企业关系，才能让员工释放出，而不是被挤出自己的能量。只有这样，一个团队、一个企业才能够茁壮成长，不断地从一个胜利走向另一个更伟大的胜利！

2.优秀企业团队必须有良好的沟通协调

沟通是团队有效合作的前提。正如沃尔玛总裁所说的："如果要将沃尔玛体制浓缩成一个思想，那可能就是沟通，因为它是我们成功的真正关键之一。"丹佛大学斯蒂芬·艾尔布思克（Stephen Erbschloe）所作的一项研究表明，他所研究的46家企业之所以面对互联网带来的商业机会行动迟缓，最主要的两个原因就是：交流的贫乏和行政上的混乱。

使交流成为一个团队、一个企业里的优先事项，并且让每个员工都知道企业重视交流；为员工提供同管理层交谈的机会；建立互相信任的氛围。这是优秀的企业团队要达到有效的沟通协调至关重要的三个条件。为了实现良好的沟通协调，领导应该为员工提供更多的交流平台，并且走出办公室与员工近距离交流，而不是仅仅聆听汇报。

3.优秀企业团队必须具有优秀的激励机制

因为只有进行有效激励，才能极大地调动员工的积极性和创造性。在优秀的激励机制下，一个团队始终以高昂的士气、进取的精神来达成企业的目标，这是企业管理上不懈追求的境界。因此，要实行"赛马"机制，通过"赛马"，优秀的人才能够脱颖而出并且得到锻炼。

在这样一个优秀的团队内，每个人都有自己的"海洋"，每个人手中都有一张航海图、一个罗盘，以便能发挥自身最大的潜能。总之，在这样的一个优秀团队内，每个人的精力、热情、努力、活力等这些"E"元素都被统统激发了出来。

4.优秀企业团队必须具有创新能力

没有创新能力的团队不能被称为优秀的团队。现今，企业面对的是独具慧眼并且具有高智商的客户群，而且客户的需求日趋多样化，这就要求企业团队要具备高度的弹性、敏捷性以及旺盛的创新活力，从而更好地满足客户的要求。在塑造这样的团队时，就要把弹性以及创新观念根植于团队的意识之中，使每一位员工都习惯于改变并且勇于改变。要清楚改变是任何改善的前提，永远不变的就是"变"！

● 第二节　诚实守信原则：企业经营之灵魂

一、企业员工贯彻诚实守信原则的内在要求

（一）诚信是评价竞争行为的道德准则

1."诚"与"信"的基本含义

"诚"是指诚实，"信"是指信用、信誉、信念。诚与信是中华民族的传统美德。中国

古代思想家十分重视这两种德行，认为诚信是人安身立命之本。诚与信是紧密相联的，凡是真正的诚实之举，本身就显示出信用，也肯定能得到别人的信任；而真正守信用的行为，本身就是当事人诚意的反映，所以在评价人的行为时，人们往往将“诚信”连用。在人们的实际生活中，诚信一直作为基本的道德准则。欺诈、虚妄、投机取巧的行为总是被人所不齿。竞争行为是市场经济条件下人活动的主要方式，因而诚信同样是评价竞争行为的道德准则。

2.“诚”与“信”的基本关系

如果说“诚”在竞争中更多体现为主体的一种道德观念和精神境界的话，那么“信”在竞争中更多体现为一种为人处世的态度和行为作风。两者互为映射，前者是后者的基础，后者是前者的反映。只要以诚待人，以诚办事，就一定能以信取人，以信成事。这样，在竞争活动的各个方面，如生产经营、产品质量、市场营销、企业洽谈、履行合同及服务方式等，各主体就都能本着诚信原则，开展公开、公平、公正的竞争。

党的二十大报告指出：“弘扬诚信文化，健全诚信建设长效机制。发挥党和国家功勋荣誉表彰的精神引领、典型示范作用，推动全社会见贤思齐、崇尚英雄、争做先锋。”

（二）良好信誉本身就是宝贵的无形资产

1.信誉更多依靠企业员工的清醒意识和自觉行动

讲究信誉则更多依靠企业员工的清醒意识和自觉行动，即企业和员工为了自己的良好信誉而恪守信用。在市场竞争中，经营者（无论是个人还是企业）的良好信誉本身就是一笔宝贵的无形资产。当然，经营者的信誉表现在产品质量、工艺和技术等硬实力方面，但更重要的则是表现在重约守信、真实无妄、诚实守信的软实力方面。对信誉的追求表明企业员工认为竞争活动的关注点不仅仅在于获取利润，更重要的是要展示自己良好的形象和为人处世的品格，把求利和做人结合起来。

2.信念是“信”中最高层次的境界

信念不仅体现了企业员工充分的自觉性，而且表明了其明确的价值目标。企业员工恪守信用原则，其动机不是出于生意的需要和功利的考虑，甚至不仅仅是为了顾及自己的形象和信誉，而是出于深植于内心的信念，是信念的外化。

二、诚实守信：企业立业之根本要求

（一）企业员工“诚”与“信”的三层内容

1.企业员工“诚”的三层内容

对于广大的企业员工来说，坚持诚实守信原则就是要求其立足企业实践，力行诚实守信。如果把诚信二字分开要求，我们认为，“诚”对于企业员工而言至少有三层内容：

（1）忠诚于自己所承担的企业事业，热爱本职岗位；

（2）诚恳善待与自己企业工作有关和无关的人们；

（3）热诚勤勉地做好企业工作，精益求精，追求卓越。

2.企业员工“信”的三层内容

“信”对于企业员工而言至少也有三层内容：

（1）讲究信用，信守诺言，实话实说，只做真账；

（2）树立企业信誉，创建企业品牌，提高企业知名度，让公众信服；

（3）信任他人，像相信自己一样相信企业同行和他人。

从整体看，企业诚信品质的内容包括良好的商业伦理道德和企业操守，完善的企业信息和优质的服务。所以，完全可以说，诚信是企业立业之根本，是企业之根基。企业诚信建设是一项庞大的系统工程，需要多方面的共同努力。但无论如何，外因只是变化的条件，内因才是变化的根本。从这个意义上讲，企业员工的道德诚信素质将对企业诚信建设发挥决定性作用。

【专栏3-2】 “中国好人”刘希辉：拉面店主撤店不“撤”诚信

2021年10月16日，山东省齐河县齐鲁大街，一家拉面馆紧锁门窗，店内大部分摆件已被搬空，仅剩下几张长椅和橱窗上两张醒目的退款公告。这家店已关门2个月了，这期间店主一直想方设法为1.4万余名会员办理储值清退，额度超32万元。

这家拉面馆的店主就是刘希辉。为了退还会员卡内的储值款，“85后”的他扛住资金压力和重重困难，甚至忍痛割爱，卖掉了送给妻子的结婚纪念日礼物。“做生意要讲究诚信，给储值的顾客退款是我和妻子的共识，不然心里始终惦记着。”

一、创业，是一件“双向奔赴”的事

2020年11月16日，刘希辉和合伙人白阿凯的拉面馆正式营业。“把面做好、把店经营好，让爱吃面的顾客都能吃到自己喜欢的面”是他们的初衷。在他们的精心经营下，店里的营业收入超过了预期。撤店前，店里储值会员已有1.4万余人，卡内余额加起来超过32万元，一个会员平均20多元储额。“很多顾客都是回头客，还介绍了朋友。顾客的储值就是对我们的信任。”刘希辉相信，这是他和顾客的“双向奔赴”。

正因如此，刘希辉和白阿凯决定撤店时，毫不犹豫地选择给储值的顾客退款。“顾客支持我们，越是这样我们越要把这件事做好，所以当时哪怕借钱、贷款，我也都尽力先筹钱退给大家。”

刘希辉和妻子商量后，卖掉了家中的摩托车，那是他送给妻子的结婚纪念日礼物，承载了很多美好回忆。“当时是我媳妇去卖的，她哭得稀里哗啦的，买主看到后都不忍心，说给我们加点钱吧，并且一直在安慰她。”刘希辉说。

二、迎难而上，诚信退款

相比筹款，操作办理1.4万余名会员的退款更为繁琐。“首先是在我们店门口、微信公众号还有抖音账号上发布退款公告，看到退款公告来联系的会员，我们要核实他们的身份信息和金额后方可退款。其次是担心有顾客看不到公告，我们就给每个顾客打电话，通知他们，核实信息，无误后就线上退款。还有一些老年顾客可能不会操作微信之类的线上退款，我们就抽空把现金送上门。最后一些联系不到的顾客，我们就根据档案周期性地打电话，等联系上了就赶快退款。”

很多顾客剩余储值额度仅有几元钱，体谅他们创业不易，主动提出不要退款了。“我特感动，但是坚持退款，一分也好、一百也好，都是要退给大家的。”刘希辉说。他和妻子当时正在筹备新店开张，两头兼顾，周末也顾不上休息，忙着打电话、对金额、做记录。“真是没想到有如此大的工作量。”刘希辉和妻子回忆说。

三、人无信不立，业无信不兴

橱窗上的退款公告中写着：“我们只要精神上的支持，不要物质支持。大家挣钱都不容易，请务必接受退费。”

如今，退款仍在继续。刘希辉还在寻找着没有完成退款的顾客，他坚持要把这件事做完。他认为，生意也好、做人也好，讲究诚信是最基本的。“信任建立起来很难，也不难，因为我相信如果始终坚持诚信对人，那久而久之别人也一定会信任你，这都是相互的。但是一旦有一次不诚信，那可能再让别人信任就很难了。”

现在，刘希辉和合伙人白阿凯在老家重新选址，把店开了起来，很多老顾客专门跑过来吃面。“等拉面馆运营模式更加成熟后，我们会为大家提供更好的服务。”刘希辉说。

资料来源：穆子叶．“中国好人”刘希辉：拉面店主撤店不“撤”诚信［EB/OL］．［2022-08-16］．https：//www.xuexi.cn/lgpage/detail/index.html?id=3553485925716420944&amp；item_id=3553485925716420944.

（二）贯彻诚实守信原则的内在要求

1.正直客观的立场

保持正直客观的立场是企业员工具备优秀诚信品质的首要要求。

正直是社会公众信赖企业员工的一个关键品质因素，但对这种品质很难评价，因为企业员工的一个特定的疏忽或失误，可能是由于无意的失误，也可能是由于缺乏正直品质；而一些企业发生的大案要案，更多的是当事企业员工缺乏正直品质而共同舞弊所造成的。

客观指的是企业员工在经营时保持不偏不倚的、公正的态度的能力。由于这种态度包括个人的意识活动，因此，对客观性的评价主要基于在弄清事情来龙去脉的过程中观察到的企业员工行为及其相互关系。

正直和客观虽然无法准确度量，但却是企业员工必须牢记于心的信条，企业员工应自觉将其付诸实践。

2.公正平等意识

在社会主义市场经济条件下，建立以诚信为核心的道德秩序，首先要求企业员工应具备公正平等意识。如果企业员工没有追求公正平等的意识，他们就不可能有对诚信的强烈要求；如果企业员工没有机会公正平等地参与企业运营，就不可能有公正平等的交易，就不可能有企业权利和会计职业道德相对应的契约，诚实守信原则也就不可能得到贯彻执行，这样经济也就不是信用经济、伦理经济，更不是健康可持续发展经济。

3.笃信虔敬态度

在讲究公平与效率的市场经济社会中，企业员工要想得到社会及人们的尊重和信任，就必须对自己所处的社会、对自己所从事的事业、对社会交往的规则持一种笃信虔敬的态度。市场经济社会中的企业员工，都要靠对自己的本职工作的敬业精神和职业能力来获得社会的尊重、信任。

企业员工如果能诚心诚意地怀着笃信虔敬的态度对待自己的本职工作，那么他们就能更有效率地完成其本职工作，就会产生更多先进的思想。本职工作完成得有效率、有成果，自然就会为企业和员工带来社会信誉。第一，企业员工个人信用也是一种对诚实守信原则的敬畏精神，员工应把诚实守信原则看成自己的安身立命之本。第二，企业员工个人信用具体体现在企业工作、个人信贷、个人消费以及个人与他人、银行等交往时所恪守的态度之中。

4.企业经营判断与责任能力

企业员工应具备的诚信素质，并非仅指人们的人品和情操意义上的信任，更主要的是对人的经营判断及责任能力的信任。在市场经济中，社会所要求的“诚信”是以经营判断及责任能力为基础的。企业经营判断与责任能力简单地说就是指企业员工负责任地执行企业业务的判别能力。企业员工仅有企业诚信意义上的责任感还不够，还需要有实现自己的企业诚信诺言的企业经营判断与责任能力。

我们到市场上买商品，首先要看经营者提供的商品和服务本身是否令人满意；银行和金融机构在货币市场、资本市场上进行信贷活动，首先要考察信贷对象是否有偿还能力；财务、会计及审计机构发布财务与会计信息，提交审计报告，首先要看这些机构能否进行严格的质量控制，坚决不做假账，出具真实客观的财务报告及审计报告，不断提高企业经营判断与责任能力。

● 第三节　义利统一原则：现代企业强大之源泉

一、义利统一：实现商业伦理道德与利益的最佳结合

义与利的关系是一个长盛不衰的伦理学话题。现代企业为了谋求持续、稳定、协调的发展，必须寻求义利统一，实现道德与利益的最佳结合。而传统文化的“义利之辩”值得我们注意：“利”应以“合义”为导向；合理的“利”为“义”，“义”之所在才是真正的“利”之所在。一旦见利忘义，多行不义必自毙！新时代的企业员工应确立如下“义利观”：

（一）公众利益是终极目的，个体利益不应逾越或凌驾于社会公众利益之上

从形式上看，企业与客户签订业务合同，似乎应唯客户利益是从。然而，从本质上观察企业服务，其业务约定的最终委托人是社会公众。尤其是上市公司，众多的现实投资者与潜在投资者、债权人等的公众利益是天然合理的，只有“公众利益”至上，即在面临不同方案选择的情况下，毫不犹豫地选择社会效益最大化的方案，现代企业才会不负公众的期望，最终得以持续发展。

（二）个体利益有其现实合理的存在性，“义”不必游离于“利”之外

强调“公利”（义）为本，并非固守虚假的社会本位主义，以否定“私利”的合理性及其道德上的遵循性，从而否定个体利益作为道德目的所具有的本质意义。事实上，个体利益的获取才是使一个社会、一个道德模式的合理性得以确证的最后依据。正因为如此，现代社会承认企业员工个体利益有其现实合理的存在性，正当之“义”不必，也不应该游离于“利”之外。

（三）当短期利益与长期利益发生冲突时，弃短就长，方为“合义”

企业的制度创新，不仅取决于职业界内部的自主选择，还取决于外部的约束偏好。走合伙制之路，可能使短期利益受到损害，因为对于给定的利益而言，合伙制比有限责任制意味着能获取的利益更低。因此，业内人士缺少选择合伙制的强烈动机。但一味指望用有限责任换取公众的无限信任，显然难以奏效。是应对现在，还是放眼未来，企业不难做出回答：短期利益的土壤里生长不出信用文化，长期利益才是滋养信用文化的雨露。

上述三要求确立以后，可以初步形成新义利观的框架：公众利益是企业永远的旗帜，个体利益是“义”的物质支撑，短期利益服从于长远利益。企业应记住伟大的思想家孔子的话，虽然富与贵是人之所欲，但“不义而富且贵，于我如浮云”！

中西方优秀企业的发展壮大历史也从事实上证明，从义利共存、义利共融到义利共

生，这是商业伦理发展的必经之路。

二、构建以义利统一观为基础的企业信用文化

（一）“信义”与“利益”的关系辨析

1.“义”与“利”的困惑

我们看到，传统的“信”是与“义”结合在一起的，或者说“信”随“义”走，“义”指向哪里，“信”就实践到哪里。所以，对于部分企业遗失了信用的问题，应从“义”的迷惘中去寻找缘由。一旦企业融入转型经济的洪流——“利”成为社会关系的基本内容的时候，传统与现实便在此发生了剧烈冲突，并引发了信用文化和信用秩序的迷失。

2.“义”与“利”的三种观点

观点之一是企业以营利为目的，似乎必须做到舍义取利；观点之二是企业作为市场经济微观机制运行的实体，体现着竞争规则和职业精神，既利他又利已，义必须在利前；观点之三则认为在通向超然独立的殿堂的途中，不必“守身如玉”，某些失信行为是可以理解的，也是难以避免的。显然，第一种观点会导致义与利的对立，第三种观点可能导致实务中对信用的放纵，只有第二种观点代表着新义利观导向。

（二）企业信用文化的基本要求

1.正直守信，率先垂范

正直守信，率先垂范，是现代企业信用文化的基石。一位经营大师说，人本正直，不应被迫正直。企业经常面临着如何让客户认可其出具的鉴证报告的问题，此时，诚实地表达自已的专业判断，正直地恪守道德标准，威武不能屈、富贵不能淫、虽挫折而不馁、受诱惑而不移！无论外部环境存在多少规范盲区和信号失真，不抱怨、不懈怠，始终守护心中对“义”的那份坚持。企业的职责毕竟非同一般，其“信用指数”有理由高出社会平均水平。

2.讲究良知，崇尚理性

讲究良知，崇尚理性，是现代企业信用文化的主体内容。有时，客户会提出超越专业规范的要求，试图购买鉴证意见；有时，客户会发掘专业规范的空白地带，获取非信用利益……企业要么屈服于利益，要么登高望远，让良知弹劾盲从。显然，后者是企业的正确选择。

三、肯定合理合法的功利主义

（一）经济与道德相互依赖的基础——正当功利

我们假设的前提，是把一切经济活动定义在“经济人”或“社会人”的基础之上，因此，经济与道德具有可分、不可分的两重性，急需解决的突出问题是：如何正确认识功利？如何解决功利性与超功利性、自律性与他律性的统一？

1.功利性与超功利性的两面性

市场经济具有功利性，它排斥超功利的道德，而不排斥那些允许个体追求、保持或争取自已正当功利的道德规范。例如，在一种为交易双方都能带来利益的买卖中，货真价实、童叟无欺是极其必要的——这里起作用的是诚实与平等的道德；在借贷活动中，守信用，及时付息还贷是极其必要的——这里起作用的是守信、负责任的道德；在市场的良性、有序竞争中，机会均等、排斥垄断和特权是极其必要的——这里起作用的是公平、公

正的道德；在独立审计中，委托与被委托是一种买卖关系，但审计应当独立、客观、公正地进行——这里起作用的是商业伦理道德和注册会计师的职业道德……

对这一类道德，不能称之为超功利道德，因为它并不要求人们完全放弃自己的正当功利，而只是要求人们放弃给市场经济带来负效应的不正当功利。这一类道德之所以是市场经济所需要的，是因为市场经济正常运转的基本前提是建立在机会均等基础之上的公平竞争。为了保证竞争的公平性，必须确立这样的市场规则：它一方面允许每个个体在竞争中追求自己的正当利益，同时，防止以一己之私的追求堵塞了他人的利益追求。体现在这些规则中的道德便是社会公认的公德。

2. 自律性与他律性的对立和统一

自律和他律是康德道德哲学用语。自律即支配人的道德行为的道德意志纯由自己的理性所决定，而不受制于外部必然性；与此相反，他律即支配道德行为的道德意志受制于外部必然性而非由理性自身决定。自律性是正当功利的道德本性。自律——把行善视为目的。自律是同行为的功利性相一致的，但作为纯粹"经济人"，自律与他律又是互相排斥的。而在实际经济生活中，人，在扮演"经济人"的同时，依然具有"道德人"的一面。在市场中就有可能出于某种非功利性的考虑，而放弃追求最大限度的物质利益，仅满足于适度利益。在这样的市场经济参与者的行为中，既有他律，也有自律的成分。处理得好，两者是一致的；处理不好，两者则是相互矛盾的，而且呈此消彼长的状态。"企业假账"就是在两者矛盾无法统一的条件下产生的。

（二）正确理解功利主义

（1）功利主义不等于利己主义。功利主义调整个人利益和公共利益的关系，从而达到两者之间的和谐统一。功利主义包括功利利己主义，也包括功利利他主义。会计师事务所受企业委托进行审计，需要收费，如果出具的审计报告是独立、客观、公允、真实的，这既是利己功利主义，也是利他功利主义，是完全正当的，也有利于市场经济的发展，受法律保护，符合职业道德规范。反之，见利忘义，为了追求利益，出具了虚假审计报告，既损害了自身的功利，也损害了企业功利，更损害了社会公众的功利。

（2）为了发挥功利主义的正面效应，限制它的负面效应，以公正原则来补充功利原则，以公平原则来补充效益原则，防止出现损人利己的功利主义行为。

【专栏3-3】　　关于钱的忠告

钱可以买到"婚姻"，但买不到"爱情"；钱可以买到"药物"，但买不到"健康"；钱可以买到"美食"，但买不到"食欲"；钱可以买到"床位"，但买不到"睡眠"；钱可以买到"珠宝"，但买不到"美丽"；钱可以买到"娱乐"，但买不到"愉快"；钱可以买到"书籍"，但买不到"智慧"；钱可以买到"谄媚"，但买不到"尊敬"；钱可以买到"伙伴"，但买不到"朋友"；钱可以买到"权势"，但买不到"威望"；钱可以买到"服从"，但买不到"忠诚"；钱可以买到"躯壳"，但买不到"灵魂"；钱可以买到"虚名"，但买不到"实学"；钱可以买到"小人"，但买不到"大志"；钱可以买到"谎言"，但买不到"实情"；钱可以买到"帮凶"，但买不到"知己"；钱可以买到"劳力"，但买不到"奉献"；钱可以买到"财富"，但买不到"幸福"；钱可以买到"虚伪"，但买不到"诚实"；钱可以买到"暴力"，但买不到"仁慈"；钱可以买到"假意"，但买不到"真心"；钱可以买到"良药"，但买不到"忠言"。

钱可以使你富裕，但也可以使你空虚；钱可以使你成功，但也可以使你一败涂地。流汗的钱，使你幸福坦然；集资的钱，使你力量无边；援助的钱，使你感到温暖；奖励的钱，使你加倍实干；节省的钱，使你美德璀璨；捡来的钱，使你用之不安；偷来的钱，使你做贼心虚；受贿的钱，使你贪得无厌；贪污的钱，使你灵魂糜烂；挪用的钱，使你有借难还；恩赐的钱，使你变成懒汉；诈骗的钱，使你心惊胆战；索要的钱，使你惯于伸手；抢得的钱，使你扪心有愧；色情的钱，使你满身羞耻；多收的钱，使你面呈愧色；继承的钱，使你不足为惜。

钱是生活之必需，又是万恶之根源，就看你如何驾驭！

资料来源：聂勇荐．关于钱的忠告［N］．中国广播报，1996-09-09.

（三）市场经济转型期正确运用功利主义的对策

我国经济体制正处于转型期间，人们的功利原则的价值取向，既有积极的一面，促进了社会的良性运行；也有消极的一面，妨碍社会的健康发展。应当采取如下对策：

（1）宽容。宽容是有原则的，宽容不是恩赐、施舍，它的前提是平等，承认多元化的价值取向。

（2）批判。批判不是专制，是一种平等基础上的分析判别。

（3）建设。这种价值导向：一是反对极端个人主义和纯粹利己主义；二是容忍温和个人主义和合理利己主义；三是在一般条件下提倡现实集体主义和温和利他主义；四是在特殊条件下鼓励理想集体主义和极端利他主义。

（四）功利主义的两种约束机制

（1）内在机制：培养人们的社会责任感和义务感，形成心理-意识机制，自觉选择正当功利主义行为。

（2）外在机制：包括社会经济、政治政策导向，社会赏罚和社会舆论，鼓励和宣传正当功利主义行为。

价值主体归根到底是利益主体。因此，价值取向归根到底是利益导向。在一段时期内，由于人们利益失衡，导致人们的价值观念失衡，就是没有用好这两种机制。

● 第四节　公平与效率兼顾原则：企业和谐发展之根本

一、市场经济中的公平公正公开公信规则

（一）市场经济中的公平公正公开公信规则的表现形式

市场经济中的公平公正公开公信规则是一种社会的历史范畴，是一种侧重调节人们交往关系的行为准则。公平公正公开公信观是对这种社会规范的价值评价。应该明确：公平公正公开公信不是一个抽象的、永恒不变的范畴。公平公正公开公信在不同社会领域里表现为不同形式。

在经济领域里，其表现为等价交换；在政治领域里，其表现为权利平等；在道德领域里，其表现为机会均等。作为历史范畴，受生产力发展程度影响；作为阶级范畴，受阶级关系影响。虽然，公平、公正、公开、公信等呼吁很吸引人，但没有充分的物质技术基础以保证它们的实现，它们就只能流于空洞的形式。

（二）市场经济中的公平公正公开公信规则的具体要求

市场经济需要机会均等、效率均等的公平公正公开公信原则，其要求表现在：

（1）机会均等。作为市场竞争机制实现的必要条件，机会均等是作为垄断与特权的对立物而存在的。

（2）效率优先。效率优先的前提包含在公平公正公开之中。

（3）兼顾公平。这是社会通过政府调控对市场经济的结果所作的一种伦理道德调节。通过这种调节，人们对从市场经济活动中直接得到的收入进行一次再分配，例如，征收个人所得税。再分配所贯彻的精神就是使原来不平等程度较大的收入分配趋于更公平一些。

（4）经济公平公正公开公信观首先与经济发展的价值取向有关，是经济发展战略抉择问题，必须引起高度关注。

（5）市场经济的本质是体现公众信用为主体的信用经济，以诚信为核心的伦理道德是市场经济建立的基石。

二、公平与效率兼顾原则的含义与重要性

为了使市场经济中的公平公正公开公信规则切实得以贯彻，最重要的是应遵循公平与效率兼顾原则。由于资源的有限性和需求的无限性，管理本身作为一种资源的分配行为，包括对人力资源和物质资源的再分配，在进行企业资源的分配和管理时，怎样处理和兼顾公平与效率的问题，就是商业伦理的一项重要任务。

（一）商业伦理中公平的含义

1.地位的平等

在市场经济中，作为企业法人的经济组织，不管其规模大小、成立先后、地处何方、经营性质如何，都应享受经营地位的平等对待；而作为自然法人的个人，不管其学历高低、年龄大小、资产多寡，都应享受工作地位的平等对待。

2.权利的平等

这种权利体现在多方面，如对企业信息的了解程度、在企业内部的自由程度、对企业工作的参与程度等，在这些方面，成员都应拥有平等的权利。

3.机会的平等

在市场经济中，一切机会都平等地面向全体成员，每个成员都有平等选择各种机会的权利。

4.分配的平等

分配应平等，不过，分配中的平等不等于平均主义，不等于吃“大锅饭”，不要求均分。管理中的公平直接影响到员工积极性、主动性和首创精神的发挥，直接影响到管理的绩效和效益。

（二）商业伦理中效率的重要性

1.效率问题是企业壮大的关键要素和企业发展的根本问题

效率是企业组织活动的出发点和衡量标准，是企业高层必须经常思考和长期面对的问题，效率最终来源于生产要素提供者的积极性、主动性的发挥。“效率实际上有两个基础，一个是物质技术基础，另一个是道德基础。只具备效率的物质基础，只能产生常规效率。有了效率的道德基础，才能产生超常规的效率。”①

---

① 厉以宁．道德是调节经济运行的第三种方式［N］．新华日报，1999-05-06.

2.公平与效率问题是无处不在的，而且常常处于两难境地

公平与效率相统一的原则就是要求在商业伦理中要坚持“效率优先，兼顾公平”这一伦理原则。反对“平均主义”，反对“不患寡而患不均”的习气，反对以公平或道德方式不讲效率去追求绝对公平，同时，反对“效率至上”，反对以不公平或不道德方式去追求所谓的效率。应该在注重效率的同时，重视公平，达到企业内部人际关系的日趋和谐，使企业获得长久发展。

三、公平与效率兼顾原则的基本要求

（一）竞争与合作协调统一

1.市场经济既是竞争经济，同时也是分工协作经济

企业可以在竞争与合作中去追求公平与效率相统一。虽然，竞争是市场经济的题中应有之义，但市场竞争并非纯经济的行为，它在内容、目的和手段上不仅有“合法”与“非法”之区分，而且还有“义”与“不义”之区别。作为人类在经济生活中的一种现象，市场经济的基本特征是，促使企业利用价值规律和市场规则，以自己的优质产品和服务扩大市场占有额；与此同时，企业通过降低成本使自己凝结在商品中的个别劳动量低于社会平均必要劳动量，从而获得比其他企业更多的利润和收益。在市场中，企业发展的机会是无限的。因此，即使在激烈的商场如战场的市场竞争中，企业之间也不是人们所想象的那种你死我活的关系。市场竞争的目的也不是消灭对手，更不得为此不择手段损人利己。

2.企业之间寻求双赢的共荣关系，在竞争中合作，在合作中竞争

在现实经营活动中，企业之间的竞争一方面必须接受法律法规的约束，另一方面也必须受到经营伦理道德的约束，并以此形成规范的、有序的良性竞争，确保市场经济合法且合理运行。一个企业，如果它的行为不讲道德，不合伦理，即使能一时获利，也难以在市场上长期立足，最终会失去顾客而自毁前程。

今天的市场是由各种社会经济关系组成的“生态系统”。在这个庞大的系统中，不同企业各司其职，共存共竞。企业成员之间总在寻求双赢的共荣关系，不仅在竞争中合作，同时，也在合作中竞争。应采用既合乎市场经济规律又符合社会主义精神文明和优秀文化传统的伦理道德准则的运作方式和行为手段来进行经营管理。只有这样，才能有利于整个社会文明的进步，也才能真正使企业获得长久的发展，从而实现公平与效率的统一。

（二）控制与自由协调统一

1.控制对于维持企业正常的生产经营活动是必不可少的

从总体看，现代社会在广泛自由中追求大众的高度民主，但其间不可能缺乏有效的控制，否则可能会乱套。只有通过控制与自由的协调统一，方能追求真正意义上的公平与效率的统一。经营管理实践表明，控制对于维持企业正常的生产经营活动是必不可少的。控制的根本目的是保证企业的实际活动符合计划的要求，以有效地实现预定的发展战略。

2.过度控制或控制不足对企业的影响

由于各方面的影响，在商业伦理活动中，表现更多的是过度控制或控制不足。过度控制会对企业员工造成伤害，可能扼杀他们的积极性、主动性与创造性，会抑制他们的创新精神，从而影响他们个人能力的发展和工作热情的提高，最终会降低企业的效率。通用电气公司的前总裁韦尔奇明确指出：“旧组织建筑在控制之上，但是世界已经今非昔比。世

界变化得太快，使得控制成为限制，反而使速度慢了下来。”[①]而控制不足就不能使企业活动有序地进行，不能保证各部门活动进度和比例的协调，会造成企业有效资源的浪费。此外，控制不足可能使企业员工无视组织的要求，我行我素，不提供组织所需的贡献，甚至利用在企业中的便利地位谋求个人利益，最终也会降低企业的效率，甚至会导致企业的涣散和崩溃。

3.企业必须在员工的自由和控制之间取得平衡、恰到好处

控制与自由的协调统一就是要求企业在控制的范围、程度和频率等方面都做到恰如其分、恰到好处，既能满足对企业组织活动监督和检查的需要，又能充分尊重企业员工的变化和差异性，给予企业员工自由畅想发挥的空间，从而充分调动企业员工的积极性、主动性和创造性，防止企业与员工之间发生强烈的冲突。企业一方面严格限制员工的言行举止，使其与企业的思想保持一致，体现企业的精神风貌；另一方面又向员工提供较大的行动自主权。我们看到，实行思想控制旨在维护企业的价值观，而员工行动自由则促进了企业业务的发展。所以，韦尔奇指出，“必须在自由和控制之间取得平衡，但是你必须拥有以前想象不到的自由”。[②]“如果你想从员工身上获取利益，你必须给他们自由，让每一个人都成为参与者，每个人都知道所有事情，那么他们自己就可以做出最适当的决定。”[③]而企业只有在员工的自由和控制之间取得了平衡，才能达到公平与效率的统一。

（三）权力与权威协调统一

1.企业经营实践需要给经理层赋予一定的权力，以实施有效的管理

因为企业经营实践的需要，企业经理层往往会被赋予一定的权力，包括领导权、指挥权、决策权、财务权和用人权等。在企业运行中，如果企业经理层不拥有这些权力，管理的职能就难以实现，整个企业也就可能无法有序运行，而陷于混乱状态。但作为一个企业的经理层，其仅拥有权力是不够的，光靠权力的作用去指挥别人，并不能使人心服口服，而且仅仅依靠权力的指挥棒去指挥别人，这种行为本身就是不道德的，也是不符合伦理标准的。对于企业经理层来说，权力只是一种外在的东西，要有效地管理，除了拥有权力之外，还需要树立相当高的权威。

2.企业经理层权威人格对员工的影响力和号召力比权力大得多

随着社会经济的发展，在越来越富有理性和独立思考的员工面前，一味运用权力的影响去强制实行对被管理者的控制，不仅是不道德的，而且也越来越行不通。西方著名管理学家巴纳德指出：“管理者的权威完全取决于下级人员接受命令的程度。”“只有注重管理者自身的道德修养，充分体现管理者的人格魅力，才能真正实施管理的权威。”[④]这种人格的影响力可能会越来越大，直至可能抵消或削弱一个人的权力的影响。企业经理层的人格对于被管理者的影响力和号召力比权力大得多。所以，权力与权威的协调统一就是要求加强企业经理层的人格塑造，提高企业经理层的品质修养，在商业伦理中要把握权力与权威的伦理界限，正确运用权力和权威，实现公平与效率的统一，以更好地达到企业的目标。

① 秦朔．传播成功学［M］．广州：广州出版社，1998：138-140.
② 秦朔．传播成功学［M］．广州：广州出版社，1998：138-140.
③ 秦朔．传播成功学［M］．广州：广州出版社，1998：138-140.
④ 苏勇．管理伦理学［M］．上海：东方出版中心，1998.

● 第五节　公平公正公开公信原则：市场经济基石

鉴于上节论述过公平与效率原则，本节就公开、公正、公信原则展开探讨。

一、公开原则

上市公司会计报表的编制、发布活动遵循公开原则，是维护会计行业健康发展的必要条件，是各国会计法律法规的重要内容。会计法的公平原则是会计法基本精神的体现，贯穿于会计机构设置、业务处理、管理以及会计立法、执法和司法的始终，在会计法体系中处于最高效力地位。将公开原则作为会计法的一项基本原则，是适应现代化大生产和资本社会化的客观需要，是保障会计市场健康发展的客观需要。会计法坚持公开性原则有利于约束会计负责人的行为，改善其经营管理；有利于会计市场上发行与交易价格的合理形成；有利于维护广大投资者的合法权益；有利于进行会计监管，提高会计市场效率。鉴于此，会计法必须将公开性原则渗透至会计管理等各个环节，明确地规定会计负责人、大股东信息及有关业务机构和监管机构的信息公开义务，要求这些信息必须真实、准确、完整。

（一）我国证券会计市场通过立法确立公开原则的法律地位

我国《证券法》第一章总则第三条明文指出："证券的发行、交易活动，必须遵循公开、公平、公正的原则。"其中，公开原则是"三公原则"的基础，是公平、公正原则实现的保障。没有公开原则的保障，公平、公正原则便失去了衡量的客观标准，也失去了得以维持的坚实后盾。只有公开，才能有效杜绝证券会计市场的舞弊行为，保障证券会计市场的健康运转。

公开原则包括信息公开制度和管理公开制度。信息公开制度又称信息披露制度，是指上市公司必须按照法律的规定，报告或公开其有关的信息、资料（包括财务、经营状况方面），以使投资者能获得充分的信息，便于做出投资判断的一系列法律规范的总称。为了配合信息公开制度，更好地体现公开原则，同时，还规定了管理公开制度，会计监管部门必须依照法律的规定，报告或公告会计监管有关的管理信息，以实现对会计市场的有效监管，以防止管理部门的失职与舞弊行为。

（二）公开原则从本国实际情况出发吸收国外先进经验

对我国会计立法有关公开性原则的完善需要从本国实际情况出发，认真分析我国会计市场的基本情况，有选择、有限度地吸收国外先进经验，注重以下两个方面：

1.注重管理公开制度

就立法侧重点而言，美国及其他各国的立法皆更注重信息公开制度，这是由其本国的国情决定的。市场机制的相对完善使其更注重对上市公司的微观的管理，强调个体行为的合法与有序；政治体制的相对成熟使其管理体制得以顺畅运作，只需维持正常的管理程序即可。而我国包括会计市场在内的市场体系的不完善，要求我们必须对会计市场的管理体制予以格外的重视，尽量寻求一种既适合于我国现阶段会计市场的需要，又能对会计市场的成熟与完善起到指导作用的管理方式；寻求一种既可借助行政力量来加强自身的监管，又可具有某种独立性来避免不合理的行政力量干预的管理方式。这有赖于我国管理领域的理论突破及制度学的进一步发展。其中，管理公开制度将会起到重要的作用。管理公开制度改革可以从这几方面入手：管理机构从业人员相关信息公开制度、直接行政政策指导的公开制度、违规事件处理的公开制度。

2. 加大信息公开制度执行力度

国内外企业整体素质的差异，使得我国现有的借鉴国外的信息公开制度往往流于形式，完整性尚可勉强维持，真实性、准确性和及时性标准却并没有真正引起各方面重视。主要原因在于我国仍处于改革阶段，旧的体制已被打破，而新的体制尚未建立或完善，企业的各项制度仍处于不断完善之中，未形成稳定而统一的企业制度。虽然《中华人民共和国会计法》已颁布了许多年，但会计市场仍需进一步深化改革。因此，建议相关政府机关加大信息公开制度的执行力度，对违反会计法公开性原则的行为决不姑息，逐步落实我国的信息公开制度。

二、公正原则

（一）分配公正

分配公正的基本原则是：相同的人应该受到相同的对待，不同的人应该受到不同的对待。但是，这个原则过于笼统，它并没有告诉人们哪些差异可以合理构成区别对待的基础。究竟哪些差异同分配利益与负担有关，对此存在着不同的看法。

1. 平均分配

平均主义者视平均分配为公正，但是这种分配制度也存在严重缺陷：第一，人与人之间的能力、智力、品德、需要、欲望等千差万别，人与人之间并不相同。第二，没有把需要、能力、努力考虑进去是不恰当的。这样，很可能导致吃“大锅饭”，导致社会生产率和效率降低。

2. 按贡献分配

一些学者认为，一个人获得的利益与他所做的贡献成比例才是公正的。社会或群体的利益分配原则应该是：利益应该按照每个人对社会、群体、任务的贡献大小进行分配。工作独立性较强的群体中，成员一般希望按贡献的大小而取得报酬。按贡献分配，成员之间的合作程度会下降，甚至会形成竞争，人们不大情愿分享资源和信息。此外，按贡献分配还面临一个重要的难题，那就是如何衡量一个人的贡献大小。例如，市场给歌星的回报比给从事基础科学研究的科学家的回报要高得多，谁能说前者比后者对社会的贡献一定要大得多呢？

3. 按需要和能力分配

按需要和能力分配的原则是：应该根据人的能力分配负担，根据人的需要分配利益。充分发挥人的潜力是有价值的，因此，应该按照尽可能提高人的生产能力的方式分配工作。工作产生的利益应该用于促进人类的幸福和福利。

在决定如何在成员之间分配利益和负担时，确实需要考虑需要和能力。多数人都同意，应该把个人放在最能发挥自己长处的岗位上，应该帮助迫切需要帮助的人。但是，这一分配原则也受到了批评。首先，根据这一原则，工作努力程度与报酬之间没有任何联系，干多干少一个样，没有必要多干，导致员工失去了努力工作的动力。其次，根据个人的能力而不是自由的选择来分配工作，则个人自由受到了限制。例如，一个人有能力成为一名优秀的研究员，但他却想当公务员，按能力分配工作，他只能做研究员。一个人需要得到一个面包，但他想要一瓶啤酒，按需要分配利益，他只能接受面包。

4.罗尔斯的分配观

在约翰·罗尔斯（John Rawls）的《正义论》中，有一个重要的理论——“无知之幕（veil of ignorance）”。无知之幕是一种对特定道德问题判断的方法，过程是做以下思想实验：从对本人在社会秩序中特长、爱好与位置无知的原初状态出发，思考问题。无知之幕遮住了一个人社会合作对其利弊的知晓，然后决定社会中对权利、位置和资源分配的原则。罗尔斯认为，只有这样才能保证任何人都不会在选择原则时由于天然机会的结果或社会环境中的偶然事件而有利或不利。

约翰·罗尔斯要求人们采用“无知之幕”思维方式，寻求分配公正原则。

罗尔斯认为，当且只当符合下列原则时，利益和负担的分配才是公正的：

原则一，每个人对与所有人所拥有的最广泛平等的基本自由体系相容的类似自由体系都应有平等的权利。

原则二，社会和经济不平等应该这样安排，使它们：第一，给处于最不利地位的人提供最大的利益；第二，给所有人提供均等的机会。

原则一称为平等原则，原则二的第一部分称为差别原则，原则二的第二部分称为机会均等原则。当原则一与原则二产生冲突时，则原则一优先，即平等权利优先；当原则二的两部分产生冲突时，则原则二的第二部分优先，即机会均等优先。

（二）交易公正

个人与个人之间，组织与组织之间，个人与组织之间在不断地发生交易，交易必然产生权利与义务，双方权利和义务的保障取决于契约规范。契约规范是保证个体信守诺言的一种途径，使得企业活动得以开展。

托马斯·加兰特将规范契约的伦理规则概括为以下四条：（1）双方必须对契约的性质有充分的了解；（2）任何一方都不能向对方提供有意歪曲的事实；（3）任何一方都不能被强迫签订契约；（4）契约不能迫使双方从事不道德行为。

（三）程序公正

程序公正的基本特征大致有如下五条：

1.普惠性

每一个社会群体、每一个社会成员的尊严和利益都应当得到有效的维护，任何一个社会群体的尊严和利益的满足都不得以牺牲其他社会群体和社会成员的尊严和利益为前提条件。

2.公平对待

公平对待包含两层含义。第一层含义是，在处理同样的事情时，应当按照同一尺度，如果有所差别的话，也应当是因事而异，而不能因人而异。第二层含义是类似于法律界所说的“无偏袒的中立”，即“与自身有关的人不应该是法官”，解决纠纷者应当保持中立，结果中不应包含纠纷解决者的个人利益。

3.多方参与

在制定法律和重要的公共政策时，必须让多方人员参与，尤其是要允许相关社会群体有充分的参与和表意的机会，使之能够充分地表达自己的意见，维护自己的利益。

4.公开性

公开性主要体现在利益相关者对信息知晓权利的平等性上。在制定和实施政策的过程中，利用信息不对称，对于其他社会群体进行各种类型的欺骗和误导，而信息缺乏一方难以做到有效参与，无法得到公平对待，程序公正也就无从谈起。

5.科学性

程序公正还包含一些技术方面的要求，一般应该包括两个方面的内容：其一，相关信息充分、准确；其二，应当具有必要评估机制和修正机制。

（四）惩罚公正

惩罚公正关心的是对一个做错事情的人怎样惩罚才算公正的问题。可以说，犯同样或同等程度错误的人应该受到同样或同等程度的惩罚，但是必须考虑可以免除或减轻道德责任的情况。免除或减轻道德责任的条件就是所谓的谅解条件。谅解条件分为三大类型：

（1）缺少行为可能性条件；

（2）缺少必要认识条件；

（3）缺少必要自由条件。

（五）补偿公正

一个人损害了另一个人，则加害者有道德义务给受害者某种补偿。补偿多少才合适呢？这是一个较难回答的问题。有人认为，补偿的量应等同于加害者有意使受害者遭受的损失的量。可是，有些损失很难计量，例如，一个人诽谤他人，使他人名誉受损，这个损失怎么计量？有的损失根本无法弥补，如失去生命或失去双眼视力，这种情况下我们只能要求加害者至少给受害者或其亲属物质补偿。

三、公信原则

（一）约束行政行为，以保证监管执法公信力的不断提升

1.健全公众参与制度，确保行政决策规范高效

要求重大决策、重大制度建设都必须经过公开征求意见的程序，政府相关部门应定期召开新闻通气会，回答记者提问，听取社会公众的意见。譬如证监会出台的《证券期货规章草案公开征求意见试行规则》，对制定规章和规范性文件要向社会公开征求意见、公开反馈意见，作了强制性要求。

2.遵循“程序正当”的理念，全程规范执法行为

程序正当要有相应的程序规则来保障，需要出台专门的程序规定。针对监管决策、信息公开、行政许可、日常监管、案件调查、强制措施、案件审理、处罚听证、市场禁入、复议诉讼、信访处理等全部监管执法行为均提出了程序规范的工作要求。

3.强化公开透明要求，全面推进政务公开

政府相关部门应认真贯彻政府信息公开条例，认真落实主动公开和依申请公开的要求。会计公司和基金公司相关行政许可从申请受理到做出行政决定的审核流程，全部在网上公开，并明确时限要求，行政许可进展到什么阶段，申请人和社会公众可以在网上查询，从而有效保证了对行政许可的实时监督。

（二）弘扬诚信政府文化，提供廉洁高效的行政监管服务

在加强会计行业诚信体系建设中，各级政府应当有所作为，而且大有可为。各级政府是市场主体和社会的道德楷模与行为标兵。各级政府要认真践行社会主义核心价值观，就必须率先垂范，以身作则，切实建设好诚信政府、服务型政府、法治政府、透明政府、廉洁政府和勤勉政府。各级政府还要充分运用市场准入、行政保护、行政指导、宏观调控、

行政处罚、行政给付和行政促成等多种行政手段，推动诚信体系的建立与健全。

1.投资者友好型的政府是和谐会计行业的重要特征

要打造在全球范围内具有竞争力的中国会计行业，必须倾力打造在全球范围内具有竞争力的服务型政府。使会计行业做大做强，会计行业监管者责无旁贷，更要以身作则。监管者要带头树立尊重投资者、敬畏投资者的服务型政府意识和法治政府意识。

当前，要倾力建设服务型证监会和法治型证监会。在公开、公平、公正的会计市场秩序受到破坏、投资者权益和信心严重受挫时，证监会要旗帜鲜明地与广大投资者站在一起。我国的社会主义市场经济体制已经建立，但还不完善。因此，我国的会计行业还存在不理性，甚至失灵的现象。当契约自由、市场博弈机制失灵或者被强者滥用时，证监会就不应继续迷信契约自由与市场博弈，而应有所作为。从法理上看，当市场主体能够慎独自律、市场自身能够理性自治时，理应尊重市场的自由选择与公司的内部治理，政府干预应当越少越好；但当市场自治与公司自律失灵时，政府干预必须到位——当然，干预的目的是恢复市场自治与公司自律。

针对当前会计行业打击违法犯罪过程中面对的新问题，建议在监管机构与司法机关之间建立信息共享、快捷高效的联动执法司法合作机制，实现行政执法机制和刑事司法机制之间的无缝对接。

2.监管者要运用行政手段积极引导会计行业主体建立诚信体系

督导企业见贤思齐、改恶向善。证监会颁布的《证券期货市场诚信监督管理办法》是我国证券会计行业首部专门的诚信监管规章。该办法第八条规定的违法失信信息，在诚信档案中的效力期限为3年，但因证券期货违法行为被行政处罚、市场禁入、刑事处罚和判决承担较大侵权、违约民事赔偿责任的信息，其效力期限为5年。超过效力期限的违法失信信息，不再进行诚信信息公开，并不再接受诚信信息申请查询，公民、法人或者其他组织根据该办法第十七条申请查询自己信息的除外。对这一规章有必要加大宣传力度，并不折不扣地予以落实。

3.建议各级政府设立诚信市场主体激励基金

在对诚信市场主体的激励和对失信者的惩戒上，政府应当赏罚分明，坚持“胡萝卜”与“大棒”并用政策。就“胡萝卜”政策而言，政府要以物质和精神奖励手段，激励诚信市场主体。建议各级政府设立诚信市场主体激励基金，提高政府财力支持的可操作性和可持续性，起到切实激励诚信市场主体、惩戒失信者的作用。例如，在政府采购中，可以加大诚信供应商的评标权重，使之依法取得不诚信供应商所无法企及的竞争优势。建议修改政府采购相关制度，允许政府采购机构优先采购诚信记录良好的供应商提供的货物、服务和工程；并在行政法规和部门规章中细化优先采购的操作标准（包括优惠幅度）。

4.建立守信联合激励制度，记入守信“红名单”库

对于会计诚信记录良好的公司，政府主管部门应当降低对该公司的行政监管成本，建立守信联合激励制度，记入守信“红名单”库。在这方面，美国经验可以借鉴。《美国联邦处罚指引》规定，政府机构可以对那些已经实施良好的公司居民行为，并推出有效的伦理遵守项目的公司从轻或者免除处罚和罚金。美国联邦和诸州负责监管环境与工作场所的政府机构对那些积极采取措施降低环境、健康与安全损害的公司予以奖励。在许多情况下，这些公司接受的行政检查要少一些，向政府机构报送的书面文件要少一些。在申请经

营许可证、变更规划或者其他政府许可时，可以享受优惠待遇或快车道待遇。政府还应当对诚信公司予以必要的精神奖励，包括但不限于授予光荣称号、颁发奖状等。

5.建立失信联合惩戒制度，记入失信“黑名单”库

就“大棒”政策而言，监管者应当创新政府执法手段，加强对诚信的监管力度。违法的失信行为应当承受相应的法律制裁，既包括市场禁入，也包括行政处罚和刑事处罚。执法机关应及时对失信者启动行政调查程序，依法行使法定的行政监督权限、行政调查权限和行政处罚权限，坚决制止和打击欺诈行为。失信者情节严重，构成犯罪的，要及时移送司法机关，“稳、准、狠”地追究其刑事责任。

【关键概念】

集体主义原则（Principle of Collectivism）

诚实守信原则（Honest，Code of Honor Principle）

企业义利统一原则（Principle of Unifying）

公平与效率兼顾原则（ Principle of Fairness and Efficiency）

公开公正公信原则（Principle of Openness，Fairness and Public Trust）

【复习思考题】

1.组建优秀的企业团队必备的条件有哪些?

2.公平与效率兼顾原则如何实现?

3.市场经济转型期正确运用功利主义的对策有哪些?

4.怎样理解企业活动中诚实守信原则?

5.如何熟练运用商业伦理道德的义利统一原则?

6.怎样运用公开公正公信原则开展商务活动?

【案例分析题】

宁波方太公司以道御术

改革开放以来，中国企业为世界提供优质产品的同时，也输出具有东方特色的管理模式与文化。其中，宁波方太厨具有限公司（简称方太）积极探索中华优秀文化与西方管理理念融合的管理文化。

确定了“企业三观”，企业家要带领全体员工一步步实现企业的使命、愿景。方太要成为一家伟大的企业，至少要符合四大特征，这四大特征对应着企业长期发展的四个关键词，即顾客、员工、社会责任和企业经营。

一、顾客得安心

自1995年成立至今，方太始终以顾客为中心，以员工为根本。这两个方面有内在联系且相互支撑：“以顾客为中心”是方太长期坚持的方向；以“员工为根本”是“以顾客为中心”的内在动力。

为了“顾客得安心”，方太视顾客为家人。方太研发人员在研发产品过程中遇到问题需要解决时，经常讲的一句话是：“如果这款产品给自己家人使用，我们会有什么样的感受?”

因此，方太的新产品在样品阶段，都会让公司高管和研发团队成员先试用，让自己家人谈体验、提意见。如果自己家人用得不满意，这款产品就不会上市。

“顾客得安心”具体体现在让顾客动心、放心、省心、舒心四个方面。

首先，方太的产品从设计上让顾客动心，顾客看第一眼就会被其外观、功能所吸引；其次，产品质量要过硬，让顾客买得放心；再次，顾客购买方太产品后，方太的售后服务(包括安装、调试等）一站式帮助顾客解决所有问题，让顾客省心；最后，让顾客在使用方太产品时有很好的体验，感到舒心。

通过对多年学习中华优秀文化与企业经营管理实践相结合的体悟，方太总结出满足顾客需求的四个维度，即创新立美、品质立信、成本立惠、品牌立义。

二、员工得成长

方太通过对中华文化的体悟，针对员工不同成长阶段的需求，总结提炼了促进员工幸福成长的四个“化”，即关爱感化、教育熏化、制度固化、才能强化。

关爱感化：通过为员工营造安全感、归属感、尊重感、成就感“四感”环境，增强员工的主人翁意识，激发员工的奋斗精神。

教育熏化：教育的目的是“明理”，即明白做人、做事的道理。如何让员工“明理”呢？要通过长期潜移默化的教育熏陶，让员工认识到人生的使命和意义，进而明白做人、做事的道理。

制度固化：企业在运营管理实践中，会不断探索积累能够促进企业发展和员工成长的经验，对这些经验要及时总结提炼，形成行之有效的激励约束机制，即用制度来固化经验成果。这样，企业管理就会越来越有秩序。

才能强化：通过各种教育培训，持续提升员工的知识技能，增强其安身立命、成长成才的能力；同时，为员工提供成长成才的机会，拓展发展通道，让员工从工作中获得成就感。

在方太的四个“化”中，前面两个“化”有先后顺序，而后面的制度固化和才能强化既可变换顺序，亦可同步进行。

三、社会得正气

作为市场主体和经济组织，企业不仅要通过提供就业机会、创造利润对员工和股东负责，还要承担相应的社会责任。为社会及消费者提供优质产品和服务是企业社会责任的应有之义。

作为一家有着强烈社会责任感的企业，方太立志要让自己的产品成为精品，成为可以代表中国的名片，公司要成为一家让千万家庭享受幸福生活的伟大企业。

2017年12月，在“方太杯·第十届全国业余围棋公开赛”上提出了方太“修炼三大文化，创造中国精品”的主题。之所以提出这一主题，是因为方太在这一年提出了“伟大企业”的愿景，而要成为一家伟大企业，核心之一就是要创造精品，打造中国名片。中国要从制造大国走向制造强国，不能没有精品。

如何创造精品？答案是“修炼三大文化”，即创新文化、品质文化、中华优秀文化。

在这三大文化中，创新文化是第一动力，品质文化是根本保障，中华优秀文化是创新文化和品质文化的源泉。

用汽车来比喻这三种文化的关系。

创新文化作为第一动力，犹如汽车的后轮，汽车如果没有后轮驱动就不能前行。品质文化犹如汽车的前轮，是汽车前行的根本保障：一方面保障安全，另一方面保障生存和发展。中华优秀文化是汽车的发动机和能源，汽车如果没有发动机和能源，也就没有原动力，启动不了。创新文化、品质文化、中华优秀文化是企业创造精品的“铁三角”，缺一不可。

2006年起，方太发布了第一份企业社会责任报告并坚持至今。2009年，方太参与“中德贸易可持续发展与企业行为规范”项目，与德国企业合作开展企业社会责任项目，制定并确立了“遵守法纪、弘扬道义、诚信经营、和谐发展”的CSR方针，完善了包括固废管理在内的CSR体系，形成了方太三个方面（法律、发展和道义）、十二项内容的社会责任观。

2017年，方太结合企业运营及内外部环境变化情况，进一步修订完善了社会责任观，建立了方太的“企业社会责任金字塔”（如图3-2所示）。

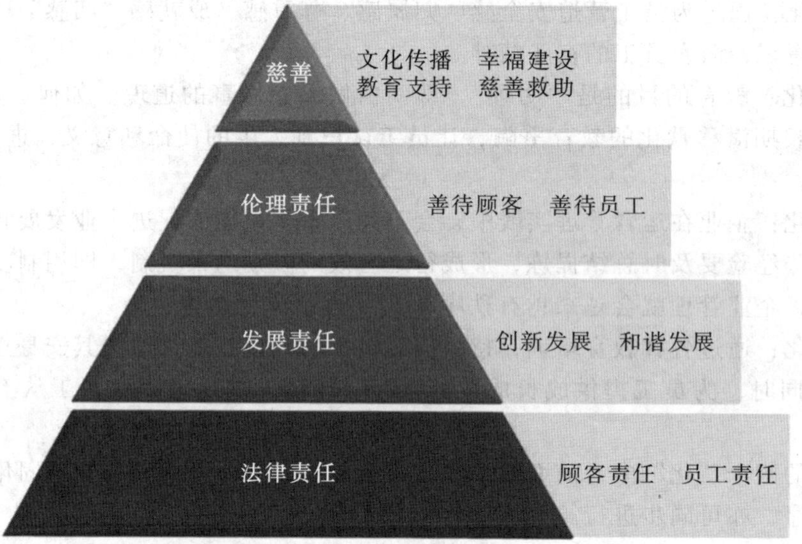

图3-2　方太的“企业社会责任金字塔”

对于方太的“企业社会责任金字塔”，解释如下：

法律责任和道义责任是60分与100分的关系，60分的法律责任必须达到，不然就没办法毕业；100分的道义责任是方太不断追求的目标；发展责任即产品要不断创新，员工要不断成长、待遇不断提高，企业要健康、和谐、可持续发展，这也是企业成为“百年老店”、永续经营的最重要基因。

方太的“企业社会责任金字塔”对应着方太管理文化践行体系中的“社会得正气”，是“伟大企业”的基本特征之一。

四、经营可持续

有了前面的“三得”（顾客得安心、员工得成长、社会得正气），加上经营管理基本功，就一定会实现企业的健康可持续发展。

在西方管理理论中，战略是管方向的，运营是管落地的，以及对最大可变量——人的管理，这是经营管理的“三要素”。在此基础上，方太增加了“风险管理”要素，变成经营管理“四要素”。

战略管理、运营管理、人文管理、风险管理“四要素”之间的关系可以总结为：根在领导、源在战略、要在运营、本在人文。

五、专家点评

中西合璧的方太管理文化将中华优秀文化的精髓融入企业经营管理实践，涵养企业精神，培育现代企业文化。其“为了亿万家庭幸福”的使命、“成为一家伟大企业”的愿景、“三品合一”的价值观，实现了儒家商道智慧与现代企业经营管理的深度融合，体现了新时代新儒商的精神风范；“五个一”文化实践方法将企业员工人文教化中自上而下、自外而内的“他律”，转化为员工自愿、自觉、自强的“自律”，为企业永续发展提供了强大动力。

资料来源：茅忠群. 以道御术，打造方太管理文化［J］. 企业管理，2022（5）：36-41.

讨论问题：

1. 方太取得巨大成功的根本奥秘何在？

2. 方太中西合璧的管理文化对我们有什么启发作用？

第四章 企业内部管理道德规范

【经典警句】

大学之道，在明明德，在亲民，在止于至善。

古之欲明明德于天下者，先治其国。欲治其国者，先齐其家。欲齐其家者，先修其身。欲修其身者，先正其心。欲正其心者，先诚其意。欲诚其意者，先致其知。致知在格物。

物格而后知至，知至而后意诚，意诚而后心正，心正而后身修，身修而后家齐，家齐而后国治，国治而后天下平。

德者本也，财者末也。

——《礼记·大学》

中华民族生生不息绵延发展、饱受挫折又不断浴火重生，都离不开中华文化的有力支撑。中华文化独一无二的理念、智慧、气度、神韵，增添了中国人民和中华民族内心深处的自信和自豪。

——习近平（2016年11月30日在中国文联十大、中国作协九大开幕式上的讲话）

【学习目的与要求】

1.明确投资者是企业上帝的道德规范；

2.理解董事会、独立董事与监事会的道德规范；

3.把握企业经理层道德规范；

4.熟悉企业与员工道德规范；

5.明确企业科技知识产权道德规范。

【导言】

新时代儒商气质

进入高质量发展新时代，传承儒商精神，弘扬优秀传统文化，对促进企业转型升级，塑造良好形象，具有重要的现实意义。为此，本刊邀请当代著名儒学家、新儒商引领者、中山大学黎红雷教授阐释新儒商精神，四位企业家从不同角度分享他们将新儒商精神融入企业管理实践的过程和感悟，并由黎红雷教授分别予以点评，助力读者深入理解新儒商精神。

习近平同志在福建省厦门市工作期间，曾经向企业家谈起陈嘉庚先生的事迹。他指出，陈嘉庚先生在中国和南洋很受大家敬仰，其高明之处在于深知做生意与做人一样，要讲德行；他在生活上崇尚简朴，在商场上遵守信用，体现了“天行健，君子以自强不息”的儒商气质。

在中国特色社会主义新时代，践行儒学的当代企业家，认真贯彻落实中央《关于实施中华优秀传统文化传承发展工程的意见》和《关于营造企业家健康成长环境弘扬优秀企业家精神更好发挥企业家作用的意见》，把中华优秀传统文化的内涵融入企业的治理实践，涵养企业家精神，培育现代企业文化，展现出新时代儒商气质。

一、德以治企，教化为先

践行儒学的当代企业家提出“三为一德”理念。

第一是“为人之君”，就是要有君子般的风度和君王般的责任。须知担任领导是一种责任，而绝不是一种简单的荣誉和待遇。企业领导者必须对企业负责，对员工负责，对社会负责，切实承担起“一家之长”的职责。

第二是“为人之亲”，就是要像对待亲人那样对待下属。领导者对待每一位下级，都要有“如保赤子”般的感情。只有以亲情般的诚心对待下级，对待周围的人，工作才会做好。

第三是“为人之师”，就是为人师表，率先垂范。企业文化建设，干部以身作则很重要。要求大家做到的，领导先要做到；要求别人不做的，领导首先不要做。在这个基础上，如果大家能够从领导身上学点东西，这个境界就更高了。所以，领导者要加强自身的修为与学习。

“为人之君”“为人之亲”“为人之师”构成一个“德”字。“德”是领导者的基本素质和风范。以德平天下人心，大家就会无怨无悔地跟随。

二、义以生利，利他经营

在现代，“商人”只是社会的分工，本身并无贬义。从创造财富的动机与手段来看，商人起码可以分为三个层次：生意人、企业家、儒商。

生意人有“三会”：会算计、会经营、会赚钱；

企业家在生意人“三会”的基础上增加了“三有”：有勇气、有抱负、有情怀；

儒商则在生意人“三会”和企业家“三有”的基础上又增加了“三讲”：讲仁爱、讲诚信、讲担当。

儒商与一般商人的区别，不是不追求财富，而是“君子爱财，取之有道”。儒商就是商界的“君子”，其职责是运用儒家商道智慧为社会创造更多财富。中国的改革开放为当代企业家提供了创造财富、报效国家的舞台。

由此，践行儒学的当代企业家一方面认识到经商必须赚钱：“为人不可贪，为商不可奸，若要做善事，还是先赚钱”。另一方面又认识到并非所有赚钱的生意都能做：“赚钱过三关，法律是底线，道德要约束，良心最值钱”。而且更进一步认识到要将赚来的钱回报社会：“独善非至善，兼济方圆满，善心有善报，天地大循环”。

三、信以立世，诚以待人

企业要经营，要生存，要盈利，经营之道是什么？《论语》里有一句话叫“修己以安人”，表面上看好像和经营没什么关系，但事实上，这是最根本的经营之道。

“修己”，有两个主体，一个是企业家自身，另一个是全体员工。每一个人都要“修己”，修身心、尽本分；然后是“安人”，让人心安定。

“安人”主要有两个对象群体，一个是员工，另一个是顾客。如果把自己修炼好，同时把顾客、员工安顿好，企业还会不成功？还会没有利润吗？

践行儒学的当代企业家把儒家的“诚信”思想融入企业治理实践。

在“内诚于心”方面，提出“五个一”的具体措施，即立一个志，读一本经，改一个过，行一次孝，日行一善——从确定志向、阅读经典、改正过错、孝顺行为到每天做好事，全方位涵养员工的诚实品格。

在“外信于人”方面，定位品牌在消费者心目中的感觉，获得消费者对品牌的信赖与赞誉，追求消费者百分百的安心。为此，就要诚心站在顾客角度思考，真心帮助顾客解决问题，以专业知识说服消费者，以至诚服务感动消费者，以儒家文化感染消费者，从而以真诚赢得顾客。

企业家是中国特色社会主义建设的中坚力量，是中华民族复兴大厦的“顶梁柱”。中共中央、国务院《关于营造企业家健康成长环境弘扬优秀企业家精神更好发挥企业家作用的意见》，用三个“弘扬”勾勒出新时代中国优秀企业家精神的核心内涵：爱国敬业、遵纪守法、艰苦奋斗；创新发展、专注品质、追求卓越；履行责任、敢于担当、服务社会。

新时代儒商气质，是中国优秀企业家精神的重要组成部分。愿中国企业家涵养儒商气质，成为新时代受人尊敬的儒商。

资料来源：黎红雷. 新时代儒商气质［J］. 企业管理，2022（5）：32-36.

讨论问题：

1.新时代儒商气质包括哪些？

2.新时代中国优秀企业家精神的核心内涵是什么？

从本章开始，我们将探讨企业与社会、政府、社区、股东、投资者、债权债务人、消费者与员工及各方利益相关者的商业伦理与企业社会责任的关系，尤其是关注企业与利益相关者责任关系模型与边界划分，如图4-1所示。

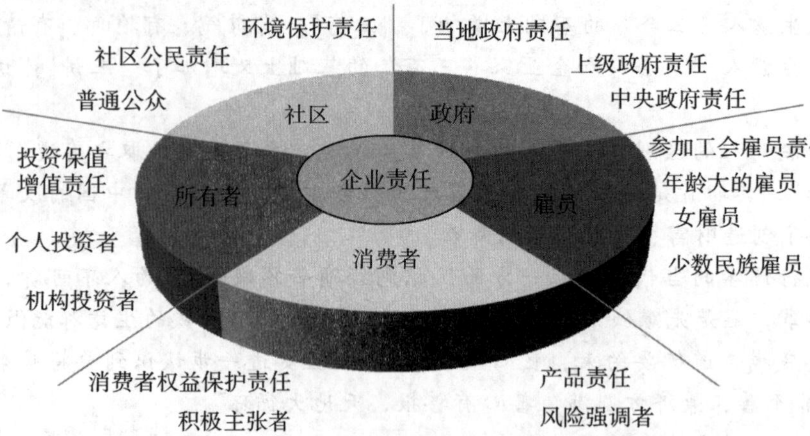

图4-1 企业和利益相关者的社会责任关系图

世界上存在着不同的企业形态及股东表现形式，不同国家或地区、不同时期同一类型企业的股东形式各具特点，即使在同一国家、同一时期，不同企业的股东形式也有差异。相应地，这些股东与企业的伦理关系、所承担的道德责任和所享受的权利也不可能完全相同，所以对股东形式进行合理的分类将有助于我们全面理解企业与股东之间的伦理关系和道德责任，为我们科学地认识每一类股东的权利和责任提供切实可行的思路，牢记投资者是企业的上帝。

● 第一节　企业与股东道德规范：投资者是上帝

一、企业与股东的形式及组成

（一）企业组织形式的演进与特点

对于各类个体而言，为了充分地利用各自拥有的资源，从其自身利益来讲，有必要相互联系起来组成一个个企业。这同时也就决定了现实生活中的企业形态及与股东所形成的特定关系。因此，为了揭示和理解企业与股东之间的伦理关系，我们有必要从企业与股东的角度对企业形态进行科学的分析。从企业与股东的关系来看，企业可分为个体制企业、合伙制企业和公司制企业。

1.个体制企业

个体制企业指一个股东拥有并独立经营的企业。作为股东的个人和经营单位之间没有法律上的区别，企业的目标也正是业主个人所追求的目标。这是历史最久、最简单的企业形式。股东对企业财务、人事等重大问题拥有完全的控制权，同时，对企业债务负无限责任。

2.合伙制企业

合伙制企业是由两个或两个以上的股东以营利为目的而组成的经济实体。合伙人有两种：有限责任合伙人和一般合伙人。有限责任合伙人不直接管理企业，对企业债务负有限责任；一般合伙人对企业负无限责任，承担企业的管理职责。对于这类企业来说，是由多个合伙人共同出资拥有企业，共同控制、支配企业，共同享有收益权，共同对企业债务负责。

3.公司制企业

公司制企业是按公司法登记成立，以营利为目的的社团法人组织。在这类企业中，企业的股东一般不直接管理企业，而是将资产的实际占用权和支配权交给公司法人；股东享有选择并监督企业的经营层的权力，享有剩余索取权、企业的最终控制权，并以其投入的股本对企业债务负有限责任，从而极大地减少了其承担的风险，但企业股东不得退股。

【专栏4-1】　　企业科学发展战略观：要适应两个“上帝”

19世纪新古典经济学框架中国际贸易的“比较优势”学说与20世纪90年代初期的战略管理学者波特教授的“国家竞争优势”学说，都无可辩驳地证明，社会的可持续发展，从本质上看依赖于作为经济组织的公司的长期生存与健康发展。而支撑公司的可持续经营，首先要树立公司科学发展战略观。这种战略观要求透视并辨别那些为公司长期经营提供养料的“上帝”，牢固树立两个“上帝”理念。

数百年市场经济发展历程，给我们的最大收获就是认识到在商品服务市场上顾客就是公司的“上帝”，公司要立于不败之地，一定要服务好或适应这个“上帝”，全心全意服务顾客、适应顾客，尽量满足顾客的需求。然而，近年在安然、世通和帕玛拉特等全球大公司相继曝出的、以财务丑闻为导火索的公司管理大地震中，就连为安然这类客户提供周到服务的安达信等大公司也陷了进去。这些大公司没有忘记在商品服务市场上顾客是公司的“上帝”警示，曝出丑闻之前它们在顾客心目中口碑尚好，然而在资本市场上几乎辜负了投资者对它们的信任。那么，失去作为公司“主人”——投资者的信任，像安然与世通等这样的公司不仅难以获得充足的资本供给，而且很难在以诚信与道德维系的市场经济环境中生存，这些公司就更谈不上可持续经营与发展。

所以，为了实现公司可持续经营，我们在适应商品市场中“顾客”这个上帝的同时，必须适应资本市场上的以股东为主体的“投资者”这第二个“上帝”。适应前者，可确保我们的公司能够有效完成商品和服务的供需交易；而适应后者，则可保证我们的公司能够获得源源不断的资本：供给能量，从而像一艘在市场经济的海洋中破浪航行的战舰。有了适应这两个“上帝”能力的公司就能在下游的商品市场和上游的资本市场中游刃有余，百战不殆。

资料来源：李维安. 企业科学发展战略观：要适应两个“上帝”[J]. 南开管理评论，2004（2）.

（二）企业股东的权利和责任

尽管股东与企业的伦理关系因不同的企业而异，但一般说来，股东因其对企业的所有权而应当享有的权利和承担的责任都有其共性。

1.企业股东的权利

（1）对企业资产的拥有权（其中包括转让其资产的权利），即作为股东应享有的受法律和道德保护的最基本的权利，是企业对股东承担的最基本义务。

（2）拥有剩余控制权，即拥有企业中除了那些属于员工（包括高层管理者）享有的权利以外的权利。其具体表现为股东在确定企业使命、决定经营目标、实施经营策略以及亲自经营企业或委派、评价、监督高层企业经理层等方面的权利。

（3）拥有剩余索取权，即取得与其所担风险相应的企业收益中，扣除用来支付各项要素报酬和投入品价格之后的余额的权利，即净利润的分配权。

（4）在企业解散时参加分配并有权获得份额内的剩余财产。

（5）企业制的股东，还有获得企业经营情况方面的信息（财务、报告）和新股认购权。

（6）企业章程或其他有关法规、规则规定的其他权利。

2.企业股东的主要责任

（1）及时、如数供应所应提供的财务资源。

（2）对企业经营成果最终负责。股东享有剩余控制权，就决定了其必然对企业行为的最终结果负责。

（3）股东必须促使企业同与之有关的各利益主体保持协调的关系。

（4）股东还应有较强的民族责任心和自豪感。

（5）法律、法规、企业章程或企业其他利益相关者期望股东承担其他责任。

3.《公司法》的规定

我国《公司法》明确有限责任公司股东会由全体股东组成。股东会是公司的权力机构，依照《公司法》行使职权。《公司法》第三十七条规定，股东会行使下列职权：

（1）决定公司的经营方针和投资计划；

（2）选举和更换非由职工代表担任的董事、监事，决定有关董事、监事的报酬事项；

（3）审议批准董事会的报告；

（4）审议批准监事会或者监事的报告；

（5）审议批准公司的年度财务预算方案、决算方案；

（6）审议批准公司的利润分配方案和弥补亏损方案；

（7）对公司增加或者减少注册资本做出决议；

（8）对发行公司债券做出决议；

（9）对公司合并、分立、解散、清算或者变更公司形式做出决议；

（10）修改公司章程；

（11）公司章程规定的其他职权。

对前款所列事项股东以书面形式一致表示同意的，可以不召开股东会会议，直接做出决定，并由全体股东在决定文件上签名、盖章。

在现实中，常有违背上述股东责任的股东行为发生。有些事情表面上看好像能给股东带来某些好处，但事实上只要加以跟踪观察和分析，就会发现这些行为损害了企业、产品形象，严重地危及企业的正常发展乃至生存，最终无疑会导致包括股东在内的各利益相关者遭受损失。

二、企业与股东的内在利益关系

以公司制为主要形式的现代企业制度，是经过市场经济上百年的筛选和塑造，逐步形成、发展和完善起来的。它既体现公有制的利益要求，又适应市场经济的运行要求。因此，建立现代企业制度，是今后我国国有企业在市场经济条件下长期、稳定、健康、快速发展的根本性的制度保证，是实现公有制与市场经济结合的基本形式，符合国有企业的现实要求和长远发展要求。

建立现代企业制度是发展社会化大生产和市场经济的必然要求，我们所要建立的现代企业制度，就是在社会主义市场经济条件下，根据现代企业固有的性质和要求，按照世界通行的国际惯例和标准，来塑造适应社会主义市场经济发展要求的，能自主经营、自负盈亏、自我发展、自我约束的法人实体和市场竞争主体。现代企业制度的特征是产权明晰、权责明确、政企分开、管理科学。在这里，我们重点分析以公司制为主要形式的现代企业的内部利益关系。

（一）现代企业的内部利益关系的协调与制衡

公司治理结构是现代企业制度的核心，现代企业区别于传统企业的根本点在于所有权和经营权的分离。公司治理结构的全部内容，是指在契约制度的基础上，通过各种机制，既充分调动各种企业内部利益主体的积极性，又对各种内部利益主体形成有效的约束，即形成相互制衡，保证各种利益主体自身的应有利益与权力，从而实现企业决策的科学化与最优化。因此，公司治理结构是一个复杂的制度体系。一般来讲，企业管理结构主要包括以下内容：

1.法人治理结构

法人治理结构主要是界定股东与企业经理层的相互关系。法人治理结构的核心是契约制，其内容包括三个方面：首先是经济契约，即在股东与企业经理层之间形成责权利内在统一的相关关系。人对利益和权力的追求是无限的，靠什么才能约束？只能靠责任来约束。其次是道德契约，即股东与企业经理层之间的经济契约贯彻到股东与企业经理层的道德规范中，其主要内容是指在没有任何外在监督的条件下，双方都不会索取不属于自己的利益和权力。最后是环境契约，即经济契约贯彻到股东与企业经理层的整个社会环境中，股东与企业经理层不应在外部交往中索取不属于自己的利益。

2.委托经营结构

作为委托人的股东将财产授予代理人经营，由于委托人和代理人的目标不一致，以及信息不对称，代理人可能利用自己的信息优势，采取机会主义行为来谋求自身利益，而损害委托人利益。因此，尽管所有权与经营权的分离可以产生代理收益（分工效果和规模效果），但委托人为使其效用最大化而通过合约监控代理人的行为，必然产生代理成本。只要存在委托经营关系，就会产生利益冲突，如果这种冲突不可能通过完备的契约得到解决，则企业管理结构问题必然在企业中产生。加强企业管理之所以十分必要，关键在于企业中存在的两个问题：一是代理问题，二是不完备合约（契约）。

（二）商业伦理与股东利益相互影响

商业伦理建设的目的就是要适应企业内外部环境变化的要求，公正、合理地处理好各利益相关者之间的复杂关系，使权力责任关系在各个利益相关者之间重新进行合理分配，推动企业健康成长，而绝不是削弱股东的权利，减少股东收益。

1.商业伦理维护股东的合理利益

首先，从根本上讲，股东的利益与企业利益是一致的，只有企业兴旺发达才能给股东带来更多的利益。股东建立企业的最原始动机之一就是追求尽可能多的利益，也正是这种对利益的追求，决定了企业是一个营利性组织，而非社会公共福利机构，从而在客观上推动了企业的成长壮大、为社会积累财富、推动经济的发展和社会的进步。

其次，企业本质上是利益相关者缔结的一组合约，有股东投入的物质资产，也有员工投入的人力资产以及债权形成的资产等。按照谁贡献谁受益的原则，这些产权主体都有权参与企业剩余的分配。这就意味着股东并不是企业获利过程中唯一起支配作用的主体，任何企业的获利过程都是在与内外部环境交换物质和信息的基础之上，在各利益相关者的共同参与下实现的。

再次，企业经营环境的巨大变化，特别是信息社会的到来，客观上要求企业必须突破原来只考虑股东单方面利益的局限性，建立起体现各利益相关者利益的合理的企业经营思想。

最后，商业伦理也是保护股东切身利益的需要。信息革命扩大了金融和经营之间的鸿沟，使得金融资本相对集中而经营权力却大量分散，出现践踏股东权利的迹象。

2.股东道德对商业伦理具有举足轻重的影响

首先，股东特别是管理型股东对于企业目标、企业宗旨、企业发展战略的形成具有重要影响，其经营理念、行为模式将会极大地影响企业的经营行为。其次，股东特别是管理型股东是企业文化的倡导者和表率。自日本首次引入企业文化促使企业成功以来，企业文化已成为促进企业发展的巨大动力和手段。企业文化建设是否成功虽然取决于很多因素，但最重要的还在于股东。

股东把企业的价值观和信念传输给员工并首先做出表率，从而产生巨大的带动效应。由于企业文化的核心就是商业伦理，所以企业股东也是商业伦理的倡导者和表率。日本松下电器的创始人松下幸之助明确提出，松下电器的目标是促进整个企业的成长及增进社会福利，与此同时还要进一步致力于世界文化的发展。正是在松下幸之助的倡导和示范下，松下电器由一个手工作坊发展为世界一流的著名企业。

三、股东与管理者之间的道德规范：委托经营，信息对称

股东与企业经理层之间的关系可以视为一种契约关系，在这种关系中，股东把企业委托给企业经理层，让企业经理层经营，实现其利益。这里，真正的问题是如何通过一定的机制来保证企业经理层服务于股东的利益，保证股东与企业经理层之间“契约”的实现。在经济契约之外，股东与企业经理层之间还存在重要的伦理道德规范。

（一）股东监督企业经理层

为了避免道德风险和逆向选择，股东必须获取更多的信息，制定各项规章制度，建立各种监控机制，约束企业经理层的权限，监督企业经理层的行为，在发现其背离股东目标时给予一定的处罚甚至解聘。但这时会产生高昂的成本，既包括由于监督而直接增加的费用，又包括由于监督而使企业经理层不能及时采取措施从而丧失时机造成的损失，因此，应在这种监督成本和因为监督而可能给股东带来的收益之间进行权衡。

（二）股东激励企业经理层

1.适当的激励调整股东与企业经理层之间的利益冲突

企业经理层的个人报酬同企业的运营成果挂钩，有利于鼓励他们采取符合企业最大利益的行动。这也涉及成本问题，如果激励成本过低，则不足以激励企业经理层，股东的权益得不到有效的保护；如果激励成本过高，股东又得不到应得的收益，因此，只有适当的激励才能在一定程度上调和股东与企业经理层之间的利益冲突。

2.对企业经理层的激励可以采取股票期权等形式

对企业经理层的激励可以采用与企业产出相关的工资、奖金等货币形式，也可采用股票期权等形式，但对于行为和绩效难以监督的企业高级经理层，可以让他们拥有部分剩余索取权和控制权（如拥有企业股票或债券，成为企业的股东或准股东），使他们的报酬直接同企业绩效挂钩。如果某些人员的产出难以计量，可以通过晋升制度来监督其努力程度。在股权分散的情况下，往往难以监督企业高级经理层，此时可以给予高级经理相应的津贴，并使这些津贴取决于企业的整体经营绩效，以便为企业高级经理层提供刺激和动力。

3.企业经理层承担对股东的伦理道德责任，履行与股东的委托经营关系

经济学家认为，存在各种各样的激励和约束机制，如董事会的监督、预算上的限制、激励报酬体系等。但现代商业伦理学认为，企业经理层只有承担对股东的伦理道德责任，才能更完美地实现与股东之间的委托经营关系。因此，股东应特别关注企业经理层对某些伦理理念的反应（见表4-1和图4-2）。

表4-1　**企业经理层对某些伦理理念的反应**

伦理理念	完全不同意		不太同意		一般		比较同意		完全同意	
	频数	百分比（%）	频数	百分比（%）	频数	百分比（%）	频数	百分比（%）	频数	百分比（%）
A.善有善报，恶有恶报	8	2.7	31	10.3	39	13.0	117	39.0	105	35.0
B.人都是自私的	27	9.0	103	34.3	54	18.0	63	21.0	53	17.7
C.做生意运气很重要	9	3.0	43	14.3	59	19.7	107	35.7	82	27.3
D.吃苦在前，享受在后	3	1.0	23	7.7	43	14.3	107	35.7	124	41.3
E.一个人活着总要做点有意义的事情	2	0.7	11	3.7	24	8.0	53	17.7	210	70.0
F.生意归生意，朋友归朋友	7	2.3	40	13.3	40	13.3	62	20.7	151	50.3
G.讲信用是经营根本	3	1.0	8	2.7	18	6.0	40	13.3	231	77.0
H.商业中适当夸张和吹嘘是必要的	46	15.3	96	32.0	53	17.7	65	21.7	40	13.3
I.把握机会的能力是商业成功的关键	3	1.0	12	4.0	24	8.0	76	25.3	185	61.7
J.无奸不商，无商不奸	109	36.3	99	33.0	33	11.0	37	12.3	22	7.3

资料来源：苏勇，陈小平．管理伦理学教学案例精选［M］．上海：复旦大学出版社，2001：18-19.

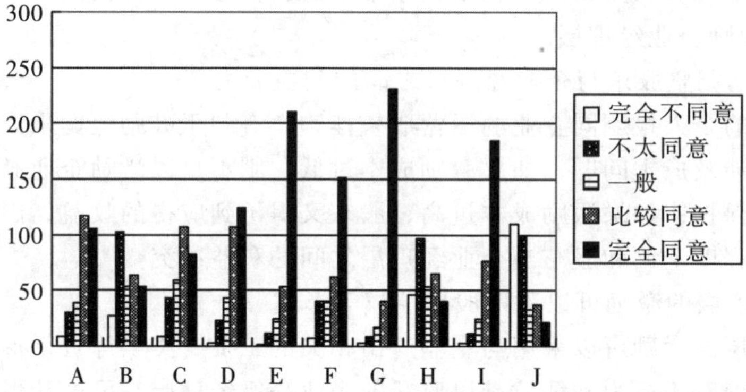

图4-2　企业经理层对某些伦理理念的反应图

资料来源：苏勇，陈小平．管理伦理学教学案例精选［M］．上海：复旦大学出版社，2001：18-19.

（三）企业经理层为全体股东利益服务

任何企业，一旦利润达到最大点，如果不采取应变的措施，就会超越这个利润最大化的点，出现亏损。因此，作为企业经理层，当企业达到利润最大点时，就要为企业、为股东重新确定边际利润的底线，这样才可以保证企业的利润底线。这是企业经理层的责任。企业经理层还有必要而且有责任认识到，在哪个方向、企业应该采取何种措施和社交手段，使企业向边际利润最大化方向发展，以及发展的途径是什么。

1.卓越的企业经理层做事情首先要有目标

要把目标作为企业的组织原则，知道自己的企业要做什么，为什么要这样做，并且要把企业的目标通过员工贯彻到企业的各个方面。这些都是事情的本源问题。目标的三大要素分别是使命、远景和价值。使命，就是通过大家共同努力，达到某个既定的目标；远景，是通过可以衡量的目标来说明解释结果。

2. 企业经理层应十分清楚企业的目标，与股东利益保持一致

一个企业的价值，就是改变他人的生活，为股东利益服务。企业经理层应该意识到企业对他们意味着什么，除了完成工作以外，重要的是自己为这个企业做出了贡献。

企业经理层必须为了结果进行管理，并且要通过与他人的共同努力来实现利润的增长，这是商业的精髓所在。因为利润是一种深层的条件，一个企业没有利润将无法生存，所以以营利为目的的企业不能从事没有利润的亏本工作；利润，同时是一种“成本”，以及未来要达到的某种指标。但利润不是最终的目的，只是一种手段。

由于企业经理层目标和股东目标的不一致以及二者之间明显的信息不对称，股东主要面临如下道德风险：

（1）股东只能观察到经营结果，而不能直接观察到企业经理层的行为，这时就存在着隐形行为的道德风险。

（2）企业经理层在给定的自然状态下做出自然的选择行动，股东能观察到企业经理层的行动，却观察不到自然的选择状态，就存在着隐形信息的道德风险。

（3）企业经理层为了实现自己的目标故意错误地报告信息，使股东面临“逆向选择与道德风险”，如企业经理层装饰豪华办公室、买高档汽车等。

对于股东而言，其总是希望企业经理层按其利益来选择行动，但股东不能直接观察到企业经理层究竟选择了什么行动，所能观察到的只是另一些变量，而这些变量是由企业经理层的行动和其他外生随机因素共同决定的。所以，股东的问题是如何根据所能观察到的信息来监督和奖惩企业经理层，以激励其选择对自己最有利的行动。

四、股东和利益相关者之间的伦理道德规范

（一）企业股东与利益相关者之间的伦理道德规范以社会责任为前提条件

企业利益相关者是指受企业行为影响或可影响企业行为的任何个人、群体和组织，通常包括顾客、供应商、竞争者、政府、社区、股东、员工等。企业股东与利益相关者的关系是客观存在的，没有了这种关系，企业就不复存在，企业股东的利益也就无法实现。

（1）企业通过对社会做出贡献的方式谋求利润的最大化，企业在满足股东利益的同时，还要考虑其他利益相关者的利益。

（2）企业经营活动与社会伦理规范有关，可用社会伦理规范来评价企业经营活动。

（3）法律是最低限度的道德标准，企业应按高于法律要求的伦理规范从事经营活动。

（二）支持企业股东与利益相关者之间伦理道德规范的主要理由

（1）企业与利益相关者存在着休戚与共的关系，只有考虑了利益相关者的利益，企业的利益才能得到保障。由于不完全竞争、外部效果和信息不对称的存在，股东利益最大化不一定能给社会带来最大好处。以空气污染为例，当一家工厂排放的有害气体损害当地居民的健康和财产，而该企业又不为此支付任何费用时，实际上等于把成本转嫁给了他人和社会。

（2）法律是人们必须共同遵守的最起码的行为规范，它只能对触犯了“最起码的行为规范”的行为予以追究。法律对一般不道德行为并不追究，法律只规定什么是不应该的、禁止的，而没有指明什么是应该的、鼓励的。然而，除了禁止的行为外，并非都是受鼓励

的行为，还存在既不禁止也不鼓励的行为。法律反映的是昨天的道德准则，不一定符合今天和明天的社会期望。法律出台后往往数年才修订，而社会是在不断发展变化的，因此，难免会出现法律滞后于现实的情形。仅仅不触碰法律底线不太可能激发员工的责任感、使命感，也不太可能赢得顾客、供应商、政府、社区、公众的信赖和支持，也就不可能取得卓越成就。

(3) 利润与道德既有对立的一面，也有相辅相成的一面，利润与道德是可以兼得的。企业经营的道德性假设是客观存在的，尽管企业经理层不一定考虑过这一问题，但事实上，他们的每一项决策、每一个行为都总是受特定的道德性假设支配。道格拉斯、麦格雷戈视人性假设为管理的理论假设，同样，企业经营的道德假设也是一种管理理论假设，因为所持假设不同，管理实践将随之大不相同。

● 第二节 董事会与监事会道德规范：勤勉尽责，廉洁监督

一、董事会责无旁贷地承担对全体股东的道德责任

(一) 企业所有权归全体股东，企业经营权则归管理层

1.企业所有权与经营权产生分离

由于企业生产规模的不断扩大，企业股东人数越来越多，经营业务日益复杂，加之股东的管理能力、管理经验与时间、精力等各种客观条件的制约，不可能由所有的股东共同参与企业的日常经营管理，只能由专业经营人员（即管理层）来负责，从而使企业所有权与经营权产生分离。企业所有权当然归全体股东。

2.董事会责无旁贷地承担了对全体股东的道德责任

因股东人数众多，受管理成本的限制，只能每年举行为数不多的几次股东会，而无法对企业的日常经营做出决策，企业经营权则归管理层，因此，企业需要一个常设机构来执行股东会的决议，并在股东会休会期间代表全体股东对企业的重要经营做出决策。这个机构就是董事会。显然，董事会责无旁贷地承担了对全体股东的道德责任。

(二) 董事会道德风险与逆向选择

1.股东与经理之间是比较复杂的双层委托-代理关系

从委托-代理理论的角度看，在股东与董事的关系中，股东是委托人，董事则是代理人；而在董事与经理的关系中，董事是委托人，经理则是代理人。显而易见，股东与经理之间是比较复杂的双层委托-代理关系。在股东、董事及经理的委托-代理关系中，股东（委托人）关心的是自己财产的安全、保值和增值，董事、经理（代理人）却有着他们自己的利益目标（比如相互攀比的年薪报酬与奢华的在职消费等）。可以肯定，如果没有良好的品质与道德修养、有效的约束和监督，他们很难站在股东的立场上追求企业资产的有效使用。

2.董事可能会牺牲企业及股东的利益而追求自己的最大利益

当董事、经理自身的利益与企业的利益发生偏离甚至冲突的时候，他们可能会牺牲企业及股东的利益而追求自己的最大利益，由此而做出的经营决策不当、滥用权力乃至中饱私囊等逆向选择行为必然会导致道德风险，引起企业及股东利益的损失，这种损失就是“代理成本”。“代理成本”概念的提出，把如何在保证企业经营者拥有一定权力的条件

下，对其进行有效的监督约束，以减少代理成本和控制代理风险、控制逆向选择以降低道德风险的难题便摆在了各国立法者面前。在这种背景下，企业的独立董事制度与监事会制度在大陆法系[①]国家孕育而生，并通过各国企业立法制度的发展逐步走向成熟与完善。

二、董事会的道德义务与独立董事的道德规范

（一）保持独立性，形成独立自主人格

保持独立性，是指董事与独立董事在履行董事会职责、参加董事会决策时应当在精神上和形式上超出一切界限，独立于企业经理等管理层，其目的是取信于企业各利益相关者。这种独立性的需要有两层含义，即精神上的独立与形式上的独立。

1.精神上的独立

精神上的独立是要求董事和独立董事明确，他们表面虽受聘于委托单位，但从精神层面看则受托于股东。董事和独立董事只有与委托单位保持精神上的独立，保持独立自主人格，才能够以客观、平等的心态发表董事和独立董事的意见。

2.形式上的独立

形式上的独立，是对第三者而言的，董事和独立董事必须在第三者面前呈现一种独立于委托单位企业经理等管理层（少数执行董事例外）的身份，即在他人看来董事和独立董事是独立的、无倾向性的。由于董事和独立董事的意见是外界人士决策的依据，因而董事和独立董事除了保持精神上的独立外，还必须在外界人士面前呈现出形式上的独立，只有这样才会得到股东的信任和尊重。

3.经济上的独立

精神上的独立与形式上的独立，应该建立在经济独立基础上，经济基础决定思想意识与上层建筑。

4.独立性是董事和独立董事的灵魂

董事和独立董事尽管接受委托单位的聘请履行董事和独立董事职责，而且从委托单位领取报酬。但董事和独立董事应始终牢记自身所承担的是对于股东的责任，这就决定了董事和独立董事必须与委托单位和外部组织之间保持一种超然独立的关系。因此可以说，独立性是董事和独立董事的灵魂，对于独立董事而言，其重要性更是不言而喻的。

（二）勤勉尽责、实事求是，真诚为企业谋取正当利益

1.勤勉尽责、实事求是

勤勉尽责、实事求是，是指董事和独立董事对有关企业事项的调查、判断和意见的表述，应当基于客观中立的立场，以企业客观存在的事实为依据，不掺杂个人的主观意愿，也不为委托单位或第三者的意见所左右，在分析问题、处理问题时，不以个人的好恶或成见、偏见行事，在工作中从实际出发，注重调查研究、分析。只有深入了解实际情况、兢兢业业、勤勉尽责，才能取得主观与客观的一致，做到董事和独立董事的意见与结论有理有据。

2.真诚为企业谋取正当利益

真诚为企业谋取正当利益，主要是要求董事和独立董事必须忠实于受聘的企业，对企

---

① 大陆法系，又称为民法法系、法典法系、罗马法系、罗马-日耳曼法系。大陆法系首先产生在欧洲大陆，后扩大到拉丁族和日耳曼族各国，它是以罗马法为基础而发展起来的法律体系的总称。大陆法系国家的典型代表主要有法国和德国，还包括过去曾经是法国、西班牙、荷兰、葡萄牙四国殖民地的国家和地区，以及日本、泰国、土耳其等国家。

业有较高的忠诚度。具体的要求是：模范遵守企业章程，忠实履行董事和独立董事职责，在保障股东利益的前提下维护企业正当利益，对那些明知危害股东利益而违规违法、不择手段追求企业不正当利益的行为，必须想方设法加以制止；不得利用在企业的地位和职权为自己谋取私利；不得利用职权收受贿赂或者其他非法收入，不得侵占企业的财产；除依照法律规定或者经股东会同意外，不得泄露企业秘密。企业董事和独立董事应当向企业申报所持有的本企业的股份，并在任职期内不得转让；董事和独立董事应当向企业做出有关利益的说明。

【专栏4-2】 **诚信社会从诚信领导做起**

不久前我在迈特克公司（Medtronic，世界500强企业，是一家制造医疗设备的公司，它的主要产品是心脏测量器，客户包括医院、护理中心等，销售市场以美国和加拿大为主）见到了一群高智商的年轻职业经理人。我们在讨论职业发展时，其中一位请我列出在迈特克公司当一名领导者必须具备的最重要的品质，我说："我可以用一个词来概括，那就是诚实。"

诚信的领导者真诚地希望通过他们的领导为他人服务。他们不十分看重自身的权力、金钱和威望，而是给下属更多的自主权，为机构创造更多的利益。他们既信奉理智，也信奉情感——激情和悲悯。

做一个诚信领导的代价：

（1）没有明星CFO的那种风光；

（2）需要耐得住寂寞；

（3）需要忍受各色人物的猜测和批判。

做一个诚信领导的收益：

（1）没有良心的谴责，一夜安睡到天明；

（2）不必每周工作70小时，可以享受天伦之乐；

（3）超越时间与金钱的重压，过一种平衡的生活；

（4）自我做主，不必理会各色人物的聒噪与摆布；

（5）可以创造一家基业长青的企业，不像安然、世通公司那样轰然倒塌；

（6）可能与比尔·乔治一样，在20年的时间里，迈特克公司的收益从4亿美元增加到80亿美元，股票市值从11亿美元增长为600亿美元。

资料来源：乔治. 诚信领导［M］. 王成，顾澄清，译. 北京：电子工业出版社，2004.

（三）善管守信，维护企业资产，审慎行使决议权

善管守信义务源于董事和独立董事与企业之间的委任关系。董事和独立董事作为受任人，在执行职务时应尽善管人的守信义务。尤其在企业所有权与企业经营权分离的情况下，董事和独立董事对企业的正常运转负有高度的道德责任以及不可推卸的法律责任。所以，强化董事和独立董事的善管守信义务十分必要。董事和独立董事的善管守信义务包括以下四方面：

1.董事和独立董事必须维护企业资产

企业资产是企业开展业务活动的前提，维护企业资产的安全、完整、保值、增值是对董事会组成人员的最基本要求。为此，董事和独立董事必须做到，不得私自挪用企业资金或者擅自将企业资金借贷给他人；不得将企业资产以其个人名义或者以其他个人名义开立

账户存储；不得以企业资产为本企业的股东或者其他个人债务提供担保。做到这些方面，可以防止将企业资产变为个人资产，保证企业财产的安全。

2.董事和独立董事在董事会上有审慎行使决议权的道德义务

董事和独立董事不仅负有上述对企业的善管守信义务，而且应承担因未尽到义务而负的责任。董事和独立董事不得从事损害企业利益的活动，否则，企业可对其行使归入权，即将从事上述活动的所得收入归企业所有。董事和独立董事执行职务时违反法律、行政法规或者企业章程的规定，给企业造成损害的，应当承担赔偿责任。董事会的决议违反法律、行政法规或者企业章程，致使企业遭受严重损失的，参与决议的董事和独立董事应对企业负赔偿责任。从董事和独立董事与企业的委任关系看，可将董事和独立董事对企业的赔偿责任视为因债务不履行所致。但是，如果就董事和独立董事违反善管守信义务和危及企业资产而言，董事和独立董事损害本企业利益的行为可能是侵害企业财产权的行为，因而将赔偿责任视为侵权责任也是有道理的。因此，董事和独立董事对企业的赔偿责任已不再是单一性质，而是多元性质的问题。

3.董事和独立董事遵守竞业禁止的道德义务

这里的竞业禁止，即对竞业行为的禁止，是指特定地位的人不得实施与其所服务的企业具有竞争性质的行为。在股份有限公司中，董事和独立董事是具有特定地位的人。《公司法》规定，董事和独立董事不得自营或者为他人经营与其所任职企业同类的业务。其行为要素是：董事和独立董事自营或为他人经营的业务与所任职企业的业务同类。

一旦企业董事和独立董事违反上述竞业禁止义务，企业可以依法行使归入权。《公司法》之所以做出这些规定，主要是基于这种行为对企业的危害性。董事和独立董事从事上述竞业行为，就很有可能夺取企业的交易机会，还可能利用对企业商业秘密的了解，对企业造成损害。无疑，《公司法》对董事和独立董事竞业禁止义务的规定尚需进一步完善：一是要明确董事和独立董事实施此种行为应向股东会说明其重要事实，取得股东会的认可；二是仅应禁止股东会未认可的上述行为；三是要确认企业行使归入权的程序和时效；四是上述行为如果给企业造成损失，还应赔偿企业损失。

4.董事和独立董事遵守私人交易限制的道德义务

这里所说的私人交易，是指有特定地位的人为自己或为他人而与企业进行交易。在股份有限公司中，董事和独立董事是处于特定地位的人。《公司法》规定，董事和独立董事除企业章程规定或者股东会同意外，不得同委托的本企业订立合同或者进行交易。这表明，董事和独立董事的私人交易是受到《公司法》限制的。具体地说，董事和独立董事欲与企业订立合同或进行交易，应以企业章程的规定作为依据。如企业章程无此规定，董事和独立董事应向股东会说明事实，取得股东会的同意。如果股东会同意，就可进行此种交易，否则不能进行。如果股东执意进行此种交易，则该交易在法律上无效。《公司法》做出这一规定，是为了防止董事和独立董事为谋私利而牺牲企业利益，从而成全私人交易业务。

5.《公司法》的规定

《公司法》第四十六条规定，董事会对股东会负责，行使下列职权：

（1）召集股东会会议，并向股东会报告工作；

（2）执行股东会的决议；

(3) 决定公司的经营计划和投资方案;

(4) 制订公司的年度财务预算方案、决算方案;

(5) 制订公司的利润分配方案和弥补亏损方案;

(6) 制订公司增加或者减少注册资本以及发行公司债券的方案;

(7) 制订公司合并、分立、解散或者变更公司形式的方案;

(8) 决定公司内部管理机构的设置;

(9) 决定聘任或者解聘公司经理及其报酬事项,并根据经理的提名决定聘任或者解聘公司副经理、财务负责人及其报酬事项;

(10) 制定公司的基本管理制度;

(11) 公司章程规定的其他职权。

三、监事会的组成、职权与道德规范

(一) 监事会是公司法人治理的制衡机构

1.监事会是股份有限公司的常设监督机构

监事会制度源自西方大陆法系国家,是"监督理事会"的简称。根据西方国家公司法律的规定,监事会具有如下特点:监事会是股份有限公司的常设监督机构,负责监督董事会、管理层执行业务的情况。一般不参与企业的业务管理,对外一般无权代表企业。

2.监事会是公司法人治理的制衡机构

在企业治理结构[①]中,股东会是企业的最高权力机构。但股东会是一个会议体机构,只在例会期间行使权力,日常实际行使企业权力的则是董事会、管理层。股东会为了避免企业经营失控,必须建立一个机构来监督董事会、经理人的受托代理行为是否与股东的意志相符,从而使股东的利益得到保障。这个行使监督权的机构就是监事会。

(二) 我国监事会组成与职权

1.有限责任公司设立监事会

《公司法》第五十一条规定:有限责任公司设立监事会,其成员不得少于3人。国务院颁布的《国有企业监事会暂行条例》第二条规定:国有重点大型企业监事会由国务院派出,对国务院负责,代表国家对国有重点大型企业的国有资产保值增值状况实施监督。

我国各地在《国有企业监事会暂行条例》的框架下对国有企业监事会的人员有不同的要求。例如,《上海市国有企业监事会管理暂行规定》中要求:监事会成员的数目应为不少于3人的奇数。监事会成员一般应包括以下人员:一是出资者的代表(或股东代表);二是有关方面的专家;三是员工代表。

2.在特殊情况下,监事会有权代表企业

在以下特殊情况下,监事会有权代表企业:一是当企业与董事之间发生诉讼时,除法律另有规定外,由监督机构代表企业作为诉讼一方处理有关法律事宜。二是当董事自己或他人与本企业有交涉时,由监事会代表企业与董事进行交涉。三是当监事调查企业业务及财务状况,审核账册报表时,代表企业委托律师、会计师或其他监督法人。修订后的《公

① 公司治理结构,狭义上是指投资者(股东)与企业之间的利益分配和控制关系,包括公司董事会的职能、结构、股东的权利等方面的制度安排;广义上是指关于公司控制权和剩余索取权,即企业组织方式、控制机制和利益分配的所有法律、机构、制度和文化的安排。它界定的不仅是所有者与企业的关系,而且包括利益相关者(包括股东、债权人、员工、顾客、供应商、当地社区居民、政府等)之间的关系。公司治理结构决定企业为谁服务(目标是什么),由谁控制,风险和利益如何在各个利益集团中分配等一系列根本性问题。

司法》首次明确监事会、不设监事会的公司的监事行使职权所必需的费用，由企业承担。监事会、不设监事会的公司的监事发现企业经营情况异常，可以进行调查；必要时，可以聘请会计师事务所等协助其工作，费用由公司承担。

3.监事会职权

《公司法》第五十三条规定，监事会或者监事行使下列职权：

（1）检查公司财务；

（2）对董事、高级管理人员执行公司职务的行为进行监督，对违反法律、行政法规、公司章程或者股东会决议的董事、高级管理人员提出罢免的建议；

（3）当董事、高级管理人员的行为损害公司的利益时，要求董事、高级管理人员予以纠正；

（4）提议召开临时股东会会议，在董事会不履行本法规定的召集和主持股东会会议职责时召集和主持股东会会议；

（5）向股东会会议提出提案；

（6）依照《公司法》第一百五十一条的规定，对董事、高级管理人员提起诉讼；

（7）公司章程规定的其他职权。

（三）监事会履行的道德规范：以身作则，公正审查，廉洁执法

1.监事人员应以身作则，模范遵守财经法规

为了做到严格监督，监事人员必须培养自己具有公正、客观的品质和忠于职守的精神，从国家和人民的利益出发，以有关政策和法规为标准，不带任何成见和偏见去开展企业监督工作。实施严格监督，更为重要的是监事人员必须从自身做起。

2.对经济活动实施严格的事前监督、事中监督和事后监督

这一规定就是要求监事人员运用一定的方法、手段和企业资料对本单位的经济活动进行严格的事前、事中和事后的监督。

事前监督是指在企业各项经济业务活动的准备阶段，以财经政策、制度和企业计划为准绳，对企业经济合同、经营计划等所做的合法、合理、合规、经济性审查，使之符合规定要求。

事中监督是在企业生产经营过程中以计划、定额、预算等为标准，对生产消耗、成本升降、资金使用、收益大小加以控制，及时发现并校正执行中的偏差，促使预定目标的实现。

事后监督则是指在一个生产经营过程完结之后运用企业资料进行检查，对经营全过程做出评价，并检查企业工作的质量，为下一个生产经营过程做全面准备。

3.把握企业监督工作重点，增强监督工作的有效性

企业监督工作的重点应该根据党和国家对经济工作的要求来保证经济工作沿着正确的轨道运行，不断提高经济效益。因此，企业监事人员要围绕这个重点，抓住经济活动中的重要环节，开展监督工作。

要积极发挥把关作用。目前，在有的地方经济政策执行不力的情况下，个别领导立足于单位的小天地、无视财经纪律。有的为了“创政绩，捞选票”，往往置国家政策、纪律于不顾，任意挥霍国家财产，有的为了谋私利而违法违纪，企业监事人员决不能容忍迁就，类似问题都是非常有害的，是与企业职责格格不入的，必须坚决予以纠正。

4.公正审查，正确处理各种类型的经济利益关系

公正审查是指监事应当具备正直、诚实的品质，公平正直、不偏不倚地对待有关利益各方，不以牺牲一方利益为条件而使另一方受益。监事在处理审查业务的过程中，要正确对待与被审查单位有利害关系的各方面关系人。

5.廉洁执法，适时对违规的董事、独立董事或经理提起法律诉讼

廉洁执法是指企业监事在审查监督过程中必须保持清廉洁净的情操，在独立、客观公正的基础上，遵守国家有关法律、法规及制度，依法进行合理、合法的审查监督，不得利用自己的身份、地位和工作中所掌握的被查单位资料和情况，为自己或所在的单位谋取私利，不得向被查单位索贿受贿，不得以任何方式接受被查单位的馈赠礼品和其他好处，不得向被查单位提出超出正常工作需要之外的个人要求。

随着市场经济的发展，企业监事在经济生活中的地位将越来越重要，发挥的作用也会更大。企业监事如果工作失误或有欺诈行为，将会给有关企业、国家或第三方造成重大损失，甚至导致经济秩序紊乱。按照监事会的职权，当董事的行为损害企业的利益时，监事会有权要求董事和独立董事予以纠正。如果监事会纠正后，董事和独立董事及时赔偿了企业的损失，企业的损失则得到了挽救。如果董事和独立董事拒不赔偿企业损失，则会酿成以企业为原告、以董事和独立董事为被告的损害赔偿诉讼。对此，需要讨论谁代表企业提起诉讼。既然监事会有权纠正董事和独立董事损害企业利益的行为，那么它的职权自然可以延伸为代表企业提起对董事的诉讼。

因此，强化企业监事的法律责任意识，要求企业监事严格履行法律责任，以体现良好的职业道德，确保监督质量，意义重大。

● 第三节　企业经理层道德规范：依法为民，追求卓越

一、企业经理层的道德人格的地位与作用

（一）企业精神取决于企业经理层的道德人格

1.企业经理层道德人格的含义

企业精神实际上是企业经理层人格精神的延伸，而企业凝聚力的强弱很大程度上取决于企业经理层的道德人格魅力。道德人格是企业经理层素质的内在化与轴心，决定着企业经理层的人格质量。因此，企业经理层道德人格素质包括知识、经验、能力、品质等的内在化。

2.企业经理层道德人格的表现形式

企业经理层的道德人格主要表现在企业经理层具备良好的思想、精神和工作作风。其具体表现为：

首先，企业经理层要有大公无私、公而忘私的忘我精神，一心为公，严于律己，宽以待人。

其次，企业经理层要有一丝不苟、实事求是的工作作风。有成绩不夸大，有缺点不缩小，勇于自我批评；严肃认真地做好企业各项工作。

再次，企业经理层要有雷厉风行、艰苦奋斗的实干作风。要言行一致，不尚空谈，追求务实，树立威信，带领员工沿着企业正确的发展轨道前进。

最后，企业经理层要有密切联系群众的民主作风。要有群众观点，走群众路线，工作上依靠群众出谋划策，生活上要关心群众疾苦。

企业经理层要牢固树立“公仆”意识。唯有具备上述作风品质，企业经理层才能有效树立个人威望，发挥自己的领导力，通过科学决策，领导企业在市场上保持强大的竞争力。

（二）“企业经理层道德人格”的基本要素

1.企业经理层肩负着发展企业、振兴企业、实现民族腾飞的重任

杜莹等人（2005）的研究表明，企业经理层在现代社会中具有较高的社会地位，时代也赋予他们发展经济、传播先进文化、促进社会道德水平提高的社会责任。[①]同时，企业经理层肩负着发展企业、振兴企业、实现民族腾飞的重任，这决定了企业经理层必须富有理想、廉洁奉公、遵纪守法、崇尚信誉、公正待人、尊重员工、坚韧不拔、锐意进取、忧国爱民，先天下之忧而忧、后天下之乐而乐。这样才能团结员工、凝聚人心、振兴企业。

就我国目前而言，作为社会主义企业经理层，更应该具有责任意识、廉洁作风、创新精神、博大胸怀。可以说，强烈的创新精神、永不停止的经济冲动、坚韧不拔的内在毅力、对市场变化的灵敏触觉、极高的综合素质，是企业经理层的永恒主题。以上方面相互关联，构成“企业经理层道德人格”的基本要素。

2.首席执行官首先应该是首席道德官

在企业经理层中，处于最高位置的是企业的首席执行官，即chief executive officer，CEO。我们认为，首席执行官首先应该是首席道德官（虽然首席执行官不一定兼任该职务），他应该是企业道德楷模。在一项专题调研中，对于“企业CEO是首席执行官，首先应该是首席道德官，是企业道德楷模”，表示非常赞同的有71人次，占32.87%；表示赞同的有114人次，占52.78%。

2002年10月至2003年底，美国就有100多家企业聘请伦理长，因为美国致力于从制度与机构设置上规范商业伦理，纽约证券交易所要求所有的上市企业都必须确立伦理规范，该项规定使许多企业纷纷聘用伦理主管。华尔街的一系列丑闻使美国企业管理者明白，对员工进行商业伦理培训的重要性不亚于收支平衡或营销等业务培训。美国国际纸业公司的商业伦理长伯格说：“如果企业看重伦理道德，这种美誉在今天的市场上是一种竞争优势，不仅客户对你忠诚，而且你也可赢得员工的忠诚。”[②]

3.首席道德官的责任：道德准则的构建、培训及监管

企业经理层营造的企业氛围对于形成具有道德水准的组织关系重大。管理完善的组织——不论是企业、政府机构、非营利组织还是职业组织——都能够坚持道德准则与诚信要求。一些欺诈案表明，需要这些准则来引导组织行为，例如，“泰科国际公司的高级管理层被起诉涉嫌2003年发生的一起诈骗案，为了改善公司形象和提高预期业绩水平，新的管理层致力于进行法律与道德教育。现在有些公司出现了一种新型的首席执行官——首席道德官，首席道德官的责任是对道德准则的构建、培训及执行进行监管”[③]。注册会计师们必须通过后续教育获取道德方面的学分与考试成绩，以保持执业证书的有效性。

① 杜莹．企业家的社会地位与社会责任［J］．道德与文明，2005（2）：69-72．
② 大松．最新的职务：企业伦理长［J］．中国企业家，2003（1）：80．
③ RITTENBERG L E，SCHWIEGER B J．审计学：变化环境中的概念［M］．程新生，主译．5版．北京：清华大学出版社，2007．

二、依法为民经营：企业经理层的经营方向

民即人民，人民是一个历史范畴。在任何时代和任何国家，人民的主体就是劳动群众、人民。依法为民经营就是要求企业经理层为劳动群众服务，为绝大多数人服务。依法为民经营规范的确定，正是人民的集体利益在企业道德观念上的集中反映。同时，体现了经营管理活动的基本要求和主要特点，反映了人民对企业经理层的特别要求。依法为民经营规范的主要内容有：

（一）合法合规开展经营活动

1.依法为民经营贯穿经营过程的始终

企业经理层就是通过依法为民经营，来体现为人民服务目的的。依法为民经营规范贯穿经营过程的始终，落实于本职工作的方方面面，是企业活动的最低界限。企业经理层在经营理财过程中，首先必须把人民的整体利益放在首位。无论在什么时候、什么情况下，都绝不做明知对于人民有害的事情。因为，人民利益就是整体利益，把人民利益放在首位就是要把满足整体利益作为本职工作的出发点和归宿。凡是有悖于整体利益的事情，不仅自己不能做，而且要反对他人去做。

2.企业经理层做人民的“好管家”

为人民做“好管家”，这是依法为民经营规范对广大企业经理层提出的直接要求。依法为民经营规范就是要求企业经理层理财得当，恰到好处，好上加好，低耗高效；就是要做到聚财有道，用财有效，生财有方。为了聚财有道，企业经理层应该熟悉财经法规，洞察市场行情，积聚恰当资财，以便生产经营；为了用财有效，企业经理层应该精打细算，勤俭节约，量力而行，统筹规划，积极参与预测，参与决策，编制全面预算，把有限的钱财用到刀刃上，讲究资财使用效果；生财有方，就是要求企业经理层积极做好资金使用决策，关注货币的时间价值，不断提高资金使用效率。

（二）恰当处理长远利益与眼前利益的关系

在经营管理实践活动中，企业经理层必须恰当处理好企业长远利益和眼前利益的关系。应该看到，在一定的历史阶段，企业的长远利益与眼前利益是一致的；但在某一个特定时点上，由于劳动生产力的水平性和社会财富的有限性，企业的长远利益与眼前利益可能会呈现差异性，存在一定程度的矛盾性。

企业经理层在本职工作中，既不能单纯为了满足企业的眼前利益而不顾长远利益，特别是要克服生产经营的短期行为，也不能借口企业的长远利益而不顾及眼前利益，应促使企业员工的生活水平随着时间的推移逐步得到提高。也就是说，依法为民经营规范要求在兼顾企业的长远利益的同时，不断满足企业眼前利益的需要。

（三）妥善处理社会利益与企业利益的关系

从总体上看，由于社会主义公有制的建立，企业利益包含在全体社会利益即社会的整体利益之中。因此，社会的整体利益与企业利益应该是一致的。但在现实生活中，两者之间仍然会产生一些矛盾。企业经理层在经营工作中，不得以企业利益去损害社会的整体利益，也不得以社会的整体利益去取代企业利益。马克思曾经明确指出：“共产主义既不拿利己主义来反对自我牺牲，也不拿自我牺牲来反对利己主义……”正确的做法是按照客观经济规律，根据国家的方针、政策和法规妥善处理好全体社会利益与企业利益之间的经济利益关系，使两者尽可能地达到和谐的统一。

三、廉洁奉公：企业经理层之行为准绳

廉洁，是指清白、节俭、高洁、干净。“廉”的反义词是“贪”，“洁”的反义词是“污”，廉洁与损公肥私和贪污盗窃相对立。《楚辞·招魂》中说：“朕幼清以廉洁兮。”东汉王逸注云：“不受曰廉，不污曰洁。”《淮南子·原道训》也说：“夫得其得者，不以奢为乐，不以廉为悲。”所以，廉洁就是要求廉洁清正，不谋私利。奉公是指奉行公事，主持正义，讲求公道，不偏不倚，与假公济私相对立。

《史记·廉颇蔺相如列传》有云：“以君之贵，奉公如法则上下平。”应该明确，奉公的基本依据是法律、法规和制度。因此“奉公”就是要求奉公执法，不畏权贵，不唯上，不唯钱，只唯法，只唯实。廉洁奉公就是要求洁身自好，操守为重，廉洁清正，奉公执法，照章办事为公众谋福利。企业道德理论把廉洁奉公从干部道德规范上升到企业道德规范的高度，是经营管理工作的特殊职能所规定的，是广大人民对企业经理层的客观要求，是经营活动的行为准绳。

公司制企业使企业经理层肩负起受托管理社会及单位的金钱账务这一重要的职业使命，也使得廉洁奉公在职业生活中显得更加重要。因为企业经理层一旦有渎职行为，受到损害的必然是全社会的利益，是人民大众的利益，所以，企业道德的廉洁奉公规范反映社会对企业经理层在管理活动中的责任、权力、利益等方面的根本要求。作为企业道德规范之一，廉洁奉公规范包括如下要求：

（一）廉洁清正，操守为重

廉洁是我国各族人民的光荣传统。清正廉洁是民间广为流传的包公、狄仁杰、海瑞等清官的优秀品质，是毛泽东、刘少奇、周恩来和朱德等老一辈无产阶级革命家的优良作风，长期以来为我国人民所赞颂和敬仰。在市场经济条件下，廉洁清正是企业经理层正确执行国家经济法规、政策和制度，履行企业职责的基本保证，是社会主义企业道德的重要标志，是衡量企业经理层是否称职的重要尺度，是企业经理层最起码的道德品质。那么，企业经理层怎样才能做到廉洁清正呢？

1.洁身自爱，切忌以权谋私

企业经理层要培养洁身自好，自尊自爱，不贪不占的高尚品德，就应该珍惜自己的企业经理层身份，重视自己的品质、荣誉、情操，应该“老老实实做人，认认真真做事，明明白白获取”，彻底放弃“金钱至上、货币万能”的没落人生哲学，正确认识自己手中的经营管理权力是人民神圣权利的一种表现。惩治、清除腐败是党和国家当前面临的重大任务，在企业领域就是要防止以权谋私。

2.保护公共财产神圣不可侵犯

广大企业经理层应深刻认识到自己管理的财产是社会主义的公共财产。我们知道，大陆法系强调社会利益至上性，而英美法系强调个人利益至上性。《中华人民共和国宪法》明确规定“社会主义的公共财产神圣不可侵犯”。爱护公共财产是每个公民应尽的道德义务。企业经理层理所当然应该成为履行这一义务的模范。这也是企业经理层对祖国、对人民和社会主义事业忠诚、热爱的体现。企业经理层要把好“关”，守好“口”。绝不容许任何人以任何借口和任何方式挥霍浪费、侵吞人民的公有财产。要与化公为私、损公肥私、盗公利私的行为进行坚决的斗争。

3.自我约束，严禁舞弊贿赂

自我约束，也称自我控制，简称自觉性，是指一个人对自我思想和个人行为的内在的、内化的管理、约束和控制的能力和水平。一个人的自觉性体现在政治思想自觉性、道德情操自觉性、文化素质自觉性和职业工作自觉性等诸多方面。自我约束就是要求每个企业经理层都严格按照企业道德规范的基本要求，对自己的思想观念和行为活动加以反思、检查及分析，促使自己的企业道德境界不断上升到更高的层次。

4.加强学习，造就廉洁清正的高尚道德品质

企业经理层要想具备廉洁清正的高尚道德品质，就必须加强学习，自觉提高思想觉悟和道德水准。原因在于，一个人高尚的、廉洁清正的道德品质不会与生俱来，也不可能从他人处获取，唯有通过长期的自觉学习、深刻的自我改造和复杂的社会实践，方能锤炼出廉洁清正的优秀品质。

（二）秉公执法，率先垂范

廉洁奉公规范不仅要求企业经理层做到廉洁清正，更重要的是要求企业经理层自觉做到秉公执法。何谓秉公？秉公是指在任何时候、任何地方、做任何事情时，企业经理层都要出以公心，主持公道，讲究公平、公正、公开，不偏不倚。秉公执法就是要做到不畏权势、唯法独尊、唯法是从、唯法独上。秉公执法是依法经营、为社会尽职尽责的具体表现。同时，秉公执法是企业经理层最主要的职业行为，是企业经理层应该尽到的职业责任和道德义务，是企业道德规范的重要内容。秉公执法，既是由社会主义本职工作的性质决定的，也是全社会对企业经理层的必然要求，是企业道德规范体系的现实基础。具体而言，企业经理层怎样才能做到秉公执法呢？

1.熟悉法律，精通政策

企业经理层是对企事业单位的人力、财力、物力的使用价值形态与价值形态进行综合系统控制、监督使用的重要管理者。经营管理机构是国家经营管理法纪和制度的重要维护者和执行者，是协调各种经济实体内部及与外部各方面经济联系的纽带。全部本职工作与活动都必须以国家立法机关和国家行政机关制定和认可的经营管理法律、法规、准则为准绳。“依法经营、依法核算、依法监督”是企业管理工作的关键。经营管理法律控制约束着经营管理日常工作的每个环节和全部过程。企业经理层应当熟悉、掌握经营管理法律和法规，与此相关的其他法律和法规，以及基于上述法律制定的各项经营管理政策。与此同时，要增强执法、守法的自觉性。唯有如此，企业经理层在其业务工作中对经营管理法律和政策的运用才能得心应手，运用自如。

2.有法必依，执法必严

企业经理层在其经营工作中应有法必依，执法必严，违法必究，严格贯彻执行国家有关经营管理法律、法规和政策制度，无论是上级领导、顾客用户，还是亲朋好友，都一视同仁，不讲亲疏。企业经理层必须过好两个“关口”：

（1）平等过好“权力关”

企业经理层在业务经营过程中，无论是对领导，还是对平民百姓，都应该平等相待，坚持在法律面前人人平等，遵循法不以权变为规范。在某些地方，某些部门或某些单位领导，出于本位主义、地方主义及个人主义考虑，会出面干涉企业经理层执法，以权压法，阻碍经营管理法规的贯彻执行，甚至对执法的企业经理层进行责难或打击报复。面对这种

情况，有的企业经理层畏惧权贵，不讲原则，放任自流，听之任之，有的同流合污，出谋划策，这些做法都是不对的。作为企业经理层，应当明确依法管理是国家和人民赋予的神圣权利，要勇于坚持正确意见，积极主动维护经营管理法规的尊严，维护国家和人民的整体利益。

（2）坦然过好“人情关”

企业经理层在执行经营管理法律的过程中，不能因为与个人关系的亲疏而有区别，应坚持法不以情变为规范。在收入确认与计量、费用开支与发生、工资计量与发放、成本归集与计算、利润形成与分配、款项借支与报销、税金预提与清缴上“求情”的人和事，常常会发生，企业经理层必须坚持原则，不徇私情。当前，个别地方社会风气还有问题，执行问题还会比较严重，有一个难闯的“人情关”。企业经理层既要做好耐心、细致的法律法规的宣传与教育工作，更要按照秉公执法的规范待人处世。

3.以身作则，克己奉公

“打铁还需自身硬。”企业经理层必须以经营管理法律、法规来约束自己的言行。时时处处要以经营管理法规作为自己行为的准则，在群众中，以身作则，克己奉公，率先垂范，起表率作用。在本职工作中要严守经营管理法律、法规，维护经营管理法律、法规的权威性，自觉地把自己的活动置于法律、法规允许的规范内，切实履行企业经理层对国家、对社会、对人民应承担的法律义务。决不能以为经营管理法律只约束别人，而自己可以随心所欲。企业经理层必须从自己做起，身体力行，以自己实际行动维护经营管理法律、法规的严肃性和权威性，切实做到秉公执法，将廉洁奉公规范落到实处。

【专栏4-3】　重温《出师表》：高管您勤勉尽责了吗？

上市公司是所有权与经营权相分离的典型形式。董事、监事和高管人员，受托对公司进行经营和管理。上述人员对公司的责任感、事业心和奉献精神，直接关系到股东的利益和企业的发展。新修订的《公司法》明确规定，董事、监事、高级管理人员“对公司负有忠实义务和勤勉义务”。重温诸葛亮《出师表》，学一学诸葛亮对蜀汉政权的忠诚和勤勉尽责，对我们落实这一规定，是大有益处的。

其一，诸葛亮始终不渝地忠实于蜀汉政权，从无僭越之念。他谨守为臣的本分，把自己摆在一个辅佐的位置上，不越轨，不逾规，谨守辅臣本分。

其二，诸葛亮重然诺，讲诚信，一诺千金。他“遂许先帝以驱驰”，出山后，始终信守自己的诺言，对刘备及后主忠心耿耿，“受任于败军之际，奉命于危难之间”，不畏艰险，不辞劳苦。受托辅佐刘后主后，“夙夜兴叹，恐托付不效”。

其三，诸葛亮十分勤勉尽职。出师北伐之前，为了指导刘后主处理好政事，稳定国内政局，减少后顾之忧，专门向刘后主上奏疏。一方面，劝他不要“妄自菲薄”，“塞忠谏之路”，“陟罚臧否……不宜异同”，希望他“亲贤臣，远小人”，尊贤纳谏，励精图治，以期治蜀安邦，最终平定天下。

其四，诸葛亮勇于承担责任，自我加压，敢于自断后路。在请求蜀后主同意其北伐，主动立下军令状。“托臣以讨贼兴复之效，不效则治臣之罪。”他不但是这样说的，也是这样做的。当马谡失守街亭，诸葛亮除按军令办事，将其斩首外，自己也上表申奏后主，“请自贬丞相之职”。为了巩固蜀汉政权，北定中原，诸葛亮不畏艰险，不怕牺牲，不惧困难，七擒孟获，六出祁山，南征北战，出生入死，屡建奇功。一代英才为蜀汉政权“鞠躬尽力，死而后已”的耿耿忠心，令历代志士仁人感佩不已。

民间流传着这样的说法，读《出师表》不流泪者不忠。一个“忠”字，道尽了这篇文章的真谛。上市公司的董事、监事和高管人员，不妨挤点时间，读一读这篇文章，对照自己的所言、所想、所为，或许能从中得到一些有益的启示。

资料来源：徐叔衡．重温《出师表》：高管您勤勉尽责了吗？[N]．会计时报，2006-01-13.

（三）服务社会，追求卓越

1.兼顾企业利益与公众利益，服务人民

担任企业经理，必须坚定不移地贯彻股东与客户第一、商品质量与服务至上的经营理念。企业作为社会经济组织，承担为社会创造物质财富与精神食粮，为公众提供优质商品与周到服务的重任，要在生产品牌和服务公众的过程中发展自己，因此，必须增强品牌意识与服务意识。纵观所有的企业经理层的业务类型，都是在服务客户这一营销理念的基础上拓展的，尤其是在市场经济中，所有企业的发展都要建立在取信投资者与赢得客户的基础上。

失信投资者，将自断资金后路；失去客户，就会失去市场；失去市场，就会失去发展后劲；失去发展后劲，也就失去了生机和活力。要赢得投资者与客户的信任和信赖，开拓资本市场与商品市场，就必须落实股东与客户第一、商品质量与服务至上的经营理念。这就需要从六个方面着手：一是提供优质商品；二是创造丰厚利润；三是拓宽市场领域；四是完善服务手段；五是改善服务态度；六是提升服务质量。

2.企业经理层所担负的是发展自身企业的责任与面对信息使用者的责任

企业经理层的职业性质决定了他所担负的是对社会公众与发展自身企业的责任。企业经理层之所以在现代社会中产生和发展，是因为他们能够以优良的道德品质、成熟的管理能力、熟练的专业技术和独立的工作立场赢得企业所有者的信任与青睐，从而被赋予企业的经营管理权利。由企业会计人员编制、管理层签发的会计报表，通过审计后对外公布，将作为企业会计信息外部使用人进行决策的依据。

3.在生产经营管理过程中不断追求卓越

企业经理层作为一个独立的职业，是服务于广大企业和人民的，其生存与发展依赖于公众的评价和信任，因此，企业经理层作为专业管理人士，保持良好的职业风范是相当重要的。企业经理层的诚信品质、技术水准和服务质量是其生存的根基，也是其赢得人民信任的竞争优势之所在。因此，追求经营道德的日益完善、管理及技术的精益求精成为企业经理层的必然要求。追求卓越因而成为企业经理层职业道德规范的一个重要组成部分，具体包括以下几个方面：

（1）保持谦和、礼貌的态度。

礼貌是中华民族的传统美德，作为具备一定素质的企业经理层，在与投资者、客户进行沟通的过程中，保持对投资者、客户和广大社会公众的礼貌是一项基本要求。

（2）提高商品服务质量。

企业经理层在为客户提供商品及配套服务时，必须时刻注意商品的品质与服务的效果，而不仅仅为了完成业务，因为商品的质量与服务的效果直接决定了企业经理层在投资者、客户和公众中的印象，也就决定了企业得到的评价。而且，有效果还反映在企业经理层对投资者、客户利益和人民利益的关心之上。

（3）对投资者、客户和公众及时响应。

企业经理层虽然是为客户提供服务，但其最终的服务对象却是广大的人民，因而对投资者、客户和公众等广义服务对象能够及时响应也是企业经理层所应具备的基本品质。

（4）保持高效率经营风格。

效率是指劳动消耗与劳动产出之间的比率。对企业经理层而言，在生产经营管理过程中，保持较高的效率是其工作的基本要求，也是赢得投资者、客户和人民等方面良好评价的重要依据。

（5）不断创新，锐意进取。

知识经济的本质就是创新，创新是长久发展的基石，不创新就没有前途。企业经理层要树立与时俱进、不断创新的观念，抓住机遇，锐意进取，不断开拓，在产品开发、质量提升、技术革新、服务市场和内部管理等方面有所创新。惟其如此，方能保证管理层所驾驭的企业这艘航船在市场经济的海洋中乘风破浪，稳健行进。

● 第四节　企业与员工道德规范：员工是上帝

一、企业与员工之间是既矛盾又一致的利益共同体

企业与员工之间是既矛盾又一致的利益共同体的关系，二者之间的关系对企业的生存发展至关重要。企业与员工道德责任主要体现为同舟共济，风险共担。

（一）恪守合同、履行责任是形成企业和谐有序的劳动关系的基础和前提

企业对员工诚实不欺、恪守信用，严格地按照劳动合同上的规定履行承诺，为员工提供足额的工资、良好的福利、充足的培训时间，员工不仅能获得生存的保障，而且能有进一步发展的可能。这样一来，员工的积极性和创造性就会得到极大的发挥，企业的经济效益也会因此而提高。企业与员工之间诚实不欺、相互尊重、相互信任、恪守合同、履行责任是形成企业和谐有序的劳动关系的基础和前提。

（二）企业应当尊重员工、信任员工，与员工同舟共济、风险共担

如果企业对员工不诚实、言行不一致，不依法为员工提供承诺过的工资、福利及培训上的保障，如果企业不尊重、不信任员工，仅仅将员工视为赚钱的工具，对员工的身心健康和未来发展不负责任，那么员工的劳动积极性将会大大降低，创造性也会受到极大的压抑。不仅如此，还将导致企业与员工之间的冲突，造成劳资关系紧张，直接的后果是企业经济效益下降。员工是企业之本，员工是企业之上帝，企业要想有更大的发展，必须把员工的生存和发展当作头等大事来抓。

企业应当本着以诚为本、取信于民的原则，尊重员工，信任员工，激发他们的工作积极性和创造性，增强员工的荣誉感和自豪感，在企业与员工之间形成同舟共济、风险共担的利益共同体关系，只有企业服务好员工，才能创造出优质产品，为顾客提供优质服务，使投资者的资本保值增值，实现优质回报，保护全体股东权益，这是企业成功之关键。

二、商业伦理是塑造企业员工良好素质的关键

（一）商业伦理提倡崇尚员工的敬业精神

由于科技进步，产品更新加快，企业之间的竞争加剧，消费者满意将是未来企业成功的关键。企业只有将“我的工作方便了别人，实现了我的价值”的理念渗透到企业员工的

思想中去，才能使员工在工作中发自内心地为顾客着想，提供优质的产品和服务。除了“顾客满意”之外，商业伦理还提倡崇尚员工的敬业精神。员工的岗位可能有所不同，但只要敬业，就可以把工作做得出色。如果企业里的每一位员工都能敬岗爱业，恪尽职守，那么产品的设计、生产、销售、市场调研工作都会精益求精，尽善尽美，企业肯定会立于不败之地。

（二）良好的商业伦理有助于合理地使用人才，开发人力资本

1.当今成功企业都将人力资源的管理和开发作为企业发展战略

20世纪60年代，舒尔茨提出了人力资本的理念。随着科技的高速发展，人力资本对劳动生产率的贡献已远远大于物质资本，而形成人力资本的主要方法是教育。不仅固定资产涉及折旧和设备的更新改造，人力资本也需要追加投资、进行开发。人力资本的概念大大丰富了资本的概念。重视人力资本，且在教育费用上投入重金的企业往往受益匪浅。

2.我国国有企业人力资本开发状况不容乐观

30%左右的国有企业的教育、培训费年人均在10元以下；20%左右的企业教育、培训费年人均在10~30元；仅有5%的企业加速人力资本投资。大多数亏损企业已基本停止了人力资本投资，部分尚有能力进行人力资本投资的企业，已放弃或准备放弃岗前或中长期的教育培训。企业面临的国内、国际竞争日益激烈、残酷，产品的技术含量越来越高，面对人力资本的知识含量的要求大幅提高的新形势，如果放弃了人力资本的开发，必然影响企业的经济效益和竞争力，这种状况令人忧虑。

三、企业与员工的权利和责任关系

（一）员工与企业的权利和责任清单

在开始讨论之前，有必要厘清员工与企业的权利和责任，见表4-2。

表4-2 **企业与员工的权利和责任清单**

员工的权利和责任	企业的权利和责任
工作的权利	招聘和解雇的非歧视性
获得公平报酬的权利	给付公平报酬的责任
自由集会和罢工的权利	尊重工会的存在和权利
是非感的自由和言论自由	接受员工的批评
诉讼的权利	与员工讨论的责任
获得健康安全的工作条件的权利	承认劳动法庭，按劳动法解决冲突
提高工作质量的权利	提高工作质量的责任
遵守劳动合同的责任	对员工最低劳动生产率的要求
忠于企业	忠于合作
遵守目前法律的和道德的规范	要求员工在工作岗位上正确行为

从企业与员工的权利和责任清单中，我们可以得到下列结论：

（1）员工和企业的权利和责任是相互补充的：一方的权利隐含着另一方的责任，反过来也是一样。

（2）双方之间的权利和责任是不完全对称的。一方的某些权利（例如工作的权利）并没有对称地与另一方的责任相匹配。这种不对称表明，为了保证某些权利，需要增加社会整体的努力。这也说明有大量的权利和责任仍然在不断地发展着。

(3) 员工与社会的权利和责任也可能发生冲突。例如，员工的隐私权可能与企业控制员工行为的权利相冲突；员工忠于企业的权利和责任可能与他们忠于全体利益或个人利益的责任相矛盾。

对于所有这些问题，没有一种十分合适的方法来处理。下面主要讨论工作权利的含义以及从这个基本权利中演绎出来的具体的权利和义务。

（二）工作权利的含义与表现形式

这里的“工作”可以泛指任何具有目的性、创造性的活动，人们借助它满足个人需求(广义上的劳动)；也可以指特定领域中的程式化活动，即社会意义、经济意义上的“职业”(狭义的劳动)。在这里，工作权利是后一种含义，因此，亦称“就业权利”，指一种有保障的方法，用它获得付薪的工作。个人可以自我雇佣，出卖创造权，从自己所生产商品中获利，也可签订合同受雇于人。

“权利”的含义有多个层面，我们首先应该区分道德意义上的权利和法律意义上的权利。

1.道德意义上的权利

没有在法律中规定的基本权利，在特定的社会条件下可能已经具备了道德效力。只有通过完备的立法程序后，道德规范才能确定为法律。到目前为止，就业的权利基本局限于道德领域内。有工作能力并乐意工作的无业人员不能在法律上要求某个国有或私有企业为他们提供满意的工作。只要这一要求没有被接受，那么就业的权利就不会成为真正意义上的法律权利。

2.法律意义上的权利

工作权利在劳动契约开始和终结时有明显的表现。企业实际上有权力在决定是否雇用一个人时考虑其他因素，如血缘关系或者家庭背景。一个企业可能更愿意提供工作给一个养家糊口的人而不是一个单身汉。当雇用出现偏袒或专断行为时，企业应意识到已侵犯了求职者要求平等对待的道德意义上的权利。

例如，企业仅凭性别把求职者排除在外或对一项特殊工作不录用具备合格条件的人，而接纳对此工作缺乏必要条件的求职者。一名员工工作年限越长，当他被解雇时找到新工作的平均机会越少。所以，企业在道德责任上应尽力使工作年限长的员工在企业中工作到退休，这关系到员工的基本社会保障。大部分员工常常必须依靠稳定的工作来承担社会义务和获得个人成功。对员工忠实即企业不能无故解聘员工。当经济形势使关闭一个工厂或削减员工成为必要措施时，企业应提供最大程度的社会保障，包括再培训等。

3.取得书面合同的权利

当一个人得到一份工作时，他就成为一些特殊的权利和责任的承担者。其中的某些权利和责任应当在一份劳动合同中以适当的法律形式明确地予以表达。一份劳动合同，就其本身而言，是一份协议。对于合同中包含的内容，法律上给予其保证，合同做出完整的、明确的、具体的规定，而且它还将为企业和员工在随后的合作期内提供一个相互信赖的基础。由于合同草案具有一定的约束力，所以每个员工都应该把它作为一般原则来接受。各种类型的员工（包括临时工和兼职人员）都应当受合法形式下的书面合同的约束。

4.获得公平报酬的权利

这是指获得合理薪水的权利。它从工人运动一开始就已成为一项基本的目标。事实上，薪水首先是作为每个员工所付出工作的绩效之交换条件的价值表现。但对大部分工人来说，它也是收入的主要来源和生活的基本保障。然而，合理薪水的界定是一个复杂的问题，它涉及关于风险与劳动力、劳动力与收入、责任能力与决定收入的业绩标准之间的关系的详尽分析，以及企业政策的选择。

在没有对这些基础问题做出进一步说明的情况下，我们采用以下对薪水的公平性作为评价的标准：合法保证最低收入；工作的困难程度；公平对待的原则；特定部门的平均薪水；企业的能力；地区平均的生活消费水平；工作稳定性的保证程度。

在员工行使自己的权利时，企业也在行使自己的权利，即权利和责任是相互的。各企业的具体情况不同，所表现出来的权利也会有差异。为了便于更好地处理未来发生的劳动争议，企业必须从自身的实际出发，明确与员工的权利和责任关系。

四、企业与员工之间的道德规范

（一）员工对企业的伦理道德要求

马克斯·韦伯在其《新教伦理和资本主义精神》中论证了经济发展需要伦理精神的推动，在他看来，伦理道德已不仅是作为人们行为的约束力而存在，而且是作为一种现实的人文动力发挥着作用。韦伯的基本立论同样适用于微观层次的企业发展。

现代西方管理理论和众多企业的成功实践证明，商业伦理精神是推动企业发展的内在动因。显然，在管理中可以产生强大精神力量的只能是道德，唯有强调精神力量，强调公正和高标准的道德和行为，才能不断提升企业境界。例如，世人熟知的松下企业的七种精神、IBM服务精神，以及我国企业的孟泰精神、铁人精神等，在各自的企业发展中都发挥了不可替代的作用。企业可持续发展的最终动力在于人。当伦理因素被作为管理的核心要素时，企业管理才能真正做到以人为中心，管理伦理的独特功能才得以显现，人的主体性力量才能得到发挥。员工对企业的伦理道德规范应注重以下方面：

1.企业价值观的重新定位

要使企业价值观建设真正成为企业管理的重要且有效的方式，以激发员工自觉工作的积极性，降低企业的管理成本，使企业成为一个既统一又具有创新力并对市场快速响应的组织。对企业价值观建设的目标和方向必须进行重新定位。

（1）企业要突破简单功利主义的“团队精神”的束缚，引入强调人格独立、尊重和平等的“个体精神”。承认员工个人追求自身利益合理性和现实性，强调员工通过自己的努力和奋斗达到目标的可能性，在企业内形成尊重人的良好氛围。

（2）在企业内明确员工作为独立的人的基本权利和利益，将私人关系与工作关系区分开来，明确工作职权和责任，减少因个体独立性而形成的性格、爱好等因素对工作的影响，不将员工个体的非工作的生活内容纳入工作的考察范围。尊重员工在工作职能之外的个人空间。

（3）承认员工个性的多样性，不要期望通过企业的培训和价值观的灌输来改变员工的个性和基本的人生观、价值观。实际上，在这方面费力是徒劳无益的。企业文化建设和培训的重点应该是在承认和尊重个性多样化的基础上，着眼建立一个有效的秩序来维持企业工作的有序性，发挥员工因个性不同而形成的创造力，并让员工理解和支持企业在某些方面对员工进行统一要求的必要性。

（4）正因为承认和尊重员工的人格的独立和平等，所以要求企业建立现代管理制度，实现管理的规范化和科学化，以制度来保证员工在追求自身利益的同时，不损害其他员工和企业的利益，强调员工对自己的行为的责任感。

2.企业为员工提供明确目标

目标管理是伦理渗透于企业内部管理的一种形式。制定合理的目标是调动员工积极性和引导企业良性运行的道德力量。一方面，它能通过具体的奋斗目标激励员工自觉努力和进取，从而实现自身控制机制；另一方面，完整的目标体系可以把大家的力量聚集起来，共同朝着企业最高目标努力，使企业从整体到个体处于有序、积极的状态。

企业的最高目标总是和企业价值观、企业作风、人事制度紧密联系的。可以说，它同时是企业的伦理目标，体现出企业的社会责任和道德追求。美国学者帕斯卡尔和阿索斯概括了以人为本的企业终极目标的基本特征：这种企业要使员工作为企业整体的一员受到社会的颂扬和称赞，强调本企业的产品对于人类的价值；关心员工的需要并视每个员工为有价值的人，尊重社会的要求并为社会造福的管理伦理为实现企业的终极目标，提供了有效的途径和中介，将商业伦理理念转化为员工和企业的经常性行为。国外众多企业正是认识到管理伦理的导向功能，纷纷建设和完善企业管理伦理机制，主要措施有：制定"商业伦理宪章"及"道德纲要"；建立商业伦理监督委员会；奖赏和支持伦理行为，反复解释伦理政策等。

3.企业与员工进行有效的沟通

企业与员工的伦理道德规范的核心是"以人为本"，而能否做到"以人为本"的关键在于能否在企业经理层与员工之间产生"互动"。传统人事管理体系中，企业经理层和员工之间的关系是命令式的单向流动，员工是执行企业经理层命令的机器，而在企业与员工的伦理道德规范中，企业经理层和员工的关系则应该是建立在平等基础上的互动关系。要形成平等的互动关系，就需要企业经理层和员工双方改变传统的理念，积极与对方沟通。

企业经理层与员工进行积极沟通时，双方的价值观都应建立在"相互信任"的基础上。在传统人事管理体系中，一切管理理念都建立在对员工不信任的基础上，即首先假设员工是不诚信的，然后通过一系列规章制度进行管理。而在企业与员工的伦理道德规范中，维持团队稳定的纪律依然存在，不同的是企业经理层和员工都首先假设对方是完全理性的个体，即企业经理层相信员工是具有自觉性的，员工也相信企业经理层是公平理性、可以信赖的。纪律的目的从防范员工违规转变为对破坏诚信机制的个体进行惩罚。企业经理层与员工要进行有效的沟通，双方都应具备一些沟通的素质。如果让企业经理层应具备的素质集合与员工应当具备的素质集合相交，这两个集合的交集就是企业经理层和员工应当具备的共同素质——沟通，如图4-3所示。

图4-3 企业经理层与员工应具备的沟通素质图

4.企业应重视对员工的培训

人是企业最重要的资产，在职培训是人力资源最重要的投资。在竞争日益激烈的情况下，企业唯有提高管理品质才是应对之道。而在追求管理品质的过程中，如何通过培训来增强人的素质，不可忽视。有效的培训，对个人与企业都会有很大益处：发展了新的来源，可协助该体系进步；强化了企业主体的完整性；加强隶属于该企业文化的骄傲；改进了企业文化与决策。

企业员工对于第一次学习的内容记忆最深刻。事前就教导员工如何正确地做，比事后再来纠正更容易。这就是有些成功的企业再三强调职前培训的原因。

企业员工进行各种不同的活动、方式学习效果较好。在培训过程中，使用感官（视觉、听觉、嗅觉及触觉）的次数越多，则会越快获得新的技巧。因此，在培训中若能同时使用视频、资料、示范及实习的方式，效果更佳。

企业员工在学习新事物时，如果内容和他们已经知道的事有关，学习效果较好。因此，若使用阶梯式培训的方法，逐渐增加其知识与技巧，效果更好。企业员工需要对他们所做的事进行回顾。良好的工作表现需要正面认可，不好的工作表现则必须尽快更正。在成功的培训系统中，追踪是非常重要的步骤。

企业员工在有趣及刺激多的环境中学习效果最好。所以，企业可以经常组织一些有意义的团队活动，培训员工的团队合作精神，让每个员工都能感受到自己的能量。

（二）企业对员工的伦理道德要求

1.员工的敬业精神

敬业是成功的前提。敬业是一种人生态度，是一种珍惜就业机会、对自己的行为负责、肯定自己劳动成果的态度。这种态度不仅保证了人们的职业（就业）秩序，而且使社会得以实现专业分工。正是专业分工促进了社会效率的提高和技术进步。在企业就职的人，如果不敬业，不成为所从事的业务方面的行家里手，就不会有好的绩效，也就得不到升迁和加薪。不可否认，员工有时会由于种种原因对自己岗位的工作产生厌倦或反感，但这种情况必须在短时间内加以改变，如果长期持续下去，就会演变为没有进取心、混日子，浪费自己的时间和生命。

有敬业态度的人不会允许这种混日子的状态持续下去。我们经常会遇到这样的情况，一个企业管理问题严重，改变的希望不大，管理层漠然视之，听之任之，这时有些在企业中享受很好的工资和福利待遇的员工却离开了。问他们离去的缘故，他们会无奈地说，耗不起。即便目前拿着高薪，如果不能为明天的职业生涯耕耘和积累，那么也是得不偿失的。一个企业如果不能形成一种敬业的文化氛围，就留不住敬业的员工。

在企业中，敬业往往会被简单而不正确地理解为员工对工作安排的服从。这是非常片面的也是有害的认识。敬业在深层次上包含着一份对专业精神的执着，这份执着也包括对作业标准和秩序的肯定。从专业分工的角度来说，任何一项作业都要求一定的操作技能，操作技能的差异产生不同的作业绩效。提高作业绩效的途径有两个，一个是培训，另一个是专业化分工。敬业是指在一定时间段里对某种特定的作业专注，从而支持专业精神。这种专注所体现出的专一和恒久，与创新、优化不是互相矛盾而是互相支撑的。如果做每件事情都不专注，每件事情都不能做到最好，浅尝辄止，见异思迁，那么将百事不成。敬业才能成就大事业，才能创建恒久的基业，这是一个人取得成功的大智慧。

2.企业中敬业氛围与敬业精神的培养

企业中的敬业氛围与敬业精神是企业与员工伦理道德规范的一个重要组成部分。企业与员工伦理道德规范的核心是企业和员工的思维及行为习惯，有的企业会把这种不成文的东西规范化、格式化、文字化，变成各种守则和规章，以便对员工起到督促和引导作用。由于员工敬业与否对于企业的绩效乃至竞争力至关重要，因此，每个企业都希望通过各种激励手段和培训方法使员工敬业。

在讨论与敬业相关的问题时，有人提出一种看法，企业员工的敬业同企业产权结构有关，要想让员工忠诚敬业，就要让员工持股。也就是说，对企业的产权员工也要有份，这样员工才有积极性，才能恪尽职守、忠诚敬业。所谓有恒产者才有恒业。实际上，这种看法并不正确。古今中外的许多企业实践都证明了这一点。只要有公正合理的分配和激励机制，并且这种机制是可兑现的和相对稳定的，企业员工就会表现出积极的从业心态，也就是说能够忠诚敬业。

3.员工对企业的忠诚度

一位外国学者早在1908年出版的《忠诚的哲学》一书中指出："忠诚自有一个等级体系，也分档次级别：处于底层的是对个体的忠诚，而后是对团体，而位于顶端的是对一系列价值和原则的全身心奉献。"弗雷德里克继承并发展了这一观点。他认为，忠诚并不仅仅是指经营思想和战略规划，忠诚管理并不仅仅是指面向个人或团体的忠诚，更重要的是忠于某个企业据以长期服务于所有成员的各项原则。因为忠诚管理提出了一整套实用的测量指标，所以它也是战略策略，而且能指导日常工作。

根据忠诚管理的理论划分，可以将员工的忠诚分为主动忠诚和被动忠诚。前者是指员工主观上有强烈的忠诚于企业的愿望，这种愿望往往是由于组织与员工的目标高度一致、组织帮助员工发展自我和实现自我等因素形成的。后者是指员工本身并不愿意长期留在该企业，只是由于客观上的约束因素（如比同行业企业有较高的工资、良好的福利、便利的交通条件、融洽的人际关系等）而不得不继续留在该企业，一旦约束因素消失，员工就可能不再对企业保持忠诚。相比较而言，主动忠诚比较稳定。从另一角度看，员工的忠诚有两种：一是员工在职期间勤勤恳恳，兢兢业业，能够为企业的发展尽职尽责；二是员工在企业不适合自己或自己不适合企业而离职后，在一定时期内能保守原企业的商业秘密，不从事有损于原企业利益的行为。员工忠诚度包括三个方面：

（1）积极主动。

竞争实际上就是人才的竞争。企业的竞争，不单是企业高层决策正确与否的竞争，还有员工素质的竞争。在一项人力资源的调查中，对两家电子设备企业进行了采访，一家是A企业，另外一家是摩托罗拉。这家A企业的员工在生产线上或聊天，或说笑，全无紧张气氛，并给人一种松松垮垮的感觉。摩托罗拉的员工则让人感到青春与活力，每个人都朝气蓬勃。员工代表着企业形象，积极主动的员工总会让人联想到一个开拓进取的企业。

从员工的角度来说，每个员工都要积极地为企业出谋划策，对于工作任务应采取主动的态度。尤其是当工作遇到问题（例如，机器出现故障、原材料不合格等）时，现场的员工如果态度积极，就会主动排除故障，或主动同上级联系，解决问题。在所有的控制活动中，现场的控制是非常重要的，它的时效性最强。而在企业中，现场控制一般是由员工来执行的。因此，控制的效果如何将很大程度上取决于员工的素质。员工应该知道：企业最终提供的产品或服务的质量同自己的工作态度密切相关。积极主动的工作态度应该是员工对企业所负的责任。

(2) 危机感。

不管企业是何种类型，规模如何，由于环境的改变和竞争的加剧，其总处在危机之中。面对外部的危机，员工会怎么做呢？通常有两种态度：一是置之不理，企业领导让做什么就做什么；二是与企业共命运，有强烈的危机感。态度产生于对自身角色的认识，具体而言就是员工有没有主人翁责任感。例如，日本的企业和员工结成命运共同体，就好比企业是一艘船，员工是水手，只有水手努力划船，船才能战胜惊涛骇浪。

员工有了危机感，就会有压力，有进取心。很多企业都设有意见箱，其目的就是获得员工好的建议。据统计，日本丰田汽车的汽车设计每年要采纳一万多条员工建议，企业把员工的建议当作资源，并且是相当重要的资源。只有员工具备了危机意识，企业才能最大限度地利用这种资源。可以说，没有员工的充分合作，日本汽车企业是无论如何也难以与美国汽车厂商相抗衡的。

(3) 忠诚感。

现在经常可以听到培养“顾客忠诚”的说法，其目的在于通过稳定的联系来获得收益。同理，在企业提供员工所需的各项保障后，忠诚的员工是企业获得发展与成功的内在原动力。相反，不稳定的员工会造成企业的巨大损失。例如，企业总要对新进员工进行培训，以使其将理论知识转化为实际的工作能力。培训有时需要较长的时间，而且要花费许多培训费用。如果一个新员工在完成培训后掌握了一定的实际经验，却转向其他企业，仅从费用上说，损失就不小，更不用说企业机密流入其他企业的损失，企业甚至可能因此而丧失竞争优势。另外，不忠诚的员工会使员工队伍和组织结构不稳定，而不稳定性必将影响企业的正常运营。尤其在流水线作业中，一旦某个岗位的员工突然辞职，可能会影响整个流水线的运行。

既然员工的忠诚如此重要，那么，企业应努力培养员工的忠诚感。这里需要说明的是，员工忠诚的培养需要企业做一定的引导工作。企业高层首先应该认识到员工忠诚的重要性，然后采取措施来建立员工忠诚，使其坚信：企业就是我的家，我要忠于我的家，并努力把自己的家建好，这是我的责任。培养员工的忠诚不能只靠金钱，不要用金钱作为联系员工与企业的纽带，更应该注重道义的教育，晓之以理，动之以情。有管理学者预言，21世纪将是儒学的世纪，这种说法意味着人们将更加注重道义。因此，企业领导者应多从这方面入手加强企业道德理论建设。比如，在企业遇到困难时，让员工参与，使员工有一种共患难的感觉。建立起较高的员工忠诚度，也就确立了员工对企业的主要责任，奠定了成功的基础。

● 第五节　科技知识产权道德规范：以人为本，尊重人才

党的二十大报告指出：完善科技创新体系。坚持创新在我国现代化建设全局中的核心地位。完善党中央对科技工作统一领导的体制，健全新型举国体制，强化国家战略科技力量。提升国家创新体系整体效能。形成具有全球竞争力的开放创新生态。加快实施创新驱动发展战略。加快实现高水平科技自立自强。以国家战略需求为导向，集聚力量进行原创

性引领性科技攻关，坚决打赢关键核心技术攻坚战。加快实施一批具有战略性全局性前瞻性的国家重大科技项目，增强自主创新能力。

“创新驱动”作为国家发展战略，需要科学技术与知识产权文化的支撑，因为科学技术与知识产权文化的内核就是“创新”。知识产权文化分为观念形态、制度形态和组织形态三部分，科学技术与知识产权道德是知识产权文化观念形态部分的重要组成部分，建设科学技术与知识产权文化离不开科学技术与知识产权道德建设。

现有文献资料在科学技术与知识产权道德研究方面还是一片空白，提到科学技术与知识产权道德时，总是和知识产权伦理的概念混同。本节将界定知识产权道德的概念，分析知识产权道德与知识产权文化的关系以及知识产权道德的基本规范，最后探讨建设科学技术与知识产权道德的基本对策，以求为科学技术与知识产权文化的全面建设拾遗补阙，并推进互联网道德建设。

一、科学技术伦理道德规范：以人为本，代际公平

近年来，我们的生活中出现了越来越多涉及科技伦理的事件。食品安全领域基因技术的经济效益与隐性威胁；医学领域器官移植、人体器官商业化、安乐死、临床试验的伦理问题；生命科学领域的克隆技术，以及环境伦理、动物福利等问题，甚至当前网络游戏的泛滥也可以视为技术带来的社会问题。这些问题越来越引起人们对科学价值的疑惑，以及对科学禁区的审视。科技的发展，对人类既有的道德形成了挑战，使科技伦理问题显得日益突出。

（一）科技伦理道德规范要求

1.科技伦理和科技工作者的社会责任事关整个社会的发展前途

科技伦理是指科技创新活动中人与社会、人与自然和人与人关系的思想与行为准则，它规定了科技工作者及其共同体应恪守的价值观念、社会责任和行为规范。科学伦理和科技工作者的社会责任事关整个社会的发展前途。科技伦理规范是观念和道德的规范就是从观念和道德层面上规范人们从事科技活动的行为准则，其核心问题是使之不损害人类的生存条件（环境）和生命健康，保障人类的切身利益，促进人类社会的可持续发展。

2.科技活动遵守公平与正义伦理规范是社会发展的需要

科技是推动社会发展的第一生产力，也是建设物质文明和精神文明的重要社会行为，承担着社会责任和道德责任。从这点来说，在科技活动中遵守公平与正义伦理规范是社会发展的需要，一切不符合伦理道德的科技活动必将遭到人们的异议、反对，被送上道德法庭甚至受到法律的制裁。

（二）生态科技伦理：代际平等

1.人与自然是依存、适应、冲突与和谐的关系

人与自然环境的关系问题，自人类出现就已经存在。人既依赖自然而生存，又是改变自然的力量，人与自然是依存、适应、冲突与和谐的关系。一种观点认为，随着科技进步和生产力的提高，人由自然的奴隶变成自然的主人，人与自然的关系也逐渐成了改造与被改造、征服与被征服的关系。人类对自然界的作用增强，出现了过分强调人类能动作用的思潮，“人定胜天”“人类中心论”就是具体体现。人类以自然的主人自居，片面地按照人类的主观意志或需求去改造自然，往往会违背客观规律，酿成环境恶化、资源枯竭的苦果。

2.尊重和保护环境，不能急功近利

实践证明，“人类中心论”漠视自然客体，过分强调人类的价值主体地位，有悖于可持续发展思想，已逐渐失去社会思维主体地位。因此，构建适合时代发展的生态环境伦理体系是非常必要的。生态环境伦理学是人与自然道德生活的理论基础，它根据生态学揭示的人与自然相互作用的规律，对资源利用和环境保护进行深层次的哲学思考，从伦理道德的角度分析研究人与自然的整体关系，以尊重和保持生态环境为宗旨，以未来人类持续发展为着眼点，强调人的自觉和自律，强调人与自然环境的相互依存、相互促进、共存共融。它突出强调在改造自然中要保持自然的生态平衡，要尊重和保护环境，不能急功近利，不能以牺牲环境为代价取得经济的暂时发展。

3.既要求代内平等，也要求代际平等

当前，建构生态环境伦理要特别强调人类平等观和人与自然的平等观，主张人与人及人与自然的生存平等、利益平等和发展平等，即一部分人的发展不能以牺牲另一部分人的利益为代价，既要求代内平等，也要求代际平等。代际平等的道德原则，就是当代人与后代人在享用自然、利用自然、开发自然方面的权利要平等。要利在当代，功在千秋，不能“吃祖宗饭，断子孙路”，要尊重和保护子孙后代享用自然的平等权利。现今代际不平等现象十分严重，人口膨胀、资源短缺、环境污染、生态失衡，已严重威胁后代人的生存发展权。解决代际不平等问题，必须建构生态环境伦理，用理性约束人类的行为，树立可持续发展生态环境观念。

（三）信息技术伦理道德规范

20世纪90年代以来，以数字技术、多媒体技术和网络技术为代表的现代信息技术推动着人类社会从后工业社会向信息社会迅速转变，引发了信息传播在媒介形式、报道方式、受众地位、受众行为等多方面产生了一系列深刻的变革，同时，也带来了信息伦理问题。

1.强化科技行为约束的自律性

信息技术伦理的特征包括行为约束的自律性、评判标准的模糊性、道德主体的自由性、承受对象的全球性，其具体表现有信息犯罪、隐私权受扰、知识产权受损、信息垄断、信息安全、信息污染等。信息伦理只是一种软性的社会控制手段，它的实施依赖于人们的自主性和自觉性，因此，在针对各类性质严重的信息犯罪时，信息伦理规范将显得软弱无力。只有进行信息立法，将那些成熟的、共性的伦理规范适时地转化为法律法规，才能构筑信息安全的第一道防线。

2.各国政府必须采取措施加强科技发展中的道德伦理约束

科技伦理是对科技活动的道德引导，是调节科技工作者相互之间、科技共同体与社会之间诸种关系的道德原则、道德规范。科技伦理不仅蕴含一般的伦理价值，而且包容科学技术价值。一方面，如果一个科学家明明知道某项科学发现将会严重危及人类的生存，那么他就不应该把这一发现公之于众。另一方面，政府必须规范科技的运用，采取措施加强科技发展中的道德伦理约束极为必要。

二、企业知识产权道德规范：重视知识，尊重表达，崇尚创新，诚信守法

（一）企业尊重知识产权

1.知识是推动人类发展的根本动力

知识是人类社会实践、生产实践、科学实践的经验总结，是连接过去、通向未来的桥梁，是照亮前进道路上的明灯。“知识就是力量。”知识是推动人类发展的根本动力。为了人类更好地发展，就应该激励人们不断创造新知识。知识产权制度为激励人们创造新知识应运而生，“物权的对象为物，债权的对象是行为，知识产权的对象则是以‘形式、结构、符号系统’等为存在方式的知识”。知识产权制度调整的对象就是知识，赋予创新知识的人对其创新性知识的知识产权。尊重知识在知识产权领域应该把公共知识和权利人的创造性知识区别开来。

2.公共知识属于全人类共同财富，应归全人类共有和共享

知识的本质就是信息，任何人不得垄断公共知识，不得将既存的公共知识伪装成个人的创造性知识，也就是说，任何人不得有封锁公共信息或篡改公共信息的行为，应该保证一切合法信息的自由流通，保障公众有接触合法信息的自由。

3.知识产权基本道德规范

知识产权道德概念来源于一般意义上的道德概念，是一般道德概念规定性在知识产权领域内的特殊延伸。知识产权道德可以定义为知识产权领域的一种特殊社会意识形态，是人们创造、使用和保护创造性智力劳动成果以及对侵犯创造性智力劳动成果进行追责过程中所形成的代表着社会的正面价值取向，起到判断行为人行为正当与否作用的行为规范与准则。道德规范具有多样性，要求人们普遍遵循的只能是基本道德规范，知识产权道德规范也不例外，知识产权基本道德规范是“尊重知识，尊重表达，崇尚创新，诚信守法”。

（二）企业尊重表达知识产权

1.知识产权的对象体现为表达出来的创新性智力劳动成果

没有表达就没有知识产权。表达知识就是为思想、情感等精神上的独特感受和构思寻找、选择适当的形式、结构，形成一定的状态、秩序，并使之客观化的过程。这些“形式、结构”就是创造性的智力成果。知识产权的对象体现为创新性智力劳动成果，创新性智力劳动成果是人的心理活动所引发的结果，是思想的表达，著作以作品的形式表达，专利以技术方案的形式表达，商标以商业标志的形式表达。没有表达就没有知识，就没有知识产权！因此，尊重表达，就是“我不赞成你的观点，但我绝对捍卫你表达观点的权利”，这应该成为知识产权领域一条基本的道德规范。

2.尊重表达就应该思想兼容

尊重表达就应该思想兼容，包容新思想、鼓励新思想。表达是形式，思想是内容；没有思想，表达就成了无源之水、无本之木。深邃的思想诞生于不断的交流和碰撞之中，智慧之光在不同的思想碰撞中光芒四射，且层出不穷！因此，应该包容不同的学术观点，允许不同的学术思想传播，“对一切开放言论、思想兼容的行为积极肯定”，“对一切闭目塞听、压制言论、禁锢思想的行为彻底否定”。

（三）企业崇尚知识产权创新

1.知识产权体系的核心是“创新”

“崇尚创新”即推崇和向往创新的人、创造一切有利条件优待创新的人，使一切可能创新的人参与创新，使社会一切潜在的创新能力得以充分发挥，知识产权体系的核心都围绕“创新”而展开，通过赋予创新的人对其创新性智力劳动成果相应的人格权及财产权，以激励其进一步创新并带动其他人创新，从而实现社会整体创新，推动社会发展。知识产权范畴中的“新”在不同的领域各不相同，在著作权领域强调“独创性”，在专利领域强调“首创性”，在工商业标志领域强调“非相同性”或“非相似性”。因此，“崇尚创新”就应该尊重首创精神与独创精神，敢于标新立异、敢于变革、敢为人先、独立潮头，反对因循守旧、墨守成规、抱残守缺。首创和独创必有失败，“崇尚创新”就应该宽容失败，反对求全责备。

2.“崇尚创新”就应该尊重创新人才

既要尊重创新的前人，又要尊重创新的今人，还要关爱和扶植创新的后人。因为今人的任何创新性智力劳动成果都不是凭空产生的，都是在继承前人的基础上产生的。尊重前人就要尊重前人创新性智力劳动成果，既尊重前人创新性智力劳动成果中体现的财产权，又尊重前人创新性智力劳动成果中体现的人身权，反对抄袭、剽窃、盗用或仿冒！尊重今人就是应该尽其所能改进今人的成才环境，使人就其位、人尽其能，反对嫉贤妒能，打压和埋没人才。尊重后人，就应该创造一切有利条件使后人超越今人，长江后浪推前浪，青出于蓝而胜于蓝，反对不可挑战的绝对权威，反对唯我独尊！

（四）企业诚信守法，维护知识产权，杜绝制假贩假

“诚信”是初始性的道德规范，其最原始、最基本的内涵是说真话、传递真实信息、不掩盖真相、不歪曲事实、遵守诺言、言必信、信必果。“诚信”在知识产权领域尤为重要。

1.知识产权的产生有其内在的社会契约

一方面，权利人创造性智力劳动成果的取得不能凭空产生，必须建立在前人的基础之上，理所当然权利人也应该为后人创造新的智力劳动成果提供条件；另一方面，权利人的知识产权获得本身就是平衡社会利益和权利人个人利益的结果，是社会以让渡给权利人知识产权的对价来换取权利人创新性智力劳动成果公开的结果。因此，要求知识产权权利人在实现个人利益时，应该充分考虑其创新性智力成果的社会效应，严守社会契约。

2.知识产权的使用者严格自律，依法办事

与其他劳动产品不同，知识产权的对象——创新性智力劳动成果，表现为一定的知识信息，由于知识信息是无形的、可复制的，任何人都可以共享，权利人不容易对其实施控制，而侵权人却极易接触和侵犯，特别是在信息化时代，信息网络全球联通，权利人很难做到全球查禁侵权者，因此，要求知识产品使用者严格自律，诚实守信。“守法”除遵守知识产权法外，还应遵守与知识产权法相关的系列法，如《中华人民共和国反不正当竞争法》《中华人民共和国民法典》等。知识产权及其相关法律制度是知识产权领域最底线的道德。依法办事是知识产权领域最基本的诚信。

3.知识产权的使用者诚实守信，不得抄袭，反对剽窃

从知识产权权利人创造智力劳动成果的角度看，在文学艺术作品创造中应该尊重他人

的智力劳动成果，尊重他人人格尊严，反对抄袭，反对剽窃，反对巧夺暗取他人智力劳动成果，在科技成果创新中应以事实为依据，尊重实验结果，不篡改实验数据，不虚构科学结论，在工商业标记的创建和工商业信誉的累积过程中反对一切仿冒、假冒及其他弄虚作假行为。从知识产权权利人实施创新性智力劳动成果的角度看，权利人应该信守社会对价底线，应该考虑追求个人利益和社会利益的统一性，奉献社会，造福人类。不片面追求个人利益最大化，更不能利用自己掌握的创新性智力劳动成果，特别是现代科学技术蒙骗他人、危害环境、危害社会。从非权利人的角度看，使用智力劳动成果应该自律，信守与权利人的合同约定，做到“讲信用，守承诺，不欺诈”。

三、知识产权制度的伦理合理性

尽管知识产权制度在几乎所有国家都被建立起来，但还是有人对其合理性有所质疑。知识产权保护在具体运作中遇到一些疑难困惑，而这些疑难困惑归根结底源于对伦理原则的不同选择。

（一）知识产权作为一种受法律保护的财产制度的伦理基础

（1）保障智能成果创造者的劳动效益权；

（2）尊重知识和知识分子。

（二）知识产权制度体现了社会分配的公正

知识产权制度是社会分配领域中的公正原则的内在要求和重要体现，同时，公平原则的真正实现呼唤知识产权制度的建立。

（1）知识产权制度是公正原则的内在要求和重要体现；

（2）知识产权制度不仅不会带来不公正，而且有助于社会公正的实现。

（三）知识产权制度促进科技文化的进步和法律制度的完善

（1）知识产权制度有益于科技进步和文化繁荣；

（2）知识产权制度有助于法律制度的完善。

总而言之，一方面，知识产权尊重人的主体创造性，为知识的再生产提供充分的激励机制，促进了知识生产，推动科技文化的进步。另一方面，科技文化的进步又有助于社会共同目标的实现。知识产权制度本身是社会发展和文明进步的产物，反过来，它又成为促进社会发展和文明进步的手段。

【关键概念】

利益相关者（Stakeholders）

员工忠诚度（Loyalty of Employees）

董事会道德义务（Moral Obligations of the Board of Directors）

独立董事道德责任（Moral Obligations of Independent Directors）

知识产权（Knowledge Property Right）

【复习思考题】

1.现代公司的组织形式有哪几种？

2. 支持企业股东与利益相关者之间的伦理道德规范的主要理由是什么？
3. 简述董事会、独立董事与监事会的道德义务和道德责任。
4. 企业经理层道德人格如何塑造？
5. 企业与员工道德责任体现在哪些方面？
6. 如何理解企业科技知识产权道德规范？

【案例分析题】

“家文化”造就苏州固锝公司

苏州固锝电子有限公司（简称苏州固锝）将企业办成了一所育人的学校，使企业与员工的契约关系转化为道义关系；将现场化为道场，让企业成为一个孕育真爱的大家庭。企业创办的目的是让员工幸福，我们塑造以“家文化”为核心的至善治理企业模式，坚持“内求、利他”的家训，以“用心将圣贤文化带给全世界，造福全人类”为愿景，激发员工的爱心，以无我的精神为世人、为天地万物用心付出。

我们所理解的企业，“企”由“人”和“止”两部分组成，代表企业家要知道止在哪里，“知止而后有定，定而后能静，静而后能安，安而后能虑，虑而后能得”，一切财富的得到在“知止”。企业家要止于至善，全心全意为人民付出。企业的“业”字，则象征人生来是酬业的，只有止于至善，才能真正酬业。要成为一位真正优秀的企业家，必须合道，要与自然规律相吻合，并能做到真爱员工。

1989年，苏州固锝电子有限公司成立，专注于整流二极管领域。2006年企业成功在深交所上市，成为中国半导体分立器件制造领域的首只A股。苏州固锝目前已成为中国最大的半导体整流二极管及最有特色的集成电路生产企业、中国半导体功率器件十强企业、中国电子信息行业创新能力50强企业等。

公司的名字“固锝”蕴藏着深意：“锝”是第一种人工合成的金属元素，“锝”字右半部分由日、一和寸组成，寓意一寸光阴一寸金。“锝”则具有日进寸金的含义，加上“固”字，意为保证每天进一寸金，但日进寸金足矣，“知足则安”。固锝的英文名GOOD-ARK寓意“幸福的方舟”。

要打造幸福企业，提升企业的凝聚力，员工要互相信任、互相理解、互相帮助，如同家人一般。2009年起，公司开始探索用中国传统的“家文化”塑造幸福企业典范，已形成八大模块，即人文关怀、人文教育、绿色环保、健康促进、慈善公益、志工拓展、人文记录和敦伦尽分。其中，人文关怀是幸福企业的切入点，也是开启人文教育的钥匙。

“家文化”尤其重视养老、敬老和育幼。

苏州固锝每年都会拨出一部分款项孝敬老人，如每年会给员工父母孝顺金；中秋节时，给员工父母寄月饼。苏州固锝还十分重视育幼，从怀孕到哺乳期，再到孩子上幼儿园以及上学，公司都有相应的关怀和补贴，如对生育二孩的员工每年发放教育津贴，直至孩子年满16周岁；给外地员工留在原籍的子女每年发放“幸福宝宝”关怀金，并为外地员工提供带薪探亲假期。

苏州固锝还创办了爱心园，让员工子女放学后在公司能得到专人照顾，同时，学习中华优秀传统文化。

2017年，苏州固锝出资5 000万元成立了“义田大家庭关爱基金”，资助项目涵盖结婚、生育、入学、急难、退休、过世关怀等，自成立以来，共惠及2 000多人。“义田大家庭关爱基金”的每次发放，都是苏州固锝的一件盛事，公司每年会邀请公司员工75岁以上的父母等长辈以及“连心家园”的23户失独老人前来参加发放仪式。

“老吾老以及人之老，幼吾幼以及人之幼。”苏州固锝筑造了一个暖心温馨的幸福港湾，让更多人感受到了“家”和社会的温暖，并将爱传递出去。

2016年，公司提出“在苏州固锝全面取消夜班”的倡议，创始人亲自督导全面取消夜班的项目，每月召开专题会议检查项目的进展。

全面取消夜班后非但没有增加制造成本，反而提高了员工的归属感、幸福感、获得感和满意度，公司的生产效率提升66.6%，全线不良率减少33.5%，客户抱怨率下降75.3%，客户满意度提升15.8%，员工离职率下降至1.29%，创造了制造行业的奇迹。

苏州固锝一直把安全文化教育视为“家文化”建设的重中之重。我们将员工的“要我们安全”转变为“我们要安全、我们会安全”。切实加强对生产安全的控制，公司董事长、总经理直接负责，安全总监具体负责，各部门“一把手”包干负责。同时，营造“人人都是安全员”的安全文化氛围。

专家点评：苏州固锝提出建设“幸福企业大家庭”的理念，既是对儒学家庭观的创造性转化，也是对现代企业组织理论的创新性发展。中华民族是世界上最重视家庭的民族，儒家是世界上最重视家庭的学派。受儒家思想影响，人们围绕着“家”衍生出人际关系和群体秩序，可以说“家”就是中国人一生中最重要的组织。苏州固锝承续传统家文化，形成“拟家庭化”的企业组织，既维护了组织的秩序又满足了员工的情感需求，具有强大的生命力。正是得益于此，在新冠肺炎疫情的冲击下，苏州固锝才能够处变不惊，在承诺“永不裁员”和取消夜班的同时，企业生产和销售额逆势增长，充分显示了“幸福企业大家庭”的威力和魅力。

资料来源：吴念博．圣贤文化，造就固锝幸福企业［J］．企业管理，2022（5）：46-50.

讨论问题：

1.苏州固锝是怎样践行企业社会责任的？

2.怎样理解“幸福企业大家庭”的理念？

第五章

企业对外经营道德规范

【经典警句】

子曰：夫孝，德之本也，教之所由生也。身体发肤，受之父母，不敢毁伤，孝之始也。立身行道，扬名于后世，以显父母，孝之终也。

夫孝，始于事亲，中于事君，终于立身。

父子之道，天性也，君臣之义也。父母生之，续莫大焉。君亲临之，厚莫重焉。

故不爱其亲而爱他人者，谓之悖德；不敬其亲而敬他人者，谓之悖礼。

孝悌之至，通于神明，光于四海，无所不通（无所不能）。

——《孝经》

弟子规　圣人训　首孝悌　次谨信　泛爱众　而亲仁　有余力　则学文

父母呼　应勿缓　父母命　行勿懒　父母教　须敬听　父母责　须顺承

亲所好　力为具　亲所恶　谨为去　亲爱我　孝何难　亲憎我　孝方贤

——李毓秀《弟子规》

【学习目的与要求】

1.理解顾客是企业上帝的道德规范；

2.熟悉企业与竞争者道德规范；

3.把握互联网道德规范；

4.了解企业相对社区与政府的道德规范要求；

5.明确企业慈善公益道德规范要求。

【导言】

信守诺言　取信于民

2023年1月9日，中共中央总书记、国家主席、中央军委主席习近平在中国共产党第二十届中央纪律检查委员会第二次全体会议上发表重要讲话。他强调，要站在事关党长期执政、国家长治久安、人民幸福安康的高度，把全面从严治党作为党的长期战略、永恒课题，始终坚持问题导向，保持战略定力，发扬彻底的自我革命精神，永远吹冲锋号，把严的基调、严的措施、严的氛围长期坚持下去，把党的伟大自我革命进行到底。要坚持严管和厚爱结合、激励和约束并重，坚持“三个区分开来”，更好地激发广大党员、干部的积极性、主动性、创造性，形成奋进新征程、建功新时代的浓厚氛围和生动局面。

习近平指出，治国必先治党，党兴才能国强。新时代十年，党中央把全面从严治党纳入“四个全面”战略布局，刀刃向内、刮骨疗毒，猛药祛疴、重典治乱，使党在革命性锻造中变得更加坚强有力。全面从严治党永远在路上，要时刻保持解决大党独有难题的清醒和坚定。如何始终不忘初心、牢记使命，如何始终统一思想、统一意志、统一行动，如何始终具备强大的执政能力和领导水平，如何始终保持干事创业精神状态，如何始终能够及时发现和解决自身存在的问题，如何始终保持风清气正的政治生态，都是我们这个大党必须解决的独有难题。解决这些难题，是实现新时代新征程党的使命任务必须迈过的一道坎，是全面从严治党适应新形势、新要求必须啃下的硬骨头。

习近平强调，构建全面从严治党体系是一项具有全局性、开创性的工作。新时代十年，我们党不断深化对自我革命规律的认识，不断推进党的建设理论创新、实践创新、制度创新，初步构建起全面从严治党体系。全面从严治党体系应是一个内涵丰富、功能完备、科学规范、运行高效的动态系统。健全这个体系，需要坚持制度治党、依规治党，更加突出党的各方面建设有机衔接、联动集成、协同协调，更加突出体制机制的健全完善和法规制度的科学有效，更加突出运用治理的理念、系统的观念、辩证的思维管党治党建设党。要坚持内容上全涵盖、对象上全覆盖、责任上全链条、制度上全贯通，进一步健全全面从严治党体系，使全面从严治党各项工作更好体现时代性、把握规律性、富于创造性。

习近平指出，要以有力政治监督保障党的二十大决策部署落实见效。政治监督是督促全党坚持党中央集中统一领导的有力举措，要在具体化、精准化、常态化上下更大功夫。要推动党的二十大精神、党中央决策部署同部门、行业、领域实际紧密结合，看党的二十大关于全面贯彻新发展理念、着力推动高质量发展、主动构建新发展格局等战略部署落实了没有、落实得好不好；看党中央提出的重点任务、重点举措、重要政策、重要要求贯彻得怎么样；看属于本地区本部门本单位的职责有没有担当起来。要及时准确发现有令不行、有禁不止，做选择、搞变通、打折扣，不顾大局、搞部门和地方保护主义，照搬照抄、上下一般粗等突出问题，切实打通贯彻执行中的堵点淤点难点。要推动完善党中央重大决策部署落实机制，以有力有效日常监督促进各项政策落实落地。

习近平强调，制定实施中央八项规定，是我们党在新时代的徙木立信之举，必须常抓不懈、久久为功，直至真正化风成俗，以优良党风引领社风民风。要继续纠治享乐主义、奢靡之风，把握作风建设地区性、行业性、阶段性特点，抓住普遍发生、反复出现的问题深化整治，推进作风建设常态化、长效化。要把纠治形式主义、官僚主义摆在更加突出的位置，作为作风建设的重点任务，研究针对性举措，科学精准靶向整治，动真碰硬、务求实效。

习近平指出，纪律是管党治党的“戒尺”，也是党员、干部约束自身行为的标准和遵循。要把纪律建设摆在更加突出位置，党规制定、党纪教育、执纪监督全过程都要贯彻严的要求，既让铁纪“长牙”、发威，又让干部重视、警醒、知止，使全党形成遵规守纪的高度自觉。每一个共产党员特别是领导干部都要牢固树立党章意识，更加自觉地学习党章、遵守党章、贯彻党章、维护党章，用党章党规党纪约束自己的一言一行，增强纪律意识、规矩意识，进一步养成在受监督和约束的环境中工作生活的习惯。

习近平强调，反腐败斗争形势依然严峻复杂，遏制增量、清除存量的任务依然艰巨。必须深化标本兼治、系统治理，一体推进不敢腐、不能腐、不想腐。要在不敢腐上持续加压，始终保持零容忍震慑不变、高压惩治力量常在，坚决惩治不收敛不收手、胆大妄为者，坚决查处政治问题和经济问题交织的腐败，坚决防止领导干部成为利益集团和权势团体的代言人、代理人，坚决防止政商勾连、资本向政治领域渗透等破坏政治生态和经济发展环境。要对比较突出的行业性、系统性、地域性腐败问题进行专项整治。要在不能腐上深化拓展，前移反腐关口，深化源头治理，加强重点领域监督机制改革和制度建设，健全防治腐败滋生蔓延的体制机制。要在不想腐上巩固提升，更加注重正本清源、固本培元，加强新时代廉洁文化建设，涵养求真务实、团结奋斗的时代新风。要把不敢腐、不能腐、不想腐有效贯通起来，三者同时发力、同向发力、综合发力，把不敢腐的震慑力、不能腐的约束力、不想腐的感召力结合起来。进一步健全完善惩治行贿的法律法规，完善对行贿人的联合惩戒机制。严厉打击那些所谓"有背景"的"政治骗子"。

习近平指出，健全党统一领导、全面覆盖、权威高效的监督体系，是实现国家治理体系和治理能力现代化的重要标志。党委（党组）要发挥主导作用，统筹推进各类监督力量整合、程序契合、工作融合。要持续深化纪检监察体制改革，做实专责监督，搭建监督平台，织密监督网络，协助党委推动监督体系高效运转。要把巡视利剑磨得更光更亮，勇于亮剑，始终做到利剑高悬、震慑常在。

习近平指出，纪检监察机关是推进全面从严治党的重要力量，使命光荣、责任重大，必须忠诚于党、勇挑重担，敢打硬仗、善于斗争，在攻坚战持久战中始终冲锋在最前面。要坚持以党性立身做事，弘扬伟大建党精神，勇于自我革命，在党风廉政建设和反腐败斗争一线砥砺品格操守，在围绕中心、服务大局中彰显担当作为，在各种风险挑战中筑牢坚强屏障。要增强法治意识、程序意识、证据意识，不断提高纪检监察工作规范化、法治化、正规化水平。要完善内控机制，自觉接受各方面监督，对纪检监察干部从严管理，对系统内的腐败分子从严惩治，坚决防治"灯下黑"。要结合即将在全党开展的主题教育，把纯洁思想、纯洁组织作为突出问题来抓，切实加强政治教育、党性教育，严明法纪，坚决清除害群之马，以铁的纪律打造忠诚干净担当的铁军。

资料来源：中共中央党校. 习近平在二十届中央纪委二次全会上发表重要讲话［EB/OL］.［2023-01-09］. https：//www.ccps.gov.cn/xtt/202301/t20230109_156429.shtml.

第一节　企业与购销客户道德规范：顾客是上帝

一、"顾客就是上帝"的观念深入人心

（一）生产者与消费者之间的关系发展趋于成熟

伴随着市场经济的发展和国际市场的繁荣，"顾客是上帝"的观念深入人心，生产者与消费者之间的关系发展趋于成熟，但两者之间存在着利益冲突的可能性，要化解企业与购销客户之间的利益冲突，调节双方关系。一要靠法律，二要靠道德。企业能否恰当处理

与消费者产生的伦理问题已直接影响企业的生存与发展。事前认识、事中分析、事后处理这些伦理问题对企业的成败越来越重要。

（二）“真诚到永远”能让企业取得巨大的社会效益和经济效益

企业一定要树立“顾客就是上帝”“顾客是企业生命之源”“顾客是企业衣食父母”的思想。因为企业只有提供优质产品和满意服务，方能赢得广大顾客，像“真诚到永远”的海尔公司那样取得巨大的社会效益和经济效益。企业如果失去顾客就会失去活力，丧失生存机会，终将走向失败。对于企业来说，背离正确的与消费者相处的伦理准则就是自断企业生命之源，自毁企业锦绣前程，无异于“慢性自杀”。

二、购销客户的权利和企业的责任

（一）购销客户的主要权利

企业向购销客户提供产品和服务的同时，有权要求购销客户按交易合同如期如数交付货款及有关费用。购销客户在付出了一定货币或实物代价后，要求获得价值相当的产品和服务，与此同时，购销客户享有以下权利：

1.安全权

购销客户有权要求企业提供安全且不会对人身造成伤害的产品。

2.知情权

购销客户有权要求企业对产品的生产日期、保质期、使用注意事项等情况做出明示。

3.选择权

法律应当保护购销客户自由选择购买产品种类的权利，通过《反不正当竞争法》等法规切实保障购销客户在购买同一种产品时有选择的可能性。

4.表达意见权

购销客户买到不满意产品时有权向企业（制造商和零售商）投诉，要求退货或赔偿。

5.环境保护的要求

人们意识到，企业生产提供有用物品的同时附带产生的污染极有可能是不可挽回的伤害。这种对环境的破坏直接影响和降低人们的生活质量，例如城市的噪声、废水和废气对日常生活的影响。基于对现在和未来负责的态度，人们已经认识到环境保护要求的重要性，企业在公众压力下开始自觉或被迫做出响应。

（二）企业对购销客户的基本道德责任

相应地，企业有责任努力满足消费者上述五方面权利和要求。企业应当做到：

（1）生产、提供能达到安全标准的产品。

（2）向购销客户提供产品信息时不用欺诈手段，对产品可能产生的伤害要明确告知消费者。

（3）在平等互利的基础上交易，不签订明显不公的合同。

（4）倾听购销客户的抱怨和投诉，并积极做出改进。

（5）最大限度地减少污染，在企业内消化因减少污染带来的成本上升。

三、产品和服务的伦理道德问题

人们靠产品和服务来满足自己的各种需要和欲望，企业靠提供可以满足目标市场的某种需要和欲望的产品和服务才能得以生存和发展。

（一）品种决策中的伦理道德问题

1.顾客需求的分类

“顾客是企业的上帝”这一观点是市场营销观念的产物。它的意思是，顾客永远是对的，企业对顾客的要求应无条件地服从。的确，市场营销观念相对于以自我为中心、忽视消费者需求的生产观念、产品观念和推销观念，是观念上的质的飞跃；相对于以假冒伪劣产品欺骗顾客的行径，更有天壤之别。以顾客为上帝的思想对刺激企业不断开发适销对路的新产品、提高质量、降低成本、改进服务有积极意义。但企业真的应该无条件服从顾客的需求吗？

根据合理与否，可以将顾客需求归纳为以下四类：

（1）不合法的需求，如对毒品、枪支、黄色书刊等的需求；

（2）对顾客本身是有利的，但对他人和社会是有害的需求，如一些一次性消费品导致资源浪费、环境污染；

（3）对他人和社会无害，但对顾客有潜在不利影响的需求，如高脂肪食品；

（4）对顾客有利，且不损害他人及社会利益，或者对他人及社会也是有利需求。

2.顾客需求分类的道德对策

显然，对顾客的合理需求应绝对服从；不合法的需求不应该满足；对他人和社会有害的需求，企业也不应满足，因为企业是社会的一分子，社会赋予企业生存的权利，企业就有责任满足社会的需求。同时，企业也要对自己的产品可能对消费者造成的危险或副作用有清醒的认识。

（二）质量决策中的伦理道德问题

顾客向企业支付价款，企业理应向顾客提供与之相当的产品或服务。企业可以根据自己的实际情况对自己的产品做出合适的定位，企业可以是高品质的追求者，也允许是廉价品的制造商。不论身为哪一类企业，它所提供的产品：第一，不可以是假冒伪劣品；第二，要满足消费者最基本安全权的要求。

1.不得生产与经营假冒伪劣产品

制售假冒伪劣产品是欺诈消费者行为，消费者轻则蒙受经济损失，重则危害身心健康。制售假冒伪劣产品还严重扰乱经济秩序，手段卑劣地剽窃别的企业的成果，损害守法经营企业的利益，甚至还会损害国家声誉，中俄边贸中部分假冒伪劣品使所有的中国货蒙受“劣等品”骂名的教训让人记忆犹新。违背“诚信”这一基本准则的行为，根本不是一种理智的公司行为。少数企业受利益驱动，完全忽视长期效果，片面追求短期利润而做出有悖道德和法律的事情，终会受到法律制裁和社会舆论谴责。

【专栏5-1】　　双汇生产车间乱象被曝光

2022年3月15日，“双汇生产车间乱象”的话题登上微博热搜，引发公众广泛关注。15日晚间，南昌双汇食品有限公司（以下简称“南昌双汇”）官网发布声明就媒体报道的食品安全问题致歉并称，对相关责任人进行停职处理，对问题产品溯源并封存管控。

近日，有媒体报道南昌双汇公司生产车间“工作服发黑发臭、猪排落地直接装袋入库、消毒环节太随意、风淋系统形同虚设”等问题。对此，南昌双汇公司发布声明称，公司高度关注、高度重视，立即成立调查小组，对相关责任人进行停职处理，对该事件自查自纠，深刻反省。

同时，声明中称全力配合江西省市场监管部门调查核实处置，抽样2份产品送检；并对视频中掉落的“冻猪寸骨A”批次产品溯源，共计310kg，已全部封存管控；对所有员工的工作衣进行全面清洗、消毒；强化员工食品安全培训考核，尤其对2022年新入职的员工重新组织系统培训。

针对报道中指出的“风淋系统形同虚设”问题，南昌双汇公司表示，根据集团《关于疫情防控期间停止使用风淋室的通知》，南昌双汇在疫情防控期间风淋室不开启出风装置，符合相关生产规程，疫情防控结束后恢复使用。

另据江西省市场监督管理局官方微信公众号消息，3月14日，媒体曝光南昌双汇食品有限公司食品安全问题后，江西省市场监督管理局立即责成赣江新区市场监管局组织开展调查，并指派专家当晚赴南昌双汇公司生产现场指导核查处置工作。

据了解，检查组对南昌双汇公司生产车间进行了现场检查，查看了岗前培训、操作规程、投诉举报台账以及监督检查记录等一系列资料，现场抽取了样品送检。针对媒体曝光和现场检查中发现的问题，赣江新区市场监管局已对南昌双汇公司下达责令改正通知书，要求企业立即整改，并对涉嫌违法违规行为立案查处。

资料来源：施晓娟．聚焦315 | 双汇生产车间乱象被曝光！市场监管局：立案查处［EB/OL］．［2022-03-16］．http：//www.ce.cn/cysc/sp/bwzg/202203/16/t20220316_37408471.shtml.

2.保证产品的安全性

狭义的安全，是指产品不会给消费者带来身体和心理上的伤害；广义的安全的概念还包含了不会给消费者带来经济受损的内容。

企业产品造成伤害的可能性是否不可避免则是需要企业不加掩饰地明示消费者的，例如某些药物存在不可避免的副作用。企业通常顾虑“自我揭短”是不是会影响销售，但心存侥幸可能导致更为严重的后果。一旦伤害确实造成，各种赔偿和公众人心向背所影响的将不仅是企业经济收入，还有企业声誉和未来发展。

国家技术监督局对食品、药物的标签说明就有明文规定，明确保障消费者有权知晓的事项。以1995年2月1日起实行的《食品标签通用标准》为例，它规定所有食品中预包装都必须使用标准标签，标签上必须标明食品名称、配料表、净含量及固体物含量、制造者、经销者的名称、地址、生产日期、保质期、贮藏须知、质量等级等。随着我国法治的完善，对各类产品质量、安全性能的明示性要求也将趋于完善。

四、商品定价中的伦理道德问题

定价的方法有成本加成、目标利润率、竞争导向及供求曲线等多种，但目的都是使企业利益最大化。从消费者的角度来讲，一件产品或服务的价格应当与它能为消费者提供的利益或好处相当。否则，除非没有其他替代品，消费者不会购买。

企业利润是总收入减去总成本的余额，可以说利润是社会对企业充分有效利用资源的奖励。对企业家来说，利润是对优质的产品、良好的服务、运作完美的组织、高效的管理、承担的风险以及对变化的需求和环境的适应给予的奖励。这就是说，利润是社会对那些值得获得回报的企业的一种经济上的回报。社会承认并鼓励企业赚取合理的利润。企业是靠资源有效利用、调整定价、控制成本来获取利润的。但公众反对企业获得“非法利润”或“暴利”，也不希望企业通过一些定价欺诈行为获取不该得的利益。

（一）摒弃价格垄断

1.垄断使企业谋取高额利润成为可能

企业没有暴利或欺诈的权利。一些乱收费、乱涨价现象，是企业违背国家及行业定价政策的个别行为，可以较清晰地被发现并制止。

2.以社会关系曲线为产品定出了买卖双方均认可的价格

对于部分生存于接近完全竞争条件下的生产型企业来说，单个企业不易向市场索取高价，因为社会关系曲线为产品定出了买卖双方均认可的价格，任何单独索取高价的企业在竞争中都会失利。为了反垄断，世界各主要国家都相继制定了反托拉斯法、反不正当竞争法来限制这种行为。这是因为联合垄断可以使企业不是通过提高经营效率而带来超额利润，而消费者和社会却遭受了损失。调查显示，27.8%的被调查者认为价格同盟是联合进行价格垄断，15.2%的被调查者认为这是变相的不正当竞争。

（二）不得实施价格欺诈

1.价格似潮水，应有涨有落

这种说法不是没有道理的，尤其对于生产销售季节性很强的产品的企业来说，在淡季或换季时降价是一种有效的促销措施，于消费者来说是实惠，于企业来说，加速资金流动、减少库存，也是好事。但是，商家标出的折扣是否是真的？如果有假，这就涉及伦理道德问题。即使无假，时起时落的价格也会让消费者留有“价格骗子”的印象。

2.打折不要成为企业吸引消费者的“小花招”

的确，对于需要购买多种商品的消费者来说，他们没有精力去了解每一种产品的价格情况，不一定知道折扣的内幕和秘密，也不一定知道企业竞争对手的产品价格更低、质量更好，更可能的是消费者无法说出企业定价有什么不合理的地方。但是企业是否有信心肯定消费者永远不会知道这一切？从长远来看，这些价格欺诈带来的利润是有限的，而可能带来的信誉损失是无限的，任何期望与消费者长期相处的企业该怎么做呢？

（三）放弃暴利行为

1.暴利行为严重损害消费者的经济利益

通过价格欺诈和牟取暴利定价的主要是商业、饮食、娱乐业，这是因为生产型企业高价不易被接受，而服务业的“服务”产品价格难以准确衡量，加之一些法律法规不健全，于是企业就有了可乘之机。

暴利行为是企业通过向消费者索取超过所提供的产品和服务合理价格的货币或实物偿付，获取超额的、不正常的利润。这种行为严重损害了消费者的经济利益。而且，非正常的昂贵价格与“极品”现象一样助长了少部分人比阔斗富。同时，也为物价上涨、通货膨胀推波助澜，严重销蚀改革开放与经济发展给人们带来的好处。

2.人们已普遍要求有关部门加强价格管理

人们已普遍要求有关部门加强价格管理，让价格成为合理的尺度，既保护消费者利益，也为企业自身的竞争与发展提供一个公平的标尺。1994年4月1日，上海市率先实施《反价格欺诈和牟取暴利行为暂行规定》，该规定对有关问题作了界定，并明文规定了较为严厉的处罚措施。北京、天津等城市也先后颁布了相关规定。

五、商品促销中的伦理道德问题

企业不仅要开发优良产品，给购买者以有吸引力的定价，使它易于为目标顾客所接受，还必须与它们的顾客进行沟通。每个企业都不可避免地担负着信息传播者和促销者的角色。企业要和消费者沟通什么信息、怎样沟通，在很大程度上取决于企业，而这种沟通效果对消费者的最终选择会有很大影响。

（一）企业的促销组合工具

企业的促销组合由四种主要工具组成：

1.广告

广告是由一个特定的主办人，以付款方式进行的构思、商品和服务的非人员展示和促销的活动，如电台电视广告、外包装广告、路牌广告、杂志广告、宣传册广告等。

2.促销

促销是指鼓励购买商品和劳务的短期刺激，如彩票、赠券、回扣、折让等。

3.公共宣传

公共宣传是指在出版媒体上安排商业方面的重要新闻，或在电台、电视或舞台节目中获得有利的展示，以促进对一个产品、服务和企业单位的需求，而无须主办人付款的非人员刺激，如研讨会、捐赠、慈善事业、公共关系等。

4.人员推销

在与一个或更多个可能的买主交谈中，以口头陈述促成交易，如推销展示、电话推销、推销人员提供样品等。

（二）广告中的伦理道德问题

1.大多数广告是必要的，是选购商品的可靠来源

我们知道，广告可以帮助企业树立形象，也可以帮助建立特定品牌形象，传播有关销售、服务或活动的信息，公布某项专门性推销及提倡某项事业。

调查显示，大部分人认为“大多数广告是必要的，是选购商品的可靠来源”。这可以说是支持企业在广告上支出的有力证据。但绝大多数人并不同意“大多数产品广告是可信的”这一说法，这不能不说是现有广告暴露出来的伦理问题的反映。

《中华人民共和国广告法》（以下简称《广告法》）第三条规定：“广告应当真实、合法，以健康的表现形式表达广告内容，符合社会主义精神文明建设和弘扬中华民族优秀传统文化的要求。”第四条规定：“广告不得含有虚假或者引人误解的内容，不得欺骗、误导消费者。广告主应当对广告内容的真实性负责。”可以说，真实性是商业伦理对商业广告最基本的要求，不真实的信息会使消费者做出错误决策，从而蒙受损失。从一定意义上说，广告的真实性不仅反映企业的伦理水平，还反映广告经营者、广告发布者的道德水平。

2.真实性是商业伦理对商业广告最基本的要求

广告表达的内容应当是真实的，而且在表达形式方面也有道德约束之处。《广告法》第九条规定，广告不得“损害国家的尊严或者利益，泄露国家秘密”，不得“妨碍社会公共秩序或者违背社会良好风尚”，不得“含有淫秽、色情、赌博、迷信、恐怖、暴力的内容”，不得“含有民族、种族、宗教、性别歧视的内容”，不得“妨碍环境、自然资源或者文化遗产保护”。

企业作为一个“社会公民”，从道义上说，应与每一个普通公民一样负有宪法和法律规定的义务，法律要求公民个人都不应做损伤社会、他人合法利益的事情，更何况影响力

远大于个人的企业呢？企业在发布通过大众传媒等中介传播的、可能引起持续且有力的社会效应的广告时更应该顾及社会和他人。

（三）推销人员的伦理道德问题

推销是世界上最古老的职业之一，而且人员信息沟通一般比大众性信息沟通更为有效。推销人员影响尤其在下述两种情况下起重大作用：

一是产品价格昂贵，有风险或购买不频繁。购买者可能是信息的急切寻找者。他们可能并不满足于一般媒体所提供的信息，而是去寻找知识性和值得信赖的信息源所提供的意见。

二是产品的特征具有一定社会意义。某些产品，诸如小汽车、服装，甚至啤酒和香烟，具有重要的品牌差别。它隐含着使用者社会地位和嗜好因素。消费者常常挑选符合其社会身份的品牌。

对顾客来说，企业的销售人员一定程度上代表着企业的形象，销售人员的信誉反映着企业的信誉。销售人员不仅向现有顾客推销既有产品，还要寻找和培养新客户、新产品；他们不仅向顾客传递产品和服务的信息、推销并达成交易，还要负责向顾客提供服务，通常也是由他们为企业收集情报。他们几乎介入企业营销活动的所有环节，真正代表企业与顾客面对面接触的也是他们。消费者希望推销人员"说实话"，"说实话"也应是推销人员的基本职业道德。当道德可能与利益相悖时，企业与推销人员作何选择反映了企业的道德水平。

由于推销人员的行为可能使消费者的态度完全改变，因此，推销人员失职或欺骗，也是消费者最不能容忍的行为之一。关于市场营销道德的调查表明，80.3%的消费者希望推销员"讲实话"，61.11%的消费者希望推销员"不强迫购买"，77.78%的消费者希望推销员"能提供售后服务"。如果企业派员向消费者作市场调查，81.32%的消费者希望这些调查人员"讲实话"。

（四）促销和公共宣传中的伦理问题

1.消费者对公司行为"真实"的要求最为强烈

消费者欢迎企业开展促销活动，因为这可以给消费者带来好处。相关调查显示，83.33%的消费者不希望企业开展有奖销售是为了销售积压或伪劣产品，88.89%的消费者希望促销活动中不能有欺骗和不公正行为，59.60%的消费者希望那些捐助慈善事业的企业发自内心、没有其他目的，捐助活动是真实的。可见，消费者对公司行为"真实"的要求最为强烈。这也从一个侧面说明，当前有些企业在促销和公共宣传中存在动机不纯、浑水摸鱼的现象。

2.企业目的不同可以使原本正常的促销、公共宣传行为"变味"

以销售折让为例，有的企业提出让消费者出3块香皂的价钱买到4块香皂，以100克牙膏的价格买到140克的使用量，这都是正常的促销措施。但以诱导游客购物或参加自费项目获取高额回扣的"不合理低价游"的现象，已不是正常的促销措施，它搅乱了正常的市场秩序。

六、格式合同的伦理问题

（一）格式合同的含义与特征

格式合同，又称定型化合同或者标准化合同，指经营者为与消费者订立合同而单方拟定的合同条款。这种条款不论其是否独立于合同之外或成为合同的一部分，也不论其范围、字体或合同的形式如何，均属于格式合同的范畴。格式合同还包括通知、声明、店堂告示等明示的形式。

格式合同具备以下几个特征：

（1）制定格式合同的主体是企业，其决定合同的内容并预先拟定，占有优势地位；

（2）格式合同的对方是消费者，其只有接受合同与否的自由，而无参与决定合同内容的机会，处于劣势地位；

（3）格式合同是企业出于同消费者达成交易协议的目的而制定的，合同所指向的是不特定多数的消费者，并非单个的消费者，在适用对象上具有普遍性；

（4）格式合同一经制定，可以在相当长的期限内使用，具有固定性和连续性。格式合同如果公平合理，就有利于交易，也有利于保护双方当事人的利益。从本质上来看，格式合同反映了双方当事人经济地位的不平等，企业利用不公平、不合理的格式合同损害消费者权益的情况就屡屡发生。

（二）不公平、不合理的格式合同问题普遍存在

中国消费者协会曾于1996年在22个城市中针对住房等7个行业的企业利用格式合同侵害消费者的问题的调查结果显示，不公平、不合理的格式合同或格式条款侵害消费者权益的问题普遍存在。90.9%的企业明确出示了格式合同，消费者对内容不满意的占51.43%（认为明显不公平的占21.86%，欠公平的占29.57%），另有9.1%的企业没有明确地出示规定，消费者无法判断其是否公平、合理。消费者认为存在不公平、不合理格式合同最严重的行业是供水和餐饮（63%），其次为住房（52%）、电话（51%）、维修（49%）、燃气（43%）、供电（39%）。2012年原国家工商行政管理总局《关于开展整治利用合同格式条款侵害消费者合法权益专项行动的通知》中将专项行动整治重点确定为供水、供电、供气、供暖、通信服务、中介服务、房地产交易、装饰装修、物业管理、经营性培训、摄影服务、汽车销售及维修、旅游、有线电视、餐饮服务、美容美发、健身、运输、网络商品交易及服务、金融服务、大型商场、超市零售等行业以及涉农的订单农业、农业生产资料销售和服务等消费领域违法违规的合同格式条款。

（三）不公平、不合理的格式合同损害消费者合法利益的表现形式

在实践活动中，不公平、不合理的格式合同损害消费者在接受服务和产品时的合法利益的表现形式有很多。从上述分析可以看出，各种不公平、不合理的格式合同的表现形式有：

（1）有的是硬性条款，强迫消费者接受；

（2）有的以假承诺欺骗消费者；

（3）有的增加附加条款或随意规定；

（4）有的减免了经营者所承担的义务；

（5）有的不履行应当承担的民事责任；

（6）有的企业制定的硬性条款，剥夺了消费者的选择权；

（7）有的企业许诺不兑现，违约并剥夺了消费者的索赔权；

（8）有的剥夺了消费者的知情权。

这些不公平、不合理的格式合同都不同程度地损害了消费者的利益：侵犯了消费者公平交易权，因为这些情形使得消费者在不平等的条件下进行交易。

（四）不公平、不合理的格式合同最常遇到的服务伦理问题与对策

《消费者权益保护法》第二十六条明文规定：“经营者在经营活动中使用格式条款的，应当以显著方式提请消费者注意商品或者服务的数量和质量、价款或者费用、履行期限和方式、安全注意事项和风险警示、售后服务、民事责任等与消费者有重大利害关系的内容，并按照消费者的要求予以说明。经营者不得以格式条款、通知、声明、店堂告示等方式，做出排除或者限制消费者权利、减轻或者免除经营者责任、加重消费者责任等对消费者不公平、不合理的规定，不得利用格式条款并借助技术手段强制交易。格式条款、通知、声明、店堂告示等含有前款所列内容的，其内容无效。”一些企业对此规定不了解，坚持沿袭所谓的规定、惯例，违反了法律还不自知。其根源还是企业“眼光向内”，为保护自己的利益，甚至是不合法的利益，竟然不惜伤害消费者，从而失去消费者，最后受害的必然是企业自身。

● 第二节　企业与竞争者道德规范：互惠互利，实现双赢

一、企业竞争与道德约束

（一）企业竞争

1.“竞争”的定义与基本要素

“竞争”一词最早出现于《庄子·齐物论》。在古汉语中，“竞”字是并立的二兄弟，“争”字是两只手同时拉扯着一件东西。因此，按字面解释，竞争就是对立的双方为了获得他们共同需要的对象而展开的一种争夺、较量。竞争一般包括竞争主体、竞争的对象和竞争的场所等三个基本要素。

在现代市场经济条件下，企业是自主经营、自负盈亏、相对独立的商品生产者和经营者，是具有相对独立的经济利益的经济主体。在一定的经济技术关系和条件范围内，不同企业之间为了实现自己的目标、维护和扩大自己的利益而展开的争夺顾客、市场和人才、资金、信息、原材料等各项资源的活动，即企业竞争。

2.企业竞争的基本内容与形式

根据美国哈佛大学教授迈克尔·波特（Michael E.Porter）的理论，企业一般面临五种基本的竞争力量：新竞争者的进入、替代品的威胁、买方的讨价还价能力、供方的讨价还价能力和现有竞争者之间的竞争。

一般来讲，企业与其竞争者共同面对一个给定的市场，它们之间存在广泛的竞争关系。企业与其竞争者要在市场、人才、信息、物资四个方面展开竞争，如图5-1所示。

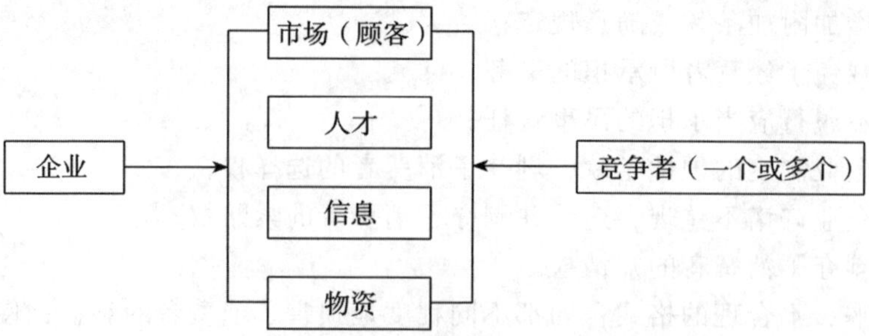

图5-1　企业竞争的基本内容组成图

3.市场竞争的分类与优胜劣汰的基本机制

市场竞争有广义和狭义之分。在现代市场经济条件下，企业想要以适宜的价格获得生产所需的人才、资金、物资和信息，想以适宜的价格把产品销售出去，都必须通过市场，依靠一定的市场机制和规则实现生产经营和流通。因此，广义的市场竞争就是企业之间的竞争。

狭义的市场竞争指的是争夺顾客的竞争。顾客，对于企业来说无疑是至关重要的。如果不能赢得顾客、留住顾客，企业就不能生存；只有不断扩大顾客群，企业才能不断发展壮大。为了赢得顾客，企业必须以适当的价格、恰当的分销渠道向顾客提供能够满足其需要的适当的产品或服务，并运用公关、广告等多种促销手段。

4.市场竞争的形式与规则：物竞天择，适者生存

市场竞争的主要形式包括产品竞争、价格竞争、促销竞争和分销渠道竞争等。

“物竞天择，适者生存”是自然界和人类社会竞争的规律，优胜劣汰是竞争的基本机制。企业竞争毫无例外也要遵循这些法则。企业竞争实际上是企业、竞争者、顾客之间的“三角之争”。这一点决定了企业在竞争中必须注意赢得顾客。而不只是赢得与竞争者之间的对抗。在遵守基本竞争规则之外，还必须讲究一定的伦理道德规范。

（二）企业竞争中讲究伦理道德的必要性和重要意义

1.企业竞争中讲究伦理道德和诚实守信是市场经济的必然要求

市场经济既体现在以法律为手段的制度约束性上，还体现在以信誉为基础的道德约束性上。随着我国市场经济体制的不断完善，道德与诚信对企业发展的影响越来越大。企业经营者应把道德与诚信经营理念提高到一个崭新的高度，应当树立道德与诚信就是企业竞争力的观念。明确道德与诚信是内强企业素质、外树企业形象的基石。

市场竞争既是一种激励机制，又是一种淘汰机制：获胜者达到自己的目标，满足自己的需要，失败者就会被淘汰出局。正是这种巨大的激励和压力双重作用，才使得参与竞争的各方不断进取，奋力向前，最终推动整个社会、经济、文化的发展与进步。

2.让道德与诚信成为竞争力，就要让道德与诚信无处不在

一是企业无论对社会、对各阶层、对银行、对税务部门，还是对企业员工，都必须讲道德与诚信；二是企业中每一位个体都要讲道德与诚信，领导与员工间、上级与下级间、员工与员工间，都必须讲道德与诚信，这样才能有效地提高企业的道德与诚信形象。

建立商业伦理道德与诚信文化，需要把诚实经营的理念，由表面的感性、知性，变成深层的理性思维，融入员工的潜意识中，要从细微之处着手，则虽微隐之物，信皆及之。我们设想，企业是一棵树，道德与诚信则是树之根。我们要把“一切从道德与诚信做起”作为全体员工的准则，作为企业的宣传用语。

无序竞争和恶性竞争会断送市场经济。自然界的竞争是残酷的，有时甚至是血淋淋的，企业竞争也绝不是“和风细雨”的。如果没有一定的规则，在经济利益的巨大推动力和对失败的恐惧之下，竞争者会铤而走险，不择手段，从而给社会造成极大危害。首先，不正当竞争使守法之人吃亏、正直之士遭损、阴险狡诈之辈得利、凶狠歹毒之徒获胜。其次，无序和不正当竞争扰乱社会经济秩序，使社会陷入无序和混乱。在社会经济交往中，人们必须依靠基本的规则，才能使社会经济正常运转。不正当竞争藐视这些基本规则，会严重扰乱社会经济秩序。

3.竞争规则以个人自律为基础，道德约束是维护有序竞争的重要工具

市场经济是法治经济，法律无疑是维护正常经济秩序的重要工具和手段。但市场经济却是以个人自律为基础的，它离不开伦理道德规范的约束。从历史上看，在西方市场经济形成的早期，法治、规则极不健全，人们相互之间的交往完全依靠个人自律，如在经济往来中坚持诚信、公正平等、人道礼让等基本准则。随着经济的发展，仅依靠个人自律就愈发显得苍白无力，出现了大量不正当竞争行为，造成社会经济的混乱。

4.企业竞争中讲究道德是企业追求长远利益和兴旺发达的根本要求

坚持竞争道德，坚持用道德高标准要求自己，企业才能获得长久的发展和雄厚的竞争优势。首先，竞争是参与各方相互依存、相互制约、相互作用的过程，是自利和他利的结合。企业只有在自利和他利的平衡中，讲究竞争道德、实现有序竞争，才能保持生机与活力。没有竞争的企业不可避免地会停滞、没落。其次，讲究竞争道德有利于在企业内部形成良好的风气，使企业更具战斗力。如果不讲竞争道德，会对良好的商业诚信文化造成重大冲击，甚至会使健康向上的文化氛围荡然无存。剩下的只是一些“乌合之众”，毫无战斗力。再次，讲究竞争道德也有利于企业树立良好形象，建立良好的商誉，不仅会给企业带来巨大的、持久的经济效益，而且有助于企业建立起良好的内外关系。良好的内外环境对于企业的生存和发展至关重要。

在竞争中讲究伦理道德，最终会使企业的经济利益目标和发展目标得以实现。如果不顾竞争道德，即使在短时期内飞黄腾达，也必不长远。因此，从长远利益出发，企业也应讲究竞争道德。

（三）不正当竞争的含义与形式

1.不正当竞争行为的含义与分类

世界各国对不正当竞争行为的界定可分为狭义和广义两类。狭义的不正当竞争行为是指以欺诈、虚伪表示、诋毁竞争对手、侵犯商业秘密等不正当手段进行竞争，损害其他经营者合法权益的行为。广义的不正当竞争行为除了包括狭义的内容之外，还包括限制竞争行为，即经营者滥用经济优势或者政府及其所属部门滥用行政权力，排挤或者限制其他经营者公平竞争，包括垄断和以限制竞争为目的的联合行为。

我国《反不正当竞争法》对不正当竞争行为给出了明确定义：“本法所称的不正当竞争行为，是指经营者在生产经营活动中，违反本法规定，扰乱市场竞争秩序，损害其他经营者或者消费者的合法权益的行为。”这就明确地规定了，不正当竞争，是一种市场竞争行为，它具有违法的性质和两方面的危害。判断不正当竞争的标准即在于此。

2.不正当竞争行为的11种表现形式

不正当竞争行为主要有如下表现形式：

（1）采用假冒或混淆等不正当手段从事市场交易的行为；

（2）商业贿赂行为；

（3）引人误解的虚假宣传行为；

（4）侵犯商业秘密行为；

（5）不正当有奖销售行为；

（6）损害他人商业信誉或商品声誉行为；

（7）公用企业或者具有独占地位的经营者强制交易行为；

（8）滥用行政权力限制竞争行为；

（9）以排挤竞争对手为目的、以低于成本的价格销售商品的行为；

（10）搭售和附加不合理交易条件行为；

（11）串通投标行为。

我国《反不正当竞争法》给出了市场竞争中应当遵循的一般原则，即自愿、平等、公平、诚实信用的原则以及法律和商业道德，这有助于我们识别不正当竞争行为。

二、市场竞争中的伦理道德问题

市场，是买卖双方交换的场所，是企业取得各项资源（人、财、物等）并把产品或服务推销出去，实现企业利润的场所，也是企业与其竞争对手角逐的竞技场。为了实现企业目标，企业必须通过产品或服务、价格、促销手段、分销渠道、售后服务等诸方面与竞争对手周旋，争取赢得消费者。因此，以上的方方面面都是我们在讨论市场竞争中的伦理时所要分析的问题。

（一）产品竞争的道德问题

广义的产品是企业向市场提供的、能满足人们某种需要和利益的物质产品和非物质形态的服务。物质产品主要包括产品的实体及品质、特色、品牌和包装等，它们能满足顾客对使用价值的需要。非物质形态的服务主要包括售后服务和保证、产品形象等，能给顾客带来利益和心理上的满足。产品竞争中的主要伦理道德问题有：

1.“压低别人，抬高自己”

《论语》中有“吾日三省吾身”和“见贤思齐”之语，说的是一个人要经常审视自己，见到比自己高明的人，要努力充实、提高自身水平，向他看齐，这样才能进步。然而，我们在现实生活中经常会发现，一个人遇到比自己高明的人，不是想办法提高自身水平，而是千方百计压低、贬损别人，试图以此来抬高自己，但实际上自己并没有高起来。这样做，也许一时可以“蒙”住不少人，但并不能长时间地混淆视听，也不能把所有人都“蒙”住。一旦暴露，自己还会“碰一鼻子灰”。做人如此，企业竞争也如此。

2.顺风搭车走“捷径”——仿冒

一个企业、一项产品，要想赢得消费者的信赖和偏爱，在市场上站稳脚跟、建立信誉，必须花费企业很多的心力，不仅要靠过硬的产品质量、合理的价格、齐全的品种、良好的服务，而且要靠企业遵守法律、法规和商业伦理道德，以公平、正当的竞争方法，通过长期的诚实劳动才能实现。但很多企业却耐不住这份“寂寞”，它们不仅想“一炮打响”，而且找到了顺风搭车的“捷径”——仿冒。其主要形式有：假冒他人的注册商标；仿冒知名商品特有的名称、包装、装潢；仿冒他人的企业名称。

（二）价格竞争的道德问题

价格是企业参与市场竞争的重要手段，它与企业的生存和发展休戚相关。企业在制订价格时，除了考虑产品本身的成本外，还要综合考虑市场特性、供求状况、消费者的需求状况和竞争对手的情况，以及国家或行业的政策法规等因素，不仅要考虑企业自身利益，而且要遵守基本的价格竞争道德，考虑消费者和竞争对手的利益。

总的说来，价格竞争道德也要讲究公平、公正、诚实信用的基本原则，一方面要求企业不能任意定价、哄抬物价、牟取暴利，要制定与市场需求和产品质量相符的价格，尽量为顾客提供物美价廉的产品；另一方面要求企业不能故意以低价倾销，排挤竞争对手，大打“价格战”。在价格竞争中存在以下几个问题：

1.压价排挤竞争对手

压价排挤竞争对手是指经营者为了排挤竞争对手，在一定市场上和一定时期内，以低于成本的价格销售商品的行为，国外也称之为“掠夺性定价”。实施这种行为的企业通常是具有市场竞争优势的企业，它们具有资金雄厚、品种繁多、产量规模大、市场占有率高和经营风险小等较强的竞争实力。中小企业往往势单力薄，无力承担这种亏损，所以实施这种不正当竞争行为的可能性不大。

在跨国经营中，有的企业为了打入外国市场或者挤占部分市场份额，也往往用低价倾销的策略。这一现象已受到世界各国的广泛重视，不少国家还制定了“反倾销法”加以惩治。在我国改革开放和进行社会主义市场经济建设的今天，这类事件也多有发生。例如，韩国三星企业收购苏州“香雪海”冰箱后，为了扩大在华市场份额，声言准许3年亏损2.5亿元。一家彩电合资企业更是制定了“亏损几亿元，也要击垮长虹”的战略目标。面对跨国企业咄咄逼人的态势，专家呼吁，除了企业要自强之外，国家也要加强对倾销的查处，制止不正当竞争，创造健康的竞争秩序。

2.限制价格的落后行为

价格竞争作为一种有力的竞争手段，在生活中随处可见。例如，我们常常会看到这样一幅景象：即使只有几步之遥的两家商店，同一规格同一商品的价格却相差较大。这是正常的经营行为，应该受到认可和保护。正是这种价格的差异，才使一家商店门庭若市，另一家则门可罗雀。也正是这种压力和反差，使企业加强管理、改善服务、树立特色，千方百计改善经营，形成向上的动力。反观限制市场价格的行为，不仅起着保护落后的作用，而且让消费者去承担由于商业伦理低水平而造成的额外开销，也是不公平的。因此，这种联合限制价格的行为也是一种不正当竞争行为。虽然它现在并未在法律上被明文禁止，但某些行业规定或约定俗成的基本规则是不容许的。

（三）销售渠道竞争的道德问题

在销售渠道竞争中也存在着很多问题，主要有：

1.回扣的危害与禁止

回扣作为商品流通的伴随物，客观存在于经济生活的各个角落。人们对于回扣的利与弊、是与非，以及它是商品经济的“润滑剂”还是破坏公平竞争的“腐蚀剂”，长期以来争论不休。终于，法律给了一个权威的结论。我国《反不正当竞争法》第七条规定：“经营者不得采用财物或者其他手段贿赂下列单位或者个人，以谋取交易机会或者竞争优势：（一）交易相对方的工作人员；（二）受交易相对方委托办理相关事务的单位或者个人；（三）利用职权或者影响力影响交易的单位或者个人。经营者在交易活动中，可以以明示方式向交易相对方支付折扣，或者向中间人支付佣金。经营者向交易相对方支付折扣、向中间人支付佣金的，应当如实入账。接受折扣、佣金的经营者也应当如实入账。经营者的工作人员进行贿赂的，应当认定为经营者的行为；但是，经营者有证据证明该工作人员的行为与为经营者谋取交易机会或者竞争优势无关的除外。”由以上规定我们可以看出，如实入账的折扣是允许的，而回扣是市场交易一方当事人为争取交易机会和交易条件，在账外暗中向交易对方及其雇员等有关人员支付的金钱、有价证券或其他形式的财物。它属于商业贿赂的一种，在世界上大多数国家都受到禁止。显然，回扣是公平竞争的“腐蚀剂”，它能侵蚀人的心灵，败坏社会风气，所以应对它说“不”。只有这样，才能有助于形成健康正常的竞争秩序和社会环境。

2.滥用行政权力限制竞争

滥用行政权力限制竞争行为会阻碍全国统一市场的形成，使市场自身的运行规则屈从于行政干预，并使消费者的正当权益受到侵害，妨碍了正常竞争，其危害甚大。

三、信息竞争中的伦理道德问题

作为一种重要资源，信息已成为现代经济社会竞争的焦点。由于信息关系着企业的成败兴衰，所以对于信息的争夺日益激烈。这一方面要求企业的信息工作人员有高度的责任心和灵活的头脑，积极主动地开展工作，另一方面又不能使用偷盗或采用欺骗、胁迫以及暴力等不正当手段获取信息，侵犯竞争对手的商业秘密。

事实上，企业获取信息有多种渠道和方法。例如，通过企业年鉴、报纸剪报、杂志、产品介绍、咨询研究、专利档案、供应商报告、顾客报告等公开方法。

（一）禁止侵犯商业秘密

1.商业秘密与侵犯商业秘密的含义

商业秘密，是指不为公众所知悉、能为权利人带来经济效益、具有实用性并经权利人采取保密措施的技术信息和经营信息，如生产配方、工艺流程、技术诀窍、设计图纸、管理方法、营销策略、客户名单、货源情况等。它们都是其权利人投入一定的时间、精力和资金而开发出来的，对权利人具有实际的或潜在的经济价值。

侵犯商业秘密，是指不正当地获取、披露、使用或允许他人使用权利人商业秘密的行为。

2.侵犯商业秘密行为的四种主要表现形式

根据我国《反不正当竞争法》的规定，侵犯商业秘密行为的主要表现形式如下：

（1）以盗窃、贿赂、欺诈、胁迫、电子侵入或者其他不正当手段获取权利人的商业秘密；

（2）披露、使用或者允许他人使用以前项手段获取的权利人的商业秘密；

（3）违反保密义务或者违反权利人有关保守商业秘密的要求，披露、使用或者允许他人使用其所掌握的商业秘密；

（4）教唆、引诱、帮助他人违反保密义务或者违反权利人有关保守商业秘密的要求，获取、披露、使用或者允许他人使用权利人的商业秘密。

经营者以外的其他自然人、法人和非法人组织实施所列违法行为的，视为侵犯商业秘密。

第三人明知或者应知商业秘密权利人的员工、前员工或者其他单位、个人实施所列违法行为，仍获取、披露、使用或者允许他人使用该商业秘密的，视为侵犯商业秘密。

在现实中，大到跨国企业，小到我们身边的小厂，甚至小商贩，都存在着侵犯竞争对手商业秘密的行为，并且在判定合法与非法之间也并不是十分清楚。因此，除了加深对法律的理解，明确司法解释、依法办事以外，还要求企业自觉遵循信息竞争道德。

（二）散布虚假信息的危害

“兵不厌诈”是兵家名言。在“市场学”课堂上，老师一般都会津津有味地讲述一个真实的故事：美国一家小企业生产的一种新型肥皂在费城卖得很好。此时，洗涤业巨头宝洁企业也生产出了这种产品，并决定在费城试销。该企业知悉后不动声色，就在宝洁企业将产品投放市场的头一天，将其产品悄悄从货架上撤下。宝洁并未发觉。于是宝洁试销“大获成功”。试销的成功促使宝洁制订了庞大的推广计划，大张旗鼓地展开了促销、销售活动。而该家小企业却“回马一枪”，不仅抢回了费城大部分市场，也使宝洁的很多努力徒劳无功，损失惨重。在这一则以弱胜强的案例中，我们无法评价其道德与否，但就企业竞争来说，用散布虚假信息的方式来诱惑甚至坑害竞争对手，则是不道德的。

我国传统的商业伦理道德规范流传了千百年，可以概括为：买卖公平、诚信无欺；信誉第一，守义谋利；礼貌待客，和气生财。其核心是诚信。因此，在市场交易中，人们推崇诚信，反对欺诈。在信息竞争中，散布虚假信息，搞“小动作”，有悖于公认的商业伦理道德，是一种不道德行为，为真正的商人所不齿。因为如果此风盛行，商场上必然充满尔虞我诈之风，会破坏良好的经济秩序。

（三）查封盗版现象

软件是一种特殊商品，它以电子数据的方式存在于磁介质或塑基介质上。它的价值绝不仅仅是其生产成本。在现代电子信息业中，生产制造成本仅占其总成本的很小一部分。凝结在软件中的资金、劳动与知识等成本是庞大的，必须靠大批量出售正版软件才能回收。而盗版行为却使企业辛辛苦苦开发出来的知识成果“血本无归”，这不仅大大挫伤了软件开发者的积极性，不利于信息产业的发展，而且使很多人短期内就能“暴富”，破坏了公平、公正的竞争秩序。

因此，每个国家都在加大打击盗版行为的力度，国际上也加强了打击走私盗版活动的合作。我国相继制定、颁布了多项知识产权保护法律法规，并加大执法力度。为促进我国电子信息产业的健康发展，创造良好的投资环境，维护我国的国家形象，保护版权人的合法权益，打击盗版行为势在必行。

● 第三节　互联网道德规范：健康自律，安全他律

当今世界已经步入移动互联网时代。网络的开放性使得文化和价值观各异的人们参与到网络中来，在网络交往活动中，首先面临的是对个人隐私的挑战，如何保护合法的个人隐私、如何防止把个人隐私作为谋取经济利益的手段，成为网络时代的重要伦理问题。虚拟与现实之间，一系列其他新的社会问题，诸如网络犯罪、网络病毒、网络黑客、垃圾邮件、网络安全、信息垄断、网上知识产权，以及利用网络进行恐怖活动和发动网络战争，危害社会公共利益和威胁国家安全等随之产生，这些都引发了网络技术与信息伦理的激烈冲突。

互联网工作的道德规范，是人们在互联网工作中为了维护正常的网络公共秩序需要共同遵循的基本道德准则，是公德规范在网络空间的运用和扩展。它具有以下特性：

一、健康自主性和娱乐自律性

（一）“网络社会”更大程度上是“非熟人社会”

传统社会由于时空限制，交往面狭窄，在一定意义上是一个“熟人社会”。依靠熟人（朋友、亲戚、邻里、同事等）的监督，慑于道德他律手段的强大力量，传统道德得到相对较好的维护，人们的道德意识较为强烈，道德行为也相对严谨。而以往人们的道德行为

常常是做给他人特别是可能对自己有影响的人“看”的。由此，我们可以认为，传统社会的道德主要是一种依赖型道德，是一条由熟人的目光、舆论和感情构筑成的道德防线。相比之下，“网络社会”更大程度上是“非熟人社会”，互联网是人们为了满足各自的需要而自发自愿联结建立起来的。

（二）“网络社会”建立起来的应该是自主自律型的新道德

在这个以网络技术为基础的少人干预、过问、管理、控制的网络道德环境中，人们进入了“反正没有人认识我”的界域，自己对自己负责，自己管理自己，并根据自己的需要独立地选择网络服务的项目和内容、发布和接受任何信息。个体的自主性得到了前所未有的体现。但同时，由于网络道德规范是人们根据既得利益和需要制定的，因此，增强了人们遵守这些道德规范的自觉性，要求人们的道德行为具有更高的自律性、自我主宰、自我约束、自我控制，真正体现出人格的尊严和道德的觉醒。也就是说，随着“网络社会”的到来，人们建立起来的应该是一种自主自律型的新道德。

【专栏5-2】　诚筑文明、信助发展——携手共建网络诚信

8月29日，2022年中国网络文明大会网络诚信建设高峰论坛在天津举行。与会嘉宾围绕“诚筑文明、信助发展——携手共建网络诚信”主题，深入交流加强新时代网络诚信建设、助力网络文明发展的方法路径。中央网信办副主任、国家网信办副主任盛荣华，市场监管总局党组成员、副局长秦宜智，天津市委常委、滨海新区区委书记连茂君出席论坛并致辞。

盛荣华指出，诚信是人类文明进步的重要基石，也是中华优秀传统文化的精神内核。当前，网络空间日益成为弘扬和践行诚信的新空间，网络诚信日益成为网络文明建设和国家诚信体系建设的重要组成部分。近年来，中央网信办坚持以习近平总书记关于网络强国的重要思想为指导，把网络诚信作为建设网络文明的重要内容，推动网络诚信深入人心，营造良好诚信环境，特别是通过开展“清朗”系列专项行动，重点整治网络水军、流量造假、刷单炒信、算法滥用等网络违法失信行为，在弘扬诚信文化、提升诚信水平方面取得成效。面对网络诚信建设新的形势和任务，他强调，要坚持价值引领，厚植诚信理念；强化依法治理，构筑诚信环境；压实主体责任，促进诚信经营；汇聚各方力量，夯实诚信基础，为建设网络强国、文化强国、信用中国做出新的更大贡献。

秦宜智指出，党中央、国务院高度重视社会诚信体系建设。习近平总书记强调，要建立健全以信用为基础的新型监管机制，以信用风险为导向优化配置监管资源，为网络诚信建设和市场监管工作提供了根本遵循。网络诚信是互联网平台经济发展的基石，要树立网络诚信理念，引导各方主体以信用为本，恪守诚信原则；网络诚信是互联网平台良好秩序的关键，要加强网络诚信建设，共同打击违规失信行为，共同构筑互联网平台诚实守信良好风气；网络诚信是社会文明健康发展的重点，需要互联网企业、行业协会、新闻媒体和广大网民共同努力，积极培育网络诚信文化。市场监管总局将深入学习贯彻习近平总书记关于网络强国的重要思想，遵循平台经济发展规律，加强法治监管、信用监管和智慧监管，持续推进网络诚信建设。

连茂君表示，近年来，天津市深入贯彻落实习近平总书记关于诚信建设的重要论述，加快完善社会信用体系，积极推进网络诚信法治化、规范化、标准化建设，制定实施《天津市社会信用条例》等地方性法规，以一系列举措着力打造“诚信天津”品牌，营造了崇尚诚信、践行诚信的良好氛围。

论坛上，中国互联网协会负责人，天津市委网信办主要负责同志，时代楷模代表以及部分媒体和企业负责人发表主旨演讲。会上发布了“2021年度中国网络诚信十件大事”、《中国网络诚信发展报告2022》和网络文明主题歌曲《敬长风》，并为《中国好网民之歌》颁发“网络文明国际传播”推荐歌曲证书。

本次高峰论坛是在中国网络诚信大会连续举办四届的基础上升级打造的一场网络诚信领域的盛会，由中央网信办、国家发展改革委、商务部、市场监管总局指导，中国网络社会组织联合会、天津市委网信办共同主办。来自政府部门、社会组织、互联网企业、研究机构和新闻媒体等近200位嘉宾参会。

资料来源：中国网信网. 2022年中国网络文明大会网络诚信建设高峰论坛在津举行［EB/OL］.［2022-08-31］. http://www.cac.gov.cn/2022-08/31/c_1663567296501015.htm.

二、开放性和多元性

（一）互联网把不同国家和地区的人们联结起来，呈现出开放性的趋势

互联网把不同国家和地区的人们联结起来，促成了多元文化价值的共存。它一方面使具有不同个人信仰、价值观念、风俗习惯和生活方式的人们增进了相互之间的沟通和理解，达到了融合；另一方面也使各种文化冲突日益表面化和尖锐化。落后的道德意识、道德规范和道德行为与先进的道德意识、道德规范和道德行为并存，呈现出表面化、开放性的趋势。

（二）网络社会逐渐走向真正意义上的“价值多元化”

在开放的网络社会中，人们作为道德主体，具有自由选择道德取向的权利，经常要对处于冲突之中的各种价值取向做出及时的取舍选择，网络社会正是这样逐渐走向真正意义上的“价值多元化”的。例如，在涉及每一个网络成员切身利益和网络秩序的正常维护方面，存在着统一的道德规范，而在各个不同国家、民族和地区，又有着各自特殊的道德准则。这些规范和准则由于彼此之间并没有实质性的利害关系而能够求同存异。因此，网络道德的多元性和开放性是相统一的。

三、自律性与安全他律性

网络道德规范既从不应当的角度为人们划定行为禁区，对人们的行为进行约束，又从应当的角度为人们指明行为方向，引导人们避恶趋善。网络道德规范既具有自律性又具有他律性。

（一）网络自律的道德规范要求

网络自律是指不受外界约束和情感支配，根据自己的善良意志，按照自己认同的道德规律行事的道德原则。由于以数字化的信息为中介，人与人之间的关系表现为间歇性，在这种情况下，伦理道德主要是靠道德的自律机制来实现的。因此，要培养每个人的自律意识，在行使自由权利的同时，必须注意自律，个人网络行为自由需在不妨碍他人网络自由的前提下行使，个人网络行为自由不得损害他人的自由和利益。

在网络中信息的存储、发送是自主的，与此同时必须慎重地考察某些信息是否对他人造成直接或间接的伤害。这又体现了在无人监督的情况下也能遵守道德规范。然而，网络空间由于互联网所采用的没有中心、没有界线、不受任何组织机构控制，网络运行的“数字化”“虚拟化”特点，人们的交往以字符为中介，因而非常自由，难以控制，人们之间

不仅直接接触减少，而且在不能很好地对自我有所节制的情况下，往往可能做出许多现实中不能做到的事情，表现为与现实社会生活伦理不相符又不能完全解决问题，伦理、道德毕竟是一种软件属性的社会控制手段，它还需要硬件属性的法律手段的支撑。

（二）网络他律的道德法律条例化要求

对于那些缺乏起码的道德责任感或良心已经泯灭的人来说，信息伦理不可能阻止他们在信息领域的损人利己行为。因此，网络立法显得十分必要。有些网络罪犯往往不知道自己在犯罪，这是最可怕的。这种网络"无意识犯罪者"，可能是一时贪玩，制造一个小病毒攻击他人的计算机，却没想到病毒会在互联网上高速而广泛地自我复制并变种，造成严重的后果；可能只是想稍微炫耀一下"身手"，非法入侵某个机密网站，却被人利用，造成严重的泄密后果；可能只是在网上对别人开个玩笑却被不断谣传和误传给他人带来巨大的伤害。目前，《中华人民共和国刑法》中涉及网络犯罪的条款有：

第二百八十五条规定，违反国家规定，侵入国家事务、国防建设、尖端科学技术领域的计算机信息系统的，处三年以下有期徒刑或者拘役。

第二百八十六条规定，违反国家规定，对计算机信息系统功能进行删除、修改、增加、干扰，造成计算机信息系统不能正常运行，后果严重的，处五年以下有期徒刑或者拘役；后果特别严重的，处五年以上有期徒刑。

违反国家规定，对计算机信息系统中存储、处理或者传输的数据和应用程序进行删除、修改、增加的操作，后果严重的，依照前款的规定处罚。故意制作、传播计算机病毒等破坏性程序，影响计算机系统正常运行，后果严重的，依照第一款的规定处罚。

第二百八十七条规定，利用计算机实施金融诈骗、盗窃、贪污、挪用公款、窃取国家秘密或者其他犯罪的，依照本法有关规定定罪处罚。

利用互联网实施的其他犯罪行为依据《中华人民共和国刑法》规定追究刑事责任，属违法行为尚不构成犯罪的，分别给予治安处罚、行政处罚和承担民事责任。

通过有关的立法，依靠国家强制力的威慑，可以有效地打击那些在网络领域造成严重恶果的行为，而信息领域的法律手段也需要信息伦理的补充。只有网络立法与网络伦理形成互动，才能使网络社会在有序中实现发展。

四、大力加强网络社会的伦理道德建设

信息网络的全球化使一些国家的传统伦理道德观念受到冲击。在网上，跨地域和跨文化的伦理道德标准，造成了伦理道德观念对同一行为的判断差异，因而有着"伦理道德与非伦理道德"的区别。基于电子信息网络给人类带来的伦理道德问题，我们必须抓紧网络伦理道德的建设，加大网络安全的保护力度。

（一）加强网上伦理道德教育

1.维护网络世界的有序发展，增强对社会的责任感

信息网络是思想意识形态交锋的战场。因此，必须利用内容丰富的具有较好德育功能的信息占领网上阵地，加强网络主体的伦理道德修养。目前，网络道德已成为一些发达国家高等院校的课程，被正式纳入一种西方世界称为"计算机文化"的文化现象中加以研究，如美国杜克大学对学生开设"伦理学和国际互联网"的课程。开展网络道德教育，以维护网络世界的有序发展，形成良好的网上伦理道德舆论氛围，使人们通过信息网络塑造美的灵魂，树立科学的人生观、世界观和价值观，增强对社会的责任感。

2.互联网文化活动应当遵守宪法和有关法律、法规

坚持为人民服务方向，严守国家秘密，维护祖国的安全、荣誉和利益，是互联网使用者义不容辞的神圣责任；诚实待人，讲信用，重感情是大家共同崇尚的价值观；在信息活动中，应该遵纪守法，自律、自重，尊重知识产权，尊重他人的隐私。社会学的研究告诉我们，法律观念的深入人心是社会进步的重要标志。在信息社会，公众广泛地树立法律观念，合法从事信息活动，不仅是公正、自由的信息交流所必需的，而且是信息文明的发展所不可缺少的。法治观念是现代信息伦理规范的重要组成部分。《互联网文化管理暂行规定》要求，从事互联网文化活动应当遵守宪法和有关法律、法规，坚持为人民服务、为社会主义服务的方向，弘扬民族优秀文化，传播有益于提高公众文化素质、推动经济发展、促进社会进步的思想道德、科学技术和文化知识，丰富人民的精神生活。成功的网上伦理道德教育，可以使人们能够正确理解网上世界，把网络作为知识的来源和学习的手段，而不是获取不良信息的途径，从而真正享受网络文化的精华。

（二）创建一个信用良好的网络社会环境

1.信息网络伦理道德建设需要社会环境的优化影响

信息网络伦理道德建设离不开社会环境的影响。如果存在一个守信的社会信用环境，尽管社会中存在着信息不对称的情况，但是信用的广泛存在，也将使人们利用信息不对称进行诈骗、牟取暴利的动机大为降低，从而减少生活中的不确定性，降低社会成本，使得整个社会生活运作效率提高。创建一个信用良好的社会环境，建立健全社会征信服务体系是一个重要的途径。

2.信息网络伦理道德建设需要社会征信服务体系支持

世界上经济较发达的国家和地区都具有完善的征信服务体系，借助这一体系，社会效率能够大为提高。政府在促进征信服务行业发展中应该依法向社会开放所拥有的企业信用数据。同时，加强对企业征信服务业的管理，努力保证社会经济活动符合诚信的要求。良好的社会信用环境是减少信息欺诈行为、促进经济发展和社会进步的重要因素。

（三）强化网络安全意识，加强信息立法和安全管理措施

1.信息网络伦理道德建设需要信息安全法治工作的支持

实践证明，有些单位对网络信息安全问题不够重视，不少单位对网络与信息安全采取的保护措施非常简单。我国有关部门曾通过模拟攻击，对650个政府上网单位的信息安全工作进行调查，结果发现80%的网站基本没有安全保护措施。因此，强化信息安全意识、加强信息立法和安全管理迫在眉睫。法治管理是解决网络信息安全的保障。从整体上看，我国信息安全法治建设滞后于实际工作的需要，一些加强重要信息基础设施保护、防范不良信息入侵等关键性的专门法律尚未出台。同时，已有的规章制度出自多个不同的部门，缺乏统筹规划。

2.网络技术已成为世界各国实现政治、经济、文化发展目标最重要的技术

欧洲联盟所属的欧洲委员会正在制定一项有关打击计算机犯罪的公约。国际刑警组织负责人呼吁各国政府与产业界联合起来，共同研究建立一个对付计算机犯罪的国际司法框架，以保障信息的安全。我们在利用信息技术及网络信息，创造更加美好的生活的同时，也要注重规范网络伦理道德，从而使更多的人为社会的进步去耕耘，为他人的幸福去努力，进一步推动科技进步、经济发展和文化繁荣。

● 第四节　企业相对政府与社会：遵纪守法，足额纳税

一、对政府负责，建立和谐的政企关系

企业遵守国家的法律法规，最重要的一点就是要依法诚信纳税。我们之所以把遵守税法单列出来，是因为马克思曾经说过："赋税是喂养政府的奶娘。"税收是财政收入的主要来源，是国家的经济命脉，也是国家宏观调控的重要手段。国家利用税收的形式参与国民收入分配，筹集资金，有计划地用于发展国民经济，发展科技、教育、文化、卫生等各项社会事业，满足人民的物质文化生活需要，提高人民的生活水平。这也正是税收取之于民、用之于民的本质所在。

依法诚信纳税是现代文明社会的重要标志。依法诚信纳税既是企业履行法律责任的要求，也是其最好的信用证明，是对公司法律义务与道德要求的有机统一。依法诚信纳税有利于健全市场信用体系，营造和维护正常的税收秩序，促进公平竞争，为经济健康发展提供良好的环境。"商无信不兴"，企业失去了信用就难以在激烈的市场竞争中立足。企业信誉是企业宝贵的无形资产，能帮助企业更好地开拓市场，能为企业创造更多的经济效益和社会效益。依法诚信纳税是衡量企业对国家和对人民贡献的重要标尺，是遵守市场竞争规则、维护企业道德的具体体现，是最好的形象宣传。

因此，企业应该把诚信纳税作为生存发展的前提条件，立足于自身的长远发展，明礼诚信，依法纳税，树立良好的企业信誉和企业形象，实现自身的持续、健康发展。

实践证明，遵守政府法律法规的企业常常能被国家或当地政府给予更多的自由甚至一定的认可和奖励，从而保证企业持续稳定发展。

二、对企业所在社区负责，建立和谐的社会关系

以前人们谈及社区这个名词时，可能仅仅指的是企业所在的某个城市。但是，随着全球化时代的到来，通信的即时性和旅行速度的加快，使得一个地区、一个国家甚至整个世界都变成了相联系的一个社区。传统的地域边界变得越来越模糊，如今的企业社区包含了整个世界。

企业与社区的关系就好像鱼和水的关系一样，鱼离不开水，只有水才能给鱼提供生存发展的机会和空间。只有社区支持企业的发展，企业才能如鱼得水、畅游自如。通常，当一家企业积极参与社区活动时，它就能够在社区获得很高的声望并且能被社会更好地接受。社区中的企业活动能为企业自身带来很多好处，在帮助别人的过程中，企业也在自助。

一项对在美国经营的外资企业的调查显示：有81%的企业拥有社区活动政策；有71%的企业认为社区的期望是其企业计划非常重要或中等重要的一部分。这些被调查企业的高级管理人员认为，如果社区活动做得好，企业就会被社会接受并成为有价值的社会成员，这将有利于它在顾客、员工、政府和更广泛的社区中树立良好的形象。因此，企业不仅应该关注其自身的发展，更要关注整个社区的发展，只有在社区发展的大环境下才有可能实现自己的目标。

但是，企业参与社区活动并不是突发奇想的，需要事先经过认真的考虑和安排，从而制订出社区活动计划。制订社区活动计划包括以下四个步骤：

（1）了解社区。制订活动计划的首要关键问题就是了解企业所在的社区，要求企业应该对本社区的特征进行深入的调查研究。每个社区都具有与制订社区活动计划相关的特征。例如：社区中生活着哪些人群？他们的宗教信仰是什么？社区的失业状况怎么样？是否存在旧城区和贫困问题？其他的企业正在从事哪些社区活动？社区真正具有压力的社会需求是什么？

（2）了解企业的资源。在了解了社区的真正需求后，就需要考虑企业自身拥有哪些资源可以满足这些需求。每个企业拥有的资源都是不完全一样的，为了能使这些资源最大限度地发挥作用，企业有必要了解什么是可获得的资源，在什么程度上是可获得的，可获得的是哪些方面以及在哪个时期是可获得的等一系列问题。

（3）选择项目。企业社区活动项目的选择应该使得社区的需求与企业拥有的资源相匹配，二者的匹配程度决定了资源发挥作用的大小。因此，企业在选择项目时必须非常谨慎，社区活动项目的选择应该和企业用于调研、营销、生产和管理上的投资一样满足成本有效性的标准。

（4）监管项目。监管社区活动项目包括检查和控制。追踪整个项目的进展，才能保证项目能够依据计划和日程安排实施。来自于监管过程中不同步骤的反馈给企业管理层提供了监管进度的信息。如同其他三个步骤一样，这个步骤也需要企业进行谨慎的管理。

● 第五节　企业慈善公益道德规范：做优秀企业公民

一、发展我国慈善事业的建议与出路

（一）强化责任意识，树立慈善公益观念

企业作为社会经济的主体，在经济发展中的作用增大，就意味着企业和企业家地位的上升，同时，也意味着社会责任的加大。企业因社会的存在而存在，企业应该建立在企业家的社会责任观之上，而不是建立在企业家的权利观之上。企业不是“赚钱机器”，企业的成功归根到底不在于赚钱的多少，而在于对社会的回报。这种沉甸甸的责任不仅是要企业永续经营，而且是要企业投身慈善事业，回馈社会。创造社会财富的众多企业，是发展慈善事业的重要源头活水，它们的慈善意识强不强、支持慈善事业的力度大不大，是决定慈善事业规模的重要因素。这就要求企业经营者在做出决策的时候，不仅需要考虑企业对员工的法定义务，促进企业内部的和谐，而且还必须考虑公司行为是否有利于公众利益、社会进步和社会和谐。企业应树立社会慈善意识，正确认识慈善责任，将慈善责任由一种外在的约束内化为企业的内在需要，主动承担慈善责任，树立起良好的公众形象，成为获得广泛认同的可信赖的企业，从而大大增加企业社会资本，提高自身的市场竞争力。

（二）突出企业主体，弘扬慈善公益文化

我国的慈善事业长期以来都是由政府主导，自己搭台唱戏，以致很多人认为慈善是政府的事情。但慈善是应该由整个社会共同参与的一项事业，并不能由政府来唱独角戏，企业作为特殊的公民，应该承担更多的慈善责任。商业伦理文化对于实现商业伦理的最佳境界和企业履行慈善责任有导向和支持作用。用辛苦而来的收益回报国家、社会，不是经济学规律的规定，也不是传统管理学的原则，而是一种商业伦理问题。企业的慈善责任是一种新兴的商业伦理，是一种旨在追求“共同福祉”的企业社会实践。企业在培育和弘扬慈

善文化时，应该紧密结合自身实际，寻求与其产品相关的慈善项目进行有规划的、长久的慈善活动，从而形成特色鲜明的慈善文化。这里可以借鉴许多国外跨国企业的经验，通过相关的慈善公益活动在自己的商业诚信文化中深深地打上慈善的烙印，如生产化妆品的企业会通过慈善公益活动把关爱妇女作为其商业诚信文化的一部分，以婴幼儿产品为主的企业则把慈善公益活动的目标集中于儿童安全方面，生产化学用品的企业则侧重于对公益环保方面的投入。总之，我们每一个企业和每一个公民都要有爱心，关爱弱势群体、培养慈善意识、投身慈善事业。

（三）健全慈善公益法治与组织，规范慈善公益行为

应当在立法中突出慈善机构；确立完善、统一的慈善财税制度；调整政府与慈善机构的关系；强化处罚机制。

非政府的慈善组织应该在现代慈善事业中承担重要的任务，成为现代慈善事业发展必不可少的重要角色。目前，在国家民政部门注册的中国公益慈善组织约有30万个，而没有经过注册登记的有300万个。这些组织良莠不齐，有不少组织没有规范的规章制度，没有规范的管理，也没有严格的监督机制，影响了慈善事业的公信力。培育一批信誉度较高、操作规范的非政府慈善组织是我国目前慈善事业发展过程中必须解决的问题。很多企业和个人不愿参与慈善捐赠的一个重要原因就在于我国目前的慈善活动的操作上存在一些不透明的因素。缺少一个捐赠项目信息共享平台，对于捐赠的去向和效果也缺乏清楚的了解，这就制约了企业的积极性。公信力的缺乏带来了中国慈善事业的相对落后。就目前来说，中国的慈善事业距发达国家还有很大的距离。

（四）完善激励体制，优化慈善公益环境

政府应进一步为发展慈善事业创造良好的社会环境和条件。

首先，政府要加强对发展慈善事业的舆论宣传，进一步增强企业经营者的慈善意识。电视、广播、报刊、网络等多种媒体都要把推动慈善事业的发展当成自己义不容辞的社会责任，要运用灵活多样的形式，吸引更多的企业经营者参与慈善事业、奉献于慈善事业。

其次，进一步推进全方位的体制改革，继续培育和完善市场经济环境，在全社会培养健康的财富文化和慈善文化，使社会大众以创造财富为荣，弘扬乐善好施的传统美德。

同时，要加快有关慈善公益事业的法律法规建设步伐，通过制定强化企业社会责任的各项法律制度，进一步引导企业强化社会慈善责任意识。“道德”固然是慈善的决定因素，但制度同样也能引导慈善。在发达国家，与税收相关的捐赠制度，可以归纳为“一疏二堵”。“一疏”，是指企业和个人捐助慈善和公益事业可以获得免税的待遇；“二堵”，是指用高额的遗产税和赠与税，对资产由“私”到“私”的转移进行限制，以促进企业家更好地履行慈善责任。

要切实落实《中华人民共和国企业所得税法》中关于企业慈善免税的规定。该法规定，企业发生的公益性捐赠支出，在年度利润总额12%以内的部分，准予在计算应纳税所得额时扣除；超过年度利润总额12%的部分，准予结转以后三年内在计算应纳税所得额时扣除。这对于鼓励企业大额捐赠、持久捐赠将起到作用。但令人遗憾的是，在全国很多地方，办理免税的手续还比较复杂，设置的程序较多，加上一些地方政府对企业免税的热情不高，导致税法规定企业可以享受的税收优惠政策并不能完全落实。由此可见，我国企业慈善事业的发展还有很长的一段路要走。

总之，慈善事业作为爱心事业，在现代社会中的作用越来越大，也受到了越来越多的企业家的关注，并在构建和谐社会、促进社会全面发展过程中发挥积极的作用。发展现代慈善事业是一个系统的工程。承担起相应的慈善责任，用社会主义核心价值观指导企业的经营行为，维护社会的整体利益，已经成为社会主义市场经济条件下的现代企业义不容辞的责任。

二、优秀企业公民的培育

（一）企业公民的定义与要求

马斯登和安德罗夫指出，企业公民涉及组织与社会关系的管理，使组织对社会的负面影响最小化，正面影响最大化。

洛甘等认为，企业公民能够进行满足包括员工、股东、消费者、供应商以及社区在内的利益相关者的需求的活动。它们涉及四个层次的活动：（1）遵守所有法律法规，选择能直接增加企业利润和提高市场竞争力并对利益相关者有益的活动；（2）从事正常业务以外的、对利益相关者有益的活动，并且以一种可以衡量的、有利于企业取得短期和长期利益的方式开展这些活动；（3）支持社区的活动，如教育、培训等，这些活动对企业的长期成功有着重要的影响；（4）企业支持或参与改善社区条件或有利于利益相关者的活动，不期望从这些活动中得到直接的、可见的好处。

世界经济论坛曾指出，对企业公民有四个方面的要求：（1）好的公司治理和道德价值，主要包括遵守法律、现存规则以及国际标准，防范腐败贿赂，包括道德行为准则问题以及企业原则问题；（2）对人的责任，主要包括员工安全计划、就业机会均等、反对歧视、薪酬公平等；（3）对环境的责任，主要包括维护环境质量、使用清洁能源、共同应对气候变化和保护生物多样性等；（4）对社会发展的广义贡献，如传播国际标准、向贫困社区提供要素产品和服务，如水、能源、医药、教育和信息技术等。

（二）企业公民与企业社会责任、社会回应与社会表现的关系

企业社会责任回答“应该是什么”的问题，企业的社会回应回答“如何做”的问题，企业的社会表现回答“做得怎么样”的问题。企业公民是这三者的结合，不知道社会对企业的期望，就不可能做一个好公民；知道了社会的期望，但采取的对策不恰当，也不可能做一个好公民；是不是好公民，最后还要看企业行为。

2001年，“中国最受尊敬企业”评选活动应运而生。该评选活动不仅受到了企业界的广泛支持和欢迎，也受到了政府和民众一致的赞扬，主要评选标准是稳健成长、社会责任、创新能力等。

通过评选及系列活动，可以动员媒体的力量广泛而深入地传播企业社会责任的基本理念，促进企业和公众提升对企业社会责任的重视和思考；通过对参评企业的调研和对获奖企业的宣传及案例研究，较为全面和深入地剖析和总结履行企业社会责任取得的成就和问题；通过对优秀企业的宣传推广，为其他企业提供范式和榜样；通过评选活动，使企业界以全新的视野认识企业社会责任的内涵，并通过各种方式履行企业的社会与公众责任与义务，促进企业健康良性发展。

通过评选的方式广泛地宣扬承担社会责任的优秀企业，这对于它们来说是一种奖励，也是一种无形资产，能够提高它们的知名度和美誉度，从而促使它们更加积极地投身到企业社会责任中去。相反，对于缺失社会责任的企业来说，这是一种强烈的谴责，将导致它

们失去社会的认可，从而迫使其不得不积极履行企业社会责任。

【关键概念】

购销客户（Purchase and Sale Clients）
互惠互利（Mutual Benefit）
网络道德责任（Network Ethics Responsibility）
企业公民（Enterprise Citizen）

【复习思考题】

1.如何理解企业对购销客户的道德规范？
2.怎样看待企业与竞争者的道德关系？
3.如何遵循互联网道德规范？
4.如何理解企业与社区的关系？怎样制订社区活动计划？
5.什么是企业公民？其与企业社会责任、社会回应、社会表现的关系如何？

【案例分析题】

至诚守信：华为的生命之基

成立于1987年的华为，历经30多年的艰苦磨难，已由一棵无名小草成长为世界通信技术领域的参天大树。如今，华为是世界排名第一的通信设备供应商，在芯片和操作系统领域也进入了世界前列，5G技术则领先世界2~3年；在芯片、操作系统、通信设备三大领域同时占据世界领先地位的，目前世界上只有华为一家公司。华为以耀眼的业绩走到世人面前，正在为加快万物互联和人类智能化社会建设贡献自己的力量。

诚信是生存之本，发展之基。企业能不能生存和发展、企业能不能成功，取决于客户、市场、社会和企业内部员工的认可。而要被人认可的前提是要讲诚信讲法治，这是华为成功的又一个“生命逻辑”。

正如任正非所说，“诚信文化是公司最重要的无形资产”。华为始终坚持不以利润为最高原则，而是“以长远的眼光来经营公司，以诚实面对客户，诚实地经营，诚实地发展公司，依靠诚实换取客户对我们的满意、信任和忠诚”。

2002年，任正非在总结10年奋斗经验时就指出，华为发展铸造的就只有“诚信”两个字：“诚信——对客户的诚信，对社会、政府的诚信，对员工的诚信。只要我们坚持下去，这种诚信创造的价值是取之不尽、用之不竭的。在市场上塑造了两个字‘诚信’，这是我们的立身之本，是我们的核心竞争力，这个无形资产是会源源不断带来财富的。”

经营企业首先必须讲诚信。在任正非看来，企业并没有什么赚钱的商道，所谓“商道”捷径是会害人的，企业品牌的核心就是诚信。只要企业有诚信，就可以发展下去。任正非这里讲的“商道”，自然是“小九九”的赚快钱的“捷径”，是小商人之“小道”，而非商界之大理、商人之大道。不讲诚信的人和企业，也许一时能赚点小钱小利，但绝对成不了大气候，干不了大事业。

诚信作为哲学之理，因为它是做人做事之本，也是企业、市场、社会运行的基本规则和生态环境。诚信具有普适性和人类发展的基础性意义。

资料来源：喻苗，王政剑．华为成长的生命逻辑［J］．浙江经济，2019（22）：36-39.

讨论问题：

1.任正非创造华为辉煌的根本原因何在？

2.任正非推崇哪些价值观？对我们有何启示？

第六章

企业信用管理道德规范

【经典警句】

子曰："人而无信，不知其可也。大车无輗，小车无軏，其何以行之哉？"

——孔子《论语》

仁义礼智信，信内求财；
温良恭俭让，让中取利。

——儒商理念

要令别人对你信任。做生意是无信不立。不只是商人，一个国家亦是无信不立。

——李嘉诚

【学习目的与要求】

1.了解企业信用及其特征、信用管理制度的重要作用；

2.通过契约经济、道德契约与信用机制的分析探讨，清醒认识目前我国企业面临的信用困境；

3.理解企业信用管理道德规范要求，掌握国内外的企业信用管理制度模式；

4.准确了解企业信用制度及其特征；

5.全面把握企业信用管理制度的主体框架和重要内容。

【导言】

2023年"3·15"主题：用诚信之光照亮消费信心

"3·15"晚会是由中央电视台联合国家政府部门为维护消费者权益在每年3月15日共同主办并现场直播的一台大型公益晚会。晚会一般于每年3月15日晚在中央电视台综合频道、中央电视台财经频道现场直播。

2023年"3·15"晚会的主题是"用诚信之光照亮消费信心"。

2023年是全面贯彻党的二十大精神的开局之年，也是全面建设社会主义现代化国家的开局起步之年。

信心源于来之不易的成绩。2022年，我国国内生产总值迈上120万亿元新台阶，稳居世界第二。

信心源于不断释放的巨大潜能。2022年居民人均可支配收入达到36 883元，我国是全球第二大消费市场和第一大网络零售市场，拥有世界上最具潜力的超大规模市场。

信心源于对经济大局的深刻把握。中央经济工作会议确立了大力实施扩大内需战略，采取更加有力的措施，使社会再生产实现良性循环。

2023年"3·15"晚会聚焦"用诚信之光照亮消费信心"的主题，就是要立足于高质量发展这个首要任务，倡导诚信经营、遵纪守法、公平竞争、有序发展的价值信念。"诚信之光"来自政府主管部门坚守责任、公正监管、严格执法，来自市场主体恪守正道、公平交易、以诚相待。只有着力消除制约居民消费的不利因素，才能真正增强消费能力，改善消费条件，创新消费场景，恢复和扩大消费，使消费潜力充分释放出来，成为拉动经济增长的基础性力量。

资料来源：央视财经. 用诚信之光照亮消费信心 2023年3·15晚会主题发布［EB/OL］.［2023-03-14］. https：//baijiahao.baidu.com/s?id=1760325597423760110&wfr=spider&for=pc.

当今世界企业信用制度尚不完善，监督制约机制乏力，企业界存在失信现象，"三角债"问题仍然存在，企业信用问题是影响经济发展的社会公害。从美国安然公司财务造假案，到"银广夏-中天勤"事件，再到最近的"康得新、康美药业财务造假"等，世界范围内失信案例并不鲜见。企业信用的匮乏，是企业发展壮大的致命障碍，极大阻挠了市场经济健康发展。随着改革开放的深化，重塑企业信誉和建立健全信用管理制度已成为全社会的强烈愿望。

● 第一节　契约经济、道德契约与信用机制

一、市场经济是契约信用经济

（一）市场经济活动与企业行为通过契约（合同）来确认和实现

1.企业伦理特征是企业履行与利益相关者长期隐含契约的客观内在要求

从契约论的角度讲，企业具有的伦理特征是企业履行与利益相关者长期隐含契约的客观内在要求。人类社会、经济体系及企业的进步和发展与企业是否合乎伦理的经营观念及行为息息相关、密不可分。为了使市场经济中的利益驱动合理合法，保证市场运作能够按公平公开公正原则进行，并能真正发挥义利共生理论的作用，应该用道德契约规范市场各方面主体行为，建立强有力的信用机制，从而优化企业伦理道德环境。

2.市场经济中的交易活动都是通过契约（合同）来确认和实现的

市场经济从某种意义上说是契约信用经济。契约道德是市场经济重要的道德基础。据市场监督管理部门统计，目前，经济契约的签约率为63%，而履约率仅为50%，在世界上也是很低的。签订契约和履行契约的基础是契约道德，即通常所说的信用。契约失效就是经济失信。所以，企业伦理道德中的一个重大问题就是如何确立守信机制。

（二）市场经济秩序出现局部混乱的深层次原因是缺乏道德约束的人性的黑暗面

1.市场经济秩序出现局部混乱的重要原因之一是企业伦理道德缺失

市场经济秩序出现局部混乱的重要原因之一是企业伦理道德缺失，而企业伦理道德缺失尤以契约道德缺乏最为明显，“三角债”就是例证。利用资产重组、债务重组、关联方交易等作假，其渊源盖出于此。在相当长一段时间内，人们将市场经济视为“逐利经济”，只知道逐利，不讲究规则，甚至无视道德与法律。不受任何约束的利益驱动是造成市场秩序混乱的根本原因，不仅要从道德根源上分析，而且要从制度根源上分析。

2.缺乏道德约束的人性的黑暗面是所有社会问题的毒根

企业伦理道德缺失不是市场经济秩序出现局部混乱的深层次原因。其深层次原因是缺乏道德约束的人性的黑暗面，这才是一切社会问题的毒根。有人言：人类的自私、贪婪、愚昧、无知和人善良的本性交织在一起。世界上各种社会问题层出不穷，危机四伏，人类如果不知从自己的本性上找原因，而是愚蠢地从社会的表现上找出路，就不会发觉自己为自己制造的一切所谓出路，正在封闭自己，所以更无出路，随之带来的新问题会更多。

（三）道德契约的规范性要求

在市场经济中，经济活动所依据的契约（合同）从本质上讲是道德契约。图6-1显示了企业道德契约的关键问题。

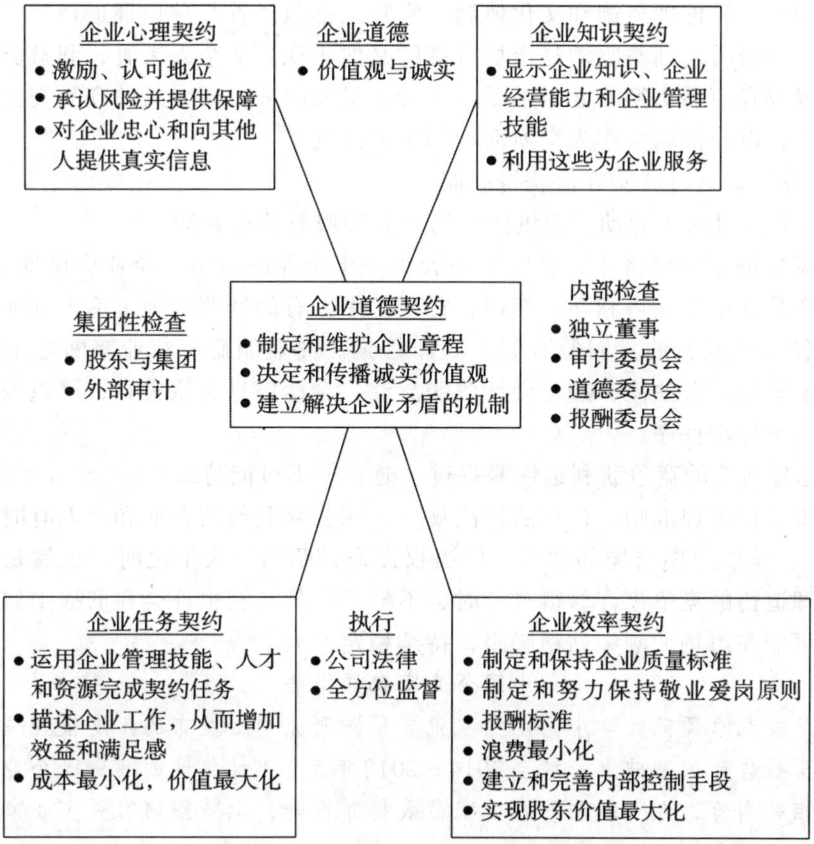

图6-1　企业道德契约的关键问题

道德契约的规范性要求包括：

(1) 买卖是建立在交易各方意见一致的合意基础上的。契约对所有当事人都有约束力，各方必须对自己的行为负责，必须信守承诺。

(2) 买卖是交易各方在地位平等的基础上，按各自的意志自由选择的结果。任何第三者包括国家在内，都必须尊重当事人的自由意志。

(3) 改善实现道德契约的环境。这既需要公平竞争的客观环境，也需要法律的保护。只有在充分竞争的环境里，契约道德才能被人们普遍接受。在这样的条件下，谁遵守契约，谁就能从交易中获得最大效益；反之，谁不遵守契约，谁就会被淘汰。

二、利益驱动是市场经济的直接表现

(一) 市场对道德的双重作用是通过利益驱动来实现的

1.利益驱动激发每个人对功利价值的追求

在缺乏适当社会规范的条件下，个体本位就容易过度发展，这势必造成社会生活的无序性和个人主义泛滥，其结果是对他人和社会利益的漠视、侵犯。我们不能说，利益驱动必然带来这些负面影响，但它在缺乏约束的条件下容易诱发不道德和反道德行为发生。会计假账就是这种负面效应的综合表现。

2.利益驱动，说到底就是金钱驱动，但必须权衡利害得失

在现代市场经济条件下，没有金钱很难办成一些事，但金钱绝对不是万能的。任何一种经济体制都是一种伦理道德和文化体制，实际上都蕴涵着某种伦理道德规范和标准。从市场经济的运行来看，利益驱动是市场机制的必然表现。从个人来看，利益驱动是个人成为商品生产者或者商品交换者必须遵循的。为了最大限度实现个人的商品交换价值，必须权衡利害得失，以经济利益作为交换活动的主要准则。

(二) 企业应该通过诚实守信获得利润

1.企业必须通过诚实劳动、提供优质的产品和服务获得利润

在激烈竞争的市场经济中，利润维系着每一个企业的命运，企业应该通过诚实劳动、提供优质的产品和服务获得利润。然而，在现实中，有的经营者为了追求利润，不惜采取各种非法途径去达到目的。制假贩假、欺诈行骗、商业贿赂、行业垄断等不正当竞争行为，犹如商海里的一股浊流，加之会计假账泛滥，会计信息大量失真，严重败坏了社会风气，扰乱了市场经济秩序。

2.违背伦理道德的竞争获利也许躲得过一时，但不可能持续

那些无视伦理道德准则、违反法律法规、不顾公众利益的企业和个人有时可能会侥幸获得“成功”，骗取短期与局部利益。但当权谋诡计昭然于天下之时，也就是他们失败之际。违背伦理道德的竞争也许躲得过一时，不择手段的获利也许会在商战中偶尔赢得一个回合，却不可能在市场大潮中站稳脚跟，持续稳定发展。

【专栏6-1】　　中国企业家犯罪报告

本报告是在北京师范大学中国企业家犯罪预防研究中心发布的年度报告——《中国企业家犯罪分析报告》的基础上，综合2014—2018年5个统计年度的《中国企业家犯罪分析报告》中的相关内容，专门编制的企业家腐败犯罪报告，也是国内有关企业家腐败犯罪的首份5年统计分析报告。主要结论如下：

其一，总体来看，企业家腐败犯罪高频罪名、国有企业家腐败犯罪高频罪名与民营企

业家腐败犯罪高频罪名均表现出相对稳定的特征。其中，企业家腐败犯罪高频罪名始终是职务侵占罪、受贿罪、单位行贿罪、挪用资金罪。属于国有企业家腐败犯罪高频罪名前几位的是贪污罪、受贿罪、挪用公款罪、私分国有资产罪；民营企业家腐败犯罪高频罪名基本保持为职务侵占罪、单位行贿罪、挪用资金罪、行贿罪、非国家工作人员受贿罪。其中，单位行贿罪和行贿罪在2018年增长幅度较大。

其二，比较民营企业家高频罪名与国有企业家高频罪名的结构特征，可以发现：(1) 国有企业家受贿罪频次总数最高，约等于其余三种高频犯罪（贪污罪、挪用公款罪、私分国有资产罪）频次之和，说明国有企业家面临的最大腐败风险仍是权力交易型腐败。(2) 民营企业家高频腐败犯罪中的行贿类罪持续高发，尤其是单位行贿罪增长趋势明显，揭示出“民企多行贿、国企多受贿”的对称性现象。(3) 民营企业家的职务侵占罪、挪用资金罪高发与国有企业家的贪污罪、挪用公款罪高发，皆说明企业内部管理不规范、违法犯罪内控机制缺失，是国企和民企在企业治理方面共同面临的突出问题。而且，国有企业家贪污罪5年的总数，已经接近民营企业家触犯的职务侵占罪的一半，再结合民营企业家的总体数量远多于国有企业家（约为28∶1）这一特征，说明国企内控机制有名无实情况十分严重。

其三，从国有企业家腐败犯罪高频罪名的潜伏期方面来看，整体潜伏期长，5年以下的为少数，多数集中于5~15年区间。其中，又以受贿罪和贪污罪的潜伏期最长，受贿罪潜伏期处于5年以上20年以下区间的比例总计为63%；贪污罪处于5年以上20年以下区间的比例总计为56%。同时，受贿罪、贪污罪出现20年以上的超长潜伏期的比例也占1%左右。另外，虽然民营企业家腐败犯罪前五名高频罪名的潜伏期，在5年以下的占比约60%，但单位行贿罪潜伏期处于5年以上20年以下区间的比例总计高达70%；行贿罪潜伏期处于5年以上15年以下区间的比例总计为62%。就单个罪名而言，潜伏期最长的为民营企业家高发罪名中的单位行贿罪。潜伏期普遍较长，一方面反映了腐败犯罪较为隐秘的特点，存在发现难的共性问题；另一方面也真实地反映了在现行反腐模式下，腐败犯罪的发现机制还比较薄弱。反腐败斗争要向纵深发展，亟待强化腐败犯罪的发现机制。

其四，就企业家腐败犯罪的案发环节而言，表现出如下特征：(1) 2018年数据与五年整体数据的分布情况基本一致，一方面发案环节分布广泛，涵盖了企业经营的所有环节；另一方面又主要集中在日常经营和财务管理两大环节，其次为工程承揽环节。(2) 发案环节的分布与罪名的性质存在正相关关系，如贿赂型犯罪多发于工程承揽过程。在5年数据中，发生于该环节的受贿罪占19.43%、单位行贿罪占29.52%、行贿罪占32.49%。(3) 发案环节与涉案企业家的职务存在直接关系，因为企业运营的环节多属于企业家的职务范围。

其五，从高频罪名发案企业所在城市经济发展程度看，各罪名在一线城市分布率普遍较低，四线及以下城市的企业家腐败犯罪发案率普遍处于高位水平，而二线城市较三线城市腐败率偏高。可能的原因之一在于：经济水平发达的省份因示范作用和政绩考核等多方面因素综合作用，防范和查处腐败犯罪的力度更大，企业规范程度也相应较高；而在经济发展水平较低的城市，企业自身管理不够规范，政商环境相对不良，容易形成权力寻租利益输送的链条，从而滋生腐败。

其六，在高频罪名的刑罚适用方面，各罪以5年以下有期徒刑居多。其中，单位行贿罪被判处免予刑事处罚和拘役的居多；在罚金刑适用方面，除2018年贪污罪罚金率高达88.24%外，其余罪名罚金适用率则相对偏低。

资料来源：张远煌，赵军，黄石，等. 中国企业家腐败犯罪报告（2014—2018）[J]. 犯罪研究，2020（6）：2-46.

三、有序竞争与企业信用管理机制构建

（一）规范市场行为必须履行契约，必须讲究信用

1.当务之急是启动全社会的企业与个人信用机制，建立信用档案

有契约而不履行，就是不守信。"信"是一种德行，一种道德规范。为了规范我国经济生活，当务之急是启动全社会的企业与个人信用机制，建立企事业单位及个人信用档案，为有序竞争创造条件。因为"市场经济的本质就是信用经济，诚信问题不解决，我国经济体制的改革就难以为继，与国际规则接轨、防范金融风险则更是一个遥远的话题。西方发达国家用了150多年的时间，才建立起较为成熟的社会信用体系，我国正处于经济转轨最关键也是最艰难的时期，建立社会信用之路任重而道远"①。

2.信任代表着一种社会交往模式，维护着社会公共生活

信任，作为一方对另一方的期待，本身就蕴含着一方对另一方的评价。信任是一种主体评价，代表着一种社会交往模式。在市场经济发达的社会，信用概念又有信任、期待对方的含义。但这种信任要有一定物质做保证，它同纯粹道德范畴的"信"的区别在于，是从功能分析的视角去把握的。

在人类社会中，对他人的期待是社会公共生活中不可缺少的，否则公共生活不可能存在。这种期待的实现可以有两种方式：一种方式是通过外在机制来实现，即以法律和社会制裁的方式来强制实施某些规则。在这种情形下，期待总是比较容易获得回报。另一种方式则是靠内在机制通过信任来实现。但后者所起的作用是有限的。有时，无论是道德范畴意义上的信任还是经济学功能分析形成的信用都会失灵，这时，期待便会落空，即会产生信用危机。

（二）推进我国企业信用管理制度建设势在必行

1.改善企业信用状况的关键在于有效的制度安排

有些企业对自己今后的命运缺乏信心，抱着"捞一把"就走的心态，市场上存在以假乱真、以次充好甚至"一锤子"买卖的行为，竞争取胜变成欺诈取"胜"。如果竞争是健全而有序的，它就应当以优质产品取胜，淘汰劣质产品。这样的竞争自然会同信任联系在一起，竞争与信任可以互相作用。企业信用的缺失和不足，不仅构成企业自身发展的巨大障碍，而且直接影响社会主义市场经济的健康发展。然而，改善企业信用状况的关键在于有效的制度安排。

2.加强企业信用管理制度建设应成为社会信用管理体系建设的重中之重

建立企业信用，推进我国企业信用管理制度建设，需要各部门密切配合，通力协作，制定各项政策措施，建立运行机制，完善运行环境。

我国企业信用管理体系的核心制度应主要包括：抓好政府、企业、社会信用中介服务机构这三大主体的信用建设；以建立明晰化的产权制度和个人信用制度为突破口，坚持法

---

① 饶邦安. 知名人士访谈：建立信用制度势在必行 [J]. 决策与信息，2002（5）：2-3.

德并举；加强信用人才培育工程。这些是重要的制度安排，对建立企业信用管理体系发挥着关键性的作用。

● 第二节　企业信用管理道德要求：履行契约，信守诺言

一、企业信用及其特征

信用是现代市场经济的灵魂，是市场经济的本质要求。信用主要体现在商品生产和交换活动中发生的借贷行为，是以偿还为条件的价值运动的特殊形式。企业信用是社会对企业履行符合当事人利益承诺的可能性的稳定预期。此处的承诺包括基于法律的承诺、基于社会道德的承诺和基于契约的承诺。企业信用取决于企业对契约中承诺的履行情况，包括履约能力和履约意愿。企业通过履约表现，使得社会对其信用达成共识，建立起对企业的信任。

企业信用管理道德规范的核心要求就是履行契约，信守诺言。

企业信用与个人信用相比，具有非人格化、积累性和稳定性等特征。企业信用主要涉及企业与企业之间的商业信用关系、企业与银行之间的资金信用关系、企业与居民之间的商品信用关系、企业与内部员工之间的合约信用关系以及企业与政府之间的法律信用关系。信用在企业的生产经营过程中，体现着企业的信誉、实力、形象等经济文化特质，事关企业的兴衰存亡和生命周期长短。在市场经济中，信用是促进合作的重要手段。由于市场的不确定性、信息的复杂性和人的有限理性，使得市场交易存在着高昂的交易费用，信用是降低交易费用的重要手段。企业信用形成以后，能够增进企业与契约方之间的信任关系，降低企业的交易费用，使企业获得利益。

二、信用制度：现代市场经济制度的核心内容

信用制度作为制度的一种，由正式约束、非正式约束和实施机制所构成。信用制度的正式约束的内容是有关信用行业各种规定、准则等的总称，包括信用形式的确认、信用工具的采购、信用活动的组织、信用法规的建立、信用机构的设置等内容。信用制度的非正式约束的内容包括传统道德范畴的“信用”，如诚实守信，现代法律意义上的契约意识等社会信用观念、意识；信用制度的实施机制指的是对经济主体守信与否的监督机制和约束机制以及奖惩机制等。三者间有机结合，构成统一的信用制度整体。

市场经济是发达的商品经济，如果商品经济是交换经济，那么市场经济还是信用经济。美国当代著名学者弗朗西斯·福山在其所著的《信任——社会美德与繁荣的创造》一书中，通过严密的分析，证实了信任作为一种社会美德对现代化产生的巨大影响。市场经济是由一系列的制度支撑的，而其中的信用制度是市场经济诸项制度中的核心内容，是市场经济各项制度发挥作用的前提。在市场经济中，信用集中、具体地体现在以资金为纽带的市场参与者的相互信任上。信用实现的程度高，市场经济的发展就规范，社会扩大再生产就可以在正常、高效的基础上进行，不然市场经济的发展就会扭曲变形。

在西方国家，90%的贸易是以信用方式进行结算的，而在我国这个比例只有20%。不采用信用交易对企业而言就意味着不能获得短期融资，在市场上也难以扩展市场份额；对国家而言，企业信用交易总量比例低，使得社会资金供给总量萎缩，制约社会再生产规

模的扩大，直接影响着国家的经济规模和资金的效益。

三、国内外企业信用管理制度发展情况探析

（一）健全的企业信用管理制度的特点

在发达的信用管理模式中，建立企业信用是最重要的环节，企业间经济行为是社会正常运转的保障。信用风险比较小的前提条件是企业普遍重视信用管理。支持企业以信用方式进行交易的制度归纳起来具有如下特点：

第一，健全的信用管理立法制度。无论是大陆法系还是英美法系，近代西方各国的民法典普遍确立了信用原则，并使之成为整个民事活动的基本准则，也是现代民法的最高指导原则，一些征信国家还开展了信用管理方面的专门立法，如美国在20世纪60至80年代出台的《公平信用报告法》《平等信用机会法》等多项信用方面的立法。

第二，信用文化发达，讲究信用蔚然成风。建立全社会的信用意识，是守信行为的基础。在西方国家，信用已经成为市场经济中个人和企业的通行证。讲信用已成为人们的自觉行动，公司、企业以拥有较高的信用等级为荣，以拥有信用为实力和财富的象征，信用已成为参与市场经济的第一要素。

第三，公开准确可靠的信息数据。西方国家对企业信息公开化有较明确规定，从而保证其他企业能以合法的方式获得企业经营的一些数据。美国最主要的信用信息实际上都集中在信用中介机构手中，其信息来源很广泛。很大一部分来自法院等政府机构，一些则由部门通过公开渠道公布。征信公司通常主动到企业征集信息。如果企业提供虚假数据，将会被处以重惩，甚至被取消营业资格。

第四，优质周到的信用服务商。在企业以信用方式进行交易的过程中，均有规范的企业为其提供相关服务，这就保证了企业以信用方式进行交易的便捷性和可靠性。基本上每个中介机构都有信用资料数据库，会提供具有多年经验的咨询服务和信息资料，使企业能更好地预防风险和完善其信用管理制度。此外，一些西方国家还设有专门的信用管理公司和收账协会。

第五，严格有效的信用管理惩罚机制。大多数西方国家都具有对失信行为的防范和惩罚机制，其足以让不讲信用者难以谋职甚至日常生活都会困难重重。对不遵守信用的企业，可通过完善的网络和宣传体系，使之无法同任何其他企业继续进行交易。不论是使用者还是企业，都非常重视信用报告。

（二）企业信用管理现状不容乐观

我国市场经济虽然只有40多年的历史，但信用交易方式已经广泛存在于各个领域。在立法方面，我国现行的《中华人民共和国民法通则》（以下简称《民法通则》）、《中华人民共和国民法典》等法律已确立信用原则，对扰乱社会信用秩序者做了处罚规定，《中华人民共和国刑法》则对破坏社会信用秩序的犯罪行为做出了相应的刑罚规定。但是，企业信用管理的现状仍然不容乐观。少数不法企业以信用方式非法骗取其他企业的经营资源，又利用法律的空隙，逃避法律制裁。这些非法行为的泛滥，使得我国的市场经济存在信用危机。

“三角债”和销售假冒伪劣产品从表面上看属于信用不良的问题，但根本原因是企业内部缺乏信用管理制度，结果造成企业将支付困难转化为“赖账有理”，将经营失误演化为恶意经营，最终使得企业道德意识和经营准则发生扭曲，造成严重后果。

随着我国经济开放程度进一步加大，与外界的交往越来越多，对信用管理的要求会进一步提高。人们越来越关注企业信用制度建设问题，呼吁信用立法。我国已推行企业信用警示、公示等制度，建设企业信用评价体系，大力推进诚信体系建设。

● 第三节　企业信用管理模式的比较与选择

一、国外企业信用管理模式的比较

（一）国外企业信用管理的三种制度模式

在企业经营管理体系中，信用风险属于交叉性和综合性的管理领域，它涉及企业的计划、采购、生产、营销、财务等各个环节。强化企业信用管理，可以使企业中各个相关领域的管理水平以及整体管理素质获得全面的提高。自20世纪50年代以来，风险管理作为一种无形管理风靡于欧美各发达国家，80年代以后，信用风险管理开始向有形的管理转变，并被赋予更加实际具体的内容；企业纷纷设立信用管理部门，使客户信用评估更加专业化，应收账款的管理也趋于专业化。西方发达国家企业征信制度模式概括起来主要有如下三种类型：

1.中央信贷登记为主体的德法模式

德国、法国等欧洲国家主要采取以中央银行建立的中央信贷登记为主体的企业征信制度方式。中央银行建立中央信贷登记系统主要是由政府出资，建立全国的数据库网络系统，征信信息主要供银行内部使用，服务于商业银行防范贷款风险、央行金融监管及货币政策决策。企业征信管理机构是非营利性的，直接隶属于央行。征信企业登记的内容包括企业信贷信息登记和个人信贷信息登记等。

2.商业征信公司为主体的美国模式

美国采取以市场化的商业运行形式为主体的企业征信制度形式，完全私有的商业性征信企业、追账公司等是其典型代表。它们都是以营利为目的，按市场化方式运作。美国目前形成了由美国国家信用管理协会（NACM）等著名公司为主体的企业征信体系。这些公司的分支机构遍布全世界，全方位向社会提供各种以信用为主的有偿服务。政府基本不参与信用管理行业，其作用主要是促进信用管理相关立法的出台和强制有关政府部门及社会方面将征信数据以商业化或义务形式向公众开放。美国还存在大量的民间信用管理机构，如信用管理协会、追账协会、信用联盟等。

【专栏6-2】　　瑞幸咖啡财务造假始末

瑞幸咖啡公司（以下简称“瑞幸咖啡”或“瑞幸”）由神州优车前COO钱治亚在2017年11月离职创办，自2018年5月8日正式营业。截至2018年12月31日，在瑞幸咖啡的收入与利润结构中，净营业收入为人民币8.407亿元，营业成本为24.387亿元，净损失为人民币16.192亿元。

2019年5月17日瑞幸咖啡在纳斯达克上市，仅创立18个月就实现了IPO，创中国创业公司最快上市纪录。该企业快速上市的一个重要原因是标榜自己实施的是移动互联网企业的商业模式，即倡导以技术为驱动，以数据为核心，通过互联网的方式销售咖啡，通过线上线下的协同营销，通过APP线上预定，再通过线下门店来进行配送。本质上看，瑞幸咖啡属于快消费零售的一种新型O2O商业模式。上市后瑞幸咖啡在资本市场股价不断走高，特别是2019年11月之后，股价从最低13.71美元上涨到最高45.73美元，上涨幅度高达233.87%。在产品市场上，2年内在全国开设4 507家门店，超越咖啡店巨头星巴克在华门店数量，成为我国门店数量最多的咖啡连锁品牌。由于其在资本市场与产品市场的靓丽表现，在2019年四季度，就吸引了64家机构新进入场，股价摸高51.38美元，市值123亿美元。2020年1月，瑞幸又进行增发融资，规模超过11亿美元。这一连串的数字和发展速度让人叹为观止。

然而在2020年4月2日，瑞幸咖啡公开宣布，在2019年二季度至四季度期间，公司伪造了22亿元人民币的交易额，同时，也虚增了相关的费用和成本。公开“自爆”财务造假，让所有关注瑞幸咖啡的人惊耳骇目，当天股价暴跌，市值缩水至16亿美元。实际上，瑞幸咖啡自成立以来就受到很多外界的关注，特别是它的商业模式和价值创造理念持续引发理论界和实务界的广泛争议。

通过对瑞幸咖啡财务造假的案例分析，我们研究发现：第一，瑞幸咖啡在商业模式方面，未能构建移动互联网时代企业商业模式的核心竞争力，即首先通过免费形式保持用户的黏性，然后利用产品衍生的价值链或增值服务来实现盈利，实现免费到增值服务收费的转变；第二，在产品或服务市场方面，瑞幸咖啡未能利用互联网思维促进资产专用性的提升，即在满足客户共性需求基础上突出个性需求，保持资产专用性，实现用户黏性；第三，在资源配置方面，瑞幸咖啡未能保持资产配置与产品（或服务）市场和盈利模式之间的匹配性，出现了“以重卖轻”的现象；第四，在价值创造方面，瑞幸咖啡未能开发移动互联网时代的价值共生机制，即强调协同创新与价值共创，通过技术研发为产品服务、为实体服务，从而为企业的持续健康发展提供保障；第五，在治理风险方面，瑞幸咖啡未构建适应技术与产品和业务模式高度融合的互联网新型商业生态的治理机制，即在产品市场与资本市场双轮驱动条件下，企业要适应产品市场上“用户”和资本市场上“投资者”两个“上帝”的需求。

资料来源：张新民，陈德球．移动互联网时代企业商业模式、价值共创与治理风险——基于瑞幸咖啡财务造假的案例分析［J］．管理世界，2020，36（5）：74-86，11.

3.会员制征信机构与商业性征信机构共同组成的日本模式

日本是采取会员制征信机构与商业性征信机构共同组成企业征信制度的典型代表。如日本银行协会建立的非营利银行会员制机构——日本个人信用信息中心，负责对消费者个人或企业进行征信，有关单位和个人在收集、使用信息时要付费，会员银行可共享其中的信息。与之并存发展的还有帝国数据银行等社会化商业征信企业。

发达国家的征信服务通常把国家法律和政府监督的作用有机结合，并在全国范围内形成合理的失信约束惩罚机制，能对有信用不良记录的企业和个人进行处罚，而且这种处罚不会简单地随着个人和公司破产、停业而消失，从而达到净化市场环境和减少经济犯罪的目的。

（二）国外企业征信模式基本特征的对比分析

从其他国家已经建立的企业征信制度的不同模式来看，它们的区别主要在于企业征信数据库的经营和管理方式不同，而从事信用管理的行为主体——征信企业在管理咨询、教育、行业监管等方面并无明显差别。按行为主体从事征信数据库的经营方式，可将企业信用管理体系分为政府经营模式、企业自由经营模式和特许经营模式。

1.政府经营模式及其特点

政府经营模式是指中央政府出资组建征信企业，并对其实行直接经营管理的方式。由政府出资组建信用公司，这种模式只有在个别小国或者某些处于转型期的国家才有。其优点在于：在公共数据比较分散或缺乏的条件下，可以由政府协调社会各方面，强制性地让局部主体将各种数据贡献出来，以在较短的时间内集中各种力量迅速建立起覆盖全国范围的征信数据库。缺点在于：一是政府建设的将是耗资巨大、维护费用巨大但商业利益甚微的工程，因为政府是出于非营利目的。二是政府经营模式很难具有中立和高效的特征，即信用公司往往无法做到迅速、准确、客观地报道信用信息。

2.企业自由经营模式及其特点

企业自主经营模式是指所有征信企业可依法自由经营信用调查和信用管理业务，政府不直接参与经营，但政府通过立法对其进行管理。这是世界各国征信市场上的主流方式。其最大优点是：从业者可根据市场需要建设数据库和提供服务，竞争机制可促进这种服务范围的扩大和质量不断提高，非常有利于征信产品和服务的本地化。这种模式的缺点是：起步阶段总体投资规模较小，信用管理行业发展缓慢；政府在本国征信制度发展不成熟时，不能有效地保护本国企业，外国大型征信企业将很容易占领很大比例的征信市场份额。

3.特许经营模式及其特点

特许经营模式是指由政府建立征信数据的数据库，然后由指定的征信企业进行商业化经营。这种方式仍具有政府经营模式下的许多特点，主要表现在，征信数据是由政府指定的具有相应资格的征信企业进行收集，在此基础上，征信企业独立地进行商业化经营。在特许经营模式下，从事信用保险、信用保理等业务的金融类企业，从事信用管理咨询、市场信用调查等业务的企业，以及从事信用管理教育或培训的企业，都可以放开经营。

二、建立中国特色的企业信用管理模式

（一）我国的企业征信制度应采取特许经营模式

通过对以上几种模式的对比分析，作者认为，对我国征信企业采取特许经营模式比较适合我国的国情，且符合我国社会主义市场经济的特点。结合国外做法和我国实际情况，我国企业征信制度的特许经营模式是由政府认定具有从业资格的征信企业对征信数据库进行商业化经营。作为发展中国家，我国企业征信制度的建设过程不能纯粹靠市场自发形成，因市场力量的作用相对较慢，并且在国外机构的压力下，国内相关行业很难发展起来，因此，在企业征信制度建设过程中，政府应积极推动，在较短时间内，以较低成本，使企业征信系统能自行运营和发展。

我国实行特许经营模式，可吸收国外的政府经营模式和企业自由经营模式的优点，既能避免征信企业投资过于分散和行业无序经营等问题，又能充分发挥政府在宏观管理方面的主导优势，以保障征信数据能在较短时间内覆盖国内主要大中型企业和大多数个人，使数据准确可靠。在特许经营模式下，经营征信数据公司的主要形式是股份公司，负责数据收集、加工和出具信用报告。各类企业是这些征信企业的会员，向征信企业提供数据，并接受征信企业的各种服务。

（二）中国特色企业信用管理模式的战略构思和主要措施

在我国目前缺乏完善的法律保障的情况下，单靠企业通过市场化手段来推动信用评估制度的建立是非常困难的。因为企业的信用数据未公开，政府对企业信用数据的部门独占，没有形成国家统一的数据库，以信用产品生产和信用服务为主的信用中介组织缺乏生存和发展的必要条件，所以征信和评估需要政府通过制定政策，协调各有关部门开放相关数据，组织建立统一的数据检索平台，制定评估标准和评估方法等来加大扶持力度，推动企业信用管理制度的建立和完善。在借鉴美国经验的同时，我们不能照搬美国式的渐进市场化的方式，而应充分发挥政府的作用，实施政府主导型战略，有步骤、分阶层地逐步推进企业信用管理制度的建设。我国建设特许经营模式下的征信企业，目前尚处于起步阶段，因此，当务之急是政府大力支持这些征信企业开展业务，以使其能顺利发展。要建立征信企业的特许经营模式，我国政府需要做大量的工作，主要体现在以下几方面：

（1）政府应选择一些条件比较成熟的地区和城市，如上海、北京、广州、深圳等作为重点，由政府出台优惠政策鼓励和扶持建立商业化的信用评估机构；在沿海经济发达地区积极培育地区性企业信用市场，由大城市到小城市、由沿海到内地逐步发展，最终建立全国性的企业信用市场。

（2）确立征信数据分类、代码、数据范围、报告形式以及其他有关技术的国家标准。信用数据的加工、存储、管理、使用、报告等应该有基本统一的标准，这既有利于数据的合理利用，也便于同国际惯例接轨。我国政府还可建立或授权建立征信数据统一检索平台，要求征信企业提供已被其掌握资信状况的企业的代码、名称、数据更新日期以及其他简要信息。

（3）重视对征信企业的规范和管理。信用作为一种商品，肯定要通过市场竞争提高其质量，因此，应禁止任何形式的对信用资源和信用经营的独占垄断。只有将信用视为商品，运用市场和法律的手段去管理，使信用成为强烈的市场需求，在交易中产生质和量的要求，才能使企业征信制度真正发挥作用。可见，当前尤其需要加强我国企业征信制度的立法工作。

（4）政府部门应协调、理顺与学校等公共服务机构的关系，合力支持征信企业的数据库技术，将其掌握的非机密数据向具有经营资格的征信企业开放；应协调各方利益，动员全社会参与企业信用市场的培育；要通过立法为信用中介机构在市场上进行信用信息的收集、评级、服务等提供法律支持；还应建立跨部门、跨地区、跨行业网络化信用数据库和系统，在全国范围内形成统一的信用信息共享网络系统。

（5）我国政府应整合目前的征信企业，组织各征信企业进行信用管理服务的专业知识培训，并给予资格认定和特许经营授权。在还没有成立征信企业的地方，则按此原则进行筹建、认定和授权，以尽快建立征信企业，开展工作。

（6）要成立信用管理行业协会，所有征信企业应加入行业协会，并承担相关义务。信用管理行业协会还可承担信用教育、从业人员资格认定等工作。信用管理行业协会在业务上隶属于政府职能部门，主要负责法律、法规、监管等有关方面的调查和研究，发行信用研究、企业资信状况、信用教育等方面的出版物。

三、重建我国企业信用管理制度的对策

国内外的成功经验证明，信用管理是现代企业管理的核心内容之一，也是当前我国企业走出信用困境的根本出路。从前述分析可知，目前我国企业信用管理制度远未健全，还存在许多不足，为了拯救企业信用危机，不断深化现代企业改革，提高经济效益和防范信用风险，切实增强企业的市场竞争力，积极探索能够加强企业信用建设的有效手段，设法优化我国企业信用管理制度的发育环境已成为当务之急。

企业信用管理制度是指企业为增强信用能力、控制交易中的信用风险而实施的一套方案、政策以及为此建立的一系列组织制度。目前，中国政府已提出加快社会信用制度的建设，粤浙沪等省市为建立企业信用管理制度已在做有益的尝试。企业信用管理制度的建立，是一个艰巨而复杂的系统工程，应参照借鉴成功经验，立足于实际国情，更要考虑市场经济不断发展的形势要求，从如下方面着手建立健全我国企业信用管理制度。

（一）营造优良的道德环境

道德诚信文化作为基础性的必要制度安排，对社会良好经济秩序的建立发挥着十分重要的作用。“任何人都不会去做他认为是羞耻的事情，却有可能去做法律禁止的事情。道德是人的自我约束，法律是人的外在约束。从这个意义上讲，道德强于法律。”企业信用很大程度是构建在企业间信任和诚信的理念基石上，并借助市场经济条件下的信用道德规范加以维护。讲究信用、伦理已经成为社会经济生活中的基本公德。我国应注重对企业信用观念与信用道德的宣传、教育，建立并完善“讲信用为荣、不讲信用为耻”的信用道德评价和约束机制，为企业信用管理制度建设创造健康的道德环境。

（二）改革产权制度

如想建立名副其实的企业信用管理制度，最根本的是要改革产权制度，实现财产所有权的分散化。产权改革是将我国的市场交易活动原来主要由国家这个所有者参与或控制，变成现在由千百万个拥有独立财产所有权的市场主体独立进行。把国有产权制度改造成真正的公有产权制度，使企业成为拥有独立财产的真正的产权主体，能根据自己的意愿运用和处置所拥有的财产，独立地进行真正的产权交易。交易双方拥有独立的财产权是信用产生的重要条件，对自己的财产拥有真正的所有权，就表示市场主体必须对自己的债务或破产的后果独立地承担全部财产责任。这样市场主体就会清醒地认识到及时清偿债务是自己必须独立承担的财产责任，不然就会使企业迅速破产，因而企业就会形成真正的自我信用约束机制，及时偿债或履行合同将会自然变成企业必须共同遵守的信用准则，于是那种随意违约或毁约、赖账等严重破坏信用秩序的现象是绝对不能长期存在的。

（三）完善公司治理结构

公司治理结构规定了公司的各个参与者，包括股东大会、董事会、经理层、股东和其他利害关系者的责任与权利分布，明确了公司行为的决策、执行和监督应遵循的规则和程序。公司治理结构作为公司管理和控制的体系，既是企业树立市场形象、吸引投资的根本保证，又是企业信用管理制度建立的体制条件。伴随着公司各种有约不守、违法违规案件的增多，公司治理结构现已引起社会各界的热切关注。如果公司治理结构存在缺陷，股东的权利便难以得到保护。我国公司治理结构目前存在的不足包括：董事会与执行层之间关系模糊；股权结构不合理；缺乏有效的外部监督机制；董事会、监事会、执行机构存在弊端等。因为我国许多公司是由国企改制形成的，公司大股东普遍为分散在各个行政机关的国有资产代表人，可动用行政权来控制企业，从而导致市场交易容易被干扰或扭曲，企业信用的缺失是很难避免的。为此，以后要设法明晰产权，分清职责，加强外部监督，维护股东利益，提高管理透明度，建立激励和约束相结合的内部管理机制。

（四）制定企业信用法律法规

信用制度和社会信用体系，必须以健全的信用法律法规为有力保障，才能得以巩固和实施。一些企业信用市场发达的欧美国家，围绕规范授信、平等授信机会等问题建立了完善的法律体系，而我国当前立法尚未对企业信用进行具体、系统的规定。所以，我国迫切需要制定遵守企业信用、维护公平竞争、保护商业秘密等有关方面的法律法规，强化法治建设，特别是信用立法，并应当从以下方面做出努力：完善我国《民法通则》等法律中有关权益保护的规定，切实维护信用关系中各主体的合法权益；对违约失信行为制定更加严厉的赔偿和惩罚规则，使失信成本大大超过其获利收益；参照美国的《公平信用报告法》制定有关法规，严格规范涉及信用信息记录、使用及评估活动机构和组织的行为；尽快规范有关工商、税务、银行等与企业信用联系紧密的政府部门行为，制定操作性强的信用服务规则，要求这些部门依法向社会公众提供企业信用信息，监督企业守约诚信，形成较好的法治氛围。

（五）建立和完善信用管理制度

企业是市场经济中最活跃的“细胞”，但我国目前普遍缺少企业内部信用管理制度，企业极少设立专门的信用管理部门、机构或人员。企业信用管理制度是理顺企业间信用关系的重要途径，建立企业信用管理制度主要有建立外部社会保障体系和企业内部信用管理制度两种方式。前者虽有不足，但基本框架业已建立和运作，后者则相对滞后，因而，应加快现代企业信用管理制度建设，将企业内部信用管理制度作为重点，建立统一的信用评估指标体系，确立完善的社会化企业信用信息网络体系，优化市场化的信用信息服务，加强信用中介行业自律。健全的企业信用管理制度体系包括信用管理政策，客户资信管理制度，内部授信制度，信用风险控制制度，应收账款监控管理制度，拖欠账款、追账处理办法与程序，企业信用公示制度，专设信用管理部门等，以构建信用风险防范和约束机制。

● 第四节　我国企业信用管理体系

在当前我国加快建立健全社会信用管理体系背景下，建立企业信用，加强企业信用管理已成为社会信用管理体系建设的重中之重。

一、信用管理是现代企业管理的关键

信用管理是现代企业管理的核心内容，它是市场营销、财务管理和信息管理相互交叉的一个管理领域。信用管理的目标是：强化客户资信管理，防范销售中的信用风险；控制逾期应收账款，加快资金周转，提高企业财务质量；加强欠款追收，减少呆账、坏账损失，提高企业经营利润；规范赊销业务，增强企业市场竞争力；建立企业内部信用风险管理制度，提高企业管理质量。

信用管理也是规范市场环境的必要条件，是市场经济走向成熟的标志，是市场经济发展到一定程度自然形成的要求。信用管理区别于企业日常销售及财务等管理工作，体现在以新增设的信用管理部门掌握和评估客户资信状况，对每笔交易的价值和风险进行独立的、科学的、定量化的审核，并对应收账款发生和运行的各个环节进行严格的监控，将企业的销售、财务和信息管理工作有机地结合起来，从而实现企业的经营管理战略目标。但

是目前我国企业在信用管理工作上普遍存在严重的缺陷和不足，这不仅意味着企业在经营中时刻面临着巨大的信用风险，而且无法或不能正常地发挥信用的作用以获得足够的市场竞争力，尤其是在当前“国内市场竞争国际化”和“国际市场竞争国内化”的形势下，我国企业如果不迅速提高自身信用管理水平，将面临被市场淘汰出局的风险。

二、建立企业信用管理制度的基本原则和总体思路

中国现阶段信用制度的设计前提与依据是我国实行的中国特色社会主义市场经济体制，最大特色在于将市场经济和社会主义初级阶段有机融合在一起，既具有市场经济的共性，又兼顾中国具体国情，有别于西方国家的市场经济制度。依据信用的双重属性，信用及信用体系的构建必须同时从制度建设与道德建设两方面着手。建立社会信用体系不仅仅单纯地建立在诚实守信的道德规范上，更重要的是要建立管理市场主体之间信用关系的整套法律、准则制度，以制度信用建设引导道德信用的形成，将法律规范作为制度信用建设的先决条件。

建立企业信用管理制度大致有两条思路：一是建立外部企业信用等级评价机构以及相应的指标体系，即建立企业信用的外部社会保障体系，也就是由国家建立的，用于监督、管理和保障企业信用活动健康、规范发展的一系列具有法律效力的规章制度和行为规则，其目的主要是建立良好的市场经济运行秩序。二是从企业本身来说，要改善和健全信用管理制度，着力解决企业管理的缺陷和部门之间信息不畅通的问题，加强对客户信用的了解。建立企业信用管理制度，既要优化企业信用管理制度的前提，即道德、法治、社会等环境；又要建立和健全相关的配套制度，如改善公司法人治理结构，建立企业信用信息披露、奖惩、评级等制度。

从企业信用管理制度内在联系出发，可将我国企业信用管理制度体系分为三大部分，即核心制度建设、制度环境建设和配套制度建设。

三、我国政府、企业与社会信用中介服务机构三大信用主体建设

建设有中国特色的企业信用管理制度体系，涉及的重要主体有政府、企业和社会信用中介机构等。这些部门实际运作和协调配合的效果，决定着我国企业信用管理制度建设的进程。只有当企业、政府和市场化的社会资信服务机构共同协作，彼此扶持，三管齐下，我国的企业信用管理体系才有可能在意识形态、专业人才、信用法律环境等各方面健康发展和运行，为此必须在如下三个方面着手努力：

（一）塑造信用政府，发挥政府在社会信用制度建设中的主导作用

我国当前之所以缺乏信用机制，与政府功能失调有密切关系。目前，我国仍属于非征信国家，政府在企业信用管理制度建设中的组织保证作用举足轻重，因此，政府要在重塑社会信用关系中发挥主导和协助作用，必须廉洁自律，以身作则，依法规范行政行为，避免盲目干预，真正提升政府公信力，体现政府在立法、执法、服务、监督、维护市场秩序等方面的职能作用，建立政府信用制度。具体说来，政府应从以下几个方面着手：

（1）要转变职能，加大执法力度，加强政府监管职能。要实现对政府制定和执行政策的监督，提高政府决策特别是政策制定和执行过程中的透明度，做到执法公正廉洁，取信于民。对从事企业信息服务的会计、审计、法律服务等中介机构和负责企业有关方面认证、评定等的政府部门进行严格的监控。但政府要注意有所为有所不为，防止介入太深而产生寻租行为。

（2）要充分利用政策的导向和感召力，建立良好的信用管理体系运行的外部环境。在全社会倡导诚实守信的品德，侧重抓好信用立法，制定并执行相关的法律法规，扶持和推动市场化信用企业健康快速成长，推动商业银行等与信用体系建设相关的行业和部门加快改革。

（3）要广泛应用信息技术加强信息资源开发，强化公共信息资源共享，建立动态的企业信息数据库。政府有关职能部门应当尽快实现信息共享。目前，企业和个人的信用信息主要集中在中国人民银行、市场监督、税务、法院等部门，这些部门应率先行动，完善资信档案登记机制，规范资信评估机制，建立严密和灵敏的信用风险预警、管理及转嫁系统。

（4）要加强公务员的思想道德品质和业务素质的教育和培训，提高公务员的道德水平和业务水平，避免因为公务员素质低下而导致的政府信用失常行为。还要建立政府信用失常赔偿制度，切实落实好《中华人民共和国行政诉讼法》《中华人民共和国国家赔偿法》，从制度建设和法治完善角度杜绝政府的不良行为，提高政府的信用失常成本，真正维护政府信誉。

（二）建立企业信用，加强企业内部信用风险管理制度建设

企业首先要练好“内功”，遵纪守法，提高企业核心竞争力，增强企业自身信誉度。按照现代企业管理要求，应建立“三机制一部门”的全程信用管理模式，迅速弥补企业在信用管理上的缺陷。全程信用管理模式中的“三机制”是指在企业内部建立系统完善的信用管理机制，即包括前期管理的企业资信调查和评估机制、中期管理的债权保障机制、后期管理的应收账款管理和回收机制。同时，要在企业内部建立独立的信用管理部门，负责企业信用管理工作。

其一，要从控制交易全过程中各个业务环节的信用风险角度出发，强调严格的事前、事中、事后管理，规范化、制度化地处理各项程序。从供销合同签订前的资信调查到合同（协议）条文的拟订，从合同（协议）的商谈到合同执行的全过程进行不间断的跟踪、监控，发现问题，及早采取措施。

其二，应使相关的信用风险管理工作专业化。企业的信用风险管理工作做不好，是因为未将信用管理当作一种专业化管理加以对待，为此企业急需建立内部信用风险管理制度。这些制度应包括：

（1）前期信用管理，这属于企业资信调查和评估机制，即客户动态资信管理制度。以客户风险控制为核心，制定整套具体的管理制度，是企业信用管理工作的基础。建立以客户的信息资源和资信调查为核心的规范化管理方法，对客户的资信状况进行全面掌握和控制，避免企业在经营过程中因客户信用不良所带来的损失，有效避免经营过程中的大量赖账、欠账等现象和交易人员主观盲目决策等问题。还应根据客户信用信息对客户做出信用等级的评定，并按信用等级及发展潜力进行归类管理。

（2）中期信用管理，这属于债权保障机制，即客户授信制度。这项制度以控制客户的信用额度为核心，建立科学的交易审批程序，使企业内部交易决策科学化、定量化，减少人为主观因素造成的决策失误和信用失控。建立严格的担保审批制度，避免被担保方信用恶化后连带到本企业，造成不必要的财产损失。中期债权保障机制的手段有担保、保理和出口信用保险等。其中，保理是中期信用管理中重要的债权保障形式。

（3）后期信用管理，属于应收账款管理和回收机制，即应收账款监控制度。应收账款监控制度包括建立完整的应收账款信息记录制度、账龄监控制度、赊销客户的跟踪管理制度以及拖欠账款的催收制度等。这是企业信用管理的关键和难点。我国大多数企业应收账款中存在账龄长、数量大等严重的问题。实行应收账款管理，企业须建立应收账款第一责任人制度。

其三，独立设置企业信用管理部门与人员。建立信用部门既可控制业务部门只追求数量、不考虑风险的轻率和盲目，防止坏账的产生，又可推动企业使用更灵活的贸易方式寻找商机，扩大业务。只有将信用部门与财务部门和销售部门并行设立，才能保证信用管理人员的客观性、公正性和独立性，充分发挥其应有的作用。在工作实践中，因专业岗位众多，对信用管理从业人员的教育背景要求不尽相同，但从业人员至少要受过财务管理和市场营销方面的基本教育。

（三）培育社会信用中介服务机构，实现企业信用评价的市场化

随着现代企业信用风险意识的日益加强，必会扩大对信用信息的需求，相应带动征信、评级等资信机构的发展，而社会也迫切需要独立的、公正的、有权威的资信机构。我国政府应该发挥推动作用，大力培育信用中介服务组织，为企业信用评价的市场化提供主体基础。

（1）信用中介服务行业的发展必须是在政府的有效监督和管理之下，实行严格的准入、限量和管理制度，对其资质条件加以规范，使其真正成为体现公平、公开、公正原则和品格的社会信用管理服务机构。

（2）政府部门应积极扶持建立信用中介服务业。鼓励中外合资、合作兴办信用管理服务机构，鼓励多元投资主体设立资信调查、信用征信、信用评价、资产征信等服务企业；以法律和经济手段促使从业行为规范化，在市场竞争中树立公正、中立形象，坚决杜绝政府垄断行为。

（3）政府部门应对信用管理公司实行联合年检，加强对信用中介行业的监管力度，确保年检结果客观、公正。可借鉴美国资信评估业的做法：对同一受评对象，投资者可自行选择两家以上独立的专业评级分析公司的评估，投资者不只依赖一家评级机构的判断意见。

（4）重视信用服务中介机构的规范发展。在当前我国信用环境恶化的状况下，在通过向客户提供所需的信用报告帮助客户防范信用风险的同时，还要通过信用中介机构特有的信用信息传递机制，加快有效的社会惩罚机制的形成，使败德企业的失信成本要大于因失信所获得的“收益”，促使社会信用秩序根本改善。

四、重点突破：我国企业信用管理制度建设切入点的选择

（一）产权制度是企业信用管理制度建设的突破口

没有完善的产权制度的经济必定是不讲信用的经济。简单地说，就是你干了坏事，就一定会受到惩罚；如果你做了贡献，就一定能够得到回报。如果没有产权制度，你所做的一切可能由你承担，也可能不由你承担，这时候你就有积极性去追求短期利益，而不顾后果如何，因此，必须改革产权制度，使企业成为独立财产的真正拥有者。

抑制失信行为重要的经济基础在于，失信行为的后果要直接由失信者承担，否则必然产生失信的败德行为。要使经济责任直接且有力地约束失信行为，关键在于企业产权制度

改革。信用的基础就是产权，产权制度的基本功能是能给人们提供追求长期利益的稳定预期。如果企业没有真正的个人投资者，就不会有人积极地维护企业的信誉，企业就不可能讲信用。如果投资者没有办法以普通的激励机制和监督机制来规范雇员的行为，投资者就应采取产权激励的办法。这就是当前股票期权如此受欢迎的重要原因。同时，投资者必须完善企业的进入和退出机制。

（二）建立个人信用制度，为企业信用管理体系建设打下坚实基础

建立和完善个人信用制度是健全中国企业信用管理体系的核心工作，完善高效的个人信用制度是建立中国企业信用管理体系的突破口。个人信用制度是指能证明、解释与查验自然人资信，由国家建立用于监督、管理与保障个人信用活动规范发展的具有法律效力的规章制度与行为规范。结合中国国情和国外先进经验，我国个人信用制度体系的建设应着力于以下工作：

（1）在全国范围内建立个人基本账户体系，加强以实现个人信用信息共享为目的的互联网络建设，形成统一协调、联系紧密的信用卡支付、结算网络，实现信用卡的“一卡通”。将个人的一切资金往来置于基本账户下，统一管理个人的资产、负债等业务，为个人提供所需的一切金融服务。

（2）建立统一的个人信用实码制，逐步建立起区域性、行业性、全国性的个人信用计算机联网查询系统，以保证个人信用信息的真实性。个人信用实码制是将可证明、解释和查验的个人信用所有必要的资料锁定在一个固定的编码上。在个人需要向相关者提供自己的信用情况时，只要出示个人信用码，对方就可以查询到所需的资料，以衡量和评估其信用状况，减少信用风险。

（3）建立设置科学、机制灵活、管理方便的个人信用管理机构。在遵守有关保护个人隐私的法律的前提下，利用商业性的中介资信机构，实现个人信用信息的开放和商业化。

（4）建立和完善个人信用担保制度。由政府部门出面筹集资金组建消费信贷担保基金公司，专门为消费信贷，尤其是长期消费信贷提供担保，以转嫁借款人违约风险，同时，完善《中华人民共和国担保法》并制定相应实施细则，增设专门的消费信贷担保条款。

（5）培育专业性的个人信用调查与评价的中介机构。针对这类专业性机构在我国的注册资格、法律形式和责任与业务规范，制定相应的制度，以促进其健康发展。创建必备的外部环境，建立健全个人有形资产的评估体系、个人财务会计体系、个人破产制度、对违背个人信用制度者的制裁措施等。

（6）建立科学、严谨的评价指标体系。个人信用评估就是通过建立针对不同客户类别的信用评级模型，运用科学合理的评估方法，在建立个人信用档案系统的基础上对每一位客户的授信内容进行科学、准确的信用风险评级。

（7）健全信用的法律、法规建设。如制定和颁布公平信用报告法、平等信用机会法、个人破产法等，用法律的形式对个人账户体系，个人信用的记录和移交，个人信用档案的管理，个人信用级别的评定、披露和使用，个人信用主客体的权利、义务及行为规范做出明确的规定。

五、法德并举建设：重德守法是落实信用管理制度的根本之路

市场经济实际上就是以契约为基础的信用经济，要求经济主体遵守法律规则，诚实守信。市场法规是保证市场有效运作的基本原则，但法律并不是万能的，在犯罪与不犯罪之

间存在着大量的法律空白地带，即使在法律管辖的范围内，一部缺少道德支撑的法律，往往效用非常有限，甚至有可能沦为一纸空文。市场经济越发达，商品交换越频繁，就要求企业越要诚实守信。

道德与法治是信用建设的两大柱石，道德是核心，法治是保障，信用是现代社会道德的重心。市场经济演进的历史表明，人的经济行为和道德行为总是相互联系与相互渗透的。信用要求人们对经济利益“取之有道”，要求经济活动参与者在为社会、为他人创造价值的过程中获取正当的物质利益。此外，信用建设要依靠法治来维护，市场经济行为中的信用问题蕴藏着丰富的道德内容和严肃的法治内涵。信用缺失，在现象上说明我国市场经济基础薄弱和发育不健全，实质上是法律、法规的不齐备和不落实。只有法律保障下的信用制度，才能提醒与规劝人们，教育和塑造大家；才能使信用受到尊重，得到回报，使不守信者失去谋生的“饭碗”和参与社会的“通行证”。目前，许多反欺诈和反不正当竞争的法规已推出并予以实施，依法严查、严惩生产假冒伪劣产品和惩治侵犯知识产权行为已成为法治化工程的重要内容。在重构信誉、塑造信用以及由道德经济向信用经济过渡的过程中，人们强烈呼吁建立社会信用评估和失信惩戒体系，用法治建设保障信用建设的健康发展。

（一）制度伦理化

人们在社会中的道德状况，通常取决于社会为此相应设计的制度安排。这就要求营造一种合理的制度环境，把合理性与合正义性融入社会制度系统，使社会制度符合伦理精神和道德原则，实现制度伦理化。制度伦理化在一定意义上是指制度的合伦理性、合道德性以及制度本身蕴涵的伦理追求和价值判断。它由制度内在的社会基本权利和义务的原则、规范构成，并通过社会基本政治制度、经济制度、文化制度等，以及体现这些基本制度的各种体制、法规、典章、条例、公约、守则等具体社会生活规范来表现。哲学家富勒指出，真正的制度应包含自己的道德性，即内在道德或程序自然法，同时，还应对社会和人民提倡的德行给予保护和支持，对利益失衡进行监督和制约，对危害社会发展的失德行为严加惩处。

（二）道德法律化

信用道德建设作为复杂的社会系统工程，既要靠教育宣传，也要靠法律制度建设。由于公众对道德规范的认同除依靠社会舆论和人们自觉外，最有效的方法就是将部分必须遵守的基本道德规范上升为法律。法律能明确地告诉人们能做什么，不能做什么，法律对社会成员具有普遍的约束力，可使道德规范发挥应有的社会作用。

当前我国道德法律化的实践主要有两种途径：一是基本道德，即维持社会生活所必须要求的最低限度道德——诚信立法，有利于社会守法和减少违法的程度。基本道德立法还必须深入到社会的各个领域，包括社会公德、职业道德、家庭美德等。二是实行践履道德法律化的制度管理和制度约束。道德法律化后的效力并不在于法律本身，而在于社会成员对道德的认同和遵守。道德法律化、政策化，必须有强大的实施机构来具体执行，还要有相应的检查、监督机构，其必须有舆论、行政和组织上的保障措施。还需要专门为道德法律化的实行践履配置硬约束手段，围绕这些道德法律规范来安排制度管理和约束机制，使道德规范真正成为社会公众的普遍化行为选择。

六、培养信用管理专业人才队伍是企业信用管理的迫切需求

推进我国企业信用制度建设，要求决策者及执行者必须具备个人信用管理的素质结构。是否拥有高水平的管理人员队伍和造就专业人才的教育环境，关系到企业或个人信

用制度建设的成败。随着经济的不断发展，我国国内的信用市场亟待开发，我国对信用管理人才的需求也在增加。然而，我国的信用管理教育无论在长期教育还是在短期培训方面都极为缺乏，培养信用管理的专业人才，加快我国的信用管理教育发展刻不容缓。

要把尽快培养高质量的信用管理人才队伍作为企业信用管理体系建设的重要工作。在企业未来发展中，要有专门部门负责信用管理工作，并配备相应的信用管理人员。要通过各种方式，培养、培训一批企业信用管理人才。要发展信用管理正规大学教育，指导高等院校的经管学院开设信用管理专业教育，同时，和发达国家的信用管理教育单位进行合作办学和交流。开展多种形式的理论研究和在职行业培训。参考其他行业的资格考试，举办信用管理从业人员的资格考试和认证制度。利用新闻媒体加大舆论宣传力度，引导企业或个人诚实守信，营造良好的企业生存环境。

【关键概念】

道德契约（Morality Contract）
利益驱动（Interest Drive）
信用机制（Credit Mechanism）
企业信用管理（Enterprise Credit Management）
信用管理制度模式（Model of Credit Management System）

【复习思考题】

1.什么是道德契约？有哪些规范性要求？
2.怎样加强信用管理与企业信用管理体系建设？
3.企业信用管理的制度体系主体框架和重要内容如何表述？
4.如何进行我国企业信用管理体系的制度创新？
5.试比较国内外的企业信用管理的制度模式的异同，我国应选择何种模式？

【案例分析题】

九十年诚信立潮头之继往开来谱新篇

——立信会计师事务所90年发展纪实

在中国注册会计师行业版图重构过程中的立信会计师事务所，长期扮演着先行探索者和示范引领者的角色，创新引领注册会计师行业发展，不断创造行业发展的当代传奇，同时，也积累了弥足珍贵的经验。立信的发展之路对我国现代服务业的发展，具有重要的示范意义。

一、宏观环境支持是发展壮大的前提

中国注册会计师行业的活力，源自改革开放的伟大实践。

进入21世纪以来，中国注册会计师行业进入了快速发展的黄金时期，获得了前所未有的重视。2009年，国务院办公厅转发了财政部《关于加快发展我国注册会计师行业的若干意见》，对注册会计师行业的发展进行了全面战略部署；各级地方政府对注册会计师行业的发展高度重视，大力支持；国家相关部门制定了一系列促进注册会计师行业发展的政策措施，为行业发展提供了政策保障。尤其是注册会计师行业的管理组织，推动实施了一系列重大战略工程，为行业发展创造了有利的宏观环境，极大地解放了行业生产力。

立信在改革开放后创造的奇迹，有着鲜明的改革烙印。1992年股份制试点，立信发生了首次跳跃；1993年证券资质的取得，让立信再上新台阶；2010年组织形式改制，使立信实现腾飞。正是得益于宏观环境的支持，立信才能够不断壮大，飞跃发展。

二、"三位一体"是发展壮大的基础

在立信创立之初，创始人潘序伦建立了以会计师事务所为会计实验基地，以会计专业学校为教学园地，以图书出版社为会计研究平台的产学研"三位一体"模式。这一教学、实践与研究相辅相成、相互促进的产学研模式，不仅支撑了战乱年代立信的生存发展，而且奠定了当代立信腾飞的基础。上海立信会计金融学院至今仍然是立信会计师事务所的主要人才来源基地。如今的立信首席合伙人及一批高管均来自这所学校，在事务所的工作人员中，超过20%的员工毕业于此。

昔日的会计师事务所成为当今的现代化服务集团，当年的会计专科学校升级为现代会计高等学府，历史上的图书用品社成为当代会计专业出版公司。

立信创立的产学研"三位一体"模式，是中国乃至全球产学研模式的典范。国家税务总局局长王军曾撰文指出，会计师事务所、会计职业教育、会计图书出版"三位一体"的"实业组合链"，是培养中国现代会计人才的摇篮，是会计实务创新与发展的平台，是先进会计理论与方法的孵化器。会计产学研一体化的开拓型、系列型、组合型发展模式，至今仍值得深思与借鉴。

值得一提的是，2007年9月，立信会计师事务所与上海立信会计学院（现上海立信会计金融学院）及有关职能部门，共同创建了集实践教学、科学研究、学术交流、服务社会等多项功能于一体的产学研基地。经过10年的建设，产学研联盟"立信模式"的示范效应逐渐显现，并得到了财政部会计司及中国注册会计师协会的肯定，为我国会计后备人才的培养、会计理论与实践的创新搭建了广阔平台，这也是潘序伦先生所倡导的"三位一体"模式在新时代实践的创新。

三、独特的人才培养模式是发展壮大的源泉

立信始终将人才视为事务所最宝贵的财富资源，致力于培养造就一批适应行业发展的国际化、复合型人才，将建设一支诚信执业、素质过硬的人才队伍作为事务所发展的基础战略。

人才培养是立信投入最多、影响最广的系统工程。经过持续不断的推进与创新，立信建立了以事务所总体发展战略为导向，以打造高层次、国际化人才队伍为重点，以人才培养为基础，以立信文化为标杆，以内在激励为手段的全方位人才建设体系。

立信坚持人才建设与经营发展相适应，高端引领与整体开发相统筹，最大限度挖掘员工的潜能，营造惜才、聚才、育才、用才的良好环境，为推动实现跨越式发展、提升核心竞争力提供了人才保障。立信建立了适合会计师事务所发展实际的用人机制，实现人力资源的合理配置，做到人尽其才、才尽其用、事得其人、人事相宜；建立完善了绩效评价系统，使员工个人的能力得以提升，使人力资源的作用发挥到极致；保护员工的健康以及改善工作环境，增强员工对企业的忠诚度以及创造价值的幸福感。

立信的人才培养模式，不仅得到了社会及行业的广泛认同，也得到了行业组织的肯定。中国注册会计师协会发布的人才培养研究报告指出，具备一定规模的会计师事务所，可以研究、借鉴、引入人才培养的“立信模式”，创办自己的人才摇篮。

四、诚实守信是发展壮大的根本

诚信是会计师事务所生存发展的基石，这不仅是全社会及业内人士的共识，也是被注册会计师行业发展历程中无数事实证实的定律。曾经的世界头号会计公司安达信拥有近百年执业史，最终却因为未能恪守诚信底线而轰然倒塌，我国中天勤会计师事务所也因丧失诚信而解体。立信深知诚信的重要性，无论是在风云变幻的动乱年代，还是在金钱物质诱惑下，始终将诚实守信作为生命线。

质量是诚信的基础与表现，立信始终围绕这一主线，持之以恒地强化质量管理——制定了风险管理委员会议事规则，执业质量责任追究制度，审计人员与复核人员业务委派制度，业务承接、项目质量及质量控制复核管理制度，以及业务质量监控管理制度等一系列管理制度。立信要求，在执业过程中，对重大证据要在报告签发前取证完整；对会计报表构成重大影响的审计调整事项必须坚决调整；对特殊行业、特殊业务要特别关注；对新接业务必须加强审核；强化质量控制基础的审计工作底稿的管理。此外，为了保证质量，立信还聘请资深专家学者组成公司专家委员会，对审计实践中遇到的疑难问题进行专家诊断。这些制度措施的实施，不少是行业的创新之举，也得到了监管部门的充分肯定。

立信所坚持的诚信审计，来自悠久的历史传承。潘序伦先生曾经多次教育他的弟子们，不要怕丢失业务而不坚持诚信，相反，坚持诚信会吸引更多客户。

立信首席合伙人朱建弟和他的同事们践行着潘先生创立的诚信文化。2015年，一家公司为了早日借壳上市，在债权、债务还没有彻底弄清楚的情况下托人找到了朱建弟，想让立信在当年4月底之前出具符合该公司要求的审计报告。对此，朱建弟非常明确地表态，在法院的破产程序没有走完之前，立信坚决拒绝出具审计报告。

立信通过对重大项目执行严格的业务承接与保持审核标准，将风险控制前置，大大降低了承接风险项目的可能性。通过项目风险排查工作，立信已主动放弃承接上市公司客户28家、新三板客户183家。

经过不断地探索和实践，立信建立了以首席合伙人、合伙人、部门及项目负责人为主体，以制度为标准，以多重审核为手段的完整质量管理体系。这一质量管理体系使诚信意识深入人心，质量管理具体到位，为立信持续快速发展提供了保障。

稳定的领导班子和睿智大气的首席合伙人，是立信成功的保证。立信自1998年脱钩改制和2000年强强联合以来，领导班子始终保持相对稳定，从没有重大的变动，同时，还培养和提拔了一批年轻人担任合伙人。领导班子以朱建弟为核心，大家心往一处想，劲往一处使，目标一致，团结奋斗。从有限责任制到特殊普通合伙制，无论体制如何改革，作为董事长、首席合伙人的朱建弟20年如一日，始终以身作则，身先士卒，大处着眼，小处着手，勤勤恳恳，兢兢业业，把好方向，带领大家开拓进取，不断攀登，规避风险，坚持诚信。

资料来源：朱建弟．立信之路——潘序伦创办立信九十周年纪念文集［M］．上海：立信会计出版社，2017.

讨论问题：

1.立信会计师事务所历经七十多年风雨成功执业的原因何在？

2.立信人为什么要将诚实守信作为发展壮大的根本？对我们有何启示？

下 篇

公民会计道德与会计职业道德

第七章　中外会计职业道德历史演进
第八章　单位负责人与公民会计道德规范
第九章　会计职业道德规范
第十章　注册会计师职业道德规范
第十一章　会计假账与财务舞弊的道德对策
第十二章　会计职业道德机制与法治协调
第十三章　会计职业道德实践与境界升华

第七章

中外会计职业道德历史演进

【经典警句】

孟子见梁惠王。王曰：“叟！不远千里而来，亦将有以利吾国乎。”
孟子对曰：“上下交征利而国危矣。”
“王亦曰仁义而已矣，何必曰利?”

——《孟子·梁惠王上》

昔时贤文，诲汝谆谆。
集韵增广，多见多闻。
观今宜鉴古，无古不成今。
知己知彼，将心比心。
钱财如粪土，仁义值千金。
路遥知马力，日久见人心。

——《增广贤文》

【学习目的与要求】

1.了解我国会计职业道德思想的历史发展线索，了解我国古代、革命根据地以及潘序伦先生的会计职业道德思想；

2.明确我国会计职业道德的现实要求与问卷调查分析状况；

3.掌握会计人员职业道德、中国注册会计师职业道德基本准则、审计机关审计人员职业道德准则、内部审计人员职业道德；

4.理解国际会计职业道德准则结构框架；

5.理解国际会计职业道德历史演进和启示；

6.了解美、英、加、澳会计职业道德的主要内容。

【导言】

职业化和信息化：注册会计师行业的双重任务

探讨审计的未来，主要考虑的因素是信息技术日新月异的进步。在信息技术深刻地改变审计工作面貌的形势下，作为审计工作主体的注册会计师职业面临怎样的未来呢？这就是下面要谈的话题。

在国际层面上，针对信息技术在审计领域的广泛应用，曾经有一种忧虑，那就是，注册会计师职业还有没有未来，审计工作会不会被人工智能替代，注册会计师职业会不会被信息工程专家替代。现在看来，结论已经清楚了。首先，注册会计师审计制度是市场监督体系重要的制度安排，信息技术在审计领域的运用能够有效提高审计工作效率和审计报告质量，但是并没有改变注册会计师鉴证会计信息质量的责任主体地位，因为责任总是要由人来承担的；其次，注册会计师也是运用信息技术的实践主体，审计信息系统的设计需要注册会计师主导，审计信息系统的运行需要注册会计师控制，审计信息系统的工作结果要由注册会计师来辨识、解读和利用。建立在审计信息系统基础上的审计工作，离不开风险导向审计原理的指导，离不开注册会计师职业道德约束、职业判断能力、职业谨慎态度和职业怀疑取向。所以，信息技术在审计领域的运用，不会取代注册会计师职业，而是恰恰相反，它将会提升注册会计师职业价值。

同样是从国际层面看，注册会计师职业成长是有过曲折的。注册会计师行业的有识之士在总结世纪之交发生的安然事件等重大事件的教训时，曾经表示，在相当长的一段时期内，注册会计师的职业精神弱化了，审计工作在某种程度上变成了纯粹技术性、机械性、程序性的工作，丢失了职业道德、职业谨慎、职业怀疑、职业判断这些最能体现注册会计师职业价值的东西。

20年过去了，随着信息技术在审计领域的广泛运用，我们再一次面对注册会计师如何坚守职业精神、维护职业价值的拷问。这就是，注册会计师审计有越来越多的功能和程序性工作正在为信息技术所替代，我们如果不能用职业精神指导信息技术的运用，审计工作变成了纯粹的信息技术工程，注册会计师鉴证会计信息质量的职业价值就会受到损害。以大数据技术为例。大数据技术无疑是我们认识经济社会自然现象有用的工具，但是，大数据技术本身并不能直接告诉我们经济社会自然现象背后的内在逻辑。大数据技术对于注册会计师审计的意义就在于，它为注册会计师搜集审计证据、识别审计风险、优化审计方案提供了重要工具。注册会计师如果不坚守职业精神，不保持职业谨慎态度和职业怀疑取向，放弃职业判断责任，直接以大数据技术的分析结果做出审计结论，将十分危险。所以，在信息技术的广泛运用中，注册会计师面临着坚守职业精神、维护职业价值的挑战。

在中国，经过40年的实践，我们越来越认识到，注册会计师是一个职业，是在职业精神指导下，运用职业知识和职业技能，提供专业服务的专家职业。注册会计师行业当前面临的诸多矛盾，跟注册会计师职业成长不足有很大的关联。这里说“很大的关联”，无意自我否定注册会计师行业的发展成就，而是要强调，注册会计师之间及会计师事务所之间在职业成长上有快慢之别，在职业价值观的认同上有深浅之别，在职业技能上有高低之别。“化”者，“普遍”之谓也。职业化已经成为中国注册会计师行业当前面临的突出任务。同样重要的是，我们也面临着信息技术的挑战，面临着行业信息化的任务。职业化和信息化就成为中国注册会计师行业在新时代面临的双重任务。对于这一点，中国注册会计师行业群体有清醒的认识。2016年底公布的行业发展规划提出行业发展四大目标，其中把职业化水平持续提高、信息化水平大幅提升作为两个重要目标。当前，我们要深入研究职业化和信息化的内在规律，把职业化与信息化进程有机结合起来，以职业化引领信息化，用信息化为职业化注入新的内涵。

资料来源：陈毓圭．职业化和信息化：注册会计师行业的双重任务——在“审计的未来：国际视角”高峰论坛暨CIMA百年庆典（北京）的主题演讲［J］．中国注册会计师，2019，239（4）：9-10.

为了进行我国会计职业道德研究，本着“古为今用，洋为中用”的精神，首先应开展我国会计职业道德思想纵向历史分析和国外会计职业道德思想横向比较研究。

从前者看，尽管目前社会主义会计职业道德与以前的各个社会形态的会计职业道德有着本质的区别，但其某些规范要求又是历史上出现过的会计职业道德规范合乎逻辑的顺利发展，因而我国会计职业道德必须继承我国历史上具有积极意义的会计职业道德传统。特别需要指出的是，在革命战争年代，中国共产党领导下的革命根据地的会计职业道德思想，以及潘序伦先生倡导的立信会计精神及会计职业道德思想，更是现阶段我国会计职业道德研究的重要历史线索。从后者看，世界各国在会计工作中都非常强调会计人员职业道德的要求和培养，并且实施效果显著，极大地维护了广大投资人的合法权益，提高了会计工作和会计人员的社会地位。所以，需要通过比较分析，在评判的基础上吸收、借鉴各国会计职业道德思想的积极成果，吸收各国会计职业道德规范中的合理部分。这对于开展我国会计职业道德研究，加快我国会计职业道德建设，创立我国企业伦理学学科体系是很有必要的。

● 第一节　我国会计职业道德的历史发展

一、我国古代会计职业道德思想

我国素有“礼仪之邦”的美称，有悠久漫长的历史和辉煌灿烂的文化。“仁、义、礼、智、信”已经成为我国人民普遍遵循、崇尚的行为准则。在我国会计发展的历史进程中，会计职业道德思想散见于各种史料中。

1.真实反映

《说文解字》云：“计，会也，算也，从言，从中”。又释“言”：“直言曰言”，就是要求真实无隐之意。这表明，古代“会计”一词的本义有不弄虚作假的道德要求。历史上，有些掌管财计、钱财的官员也确实身体力行。据《三国志》载：“吕范典财计”，孙权年轻时“私从有求，范必关白，不敢专许”，后来孙权继位掌权，“以范忠诚，厚见信任”。

2.正确记录

《说文解字》曰：“计”字从“十”，而“十”乃“数之具也”。会计的含义有正确计算的要求。《孟子·万章下》载：“孔子尝为委吏矣，曰‘会计当而已矣’”。“当”就是要求会计记录、计算一定要正确无误。《秦律》中“计毋相谬”，即要求记录正确，应该做到账实相符、账证相符、账卡相符、账账相符。

3.廉洁奉公

唐代理财家刘晏把廉洁奉公作为选拔任用财计人员的必备条件。《资治通鉴》称其"至于句检簿书，出纳钱谷，必委之士类，吏惟书符牒，不得轻出一言"。刘晏以身作则，廉洁奉公，死后家产仅"杂书两本，朱麦数石而已"。会计管理财物，必须廉洁奉公，史书上留下了不少这方面的事例。《汉书·黄霸传》云："簿书正，以廉称。"《宋史·沈伦传》曰：沈伦在太祖幕府为从事，"掌留使财货，以廉闻"。

4.坚持制度

《管子》多次讲"明法"，就是要求按规章制度、法令条文办事，这也是会计职业道德的最基本要求。《辽史》载：大公鼎为长春州钱帛都提点。"车驾如春水，贵主例为假贷，公鼎曰：'岂可辍官用，徇人情？'拒之。颇闻怨詈语，曰：'此吾职，不敢废也。'"《明史·周经传》云：周经掌户部，"内官传旨索太仓银计三万两为灯费，持不与"。这种不惧流言蜚语、按章办事、刚直不阿的会计人员，实为可贵。

以上这些古代会计职业道德对于我们研究当代会计职业道德是很有参考价值的，值得我们消化吸收。

二、革命根据地会计职业道德思想

早在革命根据地时期，中国共产党就注意到应该加强会计职业道德建设，相关规定中也提出理财工作必须"严禁一切浪费"。这充分体现了中国共产党对会计人员职业道德的最初要求。在革命战争年代，中国共产党面对经济困难，提出了"艰苦奋斗，勤俭节约"的方针。毛泽东同志指出，发展经济，保障供给，是我们经济工作和财政工作的总方针。毛泽东同志还指出，"自己动手，克服困难"，"节省每一个铜板为着战争和革命事业，为着我们的经济建设，是我们的会计制度的原则"。

革命根据地的会计工作有着严格的会计制度和严明的财务纪律，具体规定有：

（1）把收钱、管钱、支配的各个机关分开；

（2）把各级收入、开支划给各系统管理，使各项收支有章可循；

（3）确定会计科目，规定各项目的名称和范围，使之一目了然，彼此相符；

（4）制定预算规划，无预算者不给钱；

（5）统一簿记、单据，确定计价方法，账目要有凭证，账簿格式或大小一致；

（6）规定交接制度，防止交卸、接管中间的舞弊和损失。

当时，革命根据地的会计人员严格遵守会计制度和规定，使管理工作走上了正轨。

在战争时期，武装斗争是革命的主要形式，第一线是战场，使得后方的有些同志轻视经济工作（包括会计工作），纷纷要求上前线。陈云同志批评了这种想法，他要求财政经济干部要树立当家理财的事业心，要有主人翁意识。他说："我们是出纳态度呢，还是掌柜态度呢？每一个同志、局长、科长、科员都要有掌柜态度、当家态度，应当把责任心提高到这个程度。"周恩来同志要求财会人员对待工作要专、精、广。财会人员积极响应党的号召，提高业务水平，健全财会工作机构，明确财会职责分工，认真勤奋工作，并大胆改革旧式簿记。

1988年前后，中共中央直属机关工作委员会成立了会计研究组，对会计核算进行了深入研究，使当时的会计核算方法有了较大的进步，初步形成了会计科目、会计凭证、会计账簿、会计报表相配套的完整的会计体系，并相继健全了保管、出纳、会计、审计等制度。总之，革命根据地的会计职业道德造就了一大批遵纪守法、又红又专的会计人员，巩固和发展了新民主主义，有力地支援了革命战争，加速了中国人民解放事业的胜利。今天，我们要继承和发扬革命根据地的会计职业道德方针和优良传统。

三、潘序伦先生倡导的立信会计精神

我国现代会计的发展与潘序伦先生的会计思想紧密相连。从潘序伦先生创办立信会计师事务所，开办立信会计学校至今，经过了几代立信人的共同努力，造就了自己的立信会计精神，形成了自己的办学特色，构建了立信会计事业模式；从职业道德的角度看，立信人体现了自己的风范。

以上这些，使立信会计教育在我国会计教育领域拥有不可替代的地位和影响。因此，总结、宣传立信会计精神，弘扬立信创始人潘序伦先生的会计职业道德思想不仅对发展立信会计事业，而且对建设和完善我国会计职业道德有积极意义。立信会计精神要求：

1. 爱国主义精神

爱国主义精神融于潘序伦先生毕生事业之中。潘序伦先生先后在美国取得哈佛大学企业管理学硕士学位和哥伦比亚大学政治经济学博士学位。他胸怀“教育救国”“实业救国”的伟大抱负，1927年1月设立“潘序伦会计师事务所”，次年更名为“立信会计师事务所”。同年设立“立信会计补习学校”，并任校长，开始了我国近代会计教育积极大胆的探索。潘序伦先生的办学宗旨是：适应社会需要，培养财会人才，重在务实，振兴中华。

2. 无私奉献精神

潘序伦先生的一生都无私奉献给了祖国的会计事业。他创办会计学校，从事会计教育的目标是：“取之于社会，用之于社会；取之于会计，用之于会计；取之于学生，用之于学生。”潘序伦先生全身心地投入到会计事业的发展和会计教育工作上，无私奉献，个人索取甚少。潘序伦先生本人生活非常简朴，从不奢侈浪费，从不肯轻易购买新家具和新衣服。1980年，上海立信会计专科学校复办，潘序伦先生献出一生积蓄，设立潘序伦奖学金，将家存图书2 000余册捐赠给立信图书馆，将事务所获得的盈利和立信编译所出版《立信会计丛书》的版税全部投入会计教育，作为购置教具、扩充校舍等基本建设费用。

3. 大胆革新精神

潘序伦先生被公认为我国现代会计泰斗。辛亥革命前，我国工商企业会计一直沿用古老的单式收付簿记法，对于西方复式借贷簿记法，几乎无人知晓。随着社会生产力的发展，应用和推广新式会计的历史重任落在潘序伦和立信同仁的肩上。他们顺应当时生产发展的需要，以大胆改良旧式会计、建立新式会计为己任，并大胆引进西方复式借贷簿记法，先后为许多工商企业单位进行了新式会计制度的设计工作，同时，兴办会计学校，开展会计教育，传授西式会计知识，使新式借贷会计在中国蓬勃发展，从而开创了我国会计事业的新局面。

4. 艰苦创业精神

潘序伦先生创办立信会计师事务所和立信会计学校，呕心沥血，悉心经营，后来事业发展壮大，经济实力雄厚，但仍坚持“精打细算，勤俭办学”。潘序伦先生办学实属不易，虽是私立学校，但是收费很低，遇到学生有特殊情况的还会酌情减免学费，教职员工授课费用全靠学费支付，故不可能多聘请教员，大都请人兼课，不发工资仅给补贴，有的兼职教师一个教学周的课时多达二十几节，尽管收入甚少，但从无怨言。这与潘序伦先生以身作则是分不开的。他也常常授课、代课，但从不拿教薪，都是义务讲课。立信会计学校就是通过自力更生、艰苦奋斗创业成功的，这是立信的优良传统，是立信事业兴旺发达的传家宝。立信办学以最少的人力、物力消耗，获得了更大、更好的社会效益，为我国会计界培养了大量的优秀会计人才。

5.实事求是精神

会计是一门实用性很强的学科。会计的精髓，自始至终贯穿着一个“实”字。立信会计教育要求培养诚实可靠的会计人才，学员不仅要具备扎实的会计知识和技能，而且要发扬踏踏实实的作风。潘序伦先生在办学实践中反复突出“实”字，格外重视每门课程的实务练习，给学生创造模拟实践的机会，还安排学生到工商企事业单位进行现场实习，平常要求学生注意练习珠算、外语、习字等基本功，并反复训练。这种重视实践、不断进行实践锻炼的教学模式，不仅使学生加深了对会计专业课本内容的理解和掌握，而且使学生不断提高了会计专业实用技能，受到用人单位的普遍欢迎。

6.敬业守信精神

会计工作的根本要求是一个“真”字，要求会计数据真实、可靠、可信，绝不可弄虚作假。潘序伦先生的敬业精神集中表现为，忠于会计事业务必立信：“信以立志，信以守身，信以处世，信以待人，毋忘立信，当必有成。”

潘序伦先生认为，立信是做人的重要准则，同时，也是会计的职业道德。他把信用看作是会计事业的生命线，立信，乃会计之本，没有信用，也就没有会计，这是潘序伦先生敬业精神的深刻表达。如果一个人失去信用，弄虚作假，徇私舞弊，会身败名裂，更为严重的是，会危害他人与单位，给社会和国家造成不可估量的损失。因此，潘序伦先生一生看重“真”与“信”，他常说，作为会计人员，得99分也不算合格，只有100分才算合格，因为财务会计账目容不得半点差错和遗漏。

潘序伦先生在严谨的治学过程中，也体现了敬业精神。立信会计学校考试及格分数线定在70分，而不是60分。立信会计学校的学生如果在考试中作弊，必定会被开除，概不例外。这样一来，社会上就可能少一个徇私舞弊者。因为如果在学校搞投机作弊，到工作单位就有可能发展成弄虚作假，害人害己，危害社会。

以上六种精神，既是潘序伦先生的个人思想，也是立信人的立信会计精神。立信会计精神是一种具有优良传统的会计务实精神，不仅具有鲜明的会计职业特色，而且体现着强烈的时代气息。我们现代会计人员应该永远珍惜这种精神，并将立信会计精神发扬光大。

四、潘序伦先生的会计职业道德思想

1933年，潘序伦先生在为《立信会计季刊》撰写的《中国之会计师职业》一文中，从多方面论述了会计师的职业道德：“夫学识经验及才能，在会计师固无一项可缺，然根本上究不若道德之重要。因社会环境，千变万化，利诱威胁，无所不及。会计师苟无强固人道德观念，则在执行职务之际，存在可以代人舞弊，存在可以为己舞弊。然会计师之为职业，实为工商企业保障信用而设，苟有不道德行为，而自丧其信用，则此项职业，即失去根本存在之理由，违背国家社会期望之愿意，可不慎哉。”其将会计职业道德集中归纳为四条：“一曰公正，二曰诚信，三曰廉洁，四曰勤奋。”

事实上，会计工作是一项原则性很强的工作，格外强调真实可信，不得弄虚作假，更不允许存在假账与错账。潘序伦先生在立信会计学校毕业生的纪念册中题词道：“若孔圣有言：去食去衣，无信不立，则因以立信为建国之首务矣。若退而言会计，则立信为尤要。信苟不立，虽良法美意，必基石稳固而后可以尽其功能。此虽常言，实为先圣之所昭示，昭并日月，愿与请同学拳拳服膺而信守也。”期望之情，溢于言表，诚信之言，力透纸背，感人肺腑，后人谨记。

潘序伦先生在其半个多世纪的会计工作中，始终强调以信德为中心的会计职业道德，并身体力行，到晚年见解更趋深刻全面。

直至晚年，潘序伦先生仍然没有停止对会计人员的职业道德问题的研讨，而且见解更加深刻。1983年，在上海市会计学会年会上，他深有体会地指出，会计人员必须树立职业道德。他认为，会计人员的职业道德应该包括品德、责任和业务技术三个方面的内容。他说，品德方面应该做到：守纪守法，以身作则；坚持原则，廉洁奉公；忠诚老实，毋忘立信。责任方面是指会计工作要按政策办事，按计划办事。业务技术方面的要求是记账、算账、报账都要做到百分之百的正确。这次在上海市会计学年会上的演讲以《谈谈会计人员的职业道德》发表在同年的《会计研究》杂志上，引起很大反响。此后，他又在《武汉财会》杂志上发表了文章，充实了这一内容。

● 第二节　我国会计职业道德现实要求

一、我国会计人员职业道德要求

进入20世纪90年代，我国会计界加速改革。1993年，我国颁布并实施了《企业会计准则》和《企业财务通则》，且用13个行业会计制度取代了以前几十个行业会计制度；2000年，我国颁布并实施了统一的《企业会计制度》；2006年，我国发布了新的企业会计准则体系，至今已发布基本准则1项，具体准则42项；《企业财务通则》也于2006年进行了修订。2019年，财政部在修订的《会计基础工作规范》第二章第二节中规定，我国会计人员应遵循的“会计人员职业道德”见专栏7-1。2023年，财政部根据《中华人民共和国会计法》《会计基础工作规范》研究制定了《会计人员职业道德规范》，详见专栏7-2。

【专栏7-1】　会计人员职业道德

第十七条　会计人员在会计工作中应当遵守职业道德，树立良好的职业品质、严谨的工作作风，严守工作纪律，努力提高工作效率和工作质量。

第十八条　会计人员应当热爱本职工作，努力钻研业务，使自己的知识和技能适应所从事工作的要求。

第十九条　会计人员应当熟悉财经法律、法规、规章和国家统一会计制度，并结合会计工作进行广泛宣传。

第二十条　会计人员应当按照会计法律、法规和国家统一会计制度规定的程序和要求进行会计工作，保证所提供的会计信息合法、真实、准确、及时、完整。

第二十一条　会计人员办理会计事务应当实事求是、客观公正。

第二十二条　会计人员应当熟悉本单位的生产经营和业务管理情况，运用掌握的会计信息和会计方法，为改善单位内部管理、提高经济效益服务。

第二十三条　会计人员应当保守本单位的商业秘密。除法律规定和单位领导人同意外，不能私自向外界提供或者泄露单位的会计信息。

第二十四条　财政部门、业务主管部门和各单位应当定期检查会计人员遵守职业道德的情况，并作为会计人员晋升、晋级、聘任专业职务、表彰奖励的重要考核依据。

会计人员违反职业道德的，由所在单位进行处理。

【专栏7-2】　会计人员职业道德规范

一、坚持诚信，守法奉公。牢固树立诚信理念，以诚立身、以信立业，严于律己、心存敬畏。学法知法守法，公私分明、克己奉公，树立良好职业形象，维护会计行业声誉。

二、坚持准则，守责敬业。严格执行准则制度，保证会计信息真实完整。勤勉尽责、爱岗敬业，忠于职守、敢于斗争，自觉抵制会计造假行为，维护国家财经纪律和经济秩序。

三、坚持学习，守正创新。始终秉持专业精神，勤于学习、锐意进取，持续提升会计专业能力。不断适应新形势新要求，与时俱进、开拓创新，努力推动会计事业高质量发展。

二、中国注册会计师职业道德守则

改革开放40多年来，伴随着我国社会主义现代化建设事业的全面推进，中国注册会计师审计、政府审计、内部审计等事业获得了长足的进步和迅速的发展。注册会计师审计职业道德是对从事民间审计或社会审计的注册会计师及相关从业人员提出的职业道德要求。在我国现实经济生活中，注册会计师审计职业道德是在统一的共产主义道德指导和影响下形成的，体现了集体主义原则和全心全意为人民服务的精神。注册会计师审计职业道德本质的特殊性，主要体现在审计职业对注册会计师职业道德品质和道德行为的特殊要求方面。

中国注册会计师协会自1988年年底成立以来，一直非常重视注册会计师的道德标准建设和道德教育。1992年，中国注册会计师协会发布了《中国注册会计师职业道德守则（试行）》。1996年12月26日，经财政部批准，中国注册会计师协会印发了《中国注册会计师职业道德基本准则》，自1997年1月1日起施行，以代替《中国注册会计师职业道德守则（试行）》。

2002年6月，中国注册会计师协会发布了《中国注册会计师职业道德规范指导意见》。2009年，中国注册会计师协会发布了《中国注册会计师职业道德守则》和《中国注册会计师协会非执业会员职业道德守则》（以下统称《职业道德守则》），并于2010年7月1日起实施，以全面规范注册会计师的职业道德行为。《职业道德守则》是在认真总结以往职业道德实践经验，吸收借鉴新修订的《国际职业会计师道德守则》的基础上制定的，既体现了中国的国情，又实现了我国与国际职业道德守则的趋同。

2009年出台的《职业道德守则》由两大部分组成。第一部分是《中国注册会计师职业道德守则》，包括《中国注册会计师职业道德守则第1号——职业道德基本原则》（8章31条）、《中国注册会计师职业道德守则第2号——职业道德概念框架》（5章27条）、《中国注册会计师职业道德守则第3号——提供专业服务的具体要求》（10章48条）、《中国注册会计师职业道德守则第4号——审计和审阅业务对独立性的要求》（18章182条）、《中国注册会计师职业道德守则第5号——其他鉴证业务对独立性的要求》（15章84条）。第二部分是《中国注册会计师协会非执业会员职业道德守则》（9章56条）。《职业道德守则》制定的宗旨是为了规范注册会计师职业行为，提高注册会计师职业道德水准，维护注册会计师职业形象，依据是《中华人民共和国注册会计师法》（以下简称《注册会计师法》）和《中国注册会计师协会章程》。

《中国注册会计师职业道德守则第1号——职业道德基本原则》明确提出：

（1）注册会计师应当遵守职业道德基本守则，履行相应的社会责任，维护公众利益；

（2）注册会计师应当遵循诚信、客观和公正原则，在执行审计和审阅业务以及其他鉴证业务时保持独立性；

（3）注册会计师应当获取和保持专业胜任能力，保持应有的关注，勤勉尽责；

（4）注册会计师应当履行保密义务，对职业活动中获知的涉密信息保密；

（5）注册会计师应当维护职业声誉，树立良好的职业形象。

三、审计机关审计人员职业道德准则

为了规范审计人员的职业道德行为，审计署于2001年8月1日颁布并实施了《审计机关审计人员职业道德准则》。审计人员职业道德是指审计机关审计人员的职业品德、职业纪律、职业胜任能力和职业责任。该准则的目标是提高审计人员素质，加强职业道德修养，严肃审计人员纪律。

该准则要求，审计人员必须遵守职业道德准则，加强职业道德修养，自觉接受法律约束，保证审计工作质量，提高审计工作水平。

审计人员职业道德的主要内容有：

（1）审计人员应当依照法律规定的职责、权限和程序，进行审计工作，并遵守国家审计准则。

（2）审计人员办理审计事项，应当客观公正、实事求是、合理谨慎、职业胜任、保守秘密、廉洁奉公、恪尽职守。

（3）审计人员在执行职务时，应当保持应有的独立性，不受其他行政机关、社会团体和个人的干涉。

（4）审计人员办理审计事项，与被审计单位或者审计事项有直接利害关系的，应当按照有关规定回避。

（5）审计人员在执行职务时，应当忠诚老实，不得隐瞒或者曲解事实。

（6）审计人员在执行职务特别是做出审计评价、提出处理处罚意见时，应当做到依法办事，实事求是，客观公正，不得偏袒任何一方。

（7）审计人员应当合理运用审计知识、技能和经验，保持职业谨慎，不得对没有证据支持的、未经核清事实的、法律依据不当的和超越审计职责范围的事项发表审计意见。

（8）审计人员应当具有符合规定的学历，通过岗位任职资格考试，具备与从事的审计工作相适应的专业知识、职业技能和工作经验，并保持和提高职业胜任能力，不得从事不能胜任的业务。

（9）审计人员应当遵守审计机关的继续教育和培训制度，参加审计机关举办或者认可的继续教育、岗位培训活动，学习会计、审计、法律、经济等方面的新知识，掌握与从事工作相适应的计算机、外语等技能。

（10）审计人员参加继续教育、岗位培训，应当达到审计机关规定的时间和质量要求。

（11）审计人员对其执行职务时知悉的国家秘密和被审计单位的商业秘密，负有保密的义务。在执行职务中取得的资料和审计工作记录，未经批准不得对外提供和披露，不得用于与审计工作无关的目的。

（12）审计人员应当遵守国家的法律、法规和规章以及审计工作纪律和廉政纪律。审计人员应当认真履行职责，维护国家审计的权威，不得有损害审计机关形象的行为。审计人员应当维护国家利益和被审计单位的合法权益。

（13）审计人员违反职业道德的，由所在审计机关根据有关规定给予批评教育、行政处分或者纪律处分。

2010年发布的《中华人民共和国国家审计准则》指出，审计人员应当恪守严格依法、正直坦诚、客观公正、勤勉尽责、保守秘密的基本审计职业道德。

（1）严格依法就是审计人员应当严格依照法定的审计职责、权限和程序进行审计监督，规范审计行为。

（2）正直坦诚就是审计人员应当坚持原则，不屈从于外部压力；不歪曲事实，不隐瞒审计发现的问题；廉洁自律，不利用职权谋取私利；维护国家利益和公共利益。

（3）客观公正就是审计人员应当保持客观公正的立场和态度，以适当、充分的审计证据支持审计结论，实事求是地做出审计评价和处理审计发现的问题。

（4）勤勉尽责就是审计人员应当爱岗敬业，勤勉高效，严谨细致，认真履行审计职责，保证审计工作质量。

（5）保守秘密就是审计人员应当保守其在执行审计业务中知悉的国家秘密、商业秘密；对于执行审计业务取得的资料、形成的审计记录和掌握的相关情况，未经批准不得对外提供和披露，不得用于与审计工作无关的目的。

四、内部审计人员职业道德

2018年1月，审计署发布了《审计署关于内部审计工作的规定》，自2018年3月1日起施行。为了适应内部审计的最新发展，更好地发挥内部审计准则在规范内部审计行为、提升内部审计质量方面的作用，中国内部审计协会对2003年以来发布的内部审计准则进行了全面、系统的修订。2013年8月20日，经中国内部审计协会第六届常务理事会审议通过，发布了《中国内部审计准则》，自2014年1月1日起施行。内部审计人员职业道德是内部审计人员在开展内部审计工作中应当具有的职业品德、应当遵守的职业纪律和应当承担的职业责任的总称。内部审计人员从事内部审计活动时，应当遵守《第1201号——内部审计人员职业道德规范》，认真履行职责，不得损害国家利益、组织利益和内部审计职业声誉。

（1）内部审计人员在从事内部审计活动时，应当保持诚信正直。

（2）内部审计人员应当遵循客观性原则，公正、不偏不倚地做出审计职业判断。

（3）内部审计人员应当保持并提高专业胜任能力，按照规定参加后续教育。

（4）内部审计人员应当遵循保密原则，按照规定使用其在履行职责时所获取的信息。

（5）内部审计人员违反《第1201号——内部审计人员职业道德规范》要求的，组织应当批评教育，也可以视情节给予一定的处分。

● 第三节　我国会计人员职业道德规范问卷调查分析

一、样本设计与调查问卷说明

"中国会计人员职业道德规范研究"课题组受财政部会计司委托开展了我国会计人员职业道德规范问卷调查。会计人员职业道德规范问卷共列示16道题，每道题都有7个选项，描述了答题人目前如何看待会计人员职业道德规范行为。回答问卷的被调查人员分布在全国大部分地区。归纳总结后，总共涉及的国内地区有31个，包含河北、山西、辽宁、吉林、黑龙江、江苏、浙江、安徽、福建、江西、山东、河南、湖北、湖南、广东、海南、四川、贵州、云南、陕西、甘肃、内蒙古、广西、宁夏、新疆等25个省份与自治区，北京、重庆、天津、上海4个直辖市，以及香港和澳门2个特别行政区。此外，还包括39位来自美国、英国的国外调查问卷受访者。样本量最大的地区是北京，总共有246份样本，占比为10.82%；其次为福建和广西，样本量依次为243份和224份。样本量少于10份的地区仅有吉林（7）、黑龙江（6）、宁夏（6）、甘肃（6）、香港（6）、贵州（3）和澳门（1）。因此，这次问卷调查，具有地域广、方式活、回答快、统计准等特点，具有较强的代表性。问卷调查对象地区分布如图7-1所示。

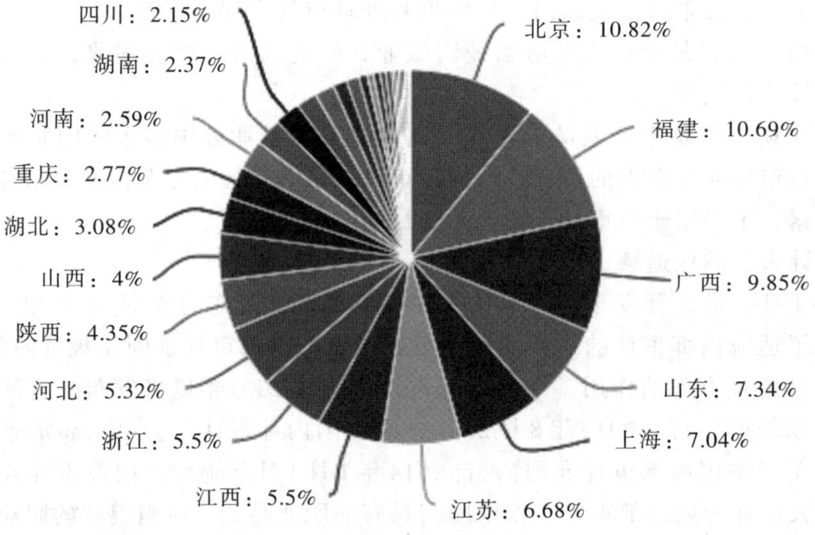

图7-1　问卷调查对象地区分布

这次问卷调查的对象主要是企业一线的会计从业人员，同时还包括高等院校教授、会计师事务所的注册会计师。从企业单位性质分析，本次问卷所涉及的企业大致有四个分类，分别是政府行政管理部门、事业单位、国有企业以及民营企业。占比最大的是国有企业，占了45.07%的样本量；事业单位与民营企业的占比分别为27.26%和17.55%；政府行政管理部门的占比最少。从所涉及的行业来看，问卷关于行业的分类比较简单，主要列出了制造业和金融业。在所有样本中，制造业企业占比为17.59%，金融业企业占比为6.33%，其他类型的企业占比为76.08%，说明行业分布较广。从行政级别与工作岗位来看，本次问卷覆盖了会计的基础岗位到高级职务，能够较为全面地反映各级会计人员的道德观（见表7-1）。

表7-1 问卷调查对象基本信息

项目	类型	样本数	百分比
性别	男	1 063	46.75%
	女	1 211	53.25%
单位性质	政府行政管理部门	230	10.11%
	事业单位	620	27.26%
	国有企业	1 025	45.07%
	民营企业	399	17.55%
单位行业	制造业	400	17.59%
	金融业	144	6.33%
	其他	1 730	76.08%
行政级别	司厅局级或大型企业高层	130	5.72%
	处级、大型企业中层或中型企业高层	660	29.02%
	科级或中型企业中层	847	37.25%
	基层及其他	637	28.01%
工作岗位	财会基层人员	403	17.72%
	中层主管经理	1 026	45.12%
	高层监管人员（CEO、CFO、总会计师）	522	22.96%
	其他	323	14.20%
受教育程度	大专及高职以下	112	4.93%
	大学本科	1 244	54.71%
	硕士	844	37.12%
	博士	74	3.25%
会计专业职称	初级职称	137	6.02%
	中级职称	620	27.26%
	高级职称	1 385	60.91%
	无	132	5.80%
会计资质	CPA	664	29.20%
	其他资质	964	42.39%
	无	646	28.41%

二、问卷回答与会计职业道德的反思

(一)会计人员职业道德问卷结果

通过这次调查，我们得到2 274名从业者关于会计人员职业道德的问卷调查情况如下，问卷描述了答题人目前是如何看待会计人员职业道德规范行为的。

1.“诚信为本，操守为重”是会计人员应遵守的职业道德规范

选项	小计	比例
非常不赞成	6	0.26%
很不赞成	3	0.13%
比较不赞成	4	0.18%
不确定	18	0.79%
比较赞成	273	12.01%
很赞成	519	22.82%
非常赞成	1 451	63.81%

2.“爱岗敬业，勤奋工作”是会计人员应遵守的职业道德规范

选项	小计	比例
非常不赞成	11	0.48%
很不赞成	9	0.4%
比较不赞成	23	1.01%
不确定	38	1.67%
比较赞成	424	18.65%
很赞成	549	24.14%
非常赞成	1 220	53.65%

3.“当好参谋，参与管理”是会计人员应遵守的职业道德规范

选项	小计	比例
非常不赞成	13	0.57%
很不赞成	12	0.53%
比较不赞成	43	1.89%
不确定	60	2.64%
比较赞成	396	17.41%
很赞成	569	25.02%
非常赞成	1 181	51.93%

4.“如实反映，正确核算”是会计人员应遵守的职业道德规范

选项	小计	比例
非常不赞成	6	0.26%
很不赞成	5	0.22%
比较不赞成	11	0.48%
不确定	23	1.01%
比较赞成	340	14.95%
很赞成	567	24.93%
非常赞成	1 322	58.14%

5.“精益求精，提高技能”是会计人员应遵守的职业道德规范

选项	小计	比例
非常不赞成	9	0.4%
很不赞成	9	0.4%
比较不赞成	32	1.41%
不确定	50	2.2%
比较赞成	399	17.55%
很赞成	571	25.11%
非常赞成	1 204	52.95%

6.“坚持准则，不做假账”是会计人员应遵守的职业道德规范

选项	小计	比例
非常不赞成	3	0.13%
很不赞成	9	0.4%
比较不赞成	13	0.57%
不确定	35	1.54%
比较赞成	382	16.8%
很赞成	546	24.01%
非常赞成	1 286	56.55%

7.“廉洁自律，遵纪守法”是会计人员应遵守的职业道德规范

选项	小计	比例
非常不赞成	5	0.22%
很不赞成	4	0.18%
比较不赞成	17	0.75%
不确定	30	1.32%
比较赞成	348	15.3%
很赞成	575	25.29%
非常赞成	1 295	56.95%

8.“勤俭理财，公私分明”是会计人员应遵守的职业道德规范

选项	小计	比例
非常不赞成	10	0.44%
很不赞成	13	0.57%
比较不赞成	43	1.89%
不确定	76	3.34%
比较赞成	434	19.09%
很赞成	542	23.83%
非常赞成	1 156	50.84%

9.“保密守时，内外协调”是会计人员应遵守的职业道德规范

选项	小计	比例
非常不赞成	13	0.57%
很不赞成	10	0.44%
比较不赞成	37	1.63%
不确定	96	4.22%
比较赞成	483	21.24%
很赞成	548	24.1%
非常赞成	1 087	47.8%

10.“强化服务，追求卓越”是会计人员应遵守的职业道德规范

选项	小计	比例
非常不赞成	15	0.66%
很不赞成	12	0.53%
比较不赞成	76	3.34%
不确定	124	5.45%
比较赞成	495	21.77%
很赞成	529	23.26%
非常赞成	1 023	44.99%

11.会计弄虚作假与违法审计报告对社会经济生活危害巨大

选项	小计	比例
非常不赞成	9	0.4%
很不赞成	8	0.35%
比较不赞成	29	1.28%
不确定	95	4.18%
比较赞成	462	20.32%
很赞成	589	25.9%
非常赞成	1 082	47.58%

12.我能够拒绝编制虚假财务报表，不屈服外界因素阻挠

选项	小计	比例
非常不赞成	31	1.36%
很不赞成	38	1.67%
比较不赞成	53	2.33%
不确定	374	16.45%
比较赞成	582	25.59%
很赞成	518	22.78%
非常赞成	678	29.82%

13.我觉得拒绝编制虚假财务报表是难事，会为保工作而作假

选项	小计	比例
非常不赞成	397	17.46%
很不赞成	364	16.01%
比较不赞成	405	17.81%
不确定	397	17.46%
比较赞成	421	18.51%
很赞成	137	6.02%
非常赞成	153	6.73%

14.各级领导和同事会鄙视编制虚假财务报表的行为

选项	小计	比例
非常不赞成	80	3.52%
很不赞成	103	4.53%
比较不赞成	218	9.59%
不确定	798	35.09%
比较赞成	430	18.91%
很赞成	292	12.84%
非常赞成	353	15.52%

15.对本单位与个人履行会计职业道德状况满意

选项	小计	比例
非常不赞成	17	0.75%
很不赞成	23	1.01%
比较不赞成	71	3.12%
不确定	146	6.42%
比较赞成	837	36.81%
很赞成	634	27.88%
非常赞成	546	24.01%

16.本人对我国会计人员履行会计职业道德充满信心

选项	小计	比例
非常不赞成	25	1.1%
很不赞成	29	1.28%
比较不赞成	113	4.97%
不确定	440	19.35%
比较赞成	710	31.22%
很赞成	410	18.03%
非常赞成	547	24.05%

问卷结果显示，认为“会计弄虚作假与违法审计报告对社会经济生活危害巨大”的受访者占比93.8%，其中，非常赞成这一观点者占比47.58%，说明绝大部分会计从业人员能够意识到不道德的执业行为具有负面的经济后果。受访者中认同“我能够拒绝编制虚假财务报表，不屈服外界因素阻挠”的占比为78.19%，回答不确定的受访者占比为16.45%，说明会计从业人员尽管能意识到虚假财务报表的危害，但是在执业过程中仍然面临一定压力。在“各级领导和同事会鄙视编制虚假财务报表的行为”问题中，受访者的回答占比最高的两项分别为“不确定”（35.09%）和“比较赞成”（18.91%）；在“本人对我国会计人员履行会计职业道德充满信心”问题中，“比较赞成”（31.22%）和“非常赞成”（24.05%）占比最高。这说明一线的会计从业人员认为自身所处的职业道德环境仍有进一步强化和拓展的空间。课题组通过问卷调查分析，认为市场环境下有四种不公平的经济表现阻碍了我国会计人员职业道德建设发展：（1）权力经济；（2）人情经济；（3）地方保护主义经济；（4）短视经济。

（二）单位负责人及组织公民会计职业道德问卷结果

单位负责人及组织公民指的是会计从业人员之外的利益相关者（政府监管部门、公司管理层等）。通过建立和宣传正确的会计职业道德规范与观念，能够形成科学的会计认识，自觉践行合理合法的会计行为。通过这次调查，我们得到2 274个会计从业人员关于单位负责人与组织公民会计职业道德的问卷调查情况如下：

1.您对“德才兼备，以德选人”这一观点的看法是

选项	小计	比例
非常不赞成	57	2.51%
很不赞成	14	0.62%
比较不赞成	38	1.67%
不确定	42	1.85%
比较赞成	466	20.49%
很赞成	549	24.14%
非常赞成	1 108	48.72%

2.您认为单位负责人及组织公民应该“重视会计职业”吗

选项	小计	比例
非常不赞成	8	0.35%
很不赞成	5	0.22%
比较不赞成	27	1.19%
不确定	45	1.98%
比较赞成	334	14.69%
很赞成	633	27.84%
非常赞成	1 222	53.74%

3.您认为单位负责人及组织公民应该“提高会计地位”吗

选项	小计	比例
非常不赞成	9	0.4%
很不赞成	3	0.13%
比较不赞成	22	0.97%
不确定	53	2.33%
比较赞成	261	11.48%
很赞成	564	24.8%
非常赞成	1 362	59.89%

4.您认为单位负责人及组织公民应该“尊重会计人员”吗

选项	小计	比例
非常不赞成	5	0.22%
很不赞成	4	0.18%
比较不赞成	14	0.62%
不确定	34	1.5%
比较赞成	240	10.55%
很赞成	556	24.45%
非常赞成	1 421	62.49%

5.您认为单位负责人及组织公民应该“配合会计工作”吗

选项	小计	比例
非常不赞成	5	0.22%
很不赞成	4	0.18%
比较不赞成	11	0.48%
不确定	48	2.11%
比较赞成	299	13.15%
很赞成	588	25.86%
非常赞成	1 319	58%

6.您认为单位负责人及组织公民应该恰当“利用会计信息”吗

选项	小计	比例
非常不赞成	4	0.18%
很不赞成	5	0.22%
比较不赞成	7	0.31%
不确定	53	2.33%
比较赞成	334	14.69%
很赞成	642	28.23%
非常赞成	1 229	54.05%

7.您认为单位负责人及组织公民应该“做好财务与经营决策”吗

选项	小计	比例
非常不赞成	9	0.4%
很不赞成	5	0.22%
比较不赞成	23	1.01%
不确定	108	4.75%
比较赞成	353	15.52%
很赞成	617	27.13%
非常赞成	1 159	50.97%

8.您认为单位负责人及组织公民应该“遵守会计职业道德”吗

选项	小计	比例
非常不赞成	4	0.18%
很不赞成	3	0.13%
比较不赞成	13	0.57%
不确定	54	2.37%
比较赞成	216	9.5%
很赞成	509	22.38%
非常赞成	1 475	64.86%

9.您认为单位负责人及组织公民应该“担当会计责任”吗

选项	小计	比例
非常不赞成	11	0.48%
很不赞成	16	0.7%
比较不赞成	53	2.33%
不确定	197	8.66%
比较赞成	380	16.71%
很赞成	534	23.48%
非常赞成	1 083	47.63%

10.您认为单位负责人及组织公民应该“践行会计诚信”吗

选项	小计	比例
非常不赞成	4	0.18%
很不赞成	3	0.13%
比较不赞成	14	0.62%
不确定	60	2.64%
比较赞成	249	10.95%
很赞成	531	23.35%
非常赞成	1 413	62.14%

11.您认为单位负责人及组织公民应该“优化会计环境”吗

选项	小计	比例
非常不赞成	3	0.13%
很不赞成	2	0.09%
比较不赞成	3	0.13%
不确定	26	1.14%
比较赞成	245	10.77%
很赞成	545	23.97%
非常赞成	1 450	63.76%

12.“不做假账”是会计人员应遵守的最基本的职业道德规范

选项	小计	比例
非常不赞成	10	0.44%
很不赞成	9	0.4%
比较不赞成	18	0.79%
不确定	54	2.37%
比较赞成	285	12.53%
很赞成	486	21.37%
非常赞成	1 412	62.09%

13.您认为出现会计“假账”行为的主要责任在于会计人员吗

选项	小计	比例
非常不赞成	735	32.32%
很不赞成	440	19.35%
比较不赞成	456	20.05%
不确定	360	15.83%
比较赞成	117	5.15%
很赞成	60	2.64%
非常赞成	106	4.66%

14.您认为出现会计“假账”行为的主要责任在于单位负责人吗

选项	小计	比例
非常不赞成	22	0.97%
很不赞成	24	1.06%
比较不赞成	80	3.52%
不确定	292	12.84%
比较赞成	462	20.32%
很赞成	518	22.78%
非常赞成	876	38.52%

15.您认为各地公司出现“作假”上市行为的主要责任在于地方官员吗

选项	小计	比例
非常不赞成	62	2.73%
很不赞成	71	3.12%
比较不赞成	252	11.08%
不确定	900	39.58%
比较赞成	435	19.13%
很赞成	253	11.13%
非常赞成	301	13.24%

16.单位负责人及公民必须明确会计“假账”行为的违法责任

选项	小计	比例
非常不赞成	10	0.44%
很不赞成	8	0.35%
比较不赞成	22	0.97%
不确定	82	3.61%
比较赞成	426	18.73%
很赞成	552	24.27%
非常赞成	1 174	51.63%

17. 本人从事当前的财会职业让我在亲友面前很有面子

选项	小计	比例
非常不赞成	74	3.25%
很不赞成	91	4%
比较不赞成	318	13.98%
不确定	743	32.67%
比较赞成	649	28.54%
很赞成	209	9.19%
非常赞成	190	8.36%

18. 您认可“首席执行官首先应该是首席道德官”吗

选项	小计	比例
非常不赞成	13	0.57%
很不赞成	15	0.66%
比较不赞成	78	3.43%
不确定	201	8.84%
比较赞成	544	23.92%
很赞成	515	22.65%
非常赞成	908	39.93%

通过对此次问卷调查结果的分析，可以得出如下结论：第一，大部分被调查者对会计职业道德有基本的认识，清楚会计职业道德对会计工作、会计信息质量的作用与影响。第二，大部分被调查者对会计职业道德的现状至多是基本满意，认为会计职业道德的保障机制并不十分健全，但是大部分人可以主动地去提高会计职业道德质量，小部分人仍然不能客观公正地遵守会计职业道德规范。第三，对会计职业道德影响最大的是管理层意图与企业战略，说明大部分调查者普遍认同判断主体的施压影响了他们的判断，这也解释了部分人不能客观公正地、不受影响地遵守会计职业道德规范的原因，而这需要会计人员职业道德、公司治理结构与内部控制的完善度来提供合理保证。

此外，本次调查发现会计人员对自身职业的认同度并不高，如第17题“本人从事当前的财会职业让我在亲友面前很有面子”，只有46.09%的受访者给出了正面的积极回答。与此同时，有关“单位负责人及组织公民”的第2至11题中，绝大多数受访者希望进一步提升会计从业环境。调查结果支持营造良好的组织伦理氛围的结论。浓厚的组织伦理氛围、良好的伦理决策环境能够增强会计人员的控制信念，即赋予他们对自身行为更多的控制权，更加自主地进行伦理决策。营造组织伦理氛围包括制定组织伦理准则，设立如公司伦理委员会等类似性质的组织伦理机构，提供如伦理求助热线等解决员工伦理困境的途径等。

● 第四节　国际会计职业道德历史演进

国外会计职业界长期以来十分关注会计职业道德建设。Horngren、Harrison和Robinson（1998）一致认为，职业道德问题涉及会计和企业中的所有领域。面对职业道德问题的挑战，会计师应根据什么准则来陈述问题呢？美国注册会计师协会（American Institute of Certified Public Accountants，AICPA）、其他会计职业组织和大多数公司都实施了会计职业道德准则规范，以保证其会员和雇员高水平的职业行为。作者发现，西方发达国家十分重视会计职业道德教育，大多数会计著作和发行量大的会计教材都会以相当大的篇幅论述会计职业道德问题，而且非常关注会计职业道德评价。Horngren、Foster和Datar在其所著的《成本会计》（Cost Accounting，第8版）中指出，对不同专业人士所进行的关于道德的公共意见调查中，会计师职业道德水平一贯地排名很高。生产管理者和会计人员共同对内部和外部财务报告承担责任，会计人员必须确保基础的会计系统、程序、文件是可靠的，是不受操纵的。国际会计师联合会前总干事John Gruner认为，制定职业道德的目的就是确保“在没人看到的时候做正确的事”成为一种习惯。

一、职业道德准则的总体框架

国际会计师联合会（IFAC）职业道德准则框架的确立最早可追溯至1996年《国际会计师职业道德守则》的颁布，通过后期对守则的不断修订，职业道德准则框架已经趋于完善和成熟。从会计职业道德准则的内容来看，主要包括职业道德原则、职业道德威胁情形与职业道德威胁防范三部分的内容。其中：（1）职业道德原则分为正直（Integrity）、客观性（Objectivity）、专业胜任能力及应有的谨慎（Professional Competence and Due Care）、保密（Confidentiality）与职业行为（Professional Behavior）五部分。（2）职业道德威胁情形分为：当会计师及其家庭成员与其他利益相关时所产生的自身利益威胁（Self-interest Threats）；当会计师需要对以前的判断进行重新评估审视时所产生的自我评价威胁（Self-review Threats）；当会计师因过分推崇某种观点或立场而损害客观性时所产生的过度推介威胁（Advocacy Threats）；当会计师因密切关系而对他人利益予以同情时产生的密切关系威胁（Familiarity Threats）；当会计师因面临威胁而影响执业时所产生的外界压力威胁（Intimidation Threats）。（3）职业道德威胁防范则包括法律体系、监管体系以及执业活动中的保障措施等（刘玥等，2014）。

从职业道德的适用范围来看，职业道德准则可根据适用对象划分为适用于所有的会计师、仅适用于执行公共业务的会计师与仅适用于受雇的会计师三个部分。具体内容包括：（1）守则的一般应用是准则框架中第一部分的内容，它适用于所有的会计师，该部分包含导言、基本原则与应用基本原则的概念框架法。其中，导言部分强调，注册会计师的责任是对公众利益负责，而不是为了满足某个客户或雇主的需要；基本原则是指为了达到职业目标而必须遵循的原则；概念框架法是会计师应用基本原则的具体方法，它要求会计师根据概念框架法对基本原则加以应用，而不是在规则导向法下对具体规则的机械遵循。（2）适用于执行公共业务会计师的职业道德规范是准则框架中第二部分的内容，具体包括会计师在执业活动中所面临的威胁与防护、业务约定、利益冲突、第二次意见、收费和其他类型的佣金、职业服务的推销、礼物与赠品、客户资产的保管、目标和独立性等。(3) 适用于受雇会计师（受雇于工业部门、商业部门、政府部门或教育部门的职业会计师）的职业道德规范是准则框架中第三部分的内容，具体包括会计师所面临的威胁与防护、潜在的冲突、信息的表述与报告、专业胜任能力、财务利益与诱因等（陈汉文、韩洪灵，2009）。

概括说来，从准则内容与框架结构来看，IFAC职业道德准则可分为基本原则（第一部分）和基本原则指导下的具体规则（第二部分与第三部分）两部分内容，主要通过风险辨识—保障措施—风险控制的思路，试图在世界范围内确立一个可供会计师或审计人员参考的基本解释框架。

（一）职业道德准则的变迁

由于IFAC发展历史相对较短，其职业道德准则的变迁轨迹较为明晰，本书将其准则变迁过程划分为以下几个阶段：

1.起步探索阶段：准则框架形成之前（1996年之前）

国际审计指南是IFAC成立后较早制定的有关职业道德准则的制度，与美国注册会计师协会（AICPA）颁布的《职业行为准则》不同，该准则并不具有强制性，其旨在通过统一的准则来强化会计专业的协作，提高世界各国在审计业务上的一致性程度（黄履申、杨继良，1983）。1982年，IFAC下设的教育委员会（Education Committee）发布了《职业后续教育指南》，该指南涉及目标、指南范围、职业后续教育程度等10个方面的内容，并且在目标部分，对职业会计师的专业胜任能力加以限制和要求：(1) 职业教育需要保持并提高会计职业人员所拥有的技术知识和专业技能；(2) 职业教育要帮助会计人员应用新技能，评估其对客户、雇主及自身工作的影响，并且不断满足外界的责任要求和期望；(3) 向社会提供合理保证，即会计人员应具有为客户服务所需要的技能。

在该阶段，囿于IFAC成立初期组织规模和社会影响力较小，自身组织体系尚不完善以及准则制定的导向多以审计业务为主，IFAC对会计职业道德准则变迁的推动作用略显乏力，但是IFAC的初期探索在一定程度上满足了职业界形成一个统一组织的迫切需求，为后来国际会计职业道德准则的制定、变迁奠定了基础。

2.初步形成阶段：准则框架基本形成（1996—2004年）

为协调国际会计职业道德规范，IFAC在1996年颁布了《国际会计师职业道德守则》，并先后于1998年和2001年对该守则进行了修订。21世纪初期，随着公司倒闭风潮愈演愈烈，社会公众对财务报告与会计职业的信心急剧下降，诸多国家开始考虑采取措施恢复投资者对财务报告的信心。为适应国际环境变化趋势，加快高质量的会计教育标准的制定进程，IFAC在2003年通过了对现行组织监督体系的改革方案。改革方案要求，在继续发挥IFAC对国际职业会计师道德监管作用的同时，要强化社会公众的监督，并通过成立IFAC监督小组、领导小组及公众利益监督委员会来维护公众利益，提高审计独立性和组织权威性。2004年，IFAC发布了修订会计师道德守则的征求意见稿，其主要内容与现有审计职业道德准则框架基本一致。至此，国际会计职业道德准则框架初步形成。

3.全面发展阶段：准则框架最终确立（2005—2014年）

2013年，IFAC下设的国际会计师职业道德准则理事会（IESBA）修订了国际会计师职业道德守则中关于利益冲突和违反守则要求的条款。IESBA强调，利益冲突可能产生一系列的道德问题，准则修订通过建立更为具体的要求和更为全面的指导，为职业会计师识别、评估和管理此类冲突提供支持，确保其在利益冲突的条件下保持客观。同时，根据违反守则要求的情形，对会计师行为，尤其是准则独立性层面提出更高的要求和反制措施，比如，对违规行为带来的利益关系予以暂停、终止或消除。而且，为了向职业会计师提供更为稳健实用的指导，IESBA于2014年公布了《建议对准则部分修订的征求意见稿：解决信息陈述与违背基本道德准则的压力》，该意见稿旨在解决两大问题：一是会计人员在生成财务报告时，对经济交易事项进行忠实陈述的责任问题；二是违背基本道德准则的压力。具体说来，道德准则的修订变化主要有：明确了会计师陈述财务信息的责任，进而从误导性信息中抽离出来，并对公众利益负责；对会计师面临的可能导致违反基本道德准则的压力给予指导。

此外，为进一步强化《国际会计师职业道德守则》的独立性，IESBA在2014年还提出了关于加强对某些非担保服务条款道德规范的建议，具体包括：对审计客户提供非担保服务时的管理责任予以澄清，废除了“允许审计公司在紧急情况下可以向公共利益实体的审计客户提供记账和税务服务”的规定，并根据《改善职业会计师道德规范结构》，从提高准则的清晰度、可用性与可执行性的视角，对会计师道德标准的具体施行进行了强化。

4.国际趋同阶段：利益冲突的消除（2015年至今）

国际趋同是会计职业道德准则变迁的重要表征，自职业道德准则全面发展以来，更是IFAC组织成员或非组织成员与国际准则从“接轨”到“趋同”的关键节点。为加快准则的趋同化，IFAC开始致力于推动国际准则的采用和执行，鼓励组织成员遵守成员义务声明。2015年，IFAC在G20峰会上提交了关于“全球一致，有效监管”等四大方面的12条建议，该建议指出，作为会计职业基础的报告、咨询和道德规范是有效治理的关键，并且呼吁所有国家和地区采用并实施以下原则或准则：《国际财务报告准则》（IFRS）、《国际审计准则》（ISAs）、《国际会计师职业道德守则》中所规定的审计师独立性要求、《国际公共部门会计准则》（IPSASs）。

同时，职业道德准则在国际趋同阶段仍面临诸多准则条款与会计师执业活动之间的利益冲突问题。随着职业会计师执业活动的深入，IESBA发现，囿于来自上级主管、董事或单位内部其他人员的压力，职业会计师在向客户提供专业服务时，往往会遇到违反或疑似违反法律法规的行为，为最大限度地保障公众利益，继IESBA在2012年8月首次对《对涉嫌违法行为的应对》发布征求意见稿之后，2015年5月，其第二次就《国际会计师职业道德守则》中与会计师应对违反法律法规行为相关的规定发布征求意见稿。修订后的《国际会计师职业道德守则》要求会计师遵循以下目标：（1）遵守诚信的基本原则；（2）敦促管理层，并纠正、弥补或减轻违规行为的经济后果；（3）进一步采取行动。在会计师责任方面主要表现为识别问题、解决问题，并判断是否采取进一步行动，如向有关部门披露、从合约关系中退出等。

2018年4月，IESBA发布了新修订的《国际会计师职业道德守则》（以下简称新守则）。新守则对现行守则进行了全面改写，除了结构调整之外，新守则还整合了IESBA过去四年来在职业道德标准建设方面的重要成果，更清晰地规范了职业会计师应该如何处理职业道德和独立性问题，具体内容包括：（1）新准则的篇章结构由引言、要求和应用材料三部分构成，并在“要求”部分明确职业会计师应当履行的一般义务或具体责任；“应用材料”部分用于提供相关背景信息、解释、行动建议或考虑事项、示例以及其他指引，以帮助职业会计师更好地遵守要求。(2) 分别针对审计师、工商业界职业会计师、审计师执行审计和审阅业务、审计师执行其他鉴证业务的情形下，如何运用职业道德概念框架提供了具体指引，并明确要求在运用职业道德概念框架时对新获取的信息以及情况的变化保持警觉，从而强化了职业道德概念框架。(3) 整合“防范措施”项目的最新成果，使守则中规定的防范措施能够与职业道德的不利影响更好地匹配起来。(4) 针对职业会计师遇到违反职业道德基本原则的压力时如何处理的情形，增加了相关指引或对原有规定进行了修订。新准则于2019年6月15日生效。

值得注意的是，IESBA在2019—2023年的工作计划建议稿中，以“在动态和不确定的世界中提升道德”为主题，通过对职业怀疑、向审计客户提供非担保服务以及审计公司的费用收取等问题加以厘定，进一步对审计、会计人员提出更高的道德标准。在某种程度上，这也将是未来国际会计职业道德准则变迁的主要方向和重要驱动。

(二) 职业道德准则的现状与评价

随着IFAC对《国际会计师职业道德守则》的不断完善与发展，其准则已然成为影响最为广泛和深远的行业标准，并为世界范围内的职业会计师提供了一个较为统一的执业参考。就目前职业道德准则现状（准则变迁的频次、数量和复杂程度）而言，准则框架已经过渡至“平稳期”。同时，在新形势下，职业道德准则还具有以下几个方面的特点：

一是职业道德准则的国际趋同化。IFAC制定职业道德守则的目的在于为世界各国职业道德准则的制定提供一个样板，并要求当该准则与成员各国准则发生冲突时，要以IFAC的《国际会计师职业道德守则》为准，同时，组织成员所采用准则的严格程度不得低于IFAC标准。因此，国际准则的趋同化特点贯穿于职业道德准则变迁的始终。

二是职业道德准则制定的原则导向。从准则内容上来看，IFAC职业道德准则主要基于“威胁-保障”的路径，为组织成员提供了一个公认程度较高的基本框架，即通过识别可能存在的威胁，提供与之相适应的降低或消除威胁的防范措施；从准则刚性程度来看，IFAC职业道德准则的一个显著特点是非强制性，一方面缘于IFAC对各成员国并不具有法律上的约束效力，另一方面是因为准则制定过程仍以概念框架法为主。因此，目前对职业道德准则的制定主要以原则为导向。

三是机遇与挑战并存，准则变迁任重道远。随着国际资本市场的高度发展，社会公众对会计师职业道德的期望达到空前状态，这在一定程度上有利于提高道德准则的国际认同。此外，鉴于业务环境的复杂化，各成员国在法律、规则与惯例上的差异，使得准则变迁面临诸多挑战，这也要求准则制定要进行全面统筹，切实提高准则的前瞻性。

二、国际会计职业道德准则

国际会计师联合会（International Federation of Accountants，IFA）的职业道德委员会于1988年拟定了《国际会计职业道德准则》，同年7月，经国际会计师总理事会批准后公布。

《国际会计职业道德准则》共十一条，分四个部分。

第一部分为导言，有八条内容：

(1) 任何会计专业工作人员必须对其委托人、当事人承担责任和义务，接受和遵守会计专业的职业道德准则。

（2）由于历史和其他方面的原因，会计专业人员的道德准则在不同国家、不同地区，效力有所不同，但存在共同的会计及其职业道德概念。

（3）共同的会计及其职业道德概念是各国会计职业发展的基础，本会发布的准则可作为各会员国制定会计职业道德标准的依据。

（4）本准则的解释是对会计职业道德原则、目的及引申应用问题的解释。

（5）会计人员不论是否公开执业，均应遵循本准则，而颁布职业道德准则的责任应部分或全部由立法机构承担。

（6）各国政治、法律、经济情况不同，国际会计师联合会所属会员国会计管理机构应结合当地发展情况，应用总会制定的准则。

（7）会计环境与会计专业工作基础会发生变化，有些变化要求对已经为公众接受的职业道德进行重新审查。

（8）本会所属会计机构采纳本道德准则，不一定能够得到全面的贯彻执行，各国分支机构必须订立附则。

第二部分为原则，即第九条。准则规定：任何会计专业机构的道德准则，以如下原则为基础：

（1）正直，即会计师在工作中要做到正直、诚实和廉洁，不得为谋私利弄虚作假。

（2）客观，即会计师必须公正，在处理业务时不抱成见，在提出审计报告时应当保持不偏不倚的立场。

（3）独立，即会计师必须不受任何利益的影响，以免影响其正直和客观。对于执行公共业务的会计师，本原则尤其重要，它要求执行公共业务的会计师以独立的身份进行工作，不允许会计师与客户之间的特定关系危及会计师的独立性。

（4）保密，即会计师在工作过程中对得到的信息应当保密，除非得到特许或由于法律责任、职业责任等方面的需要，否则不得泄露，不得用于私人目的或向第三方提供。

（5）技术标准，即会计师在执行其专业工作的过程中，应当依照技术及专业上的标准。

（6）业务能力，即会计师在其工作过程中，应当保持良好的工作质量。会计师所管理的工作，应当是其本人及其事务所人员所能胜任的，以使其管理的工作达到专业完善的境界。

（7）道德自律，即会计师应当始终如一地使自己保持良好的信誉，不得有任何有损于职业信誉的行为。

第三部分为注释，即第十条。这条准则规定：正如第八条所指出的，本注释是对上述原则做进一步阐述，以加强理解。

（1）关于正直、客观和独立。正直和客观是会计师的首要品质，独立也是会计师必不可少的重要品质。只有具备这些品质，会计师才可能对客观事实进行公正的判断和独立的思考，从而形成正确的结论。在制定与独立原则有关的道德准则时，要强调会计师应当是公正地了解全面情况、有正常品德和在各种环境下行为正常的人，还要说明那些由于会计师与顾客的特殊关系而使顾客对会计师的独立立场产生的威胁等方面的内容。在这个准则中，很难讨论全部可能损害会计师独立立场的问题，以下是国际会计师联合会认为各会计师组织应考虑的问题：

①经济上直接或间接牵涉到客户的事项，如有关客户的股票持有量、债权和债务等。

②执业会计师与客户有企业上的关系，担任总经理或雇员的职务者。

③执业会计师同时兼做其他事务或职业，可能引起利益上的冲突者；有内在矛盾或与会计师业务不相符者；与保持会计师独立形象不相称者。

④因家庭或个人关系影响执业会计师之独立性者。

⑤向客户收取为公众所不能接受的巨额酬金，占该独立开展业务的会计师和会计师事务所总收入的绝大比例者。

⑥接受委托工作，按处理意外事故的标准收费者。

（2）关于保密。因受理业务向客户或雇主取得的资料要保密，绝不能为自己所利用，也不能泄露给第三方，以牟取私利。假如执业会计师在法律上有特殊义务，或已接受特殊的权力，或已明显获得专业上特殊许可而透露，可例外。执业会计师有义务责成全体职员或助手遵守保密原则。

（3）关于技术标准。会计师有责任仔细而尽其所能地按所在国、所在会计师协会的相关规定，以及客户或雇主的委托进行工作。

（4）关于工作胜任。执业会计师接受聘请或接受客户的委托，就意味着他具备必要的能力，愿意认真、勤勉地运用他的知识、技能和经验去完成这项工作。会计师还有一个持续的责任，就是要使其专业知识与技能保持在一定的水平上，以便在业务中使用，掌握立法上和技能上的最新发展，以便更好地为客户和雇主服务，以获得业务上的效益。

（5）关于道德自律。会计师有责任不做出导致会计师职业或各国会计师协会丧失名誉的行为，当客观上要求发展职业道德时，有责任考虑会计师对客户、第三方、会计师同行、全体职员、雇主和人民的职责。特别需要考虑：

①执业会计师对于工作过失，在财务上有赔偿责任。

②执业会计师对于广告、公共关系，以及招揽生意等，均应受到限制。

③执业会计师扩展业务涉及其他会计师经办的客户时，应先征得同意。

④接受由另一会计师经办的案件，必须先与该会计师洽谈，得到许可。

⑤执业会计师收取及支付佣金均须按规定办理。

⑥执业会计师的收费需按照一定的基础数额进行计算。

第四部分为“执行”，即第十一条。这条准则规定大多数执业会计师对职业道德准则均能自觉遵守，而不需强制执行或约束。但也有少数会计师存心漠视，偶犯错误，或疏忽大意，以致未能遵守自律标准。为会计师行业和各国会计师协会全体成员的利益考虑，必须使公众信任会计师行业，对不遵守职业道德准则的相关人员，必须加以调查，乃至采取适当的法律措施。

● 第五节　美、英、加、澳会计职业道德沿革

一、美国会计职业道德内容要求

（一）美国注册会计师协会会计职业道德准则

美国注册会计师协会（American Institute of Certified Public Accountants，AICPA）规定的会计职业道德准则分为三大部分。

第一部分，职业道德观念，有五个方面的内容：

（1）独立、正直和客观，即要求注册会计师必须正直、客观，当他开展委托业务时，应保持独立性，独立于服务对象之外。

（2）一般的和特殊的标准，即要求注册会计师必须遵守会计职业中一般的和特殊的道德标准，不断努力提高工作能力和服务质量。

（3）对委托人的责任，即要求注册会计师对委托人应公平、坦率，尽最大努力为他们服务，为其利益保持职业关注，使其责任与公众的要求一致。

（4）对同事的责任，即提出注册会计师要注意自身的行为，或从某种意义上讲，这将增进同行之间的合作、互助、和谐、友好的关系。

（5）其他责任和义务，即要求注册会计师应以谦虚、谨慎、认真的态度做好本职工作，不断提高会计职业技能和为公众服务的水平。

第二部分，开展会计工作的行为规则。

第三部分，对提出的行为规则所做的说明和解释。

【专栏7-3】　　　　美国注册会计师协会职业道德原则

职责：在履行作为专业人员的责任时，会员应该在所有活动中保持敏感的职业和道德判断。

公众利益：会员应承担起为公众利益服务的责任，要赢得公众的信任，履行自己的专业承诺。

正直：为保持和增加人们对会计职业的信任，会员须在履行其所有职责时都保持高度正直感。

客观与独立：在履行其专业职责时，会员应保持客观性以避免利益冲突的发生。公共领域作业成员在提供审计和其他鉴证服务时，无论在实质上还是在形式上都应该保持独立性。

应有的谨慎：会员应该遵守其职业技术准则和道德标准，力求不断提高胜任能力和服务质量，应尽其所能，解除职业责任。

服务的范围和性质：公共领域作业成员应该依据职业行为规则来确定所要提供的服务范围及其性质。

资料来源：里滕伯格，施维格．审计学：变化环境中的概念［M］．程新生，主译．北京：清华大学出版社，2007：72.

（二）美国管理会计师协会的道德行为规范

美国管理会计师协会（The Institute of Management Accountants，IMA）十分重视会计道德问题，1983年就制定了《管理会计师职业道德规范》（Standards of Ethical Conduct for Management Accountants），并开宗明义地指出：管理会计师有义务对他们所服务的组织、他们的职业组织、公众和他们自己保持道德行为的最高标准。为确认这些义务，美国管理会计师协会已经采纳了如下的管理会计师道德行为规范。坚持这些原则是管理会计师实现管理会计目的的组成部分。管理会计师不应违背这些原则，也不能宽恕组织中的其他人违背这些原则的行为。

在能力方面，管理会计师有责任：①通过持续地丰富他们的知识、提升他们的技能而保持适当水平的职业能力；②按照相关的法律法规和技术规范履行他们的职责；③在恰当地发布相关和可信赖的信息后，准备完整和清晰的报告和推荐书。

在保密性方面，管理会计师有责任：①除非官方法律要求外，不能披露工作过程中所获取的保密信息；②告知下属对工作中所获取的信息要有恰当的保密性，并且监督他们的活动以保守秘密；③禁止为个人或通过第三方获取不道德的或违法的利益而使用工作中获取的保密信息。

在公正性方面，管理会计师有责任：①避免事实上或表面上的利益冲突，提示各方各种潜在的冲突；②禁止从事各种可能侵害他们道德的活动；③禁止积极地或消极地破坏实现组织的合法的或道德的目标的活动等；④告知有利及不利的信息以及职业的判断和意见；⑤禁止从事或支持各种破坏职业组织名誉的活动。

在客观性方面，管理会计师有责任：①公正和客观地交换信息；②充分披露那些可以合理地预见的、会影响报表使用者理解报告、评论和推荐书的相关信息。

（三）美国注册会计师协会委托Souis Harris会计公司的民意测验

美国各州会计师团体都十分重视会计职业道德问题，并对会计人员的职业道德问题进行了系统、深入的研究。例如，美国的《会计职业道德》（The Accounting Professional Responsibility）一书，将美国的会计职业道德问题分成11章加以分析：独立；正直；诚实；客观；一般及专门标准；对他人、对经营管理者和股东、老板的责任；对同事的责任；其他责任与行为；会计师与民法典；民事责任、行政责任及刑事责任；信任与保密及法律不允许的行为等。

1986年，美国注册会计师协会委托Souis Harris会计公司，就美国注册会计师的会计职业道德品质、会计专业服务以及这一职业的规章等问题进行了一次广泛的民意测验。接受调查的对象有全国范围内的普通公民1 200余人（分知情组和股东组，前者是会计师和了解会计学的人，后者是拥有普通股本和股东权益的人）和11个特别小组（即各领导者组）。测验结果如下：

在注册会计师、大学教师、银行家、医生、新闻工作者、公司负责人、个人财务规划者、股东、国会议员、律师和保险代理人等11种主要职业中，注册会计师的职业道德与品质是最高的。以往人们认为的会计师职业容易遭到责难和非议这一观点，是没有根据的。

（1）在接受调查的各组中，大约有3/4的人认为“会计师职业的服务如今已越来越完善，远非昔日所能比拟了”。领导者和公民中分别大约有9/10和3/4的人表态：“会计师事务所在审查公司财务报表时能做出独立而客观的评判。”

（2）相比其他职业，注册会计师更加受人敬重。而在所有的注册会计师中，那些从事独立审计的会计师获得了最高的好评。

（3）注册会计师具有诚实、熟谙的业务素质和可靠、可信、客观、真实的道德品质。

（4）通过统一的资格考试，取得学士学位，具有现实工作经验，有良好的道德品质表现，恪守职业道德规范和不断接受教育，这些是取得注册会计师资格的条件，并得到了调查对象中的绝大多数（或大多数）人的认可。但对于会计师是否还需要成为通过鉴定和行业认可的税务专家、个人财务规划专家、电子数据处理专家以及其他有关经验技术的行家，被调查者的意见不一。各领导者组中多数人认为没有必要，而普通公民中的大多数人则表示赞成。

（5）在接受调查的各组中，大多数（或多数）人相信注册会计师的惩罚制度和同行监督制度都正在实施之中，并取得了良好的效果。但大多数人希望这些制度具有更大的强制性。

（6）除了从事审计职业外，会计师事务所还提供诸如帮助选择计算机软件、管理咨询、教育培训以及保险统计等方面的服务。接受调查的近8/10的人认为这些服务对注册会计师来说是适宜的。但他们强烈建议对潜在的服务项目要做明确限制，以便硬性规定哪些项目由会计师负责是合适的，哪些则是不合适的。

（7）会计师事务所在非审计领域取得了成功。8/10的人认为注册会计师比律师更适合做税务顾问，比非会计职业的税务顾问更适合做个人财务顾问；2/3的人认为他们比管理咨询公司更适合做公司管理顾问。

（8）在税收服务方面，注册会计师比律师更受欢迎。除个别领导者组外，也有3/4的人会就合理避税问题先去征求注册会计师的意见；对税务局就纳税申报表所提出的疑问，除两个领导者组外，接受调查的大多数人也都倾向于先请注册会计师解决问题。

（9）对于注册会计师签发的无保留意见的本意，只有领导者组能做出正确的理解，而几乎所有的普通公民不能正确理解。例如，普通民众中的多数人错误地认为，无保留意见审计报告是指"会计师事务所验证过的所有数据完全正确"，是指"会计师事务所判断管理层胜任其职"，是指"会计师事务所保证公司进行盈利的投资"等。因而，有必要向民众加以解释，并通过教育使之懂得什么是独立审计。

二、英国会计职业道德守则的制定和主要内容

（一）英格兰及威尔士特许会计师协会（ICAEW）

英格兰及威尔士特许会计师协会的《道德准则》适用于所有成员、学员、附属公司、成员公司的雇员，适用于所有成员公司的无论是有偿的还是自愿的专业和商业活动。

英格兰及威尔士特许会计师协会的特许会计师需要表现出最高的职业行为标准并考虑公众利益。特许会计师的道德行为在确保公众对财务报告和商业惯例的信任和维护会计职业的声誉方面起着至关重要的作用。该守则为会员提供道德指引，协助他们履行这些义务。英格兰及威尔士特许会计师协会的《道德准则》是基于国际会计师职业道德准则理事会（IESBA）的道德准则制定，并经国际会计师联合会（IFAC）批准使用。ICAEW于2011年1月1日起实施修订2006年9月1日至2010年12月31日实施的《道德准则》及在2006年9月1日发布的职业道德指南。

2013年1月1日起修订《道德准则》第241条，以反映英国金融服务管理局（FSA）新的投资业务制度。2017年1月1日起修订《道德准则》第290条，引用了财务报告理事会（FRC）的审计师独立性内容，以反映2016年各种要求的变化。

《道德准则》列明5项基本原则，以指导成员的行为：（1）诚信；（2）客观性；（3）专业能力和应有的关注；（4）保密；（5）专业行为。每个成员有责任评估对遵守这些原则造成的威胁，并在面临严重威胁时采取保障措施。该准则的部分章节涵盖了可能遇到威胁的情形，并建议或要求成员在某些情况下采取特定的行动。

（二）特许公认会计师公会（ACCA）

ACCA规则手册是ACCA的规章、法规、道德和行为准则的最终指南，它要求ACCA成员、学员和公司均遵守这些守则。所有新加入的学员和成员都要求签署一份将遵守ACCA的规章制度及道德和行为准则承诺书。ACCA规则手册在符合监管发展和政策要求的条件下定期更新，每年1月出版。ACCA的道德和行为准则对其所有成员和学员都具有约束力，提出了5项基本道德原则，即诚信、客观性、专业能力和应有的关注、保密、专业行为，并为解决道德问题提供了框架。

2018年7月1日生效的ACCA的道德和行为准则分为四个部分：

第一部分：适用于所有专业会计师。确立了会计师职业道德的基本原则，并提供了专业会计师应适用的概念框架：（1）确定对遵守基本原则的威胁；（2）评估发现的威胁的重要性；（3）应用保护措施。必要时采取保障措施，消除威胁或将其降低到可接受的水平。

在确定任何威胁是否在可接受的水平上时，ACCA成员应该考虑一个合理和知情的第三方是否可能得出结论，权衡当时会计从业人员所能获得的所有具体事实和情况，即遵守基本原则的威胁。

第二部分和第三部分描述了概念框架如何应用于某些情况。它们提供了可能适用于解决遵守基本原则威胁的保障措施的例子，描述无法采取保障措施应对威胁的情况，因此，应避免造成威胁的情况或关系。

第四部分则专门适用于英国从事破产业务的专业会计师。

（三）英国特许公共财务会计师公会（CIPFA）

英国特许公共财务会计师公会期望其成员遵循其发布的道德规范要求，不遵守可能导致按其纪律处分计划（CIPFA Disciplinary Scheme）采取行动，但建立适用于所有专业会计师遇到的所有情形和状况的道德规范要求是不切实际的。因此，专业会计师应当将职业道德要求作为其履行业务时应遵守的基本原则。

英国特许公共财务会计师公会于2006年5月25日通过该道德规范，其修订版于2011年1月1日起生效。它适用于所有成员、附属机构、准成员和学员。其道德规范被分成如下三个部分。

第一部分：道德规范的一般应用，此部分适用于全部会员和学员，讲述了道德规范的基本原则，并解释了应如何诠释和理解。

（1）介绍和基本原则：会计职业的一个显著标志是它有保护公众利益的责任，因此，专业会计师的责任不仅仅是满足个别客户或雇主的需要。为了公众利益，专业会计师应当遵守和遵循本规范，如果因法律或法规禁止专业会计师遵循本规范的某些部分，专业会计师应遵守本规范的所有其他部分。

（2）专业会计师应当遵守表7-2所列基本原则。

表7-2　CIPFA会计人员职业道德规范框架

序号	框架类型	具体内容
1	诚信	在所有职业和商业关系中都要坦诚
2	客观性	不允许偏见、利益冲突或过度影响他人，凌驾于职业或商业判断之上
3	专业能力和应有的关注	维持一定水平的专业知识和技能，以确保客户或雇主在目前实践、立法和技术发展方面获得可胜任的专业服务，并依照可适用的技术和专业标准勤勉做事
4	保密	尊重因职业和业务关系所取得的保密信息，因此，除非基于法律和职业权利或义务需要披露，否则不应向没有恰当和特定权限的第三方披露任何此类信息，也不能将信息用于专业会计师或第三方的个人利益
5	专业行为	遵守相关法律法规，避免任何有损职业声誉的行为

第二部分适用于受雇于事务所的所有会员。英国特许公共财务会计师公会认为此原则和道德指南适用于受雇于国家审计机构或框架合同的公司。第二部分包括：(1) 介绍；(2) 职务任命；(3) 利益冲突；(4) 补充性意见；(5) 收费和其他薪酬类型；(6) 市场化专业服务；(7) 礼物和款待；(8) 保管客户资产；(9) 客观性——所有服务；(10) 独立性——审计和审阅业务；(11) 独立性——其他鉴证业务。

第三部分适用于工商业界的专业会计师，此部分适用于许多成员，包括那些受雇于当地政府机构、国家卫生服务系统（NHS），以及在中央政府、国家审计机构、志愿者部门和企业工作的专业会计师。在事务所执业的专业会计师也可以在此部分找到与他们相关的特殊情形。此部分包括：(1) 介绍；(2) 潜在利益冲突；(3) 信息准备和报告；(4) 表现出足够的专业技能；(5) 财务利益；(6) 受到引诱的情形。

（四）苏格兰特许会计师协会（ICAS）

苏格兰特许会计师协会的《道德守则》适用于ICAS的所有成员、附属机构、学员、会员公司或附属公司的雇员。ICAS所属的专业会计师有责任考虑公众利益，维护会计职业的声誉，个人私利不能凌驾于这些责任之上。该守则为专业会计师提供道德指导，帮助他们履行这些义务。如不遵守本守则，专业会计师可能会受到《国际会计准则》中所列的纪律处分。其道德守则主要是基于国际会计师职业道德准则理事会（IESBA）的准则制定，自2011年实质性修订后生效。2014年主要针对涉及破产从业人员的部分进行了修订，2017年重新修订，经国际会计师职业道德准则理事会批准自2017年11月1日起生效。

1.2017年重新修订的主要内容

(1) 法律灰色地带规则：介绍了如果专业会计师遇到其客户或雇主存在实际或可疑“法律灰色地带规则”的情形时应如何处理。就法律灰色地带规则目的而言，与专业会计师有关的法律及法规是指对财务报表的重要项目有直接影响或对本组织运作有根本影响的法律及法规。法律灰色地带规则有关实际或疑似法律灰色地带规则的报告不优先于地方法律法规，如果当地法规与守则的规定有冲突，专业会计师必须遵守当地法规。因此，在英国反洗钱法律法规下，专业会计师必须始终关注可能构成“泄露”的信息披露。

法律灰色地带规则对所有专业会计师来说都是一样的，即他们应该对问题做出反应，而不是视而不见。然而，由于专业会计师的特殊角色和级别不同，法律灰色地带规则的要求也不同，按专业会计师分类并分别确定具体责任。专业会计师的4个分类包括：审计人员、在事务所工作的专业会计师、在工商业界工作的高级专业会计师和在工商业界工作的其他专业会计师。审计师和高级专业会计师在业务上承担更大的责任。

(2) 道德勇气：对《道德守则》第100.5条的修订，以确立“道德勇气”是一种促进因素——一种基本的定性特征，有助于专业会计师遵守基本原则。

为了确保遵守基本原则，专业会计师需要一个基本的定性特征——“行为道德的勇气”。对于专业会计师来说，“勇气”是按照基本原则行事的基础条件，尤其是在面临个人不良后果风险的情况下。专业会计师需要勇敢地面对道德困境；当专业会计师面临道德困境时，需要有勇气面对困境，对解决困境所需的道德行为做出理性判断，然后采取相应的行动。

2.2017年重新修订后的主要结构和内容

苏格兰特许会计师协会的道德守则建立了适用于全部专业会计师的五个基本原则：

(1) 诚实；(2) 客观；(3) 专业能力和应有的关注；(4) 保密性；(5) 职业行为。它提供了一个确保专业会计师应该遵守基本原则的概念框架。这个概念框架要求专业会计师运用他们的职业判断去鉴别和评估对遵守基本原则造成的威胁，运用保障措施消灭威胁或将其降低至可接受的水平。ICAS《道德守则》分为四个部分，依次为道德守则的一般应用、适用于在事务所工作的成员、适用于在工商业界工作的成员、适用于清算破产从业人员。

三、加拿大审计职业道德

加拿大审计长公署发布的审计准则中，对审计职业道德的内容要求主要体现在三个部分：

第一部分，技术培训和熟练性。

对于政府各部门、机构、部属公司、国有企业和其他单位审计人员的审计职业道德要求为：

(1) 对审计理论和标准的认识逐步深入，最终达到充分了解。

(2) 结合教育、能力和应用这些知识的经验，加深对公认会计原则和加拿大政府制定的会计政策的认识以及对管理原则的基本了解。

(3) 对议会的责任性、控制制度和联邦政府组织有充分了解，包括对中央机关、部委机构、附属公司、国有企业和其他单位的了解。

(4) 有与所从事的审计工作的范围、目标和复杂性相称的学术能力或专业资格。

(5) 有应用当代审计技术来了解和评价复杂的组织、管理制度和有关控制的能力。

(6) 熟悉政府、会计和审计专业以及其他有关行业当前的发展趋势。

(7) 具备与监督工作人员、审计长公署的高级管理人员、其他组织的审计专业人员、被审计单位的管理人员和工作人员、政府预算委员会及国有企业审计委员会人员进行有效联系和良好沟通的技能。除了对正在进行的审查内容要具有实际工作经验以外，当审计工作要求一些特殊的专业知识时，审计人员应该请教具有这类专业知识的相关人员或在必要时直接应用他们的工作成果。

第二部分，应有的关注。

审计长公署的工作人员应该保持应有的关注，以确保在进行审计工作时保持最高的专业标准。在依赖其他审计师的工作时，或使用外部专家的工作成果作为审计证据时，公署有责任确保这些专业人员的能力和独立性符合公署的标准。当工作人员中有人怀疑被审计单位涉及舞弊或违法行为时，应该在采取任何行动之前告知上级。应有的关注要求这类事项不能与被审计单位加以讨论，在未得到有关助理审计长批准之前不能收集更多的证据。

保持应有的关注还要求审计人员应该了解私营部门和政府部门之间在理论与实践两方面的不同。政府行政管理通常都比私营业务复杂。虽然私营部门的理论和实践如果经过适当研究，通常可以成功地应用于政府部门，但是审计长公署的工作人员在建议应用这些理论和实践时应该保持应有的关注，并清楚地识别它们与当前政府部门所应用的理论与实践之间可能存在的任何不同之处。

第三部分，审计师应该注意做到：

(1) 避免个人利益方面的冲突，至少应该遵守政府范围内的、公署的和其他的有关利益冲突的专业性指南。

(2) 在进行检查，形成结论和报告结果时，客观地考虑事实并给予无偏见的判断。

（3）避免直接参与被审计单位的政策制定和有关制度、控制的设计。虽然审计师可以对被审计单位的管理部门提供专业性建议，比如可以通过“致管理部门的建议书”来实现，但是必须注意一点，审计师仅局限于提出建议，至于建议的组织实施，那是管理部门的责任，审计师不应参与。

加拿大注册会计师协会（Certified General Accountants Association of Canada，CGA-Canada）提出，加拿大注册会计师技能包括专业知识、领导技能、应有的企业管理技能和个人管理技能。而其中的领导技能由正直与诚信、策略思考能力、协调能力、谈判技巧、团队领导能力、教练技巧、变革和创新能力等方面内容所组成。

四、澳大利亚审计职业道德

（一）澳大利亚审计署《审计职业道德规范》

澳大利亚审计署在发布的审计准则中，对审计人员的审计职业道德做了如下规定：

第一部分，独立性和客观性。

审计长和审计署审计人员的独立性和客观性主要体现在以下4个方面：

（1）与国会的关系。为了公正地履行审计职责，审计长和审计人员必须保持不受任何政治影响，所以，审计长和审计署都不得响应，也不得表现出响应某一政治团体的主张的行为。审计长根据审计任务确定工作重点，安排审计署的工作，并选择合适的审计方法。审计长适当地考虑国会某些委员会的建议，向国会承担完成审计任务的责任。但审计长不应依靠国会来对其审计项目的计划和执行做出特殊的安排。

（2）与政府的关系。审计长同政府的关系是外部审计师与被审计单位的关系。一方面，审计长向国会和各部部长提交审计报告，使其注意行政管理中存在的不足和应改进的领域，以此帮助政府。另一方面，审计长和审计署不得参与政府职能，或充当政府行政机构，否则将有损审计长的独立性和客观性。审计长的独立性是指政府无权干涉与审计长执行审计任务有关的事项，即审计长不得在部长或政府的领导下进行、修改或终止审计，隐瞒或修改审计的调查结果。

（3）与被审计单位的关系。审计长和审计人员对政府部门、公营企业和其他联邦机构进行审计时，必须保持客观态度。审计机构不得参与被审计单位的管理工作和经营过程，以免损害日后审计的客观性和公正性。审计人员不得成为管理委员会的成员，如需向该委员会提出审计建议，必须说明是审计建议。审计机构的审计人员不得干预被审计单位的人员履行职责。

（4）与外部团体的关系。在不损害审计署独立性和客观性的前提下，审计长可以同职业机构建立正式联系，以便得到经验丰富的专业人员提出的一般性建议。

第二部分，审计人员必须拥有适当的学历和工作经验，并经过适当的培训。审计人员的调查能力，包括警惕、坚定、地位和专业经验是保证审计质量的前提。

第三部分，职业谨慎。

职业谨慎是指审计人员在详细说明需要的证据、取得和评价证据、报告审计结果等方面保持职业谨慎态度。为了保持职业谨慎态度，在确定采取审计测试方法和程序时，也应考虑以下事项：

（1）对完成审计目标的要求；

（2）被调查事项的重要性；

（3）会计控制和内部控制系统的效果；

（4）与可能取得的盈利相比较，执行审计计划的费用预算；

（5）内部审计的范围和质量。

除非国会要求或法律规定，审计人员不得在评价和形成审计意见、报告审计结果的范围之外，使用审计工作中取得的有关被审计单位的资料。

2002年初，澳大利亚会计师公会与澳大利亚特许会计师协会（The Institute of Chartered Accountants in Australia，ICAA）修订了《ICAA职业道德准则》。

《ICAA职业道德准则》的权威性来自于ICAA颁布的用以确立其强制实施措施的规章与细则。如果ICAA的成员被发现有违反职业道德的情况，在审查委员会举行听证会后，该成员就会被警告，或被中止执业，甚至被ICAA取消执业资格。ICAA审查委员会对不良行为采取的惩罚措施可能会被地方注册会计师协会所采纳，情况严重的甚至会被州会计师协会吊销执照。因为受到任何惩罚都会损害职业信誉，所以注册会计师在其执业活动中格外谨慎。从一定程度上讲，这本身就坚持了职业道德准则的观念。

（二）澳大利亚政府认可的会计职业组织

澳大利亚现有三个经澳大利亚政府认可的会计职业组织：

（1）澳大利亚注册会计师公会（CPA AU）。澳大利亚注册会计师公会始建于1886年，是全球最大的会计专业团体之一和南半球最大的专业会计师公会，现有会员16万名，其中三分之一为海外会员，分布在全球100多个国家和地区的会计师事务所、企业、政府及非营利部门。

（2）澳大利亚和新西兰特许会计师协会（Chartered Accountants in Australia and New Zealand，CA ANZ），由始建于1928年的澳大利亚特许会计师协会和始建于1994年的新西兰特许会计师于2014年11月26日合并成立。现有会员11.7万名，大多数分布在澳大利亚和新西兰，在中国有200多名会员。

（3）澳大利亚公共会计师协会（IPA AU），成立于1923年，现有会员及学员3.5万名，分布在全球80多个国家和地区，会员供职于多行业多岗位。

（三）道德与治理及联合监管模式

CPA AU指出，道德与治理是当代专业会计师应具备的知识和技能的重要组成部分。作为主要的商业决策者，会计师必须通晓监管法规、合规要求和治理机制，以确保公司的行为和经营不仅合法，且有效果。澳大利亚会计职业与道德准则委员会（APESB）不仅将《道德与治理》列为必修课，同时在CPA Program的其他科目中提到的多种岗位和责任都要求更好地理解道德、公司治理框架和机制。

2018年11月发布的澳大利亚会计师职业道德准则是继2011年12月、2013年5月和11月、2017年5月与2018年4月等历次修订后的最新版。尽管APESB未将独立性（Independence）列为原则之一，但是将独立性准则列为独立章节，体现出对会计师独立性的高度强调。

澳大利亚对公共执业的会计师实行政府监管与协会自律监管相结合的联合监管模式，事务所从事审计、财务规划、清算等业务需得到澳大利亚证券与投资委员会（ASIC）的许可。各会计协会均对会员采取自律道德监管，如CPA AU建立了同业互查制度，每一位注册会计师在取得执业证书2年后将接受首次检查，以后检查的频率取决于上次检查的结果。

道德检查的目的不仅限于合规性，更侧重于帮助会员成长.检查人员会对被检查者进行教育指导，同时，对事务所的管理提出建议。CPA AU设立了专门的执业纪律委员会负责自律惩戒，但通常来说只有极少数的会员会受到惩戒，对于不具备胜任能力的会员将予以劝退。同时，CPA AU也设置了职业操守部门，对于收到的投诉举报、公众媒体披露或监管机构举报、披露的会员违规行为会组织职业操守调查员进行调查，违规严重的将通过一定程序给予惩戒，包括罚款、吊销执业证书或会员证书等。

五、国外会计职业道德发展对我国的启示

长期以来，绝大多数注册会计师努力赢得并始终保持“有能力、正直和客观”的美誉。这些努力很大程度上促进了注册会计师行业作为一项光荣的职业而得到公众的广泛接受。这种接受是一笔很有价值的财富，但这种接受和认同并不是理所当然的。每个注册会计师都要努力地继承这一财富并不断将其发扬光大。

目前，我国注册会计师行业监管也采取政府行政监管与协会自律监管相结合的模式，其中，具有证券业务资格的事务所还要接受证监会的监管检查。上述监管模式对促进我国注册会计师行业保持较高的职业化水平发挥了重要作用，但在客观上也存在多头监管、选择性监管、监管尺度不一及行政处罚多于民事责任追究等诸多问题。

我们从国外会计职业道德严格监管惩戒，促进行业执业质量提高的成功经验中可以得到启示：建议我国财政部、证监会与中注协进一步完善联合监管机制，加强监管信息共享与工作沟通协调，形成行政监管与自律管理相互配合、各有分工、运行高效的监管机制，构筑注册会计师行业职业道德发展的“防火墙”。

【关键概念】

会计职业道德（The Professional Ethicsfor Accountants）
国际会计师联合会（International Federation of Accountants，IFAC）
美国注册会计师协会（American Institute of Certified Public Accountants，AICPA）
美国管理会计师协会（The Institute of Management Accountants，IMA）
英格兰及威尔士特许会计师协会（ICAEW）
加拿大注册会计师协会（Certified General Accountants Association of Canada，CGA-Canada）
澳大利亚特许会计师协会（The Institute of Chartered Accountants in Australia，ICAA）

【复习思考题】

1.你如何理解潘序伦先生的会计职业道德思想？
2.我国会计职业道德思想的历史发展线索是什么？
3.职业道德准则的总体框架包括哪些内容？
4.你如何看待国际会计职业道德准则的不断完善与发展？
5.你认为国外会计职业道德发展对我国有怎样的启示？

【案例分析题】

未尽责审计致大华会计师事务所被处罚

2023年3月17日，证监会对大华会计师事务所（特殊普通合伙）（以下简称“大华所”）出具行政处罚决定书。决定书指出，大华所主要存在以下两项违法事实：其出具的獐子岛集团2016年年度审计报告存在虚假记载、其在对獐子岛集团2016年年度财务报表审计时未勤勉尽责。证监会决定责令大华所改正，没收业务收入122.64万元，并处以245.28万元的罚款；同时，对签字注册会计师董超、李斌给予警告，并分别处以5万元的罚款。

具体来看，经证监会查明，獐子岛集团2016年度结转成本时所记载的捕捞区域与捕捞船只实际作业区域存在明显出入，2016年账面结转捕捞面积较实际捕捞面积少13.93万亩，虚减营业成本6 002.99万元。同时，獐子岛集团未如实将年底新底播区域作为既往库存资产核销，虚减营业外支出7 111.78万元。獐子岛集团案涉年度报告存在虚假记载。大华所作为獐子岛集团2016年度财务报表的审计机构，出具了标准无保留意见的审计报告，收费130万元，签字注册会计师为董超、李斌。

此外，证监会指出，大华所执行存货有关实质性审计程序时未勤勉尽责，包括未针对獐子岛存货特殊性进行充分考虑并制定合理的监盘计划、未对相关审计证据的可靠性进行评价等。

资料来源：罗逸姝．未尽责审计致大华会计师事务所被处罚 曾为獐子岛审计机构［N］．经济参考报，2023-03-17．

讨论问题：

1.大华会计师事务所被处以大额罚款，对我们有何启示？

2.企业如何保持应有的职业道德？

第八章

单位负责人与公民会计道德规范

【经典警句】

执道者德全，德全者形全，形全者神全。神全者圣人之道也。

托生与民并行而不知其所之，忙乎淳备哉！功利机巧，必忘夫人之心。

若夫人者，非其志不之，非其心不为。

虽以天下誉之，得其所谓，謷然不顾；

以天下非之，失其所谓，傥然不受。

天下之非誉，无益损焉，是谓全德之人哉！

——庄子《天地》

我们大家要学习他（白求恩）毫无自私自利之心的精神。从这点出发，就可变为有利于人民的人。一个人能力有大小，但只要有这点精神，就是一个高尚的人，一个纯粹的人，一个有道德的人，一个脱离了低级趣味的人，一个有益于人民的人。

——毛泽东《纪念白求恩》

【学习目的与要求】

1.明确会计职业道德教育的特征与方法；

2.掌握单位负责人与公民会计道德规范要求；

3.重视会计职业，提高会计地位；

4.尊重会计人员，配合会计工作；

5.利用会计信息，做好经营决策；

6.遵守会计法规，强化会计责任；

7.践行会计诚信，优化会计环境。

【导言】

新时代会计诚信教育探究

人才是会计诚信体系建设的重要支撑和根本要素。习近平总书记在党的二十大报告中明确指出：教育、科技、人才是全面建设社会主义现代化国家的基础性、战略性支撑。要深入实施人才强国战略。教育是国之大计、党之大计，育人的根本在于立德树人，要用社会主义核心价值观铸魂育人，弘扬诚信文化，健全诚信建设长效机制。贯彻落实党的二十大精神，强化会计诚信教育既是各类财经会计类人才培养高质量发展的应有之义，更是教育部门胸怀“国之大者”为国家培养德才兼备的高素质财经人才的必要举措。

教育在会计诚信体系建设中处于重要的基础性地位，推动会计诚信建设需要多主体共同发力。高校等教育机构作为财经会计人员培养的“第一站”，承担着立德树人的重要使命，加强会计诚信教育能够从源头提升会计从业人员素质，扣好“第一粒”扣子，为社会供给更高素质的会计人才。

现阶段，会计诚信教育的主要问题在于，一是对人才培养目标中的“价值塑造”重视度不够；二是课程内容与课程体系建设仍待完善；三是会计专业“课程思政”尚需深入推进，与专业课程有机融合不够。

纵向来看，会计诚信教育缺乏从宏观到微观的价值塑造。目前，教育更聚焦于个人层面的具体落实。然而，教育并不能仅孤立地从个人维度向学生传递价值观念，需要从宏观的层面传递教育内容的重要意义，完善价值传递逻辑，提升学生对会计诚信重要性的认识。

横向来看，会计诚信教育相关内容与其他专业课程的有机结合不够。部分专业课机械地通过“课程”和“政治理论”两个模块拼接完成思政任务，难以实现知识传授和价值引领的协同。

党的二十大报告为新时代人才培养和教育工作提供了根本遵循。在财经会计类人才的诚信教育方面要进一步加强理念创新和路径优化。

理念创新方面，一是做到全员育人。院系领导、专业课程教师、导师等多元主体共同参与到会计诚信教育的建设中。二是做到全面育人，做到显性教育与隐性教育结合。会计诚信设为必修课属于显性教育方式。除此之外，还应将社会主义核心价值观、诚信文化融入综合素养课程，包括研究生的通识、专业课程教育，以及继续教育课程，实现不同知识传授中价值观的同频共振。三是做到全程育人。会计诚信教育应当同会计专业知识一样，伴随于会计人员终身的学习过程中。

具体优化路径方面，一是将“德才兼备、以德为先的会计人才”作为教育培养目标，财经类高校等会计人才培养机构要进一步转变理念，强化价值塑造在“三位一体”人才培养目标中的引领地位。会计诚信教育内容应当更加注重体系化，做到理论与实践贯通、历史与现实贯通、中国与世界贯通。二是教师应强化主体意识，提高自身的政治站位，胸怀“国之大者”，自觉从政治角度认识诚信教育的重要性和必要性；深化育人理念，做到教书与育人的有机统一；提升教学艺术，将社会主义核心价值观内容自然地融入教师话语体系，春风化雨，增强课程的亲和力；要以身作则，将诚信原则贯穿教学科研全过程。三是在课程设计上要多学科、多主体共同谋划。包括建立集体备课制度、课程设计集思广益，在学生新生教育、专题讲座、入党培训等人才教育重点阶段，加入诚信教育内容。同时，重点把握教材“编”“用”两个关键环节。教材的编写过程中，要系统梳理中国诚信文化的传承和支撑，多开发中国情景下的正面案例。教育者使用教材时，也要注重教材与讲授内容的有机结合，在教材的理论框架基础上融入现实情境。四是创新教学方式，打破过去的以教师为主的传授方式，更多关注受教育者在学习中的思考和反馈，提升其洞见问题和解决问题的能力。例如，考虑采用“案例行动学习法”等方式。五是在教育评价机制上要明确评价主体与客体、评价内容以及做好评价结果的运用。首先，明确评价机制涉及的主体与客体。组织负责人需要对教师的会计诚信教育实施情况进行综合评估，教师需要对学生的会计诚信知识学习情况进行综合评估。其次，确定的评价标准应当注重科学性和全面性。对教育主体的评估应当包括教育者自身综合素质、教育过程的合理性以及最终教育效果等三个维度。最后，做好评估结果的充分利用。就教师而言，在示范性课程评选时，加入会计诚信教育相关评价因素。就学生而言，强化诚信在各类奖学金、荣誉评选标准中的位置，实行诚信问题一票否决制。

会计诚信教育是一个动态的过程，要保持会计诚信教育“因时而进，因时而新”。

资料来源：张凤玲．观点|新时代会计诚信教育探究［EB/OL］．［2022-12-02］．https：//mp.weixin.qq.com/s?__biz=MzA5Nzg3NTQ1Mg==&mid=2650277598&idx=2&sn=826100da68394de640c20c7486d64070&chksm=8896824dbfe10b5b9e6520d33e42a1e972508c4cdafbe93e839d9e8d42d1e4b79eab5d5b132b&scene=27.

青少年是人们的希望和祖国的未来，会计的希望和未来也在于对青少年的会计教育，尤其是会计职业道德教育。因此，会计职业道德建设首先应该以会计职业道德教育作为切入点。会计职业道德教育是会计教育的关键与核心，决定着会计教育的方向和前途。培养成千上万个职业道德好、业务素质高的会计人才，是为发展社会主义市场经济奠基，也是现代化建设的根本大计。

● 第一节　大力开展会计职业道德教育

会计职业道德教育是根据会计工作的特点，有目的、有组织、有计划地对会计人员施加系统的会计职业道德影响，促使会计人员形成会计职业道德，履行会计职业道德义务的活动。会计职业道德教育的作用在于：把社会意识中得到反映和论证的会计职业道德原则、会计职业道德规范和会计职业道德观念灌输到会计人员的意识之中，引导会计人员既能够实行自我监督，调整自身行为，也能够参与社会行为的调整过程；对其他会计人员提出会计职业道德要求和进行会计职业道德评价。会计职业道德教育是会计职业道德职能作用得以发挥的重要途径。会计人员的道德品质需要会计职业道德教育来培养，社会道德风尚也需要包括会计职业道德教育在内的整个社会道德教育来造就。可见，开展会计职业道德教育，有利于提高会计人员的道德水平，促使会计人员形成会计职业道德品质，进行会计职业道德实践活动。

一、会计职业道德教育的特征

会计职业道德教育是塑造或改造会计人员道德面貌的工作。由于会计人员与社会实践、生产经营等活动有广泛的联系，而且有高度的自觉性和能动性，因此，会计职业道德教育过程是一个极为复杂的矛盾运动过程。但是，会计职业道德教育并非不可捉摸，无规律可循，会计职业道德教育具有如下特征：

（一）会计职业道德教育的整体性

由于会计职业道德品质是会计职业道德认识、会计职业道德情感、会计职业道德意志、会计职业道德信念和会计职业道德习惯等基本因素有机统一的集合体，因此，会计职业道德教育不能机械地确定一个序列，单一地进行，而必须注意各个基本要素的整体培养。整体性要求把会计职业道德教育看作是有机的体系，做到各要素齐头并进、相互协调、共同发展。也就是说，我们应该在提高会计人员道德认识的同时，培养会计人员的道德情感和道德意志；在教育会计人员确立、坚定和增强自己的道德信念的同时，教育会计人员养成自然而然地实践会计职业道德原则和规范行为的习惯。当然，在进行会计职业道德教育的时候，是可以而且应该根据实际情况侧重于其中的某个方面，但是，切不可因有侧重点，而不兼顾其他方面。总之，整体性是由会计职业道德教育本身形成和发展的客观过程所决定的，也是构成会计品质中各要素相互依赖、相互制约的必然要求。

（二）会计职业道德教育的针对性

会计职业道德教育要着眼于构成会计人员道德品质诸要素的平衡，使其全面发展，因而要对各要素施加积极的道德影响，但在现实的会计工作中往往难以达到各个要素发展的完全平衡，各要素在发展方面和发展水平上常常不一致。这是因为每个会计人员的生活经历、教育程度、知识水平和实践状况不同，他们的社会公德素质和职业道德素质有差异，而且会计人员的职业活动又与许多方面有联系。这种情况决定了进行会计职业道德教育不能采取统一的形式，只从一个固定不变的模式出发，而是要从实际出发，在充分调查的基础上，针对不同的教育对象，选择最需要、最迫切、最能见效的方面进行会计职业道德教育。譬如，对刚参加工作的会计人员，由于他们对会计职业道德知识知之甚少，因而就应该从会计职业道德认知着手；对某些意志薄弱的会计人员，就要从增强会计职业道德意志入手；对空谈会计职业道德而不实行者，就要从要求言行一致开始。总之，会计职业道德教育要因人而异，灵活多样。这种会计职业道德的针对性教育，是会计职业道德教育灵活性和生动性的体现。

（三）会计职业道德教育的复杂性

培养会计职业道德品质是一个极为艰巨复杂的过程，需要不断地反复进行。即使是比较单纯地传授会计职业道德知识，也必须经过反复教育才能逐步为会计人员所了解和掌握。相比之下，会计职业道德感情的培养，会计职业道德意志的锻炼，会计职业道德观念的树立和会计职业道德习惯的养成还要困难得多、艰巨得多、深刻得多，不可能一蹴而就，一次生效。例如，就培养会计职业道德情感来说，真正要使会计人员做到爱憎分明，从善如流，嫉恶如仇，是很不容易的。这种情感必须在实践的基础上经过反复认识、反复感染、长期熏陶才能产生，要使其稳定，还需要更长期的教育。可见，复杂性是会计职业道德教育的又一规律性的特征，它表明会计职业道德教育是一项长期的、艰巨的工作。

（四）会计职业道德教育的实践性

会计职业道德本身就是知和行的统一，会计职业道德离开了实际的会计职业道德行为就会变得毫无意义。不仅会计职业道德认识、会计职业道德情感、会计职业道德信念和会计职业道德习惯需要在社会实践中培养和训练，而且由“知”转化为“行”，必须在实践基础上实现。会计职业道德教育的实践性意味着，这种教育既要从会计实际工做出发，适应社会的实践情况和实际需要，又要引导会计人员遵循会计职业道德规范。实践是进行会计职业道德教育的基础，也是衡量会计职业道德成效的唯一标准。离开了实践，会计职业道德教育就会变成空谈和说教，变得没有意义。

（五）会计职业道德教育的渐进性

会计人员的道德品质不是先天就有的，也不是自发产生的，只有经过后天的长期学习和反复磨炼才能形成。会计人员这种反复的磨炼过程实际上也是会计职业道德品质形成的渐进过程。荀子云："积土成山，风雨兴焉；积水成渊，蛟龙生焉；积善成德，而神明自得，圣心备焉。故不积跬步，无以至千里；不积小流，无以成江海。"此话表明，一种良好的品质要经历积小善为大善的长期过程，只有通过平时细微的、不断进步的量的积累，才能达到道德面貌的根本变化。刘备说得更明确："勿以善小而不为，勿以恶小而为之。"因此，会计职业道德教育不能操之过急，急于求成，而要循序渐进，日积月累。会计职业道德教育要给会计人员以道德理想，要达到这种理想必须经过无数的实践。只有立足会计实践，从自我做起，千锤百炼，才有可能成为一个具有高尚道德情操的会计人员。

会计职业道德教育是一个培养和塑造会计人员灵魂的系统工程，特别需要遵循会计职业道德教育的客观规律。作为会计教育工作者要不断地研究各种新的会计问题，总结新经验，揭示新规律，使会计职业道德教育更丰富、生动、深刻，更富有成就感。

二、会计职业道德教育的方法

会计职业道德教育的方法是以会计职业道德教育客观过程的特征及其规律性为依据的，是会计职业道德实践经验的总结。会计职业道德教育究竟应采取何种方法，只能根据会计职业道德本身的特点和教育对象的实际情况来确定。这里简要介绍如下方法。

（一）传授会计职业道德知识与进行道德锻炼相结合的方法

传授会计职业道德知识，就是通过讲授，向会计人员灌输会计职业道德规范等知识，帮助会计人员提高会计职业道德认识，并在职业生活中自觉进行会计职业道德实践。但对会计职业道德知识的深入理解，离不开会计实践的锻炼和会计职业道德的锻炼。会计人员只有亲身实践，通过自身的锻炼、体验和总结，才能更深刻、更全面地认识和理解会计职业道德知识，更自觉地从事会计实践活动。可以说，传授会计职业道德知识和进行会计职业道德锻炼，是加强会计职业道德教育的两个同等重要的方面。

（二）个人示范和集体影响相配合的方法

个人示范，其一，要求会计领域的各级负责人在会计工作中，以身示范，以身作则，严格要求自己，成为全体会计人员的表率；其二，要求表彰先进模范人物，树立正气，抨击不良倾向，通过个人示范起到影响大众的作用。同时，要加强集体教育，扩大集体影响。集体是许多个别成员集合组成的。集体影响一般表现为集体成员的相互学习、相互感染、相互激励、相互监督和相互促进等过程。发挥每个成员的长处，克服各自的不足，促进大家一起提高道德水平，起到良好的会计职业道德教育效果。

（三）典范诱导和舆论扬抑相统一的方法

榜样的力量是无穷的，会计领域的榜样，是指在会计工作中做出了巨大成绩的英雄、模范人物。他们具有高尚的会计职业道德品质，善于从日常小事做起，不断对自己进行道德品质的培养，全心全意地为国家、为人民、为集体工作。他们闪光的行为和事迹，对其他会计人员起到潜移默化的作用；他们在社会上尤其是在会计领域表现出良好的道德风尚，恰当地、实事求是地运用这种榜样的力量，可以启发诱导和激励会计人员履行会计职业道德。与此同时，还要重视舆论作用。舆论对会计人员的道德行为起到扬抑作用。在会计领域中，只有形成了扬正抑邪、褒善贬恶的社会舆论，会计职业道德教育才能收到好的效果。

会计职业道德教育的方法除了上述几种以外，还有其他多种，例如，说服教育的方法、道德行为反馈的方法等。具体运用会计职业道德教育方法时，要视会计职业道德教育的任务、内容和教育对象的实际情况而定。

三、加强会计职业道德教育的对策建议

目前，我国的会计职业道德教育很不完善，在诸多方面存在问题，为了进一步深化会计教育改革，我们很有必要努力探索能够加强会计职业道德教育的有益途径，力图改善我国会计职业道德教育的现状。我们可从以下几方面加强会计职业道德教育：

（一）深化会计教育的改革

首先，充实现代会计教学的内容，不仅要设置经济、管理方面的课程，而且要将会计职业道德课作为会计专业学生的必修课程之一，让这些未来的会计人才在学校就有会计职业道德意识，并树立会计职业道德观念。缺乏会计职业道德教育是导致我国会计工作诚信度较低的重要原因，所以我们应该突出诚信为本的教育，提高会计专业学生的道德水平。其次，建设现代会计教材体系，不仅要丰富专业教材，还要将会计职业道德教材作为正式的专业教材进行学习。另外，可以从国外引进比较经典的教材，这样可以与国际接轨。最后，改进现代会计教学方法。现代会计教学方法主要有讲授方法、讨论方法、发现方法、实践方法等，而在会计职业道德教育的过程中，最好采用案例教学的方法，这是学生和各类进修的会计人员最容易接受的，也是最有成效的教学方法。

（二）大力开展诚信教育和会计职业道德教育

“诚信为本、操守为重”是会计人员必须具备的职业道德，会计人员没有了诚信，真实、客观、公允的会计信息也就无从谈起，决策也就失去了可靠的依据。诚信为本是我国的传统美德，在任何一个时期，诚信都是对每一个经济人的基本要求，在会计工作中，诚信显得尤为重要，它直接影响着会计行业的正常运转、正常经济秩序的维护。企业如果不讲诚信，将没有立足之地。

诚信、高效的中国会计将为世界会计的发展注入源源不断的动力。诚信是时代的要求，在会计教育中，诚信教育应该引起足够的重视，在日常的授课和学生的思想素质教育过程中，应有意识地强调诚信的重要性，使学生在学校期间自觉地形成诚信为本的职业道德，为今后的执业奠定良好的思想道德基础。

● 第二节　重视会计职业，提高会计地位

对于一般社会组织与公民（尤其是与会计工作发生联系的人们）来说，强调会计的道德规范的核心问题，是宣传和建立正确的会计观念，端正和形成科学的会计认识，自觉践行合理合法的会计行为。为了给会计行业营造良好的社会道德环境，社会公众应明确会计的社会道德规范要求。具体包括以下几个方面的内容：

一、会计控制和参与决策功能日益重要

目前，我国社会上对会计的认识仍然停留在原始观念上，在普通人的心目中，虽不敢武断地说会计可有可无，但大都认为会计人员整天不外乎就是跟“一二三四五六七，一把算盘一支笔”打交道，会计工作只不过是“打打算盘数数钞，写写数字填填表”，既无学问，也无所作为。这种传统观念严重束缚着会计事业的发展，最终必将有碍于社会和企业经营管理水平的提高。

实际上，会计是一种古老的职业，会计学是一门古老而又年轻的学科。会计的发展历史表明，“当近代会计以它较为完善的科学形象，在社会经济领域的管理工作中发挥重要作用的时候，人们开始为树立它的尊严做了种种努力。此后，那种普遍存在的陈腐的轻视会计的思想，已作为一种没落的思想被扔进了历史的垃圾堆。自此，对这一学科的公正评价替代了无理的责难。德国诗人歌德的诗中写道：‘复式簿记（现代会计的前身——作者注）是人类智慧的结晶，是伟大的发明。’自15世纪以来，包括数学家、哲学家、法学家在内的专家、教授、学者为创建会计学说做出了贡献。从复式簿记着手，对会计学科进行深入细致的研究，成为整个世界的行动”[①]。

马克思在《资本论》第二卷中论述流通费用的性质时深入分析了簿记，精辟概括了会计的地位和作用，即“过程越是按社会规模进行，……作为对过程控制和观念总结的簿记就越必要。因此，簿记对资本主义生产，比对手工业和农业的分散生产更为必要；对公有生产，比对资本主义生产更为必要”。[②]历史的进程也正是如此。无论是封建社会的宫廷会计与家计，还是资本主义社会的企业会计与政府会计，其重要地位如受到重视，则生产发展，国泰民安；反之，如其重要地位被忽视，则生产萧条，天下大乱。

现代会计较之传统会计又有了质的飞跃，尤其是20世纪40年代管理会计产生并成为一门独立的学科之后，会计逐渐显示出其控制与参与决策的功能。当今，会计更是重要，会计信息是企业最完整、最系统、最综合、最准确、最重要的信息资源（下文将对此进行深入分析——作者注）。西方国家许多公司的总经理都是从会计人员中提拔的。会计人员常被人们称为“控制师”“领航员”。有人曾把能否成功避免资本主义的世界性经济危机归结为会计提供信息的成败，虽然这种观点本身未必正确，但足见他们对会计的重视程度。

20世纪50年代，我国会计曾有所发展，但因受“工具论”和“反映论”等传统会计观念的束缚，会计理论与实践的发展速度远不能令人满意。60年代，居然有人提出所谓的“无账会计”，实际上就是不要会计，使我国会计发展步入低谷时期。要改变这种状况，不仅需要会计人员努力提高自身的政治素质、业务素质和知识水平，做好会计工作，提高会计职业的知名度，而且更重要的是整个社会以及每个公民都重视会计工作，尊重会计人员，尤其是财政、税务、审计、银行、工商等宏观经济管理部门要充分利用会计信息，健全会计监督，形成宽松的、和谐的践行会计职业道德的社会环境。

二、发展经济必须加强管理，实施管理必须借助会计

物质资料的生产是人类社会生存和发展的基础，是决定其他一切活动的前提。而“一切规模较大的直接社会劳动或共同劳动，都或多或少地需要指挥，以协调个人的活动，并

---

① 郭道扬．会计发展史纲［M］．北京：中央广播电视大学出版社，1984：379.
② 马克思．资本论（第二卷）［M］．中共中央著作编译局，译.北京：人民出版社，1975：152.

执行生产总体的运动——不同于这一总体的独立部分的运动所产生的各种一般职能”。[①]这样，对经济的管理也就成为客观的必然。经济管理的目的在于合理地分配劳动，以节约劳动时间，提高单位时间利用效率，从而提高劳动生产率。

要科学地管理经济，就必须对生产过程中活劳动和物化劳动的消耗利用货币形式进行全面核算，并有效控制和严格监督，这就决定了会计在经济管理中的中枢地位，也决定了会计机构作为独立的职能部门在经济管理体系中的重要地位。

三、经济越发展，会计越重要；会计越发达，经济越繁荣

随着社会生产的发展和生产规模的扩大，会计经历了一个由简单计算、记录财务收支开始，逐步发展到主要运用价值形式综合核算和监督经济活动的过程。会计的技术方法通过长期实践也日益完善起来。会计资料的处理从全部手工操作发展到机械操作，再到现在部分或全部的电子计算机化。

从社会形态角度看，资本主义社会的会计比以前各种社会形态的会计都重要，而且会计学作为一门科学，本身就是产生于商品市场经济发展的客观需要，会计学产生之后又对资本主义的发展进程起了极大的推动作用。正如德国社会学家马克斯·韦伯所说的“如果在其（西方资本主义——作者注）发展过程中没有另外两个重要因素，资本主义企业的现代合理组织也是不可能的：首先，是经营活动与家庭的分离，这也在现代经济生活中有所普及；其次，是与此相关的合理簿记”。[②]

社会主义社会由于具有生产资料的公有制等资本主义社会无可比拟的优越性，从理论上讲，社会主义会计的重要性一定大于资本主义会计，因为社会主义的社会化大生产迫切要求通过会计核算，及时、准确、完整地提供各种有关数据和资料，组织国民经济的综合平衡；迫切要求通过精确地算账，提供准确、及时的数据，对社会生产进行反映和控制，以指导国民经济的发展；迫切要求通过会计如实核算，反复比较，严格监督社会再生产过程中的劳动占用、劳动耗费与劳动成果三者之间的比例关系，保证有限的财力、物力和人力得到最合理的分配，以最小的劳动消耗取得最大的经济效益。

在我国社会主义建设实践中，上述重要性未得到充分体现，原因在于：其一，生产力发展水平不高；其二，会计工作未被领导和更多的人所理解、重视。

这些年来，随着改革开放的实施，国家颁布了一系列会计法规、条例；各单位会计机构相继健全，投入正常运转；会计教育有了较大的发展，在我国高等教育中，会计专业受到众多家长的关注与广大学生的喜爱，据不完全统计，每十个大学生中就有一个是会计专业的，会计人员知识水平不断提高，我国会计进入了一个新的发展时期，会计发展全面进入社会主义建设新时代，也大力促进社会主义市场经济发展。

总之，重视会计职业，提高会计人员地位是每个公民应具备的会计职业道德观念。

● 第三节　尊重会计人员，配合会计工作

长期以来，我国会计，发展缓慢，这与社会和公民轻视会计，不尊重会计人员有关。当务之急是整个社会要形成尊重会计人员的气氛。

---

① 马克思. 资本论（第一卷）[M]. 中共中央著作编译局，译.北京：人民出版社，1975：367.
② 韦伯. 新教伦理与资本主义精神 [M] .黄晓京，等译. 成都：四川人民出版社，1986：20.

一、明确会计人员身份的多重性

会计人员身份的多重性是由会计职业的特殊性所决定的。会计在处理收支发生、钱物进出时都要涉及国家、集体、职工三者之间的利益关系。会计在处理三者关系时，应从不同的位置和角度来考虑问题。在上缴税利和维护财经纪律等方面，会计人员代表着国家，是国家理财人的身份；在企业提高经营管理和经济效益等方面，会计人员要站在企业利益上，是企业职员的身份；在职工生活、福利、奖励等方面，会计人员是职工代表的身份。会计人员身份的三重性，增加了会计工作的难度，需要会计人员做到内外协调一致。

二、理解会计人员的职责

《会计法》明确规定："会计机构、会计人员依照本法规定进行会计核算，实行会计监督。""会计人员应当遵守职业道德，提高业务素质。对会计人员的教育和培训工作应当加强。"显然，会计人员的职责十分重大，对于任何问题，其要从多个角度去面对、分析和解决，往往比其他人要考虑得全面、深入得多。社会成员要理解会计人员的职责，并充分相信他们的工作而且还应为会计人员履行职责创造条件。

三、切实提高会计人员的社会地位和经济待遇

会计人员是生产经营管理的重要组成部分，是社会主义建设事业中的一支必不可少的主力军，因而要求整个社会尊重他们的知识及他们的工作习惯，使会计专业人才学以致用，用其所长，以便充分发挥他们在会计工作中的管理才能。特别是各级领导干部要带头尊重会计人员的劳动，倾听他们的意见，鼓励他们解放思想，大胆工作；在各种场合下注意提高会计人员的威信，全面发挥他们参与管理、参与控制、参与决策的重要作用。同时，还要切实提高会计人员的经济待遇，落实解决他们的工作和生活问题，以使其全力以赴地投入到会计工作中。为此，首先，应积极提供与会计工作有关的各种资料，配合会计人员做好会计核算工作，真实反映单位的生产经营活动和财务状况，完善管理的基础工作；其次，要理解并配合会计人员做好会计监督工作，保证单位的生产经营和业务工作合法、合规、有效地进行。

● 第四节　利用会计信息，做好经营决策

一、企业经营管理的重心在于决策

现代管理理论可以用简练的话来表达：管理的重点是经营，经营的重心是决策，因而决策的研究和制定便成为管理的重要课题。

何谓决策？通俗地讲，决策就是做出决定，是指为达到某一目标，而从众多方案中选择一个最优方案（相对最优方案，下同）加以实施，并对实施的结果进行反馈，以作用于下一个循环的过程。

首先，根据需要明确决策目标。目标明确后，按照方案的整体详尽性和互相排斥性提出达到目标的多种备选方案，然后以技术上的先进性、经济上的合理性和实现上的可能性为标准，运用经验判断、数学分析和模拟试验等方式进行方案的论证、评价和比较，从中选出最优方案。随后，付诸行动。在执行中将每一局部过程的执行结果与决策目标进行比较，找出差异，并采取调整措施，以期实现决策目标；同时，为下一个经营循环提供资料。所以，决策绝不是瞬间决定的，而是一个提出问题、确定目标、方案选优、采取行

动、信息反馈的系统分析的动态过程，也是一个反馈控制过程。

显然，企业决策是一项非常复杂的系统工程。而决策的准确性很大程度上取决于决策者对信息的了解和掌握程度，取决于信息的数量和质量，取决于获取信息的及时性和准确性，这是因为信息具有目的性、有用性、记载性、传递性、共享性和时效性等特征，更主要的原因在于决策过程本身就直接表现为信息的收集、加工、处理、储存、反馈的过程。企业只有对每日每时所发生的信息形成的信息流进行及时、迅速、科学的处理，才能做出正确的决策。可以说，信息是企业经营决策的重要依据，是企业经营活动的重要资源。

会计信息的重要性还体现在使用目的的多样性上。首先，会计信息能满足企业内部的管理需要。企业领导者应主要根据会计信息开展决策和管理活动，企业职工也要经常了解会计信息，关心企业的发展；其次，会计信息能满足与企业有利害关系的外部集团的需要。从国家与企业的关系看，企业要定期向财政、税务部门报告会计信息，接受国家的监督，同时，为国民经济宏观决策积累资料；企业应向银行报告会计信息以取得资金支持；企业要考虑与本单位有往来关系的单位，了解其会计信息的需要，发展与这些单位的协作关系。

二、会计信息是制定企业经营决策的重要依据

其一，大量的信息是制定决策的前提。没有足够可靠、真实、客观的信息，决策就会流于形式，走过场，起不到应有的作用。在企业，大量及时有效的信息来自会计部门。会计信息是企业整个经营活动的综合体现，其财务会计部分信息用于反映和控制，管理会计部分信息用于决策和计划。会计信息也就成为企业制定经营决策的重要基础，企业财务决策的直接依据，企业市场营销决策、产品生产决策和技术改造决策的衡量标准。

其二，企业制定经营决策的目的是提高企业的整体经济效益。会计管理工作的目的是以货币为量度，对企业的经济活动进行连续、系统、全面、综合的反映、监督和控制，以实现企业的整体经济效益。可见，两者的目的是一致的，并且经营决策的目标是通过会计管理和其他生产经营管理活动来实现的。

其三，根据决策目标，运用会计信息及其他信息提供多种可供选择的方案。各种方案指标的计算、比较、评价和选优工作都离不开会计信息。会计信息在决策制定中扮演着十分重要的角色，发挥着十分重要的作用。

三、经营决策的实施过程也是会计信息的记录和控制过程

决策是行动的基础，行动是决策的延续，是决策最重要的一环，企业的经营决策确定以后，就要付诸实施，企业各部门、各环节都要围绕经营决策运动起来。为了使经营决策稳定协调地实施，企业必须对企业决策的实施过程从价值和使用价值两个角度加以全面管理。会计管理就是从价值角度核算、控制使用价值的再生产过程，及时发现实施过程与经营决策的偏差，尽可能将偏差控制到最低限度，加强成本控制，搞好资金调度，合理分配财务成果，并根据决策的需要对生产经营活动进行有效的调节，使经营决策的运行处于最佳状态。

四、经营决策的反馈过程主要体现为会计信息的反馈过程

一方面，狭义的反馈过程本身就是经营决策实施过程的组成部分；另一方面，广义的反馈过程则是企业经营决策循环的环节，上一个经营决策的输出信息往往成为下一个经营决策的输入信息。会计理论是假定企业为一个连续经营实体的，为了实现对企业这个耦合运行系统进行长期的管理和控制，企业经营决策必须是一个多层次的、连续的时间序列决策系统，经营决策之间在内容上就存在着相互依赖的关系。这里的信息自然要求是综合性的、可比的价值信息，而只有会计信息才能承担此重任。会计信息的反馈集合形成企业经营决策的数据库后，会计信息就能有效地作用于经营决策系统。

以上分析表明，经营决策过程很大程度上就是会计信息的获取、加工、转换、处理、储存、传输、控制和反馈的过程。“过去的一些会计人员，现在已成为伯利恒钢铁公司、通用汽车公司和通用电气公司等许多大型公司的最高层主管人员了。他们担任过的会计职务，在他们晋升到最高管理层的过程中曾起过十分重要的作用。会计工作贯穿于组织机构的一切方面；管理会计人员的职责与管理人员的计划和控制工作关系密切，难分难解。”①

随着我国经济体制改革的深入发展，会计信息在经营决策中的地位和作用将日益为人们所认识和理解，并引起足够的重视。因此，在企业经营管理过程中，会计人员（同时也是信息工作人员）不仅要搞好记账、算账、报账、管账和用账等工作，还要随时了解企业的生产技术经营活动，全面熟悉企业的情况，及时提供准确的会计信息，提高会计信息的质量，增强会计信息的可信度，主动参与决策；企业领导者要重视作为决策基础的会计信息，极大地调动会计人员的积极性，虚心听取会计人员的意见，学习和掌握必要的会计知识，以制定出科学的经营决策并科学地实施经营决策，促使企业增强竞争能力，不断提高经济效益。

第五节　遵守会计法规，强化会计责任

会计法规是国家管理会计工作的法律、条例、规则、章程、制度等的总称，是组织经济活动、开展会计工作的指南。每个社会公民，特别是领导干部，首先要带头学习会计法规，领会会计法规的精神实质，树立会计法规意识，在工作中身体力行，以身示范，人人都养成自觉遵守会计法规的好习惯，主动约束自己的活动，规范会计行为，全社会都形成遵守会计法规的风尚，这是会计社会道德的最终表现与目标。

要彻底治理会计信息失真，从源头根除会计信息失真产生的可能性，在遵守会计法规的同时，就必须强化会计责任。这里所指的会计责任是广义的，它包括单位负责人的会计责任、会计人员的会计责任、注册会计师的审计责任三个方面。下文将就这三方面的会计责任展开进一步的阐述。

一、单位负责人的会计责任

在1985年1月21日第六届全国人民代表大会常务委员会第九次会议通过的《会计法》中用了较大篇幅来规定单位领导的责任，却把单位负责人、会计人员和其他人员放在同一会计责任主体上，其结果往往导致无人负责。鉴于此，1999年10月31日第九届全国人民代表大会常务委员会第十二次会议修订了《会计法》，特别强调了单位负责人是本单位会计行为的责任主体，全面扩大了单位主要负责人应承担的会计责任。2017年11月4日，第十二届全国人民代表大会常务委员会第三十次会议对《会计法》进行了修正。但是，众

① 霍恩格伦．高级成本管理会计学（上册）[M]．上海财经学院会计学系《会计译丛》小组，编译．北京：中国财政经济出版社，1986：11．

所周知，会计是一项专业性、技术性很强的工作，而单位负责人又不一定精通会计专业，那么，为什么要求单位负责人对本单位的会计工作和会计资料的真实性、完整性负责，并承担法律责任呢？

（1）从法理上说，单位负责人既然作为本单位的法定代表人或主要负责人，应当对本单位包括会计工作在内的所有经营管理工作和各项经营管理活动负责，并承担相应的法律责任。《中华人民共和国公司法》规定，公司法定代表人或主要负责人拥有管理公司所有重要经济事项和对外代表公司处理业务的权利，根据权利与义务对等的原则，公司法定代表人或主要负责人同时也应承担相应的义务，对其所做出的决策和决议负责。而公司所做出的决策和决议绝大部分都与会计核算和管理直接或间接相关，作为公司的法定代表人或主要负责人，当然应对会计事项负责，同时，也就包含着对会计信息的真实性、完整性负责并承担相应的法律责任。

（2）单位负责人对本单位的会计人员和会计资料的真实性、完整性负责，并承担相应的法律责任，符合中国的实际情况。在市场经济条件下，单位负责人有权任命、聘用或者解聘会计机构负责人（会计主管人员）和有关会计人员，两者之间是行政领导与被领导、聘任与被聘任的关系。会计机构负责人（会计主管人员）等会计人员是在单位负责人的领导下开展工作的，也是单位负责人的参谋与助手。尽管这些人员可以在一定程度和职权范围内参与决策和处理业务，但他们是在单位负责人的领导下具体组织实施的，如果本单位的会计工做出现作假和违规行为，不仅相关会计人员有责任，由此产生的法律责任还是应由单位负责人承担。

在实际工作中，各单位对外报出的财务会计报告最终还须由单位负责人签名、盖章后，方可成为合法的文件对外提供，否则，该文件将不具有法律效力，有关方面也可不予受理。这不仅是一种形式上的要求，实质上也代表着一种法律责任。一个单位对外提供虚假的财务会计报告的行为如同对外提供假冒伪劣产品。因此，单位负责人的法律责任是不能回避的，不能认为会计工作专业技术性强，是会计机构和会计人员的事情而与己无关，更不能认为在财务报告上签名、盖章只是一种手续，而对其内容可以不负责任。

（3）单位负责人对本单位的会计工作和会计资料的真实性、完整性负责，并承担相应的法律责任，国际上已有先例。日本《有限公司法》规定："董事代表公司"（第25条），"董事须于每个决算期制作下列文件及其附属明细书：资产负债表、损益计算书、营业报告书、关于利润分配或亏损处理的议案"（第43条），"董事履行其职务有恶意或重大过失时，该董事对第三人亦连带承担损害赔偿责任"（第30条），"董事就第43条所列文件应记载的重要事项进行虚假记载或者进行虚假登记或公告时，亦同前项（即董事亦应对第三人连带承担损害赔偿责任）"。

《德国有限责任公司法》第35条规定："管理董事在法院内外均代表公司。"第41条规定："管理董事有义务使公司依照规定进行会计工作，在每一营业年度最初3个月内，管理董事提出上一营业年度的资产负债表与损益计算书。"该法第82条专门对公司负责人提供虚假报告所应承担的法律责任做出了规定，如果公司负责人对外提供虚假报告或者在公开的通告中对公司资产状况做不真实的陈述或隐瞒事实真相，将被处3年以下徒刑或罚金。

各国的事实证明，这样规定责任清楚，对抑制、减少乃至杜绝会计违法行为至关重要。因此，我国《会计法》在修订过程中借鉴了这一做法，明确了单位负责人应作为单位会计行为的责任主体。既然单位负责人为本单位会计行为的责任主体，其就应承担起相应的会计责任。

(4)《会计法》在规定单位负责人对本单位的会计工作和会计资料的真实性、完整性负责的同时，对其法定职责也予以具体化，主要包括以下法定职责：

第一，组织本单位依法设置会计账簿，并保证其真实、完整，保证单位发生的各项经济业务事项在依法设置的会计账簿上统一登记、核算，不得违反《会计法》和国家统一的会计制度的规定私设会计账簿登记、核算。

第二，组织领导单位会计机构、会计人员和其他相关人员严格遵守《会计法》的各项规定，依法进行会计核算，实行会计监督。

第三，对认真执行《会计法》、忠于职守、坚持原则、做出显著成绩的会计人员，给予精神或物质奖励，不得对依法履行职责、抵制违反《会计法》规定行为的会计人员实行打击报复。

第四，应当在单位财务会计报告上签名并盖章，并保证财务会计报告的真实、完整。

第五，应当组织本单位建立健全有效的内部控制制度，强化单位内部制约机制，保证办理会计事务的规则、程序能够有效防范和控制违法、舞弊等会计行为的发生。

第六，应当保证会计机构、会计人员依法履行职责，不得授意、指使、强令会计机构、会计人员违法办理会计事项。

第七，对会计机构、会计人员发现会计账簿记录与实物、款项及有关资料不相符而无权处理的报告，应当及时做出查处决定。这也是单位会计工作及时正常进行的重要保证，单位负责人对此必须及时做出处理。

第八，应当如实向受托的会计师事务所提供会计资料，不得以任何方式要求或示意注册会计师及其所在的会计师事务所出具不实或不当的审计报告。

第九，应当组织本单位接受有关监督检查部门的依法监督，如实提供会计资料和有关情况，不得拒绝、隐匿、谎报。

第十，应当依法任用具备开展会计工作所需要的专业能力的会计人员，并依法保障本单位会计人员的继续教育和培训，促进会计人员的业务素质的提高。

从上述法定职责可以看出，把单位负责人定位在本单位会计工作第一责任人的位置上，明确其会计责任，有利于规范会计行为和保证会计信息质量，有利于从根本上解决会计秩序混乱等问题。

【专栏8-1】　　强化监督管理　立起制度刚性

2021年上半年，中央纪委国家监委网站累计发布了14起出纳、会计等岗位财务人员违纪违法问题的案例剖析类报道。梳理这类案件发现，当中暴露出财务人员岗位廉政风险及相关单位财务管理混乱、财务监督流于形式等问题，值得警惕。

一、买奢侈品，搞微整形，公家账户成了提款机

一件衣服6.4万元，一个包超过20万元……1990年出生的王雪，是北京市东城区某离退休干部休养所原出纳员。仅一年多的时间，她利用职务便利，侵吞、骗取公款720余万元，全部用于个人奢侈消费。

与王雪类似，江苏省溧阳市残疾人联合会、市残疾人劳动服务所原出纳会计张敬宜为了在朋友圈“比拼实力”，同样是90后的她，挪用129万元公款用于微整形、购买奢侈品、出国旅游消费，以维持自己在同事眼中“白富美”的人设。

“觉得自己好可怕，我的虚荣心让我失去控制，那个看到钱就像失心疯的自己，我再也不想看到了。”为了还网贷，广西壮族自治区三江县文学艺术界联合会、三江县科学技术协会原临聘财务人员唐嘉彤上班第三天便打起了公款的主意，2年时间从单位的4个账户挪用公款819笔，共计169.3万余元，最多的一次仅一天内就挪用了19笔款项。

此外，还有一些财务人员内心空虚，沉迷于虚幻的网络世界，为了给网络游戏购买装备、打赏网络主播、帮网络游戏中的“爱人”在现实中投资，不惜铤而走险，挪用公款。

年纪轻、职务低，犯罪时间短但涉案金额大，记者在梳理相关案例时发现，部分基层单位年轻财务人员为追求享乐，迷失自我的问题较为突出。

二、企图用公款“借鸡生蛋”，结果却“鸡飞蛋打”

财务人员违纪违法典型案例中，还有一些人自以为有财会知识背景、具备经济头脑，企图“借鸡生蛋”，将挪用、贪污的公款用于炒股、购买理财产品、投资实业等，结果却“鸡飞蛋打”得不偿失。

浙江省永康市下园朱农贸综合市场开发服务部原出纳胡春洁以发工资、退押金、退摊位费等名义，先后12次挪用单位资金2 074万余元用于投资，亏损高达1 800多万元，直到案发时账户中只剩下200多万元。

为了炒股，浙江省建德市委统战部原部务会议成员兼会计戚秀娟采取“蚂蚁搬家”的方式，先后83次作案，单笔金额从千余元到十万元不等。她将128万余元公款放进了自己的口袋，甚至为了骗取1 000元的慰问金，不惜编造同事亲人去世、生病住院的谎言。

因沉迷网络炒股，湖南省吉首市新兴城乡公路建设投资有限责任公司原出纳彭某花7个月挪用公款776.52万元用于网络平台投资。当她想回收资金时，相关平台均以各种借口拒绝让她取钱。直到报案后她才意识到，那些网络平台都是虚拟平台，自己遇到的其实是典型的网络诈骗。

更有甚者，有的财务人员一门心思指望“天上掉馅饼”，深陷赌博的泥沼，赌徒心理驱使他们一次次铤而走险，将手伸向了公款。例如，湖南省常德市国土资源局武陵区分局原副股长兼出纳姚正斌在2年多的时间里挪用公款4 484.83万元用于网络赌博，却输得一无所有。因犯挪用公款罪，姚正斌被判处有期徒刑12年。

三、强化监督管理，把制度刚性立起来

从14起财务人员违纪违法问题典型案例中可以看出，他们能屡次得逞却未被察觉，暴露出监管失职失责、制度流于形式等共性问题。

案例中，大多数违纪违法的财务人员并不在领导岗位，有的甚至是“编外人员”“临时出纳”，案发单位或出于信任，或疏于监管，致使他们利用手中的财务管理权力，钻制度漏洞大肆敛财。一些违纪者提到，自己一开始的时候很害怕，但是后来却发现根本没有人注意，胆子就越来越大，导致变本加厉。张敬宜在接受调查时提到，他们单位主办会计是外聘的，平时不点保险柜里的现金，自己只要把账面做平就能蒙混过关。

“制度不单要‘上墙’，更要‘上心’。新兴城乡公路建设投资有限责任公司在财务人员岗位安排方面，没有严格执行财务印鉴、U盾应分设的财务制度，也没有监督落实按月对账的财务规定，接到账目异常情况汇报后，也没有采取有效的应对措施。”湖南省吉首市纪委监委第五纪检监察室主任张映西认为，制度执行不力，有章不循，层层失守，是造成彭某花7个月挪用数百万元巨额资金的重要原因。

因履行监督管理职责不力、管辖范围内发生挪用巨额公款问题，江苏省常州市住房公积金管理中心党组书记、主任陈慧和原党组成员、纪检组长周海涛的名字，出现在中央纪委国家监委2020年12月公开通报的6起问责典型案例中。

常州市纪委监委党风政风监督室副主任张文伟表示：“履行全面从严治党主体责任不能只喊在口上，教育管理监督也不能只浮在面上。党员领导干部要强化责任担当，在财务人员队伍管理、制度执行等方面加大日常监管力度，紧盯重点人、重点事、重点岗位和重要制度执行，推动监督于问题未发生之时。”

资料来源：于露．管好公家钱袋子：14起财务人员违纪违法问题案例分析［EB/OL］．［2021-05-28］．https：//www.ccdi.gov.cn/yaowen/202105/t20210528_242759.html.

二、会计人员的会计责任

在权责均衡的、公平竞争的市场经济中，对于任何从事经济活动的主体，社会均赋予其一定权力完成其特定目标，相应地也要求其对自己的行为及结果负责。会计的本质是一种管理活动，会计人员利用组织赋予的职权从事会计管理工作，必然要承担会计责任，以保证实现组织目标。作者从以下角度来认定会计人员的会计责任，即：会计本质→会计目标→会计责任。

1.会计本质→会计目标

会计本质是管理活动，这可以由管理的定义及会计职能的发展来证实。会计从近乎原始的结绳记事发展至现代会计，职能不断拓宽，涉及预测、计划、决策、监督、控制、激励等各个领域。会计不是被动地适应各方面对会计信息的需要，而是通过提供会计信息，能动地影响决策行为。这种能动的影响是积极的还是消极的，取决于会计人员自身的行为。若要使这种能动的影响是积极的，就要求会计人员提供真实、可靠的会计信息。《会计法》对这方面也做出了相关的规定：各单位必须根据实际发生的经济业务事项进行会计核算，填制会计凭证，登记会计账簿，编制财务会计报告。任何单位不得以虚假的经济业务事项或者资料进行会计核算。只有出具的财务信息是真实的、完整的，才能对决策行为起到正确的引导作用。

在企业内部，会计人员处理经济业务，必须按照国家统一的会计制度的规定对会计资料进行审核，对其合法性、经济性做出判断，对不真实、不合法的经济业务有权不予接受，并向单位负责人报告。对记载不准确、不完整的会计资料可予以退回，并要求按照国家统一的会计制度的规定更正、补充，从而使会计成为管理中有效的经济信息控制系统。在企业外部，对外披露的会计信息直接影响着报表使用者的决策，影响着经济资料的配置，因此，会计是一个开放管理系统中的重要组成部分。从会计本质可知，在企业内部，会计一方面应发挥内部控制的功能，另一方面会计的预测、分析职能应为企业领导者决策提供依据；在企业外部，会计信息应引导经济资源实现有效配置。因此，会计行使其职能，是为了实现以下目标：加强企业内部控制，为企业内部决策提供依据；帮助企业外部各方了解其财务状况及经营成果，满足宏观经济管理的需要。

2.会计目标→会计责任

为实现会计目标，会计人员有权依据法律及职业判断对经济活动进行控制，对会计信息进行处理。与会计权利相对应，会计主体也应承担一定的会计责任。与会计目标一致，会计责任分为内部责任和外部责任。内部责任是建立、健全内部控制制度，为企业领导者决策服务；外部责任是保证会计信息真实、合法、完整，保护资产安全与完整。

3.会计人员的法定会计职责

《会计法》在对单位负责人的会计责任予以具体化的同时，对会计人员的法定职责也做出了相关的规定：

第一，会计人员必须依据《会计法》的规定进行会计核算，实行会计监督。

第二，会计人员必须根据实际发生的经济业务事项进行会计核算，填制会计凭证，登记会计账簿，编制财务会计报告。

第三，会计人员必须按照国家统一的会计制度的规定对原始凭证进行审核，对不真实、不合法的原始凭证有权不予接受，并向单位负责人报告；对记载不准确、不完整的原始凭证予以退回，并要求按照国家统一的会计制度的规定更正、补充。

第四，会计人员对本单位发生的各项经济业务事项应当在依法设置的会计账簿上统一登记、核算，不得违反《会计法》和国家统一的会计制度的规定私设会计账簿登记、核算。

总之，作为会计人员应当遵守《会计法》和国家统一的会计制度的规定，遵守自己的职业道德，才能保证会计信息的真实、可靠。

三、注册会计师的审计责任

审计责任是指注册会计师应按照独立审计准则的要求出具审计报告，保证审计报告的真实性、合法性。它包括两个方面的内容：一是注册会计师应对审计报告的真实性负责。审计报告的真实性是指审计报告反映的注册会计师的审计范围、审计依据、审计程序和发表的审计意见都是真实的；二是注册会计师应对审计报告的合法性负责。审计报告的合法性是指审计报告的编制和出具必须符合《中华人民共和国注册会计师法》和独立审计准则的规定。

审计责任和会计责任是我国独立审计中两个关系非常密切的概念，使得许多人并不能准确地把握这两种责任的区别，致使社会上有关注册会计师的责任问题的诉讼越来越多，所以明确这两个概念的相互联系有利于社会各界正确理解审计工作，合理地运用审计报告，恰当地追究注册会计师的法律责任，保护注册会计师的合法权益，充分发挥审计的重要作用。会计责任也可称作经营责任，是指被审计单位应建立健全的内部控制制度，保护资产的安全、完整，保证会计资料的真实、合法、完整。会计责任是被审计单位管理层应尽的义务。

注册会计师的审计责任不能替代、减轻或免除被审计单位的会计责任，因为：

其一，审计责任是注册会计师作为被审计会计报告合法性、公允性和会计处理方法一贯性的证明人所应尽的义务。注册会计师不是被审计单位的管理人员，没有承担会计责任的权利和义务。

其二，会计责任是被审计单位管理层自身应负的法律责任。如果让注册会计师在执行审计业务的同时，代行全部或部分会计责任，不仅会导致被审计单位的会计责任可以不充分履行，而且意味着注册会计师成了被审计单位的管理人员，丧失了对被审计单位进行审计的独立性。没有独立性的注册会计师出具的审计报告是不合法的。

注册会计师充分履行审计责任，能够促进和帮助被审计单位充分履行会计责任。第一，注册会计师通过向被审计单位提供管理建议书和提请被审计单位对会计报表中的重要错报项目进行更正，可以帮助被审计单位充分履行其会计责任。第二，注册会计师通过向委托人及其他利害关系人提供真实合法的审计报告，可以帮助这些利害关系人实现对被审计单位管理层会计责任及其他受托经济责任履行情况的正确考核和有效监督，促进被审计单位管理层充分履行会计责任。第三，注册会计师通过提供真实合法的审计报告，可以增加会计报表使用者对被审计单位会计报表的合法性、公允性及会计处理方法一贯性的信任，提高被审计单位的社会信誉，为被审计单位充分履行会计责任提供条件。

被审计单位会计责任是否得到正确和充分的履行，决定着注册会计师审计责任充分履行的难易程度。合理的审计程序必须与被审计单位的实际情况，主要是会计责任的履行情况相适应。如果被审计单位会计责任履行情况很差，内部控制制度不健全，就不能发表正确的审计意见，导致审计责任难以充分履行。所以注册会计师要充分履行审计责任，必须深入了解被审计单位的实际情况，特别是会计责任的履行情况，对审计风险做出谨慎判断，合理选择和认真实施审计程序。

由此可知，会计责任与审计责任是两种完全不同的责任，它们虽有区别，但也存在着一定的联系，只有把被审计单位的会计责任和注册会计师的审计责任共同落实到位，才能保证会计资料的真实、完整、可靠。

四、会计责任界定与划分

相关调查资料表明，违规的上市公司案件通常涉及三类人：第一类是单位负责人，总经理和董事长；第二类是总会计师；第三类是财务部负责人。在大多数案件中，都是因单位负责人指使、授意做假账，披露假信息而产生违法行为的。1995—1997年财政部门的调查结果也证实了这一情况。通过对80万户企事业单位的调查，发现没有建账的单位占16.2%，会计数据失真的也超过16%，违纪人员中有988人是单位领导或负责人，有234人是财务人员（数据出自1999年财政部监督司的调查资料）。由此可以看出，将单位负责人确定为会计信息责任人是非常正确的。但也不排除会计人员为私利做假账、提供虚假会计信息的可能性，这就需要对单位负责人的会计责任和会计人员的会计责任作一个界定划分。

（1）唯利行为，是指会计责任人在执业过程中，受利益驱动而违反《会计法》规定的舞弊行为。唯利行为若为会计人员的个人行为，则会计责任由其个人承担；若为会计人员和单位负责人的共同行为，则两者都应承担相应的会计责任。

（2）唯上行为，是指会计责任人在执业过程中，由于某种目的的驱使，为迎合上司心理而违反《会计法》规定的舞弊行为。唯上行为有个人行为，也有共同行为。个人行为则由个人承担会计责任；共同行为则相关联的人都应承担会计责任。

（3）放纵行为，是指单位负责人或关系人，受利益或某种目的的驱使，玩忽职守，放纵会计人员违反《会计法》规定的舞弊行为。放纵行为是一种领导违法行为，单位负责人应承担较大的会计责任，会计人员应就其舞弊行为承担会计责任。

（4）胁迫行为，是指单位负责人或关系人，受利益或某种目的的驱使，滥用职权，胁迫会计人员违反《会计法》规定的舞弊行为。它也是一种领导违法行为，单位负责人应承担此会计责任，而会计人员则无须承担会计责任。

上述会计违法行为都会使会计信息严重失真，从而导致企业经营业绩歪曲，税源和国有资产流失，给社会经济发展带来极大的危害。要从根本上遏制此类违法行为，就应加大法律的监管力度，对违法的单位负责人、会计人员及注册会计师要依法追究其行政责任、民事责任和刑事责任，使其受到应有的法律制裁。

五、履行会计责任的若干建议

《会计法》及相关法律、法规从各个方面对单位负责人、会计人员、注册会计师的行为起到了一定的约束作用，规范了社会经济秩序。但是，作者认为，光凭外在的约束力规范会计责任人的行为是远远不够的。为彻底解决会计信息失真和会计资料不可靠这一世纪难题，作者特提出以下几点建议：

1.加强对会计人员的培训教育，提高会计人员的职业道德水平

《会计法》规定，因有提供虚假财务会计报告，做假账，隐匿或者故意销毁会计凭证、会计账簿、财务会计报告，贪污，挪用公款，职务侵占等与会计职务的有关违法行为被依法追究刑事责任的人员，不得再从事会计工作。因此，会计人员应充分认识到制作虚假会计资料的严重后果，促使其自觉维护会计资料的真实性，自觉讲究会计职业道德，造就高尚的道德品质，此乃治理会计信息失真的根本措施。

2.加强会计人员的管理工作，改善执法环境

《会计法》第二十九条规定：会计机构、会计人员发现会计账簿记录与实物款项及有关资料不相符的，按照国家统一的会计制度的规定有权自行处理的，应当及时处理；无权处理的，应当立即向单位负责人报告，请求查明原因，做出处理。这强调了单位负责人的责任。同时，试行会计委派制、派驻稽查特派员等办法对防范会计资料的虚假性也有一定程度的作用。

3.加强单位领导的教育培训工作，支持会计人员工作

会计人员是受单位领导的，通过增强单位负责人的会计法治意识，支持会计人员真实反映经济活动，可有效遏制会计资料的失真行为，使提供的会计信息真实、可靠。

4.发挥社会中介机构的作用，增加中介机构的责任约束

目前，中介机构对企业的资料评估、验资或验证提供虚假文件的现象时有发生。这有主观原因，也是由于企业造假手段隐蔽，而中介机构的审计报告多基于单位所提供的会计资料而产生，影响了审计报告的可信度。因此，充分发挥社会审计力量的监督作用，也是抑制会计资料失真的有效方法之一。

5.健全单位内部管理，使会计、统计、审计三者互相制约

各级财政部门应当要求所管理的本地区的企事业单位健全内部监督体系，完善会计、统计、审计三者间的相互监督、约束功能，使三者间的数据相互验证，提高会计资料的真实性。此外，还可以采取提高会计责任人的工资、福利待遇等措施，使其违法行为的成本远远高于收益，这样就可以降低违法行为发生的可能性。

总之，一方面完善有关的会计法规、规章制度和强化会计责任人的会计责任，加大监管力度，另一方面提高会计从业人员自身的综合素质，加强其职业道德建设，双管齐下减少会计作假行为的发生，维持良好的社会经济秩序，使我国的经济建设更上一个大台阶。

● 第六节 践行会计诚信，优化会计环境

会计诚信思想形成于潘序伦先生的“立信”思想，是依据会计职业本质并顺应时代要求的产物。在从事会计事业的过程中，潘序伦先生始终以“立信”为思想追求和行事准绳，笃信、言传、实践着会计诚信思想。这一思想体现在“立信”这一命名中，体现在立信会计学校的24字校训中，体现在他多次的著文、演讲中，也体现在他日常的工作实践和教育实践中。本书将潘序伦会计诚信思想的内涵归纳为以下三点：一是职业道德，二是治学态度，三是人格素养。

一、诚信是一种职业道德

诚信首先是一种职业道德。会计是一项具有广泛社会性的事业，与社会经济联系紧密，在会计师事务所成立的第二年，潘序伦本着“取信于社会”这一会计职业的特殊要求，取《论语》中“民无信不立”之意将事务所更名为“立信”，打出“诚信”这一响亮的招牌，要求同仁公正服务社会，建立广泛的信用。潘序伦先生多次著文阐发他的会计职业道德思想，强调诚信在职业道德内涵中的核心地位。诚信是各行各业所倚赖的道德品质，但比较起来，对会计师职业尤其重要。因为会计师职业存在的依据和唯一目的就是“建立社会各界财政上的信用”，如果本身不能“以绝对诚信自期”，更谈不上为他人的信用做证明了，所以诚信是会计师职业成败的关键。在《吾国之会计师职业》《谈谈会计人员的职业道德》等文章中，他也着重谈到会计师的使命是建立社会之信用，承办业务必须在“信”字上多下功夫，对人对事，要保持“信誉”，以建立“信用”为要件。会计师是社会的“经济警察”，会计诚信表达了会计对社会的一种基本承诺，即客观公正、不偏不倚地把现实经济活动反映出来，忠实地为会计信息使用者服务。会计人员必须树立诚信观念、坚守诚信的职业道德，严格自律。

【专栏8-2】　　30多年的行动诠释做人、立业、为民的模范形象

张长海，男，1951年2月出生，福建省漳州某机械制造有限公司董事长。自1988年创办该企业以来，张长海以诚实守信的精神品质、脚踏实地的工作作风诠释了当代企业家诚信做人、诚信立业、诚信为民的模范形象。在张长海的带领和影响下，企业先后获得“十佳信用企业”“省级工商信用优异经营户”“安全生产诚信用工单位”“诚信经营先进单位”等称号。2021年9月，张长海获评“第一届漳州市长泰区道德模范”。

一、言传身教，模范引领

张长海始终将“诚信”内化于心，外化于行。在创业之初，他就将“诚信、务实、奉献、创新”确立为企业的价值观，并制定了企业诚信荣辱观标准：以诚信经营为荣，以欺骗客户为耻；以言行一致为荣，以言而无信为耻；以公平公正为荣，以偏心偏颇为耻；以品质优良为荣，以质量缺陷为耻。30多年来，他经常教导员工诚信做人，他说“诚信是做人做事的根本，也是企业立业的根本”，是企业的经营底线和所有员工必须坚守的为人处世的基本原则。

二、追求品质，诚信经营

1.重品质，创品牌

张长海在《员工守则》里写道：公司的愿景是关注国际市场，将企业打造成为国际品

牌机械零配件的知名供应商。为早日实现目标，张长海以“一条一款皆规矩，一件一事见功夫，一丝一毫一成品，一规一矩见人品”的工匠精神铸造国货之光荣，年过七旬的他还经常下生产一线指导工作。2021年，公司产品出口量占产品总量突破了70%。

2.守信誉，促发展

在一次与国外客户的贸易合作中，客户提出了紧急的售后服务需求，张长海不远万里，亲自带着技术团队上门解决。事后，客户满怀感激地说：“你这是在做亏本买卖啊！”他却坦然回答：“你放心把产品交给我做，我得信守承诺，对你负责啊。”多年来，公司被国际多家知名采购商授予“优秀供应商奖”称号。

3.重合同，守信用

在与金融机构业务往来期间，张长海及企业未曾有过不良的信用记录。2004年，公司被中国农业银行福建省分行评为“AAA级信用企业”。

4.遵纪守法，诚信纳税

自2003年以来，在张长海的管理下，企业每年均获得“长泰县纳税大户”称号，多次被县政府评为长泰县“纳税信用A级”单位。2018年，企业被福建省纳税人研究会评为“诚信纳税、诚信经营会员单位”。

5.以人为本，信守承诺

张长海坚决抵制拖欠员工工资行为，企业成立至今，从未发生因拖欠工资产生的纠纷，同时，张长海通过建立诚信工资管理体系，使每年公司员工的留存率保持在95%以上。

三、不忘初心，回馈社会

作为一名企业家，张长海信守创业之初许下的“诚信为民”的承诺，经常参与社会公益，回馈百姓。2013年，张长海向长泰县教育系统捐赠20台电脑，价值6万多元，荣获“好善乐施 重教助学”称号。自2000年以来，张长海累计向员工子女捐赠助学资金达7.9万元，资助人数达117人。多年来，张长海向各地慈善机构累计捐赠物资近20万元，其中，在新冠肺炎疫情期间，向社会捐赠了9万元及口罩等物资。

资料来源：佚名.【身边好人】诚实守信——诚信企业家用30多年的行动诠释做人、立业、为民的模范形象［EB/OL］.［2021-11-20］. http：//fjzz.wenming.cn/ddgf_7321/202111/t20211120_7427304.html.

二、诚信是一种治学态度

诚信也是一种治学态度。诚信最根本的内涵是不欺人、不自欺。现代会计作为一个需要专业知识的职业，不欺人的前提是不自欺，即业务上要扎实过硬，才能为社会提供科学有效的服务。潘序伦先生认为，会计比其他任何职业都事务烦琐、责任重大，会计从业者在技术上必须精益求精，既要有扎实的基本功，又要勤奋学习新的知识，会计人员要在记账、算账、报账等方面都做到百分之百的正确，没有丝毫差错，就必须勤学苦练，精通专业。

诚信治学的思想集中体现在立信会计人才的培养方面。潘序伦带领下的立信会计学校素有从严治校、从严治教、从严治学的优秀传统，以“认真”二字为主导，对师生高标准、严要求。教师要认真备课，认真批改作业；学生考试成绩以70分为及格，考试作弊要开除学籍；并且通过课程、教材和师资等方面的着力建设来保障教育的高质量。立信会计学校有一支数量可观、质量超群的专兼职师资队伍。

潘序伦认为，“唯有优越之会计人才，庶政府与企业之会计能日臻于完善，间接足以促进国家社会之进步，收效迅速而宏大”。会计从业者必须娴熟技能和高尚品德兼备，诚信执业，诚信治学。

三、诚信是一种人格素养

诚信更是一种会计人格素养。1937年，立信“信以立志，信以守身，信以处事，信以待人，毋忘立信，当必有成”24字校训的提出，标志着潘序伦的会计诚信思想由职业道德、治学态度更上了一个层次，即诉诸为一种人格要求。立志和守身，强调的是个人修养。立志是起点，守身是维持和延续。“立志”是要树立以“信”为基本的志向。志向一旦树立，就会变成行动的方向与动力。有高远的志向，就有明确的人生目标。“守身”则是要把这种志向内化为人生观和价值观，持之以恒地贯穿于人发展的始终。也就是说，潘序伦先生要求学生不但要把“信”作为人生起步的目标，而且要使其成为一生的信仰。处事和待人，是要将“信”融于“行”中，充分体现在处事和待人的行为中。将“信”作为自觉性的习惯行为，既不需要外部的监督和提醒，也不需要自己的意志努力，而使其成为一种自我意识的流露。以信“处事”和“待人”，其人文含义首先在于对“人是一切社会关系总和”这个科学判断的认同，也就是说，作为社会的人，个人与他人的交流、合作是生存的必要手段和途径。诚信是个人的立身之本，也是处理人际关系的重要德行。在市场经济条件下，“信”不仅仅是一种出自道德动机的品质，而且是一种明智的行为准则，不仅是会计人员的从业资格要求，而且是他们的价值观和精神气质。潘序伦认为，从事会计工作的人，必须在立志、守身、处世、待人等方面，建立信用。

四、优化会计的诚信环境

当今社会，会计诚信的缺失已经成为一个国际性的难题。会计诚信的缺失，增加了市场的交易成本，阻碍了市场的正常发育，制约了经济的发展和社会的进步。面对历史的教训和现实的危机，重塑会计诚信、加强会计教育、净化会计从业环境已成为理论界与实务界共同关注的焦点。潘序伦先生是中国近现代会计界最早倡导诚信思想，大规模开展诚信教育的先驱，深刻挖掘潘序伦先生会计诚信思想的精髓对我国诚信现状的改善具有重大指导意义。

社会环境影响会计环境，会计环境对会计活动产生极其深远的影响，同时，又影响会计人员的职业道德水平，所以我国的会计职业道德教育的加强需要依赖良好的会计环境。会计环境，是指会计所依赖和依存的大环境。它包括客观环境和主观环境，或者称会计外环境和会计内环境。会计客观环境，是指包括经济、政治、社会文化、法律环境等因素的环境，其中，最重要的是经济环境。会计主观环境，则包括会计系统结构内部各部分的客观状况，有会计模式、会计人员素质、会计工作手段和方法、会计行为等。会计的客观环境影响着会计主观环境，会计的主观环境又反作用于客观环境，两者在相互作用和影响下不断向前发展。具体可以通过以下措施改善会计环境。

（1）强化会计监督意识，增强道德观念。

（2）加强企业内部管理，建立监督约束机制。

（3）排除不正当的行政干预，克服浮夸虚报现象。

（4）加强会计职业道德建设，完善会计职业道德准则，强化会计职业道德教育。

（5）扩大现有会计人员的知识结构，积极推广会计终身教育。

【关键概念】

诚信教育（Sincerity Education）
会计职业道德教育（Education of The Professional Ethics for Accountants）
会计责任（Accountants Responsibility）
单位负责人与公民（Mass Organizations and Citizen）
会计道德规范（Accounting Ethics Standard）

【复习思考题】

1.会计职业的社会道德规范主要包括哪些内容？

2.诚信教育与会计职业道德教育的差异何在？

3.会计信息质量的主要特征以及其对防范会计假账有何作用？

4.针对我国会计职业道德教育的现状，提出符合我国国情的加强会计职业道德教育的政策建议。

5.会计责任的范围包括哪些？注册会计师的审计责任主要是什么？

6.单位负责人与公民如何践行会计诚信，优化会计环境？

【案例分析题】

康美药业财务造假与正中珠江会计师事务所

——虚构财务报告与未勤勉尽责

2018年12月，中国证监会日常监管发现，康美药业股份有限公司（简称康美药业）财务报告真实性存疑，涉嫌虚假陈述等违法违规行为，证监会当即立案调查。2018年12月29日，康美药业披露有关信息。

2019年4月29日，康美药业发布了一份《关于前期会计差错更正的公告》，修正财务数据多达14条。同时，康美药业2018年年度报告被出具保留意见的审计报告。

在《关于前期会计差错更正的公告》中，阐述了康美药业2017年年报中出现的14项会计错误，其中最主要的有以下几点：

一是由于公司采购付款、工程款支付以及确认业务款项时的会计处理存在错误，造成应收账款少计6.41亿元，存货少计195.46亿元，在建工程少计6.32亿元；由于公司核算账户资金时存在错误，造成货币资金多计299.44亿元。

二是公司在确认营业收入和营业成本时存在错误，造成营业收入多计88.98亿元，营业成本多计76.62亿元；同时，销售费用少计4.97亿元，财务费用少计2.28亿元。

三是由于第一项会计处理错误，使得公司合并现金流量表销售商品、提供劳务收到的现金、支付其他与经营活动有关的现金等多个现金项目金额错误。也因此，康美药业经营性现金流量净额由18.43亿元转为-48.4亿元。

简言之，由于财务数据出现会计差错，造成2017年营业收入多计88.98亿元，营业成本多计76亿元，销售费用少计5亿元，财务费用少计2亿元，销售商品多计102亿元，货币资金多计299亿元，筹资活动有关的现金项目多计3亿元。

公告出来之后，市场哗然。其中，多计货币资金高达299.44亿元，金额之大刷新A股纪录。资深投行人士王骥跃点评道，这可能是中国证券史上最大的一笔“会计差错了”！面对市场的质疑，康美药业董事长马兴发表了致歉信，信中并未直接回应财务差错出现的具体原因。

2019年5月5日晚，康美药业收到上交所问询函，大致有10点：

（1）前期差错更正涉及采购付款、工程款支付、确认业务款项等环节的会计处理，请说明具体会计处理、依据及其合规性，还要请会计师发表意见。

（2）近300亿元货币资金说没就没，怎么没的，要说清楚：多计货币资金的存放方式、主要账户、限制性情况、是否存在违规资金使用及资金的主要去向；货币资金核算出现重大差错的具体原因、涉及的主要交易事项、交易安排、交易对手方及是否为关联方等具体情况；结合公司近年的融资情况，说明是否存在募集资金违规使用的情形；公司资金管理制度及执行存在重大缺陷的具体情况；结合公司现存债务规模、现有货币资金的受限情况等，说明各项债务的后续资金偿付安排，并充分提示风险。请会计师及相关保荐机构发表意见。

（3）其他应收款少计57.14亿元。请说明具体原因及责任人，是否为非经营性资金占用。

（4）存货少计195.46亿元。请披露少计存货的具体项目、品种及金额，是否存在虚构交易事项及具体情况和责任人。

（5）营业收入多计88.98亿元，营业成本多计76.62亿元。请披露收入确认及成本结转出现差错的具体原因，存在的虚构交易事项及具体情况和责任人。

（6）公司对2016年的主要会计数据进行了调整，营业收入、扣非前后的净利润分别调减69.48亿元和14.99亿元，总资产、净资产分别调减15.72亿元和14.01亿元。请披露具体调整事项、相关会计处理、调整原因及依据。

（7）请年审会计师披露审计程序跟之前的差异，并说明未及时发现前期差错的具体原因及责任人。

（8）针对财务报表审计保留意见，请年审会计师补充披露已实施审计程序但未能获取充分、适当的审计证据的具体原因，存在哪些需要获取但无法获取的主要审计证据，获取过程中存在的主要障碍，以及以前年度获取情况及与本年获取存在的差异情况。

（9）2018年财务报告内部控制被出具否定意见的审计报告，请公司披露内控缺陷的具体情况、产生原因、相关责任主体的认定和追责安排等。

（10）发生这么大的会计差错，请康美全体董事、监事、高级管理人员进行详细说明，是否勤勉尽责、是否存在主观故意、是否存在管理层舞弊行为。

2019年5月17日，中国证监会公布对康美药业的调查进展：康美药业披露的2016至2018年财务报告存在重大虚假，涉嫌违反《证券法》第六十三条等相关规定。一是使用虚假银行单据虚增存款；二是通过伪造业务凭证进行收入造假；三是部分资金转入关联方账户买卖本公司股票。中国证监会已对公司审计机构正中珠江会计师事务所涉嫌未勤勉尽责立案调查。

调查结果发布后的5月17日晚11时许，康美药业发布停牌一天并将被实施风险警示的公告。公告显示，因公司治理、内部控制存在缺陷，资金管理、关联交易管理等方面存在重大缺陷，根据公司前期披露的年报及其附属文件，并经公司核查，公司与相关关联公司存在88.79亿元的资金往来，这些资金被相关关联公司用于购买公司股票，上述行为触及《上海证券交易所股票上市规则》13.1.1条规定“投资者难以判断公司前景，投资者权益可能受到损害”的情形，公司向上海证券交易所申请对公司股票实施“其他风险警示”。

而市场质疑康美药业涉嫌财务造假的同时，也把矛头直指审计机构正中珠江会计师事务所，其应该为康美药业所谓的“财务差错”承当一定的责任。事实上，从2001年起，正中珠江已连续为康美药业审计了18年的财报。公开信息显示，广东正中珠江会计师事务所（特殊普通合伙）由广东正中珠江会计师事务所有限公司、广州健明会计师事务所有限公司、中山中信会计师事务所有限公司、韶关中一会计师事务所有限公司、广州市德信会计师事务所有限公司的注册会计师共同发起设立，股东为29个自然人。而康美药业出事，也给这家会计师事务所带来了不小的麻烦。2019年5月13日晚间，中顺洁柔（002511）披露的年度股东大会决议公告显示，其中《关于继续聘任广东正中珠江会计师事务所（特殊普通合伙）为2019年度会计审计机构的议案》审议未获通过。这是自康美药业事件公布后，A股首度出现上市公司股东大会未通过续聘正中珠江作为审计机构的情况。5月15日，另一家广东上市公司中山公司发布的2018年度股东大会决议公告称，对于续聘正中珠江为公司2019年度财务审计机构及内控审计机构的议案，同意股数未超过出席会议股东所持有效表决权股份总数的二分之一，审议未获通过。而市场人士认为，按照这样的局势，不排除未来会有更多的上市公司选择解聘正中珠江。

资料来源：根据中国证监会与新浪财经等网站和报刊的资料整理而成。

讨论问题：

1.什么原因致使康美药业和正中珠江会计师事务所被中国证监会立案调查？

2.结合本案例探讨企业会计人员与注册会计师如何加强商业伦理与会计职业道德建设？

第九章

会计职业道德规范

【经典警句】

生，亦我所欲也，义，亦我所欲也，二者不可得兼，舍生而取义者也。

穷则独善其身，达则兼善天下。

富贵不能淫，贫贱不能移，威武不能屈。

孔子尝为委吏矣，曰：“会计，当而已矣。”

——《孟子》

勿以恶小而为之，勿以善小而不为。

——刘备

【学习目的与要求】

1.知道会计职业道德规范是对会计人员的会计行为的道德要求。

2.把握会计从业人员职业道德核心规范两个方面的要求：

诚信为本，操守为重；

坚持准则，不做假账。

3.理解会计从业人员职业道德具体规范八个方面的要求：

爱岗敬业，勤奋工作；

当好参谋，参与管理；

如实反映，正确核算；

精益求精，提高技能；

廉洁自律，遵纪守法；

勤俭理财，公私分明；

保守秘密，内外协调；

强化服务，讲求效益。

【导言】

财政部关于加强会计人员诚信建设的指导意见

为加强会计诚信建设，建立健全会计人员守信联合激励和失信联合惩戒机制，推动会计行业进一步提高诚信水平，根据《中华人民共和国会计法》规定和《国务院关于印发社会信用体系建设规划纲要（2014—2020年）的通知》（国发〔2014〕21号）、《国务院办公厅关于加强个人诚信体系建设的指导意见》（国办发〔2016〕98号）、《国务院关于建立完善守信联合激励和失信联合惩戒制度 加快推进社会诚信建设的指导意见》（国发〔2016〕33号）等精神，现就加强会计人员诚信建设提出如下指导意见。

一、总体要求

（一）指导思想

全面贯彻党的十九大精神，以习近平新时代中国特色社会主义思想为指导，认真落实党中央、国务院决策部署，以培育和践行社会主义核心价值观为根本，完善会计职业道德规范，加强会计诚信教育，建立严重失信会计人员“黑名单”，健全会计人员守信联合激励和失信联合惩戒机制，积极营造“守信光荣、失信可耻”的良好社会氛围。

（二）基本原则

——政府推动，社会参与。充分发挥财政部门和中央主管单位在会计人员诚信建设中的组织管理和监督指导作用，加强与相关执法部门统筹协调，建立联动机制，引导包括用人单位在内的社会力量广泛参与，充分发挥会计行业组织作用，共同推动会计人员诚信建设。

——健全机制，有序推进。建立健全加强会计人员诚信建设的体制机制，有序推进会计人员信用档案建设，规范会计人员信用信息采集和应用，稳步推进会计人员信用状况与其选聘任职、评选表彰等挂钩，逐步建立会计人员守信联合激励和失信联合惩戒机制。

——加强教育，奖惩结合。把教育引导作为提升会计人员诚信意识的重要环节，加大守信联合激励与失信联合惩戒实施力度，发挥行为规范的约束作用，使会计诚信内化于心，外化于行，成为广大会计人员的自觉行动。

二、增强会计人员诚信意识

详见本章专栏9-1。

三、加强会计人员信用档案建设

详见本章专栏9-2。

四、健全会计人员守信联合激励和失信联合惩戒机制

详见本章专栏9-3。

五、强化会计职业道德组织实施

详见本章专栏9-4。

资料来源：财政部关于加强会计人员诚信建设的指导意见［S］. 2019-04-19.

市场经济越发达，会计、注册会计师职业越重要。同样，会计、注册会计师行业发展的状况，对市场经济具有基础性作用，这是因为从经济管理伦理学来分析，市场经济是以诚信和法律为基础的发达的商品经济，会计、注册会计师行业就是为建立和保持市场经济

的诚信原则而存在、发展的。市场经济孕育、催生、哺育了会计、注册会计师行业，会计、注册会计师行业影响、支撑了市场经济的运行，两者相互支持、相互补充、相互影响、相互制约。而在其中，经济管理伦理道德因素无论是对整个市场经济还是对会计、注册会计师行业的发展，都起到了决定性作用。

● 第一节　市场经济对会计职业道德的影响

经济体制改革以前，我国采用行政命令直接管理经济。但由于我国封建社会长达几千年，封建道德中的消极、保守、落后的东西还有一定的市场。虽然其赖以存在的经济基础早已不存在，但仍旧影响着人们的社会生活和心理习惯。我国的传统会计职业道德不免带有封建落后的东西。社会主义市场经济的运行和发展，必然会对我国的会计职业道德产生影响。其影响主要表现在以下几个方面：

一、提高会计人员主人翁意识，激发奋发向上的工作作风

我国封建社会做人的标准是循规蹈矩、安分守己。“非礼勿视，非礼勿听，非礼勿言，非礼勿动”“知足者常乐，忍事者安然”，就是反映封建社会做人标准的。这种做人标准要求人们安于现状，不要有非分之想，不要谋图进取。虽然我国早已推翻封建制度，建立了社会主义市场经济制度，但这种思想仍然影响着我国的会计人员。这主要表现在两个方面：

（1）有些会计人员在会计活动中发现了某些制度有漏洞，不向上级反映，更不采取什么行动，而是继续按老规矩办事。例如，我国近十几年来会计改革飞速发展，《会计法》进行了三次修改，会计准则及审计准则不断推陈出新，有些会计人员不积极主动学习新规定、新办法及新知识，而是因循守旧、循规蹈矩，技术性假账的存在在所难免。

（2）一切唯上。上级叫怎么做就怎么做，即使是违反财经会计纪律的，也照样执行，上级没有明确规定的，即使是正确的，也坚决不干。例如，国务院和财政部三令五申严禁私设“小金库”。私设“小金库”是严重违反国家财会制度和现金管理条例的行为。但有些领导为了自己能随意开支和其他目的，要求财会人员私设“小金库”，财会人员明知是违反财经纪律的，也按领导的意图办事。从而使得政策性假账层出不穷。

市场经济的发展，必然会在各个领域、各个部门、各个行业形成广泛而激烈的竞争，包括在会计领域的竞争。市场经济的基本规律——价值规律要求商品生产者尽可能以低于社会必要劳动时间的价值出售商品，获得利益，迫使商品生产者发掘所有潜力，在市场竞争中取得优势。市场经济不仅要求经营单位的财权工作人员（包括金融系统工作人员）和财经主管部门会计工作人员完成本职工作，而且还要求他们行为的结果取得好的社会效益，特别对企业单位会计人员要求更是如此。如果达不到社会的要求，在众多求职人员的压力下，在职会计人员随时可能被解雇。这在我国沿海开放特区表现得尤为明显。社会的激烈竞争，必然要求会计人员增强竞争意识、拼搏精神和创造能力。

二、促进会计人员自由平等发展，消除行业不正之风

我国一些会计人员特别是一些主管部门会计人员的以权谋私作风、家长作风，以及行业不正之风，明显受到了封建等级特权制度的影响。有些会计人员不把人民赋予的职务和权力看成岗位分工的不同，而是把职务、权力与身份等同起来，进而把个人身份的高低和

享受利益的多寡联系在一起。会计行为不正之风，对社会的影响很大。

在市场经济中，商品的使用价值对商品生产者而言只是价值的载体，没有什么用途，其要求实现的是商品货币价值形态。在交换市场中，交换双方都需要遵守一个原则——等价交换的原则。等价交换是指商品生产者根据其产品所耗费的社会必要劳动时间量来进行交换。而进行交换的前提条件是买卖双方是平等的和具有独立人格的。否则，就不可能实现真正的等价交换。对卖者来说，不管买者的身份、地位有什么不同，只要手中持有相等的货币，那么他们在交换中所承担的责任就是相同的。

对买者来说，不管卖者的身份、地位有什么差别，只要手中持有他所需要的货物，那么他们在交换中所承担的责任也是相同的。因此，在交换市场中，一切特权、高贵的等级等足以显示社会身份的东西都不被交换所承认，失去了社会作用。商品是天生的平等派。商品交换的原则反映了商品生产者之间的社会关系是平等的。它上升到人的价值观念就形成了自由、平等的观念。所以，市场经济的发展有助于消除会计行业的以权谋私、家长作风和行业不正之风，有助于树立会计人员平等互助，以及会计部门与其他行业的平等互助关系。

三、打破会计行业任人唯亲观念，形成举贤尚能新风尚

我国封建社会农村居民一般是以自然村落为单位而聚居。在这个自给自足的村落中，人们缺乏与外界进行交往的愿望，形成了内部交往的自我循环机制。每一个聚族而居的村落，实际上就是一个封闭的“小社会”。清同治《苏州府志》卷三记载：“兄弟析烟，亦不远徙，祖宗庐墓，永以为依。故一村之中，同姓者至数十家或数百家，往往以姓名其村巷焉。”村落内部的交往，是以家庭为中心的，然后波及旁氏血亲和姻亲。来往最密切的是直系血亲之间。经过长期的共处，强化了家族成员之间的关系，形成了共同的心理习惯和风俗、社会舆论，产生了浓厚的乡土观念。这种观念，渗透到社会生活的各个方面，包括会计领域。它主要表现在以下两个方面：

（1）有些会计人员主要是由部门推荐、上级领导批准而任职的。本单位部门职工对此没有发言权，即使群众极力推荐也没有任何作用，这就容易使领导干部任人唯亲。有的人把国家给予的权力看成是自己的特权，在提拔、使用、配备、考核、奖励等工作中，重用自己认为“靠得住的人”，或自己的亲戚和老乡。而那些所谓“靠得住”“听话”的人多半是一些喜欢阿谀奉承和溜须拍马的人。因血缘、姻亲关系而提拔的干部中，有一部分相当无能。事实上，会计是一个非常依赖个人专业技能和职业素质的行业，无德无才无能之辈混做会计人员是对会计行业的损害，会使人们对会计行业的信任大打折扣。

（2）有些地方的会计部门，特别是财税和银行系统中，裙带关系很明显。相当长的一段时期内，财税和银行系统的职工工资待遇一般比社会其他行业的要好。因此，想进这两个系统是比较困难的。在这里血缘、姻亲关系显得很重要，有时70%的职工与单位领导有直接或间接的关系。市场经济的发展、企业经营的效益直接影响到这种现象的维继。会计人员素质的高低直接影响到企业的管理水平，从而影响企业的经营。为了国家和企业的利益，本单位职工会要求把昏庸、守旧或不称职的干部和工作人员从岗位上换下来，让那些具有竞争能力的人担任领导。这样就必然会产生这种情况：干部由职工选举而产生。以前任人唯亲的做法由于市场经济的发展而最终必然会失去市场。

四、市场经济发展引起会计工作和职业生活发生变化

（一）会计工作由单一格局向多样格局发展

在高度集中计划管理体制下，国家对职员的要求是完成本职工作，实际上是要求完成国家计划任务。社会舆论称赞那些所谓“安分守己”的会计人员，谴责为个人谋取私利的行为。因此，人们的职业生活是比较单一的，根本不可能存在什么兼职行为。国家对社会劳动力资源实行统一安排，一旦分配到某单位、部门，也就同时指定了工作岗位，如果情况不发生大的变化，这种分工将是终身的。其职业生活范围是狭窄的，只限定在本单位，甚至本车间的范围内。随着市场经济的发展，人与人之间的依赖性越来越大，人的需求大部分甚至全部要靠他人供给，人们的视野范围大大拓宽了其职业生活，使之走向多样化。人们不满足于终身从事某项工作，表现为在社会生活的各方面的兴趣和爱好。市场经济发展程度越低，人们职业生活多样化比例就越低。

（二）选择会计职业的标准由重名向重实转化

前面我们曾经提到，在高度集中管理体制下社会否认个人利益，单位利益与个人没有多大的关系。人们在选择职业时，往往只注意能带来心理满足的名誉。大学毕业生或社会待业青年在求职时，首先考虑求职单位是否在大城市；其次是单位的性质和单位规模；最后是比较满意的工种。三者若能结合在一起，就认为那是最好的职业。如遇到取舍问题，按照顺序考虑。如果职位达不到上述要求，则会感到脸上无光，在众人面前抬不起头来。而随着市场经济的发展，人们的思想意识发生了根本性的转变，人们开始注重实际利益和能否发挥自己的才能。

● 第二节　会计职业道德核心规范：诚信为本，操守为重

会计是社会分工的必然产物，是一种专门的职业，会计工作就应该有与之相适应的道德标准或要求。这种道德标准既是一般社会道德规范，即社会公德的一部分，也应体现会计职业的特殊性，即所谓的“职业道德规范必须行业化”。会计职业的道德规范不能离开会计这个主题，要充分体现会计职业的特殊性。

会计职业道德规范表达会计职业内在义务和会计职业的社会责任，其表达形式比较具体、灵活、多样、独特。会计职业道德规范主要是用来约束从事会计职业的人员，以调整从事会计职业人员的内部关系和他们所接触对象之间的关系。

会计职业道德规范是根据会计这一职业的特点，对会计人员（主要是指会计实务工作者）在社会生活中的会计行为所提出的道德要求，既是会计人员在履行其职责活动中所应具备的道德品质，也是调整会计人员与国家、不同利益群体或会计人员相互之间的社会关系及社会道德规范的总和。这种道德要求是会计人员在长期会计实践活动中形成的，通过一定的习惯方式固定下来的，主观见之于客观，并为大家所共同遵循的行为准则。具体地讲，会计职业道德规范规定了会计人员在履行职责中应该怎样做和不应该怎样做。即从道义上规定了会计人员应以什么样的思想、什么样的态度和什么样的作风去待人接物，去完成本职工作。

会计职业道德规范是财经法律、法规和制度所不能代替的。一般来说，非法行为是不道德的，但是合法行为也可能存在着道德或是不道德的问题。

随着社会主义市场经济体制的逐步建立，客观上要求建立与之相适应的会计人员职业道德规范，使其成为广大会计人员自觉遵守的行为准则和自律标准。这既是贯彻执行《中华人民共和国会计法》、整顿经济秩序的客观要求，也是我国进一步发展社会主义市场经济的必然要求，还是从源头上治理腐败的有效措施之一。

对于从事会计职业的会计人员（包括会计理论研究与教学人员，会计实务操作与分析人员和会计事务管理人员）来说，会计职业道德有两个方面核心规范的要求与八个方面具体规范的要求。

社会主义市场经济本应是诚信为本的市场经济。然而，不讲信用已成为一大社会公害，有些企业只贪图一时的利益而失信，最终导致在激烈的市场经济竞争中失败。信用是人类文明的果实，没有信用，市场经济就不能正常运行，市场经济的法则就是奖励守信者，惩罚失信者。市场经济必然是法治经济，其内在的契约精神决定了市场经济中的个体一定要守规则，如果不守规则那就是单次博弈，不仅会为其他人带来更多交易成本，而且会破坏市场经济的秩序，更有甚者，还会败坏市场风气与社会道德。

一、诚信为本，是会计行业发展的基石

诚信，即诚实、诚恳、信用、信任。它包括两层含义：一是要以信用取信于人；二是对他人要给予信任。“民无信而不立。”诚实守信，是为人处世的基本准则，也是会计工作的根本。《会计法》要求，保证会计资料真实、完整，就是对会计诚信的高度概括，就是诚信会计的根本。

【专栏9-1】　　增强会计人员诚信意识

（一）强化会计职业道德约束

针对会计工作特点，进一步完善会计职业道德规范，引导会计人员自觉遵纪守法、勤勉尽责、参与管理、强化服务，不断提高专业胜任能力；督促会计人员坚持客观公正、诚实守信、廉洁自律、不做假账，不断提高职业操守。

（二）加强会计诚信教育

财政部门、中央主管单位和会计行业组织要采取多种形式，广泛开展会计诚信教育，将会计职业道德作为会计人员继续教育的必修内容，大力弘扬会计诚信理念，不断提升会计人员诚信素养。要充分发挥新闻媒体对会计诚信建设的宣传教育、舆论监督等作用，大力发掘、宣传会计诚信模范等会计诚信典型，深入剖析违反会计诚信的典型案例。引导财会类专业教育开设会计职业道德课程，努力提高会计后备人员的诚信意识。鼓励用人单位建立会计人员信用管理制度，将会计人员遵守会计职业道德情况作为考核评价、岗位聘用的重要依据，强化会计人员诚信责任。

资料来源：财政部关于加强会计人员诚信建设的指导意见［S］. 2019-04-19.

目前，在我国市场经济体制初步建立的情况下，市场经济健康运行需要会计诚信。会计服务于企业，服务于社会，服务于公众。尤其是会计信息越来越被广大决策者、投资者、债权人、企业管理者等会计信息使用者所重视，成为政府部门进行宏观决策的重要依据。然而，受错误的价值观和利益的驱动，会计造假、会计信息失真的现象也越来越严重，几乎成为一种较为普遍的现象，这是和会计诚信相悖的。假凭证、假账簿、假报表、假数字已经成为影响社会经济秩序正常运行的突出问题。

在众多的会计造假案件中，都有其造假的目的和动机。私营企业为了逃税而少做或不

做收入，多列成本费用，以虚减利润。国有企业、上市公司为了营造业绩、树立企业形象，多做或提前确认收入，少列成本费用，以虚增利润粉饰业绩，捞取政治资本或包装上市圈钱。政府部门为突出政绩、捞取政治资本、获取个人或小集团利益，虚报浮夸指标数字等。会计诚信出现了前所未有的危机，会计诚信危机是社会诚信环境的一部分，它不是一个独特的社会现象，即不纯粹是会计人员职业道德低下的原因。该原因是多层次、多方面的。有历史原因，也有现实原因，有主观因素，也有客观因素，有管理方面的缺陷，也有体制的不完善不健全的因素等。

因此，我国《会计法》强调了会计诚信不仅仅是会计人员或是会计行业的问题，而是“国家机关、社会团体、公司、企业、事业单位和其他组织”，即社会各个单位的会计诚信。同时，“单位负责人对本单位的会计工作和会计资料的真实性、完整性负责”，这更强调了单位负责人的会计诚信。政府的会计诚信在社会中具有导向和示范效应。没有诚信的政府，就不会有诚信的社会，政府作为市场经济的宏观管理者，在构建和推动市场经济的健康、有序、和谐发展方面作用巨大。加强单位负责人的会计诚信也尤为重要，单位负责人既是单位的领导者、指挥者，同时也是国家法律法规的执行带头人。所以，单位负责人具有会计诚信，有助于单位会计工作和经济行为的法治化、规范化、有序化，有助于减少投资失误，减少资金浪费，合理引导社会资金流向，提高经济效益，有利于整个社会经济资源的优化配置，有利于推动社会主义市场经济健康有序发展。会计人员更应该将会计诚信作为会计的职业道德，视为会计事业的生命线。“立信，乃会计之本。没有信用，也就没有会计。”财会工作者更应提倡做老实人，办老实事，讲老实话。始终坚持真理，实事求是。

会计是诚信行业。如果会计失去诚信，弄虚作假，欺诈舞弊，会计关系得以存在的基础就会随之坍塌，会计业的生命力也就随之完结。所以，在市场经济不断发展和不断完善的今天，更应加强会计诚信道德教育。诚信是会计工作的根本，是会计业发展的基石。

二、操守为重，是会计行业发展的保障

会计诚信是在法律规范执行的基础上，在与法律法规相互配合、相互作用中进行的。会计诚信是道德规范，也是市场经济领域中一项基础性的行为规范，属于自律性的、自愿性的行为规范。在会计诚信出现危机时，失信行为就要得到相应的警示和惩戒，这样才能保障市场经济健康有序地发展。市场经济从运行机制上讲是一种契约经济，从法律层面看也是一种法治经济。道德和法同属行为规范的范畴，二者虽有区别，但却相互作用，相互补充。法律法规是强制性的、权威性的，是通过制度约束实现社会和经济有序发展，而道德规范则通过自律来保证社会和经济发展的和谐。

会计是一项重要的经济管理工作。会计涉及各行各业，涉及国家、集体、职工及社会公众的利益，涉及经济活动各个方面、各个环节。要想解决会计诚信危机，仅仅依靠道德教育、行政手段、会计制度是缺乏权威性和约束力的。要确保经济健康有序地发展，只有通过会计立法，才能保证会计工作在处理各种经济关系中发挥作用，才能维护市场经济正常运转。操守为重，就是要严格贯彻执行《会计法》，恪守会计职业道德、职业规则、职业纪律。《会计法》的立法宗旨就是规范会计行为，保证会计资料质量。会计工作中的会计行为规范统一，才能保证会计资料的质量，才能保证会计工作的正常秩序，从而顺利开展经营管理活动，促进市场经济健康发展。

操守为重，更应该从会计人员自身做起，首先是恪尽职守，执行《会计法》，规范会计行为。执行会计制度，保证会计信息的真实、完整。坚持原则，敢于同违法乱纪的行为作斗争。其次要真实反映，对会计核算的内容，实事求是，不夸大，不缩小，不隐瞒，不歪曲，老老实实、绝不弄虚作假。独立、客观、公正地反映会计信息。最后，提高会计工作水平，除了对经济活动中的会计信息进行真实的记录和反映之外，还要进行事前预测、计划，事中控制、检查和事后分析、考核等。通过这些管理，向经营管理的各个领域和环节渗透，对经济活动的合理性、合法性和有效性进行核算和监督，真正发挥会计的职能作用。

三、加强会计基础工作，坚持操守，增强会计人员职业荣誉感

会计基础工作是会计工作的基本环节，也是经济管理工作的重要基础。会计基础工作的好坏，直接关系到财务信息的真实性、合法性。为了增强会计人员的敬业意识与职业荣誉感，首先要加强会计基础工作，建立规范的会计工作程序，保障会计人员依法行事，发扬求真务实的精神，树立严谨的工作作风，保证会计信息披露质量，提高会计公信力。

（1）各单位要加强会计人员业务学习，更新会计专业理论知识，不断提高会计人员的业务素质，这是实施会计工作规范的基础。组织财会人员认真学习《中华人民共和国会计法》和财政部制定的《会计基础工作规范》，提高思想认识，端正工作态度，在实际工作中自觉、认真地贯彻执行《会计基础工作规范》。

（2）加强职业道德教育，提高会计人员工作责任感，使会计人员做到爱岗敬业，具有高度的事业心和责任感，保证国家财经规章制度的贯彻实施，保护国家财产的安全完整，确保会计工作符合国家规定的质量标准。坚持原则，忠于职守，业务精湛，精心理财；掌握现代会计理论，提高实际操作技能，培养精细严谨、一丝不苟的职业习惯；实事求是，提供真实、可信的会计资料，如实反映财务收支全貌；以身作则，模范遵守国家财经纪律和财会规章制度；严格监督，认真履行国家赋予会计人员的权利和义务，敢于同一切违反国家财经纪律和财会法规制度的行为作斗争。

（3）科学地设置会计岗位，合理地分配会计人员，理顺岗位之间的协作与制约关系，使会计人员各司其职，各尽其责，保证会计工作正常有序运行。企业可以根据自身的生产经营特点和管理要求设置不同的会计工作岗位，一般来讲，可以设置会计机构负责人或者会计主管人员、出纳、财产物资核算、工资核算、成本费用核算、财务成果核算、资金核算、往来核算、总账核算、稽核、档案管理等。会计工作岗位可以一人一岗、一人多岗或者一岗多人，但有些关键岗位不得兼任，如出纳岗位与会计岗位不可由同一人担任。完善的岗位职责必须保证：

①审核岗位，根据国家制定的财会法规制度以及企业发展计划和经费预算安排，对企业经济活动实施会计监督。严格审核每一张原始凭证的各项内容以及经办人员签名和部门领导签署的审批意见等。对原始凭证进行严格审核和监督，是对会计信息质量实行源头控制的重要环节，是实施会计监督的第一道关口。

②出纳岗位，应严格执行《现金管理暂行条例》和银行结算制度，根据经审核无误的原始凭证办理收支业务。对外收款必须开具收据，付款必须有付款凭证。现金做到日清月结，账实相符；银行存款日记账与银行对账单认真核对，未达账项及时清理，并定期与总账核对。

③制单岗位，根据审核无误的原始凭证确定经济业务性质和分类并填制记账凭证，按现行会计制度规定，正确使用会计科目。

④记账岗位，负责全面记录和反映单位经济业务，对大量分散的数据或资料进行归类整理，逐步加工成有用的会计信息作为编制会计报表的重要依据，应当按照国家统一会计制度的规定和企业会计业务的需要设置总账、明细账、辅助账，及时准确地核算记录每一笔经济业务。月末、年终将总账与明细账同库存现金、银行存款、有价证券以及财产物资等进行对账，确保账账相符、账实相符。

⑤财务报表岗位，负责编制财务报表，这是对会计核算工作的全面总结，也是及时提供合法、真实、准确、完整会计信息的重要环节。财务报表根据登记完整、核对无误的总账、明细账和其他有关资料编制，做到数字真实、计算准确、内容完整、说明清楚。

⑥工资核算岗位，负责设置和管理人员工资明细账，根据核定的人数及时核实记录工资基金的增减变动情况，并负责向上级有关部门报批，同时接受有关部门委托办理各种扣款事项并造册发放工资。

⑦稽核岗位，根据国家统一制定的财会法规制度以及会计基础工作的要求，认真复核原始凭证、记账凭证、会计账簿、会计报表的合法性、真实性、准确性、完整性，发现问题及时指出，予以纠正，严格把好会计监督最后关口。

因此，在会计机构内部和会计人员中建立健全岗位责任制，定岗定员，明确分工，各司其职，各尽其责，相互协作，相互制约，有利于会计工作程序化、规范化、制度化，有利于落实岗位责任和鼓励会计人员钻研分管业务，提高工作效率和工作质量，完善内部制约机制，实现会计人员队伍整体素质的提高和会计工作的全面规范化。

四、会计人员应具备诚实可靠的品质，客观反映经济活动过程

诚实可靠是会计人员的基本品质。会计职业是一项极为特殊的职业，是一项与钱、财、物直接打交道的职业。在市场经济环境下，每一个人首先是一个经济人，其次才是一个社会人，正所谓“天下熙熙，皆为利来；天下攘攘，皆为利往”，但是君子爱财应取之有道。诚实可靠的品质人人应该具备，对会计人员来说尤为重要。会计人员只有做到洁身自爱、不贪不沾，才能处理好方方面面的利益关系，才能做到“常在河边走，就是不湿鞋”，正所谓“廉则明”。

诚实，就是要讲真话，做真事，不欺骗，不说谎，对己、对人、对上、对下都不掩盖事实真相；可靠，就是要始终把握好自己，保持客观公正立场，不为任何利诱所动。这包括三个方面的内容：

一是反映实际，核算实绩。也就是把发生的经济业务，通过记账、算账、报账等方式予以反映，并核算企业生产成果。这是最关键的一个方面。

二是分析现象，抓住规律。将企业丰富多彩、千变万化的经济现象加以归类、整理、分析，找出构成因素及发生原因，以便搞好生产经营活动。

三是揭示未来，明确方向。也就是在以前核算资料的基础上，认识事物的本质和现状，预测未来的发展趋势，做出可行的先进的经营决策，明确以后的奋斗目标与方向，促使企业发展兴旺。

第三节　会计职业道德核心规范：坚持准则，不做假账

“没有规矩，不成方圆。”干会计这一行也是如此。“规矩”是什么？“规矩”就是会计

人员从事会计工作所遵守的行为规范或具体要求，包括一系列的会计法律、法规和政府规章。遵纪守法是会计职业道德规范的重中之重。会计工作涉及社会经济生活的方方面面，必须以会计法律、法规和规章为准绳，正确处理国家、集体和个人三者利益关系，把好财务收支合法性、合规性的关口，依法理财；必须具备高度的政治责任感，时刻保持清醒的头脑，既不助纣为虐，也不监守自盗，做到立于潮头而不倒。

一、坚持准则，依法理财

社会主义会计职业道德的一个重要根据就是依法理财，是在严格遵守国家法律、法规和规章的前提下，为会计所服务的单位理好财。在社会主义制度下，国家的法律、法规和规章充分体现了社会的整体利益。严格遵守法律、法规和规章，就是对社会整体利益的维护。同时，在社会主义条件下，又存在个人、集体、国家等不同主体的不同利益要求。会计人员应当为自己所服务的单位理好财、维护单位的合法利益。依法理财原则的确定正是社会的整体利益和单位的个别利益在会计职业道德观念上的集中反映。依法理财作为会计职业道德的基本原则，其主要内容可归纳为：

（1）会计人员在工作中，要把国家的整体利益放在首位。无论在什么情况下，决不做对国家、对民族有害的事情。国家利益就是人民的整体利益。把国家利益放在首位，具体表现为把遵纪守法作为自己理财工作的出发点，凡是违反法律、法规的事都不能做，也反对、抵制他人违反法律和法规。

（2）依法理财，就是要处理好为国家利益服务和为单位利益服务的关系。会计人员应在严守法律、法规的前提下维护单位的利益，不能为单位的利益损害国家的利益，也不能因此而忽视了单位的合法利益。

（3）在为单位理财的过程中，要正确处理单位整体利益与个人利益的关系。从总体上说，单位的整体利益与个人的利益是一致的。但在实际生活中，单位的整体利益和个人利益往往会产生矛盾。会计人员在理财工作中，不允许任何人因个人利益损害单位的整体利益，应按照有关政策来合理协调两者的关系，使之达到和谐统一。

要坚持依法理财的原则，会计人员首先要通晓并遵守国家、专业团体及本公司制定的各有关规定：进行会计工作应遵循的基本法律——《会计法》；针对会计人员制定的《会计人员职业道德规范》等；会计人员处理经济业务所须遵守的标准，如财政部颁布的《企业会计准则》、证监会关于信息披露方面的规定、公司的内部控制制度等。由于这些规定是会计人员能够履行好其职能的重要保证，所以会计人员应熟知这些规定，以便在工作中能够自如地加以运用。随着改革的不断深入，新的法律、法规不断颁布和实施，这要求会计人员不断学习、更新和充实相关的法律知识，以保持和发展自己的专业技能，提高自己的业务能力。但同时更为重要的是，会计人员在实际工作中应遵守这些规定，特别是在与有关方面发生利益冲突的时候，会计人员应敢于坚持原则。

【专栏9-2】　　加强会计人员信用档案建设

（一）建立严重失信会计人员“黑名单”制度

将有提供虚假财务会计报告，做假账，隐匿或者故意销毁会计凭证、会计账簿、财务会计报告，贪污、挪用公款，职务侵占等与会计职务有关违法行为的会计人员，作为严重失信会计人员列入“黑名单”，纳入全国信用信息共享平台，依法通过“信用中国”网站等途径，向社会公开披露相关信息。

（二）建立会计人员信用信息管理制度

研究制定会计人员信用信息管理办法，规范会计人员信用评价、信用信息采集、信用信息综合利用、激励惩戒措施等，探索建立会计人员信息纠错、信用修复、分级管理等制度，建立健全会计人员信用信息体系。

（三）完善会计人员信用信息管理系统

以会计专业技术资格管理为抓手，有序采集会计人员信息，记录会计人员从业情况和信用情况，建立和完善会计人员信用档案。省级财政部门和中央主管单位要有效利用信息化技术手段，组织升级改造本地区（部门）现有的会计人员信息管理系统，构建完善本地区（部门）的会计人员信用信息管理系统，财政部在此基础上将构建全国统一的会计人员信用信息平台。

资料来源：财政部关于加强会计人员诚信建设的指导意见［S］. 2019-04-19.

二、用法律维护自身正当权利

现代经济生活中，任何个人及经济组织都必须遵守法律的规定，企事业单位的各种经济行为更是如此。会计机构和会计人员做好本职工作，实现其应有的职能，是法律所赋予的权利。但来自于企业内外的利益冲突及权势威胁给会计人员造成了较大压力。因此，会计人员在遵守法律、法规的同时，也需要完善的自我保护机制。会计人员是在单位领导人的领导下进行工作的。一般情况下，会计人员不得不服从于领导的意图。而某些企事业单位领导人钻法律的空子，为了追求小团体利益，粉饰业绩、谋取私利等。会计人员对这种事情也只能“睁一只眼，闭一只眼”了。我们不能因此认定会计人员缺乏职业道德，因为他们的权利被“领导”了，被“限制”了。

随着经济体制改革的深化，逐步完善的会计法律、法规将给予会计工作强有力的法律支持。我国于2017年11月4日修正的《会计法》第五条规定：“会计机构、会计人员依照本法规定进行会计核算，实行会计监督。任何单位或者个人不得以任何方式授意、指使、强令会计机构、会计人员伪造、变造会计凭证、会计账簿和其他会计资料，提供虚假财务会计报告。”《会计法》第四十六条还规定：“单位负责人对依法履行职责、抵制违反本法规定行为的会计人员以降级、撤职、调离工作岗位、解聘或者开除等方式实行打击报复，构成犯罪的，依法追究刑事责任；尚不构成犯罪的，由其所在单位或者有关单位依法给予行政处分。对受打击报复的会计人员，应当恢复其名誉和原有职务、级别。”这两项法律条款有力地保证了会计机构、会计人员的合法权益，使会计机构、会计人员在一定程度上摆脱了单位负责人的非正常干预，必要时可拿起法律武器保护自己。

尽管会计人员可能难以摆脱来自管理层的各种压力，但是随着会计法律、法规的健全，会计人员已经有法可依了，而现在的一个关键问题是能不能做到“有法必依”。这更加说明外部环境的净化对于会计职业道德建设的必要性。为此，我们应当打破会计行业中任人唯亲的传统观念，加强廉政建设，加大对违法违纪行为的惩治力度，真正做到“有法必依，违法必究，执法必严”。

三、会计人员应全面理解“不做假账”的现实意义

做假账行为不仅仅违反了《会计法》，其直接后果就是导致会计信息失真。而会计信息是经济决策的基础，更是财政管理的基础，会计信息的虚假，必然导致经济秩序混乱，财政管理弱化，宏观决策失误。会计人员应深刻理解“不做假账”的现实意义。

1.“不做假账”是整顿经济秩序的客观要求

会计信息是经济信息的基础，是经济决策的主要依据之一。真实、完整的会计信息才能客观地反映经济运行的质量，揭示存在的问题和面临的风险。基础或依据出了问题，甚至使用人为提供的虚假信息，必然导致经济决策失误和秩序混乱。“不做假账”的警训，直指造成经济秩序混乱的根源，抓住了治理经济环境的根本。

2.“不做假账”是贯彻实施《会计法》的客观要求

《会计法》的立法宗旨就是规范会计行为，提高会计信息质量，维护社会主义市场经济秩序。做假账是一种违法行为，这种行为明显有违社会公德，更为会计职业道德所不齿。现今社会生活中，人们的法律意识和依法办事的自觉性还达不到成熟的境界，此时提出“不做假账”的“德治”思路，具有重大的现实意义和作用。

3.“不做假账”是发展社会主义市场经济的必然要求

社会主义市场经济是法治经济。不做假账是国家管理经济、加强监管的基本要求，为了维护社会主义市场经济中所有各利益关系方的会计权益，尤其需要各企业单位保持真实、完整的会计记录，并提供真实的财务会计报告。因此，“不做假账”是社会主义市场经济健康发展的最基本、最现实、最紧迫的要求。

4.“不做假账”是会计从业人员必须遵守的基本原则

我国已是世界贸易组织的一员，因此，必须遵守通行的“游戏规则”，否则就会付出现实的、直接的、惨重的代价。会计信息是市场经济条件下国际通用的商业语言。为了实现会计制度与国际惯例的接轨，我国会计领域进行了一系列重大改革，其直接的作用和目的就是整治会计秩序，杜绝做假账现象，根治会计信息失真。

5.“不做假账”是从源头上治理腐败的有效措施

纵观已经发生的许多腐败现象，几乎都与做假账有着千丝万缕的联系。假账是滋生腐败的温床和条件，做假账的会计人员在腐败行为中，无论是主动还是被动，其结果和影响都是十分恶劣的。“不做假账”的警训，不仅是对会计从业人员提出的基本职业道德要求，也必将在根治腐败现象中发挥特殊的作用，每一个会计人员都应从“不做假账”的警训中体会出重大的责任感和使命感。

四、坚持客观公正，坚决不做假账

目前，会计信息失真严重，一个很重要的原因是会计人员在处理会计业务，编制会计报表时不能遵循客观公正的原则，有的是出谋划策，有的是被逼无奈，有的是积极配合。过去的“书记成本，厂长利润”“拍板利润”，现在的“账是怎么算的”“技术处理”，都与客观公正原则相背离。所谓的“技术处理”，无外乎在具体准则、会计处理方法、会计科目的选用以及会计要素的确认、计量、记录上弄虚作假、掩盖问题，欺骗外部信息使用者。特别是一些上市公司的会计人员，为了取得上市资格，增股、配股、“圈钱”，不惜血本弄虚作假，表现出了高超的技术处理能力，极具隐蔽性。在这些单位中，那些所谓的“技术高、公关强”的会计人员颇受重用，而那些“丁是丁、卯是卯”的会计人员则被“束之高阁”“打入冷宫”。

客观公正是会计职业意志的具体表现。有了这种职业意志，有了这种崇高的职业精神，在会计工作中，才能做到坚持原则，照章办事，才能做到“舍得一身剐，敢把皇帝拉下马”，才能做到“手提万贯，一尘不染”，才能做到“糖弹打不中，美酒泼不进”。

怎样才能做到客观公正？

一是要保持会计人员从业的独立性。独立性有实质上的独立和形式上的独立两层含义。前者是指会计人员在从事会计工作时应当不受个人或外界因素的约束、影响和干扰，保持客观公正的工作态度；后者是指会计人员应当保持适当独立的身份，如财务利益上的独立，实行回避制度、内部稽核制度或控制制度等。

二是要保持客观公正的从业心态。会计人员要时刻保持客观公正的工作态度，遇事三思而后行，不能分远近亲疏。对发生的任何一项经济业务或会计事项，都要看是不是符合制度规定、手续是不是齐全，对那些需要判断、估计才能处理的事情，都要不带任何偏见或感情色彩，就事论事，不能“以貌取人”“看客下菜碟”。

● 第四节　会计职业道德具体规范要求

一、爱岗敬业，勤奋工作

爱岗敬业，是要求会计人员以极大的热忱投身会计本职工作之中，做好工作，干出成绩。这一规范反映了会计人员对社会劳动的态度，体现了诚实劳动，树立共产主义劳动态度的共产主义道德规范的精神。勤奋工作，即通过自己的工作把会计管理职能作用充分发挥出来，也就是要在会计人员充分认识自己应负会计责任的前提下，最大限度地将应负的会计责任担当起来。

在社会主义制度下，由于劳动者过去“千百年来都是为别人劳动，为剥削者做苦工，现在第一次有可能为自己工作了，而且是利用一切最新的技术文化成果来工作。为自己劳动取代了强制劳动，是人类历史上最伟大的更替”。因而，从根本上激发了会计人员尽职尽责、勤奋工作的热情。

同时，这一规范也是进行社会主义现代化经济建设的历史使命对会计人员提出的客观要求。因为经济越发展，会计越重要；会计越发达，经济越繁荣。只有健全和完善会计工作，才能提高会计管理水平，才能实现企业和社会的优化经济效益。而要完成历史赋予会计人员的重大使命，关键是要有热爱本职工作的道德感情，勤奋工作的劳动态度。只有这样，才能充分发挥自己的管理才能，自觉运用现代会计管理知识，为社会主义现代化建设做出贡献。“爱岗敬业，勤奋工作”的规范，对会计人员有以下要求：

（一）自觉把从事的会计工作同祖国的命运紧密联系在一起

党的十九大提出的建设有中国特色的社会主义市场经济体制是一项伟大而又艰巨的工程。其中，为企业、国家理好财是一项事关全局的工作，是会计人员肩负的历史使命。会计工作搞好了，就能积极地促进国家经济建设的发展；反之，会阻碍和延缓国家经济建设发展的步伐。会计人员只有清醒地认识到会计管理工作的重大意义，才有可能对本职工作爱得深，使内心信念转化为创造性的劳动。

随着现代科学技术的迅速发展，知识更新不断加快，特别是在我国社会主义初级阶段市场经济理论的建立时期，以前那种高度集中的计划经济模式下的会计理论方法体系已经远远不能适应形势发展的客观要求。当务之急是，顺应改革的发展，建立古今结合、中外结合的中国式的现代会计管理理论和方法体系，使我国的会计行业适应祖国日新月异的伟大变革。尤其是面对世界范围内兴起的新技术革命浪潮，我们必须从全新的角度开展会计理论和方法的研究，如会计理论思想、会计准则体系、会计制度建设、会计改革模式、会计管理体制、电脑会计、宏观会计、人力资源会计等。因此，会计人员要立足本职工作适时地研究新问题，钻研会计业务，更新会计知识，这样不仅有理论上的意义，而且有重大的实践意义。

（二）以饱满的工作热忱、一丝不苟的工作态度对待会计工作

热忱，是指对事业、工作、学习的一种热烈而真挚的感情，它反映个人对现实的一种积极的、富有创造性的态度。从事会计工作，就需要这种劳动态度。许多会计工作中的模范人物的先进事迹表明：有了热忱，才能激发积极性，并产生巨大的动力。当前，我国的改革开放正在不断地深入，会计和经济领域中出现了很多新事物和新问题。会计人员只有克服墨守成规、安于现状的不良惰性，振奋精神，开动脑筋，以巨大的热忱积极投身改革，才能做到尽职尽责，勤奋工作。

会计人员要自觉形成任劳任怨、一丝不苟的工作态度和工作作风。会计工作是一项政策性、技术性很强的工作，也是很重要的工作。从宏观角度看，它关系到单位、部门的财务状况和经济效益。因此，会计人员要能认真、正确地领会改革意图，从大局出发，坚持原则，不计个人得失，不怕得罪人。与此同时，会计工作又是很具体、复杂的实务性劳动，有较强的技术性要求。这就需要会计人员有认真踏实、一丝不苟的工作态度，刻苦钻研技术，这样方能做好会计工作。

（三）爱岗敬业是会计工作的内在要求

爱岗敬业，就是要求会计人员充分认识本职工作在整个经济和社会事业发展过程中的地位和作用，珍惜自己的工作岗位，做到干一行爱一行，一丝不苟，兢兢业业，争当会计工作的行家里手。同时，还要求会计人员在工作中自觉主动地履行岗位职责，以积极、健康、求实、高效的态度对待会计工作，做到认真负责，尽职尽责。

会计工作是一项内容丰富、涉及面广的管理工作。就会计核算来说，它包括记账、算账和报账各环节；就会计监督来说，它涉及事前监督、事中监督和事后监督全过程；就会计管理来讲，它包括预测、决策、预算和控制各方面；就某一企业而言，它涵盖了材料供应、产品生产和商品销售的全过程。会计也是一项非常具体、烦琐的管理工作。从现金、财产物资、工资、成本费用、财务成果和销售往来等的核算到总账、明细账的登记和报表的编制以及会计稽核和会计档案的管理，都需要设置不同的具体岗位；从一般的会计人员、会计主管，到会计机构负责人、总会计师，都需要配备专门的会计人员。一个人具体从事哪项工作、担任什么职务，完全取决于工作的需要和组织的安排。

任何工作只有分工不同，没有高低贵贱之分。无论在哪个会计岗位上，也无论担任什么职务，都是整个会计工作的重要组成部分，其工作的好坏、效率的高低都影响着整个会计工作的质量，影响着会计目标的实现和会计任务的完成，所谓“牵一发而动全身”，会计个体要服从会计工作，还要特别注重信息的时效性。会计人员处于决策支持的地位，高层管理者正是依靠会计人员提供的大量信息来进行决策的，而提供信息的数量和质量直接影响决策的水平。会计信息如果提供得不及时，便失去了决策的相关性。并且信息的及时提供常常需要开展额外的工作，而要做到这一点仅具有业务能力往往是不够的，还需要有勤勉的工作态度。会计人员应尽可能及时地收集各方面的资料，仔细地研究并找出可行方案，尽量预测出方案的结果，以向决策者提供充分的信息。

正是会计工作的这种重要性、全面性、时效性和复杂性，决定了任何一个人只要从事了会计这项工作，就应该爱岗敬业，以积极的态度、严谨的作风在各自的平凡岗位上做出不平凡的业绩。

二、当好参谋，参与管理

“当好参谋，参与管理”这一规范就是要求会计人员不能只是消极、被动地记账、算账、报账，而是要积极、主动地经常向上级领导者反映经营活动情况和存在的问题，提出合理化建议，协助领导决策，参与经营管理活动。这一会计道德规范，是会计人员对自己的本职工作的基本道德认识，同时，也是他对社会应承担的道德责任。我们知道，现代企业领导决策层通常是由一厂三师（厂长、总会计师、总工程师、总经济师）构成，总会计师和会计人员对决策的制定和实施起着十分重要的作用（直接或间接的）。这就决定了他们必须做好决策层的参谋，与决策者配合，共同搞好管理工作。而且，在现代商品经济社会中，会计管理工作范围逐渐扩大，遍及整个社会经济领域，这种会计工作的广泛性决定了会计人员应当好参谋，参与管理，这一规范的具体内容如下。

（一）会计职能由“报账型”转为“管理型”

企业作为自主经营、自负盈亏、自我发展、自我约束的法人实体和市场竞争的主体，要不断提高经济效益，不断降低成本，增加利润。这些对传统的会计职能提出了新的挑战。

传统的会计职能以记账、算账、报账为主，它的主要任务是核算。现代企业制度的建立，更看重会计的本质，即会计参与管理、会计核算为企业管理奠定基础，目的是更有效地管理企业，提高效益。随着技术的迅速发展，会计的职能也逐渐转向信息控制、预测经营、加强企业管理。会计工作除了进行传统的企业核算外，重点是进行财务管理，制订经营计划，进行财务控制系统设计和投资决策。

在现代企业制度下，企业会计核算要做到核算与管理相结合，不仅对外提供会计信息，而且还要为企业内部各级管理人员提供预测、决策、控制、分析的信息，将会计工作由“报账型”转为“管理型”。会计核算的重点由过去主要侧重于事后算账和面向已经发生的经济活动，为企业及上级有关部门服务，转为既要有事后算账、报账，做好事后分析，又要有事前预测和决策，为控制经济活动提供会计信息。

（二）积极参与企业经营管理的全过程，做好参谋工作

为了积极参与企业经营管理的全过程，要求做到：

（1）参与预测。即开展广泛调查研究，科学地预测市场、资源状况、本企业的生产能力、技术设备条件和企业未来发展趋势等，以了解情况，取得有关信息。

（2）参与决策。即根据预测情况，拟订各种可行性方案，对生产、销售、成本、利润、价格等方面的备选方案进行优化决策。

（3）参与制订计划。即为实现决策目标而制订各种计划，如劳务、资金、技术、设备等各种具体计划。

（4）参与执行。即将计划付诸实施，并将执行情况进行记录、计算、分析和控制，使各种计划得以实现。

（5）参与效果评估。即对执行结果加以分析和评价，考核成绩，检查存在的问题，并通过信息反馈，为下期计划提供依据，为领导决策提供信息。

（三）以经济效益为中心，提出改善管理的各项会计措施建议

经济效益是企业一切工作的核心。会计管理工作必须围绕这一中心来开展。在这里，一方面就是要通过对各项资金的管理、监督，以保护财产安全，挖掘增产潜力，少花钱多办事，加速资金周转；另一方面就是要通过收支管理，以合理组织收入，节约费用支出，少投入多产出，增加财富收益。会计人员应充分利用管理工作所反映的信息，如资金周转率、投资收益率等指标，积极提出建议，为改善企业经营管理，提高经济效益服务。在现实生活中，有些会计人员，只算产值产量账，不算经济效益账，只算死账，不算活账，只能按制度办事，不善于按效益处理，只管合"法"，不大考虑合"理"等，这些现象应予以改变。

三、如实反映，正确核算

反映经济活动，是会计的基本职能。进行会计核算，是会计机构、会计人员的主要职责。如实反映、正确核算，以提供真实可靠的数据和信息，就能协助企业搞好经营决策，有效加强企业管理与经营，提高经济效益，反之，失真的数据和信息，将会导致决策失误，给国家、人民财产带来极大损失。怎样做到如实反映、正确核算呢？

（一）明确会计的核算职能

会计核算贯穿于，并反映经济活动的全过程，也称反映职能。它是指会计以货币为主要计量单位，通过确认、计量、记录、计算、报告等环节，对特定对象（或称特定主体）的经济活动进行记账、算账、报账，为各有关方面提供会计信息的功能。记账是指对特定对象的经济活动采用一定的方法，在账簿中进行登记；算账是指在记账的基础上，对企业单位一定时期的收入、费用（成本）、利润和一定日期的资产、负债、投资者权益进行计算；报账是指在算账基础上，对企业单位的财务状况、经营成果和现金流动情况，以会计报表的形式对有关方面进行报告。会计核算应注重会计信息质量，会计信息质量高低是评价会计工作成败的标准。评价会计信息质量的标准主要看会计核算的客观性、相关性、可比性、一贯性、及时性、明晰性等。

会计核算的内容是会计工作的对象，具体表现为各种各样的经济活动。《会计法》将其归纳为7类，具体包括：

（1）款项和有价证券的收付，如企业的销货款、购货款和其他款项的收付，股票、公司债券和其他票据的收付等；

（2）财物的收发、增减和使用，如材料的购进与领用，产成品的入库与发出，固定资产的增加与减少；

（3）债权、债务的发生和结算，如应收账款，应付账款，其他应收、应付款的发生和结算；

（4）资本、基金的增减，如企业实收资本和盈余公积的增加和减少；

（5）收入、支出、费用、成本的计算，如企业的主营业务收入，其他业务收入和支出，管理费用和产品成本的计算；

（6）财务成果的计算和处理，如企业盈利，要按规定进行分配，若亏损，要按规定进行弥补；

（7）需办理会计手续、进行会计核算的其他事项。

（二）适应现代企业制度的要求，做好会计核算工作

（1）明确产权关系，建立产权明晰的会计核算体系。现代企业制度的特征之一是产权关系明晰。国有企业财产属国家所有，企业具有法人财产权。

会计恒等式“资产=负债+所有者权益”，基本厘清了各种产权关系，体现了产权关系明晰这一基本特征。尤其是建立资本金制度，使企业按投资主体细化投资者权益核算体系。各项经济业务对实收资本、资本公积和盈余公积的影响具体反映到各个投资者账户中，把“产权明晰”的要求在实际工作中具体化，使出资者能真正按其投入企业的资本额享有投资者权益。

（2）正确核算劳动者在企业中所拥有的各项权益。在企业中，劳动者在完成生产经营任务的同时也获得了合法报酬和权益。劳动者权益的获得来自以下三个方面：①企业在初次分配中，发给职工的劳动报酬，属工资性质的权益。②企业按照国家有关规定，为职工提取的福利费、工会经费、职工教育经费、住房公积金等，属福利性质的权益。③在企业税后利润分配中，提取的用于职工集体福利设施的盈余公积。目前，在会计核算中将其与用于职工个人福利的职工福利费区分开来并视为所有者权益，实际上这部分盈余公积的性质应属劳动者权益。

（3）改革会计核算体制，完善财务报告体系。

首先，改革会计核算体制。权责明确是现代企业制度的一个重要特征，适应这一特征的要求，企业应缩小核算单位，将企业生产经营资金运动由财会部门控制管理变为各责任单位多家控制管理。责任单位的会计既负责单位的责任会计核算，又是企业财务会计核算的组成部分。这两种核算都必须按照国家的要求以及企业制定的经营目标，确立业绩效益指标，从中取得有关资金、成本、利润等指标的正确、完整、系统的信息。随着会计改革的深化，传统财务会计的转变势在必行，在保证以简明、及时、真实的方式向外报账的同时，更要加强内部的控制和管理。

其次，完善财务报告体系。目前，财务报告体系提供的信息不能满足使用者的要求，具体表现在以下方面：提供的报表种类比较单一，尤其缺乏投资者关心的增值表；报表附注简单，不足以说明问题；报表的时效性差。

完善财务报告体系是建立现代企业制度的客观要求，为了全面反映经营者履行责任的情况，财务报告体系应包括的内容主要有：年度报表按照公认会计原则及时公允反映财务状况的变化及经营成果；控制报告结构，说明内部控制程序；遵纪守法情况报告；经营活动及目标报告，说明资源的运用效益和节约情况，反映本年经营目的与经营目标的实现程度。

（三）会计人员应正确核算经济业务，提高会计信息质量

在实际工作中，会计人员要实事求是做好本职工作，提供真实可靠的会计资料，切不可“掺水分”“添油加醋”“偷工减料”。现实中的“书记成本、厂长利润”与这一要求相违背。为此，要求会计人员在实际工作中做到：

（1）对于会计记录必须以经济业务发生的原始凭证为依据，要做到手续完备、内容真实、账目清楚，无任何凭证不得记账。

（2）用科学适用的方法，日清月结，搞好成本计算、财产计价、收益确认、费用分配。

（3）定期进行财产清查，保证账实、账表、账证、账卡相符。

（4）对于会计报表不能全面反映的事项，应加以文字说明和辅助资料等补充表述。

（5）会计人员不得弄虚作假，制造假账，谋取私利，也不得为了集团或地方利益，虚增成本，虚减收入，偷税漏税，损害国家整体利益。

四、精益求精，提高技能

1.工匠精神

2016年政府工作报告中指出，鼓励企业开展个性化定制、柔性化生产，培育精益求精的工匠精神，增品种、提品质、创品牌。“工匠精神”这个充满传统色彩的词汇，首次出现在政府工作报告中。为何要提“工匠精神”？因为我们在这方面还有差距。在当今社会，人们追求速度与效率，忽视品质，所提供的产品和服务已不能满足当前中国产业转型的要求，更没有国际竞争力。而要使产品和服务精益求精、不断进取，需要的就是“工匠精神”。

“工匠精神”是热爱工作、追求极致的精神，是对职业敬畏、对工作执着、不断追求完美的信仰。有“工匠精神”的人，会将职业视作一种信仰，注重细节，精益求精，把技术做成艺术，不断追求完美。不仅制造业需要“工匠精神”，服务业同样需要“工匠精神”。“工匠精神”不只是工匠身上具有的特殊精神。这个解释完全基于工匠、基于产品、基于工艺，显然已经将“工匠精神”的外延窄化了。“工匠精神”存在于各行各业。工匠精神与社会主义核心价值观相契合，也和会计人员的价值观一脉相承。

会计有专门的方法和程序，对纷繁复杂的经济业务的核算和处理需要会计人员的职业判断，只有在工作中严谨细致、追求精益求精，不断提升专业水平，才能做好本职工作。会计提供经济信息，有助于提高经济效益，在推动经济发展中具有举足轻重的地位。会计是一项管理职能，不限于核算，还需要从企业的实际出发，为管理者出谋划策，致力于提高经济效益。只有出于对工作的热爱，会计人员才能深入基层，熟悉各种经济业务，发现企业有待提高的地方，才能深入钻研，找出对策，帮助管理者提高经济效益。

综上，会计需要“工匠精神”，要做到“精益求精，提高技能”。具备“工匠精神”的人，不仅把工作当作谋生的手段，而且会树立对工作的敬畏，对细节的严苛，对质量的执着，对创新的担当。其具体内涵包括：

（1）热爱，敬业。只有发自内心热爱工作，工匠们才能对工作始终保持认真、负责的态度，把更多的时间投入到枯燥的专业发展中，在专业领域里不断探索，不断进步。

（2）严谨，精益求精。注重细节，一丝不苟，执着坚持，孜孜不倦，反复改进，追求完美和极致。

（3）专注，坚持。选定一个目标，努力用一生的时间和精力，艰苦磨炼，持之以恒，不断提升产品和服务的品质，在专业领域中不断追求进步。

（4）与时俱进，创新。跟上市场需求的变化，持续创新，不断改进产品与服务，满足社会的需要。

2.职业技能与职业精神

会计作为经济发展中不可或缺的岗位，应能持久地为企业、为社会创造价值。“职业技能”和“职业精神”两者缺一不可。职业技能是职业精神的具体表现，职业精神促进职业技能更精湛。会计人员在具备精湛的职业技能的同时应具备精益求精的职业精神。

（1）职业技能。企业的经济业务庞大复杂，随着时代的发展，经济业务出现了新的形式、新的内容，仅靠学校里老师传授的知识是远远不够的。会计人员应刻苦钻研，深刻理解经济业务的实质，认真处理好每一笔经济业务；并且，在自身专业技能的基础上，根据职业发展的需要，持续不断地学习，尽可能通晓国内外经济动向及国内外的《企业会计准则》。

(2) 职业精神。对职业技能的执着追求离不开职业精神的支撑。会计人员应意识到自己肩上的重担，时刻心系企业的经济利益，出于对职业的热爱，专注、精益求精、与时俱进，帮助管理者做出决策，适应产业转型的要求。

五、廉洁自律，遵纪守法

当前，会计工作面临全面实施法治的任务。由于遵纪守法是每个公民应尽的义务和责任，作为会计人员必须以身作则，应严格遵守国家的财经纪律（财政纪律、信贷纪律等）和财务制度（如费用开支标准、成本开支范围），贯彻执行国家的法律规定，如民法典、企业法，特别是会计法，牢牢树立会计法治的思想，使会计工作早日走上全面法治的轨道。

（一）会计人员应以身作则，模范遵守财经法规

会计人员应当做到以下几点：(1) 自觉遵守财经纪律和经济法规，严于律己，大公无私，不谋私利；(2) 积极主动宣传、解释财经法规和制度，使有关会计人员了解、掌握并自觉遵守；(3) 在工作中严格把守关口，从实际出发，善于区别各种情况，宽严结合，进行严格监督，必须落到实处；(4) 积极支持促进生产，搞活流通，开发财源的一切合理、合法开支，坚决抵制揭发违反财经纪律、偷税漏税、铺张浪费、假公济私、行贿受贿、贪污盗窃等不道德的行为，不怕打击报复，维持会计人员的尊严，忠实地执行法律所赋予的权利和义务，以促进社会主义建设的发展。

（二）对经济活动实施严格的事前监督、事中监督和事后监督

会计监督工作要始终贯穿于经济活动的全过程中，要把会计监督寓于决策之中，寓于管理之中，寓于日常的财务业务之中。这样，既可以防患于未然，又能及时解决出现的各种问题，避免造成大的损失。

（三）把握会计监督工作重点，增强监督工作的有效性

会计监督工作的重点应该根据党和国家对经济工作的要求来保证经济工作沿着正确的轨道运行，不断提高经济效益。因此，会计监督工作者要围绕这个重点，抓住经济活动中的重要环节，开展监督工作。

一要积极参与经营决策的研究和制定工作。过去在计划经济条件下，企业的生产经营活动是由上级部门通过下达计划进行的，企业只向计划负责，而不过问经济效益，也不具有真正的自主权，财会工作只能起到记账和出纳的作用。在市场经济体制下，特别是《会计法》颁布以来，企业成为社会经济活动的主体和市场主体，实行自主经营、自负盈亏，这就要求企业必须有正确的经营决策，并且随着市场的不断变化而及时调整决策。经营决策调整，必须充分利用会计资料和其他相关资料，尽可能地作适时的定量分析和科学预测，准确的资料是正确决策的主要依据。

二要积极参与经营管理。一个单位的生产经营管理是否合理，产品结构、原料消耗等是否适当，怎样才能以最少的投入，获得最大的经济效益，离不开会计的核算与监督。同时，在深化改革中，尤其是借鉴已经被证明的有效的管理模式，要大胆地提出建议性意见，努力改变财会工作者存在的单纯业务观念和忙于应付的被动局面。

三要积极发挥把关作用。目前，在国家经济政策尚不健全，并存在执行不力的情况下，个别领导立足于单位的小天地，无视财经纪律的现象到处可见，有的为了“创政绩，捞选票”往往置国家政策、纪律不顾，长期私设“小金库”，任意挥霍国家财产，有的为了搞福利，谋私利，随意侵吞，违法违纪，财会人员决不能睁只眼、闭只眼，类似问题都是非常有害的，是与会计职责格格不入的，必须予以坚决纠正。

【专栏9-3】　　健全会计人员守信联合激励和失信联合惩戒机制

（一）为守信会计人员提供更多机会和便利

将会计人员信用信息作为先进会计工作者评选、会计职称考试或评审、高端会计人才选拔等资格资质审查的重要依据。鼓励用人单位依法使用会计人员信用信息，优先聘用、培养、晋升具有良好信用记录的会计人员。

（二）对严重失信会计人员实施约束和惩戒

在先进会计工作者评选、会计职称考试或评审、高端会计人才选拔等资格资质审查过程中，对严重失信会计人员实行“一票否决制”。对于严重失信会计人员，依法取消其已经取得的会计专业技术资格；被依法追究刑事责任的，不得再从事会计工作。支持用人单位根据会计人员失信的具体情况，对其进行降职撤职或解聘。

（三）建立失信会计人员联合惩戒机制

财政部门和中央主管单位应当将发现的会计人员失信行为，以及相关执法部门发现的会计人员失信行为，记入会计人员信用档案。支持会计行业组织依据法律和章程，对会员信用情况进行管理。加强与有关部门合作，建立失信会计人员联合惩戒机制，实现信息的互换、互通和共享。

资料来源：财政部关于加强会计人员诚信建设的指导意见［S］. 2019-04-19.

六、勤俭理财，公私分明

这一道德规范要求会计人员将勤俭理财看作自己义不容辞的职责，将公私分明作为最基本的职业品质，以主人翁的态度在自己的岗位上科学、合理地计算，控制人力、财力、物力的消耗，注意节约，尽可能为国家创造和积累更多的物质财富。公私分明，就是会计人员要做到公私有别，泾渭分明，守正持廉、洁身自好、严于律己，不以权谋私，不贪赃枉法，不见利忘义，在经济上“滴水不沾”。要知道会计是因管理公共物品的需要而产生的集体性经济行为，不应成为满足私欲的行为。公私分明原意为：公即公，非私也；私即私，非公也。公私分流，黑白分明，清白不污，纯正不苟，特别要求不得公私混淆，假公济私，以权谋私，损公肥私，为此要做到廉洁自律，洁身自好。

（一）公私分明是会计从业人员职业道德的基本品质

公私分明的一般意义是要求洁身自好，为公众谋事。会计职业道德把公私分明作为道德规范，是会计工作的特殊职能所决定的，会计人员的职业工作说到底就是理财，就是对金钱和物资的管理，正是这种时时与钱物相联系的职业工作决定了会计人员必须是一个在经济上廉洁奉公、公私分明的人，而这已成为社会公众考察会计人员职业资格的基本前提之一。会计人员在社会中职业威信和荣誉的取得，很大程度上也依赖于这种道德品质。如果做不到这一点，会计工作就失去了其自身的价值和意义。

公私分明的主要内容包括：第一，正确认识会计人员手中的管理权是职业神圣权力的一种表现。会计人员决不能把这种职业权力作为谋取私利的特权，不能挪用、侵吞单位的一分钱、一根线。第二，深刻认识自己管理的钱财是单位的财产。决不允许任何人以任何方式浪费、侵吞单位财产。

（二）严明自律是会计从业人员职业道德的更高层次

自律是职业道德管制的基本形式，保持公私分明与廉洁奉公主要靠会计人员的觉悟、良知和道德水准，而不是受制于外在的力量。自律很重要，会计人员应该能够经得起来自各方面的利益诱惑，自我约束，自我控制，不为金钱、酒色所动，能够不断反省、剖析自己，学榜样、找差距。

自律是会计职业道德的最高阶段，也是职业道德建设的最高目标。目前的会计职业道德处于他律与自律相结合的阶段，我们盼望着它的发展会迎来第二次飞跃，即发展到完全的会计自律阶段。自律的基本形式又可分为会计行业自律和会计个人自律。会计个人自律，指会计人员靠内心道德感和职业良心来实现会计道德上自我完善的追求。它是一种自愿、自觉、自发的内心追求行为。会计人员的个人自律是会计职业道德的最高境界。一个有着崇高自律精神的会计人员，一定是一个能得到社会广泛好评的会计人员，因为其行为结果会更贴近于社会对客观公正性社会环境的追求。完全的会计个人自律这种职业道德境界，只有在具有高度责任感、集体荣誉感、崇高共产主义理想追求的会计人员身上才会实现。会计人员应当不断完善自我，不断提升自己的职业道德，实现自己从他律向自律阶段的转变。

马克思主义者认为，道德关系中的基本问题是个人与社会整体利益的关系。在现阶段，人们的道德观主要表现在对待金钱的态度上。会计人员天天与钱、财、物打交道，如果自己不能洁身自好，很容易“见利忘义”，走上犯罪的道路。因此，要培养良好的职业道德修养，必须学习职业道德知识，培养职业情感，在履行义务时，克服困难障碍，树立坚定的职业道德信念，以持之以恒、坚韧不拔的精神和对工作精益求精的态度，排除一切干扰和阻力，以职业道德标准去鉴定、评价他人和本人职业道德的善恶。

作为会计人员，一要自尊自爱，要有做人的尊严、高尚的情操和良好的品质，珍惜自己的名誉，珍爱自己的岗位，自觉抵制各种不正之风的侵袭；二要加强道德修养、经常自我反省、自我检查和自我约束，做到一日三省；三要从小事做起，从一点一滴做起，防微杜渐，严格要求；四要自觉接受社会的监督，听取大家的意见，敢于批评与自我批评，做到“有则改之，无则加勉”。

（三）发挥厉行节约的优良传统，坚决反对铺张浪费

厉行节约是我国人民在长期的革命和建设中形成的优良传统，是社会主义会计道德原则在对待社会财富上的具体表现，它还包含着反对浪费、对人民财产的爱护和对社会劳动成果的尊重。在我国社会主义初级阶段，由于经济比较落后，管理水平差，经济效益低，浪费现象严重，节约的潜力很大，节约方面有很多工作要做。近几年广泛开展的“增产节约、增收节支”运动，其核心就是节约。可以说，在改革开放的今天，厉行节约仍然具有十分重大的现实意义。

为了做到厉行节约，要求会计人员以主人公的态度处处精打细算，监督人力、物力、财力的使用和财经管理制度的执行，保证岗位、承包责任制和部门独立核算制的推行，从各方面、各环节杜绝浪费，尽可能压缩不必要的开支，降低和控制成本，加速资金周转，节约资金使用。

（四）发挥勤俭理财的优良作风，管好财、聚好财和用好财

勤俭理财是国家、人民赋予会计人员的重要职责。勤俭理财，要求“手勤”，即对账目随时准确记载，不疏漏、不遗漏；要求“腿勤”，即经常到各有关部门，到下级单位了解情况，进行调查研究；要求“脑勤”，即经常盘算怎样管好财，聚好财和用好财，多出主意，出好主意，使资金流通加速进行。

节俭，是聚财之道，是保留财富的途径，它要求会计人员协助领导和部门将国家财富用在该用的地方，用作生产财富和创造财富，把“好钢”用在刀刃上，防止盲目消耗。会计人员要做到勤俭理财，要求：

第一，培养自己节俭的品质。强调节俭品质，这是会计工作的性质决定的。会计工作本身就是通过理财的过程来聚财、用财，从而促进生财，这就从客观上要求会计人员在理财过程中经济、合理地利用社会财富为人民群众谋福利，因而节俭就成为会计人员必备的品质。

第二，应摒弃在勤俭理财上的旧观念。以往人们总是把勤俭理财局限在节制消费支出上，把消费视作勤俭的对立面，把消费等同浪费，这是不对的。现代经济发展表明，合理的消费可以促进社会生产的发展，满足人民生活的需要，具有道德价值，显然合理的消费应予提倡。在这里需协调处理好生产与消费，长远利益与眼前利益，国家利益与企业、职工利益的关系。

第三，会计人员在财务管理上要正确对待挣钱、花钱的问题。挣钱要靠准确信息、适销商品、过硬质量和优质服务等途径，而不是靠哄抬物价、以次充好等非正当手段来扩大收入。花钱要根据国家有关规定办理，量入为出，讲求实效；组织货源，将钱用活；生产开支上要反对大手大脚，铺张浪费，但也不能脱离实际，死管硬卡，束缚生产发展。

总之，公私分明、勤俭理财的目的是促使会计工作更好地为经济建设服务，促进社会生产力的迅速发展。

七、保密守时，内外协调

会计人员应保守本单位的秘密，不能私自向外界提供或泄露单位的会计信息。会计工作是一项综合性很强的经济工作，它涵盖了一个单位整个生产经营的各个环节，所掌握的会计信息也涉及企业的方方面面，其中有些属于商业秘密，除非获得授权，这些秘密是不可以外泄的，否则会给企业造成重大损失，甚至造成企业经营上的混乱。

（一）会计人员应保守秘密

保守秘密是会计职业道德规范的基本要求。这指的是会计人员应当保守本单位的商业秘密，不能将从业过程中所获得的信息为己所用，或者泄露给第三者以牟取私利。

何谓商业秘密？商业秘密是指不为公众知悉，能为权利人带来经济利益、具有实用性并经权利人采取保密措施的技术信息、经营信息和管理信息，具备秘密性、实用性、价值性和管理性四个特征。其中，技术信息是指人们通过研究得出的在经济活动中具有应用价值的技术方案、生产技巧、产品配方、工艺秘诀等；经营信息是指一切与企业营销活动有关的经营信息知识，如投资计划、销售方式、经营战略、销售渠道等；管理信息是指企业组织与管理生产经营活动的方法和经验，包括企业管理模式、管理经验等。

商业秘密必须符合下列全部条件：①它们必须是秘密的、没有公开过的；②它们必须

因为被保密才具有商业上的价值；③合法控制它们的人已经为保密而采取了措施。这种商业秘密的权利人，有权制止其他人未经许可而披露、获得或使用有关信息。

保守秘密一方面是指会计人员要保守企业自身的秘密，另一方面也包括会计人员不得以不道德的手段去获取他人的秘密，这种手段包括会计人员直接获取和通过他人去获取。这也是市场经济条件下公平竞争的内在要求。即使其行为是为了公司的利益，但其结果则是导致不道德的竞争，不利于市场经济的良性循环，也会给整个会计界的职业道德造成恶劣影响。一个恶意窃取他人秘密的会计人员又如何保证自身的客观公正、诚实守信？当然，这种保密也有例外的情况，比如提供审计服务的外部注册会计师，在提供审计服务时有权获得为满足审计所必需的各种资料；再有就是对待法院的取证，因为这种保密的要求是不能对抗法律的。

泄露单位的商业秘密是一种很不道德的行为，会计人员应该树立泄露商业秘密是大忌的观点，对自己知道的内部信息或情况要做到守口如瓶，在任何时候、任何情况下都不能对外泄露。为此，会计人员应尽可能做到：

（1）不该知道的事不问，仅在自己的职权和业务涉及的范围内了解有关财务及经营信息，不能以工作名义了解不相关信息。

（2）不该说的话不说，未经单位领导同意，不得向外散布有关的财务和管理信息。

（3）不该做的事不做、不为任何诱惑所动，坚决维护企业利益，坚持原则，坚守纪律，在任何情况下都不能泄漏本单位秘密。另外，企业也要做好保密工作，规范会计部门内部的管理工作，使不同层次的会计人员只能接触到相应的信息，同时，要求其主管做好对下属的教育与督导工作，共同保守秘密。

（二）会计人员应协调各方关系

会计作为反映和监督经济活动的一种手段，其职业特点包括以下三个方面：

（1）协调组织内部管理者与被管理者之间的关系。作为一个组织实施内部控制的有效手段，会计要对组织的资产安全及有效运作负责。而组织的每项经济活动都涉及管理者与当事者之间的管理和被管理关系，会计始终处在一个中介的地位，必然要协调管理者与被管理者之间的关系。在双方发生分歧时，会计通常要根据所掌握的资料信息采用科学的分析方法做出是非判断，协调各方利益。

（2）协调组织与外部当事人之间的关系。会计所提供的信息对组织外部的当事人是至关重要的。投资者通过财务报告评价企业的盈利能力并预计公司未来的发展潜力。债权人则通过财务报告了解组织的财务状况是否良好，债权是否安全等。组织内部与外部的当事人是处在不同地位的，会计则处于这两极的中介地位，必然要协调好外部与内部的关系。在许多情况下，组织的管理者希望隐瞒一些事情的真相，而外部当事人则希望了解得越多越好。在这种情况下，会计通常要做出公正的评价，并准确、及时地在合理的范围之内提供相关信息，维护双方合法利益。

（3）协调会计职业技术性与职业社会性之间的关系。会计是一个技术性很强的职业，并有许多的职业技术规范。但它同时也是一个社会性很强的职业，其每项业务工作均涉及有关的当事人，实际上会计是在处理人与人之间的经济关系。这就经常会出现“两难”的问题。有些符合当事人愿望和利益的可能不符合技术要求，会计人员此时就会面临来自双方的压力。当技术性问题与社会性问题发生冲突时，会计以职业道德的标准进行权衡，按照会计制度、准则的要求处理会计问题，保证所提供会计资料的公允性、合法性。

另外，会计工作也有一定的灵活性。针对同一经济事项，会计人员可能有若干种可供选择的方法，做出不同的估计。但是如果会计人员出于特定的目的而有意识地采用某种方法，就违背了客观性原则，如为了获取一笔贷款而需要提高净收益水平，就改变存货计价方法或者是修改坏账比率。这不仅仅是针对企业对外提供的会计信息而言的，对于企业内部的信息提供来讲，这种问题也存在，如为了企业内部一部分人的利益而更改自己的产品成本核算方法、责任中心的考核办法等。这样做的结果，必然使会计信息丧失其中立性，将直接损害会计信息的可靠性。

当然，企业所使用的会计方法与会计估计是可以变更的，但前提是这种变更有助于提高会计信息的准确性，而且对这种变更必须在报表附注中进行揭示，以使报表的使用者能综合了解全面情况，对此做出明确的判断。但如果会计人员不能揭示变更情况及其影响，就已丧失了应有的态度，会计人员对有关事项的判断和处理应基于客观立场，符合客观事实。对会计业务应做到收支有凭据，核算真实，传递的会计信息准确、及时、全面，如实地反映核算单位的经济活动、财务收支和经济效益情况。为适应建立社会主义市场经济体制、建立现代企业制度、转变经济增长方式的新形势，会计人员要不断努力学习现代会计理论和技术方法；同时，要勇于对不合理的管理模式和核算方法进行革新，提高自身素质，积极运用现代科学手段和方法理财。

八、强化服务，讲求效益

“强化服务，讲求效益”是我国会计职业道德的重要规范。这一规范要求会计制度和传统的会计模式努力提高会计工作自身的效益，促进企业与社会经济效益的提高。社会主义的根本任务是发展生产力。这一任务本身就有其道德价值。在当今社会，时间就是金钱，效率就是生命。高效率地工作才能促进生产力的发展，而会计职业道德最终也只能在高效率的工作中得以体现。

经济体制改革的展开和推进，使现行会计工作赖以生存和发展的基础发生了很大变化，对现行会计模式提出了严峻的挑战。新旧经济体制的转换对会计模式产生了极大的冲击，传统会计模式的弊病越来越明显地暴露出来。中国会计改革需要会计人员培养、强化服务的品质。

讲究效益，这里是指以先义后利、以义驭利为原则，讲究以社会效益为主导，并兼顾企业效益的共同的经济效益。它反映了人们对社会利益与企业利益的关心。会计工作与经济效益有着密切的联系。这主要表现在：会计的产生是基于对经济效益的追求，会计的发展是基于提高经济效益的需要，会计的根本任务是提高经济效益，会计方法的变革、发展总是以提高经济效益的客观要求为动力。简言之，会计与经济效益之间客观上存在着内在的、必然的、不可分割的联系，有的会计学家将这种联系称为“血缘”关系。会计之所以随经济发展而显得越来越重要，原因就在这里。随着经济体制改革的深入发展，会计工作不讲效益的观念将为人们所抛弃。不讲效益的会计人员是不称职的。讲求效益已成为国家和人民衡量会计工作价值的尺度，也是进行社会主义道德建设的最终目的。如何才能强化服务，讲求效益呢？这要求会计人员做到以下几点：

（一）解放思想，理顺会计改革的思路

解放思想，是进行会计改革的前提。改革需要勇气，而勇气来自思想的解放。会计人员要冲破“左”的思想和“平均主义”思想的束缚，一切从实际出发，理论联系实际，不“唯上”，不“唯书”，在实践中探索中国会计改革的道路。

（二）关注会计改革，促进会计发展

会计作为一门专门技术和社会科学，既有技术、方法等方面的共同性，也与特定的社会经济环境相联系。随着我国社会主义计划经济向市场经济的转变，会计的外部环境和内部环境，包括投资主体、经济利益分配、政府管理职能等都发生了巨大的变化，所以，会计必须不断进行改革。会计改革既要吸收经验，又要使其适应我国的国情和实际情况，逐步建立起完善的适合社会主义市场经济、有中国特色的会计方法、会计法规和会计理论等会计体系。

要关心、研究会计改革，更要投身、推动会计改革。会计是经济工作的基础，是反映经济运行的信息系统。会计工作涉及面广，进行会计改革必然会影响社会生活的各个方面，改革的阻力会很大。会计人员要冲破阻力，知难而进。同时，随着经济体制改革的深化和会计出现的新问题、新情况，会计人员要认真去发现、研究、解决，以推进会计改革。

目前，我国已经建立了包括会计人员职责权限制度、会计专业技术资格评审和考试制度、总会计师制度、会计人员培训制度、会计人员表彰奖励制度等在内的一系列有中国特色的会计人员管理制度，强化了对会计人员的管理，调动会计人员努力钻研业务、做好本职工作的积极性，促进了会计队伍的发展壮大和素质的稳步提高。但是由于我国会计人员来源的复杂性，加上我国的会计教育水平比较落后，会计队伍整体素质不高，会计人才缺乏，与经济和科学技术的飞速发展对会计人员素质的要求不相适应，因此，在大力发展会计学历教育的同时，应组织好大规模的会计在职教育，要不断改进培训渠道、组织形式、教材体系，提高培训工作的适应性和超前性。同时，要改革和完善相应的会计人员管理制度，形成科学的会计人才选拔、评价机制，以激励会计人员通过多种途径学习业务，提高自身素质。

（三）树立效益第一的思想，讲究“时间”“效率”战略

“效率”战略是以最低的劳动消耗创造尽可能多的物质财富；“时间”战略是要求在保证效益的前提下以最短的时间、最快的速度去创造最高价值。效率与时间相辅相成，效率中本身就有对时间的规定，时间是检验效率的标准之一。会计人员必须有强烈的时间、效率观念。

【专栏9-4】　　强化会计职业道德组织实施

（一）加强组织领导

财政部门和中央主管单位要高度重视会计人员诚信建设工作，根据本地区（部门）关于社会信用体系建设的统一工作部署，统筹安排，稳步推进。要重视政策研究，完善配套制度建设，科学指导会计人员诚信建设工作。要重视监督检查，发现问题及时解决，确保会计人员诚信建设工作政策措施落地生根。要重视沟通协调，争取相关部门支持形成合力，探索建立联席制度，共同推动会计人员诚信建设工作有效开展。

（二）积极探索推动

财政部门和中央主管单位要紧密结合本地区（部门）实际，抓紧制定具体工作方

案，推动会计人员诚信建设。要探索建设会计人员信用档案、建立严重失信会计人员“黑名单”等制度，及时总结经验做法；对存在的问题，要及时研究解决。

（三）广泛宣传动员

财政部门、中央主管单位和会计行业组织要充分利用报纸、广播、电视、网络等渠道，加大对会计人员诚信建设工作的宣传力度，教育引导会计人员和会计后备人员不断提升会计诚信意识。要积极引导社会各方依法依规利用会计人员信用信息，褒扬会计诚信，惩戒会计失信，扩大会计人员信用信息的影响力和警示力，使全社会形成崇尚会计诚信、践行会计诚信的社会风尚。

资料来源：财政部关于加强会计人员诚信建设的指导意见［S］. 2019-04-19.

会计人员自己要科学地支配时间，还要考核其他人员对时间的合理利用，力争高效率地做好会计工作。在主张效率第一时，我们还要坚持道义的原则，体现两个文明建设一起抓的精神。道义与效益的关系在于：我们所追求的效益是体现道义要求的效益，道义则是实现最佳效益的手段。一旦道义与效益发生矛盾，首先考虑的应是道义。符合道义的经济效益才是我们所追求的目的。会计改革的目的就是要在道义与效益相统一的原则下，促进社会物质文明和精神文明建设的同步发展。

【关键概念】

核心规范（Core Standard）
诚信为本（Honest Foundation）
操守为重（Most Important Integrity）
坚持准则（Persising in Principles）
不做假账（No False Accounting）
具体规范（Concrete Standard）

【复习思考题】

1. 为什么说爱岗敬业是会计工作的内在要求？
2. 为了积极参与企业经营管理的全过程，会计人员应做好哪些参谋工作？
3. 会计人员应如何正确核算经济业务，提高会计信息质量水平？
4. 会计人员应如何把握会计监督工作重点，增强监督工作的有效性？
5. “不做假账”有何现实意义？如何实现“不做假账”？
6. 会计人员如何做到勤俭理财？

【案例分析题】

宁可辞职　绝不做假：一位上市公司CFO的职业抉择

刘新华曾任某上市公司的财务总监，在别人看来，他是一个极普通的会计人员，在十多年的财会工作中，他恪尽职守，勤奋敬业，甘于清贫，淡泊名利。

多年的职业生涯使他树立了一个职场信念：没有人能打败你，能打败你的只有你自己，无论对个人还是对公司而言都是如此，必须从自身做起，廉洁自律、诚实守信、坚持原则。他最欣赏的一句话就是“会计人员要有一双能够‘透视’的眼睛，要知道数字背后是什么，这就需要不断了解企业的运营，了解企业的战略，并结合企业战略制定财务战略，进而达到提升企业实力的目的”。

刘新华供职的上市公司是一家历史悠久的大型国有企业，但公司的产品质量与国外的同类产品有很大的差距。产品80%的重要原材料靠进口，自己生产的原材料质量达不到国内重要大客户的要求。这种原材料依赖进口的生产方式产生了多种弊病，主要在于：一是原材料价格昂贵，导致成本居高不下，产品价格在市场中没有竞争优势；二是进口原材料产量波动也会对其产品造成直接影响。根据目前的情况，股份公司要想生存下去，就必须进行原材料的自行生产，进行技术改造，提高原材料的质量，达到进口原材料的水准，这样不但可以满足自身的需要，也可以销售给同行业的其他依赖进口原材料的企业，抢占市场份额。

第一届领导班子成员眼看企业已经深陷泥潭，便走得走、溜得溜，于是在危难之际，第二届领导班子匆忙上任。作为第二届领导班子的一员，刘新华上任以后开始认真分析公司目前的境况：公司所需设备是从国外进口的二手设备，公司高层对这个项目所需资金估计不足，两年内已经陆续投入两亿多元，两年的资金利息让企业不堪重负；同时，随着国际市场的变化，当企业在大张旗鼓地进行技术改造时，国外已经停止生产这种产品了，也就是说这些产品基本属于淘汰品种，受到国外大环境的影响，国内市场对这种产品的需求量也锐减。

当这些问题摆在面前的时候，企业即将面临会计师事务所的年报审计，年度报告的数字是决定企业价值的核心要素，也决定着投资者对公司的信任程度，如果按真实的数字进行披露，势必影响投资者的信心，最直接的是将会造成公司股票价格大幅度下跌，而且极有可能跌破发行价。管理层在财务报告上的欺诈行为通常是由于“渡过困难期的需要”。他们把股份公司所处的这个困难期看成是暂时的，相信获得相应的贷款或者通过其他方式获取资金后，就能帮助企业顺利渡过这个困难期，而且本年度的虚假利润也可以由以后的盈利来逐步消化掉。

由于企业的前身是国有独资公司，公司的决策是由一个人或少数几个人做出的，因此，内部控制存在严重的缺陷。第二届领导从企业的利益出发，同时，也为了其自身的利益，开始要求财务部门在数字上作一些文章，也就是掩饰一些东西，从而达到粉饰报表的目的。

于是公司的总经理将刘新华找来，语重心长地对他说：“新华，你是公司的老员工了，对公司应该很有感情，公司对你也不错，培养了你，也曾经送你出去学习深造，现在公司遇到了困难，我们是不是都应该为公司出一把力呢？而且你和你爱人都在咱们公司工作，你也不愿意看着公司就这么垮了吧，公司垮了，对你的家庭也是最为不利的。”

显然公司领导希望刘新华在企业年度报表上做文章。刘新华当然对公司当前面临的困境十分清楚，他对企业也很有感情，自从大专毕业后他就被分配到公司从事财务工作，一干就是十多年，加上爱人也是公司的员工，可以说这家公司是他的半个家。但在工作中他已经养成了客观、严谨的工作态度，诚实可靠、有责任感的工作作风与职业道德，这些都驱使他去增产节约、开源节流、廉洁自律、奉公守法，但并没有教会他如何去舞弊造假。

在经过反复细致的思考后，他对总经理说："我对公司是很有感情的，公司的现状摆在眼前，我也一直在认真思考，但是很难。你看，我手里的借款合同就有整整89份之多，总计金额近几亿元，几亿元啊，我拿在手里心里都发慌，这些全是欠国家的钱，每天都有银行打电话追着要钱，那种尴尬与狼狈就不必说了，我现在与那过街的老鼠又有什么区别呢？现在我只要一听到电话铃声，心里就发慌。我认为现在我们的首要问题是如何真正使企业摆脱困境，而不是在财务上做文章骗取社会的信任。"

刘新华一边说，心里一边想：巧妇难为无米之炊，要想达到决策层的目的，唯一的方法就只有进行财务造假，编造虚假利润，从而获得一份虚假的业绩。

听了刘新华的话，总经理的脸色特别难看，他站了起来，大声说道："你知道吗？你的态度和决定将会关系到企业的生死存亡，不要被公司暂时的困难所吓倒，如果公司能够挺过今年这一关，就会东山再起，所有这些有点不合理的东西都会得到更正。你们年轻人就是没有经历过大风大浪，一遇到困难就打退堂鼓。这点困难算什么呀？我知道你的能力，只要在报表上面做做文章，一切问题不就迎刃而解了吗？我知道，你为公司做了许多贡献，公司是不会亏待你的，你的付出会有所得的，你不要担心以后的生活，我明说吧，你的付出将会为你换来下半辈子的安逸。我希望你能认真考虑一下，你不用立即回答我，回家去和老婆商量一下，我相信孰重孰轻你应该能够分得清。"

回到家里，刘新华不停地抽烟，他心里特别矛盾，如果公司挺不过今年，那么就会沦为"PT"类公司，甚至有被退市的危险，同时，这也将影响到他的前途和家庭的命运，而且不可否认的是，摆在他面前的还有如此巨大的诱惑，如果能在报表上做做文章，那么他就会得到巨额的回报，非但自己的位子依然会稳如泰山，而且家庭的经济状况也会得到很大改善。

但刘新华也深深地认识到，一家上市公司的财务报告是面对公众的，它应该呈现出充分的透明度。如果公司的数据不实，将会对投资人和债权人造成损害，从而使广大的中小投资者蒙受更大的损失。如果他按照决策层的要求去做，那就不但违反了法律，而且违背了他做人的原则，同样，也违背了一个会计人应有的职业道德准则。

显然，公司的总经理也找刘新华的爱人谈了话，她回到家里就说："你应该好好考虑一下，我们两个人都在公司，如果我们两人都丢了工作，那么孩子读书怎么办？而且老总说了，公司目前这些困难都是暂时性的困难，他已经联系好了，马上就有新的投资人加入，只要能顺利渡过这个困难期，所有的亏损就可以消化掉，他说根本就没有什么风险，是你胆子太小。"

听了爱人的话，刘新华叹道："我何尝不想为自己的利益和家庭的利益打算，但是，你知道吗，老总说在报表上做做文章，实际上就是要我做假账，你和我都不是小孩子，应该分得清什么是对，什么是错。任何做假都是违背实事求是精神的，违背了实事求是的精神，也就丧失了作为一名合格的会计人员最起码的职业道德和行为准则。难道你要我一辈子都活在痛苦的煎熬之中，时时刻刻等着被揭穿的那天吗？"

那晚，刘新华彻夜未眠。从夜晚到白天，转眼之间已经是清晨了，这个世界渐渐苏醒并开始忙碌起来。刘新华依然呆坐着，他一夜未眠却毫无倦意，就在此时，他终于下定了决心。早晨一上班，他就向董事长提交了辞职报告，并委婉地劝告说："我认为公司应该想办法真正地走出困境，而不仅仅在报表上做文章，业绩不是做出来的，纸是包不住火的，希望老总能好好考虑考虑，我就言尽于此了。"

刘新华走了，离开了他工作了十多年的公司，离开了让很多人眼红的位置，带着他会计人的信念和执着……在刘新华的身上折射出了会计人正直诚实的本性。在他的血液里有着公正、独立、诚信的会计精神，有着刚直不阿、廉洁自律的情操。诚信社会的建设正是由无数个"刘新华"牺牲了个人的利益逐步建立、完善起来的。

资料来源：项怀诚．会计道德案例［M］．北京：经济科学出版社，2003.

讨论问题：

1.您认为刘新华这样做值得吗？理由何在？

2.CFO道德操守与专业技能哪个更重要？当二者处在矛盾冲突之中时，应如何取舍？

第十章

注册会计师职业道德规范

【经典警句】

你们的协会和注册会计师职业在建立和维持资本市场的完整性方面，发挥着至关重要的作用。独立的审计人员为经营企业和政府机关的财务报表提供可信性。没有这种可信性，债权人和投资者就几乎无法做出给我们的经济带来稳定性和活力的决策。没有你们，我们的金融市场就将土崩瓦解。

——里根

改革审计管理体制，组建中央审计委员会，是加强党对审计工作领导的重大举措。做到应审尽审、凡审必严、严肃问责，努力构建集中统一、全面覆盖、权威高效的审计监督体系。

——习近平2018年5月23日在中央审计委员会第一次会议上的讲话

【学习目的与要求】

1.知道注册会计师职业道德规范；理解制度安排的价值。

2.明确注册会计师审计基石：

诚信为本，操守为重。

3.掌握注册会计师职业道德规范的具体内容：

超然独立，客观求是；

公正审计，廉洁守法。

严谨执业，踏实进取；

保密守时，收费合理。

公平竞争，协同发展；

服务社会，追求卓越。

【导言】

财政部：加强注册会计师行业诚信建设

2023年3月14日财政部制定了《注册会计师行业诚信建设纲要》，对注册会计师行业诚信建设进行全面系统部署，全面助力社会信用体系建设。

《注册会计师行业诚信建设纲要》主要按以下思路谋篇布局：围绕一条主线，即围绕以诚信建设推进行业高质量发展为主线，作为工作基点。聚焦两个需求，即聚焦落实社会信用体系建设客观需求和行业高质量发展内在需求，细化有关工作。抓住三个环节，即抓住诚信标准建设、诚信标准执行、诚信监督管理等主要环节，推进构建行业诚信闭环管理体系。统筹发挥四方面主体作用，即统筹财政部门、注册会计师协会、会计师事务所和从业人员等四方面主体，明确各自职责定位和工作要求。遵循五项原则，即按照"政府推动，社会共建""健全制度，规范发展""以人为本，教育为先""德法并举，刚柔相济""重点突破，强化联动"等基本原则，对行业诚信建设体系进行谋划布局。规划六方面重点工作，即从诚信标准建设、诚信教育和诚信文化建设、诚信信息采集和信息监控体系建设、诚信监管和评级评价制度建设、守信激励和失信惩戒机制建设以及组织保障等六个方面重点推进行业诚信建设。

《注册会计师行业诚信建设纲要》共分为八个部分，主要包括"充分认识加强注册会计师行业诚信建设的重要意义"、"行业诚信建设的指导思想和基本原则"、"以健全规范规则为基础，持续完善诚信标准建设"、"以弘扬诚信美德为导向，推动诚信教育与诚信文化建设"、"以平台建设为抓手，持续完善诚信信息采集和信息监控体系"、"以加强诚信监管为着力点，健全诚信监管和评级评价制度"、"以构建分级分类监管体系为重点，健全守信奖励和失信惩戒机制"及"加强组织保障"等方面内容。

此外，完善守信激励措施，加大失信惩戒力度。《注册会计师行业诚信建设纲要》明确，完善全国先进会计工作者评选表彰制度，对严重失信者实行"一票否决"。

《注册会计师行业诚信建设纲要》是指导当前和今后一个时期行业诚信建设的纲领性文件。纲要出台后，关键是要抓好贯彻落实。财政部作为行业诚信建设的牵头部门，将积极统筹各方主体做好纲要的贯彻落实，推动纲要各项任务、要求落地见效。一是强化组织领导。各级财政部门、各级注册会计师协会、各会计师事务所以及行业从业人员要切实履行各自主体责任，加强统筹谋划，建立健全政策协调和工作协同机制，共同形成行业诚信建设的最大合力。二是加强宣传引导。做好纲要的宣传培训，提升行业社会诚信，充分发挥社会公众、新闻媒体等对行业诚信建设的监督作用，推动行业诚信建设更好融入国家社会信用体系建设。三是狠抓责任落实。压实各地财政部门责任，因地制宜细化具体落实措施，建立健全实施情况督促检查机制，推动纲要各项政策措施落地见效。

资料来源：财政部. 财政部印发《注册会计师行业诚信建设纲要》[EB/OL]. [2023-03-29]. http://www.mof.gov.cn/caizhengshipin/czsy/202303/t20230329_3875769.htm.

为使注册会计师担负起维护社会公众的经济利益的神圣职责，在公众中树立良好的职业形象和职业信誉，必须大力加强对注册会计师的职业道德教育，强化并提高注册会计师的道德水准。注册会计师的道德行为应有：独立性、正直性、客观性；遵守一般职业准则和技术准则，包括职业能力、职业谨慎、计划与监督、充分适当的证据、业务预测；对客户的责任；对同业的责任；其他责任和义务。以上内容是注册会计师职业道德行为可以接受的最基本要求，注册会计师职业道德行为应该高于该水准。道德行为观念是一个综合性观念，审计师能否高标准行事，事关整个职业的信誉和声望。所以，它要求审计师即使损失个人利益，也应公正办事。

注册会计师审计职业道德，是指注册会计师在执业时所应遵循的行为规范，包括在职业品德、职业纪律、专业胜任能力及职业责任等方面所应达到的行为标准。

● 第一节　中国注册会计师面临的道德问题及对策

中国注册会计师市场恢复建设至今已取得了快速的发展，在我国的改革开放和社会主义市场经济体制的建设中发挥了积极的作用，扮演着十分重要的角色。然而，从外部环境来看，人们对注册会计师职业在市场经济中的作用和责任的认识还处于较朦胧的阶段；从职业界内部的情况来看，也还未建立起一个有序的职业发展机制。应该明确，注册会计师行业与市场经济环境是相辅相成的。有什么样的市场经济环境，就有什么样的注册会计师职业效果。目前，中国注册会计师的执业素质偏低，注册会计师审计质量下降，是多种因素共同作用的结果，必须进行综合治理。

一、中国注册会计师道德建设存在的问题

（一）职业道德状况令人担忧

注册会计师对财务报表的众多使用者负有责任，而绝大多数报表使用者往往对公司的活动及管理没有第一手资料。随着公司规模的扩大，所有权与经营管理权分离。投资者再也不可能去一手操纵企业的经营管理，而必须借助于财务报表来了解企业的经营活动。债权人、潜在投资者和其他利益相关者也必须依赖这些财务报表。而独立的职业道德水平高的注册会计师对财务报表发表意见可提高报表可信度。

注册会计师职业道德是注册会计师在其职业过程中所应遵循的行为规范。它的具体内容如图10-1所示。职业道德概念是用哲学语言简化表述的道德行为的理想标准；职业道德行为规则是执业中强制执行标准，是可接受的职业服务的最低标准；提供规则的适用范围和应用指南的是行为规则；协会就有关行为规则的问题所作的书面解释或解答是道德裁决。

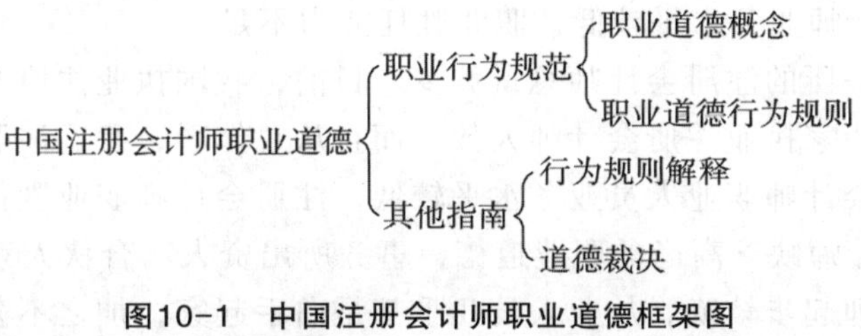

图10-1　中国注册会计师职业道德框架图

当前，一些注册会计师不能坚持独立、客观、公正的原则，承接不能胜任的业务，为了谋利采取各种不正当的手段招揽客户，更有甚者有意泄漏客户的商业秘密以谋取私利导致注册会计师的信誉受到整个社会的质疑。这些严重威胁着中国注册会计师行业的生存和发展，造成了审计质量低下，败坏注册会计师自身形象，人为加大审计成本，助

长某些单位违法经营行为的滋生，影响社会经济秩序的稳定。所以，加强注册会计师职业道德的研究，对于完善我国注册会计师制度、推动注册会计师行业的发展具有重要的战略意义。

（二）执业行为偏差

注册会计师的职业环境、自身素质在很大程度上影响着其执业的行为。执业行为又决定着会计师事务所的生存和发展，也决定着注册会计师行业的兴衰与成败，在相当大的程度上影响着市场经济秩序的好坏。注册会计师职业行为偏差，将严重影响整个行业的社会信誉度。相当数量的注册会计师过分追求眼前利益，在事务所日常经营中，分光吃尽，不重积累；有些注册会计师只从自身利益出发，不能保持应有的职业谨慎，不能完全遵守专业准则的规定，不注重学习甚至出具不真实的报告，将从事注册会计师职业看作一种经验的积累和去其他部门的跳板；有些注册会计师目光短浅、谋求私利的行为使事务所变得一盘散沙。如果对诸如此类的恶劣行为不清理、不整理、任由其恶性循环下去，将严重影响到市场经济的正常秩序。

（三）人员队伍老化，专业素质不高

中国注册会计师行业经过了40年的发展，从业人员在数量上已经接近或超过经济发达国家行业发展速度。但在质量上，与国际同行相比还存在很大差距。其主要原因是注册会计师人员队伍老化，专业素质不高。从目前我国注册会计师发展历史构成来看，近乎一半的注册会计师存在着先天不足的现象。

（四）审计质量较低

我们认为，分析注册会计师审计质量较低的原因需要从外因和内因两方面着手。在外部环境方面，审计职业规范体系不健全是最主要的。首先，一些审计实务中出现的问题没有相应的准则加以规范，使事务所无章可循。其次，审计市场的恶性竞争，使审计达不到应有的质量保证。再次，被审计者与其主管部门的目标存在偏差。政府部门的强制要求，使被审计者不给予积极配合，查出问题也不同意调整和披露。最后，政府部门对民间审计的干预太大。这种做法有以下四个弊端：①人为地扩大了审计责任，要求注册会计师披露应由管理层披露的内容，混淆了会计责任和审计责任，把应由管理层承担的责任转给了注册会计师；②与独立审计准则相矛盾；③不符合独立审计的合法性目标；④混淆了一般目的审计和特殊目的审计的区别。

审计报告质量低下的内因，即审计职业界自身方面的原因，主要有以下方面：

1.一些注册会计师业务水平较低，职业胜任能力不足

我国会计师事务所的注册会计师总量偏少。目前，我国执业注册会计师总数尚不及国际“四大”所中的一家执业注册会计师人数。而且从总体看，我国注册会计师准入条件较低，直接导致注册会计师职业人员业务水平较低，注册会计师职业胜任能力不足。

2.一些注册会计师缺乏高尚的职业道德，事务所出资人、合伙人素质比较低下

我国注册会计师起步较晚，从业人员几乎都是白手起家，加之不公平的竞争环境，导致一些注册会计师缺乏高尚的职业道德，存在追求短期效益的心理。事务所出资人、合伙人素质比较低下，那些非专业出身的出资人、合伙人视会计师事务所为营利机构，不择手段挣钱，参编假账，出具虚假审计报告也就不在话下。

3.审计质量控制力度不够

一些事务所为追求短期的经济利益，缺乏质量控制意识和科学的控制方法，使现有的检查监督只能流于形式，审计报告的质量很难保证。

4.会计师事务所规模偏小

我国的会计师事务所最初大多是由财政审计等部门组建起来的，不仅规模较小而且又零星地分布于各个地区，力量薄弱，难以占领外地市场，只能借助于地方的一些有利条件在当地争取一席之地。这使得本来已经严重的地区分割局面变得更加严重，当地事务所之间的竞争更加激烈，极易导致恶性循环。

5.业务范围狭窄

因市场压力不足，社会对非法定业务的现实需求较低，事务所的非法定业务方面自身能力不足，使众多事务所都在这一狭小领域内生存和发展，审计市场恶性竞争在所难免。

6.行业管理不力

尽管各级注册会计师协会采取了大量的行业监管工作，但仍存在对行业监管工作的认识和力度不够、监管工作的体制不顺、监管队伍量不足等问题，这在一定程度上纵容了行业违规现象的发生，限制了审计质量的提高。

中国注册会计师行业从恢复至今，取得的成就是人们不可抹杀的。前些年出台的事务所脱钩改制政策，给注册会计师行业注入了新的生命。近年来，我国注册会计行业又经历了“两会”（中国注册会计师协会和中国资产评估协会）联合，“三师”（注册税务师、注册资产评估师和注册会计师）统一管理，在改革、规范、调整中取得了长足发展。这些都是注册会计师行业的催化剂，使其尽早地沿着国际轨道发展。

二、中国注册会计师行业建设的发展对策

（一）确立未来中国注册会计师职业总体的发展战略目标

一个国家注册会计师职业的总体发展战略目标是由这个国家的注册会计师职业发展现状、社会经济环境对这一职业的要求以及这一职业的国际发展趋势所决定的。我国注册会计师职业发展战略目标应确定为：

把中国注册会计师职业发展成为一个真正独立的、公平竞争的、勇于承担社会道德职责的高尚职业，一个能最大限度满足市场经济发展要求的、与国际接轨的职业。为我国注册会计师职业在建立社会主义市场经济体制、保障正常社会经济秩序、维护国家、企业以及社会公众权益中发挥更大作用。

（二）注册会计师队伍的发展素质要求

1.注册会计师的基本素质要求

按照职业谨慎的要求，一个胜任的注册会计师，必须具备与其职业需求相适应的能力，而能力的取得既来源于所掌握的专业知识又来源于实际经验。从目前世界各国对注册会计师能力素质的控制情况来看，则主要应把握好资格控制和后续教育。

2.注册会计师的职业道德素质要求

一个职业是否注重其职业道德是这个职业成熟与否的重要标志。就我国目前的发展状况而言，要使所有的注册会计师都理解、接受并自觉遵守这一行为规范，还有大量的工作要做。我们大致提出我国注册会计师职业道德体系的框架图，如图10–2所示。

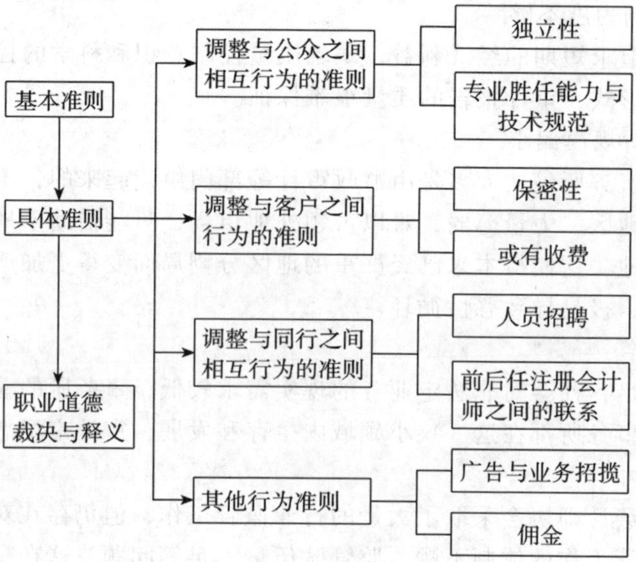

图10-2 注册会计师职业道德体系图

3.强化注册会计师的社会职责

我国注册会计师及会计师事务所承担的法律责任主要有行政责任、民事责任和刑事责任。中国注册会计师及会计师事务所法律责任的日益清晰和强化，要求每一个注册会计师和事务所必须对自己所负的责任保持清醒和充分的认识，并以此为出发点，不断提高自己的道德素质和技术素质，从而不断提高自己的服务水平和服务质量。

4.加快注册会计师队伍数量的发展，并提高注册会计师队伍质量水平

注册会计师职业在当今的中国已不再是一个可有可无的职业，而是一个肩负着协助建立社会主义市场经济体制、保障正常的社会经济秩序，维护国家、企业以及投资者和债权人利益等重要使命的职业。我国的经济体制改革推动了注册会计师职业的发展，也迫切要求注册会计师队伍的壮大，包括服务多样化内容等方面对注册会计师队伍质量的要求。经济体制改革必然对我国培养注册会计师的能力提出更新更高的要求。所以，我们应树立正确的注册会计师队伍发展的指导思想：一方面是最大程度地满足市场经济发展的需求；另一方面也应注重质量，讲求有质量地发展，将数量的发展建立在质量提高的基础上。

中国注册会计师市场的建设任重道远，需要我们完善注册会计师的法律制度，改善注册会计师的执业环境，同时，还需要从每位注册会计师自身做起。优胜劣汰会给有实力的大型事务所留有足够的发展空间，而经营不善的事务所也将被罚出场外。当然，要和国际上的大事务所相抗衡，并不是一朝一夕的事，需要时间和经验。只有借鉴外国有效的经验，使经验同我国国情相适应，才能在最短的时间内同国际注册会计师市场接轨，也只有接轨，我国的注册会计师市场才能保持发展，中国注册会计师才会拥有光辉灿烂的明天。

● 第二节 制度安排：权衡短期利益与长期利益

一、会计、审计人员进退两难的尴尬处境

现实中的会计、审计人员在其岗位上往往处于进退两难的尴尬境地。一位企业会计主

管人员讲：财务管理中有一个重要思想就是风险收益对等理论，如果冒了高风险，就必须有高收益作补偿。单位领导总让会计人员做假账，但收益却主要归领导所有，升官发财贪污；风险主要落在会计人员身上，出了问题都是对外讲会计人员背着领导做假账，说领导不懂会计，显然会计人员的风险和收益不对等。但是，会计人员吃的就是会计这碗饭，你不干自然有人干，所以做假的会计人员非常痛苦。因此，有的会计人员手中有好几本账，各不相同。一本是给税务机关的，目的是少交点税；一本是给商业银行的，目的是多贷点款；一本是给财政及国有资产管理部门的，目的是多诉苦，多要补助；一本是给老总的，真正的账。会计人员发现自己风险和收益不对等，所以还得备有一本真账拿回家去留底。为什么？万一出了问题检举揭发查证！现在虽说《会计法》中规定单位负责人为会计行为的责任主体，但还没有相关实施细则，不知司法机关怎么处理。

会计行业的诚信危机虽有会计人员自身的因素，但客观环境的影响是绝对不可忽视的。2002年国家会计学院诚信教育教材开发课题组的调查也验证了这一点。课题组在针对216家企业总会计师、13所高等院校48位教授专家及323位中国注册会计师的调查问卷中提问，“你认为目前假账成为社会经济生活中的‘毒瘤’，主要是因为：A.政府当官的要‘政绩’；B.企业当头的要‘业绩’；C.会计人员要‘饭碗’；D.注册会计师要‘钞票’”。从问卷的回答统计中看出，形成假账的主要因素排位及数据是：选项A分别占33.61%、30.25%及39.68%；选项B分别占44.54%、36.97%及36.19%[①]。可见大多数人认为假账的源头并不在会计行业，主要原因在于“政府当官的要‘政绩’”与“企业当头的要‘业绩’”两大方面，他们对假账有巨大的需求，他们深谙“数字出官、官出数字”的奥秘，且个人能够以大概率从中受益，虽然国家和人民深受其害，企业会计人员和注册会计师也只是扮演配角。如果说单位、部门及企业负责人是假账的始作俑者，其帮凶必然离不开会计人员。所以，我们要根治假账，必须从源头抓起。企业的上市、上市公司的配股资格、地方政府的政绩——国企脱困等都是“政绩”与“业绩”的主要目标，同时，也是某些会计人员和注册会计师的潜在收益源。必须正视这个源头，解决这些问题。如果在建构会计职业道德管理机制时不考虑到这一点，只能是头痛医头，脚痛医脚，无法对症下药，不能解决根本问题。

我们看到，道德的内容受社会、经济、文化等各种环境的影响。会计职业道德管理也是如此，市场经济条件下的会计职业道德管理内容不同于计划经济条件下的会计职业道德管理。我们在构建会计职业道德管理的自律与他律机制时必须注意这一点。经济学的一个基本假设是“人性”，即人是理性的，也就是说，人是趋利避害的，也就是理性的人所遵循的“两利相权取其重，两害相权取其轻”的原则。同时，人们在乎各种能给自己带来效用的东西，除了钱以外，还有名誉、感情、受人尊重的感觉、舒适度等。每个理性的人在做事的时候都会自觉或不自觉地进行成本效益分析，也就是看这件事值不值得做，以及如何做。因此，我们在构建会计职业道德管理自律与他律机制时，首先必须从经济学角度分析会计人员遵守职业道德的成本效益，看看究竟是什么因素影响着会计人员对是否遵守职业道德的选择。我们将结合实际中的案例来分析会计人员遵守职业道德的成本收益，说明影响其成本收益的因素，对会计职业道德管理自律与他律机制构建提出建议。

---

① 叶陈刚．商业伦理与会计职业道德［M］．大连：东北财经大学出版社，2004：264.

【专栏10-1】德勤被罚超2亿元！为华融提供审计服务期间存在严重审计缺陷

自2021年起，财政部对中国华融会计信息质量及其审计机构德勤华永会计师事务所（以下简称德勤）执业质量开展了检查。

经查，华融在2014至2019年度不同程度存在内部控制和风险控制失效、会计信息严重失真等问题。德勤未充分关注华融多项经济业务实质，未穿透审计底层资产真实状况，对重大投资事项忽略审批合规性，对已识别的异常交易未恰当发表审计意见，未能客观评价企业资产状况，未能准确评估预期信用损失模型参数的合理性，在提供审计服务期间，未保持职业怀疑态度，未有效执行必要的审计程序，未获取充分适当的审计证据，存在严重审计缺陷。

财政部处罚显示：华融方面，对中国华融及其7家子公司，分别给予10万元罚款的行政处罚。德勤方面，给予德勤总所警告；暂停德勤北京分所经营业务3个月；没收德勤北京分所违法所得并处罚款总额21 190.44万元，德勤总所承担连带责任。

资料来源：王蕙蓉．德勤被罚超2亿！为华融提供审计服务期间存在严重审计缺陷［EB/OL］．［2023-03-17］．http：//finance.china.com.cn/industry/company/20230317/5957538.shtml.

二、会计审计人员履行职业道德的成本效益分析

注册会计师与企事业单位会计人员虽都是会计人员，但其工作性质差异较大，而且其成本效益的影响因素也有差异，故此我们分开考虑。而在企事业单位会计人员中，财务总监、总会计师又是典型的代表，因此，我们下面的分析以注册会计师和总会计师或财务总监为主要对象。

首先，从整个会计行业的角度分析，遵守职业道德的成本几乎为零，遵守职业道德的效益却数不胜数。会计行业遵守职业道德的社会效益在于树立良好的信誉，能够使事务所在公众面前保持良好的形象，从而提高行业的社会地位，增加行业收入。反之，整个行业不遵守职业道德的效益几乎没有，不遵守职业道德的成本巨大。如果注册会计师们都丧失诚信，那么就有可能对注册会计师行业带来致命的打击，有可能为其他机构或外国的事务所所取代，甚至可能导致注册会计师行业的崩溃。虽说会计的本质有“信息系统论”“管理活动论”两种看法。但财务会计的作用主要在于提供信息，这是大家所认可的。会计是为相关的决策者提供信息的，原来信息源较为单一，会计处于垄断地位，但现在决策者获取信息的渠道很多，会计信息只是其中一种。所以，如果会计行业以不讲职业道德、不讲诚信的形象示人，那么会计在这场信息源争夺战中势必处于劣势，会计信息作用将日益下降，会计作为一个行业也可能走入低谷。

其次，与整个注册会计师行业相比，单个会计师事务所遵守职业道德的成本效益相距甚远。事务所遵守职业道德的成本好像是显而易见的，那就是某些客户的丧失。如果你遵守职业道德，客户让你通融，而你坚持原则，不肯让步，那么可能有些业务你拿不到。问题的关键在于某些事务所又愿意在同等条件下接受这笔业务。即存在低价揽客，低执业质量揽客，提供“定制客户服务”的现象。这说明，事务所遵守职业道德可能会失去某些有特殊要求的客户，失去一部分短期收益。由于功利主义、实用主义盛行，诚信可能吃亏，而不诚信可能带来很多边际利润、超额利润。事务所遵守职业道德的收益主要有两方面：一是事务所信誉的提高，能够为事务所带来持久的客户源，能够提高事务所的社会形象，能够给事务所带来附加值更大的服务。“四大”就是典型的例子，它们的收费比国内所要

高出很多。二是精神上的享受。很多注册会计师认为，钱是赚不完的，但关键是人要快乐，做假心里不踏实。也有注册会计师指出，要“本本分分做人，认认真真执业”，为了事业的发展和壮大、家人的幸福，一定要遵守职业道德。

总会计师（或财务总监）讲诚信、遵守职业道德的成本效益又如何呢？在一个企业中，企业领导者的经营管理意识是决定总会计师遵守职业道德的成本效益的主要因素。如果领导者不讲诚信，那么总会计师遵守职业道德的成本就是在单位中地位下降，甚至是职位的丧失，这就导致了在会计行业内广为流行的说法“顶得住的留不住，留得住的顶不住”。遵守职业道德的效益主要是精神上的愉悦。如果领导者讲诚信，那么总会计师遵守职业道德的成本很小，遵守职业道德会提高自己在企业中的地位，带来精神与物质两方面的利益。另外，对于有些充满贪欲的会计人员，不讲职业道德的收益是大捞特捞，贪欲得满足；不讲职业道德的成本是行政、民事、刑事处罚。

加强会计职业道德建设，习惯上多从道德品质上对会计人员提出要求，虽然在道德的内涵和实质上都注入了时代精神，但道德的自我完善根本上继承了传统的儒家修身养性的人格自律。事实上，在市场经济条件下，会计职业道德和职业品质的建设包含两个层面的内容：一是内在的道德和品质的自律、修养和完善；二是外在的法治教育、法律意识建设、法治管理为主体的言行规范，即“他律”，具有强制性质。这两个层面应是相互作用，互为表里的。缺少哪方面都将是不完整、不彻底的。

● 第三节 诚信为本，操守为重：注册会计师审计基石

一、诚信是注册会计师职业的灵魂

作为经济公道和国家公道的维护者和捍卫者，注册会计师不仅要受到一般伦理道德的制约，还要接受职业道德规范的约束。无疑，在注册会计师所应遵循的道德体系中，“诚信”是其核心内容。因为只有“诚信”才能使客户乃至整个社会相信注册会计师具有专业胜任能力，提供的服务质量可靠，做出的结论客观、独立、公正。这种信任构成了注册会计师行业存在的基础。如果没有这种以“诚信”为核心的职业道德体系作为支撑，注册会计师行业是无法保持信誉并延续下去的。所以，经过了风雨洗礼的中国注册会计师，面对更加严峻的市场挑战，只有高举“诚信”的大旗，“诚信为本，操守为重”，才能站稳脚跟，励精图治，重塑注册会计师行业的公信力。

诚信不只是外界对行业的需求和期望，更是行业的一种氛围，一种习惯，一种行规，是行业从业人员发自内心的愿望和追求，深深植根于每一个人的心中，每一个人以讲诚信为荣、不讲诚信为耻。注册会计师行业，诚信文化的核心是操守为重，恪守职业道德。为此，注册会计师在执业过程中，应注重培育民族传统文化和时代精神相结合的行业诚信文化，使社会诚信与行业诚信有机结合起来。

注册会计师讲诚信，就要自重自律，努力提高自身职业道德素质和专业胜任能力。每一位从业人员，要充分认识到，诚信不仅是保证执业质量的重要前提，也是注册会计师的立身之本。人无信而不立，离开了诚信，注册会计师必将失去生存空间。因此，注册会计师要端正认识，树立正确的人生观、价值观和道德观，不断提高道德修养，面对困难不要怨天尤人，把诚信意识根植于心，以诚实守信的形象立身于世。只有每一个人都讲诚信，

才能筑起中国注册会计师的诚信大厦。

二、注册会计师应有属于自己的个人诚信档案

在市场经济条件下，注册会计师必然是有理性的、追求自身利益或效用最大化的人，同样遵循着自利原则；但同时我们更应该看到，理性原则和公共原则同样也制约着注册会计师的行为。只要有健全的约束机制，注册会计师追求个人利益的行为不但不会损害社会利益，而且会带动整个社会公共利益的不断实现。其原因在于，大多数注册会计师都能清醒地认识到，只有遵循独立审计准则，执行审计业务，公允表达审计意见，才最符合其追求自身利益的目标，尤其是长远利益的目标；出于理性的思考，注册会计师不可能无视法律制裁、道德谴责。

会计服务市场规范的信用体系建立在制度的基础上，亦即从制度上保证“诚信”的注册会计师能够得到应有的回报，“失信”的注册会计师必须承担其行为造成的后果，不仅要受到舆论的谴责，更要付出经济上的代价。这就为会计服务市场信用水平的提高提供了制度上的保障。为此，当务之急是尽快建立注册会计师“个人信用制度”，即注册会计师应有属于自己的诚信档案。只有建立起完备的个人信用制度，才能在此基础上完善会计师事务所市场信用体系，以制度约束注册会计师的失信行为。

三、打造“诚信为本”的会计师事务所文化

会计师事务所是法律意义上的企业，其文化应是管理者和全体员工在长期经营活动中形成的与其自身特点，及其发展规律相适应的一整套理念、信念、价值观和行为规则（或准则），以及由此形成的群体行为模式。事务所企业文化作为自身持续发展过程中形成的社会文化的一种亚文化，要着重解决事务所经营理念、管理机制和运行机制的问题，要努力营造以“诚信为本、勤勉尽责、服务社会”为主要内容的企业文化，在激烈的竞争中创立自己的品牌，以品牌求生存、以信誉求发展、以质量求进步。同时，会计师事务所文化通过树立正确的经营理念、良好的精神风貌、高尚的伦理道德和明确的发展目标，统一和规范事务所员工的价值观念，形成事务所巨大的凝聚力；通过建立和完善事务所的各种规章、制度、操作规程及工作标准，以统一和规范企业会计人员的行为，确保事务所经营目标和发展计划的实现。事务所的企业文化建设是现代企业制度下，事务所生生不息的物质和精神支柱。

现阶段我国会计师事务所在完成一系列改革、在体制上基本与国际惯例接轨的背景下，打造会计师事务所的“诚信为本”的企业文化已是进一步提高注册会计师及事务所整体素质和质量，全面提升行业整体素质和社会形象的必由之路。

1.最高管理者或者管理层的个人风格要融入事务所之中，形成事务所企业文化的重要组成部分

最高管理者应具有诚实可信、稳重谨慎、求实认真、胜任专业的领导风范，同时，应体现出责任与创新、团结与合作、决策民主、管理权威的人格魅力。

2.事务所要有明确的发展目标

事务所应根据自身特点，制订科学的近期、中期和远期发展目标或规划，给机构和员工的发展、成长提供一个明确的预期，促使员工自觉地把事务所利益和个人利益结合起来，在事务所运作和员工行为规范体系下，积极、努力、负责地做好本职工作。

3.事务所要有一套完善的内部控制制度和合理的内部治理结构

内部控制制度应当包括：合法有效的事务所章程或合伙人协议、事务所内部议事规则

和决策制度、人才引进制度、人员晋升和激励机制、执业规范、质量控制和保障制度、员工行为准则以及效益评价体系和制度。合理的内部治理结构必须是合法的，是在合法的基础上根据事务所的实际情况建立与事务所运作相适应的管理层次和结构，以保障事务所内部稳定、和谐、高效。

4.事务所要形成具有凝聚力的团队精神

共同的目标、共同的预期是形成事务所团队精神的首要条件。要让员工了解本所的发展目标，知道他们的责任，从而使员工自觉地约束自己的行为，遵守职业道德，提高工作质量，由此形成全体员工共同合作做好工作的愿望和需求，并自觉维护事务所声誉以实现个人利益这样一种良性互动的循环。其内在表现是事务所的合力、凝聚力，外在表现就是事务所的团队精神。

5.事务所要培养与现代社会先进文化要求相适应的员工思维方式、行为准则、工作作风等特性模式

员工一旦进入事务所就必须在工作、学习等方面融入这一特性模式之中。这一模式应集中体现事务所的经营宗旨、理念、目标和行为规范，对每一个员工形成强有力的约束力，同时，具有凝聚力和亲和力，以保证其他企业文化要素得以实现。

四、关于注册会计师审计诚信的完善建议

注册会计师的主要职能是对企业的对外财务报表发表审计意见，帮助会计信息使用者确立对会计信息的可信赖程度，从而保护投资者、债权人及社会公众的合法权益，为社会经济监督体系建立起一道有效的屏障。因此，守信用、讲信誉、重信义、恪守职业道德是注册会计师行业生存和发展的生命线。而今天我们所经历的一切却成为注册会计师发展史上最沉痛的一章，从美国的安然到我国的银广夏，注册会计师的信用危机铺天盖地而来，让我们对注册会计师行业的诚信不得不做出更为深刻和清晰的反思。以下是针对独立审计诚信的几点建议：

（一）从社会大局方面着手净化注册会计师的执业环境

在问卷调查中，我们不难发现，注册会计师不会积极做假，很多时候是迫于对现实的妥协甚至出于无奈。国内注册会计师市场中，委托人与被审计人角色合二为一，在不均衡的博弈关系中，注册会计师很难得到委托人与被审计人的真实信息，于是做假在所难免。因此，应建立健全成熟理性的委托人机制，解决和铲除虚假信息的市场需求机制，同时，有配套的法律保障和良好的法律环境。另外，注册会计师已意识到本行业诚信缺失的危机，但同时也由于事务所内部环境的某些原因，诚信教育仍没有达到它所应达到的程度。在全社会大力开展诚信教育之际，建议事务所的合伙人、发起人抓住机遇，加强诚信教育，建立注册会计师诚信档案，提高注册会计师职业素质和道德情操。但这毕竟需要一个潜移默化的过程，因此，合伙人、发起人应有足够的耐心和信心，诚信终究是注册会计师行业的基石，诚信教育事关行业的未来。

（二）逐步改革会计师事务所的组织形式

注册会计师是高度依赖个人职业技能和职业道德的行业，我们认为，只有运用连带责任才能构筑执业者间的有效约束。因此，从长计议，无限责任制是维系独立审计诚信的最有效的组织制度。合伙制无疑是遏制注册会计师造假的最具威慑力的组织形式，违规一旦被发现，会计师事务所要以其全部财产承担赔偿责任，如果不足以赔偿，作为合伙人的注

册会计师还要以其自家财产承担赔偿责任。但从目前情况看，事务所全部改为合伙制还尚待时日。这不仅涉及事务所的规模问题、注册会计师自身顾虑问题，还存在缺少完善的法律法规环境的问题。从问卷调查结果来看，更多的注册会计师选择了有限责任合伙制。在这种制度下，事务所以其总资产负有限责任，当事的合伙人负无限责任，而其他的合伙人则无须对当事合伙人的渎职行为负责。相比之下，从目前条件看，有限责任合伙制更合乎我国的现实情况。

（三）分别经营注册会计师的审计或非审计业务服务

审计一直是注册会计师提供的核心服务，随着社会经济的迅速发展，注册会计师的业务扩展到审计以外的评估服务、内审服务、IT系统服务、法律服务、编制会计报表、管理咨询等服务。这些服务的扩展是注册会计师行业发展的标志，但随着安然与安达信关系的水落石出，人们对非审计服务是否影响注册会计师的独立性提出疑虑。我们认同“知识溢出效应”理论，即提供非审计服务所获得的知识，可能向审计产品“溢出”，从而降低审计成本，提高审计产品的效率。若审计产品效率的改善所降低的成本，全部或部分被事务所获得，则事务所与委托人之间就会有经济联结，经济租金就自然产生，这一利益动机会使注册会计师遵照委托人的意愿办事，从而损害了注册会计师的独立性。会计师事务所应考虑分业经营的问题，停止以内部和外部审计师身份为同一客户提供服务，但可以对不同客户提供不同的内部或外部审计服务。

（四）“乱世用重典”，更需综合治理

当高额利润背后隐匿的虚假逐渐暴露时，注册会计师们就不得不直面他们应承担的后果——从巨额罚款到暂停执业，再到追究刑事责任，我国对违规事务所的处罚力度日趋严厉。但问题是，惩罚力度越来越大而独立审计的失信程度也日益严重。我们不禁提出疑问：惩罚是否有效？在不够净化的执业环境中，只是一味对假账用“重典”，还是无法从根本上解决造假的问题，独立审计诚信绝对不可能在“高压”政策下确立。在某种程度上，严惩造假者只是一种“恨铁不成钢”的做法，解决问题还需要综合治理。从调查结果来看，当问及挽救行业信誉危机的关键所在时，注册会计师们选择进行诚信教育的与选择严惩造假者的比例相当。这表明注册会计师对行业未来的前途及目前应采取的措施还是比较明确的。诚信教育是影响行业发展的一项重大系统工程，需要政府及社会各部门的正确引导，需要社会公众的支持与关注，需要注册会计师自己的努力和坚持。在全行业大力开展职业道德，我们应以宣传、贯彻落实《注册会计师行业诚信建设纲要》为契机，在开展培训和后续教育时，不仅要向注册会计师们讲授专业知识、训练专业技能，还必须学习职业道德知识，陶冶职业道德品质、情操，特别要抓好敬业教育、勤业教育，把职业道德教育与文化知识、专业技能的培训有机结合起来，使广大注册会计师的职业道德水平不断提高。

● 第四节　注册会计师职业道德规范要求

道德与注册会计师职业的融合，是一般社会公德在注册会计师职业中的具体体现。注册会计师作为一种职业，既要遵循一般社会公德，也要遵循与职业相关的特殊要求。这种特殊要求来自两个方面：一是随着注册会计师职业的演进逐渐形成的、为职业公认的并为多数注册会计师自觉遵守的习惯、规则、纪律；二是国家有关部门制定的关于注册会计师行为和活动要求的法律法规等。这也是注册会计师职业道德形成的两种机制：自律与他律。注册会计师职业是社会职能专业化和人的角色社会化的统一。在此过程中，注册会计师将与他人、社会结成一些特殊的社会关系，包括职业主体与职业服务对象间、职业团体间、职业团体内部个体间以及职业主体与国家间的关系。为了维持并协调这些复杂的、特殊的社会关系，除了依靠法律、政治、经济的规范外，还需借助适应职业生活特点并用以调节职业社会关系的道德规范。注册会计师职业道德就是以协调注册会计师个人、职业团体与社会关系为核心的职业行为准则和规范系统，是注册会计师责、权、利的有机统一。社会赋予一种职业以特权化的社会地位（权力）和经济地位（利益），作为回报，该职业道德应自动地运用知识来满足社会的需求。

道德规范与法律规范一样，都是上层建筑的重要组成部分，都是规范人们行为的重要行为准则。注册会计师职业道德规范与注册会计师必须遵循的法律规范之间的关系也不例外。注册会计师职业道德规范与以《中华人民共和国注册会计师法》为核心的规范注册会计师执业行为的有关法律法规一起，共同构成了规范注册会计师执业行为的重要行为准则，这是二者的共同之处。但二者又有各自不同的特点和作用。一般来说，主要有以下几个方面的区别：（1）是引导还是强制推行；（2）是重事前预防还是重事后处罚；（3）是重自律还是重他律。

以《中华人民共和国注册会计师法》为核心的规范注册会计师执业行为的有关法律规范，作为我国市场经济法律体系中的重要内容之一，对于保障注册会计师依法执业、维护注册会计师行业的正常管理秩序、保护人民群众财产安全来说，具有不可或缺的重要作用。但事实证明，仅仅依靠市场机制和法律规范是不行的。市场机制虽然“神奇”，但是却不可能产生高尚的人格，有人甚至认为市场经济就是“不讲道德的经济”。在这种无论是市场机制还是法律规范都无法扭转和改变中国注册会计师行业信用危机的情况下，唯有道德规范的指导，才可以使市场主体有所感悟，才能重塑中国注册会计师信誉。

一、超然独立，客观求是

（一）超然独立，取信于各方利益相关者

独立性是注册会计师执业的灵魂与关键。超然独立，是指注册会计师在执行审计业务、出具审计报告时应当在实质上和形式上超出一切界限，独立于委托单位和其他机构，其目的是取信于各种利益相关者。这种独立性有两层含义，即实质上的独立与形式上的独立。

实质上的独立，是要求注册会计师与委托单位之间必须实实在在地毫无利害关系。注册会计师只有与委托单位保持实质上的独立，才能够以客观、平等的心态表示意见。

形式上的独立，是对第三者而言的，注册会计师必须在第三者面前呈现一种独立于委托单位的身份，即在他人看来注册会计师是独立的、无倾向性的。由于注册会计师的审计意见是外界人士决策的依据，因而注册会计师除了保持实质上的独立外，还必须在外界人士面前呈现出形式上的独立，只有这样才会得到社会公众的信任和尊重。

超然独立不仅强调注册会计师对于委托单位保持独立性，也要求其独立于外部的其他机构和组织。注册会计师对其所出具的审计报告负法律责任，因此，无论是业务的承接、执行，还是报告的形式与提交，注册会计师均应依法办事，独立自主，不依附于其他机构和组织，也不受其干扰和影响，注册会计师的审计报告无须经过任何部门审定和批准。

注册会计师接受委托单位的委托执行业务，而且要向委托单位收取费用，但注册会计师所承担的却是对于整个社会公众的责任，这就决定了注册会计师必须与委托单位和外部组织之间保持一种超然独立的关系。因此，独立性是注册会计师的灵魂，其重要性是不言而喻的。

为保持独立性，注册会计师应回避的事项主要有：

（1）在委托单位任职，离职未满两年的；

（2）有委托单位的股票、债券或在委托单位有其他经济利益的；

（3）委托单位的负责人和主管人员、董事或委托事项的当事人有近亲关系的；

（4）委托单位常年会计顾问或代为办理会计事项的；

（5）为保持独立性而应回避的事项。

如果会计师事务所与委托单位存在除业务收费之外的其他经济利益关系，也应实行回避原则。总之，注册会计师应按照独立原则的基本思想严格要求自己，在执业过程中时时注意避免违反独立原则的要求。

（二）从实际出发，客观求是地执业

客观求是就是指注册会计师对有关事项的调查、判断和意见的表述，应当基于客观中立的立场，以客观存在的事实为依据，实事求是，不掺杂个人的主观意愿，也不为委托单位或第三者的意见所左右，在分析问题、处理问题时，决不能以个人的好恶或成见、偏见行事。

注册会计师要做到客观求是的要求，在执业中必须一切从实际出发，注重调查研究、分析，只有深入了解实际情况，才能取得主观与客观的一致，做到审计结论有理有据。

二、公正审计，廉洁守法

（一）公正审计，正确处理各种类型的经济利益关系

债权人、投资者、政府、企业员工和管理者等利害关系人与被审计单位有着密不可分的利害冲突。注册会计师在处理审计业务时，保护了债权人的利益，可能会损害投资者的利益；保证了投资者的利益，可能会损害政府的利益；维护了企业职工的利益，有时会影响企业管理层的利益。这些关系人的利益纵横交错，关系非常复杂。所以，注册会计师在执业过程中，包括准备阶段、实施阶段和终结阶段，都应保持正直、诚实的心态，不偏不倚地对待利益各方，不掺杂个人私心、主观立场，做到使各方面利益关系人都能接受并认可注册会计师的审计报告。只有这样，注册会计师才能立足于社会，与经济发展同步前进。

（二）廉洁守法，依法执业，避免法律诉讼

近年来，我国已陆续颁布过不少重要的法律法规，其中都有专门规定会计师事务所、注册会计师法律责任的条款。比较重要的有全国人大常委会审议通过的自1994年1月1日起施行的《中华人民共和国注册会计师法》，2018年10月26日修正的《中华人民共和国公司法》，全国人大常委会1995年2月28日通过的《关于惩治违反公司法的犯罪的决定》以及1998年12月29日第九届全国人民代表大会常务委员会第六次会议通过的《中华人民共和国证券法》等法律、法规。

注册会计师除了必须严格守法外，还必须采取以下有效对策尽可能避免法律诉讼，主要内容概括如下：

（1）严格遵循职业道德和专业标准的要求。注册会计师保持良好的职业道德，认真执行业务、出具报告，对于避免法律诉讼或在提起诉讼中保护注册会计师，具有重要意义。

（2）建设和完善会计师事务所质量控制制度。注册会计师应建设和完善会计师事务所质量控制制度，并将该制度落实到每一个人、每一部门和每一项业务中，迫使注册会计师按照专业标准的要求执业，保证整个会计师事务所的质量。

（3）必须与委托人签订业务约定书。业务约定书具有法律效力，它是确定注册会计师和委托人的责任的一个重要文件。会计师事务所不论承办何种业务，都要按照准则的要求与委托人签订约定书，这样才能在发生法律诉讼时将口舌争辩减少到最低限度。

（4）审慎选择被审计单位。注册会计师应审慎选择被审计单位，这里有两方面的要求：其一，要选择正直的被审计单位，如果被审计单位对其顾客、职工、政府部门或其他方面没有正直品格，也必然蒙骗注册会计师，使注册会计师落入他们的圈套。其二，对陷入财务困境的被审计单位要尤为注意。中外历史上绝大部分涉及注册会计师的诉讼案中，大多有宣告破产的被审计单位。周转不灵或面临破产的公司的股东或债权人总想为他们的损失寻找替罪羊。因此，对那些已陷入财务困境的被审计单位要特别注意。

（5）深入仔细地调查和了解被审计单位的真实业务状况。在许多诉讼案中，注册会计师之所以未能揭示错误，一个重要原因就是他们不了解被审计单位所在行业的真实情况及被审计单位的具体业务。会计是单位经济活动的综合反映，不熟悉被审计单位的经济业务和生产经营实务，仅局限于有关的会计资料，就可能发现不了某些隐藏的错误。

（6）购买责任保险或建立风险基金。注册会计师购买责任保险在西方是会计师事务所一项极为重要的保护措施。虽然保险不能免除可能受到的法律诉讼，但至少能防止或减少诉讼失败时会计师事务所发生的财务损失。《注册会计师法》也规定了会计师事务所应当按照规定建立职业风险基金，办理职业保险。

（7）聘请熟悉注册会计师法律的律师。会计师事务所应尽量聘请熟悉注册会计师法律责任的律师。在执业过程中，注册会计师应先与本所的律师详细讨论所有潜在的危险情况并仔细考虑律师的建议。一旦发生法律诉讼，也要请有丰富经验的律师参与诉讼。

三、严谨执业，踏实进取

（一）严谨执业，提供优质高效的专业审计服务

严谨执业，是指注册会计师必须具有较高的业务能力，达到一定的技术标准，在执业过程中，注册会计师必须树立和加强风险意识，保持较高的职业道德水平。并在此基础上，建立严谨踏实的工作作风，认真负责地对待每项审计业务，严格依照独立审计准则开展审计，提高审计业务质量。具体要求注册会计师严格、诚实、认真、务实，争取不出或少出偏差。

注册会计师要向社会公众提供高质量的专业服务，除了必须具备良好的职业品质外，还须具有较高较强的业务素质。不仅要熟悉会计、审计、法律、税务、企业管理等领域的标准与实务，还应具备高水平的职业判断能力。因此，业务能力要求是注册会计师职业道德的一项重要内容。

注册会计师的执业范畴现已从传统的会计、审计业务扩展到内部控制体系设计、管理、保险、税务咨询、管理业绩评价、预算管理体系设计与评价、业务流程分析、经营战略调整等，注册会计师的业务几乎可以延伸到社会经济的各个角落。从客观方面看，会计

行业的规模化，审计对象的复杂化，表现为企业的规模不断扩大，进行的交易日趋复杂，企业的会计信息系统更加复杂，审计风险也随之加大；从主观方面来看，现代审计理念和审计技术、方法也处于不断发展变化之中，风险审计模式也呼之欲出。注册会计师的专业水平能否适应新形势下新知识、新技术、新经济的挑战，已成为提高注册会计师修养的热门议题。

注册会计师必须加强职业继续教育和终身学习，以保持和提高其执业的胜任能力，包括知识判断能力、理解分析能力、综合应用能力及实践经验等。注册会计师应具备扎实的理论和专业技术基础，包括对各国不同文化的理解并具有国际视野；具备进行调查、抽象思维和批判思维的能力；进行演讲及书面辩论和口头交流表达意见的技巧。

注册会计师还应掌握大量其他专业的知识，包括经济学、数学和统计方法、组织行为、经营管理、市场营销、国际商务等知识，以及有关信息技术的知识等。如果缺乏专业胜任能力，必将导致事务所风险的增加和审计失败。因此，对于合格的注册会计师来讲，专业胜任能力是保证其赢得社会尊重和市场竞争的重要条件。

一般而言，公众很难对注册会计师的服务质量做出评价，但人们有权期望他是一位在业务上合格胜任、在人格上清正廉洁的人士。如果注册会计师接受了委托单位的委托从事业务活动，便意味着他有足够的能力完成所委托的业务，并将认真而努力地运用他的专业知识、技能和经验。因此，除非他能够在其他专业人士指导下圆满地完成任务，不然的话，职业道德守则将禁止注册会计师承担和从事他所不能胜任或不能按时完成的业务。同理，如果某项业务整个会计师事务所都无法胜任或按时完成的话，会计师事务所应当拒绝接受该项业务的委托。

（二）注册会计师应保持专业胜任能力

注册会计师需要具备下述业务能力才有可能胜任所从事的审计业务工作：

1.在专业知识水平方面的要求

注册会计师所从事的工作是一项知识性、技术性较强的专业工作。作为一位合格的注册会计师，他不但要在会计、审计、财务管理、经济法、税法及其他相关学科方面具有比较深厚的功底，还须具备一定的发现问题、分析问题、判断问题、解决问题的实际工作能力，而这一切并不是简单地在工作中仅靠向师傅学习就能达到的，必须具备较好的基础教育经历，必须经过一定时间的正规系统的学习，受到过良好的教育。正因为如此，《注册会计师法》规定，报名参加中国注册会计师资格考试的条件之一，就是至少要具有大专或者相当于大专的学历。这一条件将根据经济发展形势的需要和提高我国注册会计师基本水平的需要而进一步“水涨船高”。

2.在审计实践经验方面的要求

注册会计师所从事的是一项很具体、很细致的工作，如果没有丰富的实践经验，即便具有较高的理论水平，在实际问题上，仍有可能无能为力，束手无策。因此，通过实践来丰富和提高专业知识，保持和发展专业技能，是获得较强业务能力的另一个重要途径。按照我国现行注册会计师管理办法的规定，参加注册会计师考试合格者，批准成为注册会计师的条件之一，就是必须有在会计师事务所从事过2年以上审计业务的实践工作经验。

3.注册会计师对助理人员和其他专业人员的责任

注册会计师审计人员所从事的大部分业务比较复杂，都需要业务助理人员的参加或帮助，某些特殊业务也往往需要聘请其他专业人员（如金融专家、资产评估师、律师等）的帮助才能胜任，但审计报告则要由注册会计师签章，注册会计师对助理人员和其他专业人员的工作结果负责。《国际审计准则》规定："当审计人员委派工作给助理人员或利用其他审计人员或专家执行审计业务时，他仍然应负责对财务资料的形成表示意见。"注册会计师对助理人员和其他专业人员的工作结果负责，就要求注册会计师对助理人员和其他专业人员的业务能力进行评价，看其能否胜任所分派的工作；在执行业务之前，需就项目的性质、时间、范围、方法等对助理人员和其他专业人员进行必要的培训；在执行业务过程中应对助理人员和其他专业人员予以切实的指导、监督、检查，包括复核其审计工作底稿。

4.在接受后续教育方面的要求

根据我国现行的《注册会计师法》的规定，只有参加注册会计师全国统一考试成绩合格，在会计师事务所从事过2年以上的审计工作方能获准注册成为一名中国注册会计师。这充分表明注册会计师在批准注册之前已经是一位专业水平较高、实践经验丰富的专业人士，已具备了较高的业务能力。但注册会计师绝不能停留于已有的知识和经验之上而故步自封、裹足不前，用经验主义、教条主义的方式去处理各种新问题。因为在高速发展的当代社会，知识更新的周期越来越短，新问题、新方法、新制度大量出现，注册会计师的业务领域也在不断地拓展和深化，于是就要求注册会计师必须适应时代的要求，按照注册会计师协会的规定，不断地接受后续教育，更新和提高专业知识，保持和发展专业技能，熟悉并掌握现行各种有关规定和实务标准，不断提高业务能力。

中国注册会计师协会已颁布的《中国注册会计师继续教育制度》规定，注册会计师在专业新知识和专业新技能方面接受继续教育。继续教育的内容，除进一步深化会计、审计、财务管理、经济法、税法及金融等专业知识外，还应该熟悉掌握相关的知识领域，如外语、电脑等新知识，及时学习与本职业范围相关的新颁布或修正的法律、法规和财务会计准则、通则等，而且还应根据业务发展的需要，有重点地、有步骤地学习和掌握某些特殊行业的基本知识。比如《中国注册会计师继续教育制度》对于注册会计师和尚未取得注册会计师资格的审计人员的教育和培训，分别提出了相应的要求。

（三）注册会计师在执业过程中应慎思

除了必须具备上述业务能力外，注册会计师还必须掌握必要的技术规范或者技术标准。这种技术标准是对注册会计师的工作程序和工作方法等方面应当遵守的技术标准所作的基本规定。注册会计师执行各类业务或在业务的各个环节所应实施的程序和方法，都已在有关的专业标准中予以明确。尤其是《中国注册会计师职业道德守则》在强调注册会计师应当严格遵循这些专业标准要求的同时，也对一些需要注册会计师重视的执业问题做了专门的规定，需要注册会计师在执业过程中"三思而后行"。

1.注册会计师不得对未来事项可实现程度做出保证

企业根据有关规定或为了业务上的需要，经常编制一些前景财务资料，比如下一年度的盈利预测、资本预算、现金流量预测等。前景财务资料的重要特征是它所涉及的业务为未来的事项，是以企业在未来可能的行动中或许会出现结果的假设为基础而编制的，而且假设从性质上讲有很大主观性，需要在很大程度上运用判断、分析方法。

企业编制的前景财务资料，根据政府的有关规定，或者企业为了增强前景财务资料的说服力，增强外界人士的信心，往往需要委托注册会计师进行审核。例如，某家公司为了顺利地得到银行贷款，对本公司未来的盈利前景做出乐观的预测，为使这种预测更具说服力，可能会请注册会计师对其预测出具审核报告。

注册会计师可以接受委托审核前景财务资料并出具审核报告，也可以发挥专业优势，作为一种咨询业务，参与或代理企业管理层编制前景财务资料。但是，企业管理层应当对前景财务资料负责，注册会计师的审核工作有其特定的内涵。根据《国际审计准则》的要求，注册会计师审核前景财务资料的目的是确定以下内容：前景财务资料所依据的假设没有不合理之处；前景财务资料是根据这种假设而适当地编制完成的；前景财务资料同历史会计报表的基础是一致的。

注册会计师必须对盈利预测所采用的会计政策和计算方法进行审查并做出报告。注册会计师对前景财务资料的审核并不是对前景财务资料的准确性及结果能否实现或在多大程度上实现表示确认、提供担保或承担责任。《注册会计师职业道德准则》禁止注册会计师对于委托单位的预测、计划等含有不确定因素的未来事项的可实现程度做出保证。准则做出这样的规定，是因为前景财务资料的编制尽管有一系列的原则和方法，却因为是建立在一定假设的基础之上，其中包括许多主观判断因素，因而其结果能否实现也就存在着较大的不确定性。注册会计师能够以客观的态度对过去已经发生的事实做出判断并提出是否公允的意见，但未来事项中的不确定因素决定了注册会计师无法收集未来事项演变成结果的证据，无法对将来发生的事实做出客观的判断，因而就不能对其能否实现或可实现程度的大小做出保证，否则，只会加大注册会计师本不应承担的责任。

2.不得代行委托单位管理决策的职能

这里需要我们分清会计责任和审计责任的区别，注册会计师执行审计业务所应承担的是审计责任，而编制会计报表和制定管理决策则是企业管理者的职能，是管理者的责任。注册会计师从事会计咨询和会计服务业务，是以独立于被审计单位之外的人士的身份进行的，不是被审计单位聘请的职员或管理人员。注册会计师接受委托从事会计咨询和会计、审计服务业务，是运用自己专业和经验的优势，指导被审计单位进行会计核算或代为编制会计报表，或向被审计单位提供更为合理、更为科学的建议或方案。但编制会计报表的责任仍应归被审计单位承担，注册会计师提出的建议或方案是否予以采纳、是否予以实施，也须由被审计单位管理者进行决策。注册会计师在提供专业服务时，不论是审计业务还是会计咨询和会计服务业务，均应牢记注册会计师的身份，所提供的只是一种专业服务。注册会计师不得以被审计单位的一名管理者的身份发号施令，更不得代行管理决策的职能。

（四）踏实进取，认真承担审计责任和义务

踏实进取是指注册会计师在承接业务时必须讲究职业道德，诚实勤勉、积极进取，尽力做好应尽的责任和义务。

【专栏10-2】　　财政部：10家会计师事务所被吊销执业许可

财政部发布《中华人民共和国财政部会计信息质量检查公告第四十一号》，加强会计师事务所执业质量检查，加大行政处罚力度。2021年，财政部组织各地财政厅（局）对1 705家会计师事务所开展检查，同比增加62.07%。截至2022年2月28日，各地财政厅（局）已对85家会计师事务所、119名注册会计师做出行政处罚。其中，10家会计师事务所被吊销执业许可，20家会计师事务所被暂停执业，27家会计师事务所被警告，28家会计师事务所被没收违法所得及罚款；1名注册会计师被吊销证书，45名注册会计师被暂停执业，73名注册会计师被警告。另有352家会计师事务所、148名注册会计师受到行政处理。现将检查发现的第一批五个典型案例公告如下：

一、北京润鹏冀能会计师事务所有限责任公司未对验资过程及结果进行记录，未编制验资工作底稿，在未履行必要审计程序、未获取充分适当审计证据的情况下出具验资报告19 258份。北京市财政局对该所做出吊销执业许可的行政处罚，对签字注册会计师焦春河做出暂停执业1年的行政处罚。

二、北京浩清会计师事务所（普通合伙）出具的2 632份审计（验资）报告中，1 532份报告仅有被审计单位提供的资产负债表、利润表、所有者权益变动表和营业执照，1 100份报告无任何形式的工作底稿，该所在未履行必要审计程序、未获取充分适当审计证据的情况下出具审计报告。北京市财政局对该所做出吊销执业许可的行政处罚。

三、岳西华岳会计师事务所出具的1 485份审计报告中，有1 052份审计报告在审计时未履行必要审计程序、未获取充分适当审计证据。安徽省财政厅对该所做出警告并暂停执业1年的行政处罚，对签字注册会计师方元文做出暂停执业1年的行政处罚，对签字注册会计师王佑宏、杨贤伟做出暂停执业6个月的行政处罚，对签字注册会计师徐义来做出暂停执业3个月的行政处罚，对签字注册会计师吴辉做出警告的行政处罚。

四、东阳衡升会计师事务所有限公司为4家单位出具供融资使用的审计报告，在审计报告意见类型和后附财务报表方面，与该所留存的审计报告存在明显差异。浙江省财政厅对该所做出暂停执业6个月并没收违法所得38.7万元的行政处罚，对签字注册会计师陆哲明、王海能做出暂停执业9个月的行政处罚。

五、湖南瑞诺会计师事务所有限责任公司通过湖南润来会计服务有限公司的网络店铺承接业务，在无业务约定书、未履行必要审计程序、未获取充分适当审计证据的情况下出具审计报告，售卖出10份审计报告。湖南省财政厅对该所做出暂停执业6个月、没收违法所得0.68万元并罚款3.4万元的行政处罚。

财政部将坚决贯彻落实党中央、国务院决策部署，把推进财会监督作为一项重要政治任务，坚持“强穿透、堵漏洞、用重典、正风气”，保持“严监管、零容忍”遏制财务造假、规范财务审计秩序高压态势不动摇，加大会计信息质量和会计师事务所执业质量检查力度，依法整治行业“潜规则”，坚决清除“害群之马”，着力营造风清气正的市场环境。

资料来源：杜涛. 财政部公布五家会计师事务所典型案例：北京润鹏冀能会计师事务被吊销执业许可［EB/OL］.［2022-03-18］. http: //t.10jqka.com.cn/pid_209558603.shtml.

注册会计师能否争取到业务、拥有较多的客户，关系到他所在的会计师事务所的生存和发展。由此可知，在业务承接环节中也最容易发生败坏职业声誉的行为。因而，《注册会计师职业道德准则》对业务承接过程中注册会计师所应遵循的职业道德规范做出了下列专门要求：

（1）注册会计师执行的各项业务，均应由会计师事务所统一接受委托。注册会计师及其他有关助理人员均不得以个人名义承接业务。

（2）会计师事务所不得在电台、电视台、报纸、杂志等新闻媒介上直接或间接地诋毁同业或做自我夸张、内容虚假、容易引起误解的广告，也不得向委托单位或其他组织散发具有上述倾向的函件。但是除此之外的会计师事务所与注册会计师的名称或姓名、地址、电话、业务范围、开业、迁址之类的公告不在此限制之内。《注册会计师法》第二十二条规定，注册会计师不得对其业务能力和技术能力进行广告宣传以招揽顾客。

（3）会计师事务所与委托单位之间的业务委托关系，应实行双向自愿选择原则，不得以任何方式限制或干预委托单位对会计师事务所的选择或会计师事务所在业务承接上的自主权。

（4）会计师事务所不得以任何名义向帮助取得委托业务的其他单位或个人支付介绍费、佣金、手续费或回扣等，也不得向得到本所帮助取得委托业务的其他会计师事务所收取介绍费、佣金、手续费或回扣等。

（5）会计师事务所不得以降低收费的方式招揽业务。

（6）对应由注册会计师从事的法定审计业务，会计师事务所不得与其他机构进行收益分成式的业务合作，但会计师事务所聘请其他机构有关专业人员协助工作以及各会计师事务所相互之间的业务合作不在此限。

（7）注册会计师和所在的会计师事务所不得允许其他单位和个人借用本人或本所的名义承接、执行业务。

四、保密守时，收费合理

（一）保守商业秘密，如期保质保量完成审计任务

保密守时是指注册会计师在执行审计业务过程中要严格保守被审计单位商业秘密或财务信息，并按被审计单位要求的时间界限保质保量地完成审计任务。一般执业常识和独立性的概念均表明，应由审计人员而不是审计客户决定有效的审计所必需的资料。这种决定不应该因审计客户认为某些资料是机密的而受影响。讲求效率效果的审计要求被审计单位（客户）相信审计人员提供的资料是绝对诚实的。这就要求审计人员必须严守机密，如果没有征得明确许可，不得将审计客户提供的资料泄露出去。

因为注册会计师的职业性质，决定了他能够掌握和了解委托单位大量的资料和核心信息，有些属于委托单位的机密信息，如即将进行的合并，拟议中的资金筹措，预期的股票分割和股利变更，即将签订的合同等。这些机密信息一旦外泄，可能会给委托单位造成经济损失，因此，《注册会计师职业道德准则》要求注册会计师对所掌握的委托单位的资料和情况，应当严格保守秘密，除非得到委托单位的书面允许和法律、法规要求公布者外，不得提供或泄露给第三者，也不得将其用于私人目的。

当然，保密责任不能成为注册会计师拒绝按专业标准要求揭示有关信息的借口，也不能成为注册会计师拒绝出庭作证，或者拒绝注册会计师协会和主管财政机关对其进行调查的借口，《注册会计师法》第十九条也规定，注册会计师对在执行业务中知悉的商业机密，负有保密的义务。

虽然会计职业高度重视保密工作，但是，某些公司的经理仍然担心敏感性资料会通过审计人员泄露出去。他们认为，某些资料非常重要，以至于审计人员所做出的关于审计人员的品质和受过训练的一般保证无法使他们放心。如果审计人员认为必须取得这种资料，那么被审计单位的经理只有同意，别无选择；如果经理们希望这些资料仅限于审计负责人使用，那么，这种意见也应该得到尊重。虽然注意到审计客户的敏感性很重要，但审计人员已发现，随着工作关系和相互信任的加深，审计客户的担心将日趋减少。除上述以外，被审计单位与注册会计师的往来信件也属于秘密范畴，即未经过被审计单位许可，审计人员不得透露信件的内容。

会计师事务所接受业务委托时，应当在初步了解委托单位的基本情况和委托业务的性质及要求之后，与委托单位签订业务约定书，作为会计师事务所与委托单位之间具有法律效力的一种合约，注册会计师应当恪守业务约定书中的各项约定，在委托单位提供了必要条件的前提下，在规定的时间内按专业标准的要求高质量地完成所委托的业务，不得有任何拖延行为。

（二）提供优质审计服务，按规定的标准合理收费

收费合理指注册会计师在承接业务时按国家有关规定的标准合理收费，不能按服务成果的大小决定收费标准的高低。

注册会计师的服务是一种有偿服务，但收费的多少应当以服务性质、工作量大小、参加人员层次高低等为主要依据，按规定的标准收费。会计师事务所在从事审计业务时不得以服务成果大小为条件来决定收费标准的高低，否则将会削弱注册会计师应有的独立性、客观性。例如，如果以审计后的净收益的一定比例作为审计收费，就有可能导致注册会计师赞同委托单位虚增收入的行为。

在确定收费标准时，注册会计师应考虑办理业务所承担责任的程度和按照职业标准（行业标准）办理这项业务所需要的时间、人力和技术，还可以考虑他的工作对客户的重要性，以及约定俗成的收费标准和其他因素。客户有权事先知道收费标准和一项业务大约将支付多少费用。但是，由于涉及职业判断的因素，一般来说，应到工作完成时，才有可能确定出一个恰当的费用额。因此，注册会计师应该说明拟议中的业务的审计费用是一个估计数，它随着执业工作进展将会发生变化。

五、公平竞争，协同发展

这一职业道德规范的要求是针对会计师事务所在争取客户及执业过程中平等竞争，对同行负责，讲究信用，信守对客户的承诺，做好各自的审计执业工作，促进注册会计师审计事业的协同发展与进步。

对同行负责是指会计师事务所、注册会计师在处理与其他会计师事务所、注册会计师相互关系中所应遵循的道德标准。

注册会计师行业在市场经济中是一个竞争激烈的行业，会计师事务所独立核算、自收自支，能否竞争到较多的客户，关系到一家会计师事务所的生存。但是注册会计师行业又是一个非常需要同行之间相互尊重、平等相待、团结合作的行业，同行之间能否保持一种良好的关系，关系到整个职业界在社会公众中的形象和信誉。因此，《注册会计师职业道德准则》在提倡会计师事务所以质量求信誉、以信誉求发展、公平竞争、共同维护和增进全行业职业信誉的同时，对处理同业之间的关系提出了具体的规定与要求，具体内容如下：

（一）会计师事务所受理业务，注册会计师跨地区、跨行业执业

《注册会计师法》规定会计师事务所受理业务，不受行政区域、行业的限制。也就是说，可以跨地区、跨行业执业。因此，《注册会计师职业道德准则》禁止会计师事务所搞地区封锁、行业垄断，通过任何方式或以任何理由对到本地区、本行业执业的会计师事务所进行阻挠和排斥。任何搞地区封锁、行业垄断的行为，不仅严重破坏了同业之间的相互关系，也会使注册会计师的独立性受到严重损害，对注册会计师事业、对社会公众的利益有百害而无一利。这个问题是目前我国注册会计师行业存在的较为突出和亟待解决的问

题，我们还须花大力气，在加强职业道德教育的同时，积极、稳妥地推动会计师事务所的体制创新和改革，改革目前会计师事务所部门所有、行业所有的局面，从根本上解决这一问题。

（二）前任与后任注册会计师相互支持和合作

委托单位出于种种原因，可能会辞去一家过去为其提供过审计服务的会计师事务所转而委托另一家会计师事务所，或在某项业务尚未完成之前对会计师事务所进行变更。《注册会计师职业道德准则》要求委托单位在变更委托的情况下，后任注册会计师应与前任注册会计师取得联系，相互了解和介绍变更委托的情况和原因，委托单位变更委托后，前任注册会计师应该对后任注册会计师的工作予以支持和协作，包括必要时提供以前年度的工作底稿等资料。

委托单位变更委托，经常出于某种不正常的原因，比如后任注册会计师收费低廉或前任注册会计师就某些重要的会计原则问题与委托单位发生争议，此种情况下后任注册会计师是否承接业务须慎重行事。西方国家的法律及中国证监会的有关规定中，为了防止企业管理层购买会计原则的行为，大都要求上市公司如更换注册会计师，必须翔实地公开更换的理由，被辞退的注册会计师如果不同意管理层的意见也可以在股东大会上申辩。这里所谓的购买会计原则，是指在前任注册会计师与被审计单位就会计原则的选用发生争议时，被审计单位辞退前任注册会计师并委托在上述争议中与公司观点一致的注册会计师进行审计的行为。

（三）与同行保持良好的工作关系，加强相互协调与配合

《注册会计师职业道德准则》规定了注册会计师对其同行的其他责任，包括应当与同行保持良好的工作关系，相互协调，配合同行工作；不攻击、不诋毁同行，不损害同行的利益；注册会计师不得雇用正在其他会计师事务所执业的注册会计师及其助理人员；注册会计师不得以个人名义同时在两家或两家以上的会计师事务所执业；会计师事务所不得以不正当手段与同行争揽业务等。

我们很高兴地看到，在“中国的注册会计师正陷入从未有过的灰头土脸的尴尬境遇中。面对来自各方面的压力，会计师事务所正试图用行动来向社会证明：我们不做假账”。2002年1月8日，上海立信长江会计师事务所有限公司向全国同行发出“我们不做假账”的倡议书，并保证：“我们将为以下上市公司（上海立信长江会计师事务所有限公司的客户）2001年年度报告出具公正的审计报告。”

六、服务社会，追求卓越

（一）注册会计师应关注公众利益，服务社会

从事注册会计师行业，必须坚定不移地贯彻客户第一，服务至上的理念。会计师事务所作为社会中介机构，是为社会公众服务的，要在服务公众的过程中发展自己。因此，必须增强服务意识。纵观所有的注册会计师的业务类型，都是在其服务于客户的经营理念上拓展的，审计如此，会计咨询更是如此。尤其是在市场经济中，所有的会计师事务所的发展都要建立在赢得客户的基础上。这要从四个方面着手：一是改善服务态度；二是提高服务水平；三是拓宽服务领域；四是完善服务手段。

注册会计师职业性质决定了他所担负的是对社会公众的责任。注册会计师行业之所以在现代社会中产生和发展，是因为其能够在独立的立场上对企业管理层编制的会计报表进

行审计，并提出客观、公正的审计意见，作为企业会计信息外部使用人进行决策的依据。会计信息外部使用人，既包括企业现有的，又包括潜在的投资人、债权人以及政府有关部门等所有与企业财务信息相关的人士，可泛指为社会公众。社会公众在很大程度上依赖企业会计人员编制、管理层签发的会计报表和注册会计师对会计报表的审计意见，并以此作为决策的基础。注册会计师尽管接受被审计单位的委托并向被审计单位收取费用，但他服务的对象从本质上讲却是社会公众，这就决定了注册会计师从他诞生的那一天起，所担负的就是面对社会公众的责任。

（二）注册会计师在执业过程中不断追求卓越

注册会计师行业作为一个中介行业，是服务于广大社会公众的，其生存与发展依赖于公众对其评价和信任。因此，注册会计师作为专业人士，保持良好的职业风范是相当重要的。注册会计师服务质量是其生存的根基，也是其赢得社会公众信任的竞争优势之所在。因此，追求审计服务的精益求精成为注册会计师和会计师事务所的必然要求。从而，追求卓越也就成为注册会计师职业道德规范的一个重要组成部分，具体有以下几个方面的要求：

（1）保持礼貌态度。注册会计师在与客户进行沟通的过程中保持礼貌态度是一项基本要求。

（2）主动性审计。这主要反映在注册会计师执行审计业务时，应该采取积极主动的态度，深入了解客户的情况，为客户提供满意的服务，同时，不忘维护广大公众的切身利益。

（3）提高服务效果。注册会计师在为客户提供审计等服务时，必须时刻注意服务的效果，而不仅仅为完成业务而已，因为业务的完成效果直接决定了注册会计师在客户和公众心目中的印象和评价，也就决定了其服务质量。而且，有效果还反映在注册会计师对客户利益和社会公众利益的关心等方面。

（4）对服务对象的及时响应。注册会计师虽然是直接为客户提供服务的，但其最终的服务对象却是广大的社会公众，因而对服务对象的及时响应也是注册会计师所应具备的基本品质。

（5）保持高效率执业。效率是指劳动消耗与劳动产出之间的比率。对注册会计师而言，有效率是指注册会计师在执行审计业务时，保持较高的效率是其执业的基本要求，也是赢得客户的重要依据。

（6）不断创新。注册会计师执业要树立与时俱进、不断创新的观念，抓住机遇，锐意进取，不断开拓，不断创新，包括业务领域、执业技术、服务市场和内部管理。唯有如此，方能保证我们所驾驭的会计师事务所这艘航船在市场经济的海洋中乘风破浪，稳健行进。

【关键概念】

注册会计师（Certified Public Accountant）
职业道德守则（Professional Ethics Rules）
诚信原则（Sincere Principle）

独立性原则（Independent Principle）
客观原则（Objective Principle）
公正原则（Just Principle）
保密原则（Secret Principle）

【复习思考题】

1. 注册会计师的道德行为应包括哪些内容？
2. 你怎样理解“诚信是注册会计师审计基石”？
3. 你怎样理解“独立性是注册会计师职业的灵魂”？
4. 注册会计师应如何保持专业胜任能力？
5. 注册会计师在承接业务时如何认真承担审计责任和义务？
6. 如何认识会计师事务所之间的平等竞争？

【案例分析题】

广东泰威公司独特的“天地人和”股权设计

广东东莞市泰威电子有限公司（简称泰威公司）在成立初期经历了种种磨难。有人说，害一个人就送他一家企业。这句话虽有夸大的成分，但也从侧面说明了经营企业的艰辛。作为泰威公司的创始人，李文良总在思考，有没有一条长治久安的企业经营之道？能不能让企业领导者、员工及其家人都成为最幸福的人？企业经营的意义到底在哪里？

李文良在国外读MBA期间，发现西方前沿的管理学家也在学习、借鉴东方文化，研究中华传统文化的智慧所在。2005年开始，他全力以赴深入钻研中华传统文化智慧，孜孜不倦，上下求索，率领全体同仁在实践中探索中华传统文化在企业管理中的应用。

一、“天地人和”之道

“谋事在人，成事在天”。泰威公司51%的股权会回馈天地万物，天地万物为大股东。孟子说：“民为贵，社稷次之，君为轻。”民即天地万物、阳光空气等一切众生，万物一体，都是企业的投资者。企业运营要听从天地万物的声音，遵循规律，并回报天地的恩德，照顾好天地自然。企业中的“社稷”即全体员工，“水可载舟，亦可覆舟”“人心齐，泰山移”。

泰威公司25%的股权属于全体员工，全体员工为企业的第二大股东，全员形成命运共同体，依照51%大股东的意图来运营企业。企业中的“君”即企业主，泰威公司24%的股权归企业主所有，企业主将自己的利益放在最后，聆听51%天地万物大股东及25%全员股东的需求，修身齐家，成为世人的榜样。

51%支持25%，25%支持24%，即《易经》之“厚德载物”。原始股东舍76%（51%+25%）的股权，得到全体员工及天地万物的支持，大舍即大得。

51%为公即是善，49%为私即是恶，51%-49%=2%是纯净纯善，累积源源不断的善即福报，常言道“福至心灵”“积善之家必有余庆”。这是《了凡四训》带给企业管理者的智慧。

二、“天地人和”理念的实践

1.企业生命的维度

从企业经营的角度，落实《大学》中的八目：格物、致知、诚意、正心、修身、齐家、治企、利天下，思考其中的含义。

格物：革除企业运营中不合理、不合规的理念与行为。

致知：恢复企业运营的良知良能，让企业良性运转。

诚意：去除不良念头，至诚感通，企业经营动机至善。

正心：端正每一个心念，正大光明经营。

修身：规范制度、流程、标准。

齐家：全员心连心，成为一家人。

治企：企业运行井井有条，自然而然，无为而无不为。

利天下：切实履行企业社会责任，兼顾所有利益相关者的利益。

2.泰威的维度

从1997年成立开始，泰威公司的制度、流程、标准就一直在完善当中，1998年启动信息化建设，1999年实践JIT生产方式等精益管理，2005年构建企业文化体系，包括使命、愿景、价值观、企业精神等，2011年启动自动化建设，同期推动了如下事件。

阳光工程：2009年3月启动。杜绝腐败，清净交易，不行贿受贿，让一切在阳光下进行。如果想要杜绝自己企业的采购吃回扣，为何要给客户的采购送回扣呢？

足额纳税：2012年3月启动。足额纳税，不做国贼，不占国家便宜，占小便宜吃大亏。“上梁不正下梁歪”，如果企业偷了国家的税，则无论如何也杜绝不了企业内部的偷盗。不义之财不可取。

全员健康：2013年2月启动。《大学》中讲“仁者以财发身，不仁者以身发财”。健康是最大的财富，逐步去除让身体生病的各种不良习惯，自己的健康自己做主。

高等自考：2013年9月启动。引领全体同仁参加国家高等自学考试，“活到老、学到老”，形成自强不息的成长氛围。人才的成长是企业成长的源泉。

水库式经营：2014年启动。现金为王，量入为出，保持底线思维，做好危机管理，稳扎稳打，不透支未来。孙子曰“昔之善战者，先为不可胜，以待敌之可胜，不可胜在己，可胜在敌”。意思是要让企业先立于不败之地，然后再图谋发展，不能用赌博、侥幸的心态来经营企业，要能以不变应万变。

3.时代的维度

时代的维度，求利当求天下利。

升旗仪式：2002年8月启动。每周二早上升国旗、唱国歌，升厂旗、唱厂歌，国旗下演讲。家是小的国，国是大的家，没有国的强大，哪有企业的发展？

离职感恩：2013年6月启动。离职员工可以得到一份额外的感恩金，工作两年以上的同仁离职时以工龄一年补一个月的薪水为标准，让离别充满欢喜。

道义流通：2014年4月启动。“以利交者，利尽而交疏。以道相交者，天荒而地老。”企业的经营要以道义为准绳，要从互惠互利的角度出发。生意是生生不息之意，而不能仅仅停留在买卖的层面，会导致一买一卖恩断义绝。

乡村建设：2006年5月启动。乡村建设的关键是年轻人回归，首先应由当今社会有影响力的企业家群体来引领命运共同体。因此，企业家的觉醒是关键。

4.历史的维度

经典诵读：2005年9月启动。俗话说："不听老人言，吃亏在眼前。"经典是我们与祖先智慧连接的文化脐带。读经典可以唤醒我们的文化基因，恢复生命本来的智慧，让我们活在祖先的智慧之光里，让生命充满力量。

教学培训：2009年1月启动。"建国君民，教学为先"，企业的可持续经营离不开教学为先。"非圣书，屏勿视"，共修圣贤智慧，而不能越来越自私。

青少年教育：2009年7月启动。造产品之前，先造人。企业的经营应是成就人，而不是淘汰人。重立人根，让青少年热爱生活是教育的出发点，从被父母、师长要求做，转变为自己欢喜去做。兴趣是最好的老师，生活是最好的老师，经典是最好的老师。培养青少年从生活中找到真正持久的兴趣，从古籍经典中获取源源不断爱的力量。

中式婚礼：2010年启动。婚礼是天作之合，合两姓之好。家庭是讲道的地方，不是讲理的地方。讲道是各自责天清地宁，讲理是各相责天翻地覆。夫妻应是相互成全，丈夫领妻学道，妻子助夫成德。

祭祖祭孔：2011年启动。《左传》中说"国之大事，在祀与戎"。祭祖是孝道，连根养根，根深才能叶茂。《论语》中，子曰："其为人也孝悌，而好犯上者，鲜矣；不好犯上而好作乱者，未之有也。君子务本，本立而道生。孝悌也者，其为仁之本欤？"父母给我们生命，圣贤给我们慧命。祭孔是师道，是连接圣贤智慧，圣贤能够开启人生的智慧。

中医智慧：2011年启动。医者意也，医者父母心，仁心仁术，上医治国、中医治人、下医治病，上医治未病，从医入道。范仲淹倡言"不为良相则为良医"，因为良医、良相皆可救人。

5.命运共同体的维度

企业命运共同体取决于人类命运共同体。2009年1月，泰威公司落实全员素食。有数据显示，一人吃一天素食，可减少碳排放4.1千克，相当于一棵成年树木150～350天减少的碳排放。泰威公司落实全员素食13年，以每年300天全员400人计算，为地球减少了约6 396吨的碳排放，延缓地球温度上升。地球是我们唯一的家园，全人类应共同努力应对全球变暖。

6.人与自然的维度

天人合一，人与自然形成命运共同体。我们要对未知世界充满敬畏，敬畏一切有形无形的生命。2009年，泰威公司倡导、践行有机农业，杜绝农药、化肥、除草剂等有害种植，让大地恢复健康。2013年，泰威启动全员吃有机粮食与蔬菜，通过自身行为带动有机作物的种植，2017年实现全部主粮及蔬菜的有机化。

泰威3.0管理体系目标为：让企业的管理更简单、更容易、更自然、更欢喜。让企业更有生命力，能更好地回报社会，让世界更美好。经过泰威3.0管理体系的引导，最终实现智慧、欢喜的人生，主动接受变化，成为德才兼备的社会栋梁。

三、“天地人和”实践感悟

1.四个命根子

乡村是城市的命根子；

农业是工业的命根子；

有机农业是农业的命根子；

中华文化是有机农业的命根子。

有机农业或称生态农业，即停止使用化肥、农药、转基因、除草剂等伤害土壤、种子的方法，以保护土壤及种子为根本，使农业恢复其本来面目：安全、有活力、健康、可持续。大地是人类的母亲，有机才有未来。

中华文化天人合一的智慧，让我们明了万物与我们一体，保护大自然即保护我们自己。中华文化即天道，是万事万物的规律，违背规律必将受到规律的惩罚。《论语》中讲“获罪于天，无所祷也”，顺道者昌，逆道者亡。因此，“君子谋道不谋食，君子忧道不忧贫”。《中庸》认为：“道不可须臾离也。”

2.企业的经营

企业经营目的：企业不是家胜似家，家是有爱的地方，有爱的地方才是家。企业不是学校胜似学校，学校是让人成长的地方，只有成长才是真实的生命。企业不是道场胜似道场，道场是让人活明白的地方，人生是一场悟道的旅行。让每个人都能成就明明白白的人生，才是企业终极的目标。

企业经营的使命：为社会培养浩然正气的谦谦君子、德才兼备的社会栋梁。

企业经营的愿景：成为践行儒家思想的学校型企业。

企业价值观：深信因果，践行弟子规。

企业经营的次第：精、久、强、大。精是回归本质、久是地久天长、强是内圣外王、大是格局智慧。

企业经营的精神：精、妙、绝、伦。精是精益求精、妙是妙不可言、绝是独一无二、伦是无与伦比。

3.人才的培养

企业人才培养目标之五长合一：要培养集“家和万事兴的家长、为孩子一生幸福着想的校长、世外桃源的村主任、医者父母心的医院院长、真正懂事的董事长”为一体的综合型人才。

人才培养机制：道德、能力、知识合一，工作、生活、学习合一。道德是做人的功夫，能力是做事的功夫，知识是对世界的认知，可以扩大人生的维度。要在工作、生活、学习中历练道德，铸就能力，扩展知识。历事炼心，知行合一。

人才培养标准：君子不器、上善若水、随方就圆、安在当下。君子坦荡荡，无为而无不为，学习水利万物而不争的智慧，合五色合五味，随方就圆。孟子曰“学问之道无他，求其放心而已矣”。孔子曰：“君子无终食之间违仁，造次亦如是，颠沛亦如是。”安于每一个当下，成为大写的人。

4.企业经营数据

企业充满生机，2021年泰威公司销售额相比2008年增加238%，利润增加244%，人均薪酬增加185%。

曾经有人问我，泰威公司这么多年坚持学习与践行中华传统文化最重要的收获是什么？我觉得最重要的收获并不是看得见的销售额、利润、纳税额等，而是看不见的人与人之间的信任，全体员工上下一心的凝聚力，带来“上下同欲者胜”。

四、专家点评

泰威公司依据企业和员工的实际状况，从教育入手，学习国学经典，引导员工持续不断学习和成长；践行传统文化，引导员工树立“敬天爱人”的理念；设立“祖宗堂”，引导员工尊天敬祖；提出“天地人和”股权方案，为“敬天爱人”的理念提供坚实的制度保障；设立“企业首席信仰官”，形成“天地人和”的企业精神体系，为解决员工的思想问题做出了可贵的探索，实现了企业的长治久安。

资料来源：李文良. 天地人和，铸就泰威精神［J］. 企业管理，2022（5）：50-53.

讨论问题：

1.泰威公司独特的“天地人和”股权设计有哪些独特之处？

2.试述“企业首席信仰官”与新时代中国优秀企业家精神的关系。

第十一章

会计假账与财务舞弊的道德对策

【经典警句】

太上曰：祸福无门，唯人自召。
善恶之报，如影随形。

——《太上感应篇》

志于道，据于德，依于仁，游于艺。
夫子之道，忠恕而已矣。
君子务本，本立而道生。
孝悌也者，其为仁之本欤。

——《论语》

领导干部要把深入改进作风与加强党性修养结合起来，自觉讲诚信、懂规矩、守纪律，襟怀坦白、言行一致，心存敬畏、手握戒尺，对党忠诚老实、对群众忠诚老实，做到台上台下一种表现，任何时候、任何情况下都不越界、越轨。

——习近平

【学习目的与要求】

1.明确权钱交易、不公正经济与会计假账的关系。

2.理解腐败及寻租是会计假账滋生的内在动因、会计市场假账行为的供给需求曲线。

3.明确上市公司会计假账与财务舞弊的含义、类型及常用手段。

4.熟悉上市公司会计假账与财务舞弊动因及道德治理对策。

【导言】

德以治企，教化为先

“德治”是儒家治国之道的基本原则。孔子指出：“道之以政，齐之以刑，民免而无耻；道之以德，齐之以礼，有耻且格。”大意是：用政令来引导，用刑罚来规范，民众只是企求免于犯罪，内心却没有羞耻感；用德教来引导，用礼法来规范，则民众不但有羞耻感，并且能够自我改正而真心归服。

儒家并不主张不要刑律，不要政法，只是在儒家看来，道德比起刑法更容易获得民心，从而更容易取得有效和持久的治理效果。

正如孟子所言：“以力服人者，非心服也，力不赡也；以德服人者，中心悦而诚服也，如七十子之服孔子也。”用强制手段使人服从，人家不会心悦诚服，只是因为他本身的实力不够的缘故；依靠道德使人服从，人家才会心悦诚服，就好像七十二贤人都信服孔子一样。

儒家“德治”所致力的，就是这种使人“心服”的功夫。

践行儒学的当代企业家把儒家的“德治”思想融入企业治理实践，展现出“以德治企，教化为先”的新时代儒商气质。

他们致力于塑造新时期的工商业文明，创立独特的经营和管理机制，把社会、他人、自身利益融为一体，创造了以中华传统优秀文化为底蕴的薪新治理模式，使社会主义核心价值观和世界级企业的管理制度融为一体，确立了中西合璧的企业文化。

在他们看来，中国文化的内涵就是一个“德”字。“德”是做人应有的规矩、做人最基本的属性，丢掉这个根本，人在处理事情，处理人与社会、自然的关系时，无论做官、经商，还是做学问，都会出现大麻烦。以“德”为根本，每个人都会严格要求自己。

在儒家看来，领导者的职责就是以身作则，教化民众。治理就是教化，治理者就是教化者，治理的过程就是教化的过程。领导者受到教化就能爱护民众，民众受到教化就能行动起来，努力实现组织目标。

资料来源：黎红雷. 新时代儒商气质［J］. 企业管理，2022（5）：32-36.

中外资本证券市场中，少数公司诚信缺失严重，将上市作为圈钱的手段，为此不择手段炮制假账，虚构盈利，蒙骗公众，谋取私利，从而引起不少知名上市公司因巨额造假纷纷破产倒闭，对社会、国家和公众以及企业自身造成巨大伤害。因此，很有必要对会计败德行为与会计假账成因展开分析。

● 第一节　利益驱动、信息不对称及会计败德行为

一、利益驱动、“道德滑坡”与“道德爬坡”

（一）利益驱动与金钱驱动

任何一种经济体制都是一种伦理道德和文化体制。任何一种经济体制实际上都蕴含着某种伦理道德规范和标准。利益驱动，从市场经济的运行来看，是市场机制的必然表现。

市场对道德的双重作用正是通过利益驱动来实现的。利益驱动激发每个人对功利价值的追求。利益驱动，说到底就是金钱驱动，崇尚个人利益至上，追求金钱万能。事实上，虽然没有金钱，在现代市场经济社会里不能办事，但金钱绝对不是万能的。

（二）"道德滑坡"与"道德爬坡"

在经济体制改革过程中，有道德"爬坡"与"滑坡"两种说法。"滑坡"是用旧观念来看新情况。道德观需要统一于历史观。新时期需要新的经济，从而决定要有新的道德观与市场经济相联系的道德。事实上，道德的概念也是与时俱进的。经济上讲的利，包括"利己"和"利人"，市场经济讲究利益导向、公平竞争、优胜劣汰、等价交换、互惠互利，不管我们对它们的看法如何，不也是一种道德爬坡吗？"滑坡"论只注意到了市场经济条件下出现的道德消极现象，没有看到体现道德爬坡的利益驱动力对推动社会发展前进的巨大作用。

经过脱钩改制以后的社会中介机构，正是把会计主体从"官办"改造为"民办"的"经济人"，一切会计人员、会计师事务所以及注册会计师，都演变成"经济人"。

我们需要用新的道德观去评价他们的一切行为，而不能因为他们要追求利益就谴责他们"道德滑坡"。

二、会计败德行为的十种表现

当前，我们国家正处于改革开放年代。各种各样的道德观念对人们的思想产生了不同的影响，从而导致各种行为的出现。会计败德的行为时有发生。俞安畅在《缺乏会计职业道德的几种表现》（见《财务与会计》，1987年第9期）一文中对此归纳出十种表现。

【专栏11-1】　缺乏会计职业道德的十种表现

第一种：在会计业务中，不敢坚持原则、政策和法律制度，怕得罪人，当老好人。

第二种：唯领导意图是从，怕穿小鞋，明知不对，少说为佳，既不抵制，也不解释，照抄照办，放弃原则。

第三种：事不关己，高高挂起，有法不依，执法不严，违法不究。

第四种：办事圆滑，讨好群众。慷公家之慨，不执行费用开支标准，扩大成本开支范围，乱挤成本。

第五种：对违反财经纪律的人和事，采取睁只眼、闭只眼的办法，助长了不正之风的滋长和蔓延。

第六种：财权在手，搞亲疏关系。对至亲好友、同乡和同学高抬贵手；对一般工人群众有意刁难。

第七种：不热爱本职工作，做一天和尚撞一天钟，账目混乱，家底不清，情况不明，心中无数。

第八种：无视法纪，挖国家，肥集体，化大公为小公，实际上也是一种损公肥私的行为。

第九种：想歪点子，出馊主意，弄虚作假，瞒天过海。认为不装腰包，泰然处之。

第十种：从小团体利益出发，逃税截利。搞突击花钱，滥发钱物。

会计败德行为的直接结果是导致企业伦理道德环境的恶化。发生上述会计败德行为，有多方面的原因。从主观原因上看，受个人经历、水平、思想和认识的限制；从客观原因上看，受历史条件、社会风气和周围环境等诸多因素的影响。本书的主要目的，就是通过对会计职业道德理论的研究，开展会计职业道德评价、会计职业道德教育和会计职业道德修养，宣扬和倡导会计职业道德行为，抵制、批评和谴责会计败德行为。

三、信息不对称："委托代理"失灵对会计败德行为的分析

（一）委托代理的运行机制

1.民众与国家公共权力的第一层委托代理关系

无论是政府还是官员，其所掌握与运作的公共权力都不是他们自己所拥有的，而是全体民众所拥有的。民众在隐含契约条件下，以委托代理的运行方式将公共权力委托给政府或政府官员负责实施与执行。

2.民众与官员多层委托代理

官员成为公共权力的终极执行者，使广大民众与政府之间的公共权力初始委托-代理链增大。因此，才更容易导致民众与官员之间的公共权力委托代理关系失灵，就可能出现腐败，出现做假，导致会计败德行为的发生。

（二）委托代理运行失灵

1.完全信息条件下委托代理的特征

委托代理前提假设如图11-1所示。

委托代理前提假设
- 都具有"经济人"的本性，并且是充分理性的
- 都具有无限计算能力
- 信息完全性
- 都没有机会主义倾向
- 彼此讲究信用

图11-1 委托代理前提假设

2.信息不对称，代理失灵

将上述前提假设放宽，则会出现完全相反的情况（如图11-2所示）。

假定条件放宽
- 信息是不完全的，谁拥有的信息多，谁就具有潜在的优势
- 双方都有有限理性与有限计算能力
- 双方都具有机会主义倾向

图11-2 假定条件放宽

委托代理失灵产生的条件是公共权力代理者被惩罚程度轻和概率较小，以及代理者在失灵条件下获得的收益和成功的概率较大。

委托人对公共权力代理人的监督不力，是因为：

（1）监督成本过大。由于代理的链条加长，增加了公共权力的执行监督成本。

（2）监督者机会主义行为。监督者的机会主义倾向重，不求有功，但求无过。

上述两条中，关键是第一条。委托代理链条长，监督成本增大，监督者本身也没有积极性，即便监督成本为零，监督者也不会进行监督。

（三）制度上的漏洞所致

1.高度集权制下的委托代理关系

在高度集权制的计划经济中，代理人被组织在一个金字塔形的中央集权制度下。在任何一个经济权力实行中央集权管理的国家，集权统治下的活动都不是完全协作的，代理人面对的激励和全局的利益也不完全兼容（如图11-3所示）。

代理人对全局利益不兼容：
- 当信息传到最上层,大量信息已经丢失或扭曲
- 信息的加工和处理费时费力
- 上级不能完全控制下级的活动
- 级别较低的有多个上级
- 上级计划脱离下级实际

图11-3　代理人对全局利益不兼容

2.计划经济体制下的腐败、做假

（1）个人腐败做假与组织做假。以企业为例：第一，企业的成功取决于做假者能给它的好处；第二，企业成员的奖金取决于上级对企业是否成功的判断；第三，违规代理人的奖金份额很大，组织做假的诱因就会很大。如果某厂的上级主管的升迁和任职期限长短，取决于该厂的业绩，那他更有可能这样做。这种非法交易对双方都有利。当双方的交易对象是各自的剩余产品时，这种交易能提高整个经济的生产效率，这时上下级往往会共同直接做假。

（2）低级别个人和高级别个人做假。在中央集权制体制下，越靠近金字塔的顶部、级别越高的代理人权力越大，并且由于人力资本的稀缺，级别越高，职位越稳固，加上职位越高越不容易被监督，因此，级别越高做假的机会越多，且级别越高做假的危害越大，而级别越高做假越容易，因为权力顶端缺乏权力制衡。所以，制止做假必须辅以权力制衡作为保障。

（3）会计做假的隐蔽性。在高度集权的计划体制下，企业和政府机关内部是如何运作的，局外人无从知晓，也根本不可能去查个清楚。没有哪个组织拥有能使它不计后果地揭露、惩处做假者的司法或行政独立性。这使得做假活动似乎除了参与者以外，几乎就没有见证人了，这就大大降低了做假被发现的可能性。

（4）做假惩罚与风险。做假活动的风险取决于做假者的职位，以及他被指控有做假行为时所面临的选择的多少。实际上，做假者的职位越高，他的预期成本就越小，做假被发现遭指控惩处的风险及概率就越小，造假者也就乐于做假。

四、会计做假的败德行为供求曲线分析

会计做假的诱因取决于查处率高低和做假收益大小。查处率与诱因呈负相关关系，做假收益与诱因呈正相关关系。设定查处概率是一个常量，做假诱因直接依赖于做假收益的变动，及市场上做假行为的供求关系。

（一）会计假账的计量模型

对做假者来说，花费时间和精力进行做假活动、躲避被查处惩罚是进行做假所付出的成本。做假以后，心理负担也是一种成本。因为做假，吃不好、睡不好，整日提心吊胆，这当然是一种代价。不做假账所带来的心安理得，或是上级信任、群众拥护，也是无形收益。而包括会计人在内的相关当事人决定是否做假，可按下列公式计算：

$$C=C_1+C_2+C_3=C_1+C_2+M'\times P_r \tag{11-1}$$

$$C_3=M'\times P_r \tag{11-2}$$

$$R=r\times(1-P_r) \tag{11-3}$$

式中，C表示做假总成本；C_1表示支付给会计做假者受贿的钱财物；C_2表示会计做假者需要耗费的脑力、体力、精力与时间以及由此引发的联系费用和机会成本；C_3表示假账曝光后必须付出的代价与成本；P_r表示假账被查出的概率；M'表示假账被查出受民事追究

的经济处罚与受刑事处罚而关押造成的人力、财力和物力损失；R表示做假者的私人收益；r表示会计做假受贿谋取的私利。我们可以发现：

R与r成正比关系，而与P_r成反比关系。

R≥C即为做假者选择会计造假的前提条件。反之，R<C，不必做假。从理论上看，当做假带来的边际收入大于边际成本，理性做假者才会考虑做假。

会计做假已经形成了一个市场，现在分析这个市场的供求双方的结构。供方是竞争型的，需方是完全垄断型的。在一个集团组织中，权力结构呈金字塔形，上级制约下级，下级服从上级。虚假信息的供方，需要付出的成本包括：支付必要的费用，消耗时间及精力，做假后可能受到的处罚。

（二）会计假账的供求关系分析

我们把造假者对做会计假账行为的需求视为单位需求，要么购买一个单位，要么不购买。所以可用图11-4表示会计市场的假账需求曲线图。

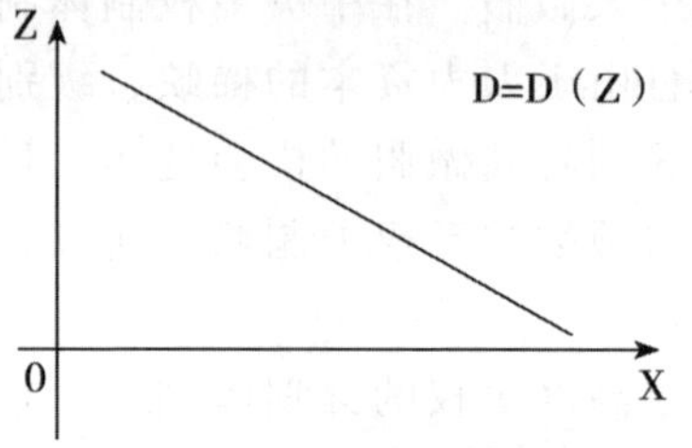

图11-4　会计市场的假账需求曲线图

$$D_i = \begin{cases} 1 & 若Z \leq Z_i \\ 0 & 若Z > Z_i \end{cases}$$

这里，D_i表示第i个单位对会计假账的需求数量；Z_i表示第i个单位对会计假账的需求成本，或者是愿意支付的价格；Z表示均衡价格。加总所有单位对会计假账的需求函数可以得到会计市场的假账需求曲线图。在图11-4中，横轴表示会计假账的需求数量，纵轴表示会计假账的需求成本。当会计假账的需求成本低，查处风险小时，会计假账的需求数量就会增加。也就是说，会计假账的需求数量与会计假账的需求成本成反比，从形状看表现为一条向右下倾斜的直线。在当今会计制度日趋严格的情况下，美国大公司会计假账数量却日渐增多，从而表明中外资本证券市场存在着对会计虚假信息数量巨大的需求。

对于会计假账的供给来说，做假账的目标是为了追求会计假账的净收益最大化。我们把每个单位的供给加总起来，就可以得到会计市场的假账供给曲线图。在图11-5中，横轴表示会计假账的供给数量，纵轴表示会计假账的供给价格。如图所示，传统的供给曲线在这里不完全成立。对于造假的处罚而言，当会计假账价格Z达到一定水平后，查处惩罚的程度会大为提高，被发现的概率也在增加，从而使预期受罚的代价急剧上升。在此情况下，像劳动力供给曲线一样，会计市场的假账供给曲线会在Z的某个值点突然向后弯曲。

惩罚力度、查处的概率及做假收益的相互关系，是最终决定是否做假的三大因素。惩罚力度和查处概率大，会使人理性意识到做假成本太高而做出不做假的行为抉择。做假的充分条件是做假收益大于做假成本。加大打假力度，会使得做假成本升高，从而制止做假

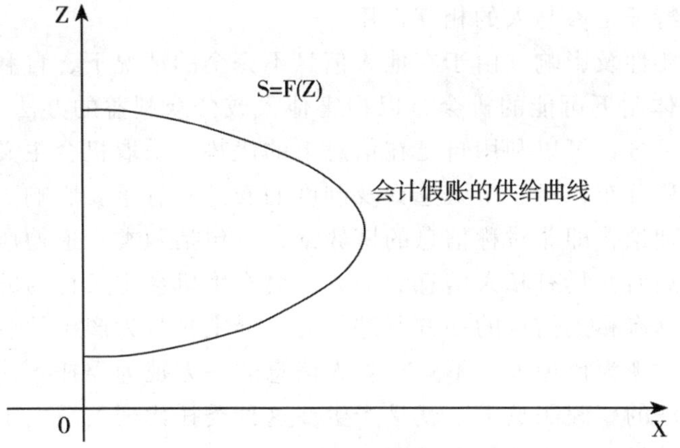

图11-5　会计市场的假账供给曲线图

行为的产生和发展。最根本的办法，还是加快体制改革步伐，尽快建立市场经济新秩序，把更多的事情交由市场自身去完成。同时，要降低决策层的“含金量”。

● 第二节　权钱交易、腐败寻租与会计假账

一、对权钱交易的制度分析与博弈论分析

（一）对权钱交易的制度分析

社会游戏规则称为制度，可以从制度角度考查经济运行。本小节将分析制度产生和变迁对资源配置的影响。制度是约束、激励、保护个人行为的规则，人在不同的制度环境中，将表现出不同的行为方式，人的行为方式是制度的函数。经济制度对人们的经济行为起决定性作用，并需要很长时间反复实践，在多次博弈中才能逐步形成和完善。

（二）对权钱交易的博弈论分析

通俗地看，博弈论分析是研究决策者在某种竞争过程中，当最终结果无法由自己控制，而需要取决于其他参与竞争者来选择策略，个人为了取得最佳结果而应采取何种策略的数理和方法（如图11-6所示）。

博弈论分析：
- 合作博弈 → 存在制度，对局中任何人都有约束力 → 强调群体
- 非合作博弈 → 不存在制度约束，只存在自我实施协议 → 重点在个体

图11-6　博弈论分析

（1）两种博弈的特点：合作博弈，在于探讨合作的形成过程以及合作中的成员如何分配他们的支付，因此，强调集体理性，强调效率、公正、公平；非合作博弈，在于揭示个体在其他局中人的策略给定的条件下，所应选择的策略，因此，强调个人理性、个人最优决策，其结果可能是有效率的，也可能是无效率的。

（2）价格制度的重要性：“经济人”在最大化自身效用时需要相互合作，而合作中又存在冲突。为了实现合作的潜在利益和有效地解决合作中的冲突，人们制订了各种制度，以规范相互行为。其中，价格制度是最重要的制度之一。

（3）博弈与契约：现实中，市场参与者之间的信息一般是不对称的，这就使得价格制度常常不是实现合作和解决冲突的最有效的制度安排。企业、家庭、政府等非价格制度便

应运而生，其显著特征是参与人的相互作用。

（4）信息的重要性及影响：由于在他人信息不完全的情况下，自利的“经济人”往往会利用一切在现行体制下可能的机会，以损害他人或公众利益的办法，为自己谋取利益，即具有私人信息的一方，可以利用自己在信息上的优势，采取机会主义的行为。所以，信息在人群间的不对称分布，对于个人选择及制度的安排有着重要影响。

（5）委托代理理论，即非对称信息的博弈论，它包括两类：道德风险和逆向选择。道德风险是指双方签约后，具有私人信息的一方，会产生机会主义行为的风险；逆向选择是指在双方签约前，具有私人信息的一方所进行的机会主义行为产生的后果。通常，我们把具有私人信息的一方视为代理人，不具有私人信息的一方视为委托人，因此，产生了委托代理关系。黑色经济的“假账丛生”就是产生在这种委托代理关系之中的。

二、权钱交易：会计假账丛生的社会根源

“官员腐败”是现代社会各个国家面临的通病。笔者认为，“官员腐败”是会计假账丛生的重要社会根源。一位知名经济学家提供的研究成果表明，假如贪官本人贪污金额为1，那么给国家造成的损失则为1 000，“权钱交易”的“代价”一般比例为1∶1 000。

通过各种媒体和渠道，我们收集了百名“贪官录”，这百名贪官个人贪污、受贿、犯罪金额合计高达2亿元，给国家直接造成的经济损失高达2 000亿元。而“黑色经济”的会计账目，不是“假账真算”，就是“真账假算”，“官出数字，数字出官”，其渊源盖出于此。腐败的“黑色经济”是当今假账泛滥的重要社会根源之一。

产生腐败的微观原因，是公共权利委托代理合同的不完善。腐败是发生在某个特定个人身上的，与其对时间观念、消费观念、法治观念等个人偏好密切相关，但腐败的普遍存在必然有其制度原因。转型经济中制度的诸多特点，特别是其过渡性和不完善性，尤其为腐败的发生和泛滥提供了“肥沃的土壤”。腐败不仅与宏观的社会背景有关，作为一种行为选择，实际上是建立在个人得失、个人效用基础上的一种个人行为选择。一般的腐败作为社会的常态，其产生主要是既定偏好下个人理性处理的结果。而在特定的社会背景下，作为社会问题出现的特定的腐败，源于体制改革未完全到位。

我们需要从微观到宏观、从个体到整体，再到改革时期特殊的制度条件，这样层层深入分析，才能完整、全面、深刻、透彻地认识到腐败及假账的根源。

三、腐败及寻租是会计假账滋生的内在动因

（一）腐败的概念及层次

腐败行为一般是指个人在公共领域和私人领域违背社会道德、法律和传统规范的行为，是指运用公共权力来达到个人不正当的谋取私利目的，主要发生地集中在公共领域，即党务部门、各级政府机构与行政事业单位。

腐败现象当前正在蔓延，其存在范围有三个层次，如图11-7所示。

腐败的三个层次
- 权力腐败：以职权非法谋取私利，是腐败的核心层
- 行业腐败：以职业非法谋取私利，是权力腐败的延伸和扩张
- 社会腐败：消费行为的扭曲、人际关系的恶化，是国家公共权力不能正常运作的结果

图11-7　腐败的三个层次

在一切社会中，腐败总是与公共权力结合在一起的，人们通过运用、影响操纵公共权

力来达到私人目的，获取私利。只要存在公共权力，就难免产生腐败行为。公共权力的非规范、非公共地使用，是腐败行为的核心。英国历史学家艾克（Ecton）有句名言："权力倾向于腐败，绝对的权力倾向绝对的腐败。"因此，对于权力的监督和制约，是遏制腐败的核心，也是制止做假账的核心（如图11-8所示）。

腐败三要素
- 主体：公职人员（包括国有企业、事业单位领导）
- 动机：谋取私利
- 手段：滥用职权

图11-8　腐败三要素

官员滥用权力，是长期以来人们对公理性的信仰的逆反结果。在早期的人类心理中，公共政府有天生的道德，在其中任职的官员也必须是有道德、有公益心的。而当官员出现滥用职权、营私舞弊时，丧失道德、丧失公益心，故称腐败。

（二）寻租的含义、层次及活动

1.人类追求自身经济利益的行为分类

大致可分为两类：生产性的、增进社会福利的活动；非生产性的，有损社会福利的活动，如腐败。

2.寻租与避租

权钱交易是一种非生产性活动，是一种个人或利益集团为了自身经济利益而对政府决策或政府官员行为施加影响的活动。在我国经济生活中，各级政府官员对国有企业的经营施加着各种干预和影响，其目的有的可能是为了增进公益，有的则是为了谋取个人私利。企业讨好顾客不如讨好"婆婆"，这就使企业经理、厂长不得不费心尽力地走后门拉关系，耗费了大量资源。这就产生了"寻租"。

"寻租"在经济学上也称为"经济租"，是指一种生产要素投资者所获得的收入中，超过这种要素的机会成本的剩余。"机会成本"是一种生产要素用于某种生产时，所放弃的用于其他生产活动所带来的最高收益。从理论上说，只要市场是完全竞争的，要素在各产业之间的流动不受阻碍，任何要素在任何产业中的超额收入都不可能长久存在。但在实践中，大量存在利用行政法律手段阻碍生产要素在不同产业之间自由流动、自由竞争以维护既得利益的行为。

如一个企业开拓一个市场后，可能寻求政府干预，维护其垄断地位。或有的企业施展各种手段，使政府以特殊政策"优惠照顾"，让这一部分企业享受其他企业对其的输血，从而获得"经济租"。政府官员在这些活动中，享受特殊利益，政府官员的行为就会遭到扭曲。由此引发追求行政权力的非生产竞争。跑官、要官、买卖官，就是这类寻租竞争。而利益受到威胁的企业，就会采取"避租"行动。"寻租""避租"最终结果都将是"两败俱伤"，浪费社会资源。

3.寻租的三个层次

第一层次：向政府官员使用游说、行贿等手段，促使政府对经济干预，从而产生租金，并获取租金。

第二层次：由于第一层次的活动给政府官员带来好处，使人们看到了权力的含金量，从而吸引更多人去争夺官职。

第三层次：各社会利益集团为争取这些超额利益而展开竞争。

4.政府与寻租活动

由于政府创租与抽租的存在，增添了寻租活动的普遍性和经常性。因为寻租存在，市场竞争的公平性被破坏了，人们对市场的合理性和效率产生了根本怀疑。于是，人们更多地要求政府干预来弥补收入分配不均的现象。由此反而提供了更多的寻租机会，产生了更多的不公平的竞争，这是当今假账丛生的沃土。

寻租成为对既有产权的一种重新分配方式。政府的作用在于定义或维护产权。人们可以通过正常的市场交换来处理产权，也可以通过政府来重新界定或分配产权。与法律手段不同，用行政手段来保护产权，会诱使有关的个人和利益集团争相影响政府决策，从而造成社会资源浪费。

政府一项政策造成的市场扭曲越严重，有关人员和利益集团享有的“租”或剩余就越多，于是这项政策就越是难以得到矫正，任何矫正都会遇到来自既得利益集团的强有力的抵抗。这就是假账为什么屡禁不绝的社会根源。

为什么在一些地区和部门，反腐败越反却越腐败？这需要从管理伦理学角度去研究。腐败现象存在于历史上的各种阶级社会和各种不同的社会制度的国家之中，既非资本主义的产物，也非社会主义的必然。在转型经济中，腐败表现为具有经济人特征的代理人凭借委托人授予的权力，用非法手段满足自己的私欲，利用公共权力非法谋求私利。

在发达国家以钱谋权，是被动腐败；在发展中国家以权谋钱，是主动腐败。“有富人的腐败，也有穷人的腐败。”社会的公共权力是通过成千上万个职位来控制和分配社会资源的。谋私者，只要处在其中一个职位上，就有腐败的客观条件，即外因。腐败最终是否发生，要取决于主观条件——经济人的“成本-收益”计算。

寻租实际上是政府官员与政府以外的利益主体之间的双向寻租，政府官员利用特权进行创租，目的在于寻租，而其他想获取特权或想购买特定生产要素产权的利益主体，便以与政府官员分享租金为条件，从政府官员处获取租金。没有受贿官员与行贿者的合谋，租金是无法寻觅的。

四、不公正经济与会计假账成因探析

（一）不公正经济是会计假账产生的直接条件

当前，在全世界范围内有五种比较突出的不公正经济，这五种不公正经济都是会计假账产生的直接条件：

1.权力经济

权力者用手中之权同企业做交易，借助“关系”“批文”“差价”获得不义之财。企业靠权力之助等“寻租”行为而破坏了市场经济活动中的起点公平，从而不用通过公平竞争就轻易获得非法利润。这种经济不公正的社会存在，反映到人的意识中，就是掌权者中流行的“有权不用，过期作废”。此种腐败属于结构性的“政经勾结”和“权钱交易”，需要从体制上解决。

2.人情经济

人情经济或称经济人情化。借人伦、人情为中介，在权力者协助下，干预经济过程以中饱私囊。于是就出现了金融领域里的大量人情贷款，企业与企业之间的人情供给、人情销售，企业内部用人方面的裙带、故旧关系充斥其中。人情经济本质上又是长期计划经济局面的延续。

3.地方保护主义经济

地方保护主义经济只关注地方利益、部门利益，而不顾国家和全局利益，搞地区封锁和部门垄断。

4.短期经济

如果社会上流行的是个人拼命巧取豪夺，谁也不去关心、注意这种短期经济，其将以牺牲长远的、全局的利益为成本，那么长久下去，这个社会在精神上就会沉沦。短期经济行为既有道德上的缺陷，又有体制上的原因。做假就是短期经济的突出表现。

5.贿赂经济

行贿受贿均属腐败，是经济上的黑洞，也是产生会计假账的温床。

（二）会计假账丛生的具体行业成因分析

下面我们从管理伦理学的角度，试图对会计假账丛生的成因进行具体分析。

包括会计人员在内的公职人员也是独立的“经济人”，如果要求公职人员将“个人利益最大化”的目标函数修正为“公众利益最大化”，显然有悖于经济人的基本假定。公共决策与其决策人私人利益矛盾的存在，是做假行为产生的客观基础。我们采用“成本-效益”法对会计做假的预期效用加以分析。

1.现行体制方面的原因

在私有制经济中，公共决策的范围相对狭小，做假行为的客观基础也相对较小。在公有制经济中，不仅政府直接参与经济活动的有关决策是公共决策，而且除个人消费之外的一切经济决策，包括生产、投资、资源配置、收入分配和产品销售等，都普遍地具有公共决策的性质，因此，都可以成为滋生腐败、做假的土壤和温床。所以，公有制比私人制经济有着更为广泛的产生腐败和做假的客观基础，存在着更广泛的做假市场供求。因此，专家建议走“小政府、大社会”之路，把更多的事情交给市场这只“看不见的手”，这是解决腐败和做假的根本出路之一。

2.会计人员自身的原因

从“经济人”角度来研究，如果做假不能给会计人员带来任何利益，为什么要去做呢？做假在于谋求私人收益以及局部和地区及单位利益。这些利益，不仅包括会计人员目前获得的各种有形的经济利益和无形的满足，还包括履行职责可望得到的各种预期收益，如利润、市场份额、权势、工资、晋级等。

3.代理人的“收益-成本”比较

企业是市场的主体，如果市场是完备的，没有外部性，那么它将获得履行职责的所有收益，并承担相应的成本。在这种情况下，充分履行职责将完全符合当事人的利益，因此，他没有必要做假。投资者的代理人——经理，他并不能获得履行职责的全部收益，也不承担渎职的全部损失，履行职责也只能获得契约收入。如果是这样，他也就没有做假的必要。

如果做假腐败不受查处，不仅会得到契约收入，并且还会带来额外的做假收益。代理人（总经理）履行职责和做假的私人收益及私人成本既可能小于，也可能大于其行为所带来的社会收益和社会成本。代理人只能根据其私人收益和成本计算来选择自己的行为。当做假带来的私人收益大于成本时，就诱发做假。除非通过某种手段使做假者承担的私人成本超过私人收益，否则会计假账就不可避免。

● 第三节 上市公司会计假账与财务舞弊的手段

21世纪以来，财务舞弊已成为世界范围内的重大问题，它给世界经济和会计行业发展带来了重大的负面影响。2002年年初，损失惨重的股东们向安然公司和安达信会计师事务所提出集体诉讼，指控安然公司的高管人员、董事会成员以及为安然公司提供审计、法律和金融服务的会计师事务所、律师事务所和商业银行等从事财务舞弊和证券欺诈活动。这件财务舞弊大案的曝光严重损害了会计行业的信誉，深深动摇了投资者的信心。尔后出现的世界通信、施乐等公司的会计造假案，又使纽约股市大跌，造成了国际“五大”会计师事务所之一的安达信会计公司破产，使美国股民乃至全球的投资人都缺乏投资安全感。近年来，对华尔街巨头——高盛的诉讼纠纷令美国证券交易委员会（SEC）如坐针毡。而又有人指责，监管当局未能成功发现雷曼兄弟公司对其财务报表进行粉饰，最终酿成金融危机。

我国会计行业的发展尽管历史不长，但同样饱受财务舞弊的困扰。早在20世纪90年代初我国就发生了“深圳原野”“琼民源”“红光实业”“东方锅炉”等恶性财务舞弊事件。紧随而来的“郑百文”“银广夏”“麦科特”等案件更是将财务舞弊行为推向了风口浪尖。近年来，我国又出现了“山东巨力”“吉林敖东”“科龙电器”“华源制药”等知名企业由于财务舞弊而被惩处的事件。上市公司财务舞弊行为的泛滥，给各国社会经济发展带来了巨大危害。它不仅给证券市场投资者带来了重大损失，动摇并挫伤了投资者的信心，而且更为严重的是，它破坏了会计行业赖以存在和发展的公平、公开、公正原则，严重危害了会计行业在资源优化配置中的重要作用，阻碍了国民经济健康持续发展，并且进一步导致了社会信任危机。因此，上市公司财务舞弊问题应当引起社会各方的广泛关注。

一、上市公司财务舞弊的内涵

1.财务舞弊的含义

《韦氏新大学词典》将舞弊解释为：“一种故意掩盖事实真相的行为，它以诱使他人丧失有价值的财物或其法定权利为目的。”美国注册会计师协会（AICPA）第16号审计准则（SAS 16）指出，“舞弊指故意编造虚假的财务报告，可能是漏列或错误地反映事项与经济业务的结果，篡改、伪造记录或文件，从记录或文件中删除重要的信息，记录没有实现的交易，蓄意乱用会计原则以及为管理人员、雇员或第三方的利益随意侵吞资产”。在我国，2006年发布的《中国注册会计师审计准则第1141号——财务报表审计中对舞弊的考虑》中，将舞弊定义为“被审计单位的管理层、治理层、员工或者第三方使用欺骗手段获取不当或非法利益的故意行为”。袁晓勇在《企业舞弊防范与对策》一书中对财务舞弊做了较为全面的解释。他认为，“企业中的舞弊，就是指企业职员或企业管理层利用账目上、凭证上的处理技巧或利用交易过程中非法活动等欺诈手法，达到以窃取资财或粉饰（掩盖）其贪污盗窃行为为目的的一种违法乱纪行为，如贪污、盗窃、行贿受贿、挪用资金、隐匿资金、偷税漏税、偷工减料、制假售假、缺斤短两、坑蒙拐骗等都属于企业舞弊行为”。

借鉴上述定义，本书认为，财务舞弊是指企业集团或个人有预谋、故意采取欺骗性手段和违法、违规行为以获取一定非法或不当利益的行为。财务舞弊应具有以下四个性质：①违法性，即违反会计制度、会计准则、刑法等国家法律制度；②有意性，即出于某种目的的故意行为，舞弊与错误的主要区别就在于舞弊是有意识地进行欺诈；③危害性，即舞弊行为会导致他人利益遭受损失，对经济和社会造成危害；④隐蔽性，即舞弊发生后不易被察觉。

2.财务舞弊的类型

从会计信息反映的角度来看，舞弊通常被定义为两种主要类型：

（1）侵占资产，通常是指企业雇员为了自身利益将公司的资产转变为个人所有或使用。其具体行为包括偷窃、盗用如现金或存货这样的资产，操纵现金流量等。注册舞弊审核师协会把侵占资产类型的舞弊进一步分为由于贪污引起的舞弊和由于挪用资产引起的舞弊。

（2）财务报告舞弊是企业管理层蓄谋的舞弊行为，主要是指舞弊人通过虚增资产、收入和利润、虚减负债、费用等手段粉饰企业经营成果，欺骗投资者和债权人，采用财务欺诈等违法、违规手段以谋取经济利益，最终导致他人遭受损失的故意行为。其主要表现形式为：伪造、编造会计记录或凭证，隐瞒或删除交易事项，记录虚假交易，蓄意使用不当的会计政策，故意违反会计准则的规定编制财务报告，不恰当地确认收入和费用成本以及利用关联交易虚增利润等。

从舞弊者所处层次来看，企业财务舞弊又可分为管理层舞弊和雇员舞弊。管理层舞弊是指管理阶层蓄意编制和披露虚假财务报告，以达到获取不法利益的目的，具有集团性、对外性和较大的隐蔽性、危害性。雇员舞弊是为了获取个人私利以欺骗性手段不正当地获取公司钱财或其他财产而损害企业利益的违法行为，其主要手段是编造虚假单据、越权行为和盗窃资产，该类舞弊行为具有个体性、对内性和易侦破性。这两类舞弊的根本区别在于，雇员舞弊是为了获取个人私利而损害企业的利益，而管理层舞弊是为了企业利益而损害企业外部利益相关者的利益。

3.相关概念辨析

财务舞弊与盈余管理、会计信息失真之间存在联系，但也有一定区别。

（1）财务舞弊与会计信息失真。会计信息失真包括制度性会计信息失真和执行性会计信息失真。制度性会计信息失真是由于我国现行会计制度的缺陷导致的，此类失真并不违反法律法规。执行性会计信息失真是由于会计处理过程不当产生的信息失真，属于违法违规行为，并可进一步分为错误性会计信息失真和舞弊性会计信息失真，二者的差异在于前者是无意造成的，而后者为主观故意。舞弊性会计信息失真又包括业务舞弊性会计信息失真和会计舞弊性会计信息失真。业务舞弊性会计信息失真指虚构或隐瞒业务导致会计信息失真，如银广夏、东方电子、蓝田股份等上市公司虚构交易导致收入和利润的虚增。会计舞弊性会计信息失真指故意使用不当的会计政策，如提前或推迟确认收入或费用、蓄意改变会计要素确认标准或计量方法导致的会计信息失真。本书中的财务舞弊主要是指舞弊性会计信息失真。总体来看，财务舞弊与会计信息失真之间的关系，如图11-9所示。

（2）财务舞弊与盈余管理。盈余管理一直以来都是国内外文献研究中争议最多的一个概念。对盈余管理的定义有许多不同的表述。斯考特（William K.Scott）（2000）认为，

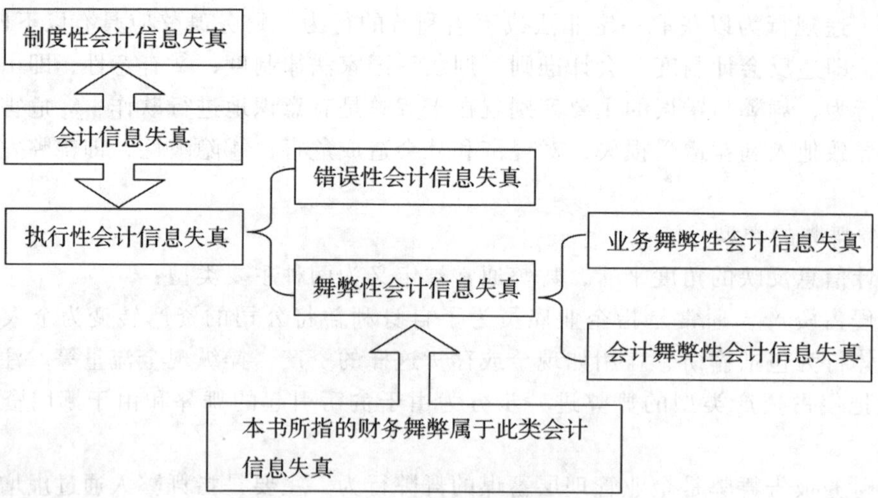

图11-9 会计信息失真与财务舞弊的关系

盈余管理是“在公认会计准则（GAAP）允许的范围内，通过对会计政策的选择使经营者自身利益或企业市场价值达到最大化的行为”。凯瑟琳·雪珀（Katherine Schipper）（1989）认为，盈余管理实际上是企业管理人员通过有目的地控制对外财务报告过程，以获得某些私人利益的“披露管理”。区分盈余管理和财务舞弊的标准是主体所采用的会计处理方法是否被公认会计准则（GAAP）认可。舞弊是违反公认会计准则的，而盈余管理是指蓄意选择形式被公认会计准则认可的会计处理方法，以使财务报表达到管理层所希望呈现的会计数据。故其实质上并不能反映公司的真实经营业绩。

可见，盈余管理实质上是会计人员合理运用专业判断，在会计准则留有较大判断空间时，选择能使自身效用或公司价值最大化的会计政策，其行为虽不违反法律、法规以及会计准则的规定，但因其呈现的财务数据并非公司真实状况，使其有粉饰报表之嫌，同时，也会导致会计信息失真。财务舞弊与盈余管理的部分区别见表11-1。

表11-1 财务舞弊与盈余管理区别总结表

项目	财务舞弊	盈余管理
目的	欺骗投资者，获取不正当的利益	使自身效用或企业市场价值最大化
是否违背会计准则	是	否
手段	欺骗性手段，蓄意谎报或隐瞒财务事实	对公认会计原则范围内有关原则、方法、程序的选择，会计估计的变更，会计方法、程序运用时点的控制
表现形式	伪造或编造会计资料，隐瞒或删除交易或事项的结果，编造虚假交易或事项，虚假披露等	激进会计、稳健会计等
影响	误导投资者、破坏会计行业的健康发展、造成经济秩序混乱等消极影响	有助于企业经营目标的实现、降低契约成本等积极影响和导致会计信息失真、误导投资者等消极影响

资料来源：朱玲. 上市公司财务舞弊行为研究——基于公司治理视角［M］. 武汉：华中科技大学出版社，2007.

二、财务舞弊的常用手段

财务舞弊的手段一般有如下几类：

（1）以提前确认收入、递延确认收入、非营业收入营业化为手法的收入舞弊。

（2）以提前确认费用、递延确认费用、费用过度资本化等为手法的费用舞弊。

（3）滥用会计政策，运用会计估计和会计差错进行舞弊。

（4）通过虚构销售、资产等方式虚构交易事实进行舞弊。

（5）以关联购销与交易、资产置换和股权置换等为手法利用关联交易舞弊。

（6）利用地方政府补贴收入舞弊。

（7）掩盖交易或事实进行舞弊，包括对未决诉讼、未决仲裁、担保事项、重大投资行为和重大购置资产等行为的隐瞒、不及时或不完整地进行披露等。

（8）操纵现金流量以粉饰经营业绩进行舞弊。国内外上市公司具体舞弊手法见表11-2。

表11-2　**国内外上市公司财务舞弊手法总结**

公司	舞弊手法总结
安然	通过以下方法隐瞒财务问题： •将负债转移到表外特殊目的实体 •将减少的资产销售给其控制的特殊目的实体来确认收入 •进行循环交易，如在确认销售收入和利润后将资产还给安然的交易 •大量的其他关联方交易
世通	通过以下方法减少费用和增加收入： •将非货币性交易确认为销售，如将在世界一边的通信线路使用权与世界另一边的相似权利进行交换的交易 •调整收购形成的递延科目来减少费用，如在收购一家公司时高估应计入的递延项目，然后“释放”这些递延资产来减少未来期间的费用 •资本化线路成本（支付给其他电话公司的租金）
帕拉玛特	公司通过以下手段从附属机构吸取现金： •高估货币资金，包括制造在主要银行拥有货币资金的虚假记录 •通过与在避税天堂（如加勒比海地区的群岛）设立离岸子公司进行复杂的交易来低估费用
南方保健	通过自有的250个门诊部和医院来确认虚假收入。一些账单实际上是传递到政府部门要求医疗保险退款的。它所使用的各种手段包括： •将开给集体的账单分拆为个人账单，如公司用10个人的个人账单代替1个10人小组的账单 •通过调整日记账来减少收入和增加费用
纳斯达克	纳斯达克股票市场公司前董事会主席伯纳德·麦道夫的证券欺诈。此人利用庞氏骗局通过操纵一只对冲基金，给投资者造成了至少500亿美元的损失，制造了华尔街历史上最大的欺诈案
科龙电器	公司通过以下几种方式达到粉饰财务报表的目的： •集团公司借用隐蔽的关联方交易抽空上市公司资金 •延迟计提减值准备以操控利润 •选择不当的计提费用的方法，调控三项费用，以免被迫退市 •虚构销售事项，虚构销售收入

续表

公司	舞弊手法总结
银广夏	公司从原料购进到生产、销售、出口等环节，伪造了全部单据，包括销售合同和发票、银行票据、海关出口报关单和所得税免税文件，1998年至2001年期间累计虚增利润77 156.70万元
银河科技	舞弊的主要手段有： •连续3年利用关联购销舞弊，虚增收入和利润，以满足3年利润为正的目标，继续快速融资 •大股东占用资金且隐瞒大额银行贷款 •虚假披露与隐瞒子公司的净利润，虚增利润总额
五粮液	隐瞒较大投资行为和损失：未如实披露重大证券投资损失 虚构利润：其控股子公司四川省宜宾五粮液供销有限公司2007年年报中主营业务收入不实，虚报金额达10亿元

资料来源：笔者根据有关材料整理而成。

三、上市公司财务舞弊动因研究

1.国外舞弊动因理论

国外对财务舞弊动因理论的研究比较早，所以也较成熟，主要有：冰山理论，即二因素论；舞弊三角理论，即三因素论；舞弊GONE理论，即四因素论；舞弊风险因子理论，即多因素论。

冰山理论把舞弊看作一座海面上的冰山，露在海平面上的只是冰山一角，更庞大、更为危险的部分则藏在海平面以下。该理论从结构和行为方面考察舞弊，海平面上的是结构部分，海平面下的是行为部分。舞弊结构的内容实际上是组织内部管理方面的，这是客观存在且容易鉴别的。而舞弊行为的内容则是更主观化、更个性化、更容易被刻意掩饰起来的。冰山理论说明，一个公司是否可能发生财务舞弊，不仅取决于其内部控制制度的健全与否和严密性，也取决于该公司是否存在财务压力，是否有潜在的败德可能性等因素。

舞弊三角理论是由美国舞弊会计学家史蒂文·阿伯雷齐特提出的，他认为财务舞弊的产生必须有三个要素：压力、机会和自我合理化借口。因而，防范和治理财务舞弊既要通过加强内部控制消除舞弊机会，还应通过消除“压力”和“自我合理化借口”来抑制舞弊。舞弊三角如图11-10所示。

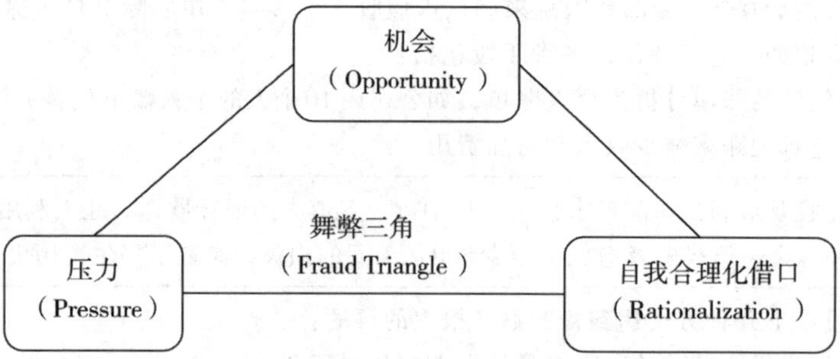

图11-10 舞弊三角图

GONE理论是杰克·波洛格、罗伯特·林德奎斯特和约瑟夫·韦尔斯在1933年提出的。该理论认为，舞弊由贪婪（Greed：G）、机会（Opportunity：O）、需要（Need：N）、暴露（Exposure：E）四因子组成，它们相互作用，密不可分，并共同决定舞弊风险程度。

此后的舞弊风险因子理论是博洛加（Bologua）等人（1993）在GONE理论基础上发展形成的，是迄今为止最完善的关于舞弊动因分析的理论。该理论认为，企业舞弊由个别风险因子和一般风险因子共同构成。个别风险因子包括特定个人的道德品质和动机，而一般风险因子包括舞弊的机会、被发现的可能性、发现后受惩罚的性质和程度。当一般风险因子和个别风险因子结合在一起，并且舞弊者认为有利时，舞弊往往就会发生。

2.国内上市公司财务舞弊动因分析

研究我国上市公司财务舞弊行为，不能脱离我国证券市场的特殊制度和会计行业的独特背景。我国上市公司财务舞弊的动因表现出一些独特性。

（1）上市公司财务舞弊的内部动因

①信息不对称——财务舞弊的根本条件。信息不对称是指市场中交易的一方比另一方拥有更多的信息。在一个信息不完备的经济环境中，委托人和代理人各自拥有的信息是不对称的，代理人往往比委托人拥有更多的信息。作为理性的个体，他们更倾向于利用自身优势为自己谋利。在我国的上市公司中，同样也存在着股东和经营者之间的委托代理关系。由于所有权和经营权相分离，经营者以企业法人的身份独立自主地利用企业资本进行经营活动，他们成为企业的“内部人”，股东则成为“外部人”。因此，资本所有者（股东）与资本运作者（经营者）始终处于信息不对称的状态之下。

即便股东有可能对经营者提出尽可能确切的经营目标，但因信息的非对称分布，经营者凭借自己在公司的管理权威和信息掌握，从而在信息的不对称公布上处于有利地位。公司管理层在披露信息时，会有选择地向股东提供对自己有利的信息，隐藏不利信息；在管理过程中，选择最有利于自己的利益而不是最有利于投资者利益的行为。在这种情况下，如果管理者具有借助舞弊实现自己机会主义的动机和欲望，财务舞弊行为就会发生。

②公司治理结构失效——财务舞弊的温床。公司治理结构从狭义上讲是有关所有者、董事会和高级执行人员三者之间权利分配和制衡关系的一种制度安排，具体表现为明确界定股东大会、董事会、监事会和经理人员职责及功能的一种企业组织结构。我国上市公司的内部治理主要是一种双层监控模式，即股东大会之下的董事会与监事会并行，董事会提供经营决策，监事会则负责监督董事会、经理层的行为，如图11-11所示。

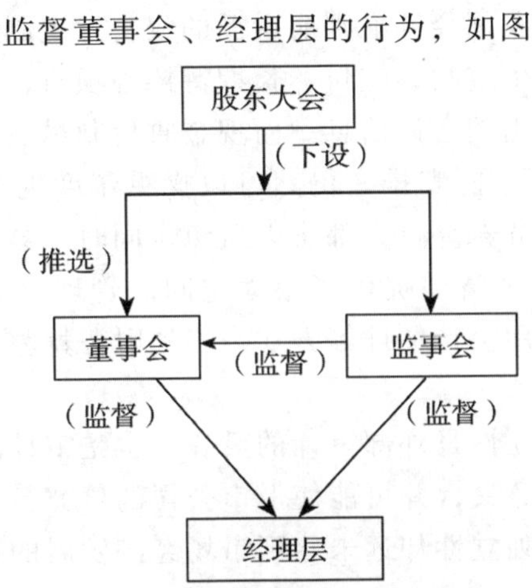

图11-11　我国上市公司内部治理模式

我国经济经由计划经济向市场经济转型，许多上市公司都是由原国有企业重组而来的，因此，必然受到客观环境和传统计划模式的双重影响和制约，使上述公司治理模式无法完全发挥其作用。具体体现在以下几点：

我国股权结构往往是国有股权处于控股地位，大股东在公司中拥有绝对控股权或相对控股权，董事会完全由大股东决定，并为大股东服务，股东大会形同虚设，中小股东作为弱势群体其利益无法得到保护。此外，许多中小股东因持股数量限制而无法参加股东大会，也影响了其行使股东权利。这些都导致经理层迫于压力通过舞弊为大股东谋利的行为屡禁不止，严重损害了中小股东的利益。另外，上市公司管理层权力过大，内部人员控制现象严重，董事会、监事会与经理层之间的相互制衡机制失效，也形成了财务舞弊滋生的土壤。再有，董事会和监事会独立性缺失、制约作用弱、独立董事制度不完善、内部控制漏洞等也是财务舞弊得以产生的机会和原因。

③上市公司舞弊动机——财务舞弊的压力。压力是舞弊者的行为动机，也是直接的利益驱动。事实上，任何类型的企业舞弊行为都源于压力，只是具体形式不同而已。公司压力动机主要有以下几点：

第一，融资压力。根据有关法规制度，我国发行股票的上市公司必须连续3年盈利，这便构成了公司为达到上市资格实施舞弊的压力。许多企业为了确保上市以发行股票，就会通过各种舞弊手段进行会计处理和报表粉饰，以保证公司连续3年盈利。另外，我国上市公司为了得到再融资的资格，会采取各种舞弊手段提高净资产收益率，以达到筹集更多资金的目的。

第二，迎合市场预期压力。由于股票价格的涨跌受到企业财务状况的影响，为维持股价正常增长以迎合投资预期，我国上市公司会实施财务舞弊，进而利用虚假的财务报表信息操纵股价。

第三，经营业绩压力。企业管理者的薪酬与公司经营业绩挂钩，股票期权促使管理层希望通过盈余管理抬高股票价格以从中获利。同时，为避免公司上市后业绩大幅

下滑或亏损被给予ST、PT（摘牌或退市）处理，我国上市公司也会实施会计舞弊。

（2）上市公司财务舞弊的外部动因

①会计制度存在缺陷。我国会计准则所遵循的权责发生制将企业经营分割成相同的期间，每一个会计报告期都产生应收、应付、长期待摊等项目，管理人员可以通过调整某些递延项目的确认时间来影响当期会计信息。而现金收付制虽然避开了会计分期假设，但是通过对经济业务结算方式的不同安排，仍然可以操纵年度现金流量以粉饰经营业绩。因此，无论采用何种方式，财务舞弊行为都难以避免。同时，会计估计、会计差错调整、会计政策变更等行为也都为财务舞弊提供了很大空间。管理层完全可以出于自身利益的考虑，通过调整会计政策或使用会计估计等方式来实施财务舞弊，并且这种财务舞弊行为具有更强的隐蔽性。

②审计独立性缺失。独立性是外部审计的灵魂，也是审计的一个重要特征，离开了独立性，外部审计将没有任何意义，并可能使上市公司的舞弊行为更具欺骗性。但从我国目前的情况来看，审计人员的独立性却远未达到市场经济发展的要求。究其原因，主要体现在以下几点：

第一，审计委托代理关系失衡。由于委托代理关系的出现，所有权与经营权的脱离，委托人（即股东们）需要第三方对其代理人（即管理层）进行评价考核，以解决代理人的

信息优势和道德风险问题。而目前我国上市公司不合理的股权结构和严重的内部人控制，导致公司治理结构失效，使得上市公司审计中本应存在的三者之间的委托代理关系，实际上演化成两者之间的关系，即“代理人”委托“代理人”。也就是管理者聘请审计师来监督自己的行为。显然，这是一种影响独立性的制度陷阱，无疑使审计人员的独立性受到严重削弱。

第二，审计市场尚不完善。审计资源有限，市场竞争者众多，会计师事务所执业质量、审计人员专业素养差距不大，导致会计师事务所之间的过度竞争在所难免。有资料显示，美国“四大”会计师事务所的市场占有率高达95%以上，而我国前十大会计师事务所的市场占有率仅在30%左右。而且，许多会计师事务所的规模偏小，导致其在业务和经济上对客户产生依赖，审计收费受到限制。在恶性竞争的市场环境中，会计师事务所甚至会对资产庞大的上市公司收取极低的审计费用。在此情况下，为了平衡自身的成本与收益，审计人员往往存在不合理缩短审计时间的倾向，通过减少必要的审计程序，以牺牲执业质量为代价换取自身经济利益的增加。这种不健全的审计市场助长了财务舞弊的嚣张气焰，甚至导致某些会计师事务所与被审计公司串通舞弊，造成审计独立性的严重缺失，对社会造成巨大危害。

③外部监管与处罚力度不够。舞弊得以发生的另一重要原因是监管不力，即欠佳的监管效率和效果。

首先，法律制度本身的不完善为财务舞弊提供了条件和空间。为保证企业会计信息的真实性和治理编造虚假财务信息的行为，有关部门颁布了大量的法律法规，如《会计法》《企业会计准则》《企业财务会计报告条例》《公司法》《证券法》等。从表面上看，这些法律法规构成了一个比较完备的体系，规范了企业的财务行为。但由于它们通常只作一般原则性的规定，强调普遍适用性和原则性，没有明确的量化标准，缺乏对应的实施细则，故实际可操作性较差。这种情况制约了会计法律的约束力，使得不少财务人员无所顾忌地实施财务舞弊。

其次，法规之间存在不协调性。在我国，为了有效进行会计监管，我国政府设置了许多监管职能部门，其会计监管组织架构如图11-12所示。

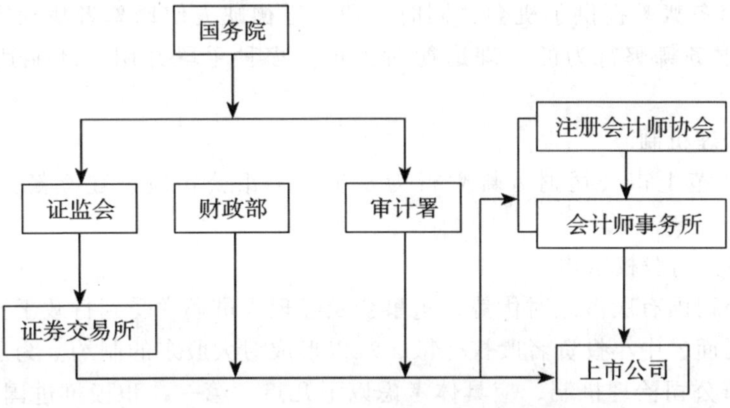

图11-12　我国会计监管组织架构图

其中，证监会、财政部、审计署、证券交易所等多个部门都在不同程度上参与会计行业的政策制定工作，在制度、法规、政策的制定上难免会出现交叉或者疏漏的情况，造成法规制度不统一、不协调的现象。这必然会增大上市公司与监督部门的博弈空间，增大财务舞弊产生的可能性。

最后，政府对实施舞弊的惩处力度较小。深交所综合研究所（2002）认为，“第一，对财务报告舞弊的处罚，尤其是以内部批评为主的处罚方式，未能足够地增加上市公司的财务报告舞弊成本，没有起到防止再犯的效果。这是我国上市公司财务报告舞弊行为屡禁不止的原因之一。第二，在2001年前受处罚公司的再融资（包括增发和配股）机会与未受处罚的公司相比，无显著差异。以内部批评为主的处罚手段，对公司的再融资能力和机会没有影响”。实际上在会计行业中，若按照现行法规，如果上市公司实施财务舞弊被查处，其处罚方案往往是对上市公司及其管理层负责人进行谴责、处以行政处分或罚款，只有极少数人需承担刑事责任。而上市公司被中国证监会查处后，被处罚公司缴纳的罚款一般为股东投入的资金。另外，公司舞弊行为一旦被依法披露，股价的巨幅下跌将使股东们在二级市场的利益严重受损，投资者（特别是中小投资者）由此将遭受双重损失。而对于真正实施舞弊的管理层或大股东而言，政府处以的微弱惩罚措施与舞弊行为获得的巨大非法利益相比，根本起不到警示作用，相反还会由于收益远远大于成本而加剧他们的舞弊行为。

④职业道德缺失，这是产生舞弊的根源。会计信息失真、财务舞弊行为屡禁不止，会计师事务所和注册会计师审计业务公信力降至低谷。表面原因是社会经济环境不佳，法律制度不健全，执法不严，惩处不力，以致给舞弊者提供了机会。但究其根源，实质上是由于社会及职业道德缺失导致企业社会责任感下降，由此产生了许多企业会计人员及审计师为获取个人或集团巨额经济利益，违背会计职业道德，置会计法规于不顾，配合企业负责人或审计客户实施财务舞弊行为，提供舞弊性财务报告。

● 第四节　会计假账与财务舞弊的道德对策

财务舞弊产生的原因是多方面的，为了获取上市资格、避免被摘牌退市等是上市公司出现财务舞弊迫于压力的动机，而信息不对称、公司治理结构不完善、外部监管与处罚不力等则为财务舞弊提供了机会，同时，职业道德缺失使舞弊者找到了自我合理化的借口。因此，财务舞弊行为的伦理道德对策也要多种手段并用，才能达到标本兼治的目的。

一、完善公司治理机制

为了有效防范上市公司财务舞弊行为发生，上市公司应该建立健全有效内部治理机制。

1.完善上市公司股权结构

我国上市公司国有股占绝对优势，董事会及经理人员通常受到行政干预的影响，形成内部人控制的局面，中小投资者股权分散，难以形成对大股东的制约。为了扭转这种股权结构，进而改善公司治理机制，应具体考虑以下几点。第一，积极推进国有股减持政策，设计国有资本逐步退出的方案，在考虑二级市场承受能力，不影响其稳定运行的前提下降低国有股比例，并相应加强中小股东在公司决策与管理中的参与度。第二，鼓励机构投资者作为股东进入企业，使股权结构多元化。机构投资者多为专业化人员，可以对所投资的公司实行有效的监督，而且机构投资者的决策方式和投资理念有助于提高公司治理决策的科学性。在减持国有股的同时，我国可以逐步鼓励非银行金融机构长期持股并参与公司治理，进而提高会计信息披露的质量。

2.明确各职能机构的权利和责任

完善上市公司治理机制，应明确上市公司股东大会、董事会、监事会和经理层的权利及责任，使其各负其责、相互独立、相互制衡，以形成有效并相互制约的管理机制，消除“内部人控制”的现象。主要应从以下几个方面着手：

第一，规范独立董事的选聘机制。首先，应减少内部董事的比例，防止董事会被内部董事控制。同时，应改变独立董事的提名制，为确保董事真正成为公司股东特别是中小股东利益的代表，在独立董事的提名任命上应该实行大股东回避制度，并严格明确大股东和中小股东各自对独立董事的推荐比例。其次，对独立董事人员的选用应改变之前的名人效应原则，而是对任用条件制定更严格的标准，以确保独立董事具有胜任本职工作的能力、时间和精力。

第二，规范独立董事的权利与责任，并完善相关的法律制度。应根据《公司法》及中国证监会等部门制定的有关法规使独立董事的权利和责任更加明确。

第三，完善独立董事的激励机制。通过完善独立董事的激励机制，比如设立针对独立董事的股权激励制度，提高其工作积极性以使独立董事能更加专心于本职工作。

第四，强化监事会的监督职能。目前，我国上市公司监事会的成员基本由职工代表、党团组织人员组成或由控股股东、管理层提名选举产生，专业化程度较低且内部人现象严重。而且上市公司对独立董事和监事会的职责划分不明确，经常造成相互推诿的局面，这严重削弱了监事会的作用。因此，有必要加强上市公司监事会的职能，可从以下两方面进行完善。一方面，应建立更为健全的监事选任制度，对监事的任命程序、任职资格、人员构成等做出明确细致的规定，防止董事会或经理层直接任命监事的行为，从而避免监事会被董事会牵制。而且应在上市公司监事会中引入适当比例的独立监事，以增强监事会的独立性。另一方面，应强化监事会职权。监事会的职权范围是它的生命，我国监事会作用发挥不好的原因之一就是其职权范围的模糊和狭窄。具体包括财务检查权、职务监察权、损害行为纠正请求权、罢免建议权等，通过对这些权利的加强，使得监事会能更好地发挥监督作用。

3.完善审计委员会制度

上市公司应成立审计委员会，使其作为独立的第三方在注册会计师与公司管理层之间形成隔离带，以提高上市公司会计信息的质量，减少财务舞弊行为。大量的经验证据显示，独立的审计委员会确实有助于提高外部审计的独立性和财务报告质量。根据COSO舞弊财务报告研究得出，25%出现舞弊的公司没有设立审计委员会，在设立有审计委员会的舞弊公司中，大部分审计委员会成员没有会计任职资格或没有在会计或财务岗位的工作经验。

由于审计委员会具有独立性，因此，不存在舞弊动机，故由审计委员会负责外部审计师的选聘工作，可有效防止经理人的“意见采购”，而且由于审计委员会的人员具有专业性，可由审计委员会负责内部审计工作，同时也保证了内部审计的独立性。另外，独立权威的审计委员会制度可以通过对内部治理结构的健全和完善，从而营造一个适合注册会计师进行审计的良好公司环境，进而解决“独立审计不独立”的问题。这不仅增强了注册会计师审计的独立性并保证了审计信息的真实性，而且可以解决公司治理中的“所有者缺位”“内部人控制”等问题。另外，在现行公司治理结构下，审计委员会和监事会并行可作为我国上市公司会计监督模式的一种选择。审计委员会和监事会的结合可以在一定程度上弥补治理结构和内部控制的缺陷，它们是一种互补关系，审计委员会应以对董事会所有重大决策的公正性与科学性监督为主。

具体而言，上市公司设立审计委员会，应将其作为一个与董事会相独立的平行机构。该委员会成员代表股东利益，直接对股东负责，并由股东选聘和激励，委员会成员全部由独立董事构成且至少有一位财务专家。审计委员负责聘用和监督注册会计师，决定注册会计师的审计报酬及支付形式，被聘用的注册会计师定期向审计委员会报告重大会计事项。此外，审计委员会的权利还包括行使内部审计权、解聘注册会计师、设计内部控制制度、质疑董事会决策等。

二、加强外部审计独立性

1.全面规范会计师事务所的轮换制度

除了设立独立的审计委员会外，还可以通过实行注册会计师定期轮换制度，达到增强注册会计师审计独立性的目的，防止上市公司与会计师事务所互相勾结、共同舞弊问题的出现。由于会计师事务所与被审计单位管理层长期合作难免会有经济业务等方面的相关牵连，所以审计准则中应明确实行严格的会计师事务所强制轮换制度。美国《萨班斯-奥克斯利法案》（2002）规定，会计师事务所的主审合伙人，或者复核审计项目的合伙人，为同一审计客户连续提供审计服务不得超过5年，否则将被视为非法。这一规定的实际意义是，会计师事务所负责某一审计客户审计的合伙人在对该客户的审计工作达到一定时间以后必须轮换，以避免审计合伙人与审计客户合作时间过长而影响其独立性。中国注册会计师协会在2002年发布的《中国注册会计师职业道德规范指导意见》中也有类似的规定，“会计师事务所应定期轮换审计项目负责人和签字注册会计师”。但我国至今还尚未对最低轮换期限做出明确规定，所以应对此期限予以规范以达到相应的治理效果。同时，会计师事务所的轮换范围应扩大到关联方，即一个会计师事务所轮换后不得在规定的时间内负责原客户关联方的审计工作，否则会大大降低轮换制度的效果，这个期限也是规范的轮换制度中所必须明确的。

2.引进同业互查制度，以提高审计质量

同业互查制度是美国注册会计师的一种行业自律模式，目标是确定被复核的会计师事务所是否按照质量控制准则的要求来设计审计质量控制制度及遵循的程度，复核人要对被检查的会计师事务所出具书面报告，并针对存在的问题提出改进意见。我国也可以引进同业互查制度，由证监会要求执行上市公司审计业务的会计师事务所每隔3年接受强制性的同业互查。这样不仅能够促进不同会计师事务所之间的业务交流，还可以帮助被审核的会计师事务所认识到自身的缺陷，提高其财务报告的审计质量，同时也可以激励和督促审计人员加强自身的专业胜任能力。

3.引入会计监察委员会保证审计独立性

我国对上市公司会计信息的监管存在重叠现象。财政主管部门、税收主管部门、金融主管部门、证券监管部门、国家审计部门等都对上市公司会计信息有法定监管权，由此导致了各监管部门之间职责不清，并且出现监管部门为上市公司谋求私利的倾向。美国《萨班斯-奥克斯利法案》（2002）指出，会计监察委员会的设立目的在于“监督证券法律制度下上市公司的审计及相关事项，以保证其向公众投资者提供准确、独立的审计报告，保护投资者利益，促进公共利益”，并规定，所有从事上市公司审计业务的会计师事务所都必须按照会计监察委员会的要求向会计监察委员会注册，否则不得从事上市公司审计的业务。同时，各会计师事务所应向会计监察委员会提交年度报告，包括工作总结等内容。为了保持会计监察委员会运转的经费需要，该法案还授权会计监察委员会对每一个会计师事务所进行评估并收取注册费和年费。该法案可以更好地保证外部审计的独立性，所以我国也应引进类似的会计监察委员会制度，以监督上市公司审计业务是否公正，进而规范审计市场秩序，解决监管重叠问题。

三、推行法务会计，加大财务舞弊处罚力度

现行的预防财务舞弊的机制主要有内部控制和外部审计。完善的内部控制制度能在一定程度上发现在审计过程中被忽视的侵占资产舞弊，以保证会计信息准确可靠、资产安全完整。但由于内部控制本身的局限性，经常出现管理层凌驾于内部控制之上实施舞弊的行为。而外部审计更多关注的是导致被审计单位的会计报表及相关资料不能公允表达的重大舞弊，却忽视了不影响会计报表公允表达的其他舞弊行为。另外，我国关于舞弊处罚的法律规定相对模糊，对其司法审判的过程也缺乏相应依据，并且忽视了相应的民事处罚。治理财务舞弊的机制还存在着重大缺陷，因此，应引入法务会计制度，从而使内部控制、独立审计和法务会计共同构成一个有效的财务舞弊控制系统。

法务会计是指把法律知识和会计知识相互融合，通过对舞弊事件的调查，在法庭上提供专家证词，从而使财务舞弊案件的处理更加及时有效。法务会计不同于审计，二者的区别见表11-3。

表11-3　**法务会计与审计的区别**

范畴	法务会计	审计
关注点	已知舞弊或怀疑存在舞弊的领域 使舞弊者承认	财务报表的公允性 内部控制质量
方法	审问、重建损失、百分之百地检查目标文件	抽样，分析性复核 确定基于重要性水平的测试范围
范围	从公司财务报告舞弊到离婚案件中在法庭上隐瞒资产的行为	经常性财务报表审计
最终产品	收集法律证据并总结 出庭提供专家证词	财务报表和内部控制的审计意见
基础技术要求	面谈——倾听 会计余额重建 计算机重建（计算机案件） 出庭——提供专家证词工作	客观性 收集和分析证据 会计、审计、面谈、计算机审计等

提供这一法务会计服务的主体是注册法务会计师，他们在反舞弊工作中取得了显著的

成绩。因此，我国应建立法务会计师制度，规范法务会计师的执业行为，保证法务会计师的执业质量，明确法务会计师的执业责任，实现法务会计准则与其他相关准则、惯例及法规的协调，维护法务会计师的职业信誉，促进法务会计师素质的提高。

在加强法务会计建设的同时，还应加大财务舞弊处罚的力度。首先，应加强对上市公司管理层的惩罚力度，在法律责任处罚的基础上加重对参与舞弊的高层管理者的民事赔偿责任和刑事责任，将财务舞弊所造成的责任和损失由投资者转移到操控舞弊行为的高层管理者身上，提高其财务舞弊的成本，也对其他上市公司潜在的财务舞弊起到震慑作用。其次，应加强对审计人员的惩罚力度。通过审计市场改革和创新行业监管，并完善处罚制度，使审计人员意识到若参与舞弊必会受到法律严惩，通过施加惩处压力和舞弊风险达到减少审计舞弊发生的目的。

四、加大诚信教育，树立职业道德

产生财务舞弊的原因不仅在于各种制度的不完善，也在于个人道德标准的缺失。法律只会对表象上的违法行为进行管束和惩处，而道德的缺失唯有依靠道德标准的提升方能从根本上使人自律和服从他律。所以，为减少财务舞弊的发生，我国需要通过加强诚信教育使职业道德要求内化为从业人员的自觉行动，使其成为会计从业人员一种内在的精神力量。

职业道德教育应该是全方位的，重点应包括企业管理层，以监督上市公司为职责的政府监管机构官员以及市场监管机构工作人员，如会计师事务所、证券公司、律师事务所、资产评估事务所的员工等，他们本应作为上市公司财务舞弊的披露者和鉴证者，但是其中许多人却成为财务舞弊者的同伙。通过职业道德教育，使他们意识到在利益面前道德更加重要，应树立职业道德，严守岗位操守。

会计人员要赢得并保持公众对他们的信任，最好的、最正确的方法，就是遵循高质量的职业道德标准，做到“诚信为本，操守为重，坚持准则，不做假账”。只有市场各参与者都弘扬“诚信为本、操守为重”的道德风范，才能使制度、规范得以落到实处，才能防范财务舞弊行为的发生。具体来看，可以通过加强管理机构和社会舆论的监督、深化教育改革，加强高校的德育教育、建立健全选拔和激励约束机制、加强会计人员继续教育、提高会计人员的整体素质和业务素质等办法来强化职业道德教育。

五、完善舞弊审计机制

我国现行制度基础审计是以研究和评价被审计单位内部控制制度的健全、有效性为基础，依据被审计单位内部控制制度的可靠程度，决定实质性测试性质、时间和范围的一种审计方法。这种审计模式在一定程度上可以减少审计程序错误的发生，但它有其局限性，因为该审计方法是以健全、有效的内部控制制度能减少舞弊发生这一假设为前提的，但如果上市公司管理者凌驾于内部控制之上，使内部控制失效，那么这个前提假设就是不成立的。

考虑到现行审计模式的缺陷，我国应发展和完善舞弊审计机制，其审计流程应在原有模式的基础上进行若干延伸。具体来说，在审计开始之前，审计小组采用头脑风暴法讨论舞弊的可能性和舞弊可能采取的方式，适当设计延伸性审计程序，实施一些补充和特殊的审计程序，收集关于舞弊风险的信息并修改审计计划等。

【关键概念】

会计败德行为（Accounting Bad Ethics Action）
利益驱动（Driving Profit）
道德滑坡（Ethics Downhill）
会计假账（False Account）
财务舞弊（Finance Embezzlement）
道德对策（Ethics Game）

【复习思考题】

1.会计败德行为有哪些表现？
2.权钱交易、腐败及寻租与会计假账有什么关系？
3.如何看待不公正经济与会计假账成因？
4.怎样理解上市公司财务舞弊的内涵、类型与常用手段？
5.上市公司财务舞弊动因及常用的治理对策有哪些？

【案例分析题】

证监会2019年最新调查牵出瑞华“连环雷”
——已连累40多家公司，成中国版安然事件？

康得新涉嫌虚增利润119亿元，审计机构瑞华会计师事务所日前（2019-07-26）被证监会立案调查，此事引发了资本市场“连环雷”。最新数据显示，已有40多家企业的IPO、再融资因此中止，此事也越来越像当年的安然、安达信事件。

一、连续两个大案

瑞华会计师事务所“出名”，来自于其审计的两家公司爆雷，先是“千亿白马”康得新年报虚增利润119亿元，而后不久辅仁药业又曝出坐拥货币资金18亿元却拿不出6千万元分红。2019年7月5日，康得新造假被证实，中国证监会发布消息称，康得新“涉嫌在2015年至2018年期间虚增利润总额达119亿元”。中国证监会还特别指出，康得新所涉及的信息披露违法行为持续时间长、涉案金额巨大、手段极其恶劣、违法情节特别严重。

此后，权威媒体报道称，瑞华事务所已被中国证监会立案调查。没想到的是，康得新的事还没了结，这边又爆出大雷。7月16日，同样由瑞华审计的辅仁药业发布2018年年度权益分派实施公告，拟派发现金红利6 271.58万元。然而，7月19日，辅仁药业向上交所提交公告称，因公司资金安排原因，无法按照原定计划发放红利。

公司2019年一季报显示，辅仁药业货币资金期末余额多达18.16亿元，为何只过了一个季度，连6 000余万元的分红款都拿不出来？对此，上交所向辅仁药业发出问询函，要求其说明原因。

7月24日晚间，辅仁药业公布“真相”，却引出更多质疑：根据辅仁药业财务提供资料显示，截至7月19日，公司及子公司拥有现金总额1.27亿元，其中，受限金额1.23亿元，未受限金额377.87万元。据报道，在上交所对辅仁药业的问询函中，质疑瑞华年审会计的表述颇多，目前瑞华尚未回复这些质疑。

二、影响10多家公司中止再融资项目

号称中国“五大”会计师事务所之一的瑞华被调查，在资本市场引发连锁反应。7月28日，百利科技公告称，因原审计机构瑞华会计师事务所因其他项目涉嫌信息披露违法被证监会调查，公司中止非公开发行项目。嘉澳环保则表示，因瑞华被调查，证监会中止审查公司公开增发申请材料的申请文件。

7月26日晚，凯撒文化、深南电路、泰禾集团、新北洋、庄园牧场、天汽模、蓝英装备等多家公司公告其项目中止审查，原因都是同一个，即聘请的审计机构瑞华被立案调查。涉及的融资品种有定增和可转债。

更早时间，继峰股份、ST新梅分别于7月4日、7月16日发布过类似公告，均为瑞华所被立案调查，触发相关规则，上市公司主动申请中止。

三、影响30多家公司IPO中止

除了再融资，30多家企业的IPO也受到连累。7月26日，证监会官网发布了最新IPO排队情况，瑞华会计师事务所正在排队的29家IPO项目均被暂停。其中包括上交所主板排队企业10家，深交所排队企业19家。

不过，文件显示瑞华所担任审计机构的一家创业板企业安福县海能实业已经通过发审会，目前正在等待证监会的发行批文。

此外，瑞华会计师事务所手上的科创板在审项目也全部中止或终止。7月28日，上交所网站显示，北京龙软科技股份有限公司、北京国科环宇科技股份有限公司、洛阳建龙微纳新材料股份有限公司、深圳市杰普特光电股份有限公司的科创板审核状态已变更为“中止”。此前，瑞华所审计的北京海天瑞声科技股份有限公司的科创板申请已“终止”。

至此，瑞华在审的科创板项目“全军覆没”，瑞华审计的澜起科技、天准科技已在科创板上市。

四、瑞华是一家怎样的公司？

由于审计的企业频频陷入业绩丑闻，瑞华的上市公司客户纷纷排队与其解约。7月24日晚间，天铁股份公告称经综合考虑公司发展及合作需要，将更换会计师事务所，拟聘请中兴财光华会计师事务所为2019年度外部审计机构。另外，太阳纸业、通裕重工、尚纬股份等多家公司已陆续与瑞华解约。

深陷舆论漩涡的瑞华究竟是一家怎样的机构？瑞华号称中国五大会计师事务所之一，数据显示，瑞华审计的A股上市公司323家，排名第三。

中注协公示的2018年度业务收入前100家会计师事务所信息显示，瑞华2018年营业收入28.79亿元，会所注册会计师人数2 266名，冠绝全国。同时，公司分所数量40家，也位列榜单之首。这样一家规模的会计师事务所出事，和当年为安然提供审计的安达信十分相似。安然造假，创出当年历史纪录，康得新虚增业绩119亿元，同样是A股之最；而为其提供审计服务的安达信、瑞华同样拥有“五大头衔”。

五、证监会：要大幅提高处罚力度

面对调查，瑞华7月28日却发布情况说明称，在康得新审计项目中，其对康得新审计项目全面履行了应尽的职责义务。这再次引发了市场的不满。事实上，针对康得新和瑞华目前受到的处罚之轻，市场已多有不满。

前不久，康得新发布公告，收到证监会行政处罚事先告知书，拟决定对康得新责令改正，给予警告，并处以60万元顶格罚款。对钟玉、王瑜、张丽雄、徐曙、肖鹏等给予警告并处罚款。拟决定对钟玉、王瑜、张丽雄采取终身证券市场禁入措施。公司股票可能被实施重大违法强制退市，公司股票7月8日起停牌。

根据证监会的最新表态，市场和投资者反映的法律规定处罚太轻，中介机构未勤勉尽责追究不到位等问题客观存在，证监会正在会同有关方面，推动尽快修改完善《证券法》《刑法》有关规定，拟对发行人、上市公司及其控股股东、实际控制人信息披露虚假，和会计师事务所、保荐人等中介机构未勤勉尽责等证券违法行为，大幅提高刑期上限和罚款、罚金数额标准，强化民事损害赔偿责任，实施失信联合惩戒，切实提高资本市场违法违规成本。

资料来源：根据中国证监会等网站和报刊资料整理而成。

讨论问题：

1.什么原因导致康得新和瑞华会计师事务所被中国证监会立案调查？

2.结合本案例探讨公司高管、会计人员与注册会计师如何加强商业伦理与会计职业道德建设。

第十二章

会计职业道德机制与法治协调

【经典警句】

法律是成文的道德，道德是内心的法律，法律和道德都具有规范社会行为、维护社会秩序的作用。治理国家、治理社会必须一手抓法治、一手抓德治，既重视发挥法律的规范作用，又重视发挥道德的教化作用，实现法律和道德相辅相成、法治和德治相得益彰。

——习近平《加快建设社会主义法治国家》

“六项精进”是搞好企业经营所必需的最基本条件，同时也是我们度过美好人生必须遵守的最基本条件：(1) 付出不亚于任何人的努力；(2) 要谦虚，不要骄傲；(3) 要每天反省；(4) 活着，就要感谢；(5) 积善行，思利他；(6) 忘却感性的烦恼。

如果我们每天都能坚持实践这“六项精进”，我们的人生必将更加美好，甚至超乎我们自己的想象。我自己的人生就是如此。

——日本当代“经营之圣”稻盛和夫

【学习目的与要求】

1. 了解自律、职业道德自律、会计职业道德自律，自律在会计职业道德建设中的作用；掌握会计职业道德自律机制及其建设内容；

2. 理解他律、职业道德他律、会计职业道德他律，他律在会计职业道德建设中的作用及形式；

3. 掌握健全以道德为基础的会计法治建设的内容与要求；

4. 明确会计德治与会计法治的联系、区别及协调机制。

【导言】

中国式现代化既造福中国人民、又促进世界共同发展

习近平：中国式现代化既基于自身国情、又借鉴各国经验，既传承历史文化、又融合现代文明，既造福中国人民、又促进世界共同发展，是我们强国建设、民族复兴的康庄大道，也是中国谋求人类进步、世界大同的必由之路。

这段话出自2023年3月15日习近平总书记在中国共产党与世界政党高层对话会上发表的主旨讲话。

近代以来，中国由于西方列强入侵和封建统治腐败，国家蒙辱、人民蒙难、文明蒙尘，百姓生活十分困苦。走现代化道路，实现民族独立和国家富强是近代以来中华民族孜孜以求的梦想，无数仁人志士奋起反抗，但最终以失败告终。

为了实现这一梦想，中国共产党一经成立，就义无反顾肩负起实现中华民族伟大复兴的历史使命，团结带领全国各族人民为国家富强、民族振兴、人民幸福而顽强斗争、艰苦奋斗。

从新民主主义革命到社会主义建设，从改革开放到进入新时代，一路走来，中国共产党将马克思主义与中国国情相结合，团结带领一代又一代中国人民前赴后继，不断探索与实践，创造性地走出一条中国式现代化之路，创造了经济快速发展和社会长期稳定的奇迹，中华民族迎来了从站起来、富起来到强起来的伟大飞跃。中国探索现代化的过程，既紧密结合自身国情，又借鉴人类优秀文明成果，既传承历史文化，又融合现代文明，是不同于西方现代化模式的新图景，是一种全新的人类文明形态。

今天，中国式现代化的发展成果正在更多地惠及全体中国人民的日常生活。中国自主研发的高铁通达全国，其便捷、舒适的出行服务极大地方便了各地人员往来；国产大飞机国内外订单数达到1 000架；随着互联网技术和应用快速发展和普及，中国老百姓的生产生活越来越智能化，凭借一部智能手机，不仅能解决衣食住行等许多问题，还能实现田间、车间高效的机械化生产……中国式现代化在造福中国人民的同时，也正在给世界各国带来新的变化。4月13日，中老铁路国际旅客列车开行，直接推动中国与老挝两国间的旅游发展、经贸往来；近年来连续举办的中国国际进口博览会、中国国际消费品博览会等国际会展，令世界各地优质产品更多更方便地进入中国市场，享受中国这一世界超级市场带来的红利；以共商共建共享为原则的“一带一路”倡议正在发挥显著效益，进一步增强沿线国家和地区政策沟通、基础设施互联互通，经贸合作、人文交流更加深入……

推进中国式现代化建设既是中国共产党和中国今后一个时期的中心任务，更是强国建设、民族复兴的唯一正确道路。走和平发展道路将是这一进程最鲜明的特色之一。历史和现实终将证明，中国式现代化的伟大实践不仅将继续造福中国人民，也将为人类进步、世界大同做出新的贡献。

资料来源：邹宇春. 中国式现代化既造福中国人民、又促进世界共同发展［EB/OL］. ［2023-04-17］. https：//baijiahao.baidu.com/s?id=1763404762957772097&wfr=spider&for=pc.

一般来说，高素质人才、良好的职业道德机制、有效的监管机制是任何一个行业成功的三大要素。要想让进入会计行业的人有很好的道德行为，也必须具备三个条件：一是必须说明什么是诚信，什么是不诚信；二是树立一些诚信的榜样，明确诚信会推动团结、铸造团队，会带来效益、赢得市场；三是有严格的奖惩机制。对会计行业来讲，就是要树立行业榜样，树立那些遵守职业道德的榜样，同时，构建会计职业道德管理机制，即会计职业道德管理自律机制和他律机制。这些机制告诉会计人员何为诚实，何为不诚实，以及相应的奖惩。本章要研究的是如何建立会计职业道德管理的自律机制和他律机制，目的就是希望这种研究对会计职业道德管理建设有所裨益。

● 第一节　会计职业道德自律与他律的辩证关系

目前，理论界有的学者把自律与他律割裂开来，片面地强调自律而排斥他律，因而也造成了会计职业生活中的道德困惑。要理解和把握会计职业活动中的自律与他律，需要从理论上正确解释道德的自律和他律。

一、康德的自律观点

“自律”和“他律”原是德国哲学家康德有关伦理学的用语。在康德的理论中，自律是排斥他律的。“自律”和“他律”本义是指道德价值的根据是在人之外，还是在人自身。“自律”，就是强调道德意志受制于道德主体的理性命令，自己为自己立法，将被动的“必须如此行动”，变为“愿意如此行动”，把服从变为自主。就是说，道德价值的根据只在人自身，即在于对道德法则的尊重。在他看来，他律就是道德行为受制于理性以外的其他因素，即受制于“神”、环境、社会的权威或感性欲求等，而这样的行为在他看来是有悖于道德的纯粹性和人的尊严的，因为按照康德道德哲学的根本原理，人是目的，人就是自由，他律使人成为手段、工具，这与人的本质和本性是不相容的。

康德的自律论在18世纪的德国乃至欧洲，是有重大启蒙意义的。它作为对基督教神学道德和机械道德论批判的结果，被看作是道德哲学上的“哥白尼式革命”。他的历史功绩在于把道德价值的根据从神、权威那里移到人自身，树立起人的权威和尊严，从而把人的理性道德和宗教信仰道德对立起来，实现了思想启蒙的决定性一步。所以，在当时的德国理论界形成了一种流行的批判性观点，认为道德的基础是自律，宗教的基础是他律。换句话说，只有自律才是自由的道德，他律就是宗教的强制。那时，康德被激进的青年们崇拜为“道德领域的思想巨人”。他们以这样的观点为武器批判神学道德和各种庸俗道德观。

二、黑格尔的他律观点

黑格尔肯定了康德道德哲学对思想启蒙的伟大功绩，同时，批评他只是停留在主观道德领域而未能进入客观伦理领域。在黑格尔看来，单有主体自身“意志内部的自我规定”还只是形式的道德，只有进一步通过家庭、社会和国家这些客观的实体性的伦理关系规定，即进入他律，才能成为真实的道德。

他认为，人在从事某种职业活动的时候，就是在以伦理的客观要求规定着自己，限制着自己，并且只有通过这种限制，人才能成为现实的、有特性的和有教养的人。不仅如此，黑格尔还把这种理论用于指导职业道德教育。他指出：“在市民社会中，个人在照顾自身的时候，也在为别人工作。但是这种不自觉的必然性是不够的，只有在同业工会中，这种必然性才能达到自觉的和能思的伦理。”并指出，意志自由在道德伦理中只能是自律与他律的统一。对此恩格斯作了肯定的评价，认为黑格尔的原则也是他律，黑格尔比主张任性的主观自律的青年黑格尔派高明得多。

三、马克思和恩格斯的自律与他律道德观

马克思和恩格斯继承并发展了康德的道德理论。青年时代的马克思利用康德的自律观点，成功地批判了普鲁士压制自由的书报检查令。同时，马克思也指出了康德道德自律观点的片面性，指出康德的道德观仅仅是从道德和宗教之间的根本矛盾出发。这里，马克思是从人类精神而不是从个别精神的角度来谈道德自律的，即把自律当作人类社会整体的内在制约，而不是仅仅作为孤立个体的意志表象。

当然，这种人类精神自律也不是没有物质基础的。这种人类精神的基础和内容，就是他常常强调的"全人类的利益"。他说："既然正确理解的利益是整个道德的基础，那就必须使个别人的私人利益符合全人类的利益。"即一定社会的人的道德自律，只能建立在对必然性规律的认识基础上。个体的道德自律不可能离开外部规律性的制约和客观要求，只能自觉地去认识外部世界的规律性和必然性，把自己的行为限制在规律性、必然性、必要性所允许的范围之内。正是在这个意义上，马克思和恩格斯肯定道德的本质是他律的，并肯定了黑格尔对康德道德哲学的批评。

四、会计职业道德自律与他律关系辨析

职业道德是自律的还是他律的，对于这个问题，社会上一直争论不休，但较普遍的观点认为自律就是自主、自由，就是人的内在自制，他律就是个人服从外部的约束，被人管着，没有自主和自由，就是外在的强制。这种观点是否正确呢？我们说是不正确的，至少是片面的，是康德的职业道德自律观。如果片面地宣传道德就是自律而不是他律，讲他律就是约束，那么显然也误解了马克思的道德观点。一个小孩子要去拿一个烫手的食物吃，他的理性被这个外物和他自己的食欲所他律；但当母亲说不能吃、会烫坏手时，他就不去拿了，这是通过他的头脑有自觉意识支配的行为，以后他再遇到这种情况就不去拿了，也就是理性的自律。

那么，会计职业道德的"自律"与"他律"究竟是什么关系呢？

首先，会计职业道德的自律不只是会计人员主体克制和约束自身的意思，更根本的一层意义是：会计人员主体严于律己的准则，是自然、社会、市场的客观的、合理的要求，会计职业道德价值的根据不在会计人员自身，而在会计人员之外，在于会计人员所实践于其中的社会和历史。

其次，会计职业道德的自律只是意味着会计职业道德主体借助于对自然、社会和市场规律的认识以及对道德规范的认同，自己为自己立法，把被动的服从变为主动，自觉地指导和约束自己。当某位会计人员自觉履行约束他的法律和道德规范时，他的行为便是自律的；当某位会计人员按照规范要求的"应该如何"去行为时，他不但在自律，而且是把自律与他律统一起来，达到自觉、自主和自由。

再次，会计职业道德的他律是对会计人员个体的主体性、主动性的肯定，是会计人员自我认识、自我完善的过程。一个人越是尊重他律，越能承担他律的客观要求，他的主体性就越强，他的自律程度就越高。任何一个人都是把自己限制于事业的要求中而发挥能动性、主动性、创造性的。他越能承担起巨大的社会责任，就越能显示出他的主体性、主动性和自律能力。相反，不能承担社会责任的人正是缺乏主体性和自律能力的人。

最后，会计职业道德的"自律"以"他律"为前提。道德的自律和他律是不可分离

的，一般来说，不可能只有他律而无自律。就会计人员所受到的外部世界的约束来说，是他律的；而在一定程度上对理解和把握自己的生活范围的要求来说，又是自律的。当我们强调自律的时候，不应该忘记和否定这种自律是以承认他律为前提的，首先是肯定道德价值的根据不在人自身，而在人之外，即在社会和历史发展之中，其价值就是人活动的一定的社会存在方式，即对社会所尽的责任和所做的贡献；当我们说到他律的时候，也不应忽视和否定道德必须通过自律去体现，必须转化为自律，才能“因德而明道”。只有自律而无他律的道德，实际上是忽略了它严于律己的道德准则的客观根据，或者是无根据；只有他律而无自律的道德，只是虚拟不实的规定，或强行的宗教教规。我们的职业道德建设，应力求推进自律与他律的统一。

● 第二节　会计职业道德自律机制

一、职业道德自律的含义

自律是个体为追求道德本身的目的而制定的伦理原则，个体达到一种不受外在的约束或情感的左右而依据其“良心”法则行动的自主状态。

现代社会职业越发展，职业生活越丰富，人们在职业活动中的主体地位也就越突出。

首先，职业道德自律表现为自我立法，在职业活动中它表现为个体将外在职业道德规范，即职业义务内在生成为自我的职业良心，形成自己的职业道德认识、职业道德情感、职业道德意志以及职业道德习惯等。

其次，职业道德自律意味着自我选择。个体依据自己的“良心”制定伦理原则，本身就内含着个体的选择自由。由于人及其价值观复杂多样，因此，职业活动中人的职业道德观念和职业道德行为层次有别，这也正是主体选择自由的一种表现。

最后，职业道德自律还意味着自我控制。自律所内含的主体选择自由绝不是任意而毫无限制的。为维护社会各行各业的正常运行，个体的职业行为选择必须遵循一些共同的准则，这就要求主体达到自我选择的自由是以主体具有理性和支配自身行为的能力为必要前提。正是这种理性和支配能力促使主体摆脱了外在的控制而达到自主自觉，认清了个人在职业活动中所应担当的社会职责和应尽的社会义务，并在强烈的职业道德意志的作用下逐渐养成良好的职业道德习惯。

二、会计职业道德自律及其表现形式

会计职业道德自律是指会计人员在会计职业生活中，在履行对他人和社会义务的过程中形成的一种会计职业道德意识。会计职业道德自律既是体现在会计人员意识中的一种强烈的会计职业道德责任感，又是会计人员在意识中依据一定的会计职业道德准则进行自我评价的能力。

首先，会计职业道德自律表现为一种职业道德情感，它是会计人员对他人和社会义务感的强烈表现。例如，根据会计职业道德问卷分析（课题组，1999），在会计人员中能够自觉修养职业道德的比例如下：①大多数的占37.24%；②多数的占49.45%；③少数的占12.11%；④个别的占1.2%。可见大多数和多数合计占到86.69%，这说明我国会计人员中能以会计职业道德自觉规范自我行为的占绝大多数，他们对职业道德自律有着强烈的愿望。

其次，会计职业道德自律表现为一种自我评价，它是一定社会的道德原则、规范在会计人员意识中形成的相对稳定的会计信念和意志。

最后，会计职业道德自律还往往表现为会计职业道德良心。会计职业道德良心是对会计职业责任的自觉意识，是会计人员认识、情感、意识和信念在职业活动过程中的统一。因此，会计职业道德良心在会计人员的道德生活中，不仅能够使会计人员表现出强烈的职业道德责任感，而且能够使会计人员依据会计职业道德原则和规范自觉地选择和决定行为，成为会计人员发自内心的巨大精神动力，在会计人员的职业行为中起着主导作用。

例如，根据会计职业道德问卷分析（课题组，1999），会计职业道德对会计人员行为发挥的自我规范作用：①大的占28.11%；②较大的占43%；③一般的占23.48%；④不大的只占5%。这说明会计职业道德自律作用起着重要的主导作用。

三、自律在会计职业道德建设中的作用

建立会计职业道德自律机制是会计职业道德形成和发展的高级形态，培养和造就从业者的自律精神具有极其重要的意义。

（1）会计职业活动首先是人的创造性劳动，始终离不开会计工作者主观能动性的发挥。要有效组织人力资源挖掘个体的潜能，使会计人员积极主动地从事会计工作。没有敬业、乐业、勤业的自律自觉精神显然是不可想象的。

（2）会计职业生活是会计人员个体社会化的重要场所。会计人员在劳动中创造着社会的物质文明和精神文明，也正是在劳动中实现着包括职业荣誉感和职业成就感在内的精神需要的满足。在这里个体找到了自我与社会的接洽点，没有一种发自内心的自主自觉，个体是难以在创造社会价值中实现自我价值的。

（3）会计职业道德自律作为会计人员道德践行的动力机制，在解决当前社会转型期，由于价值观嬗变和理想信念失落等引起的职业道德领域的道德混乱，乃至道德“真空”等问题时具有风向标的作用。通过增强自律，提高会计人员的自我辨识能力，促使会计人员的职业道德素质和社会道德风貌趋于健全完善。

四、会计职业道德自律机制的组成

会计职业道德自律机制，就是指会计职业道德自律的一种结构和活动原理。它是会计职业道德规范的具体要求、标准和内容转化为职业会计组织和会计人员内在目标、标准和需要，并且会计人员自觉承担起职业行为选择的结果。在这种机制下，会计职业道德规范的执行不是受制于外力，而是通过会计人员自我调节、自我约束、自我判断和自我“立法”来体现会计职业道德规范的内容及要求。

会计职业道德自律机制的内容是指保证会计职业道德自律机制正常运行，发挥其职能作用的基本构成要件和因素。其主要包括会计职业道德自律管理组织机制、自律管理规范机制、自律目标机制、自律环境机制等内容。例如，根据会计职业道德问卷分析（课题组，1999），发挥会计职业道德自律作用的各主要措施中：①加强会计职业道德教育占25.16%；②加大会计人员激励力度占13.97%；③提高单位负责人素质占23.87%；④加强会计职业道德监管、建立完善的会计职业道德自律机制占37%。这体现了会计人员对于建立会计职业道德自律组织、加强监管力度的认可和要求。

（一）自律管理组织机制

会计职业道德自律，不仅仅是会计人员个体的事情，而是职业整体的自律，因此，要

实现这种集体自律，建立健全相应自律管理机构就是首要的基本任务和内容，它是实现自律的基本组织保证。

按照我国《会计法》的有关规定："国务院财政部门主管全国的会计工作。"这就规定了会计工作由财政部门主管，当然也包括对会计职业道德的管理。由于这种管理兼有政府管理和会计行业自律管理的双重性，其管理体制安排具有明显的权威性和强制性等优点，但是从过去的工作情况看，主要进行了会计职业道德的建章立制和在职教育工作，自律性不强，有待进一步完善。

（二）自律管理规范机制

会计职业道德自律组织如何建立及开展工作、会计人员如何进行职业道德自律，都需要有规章制度遵循，因此，会计职业道德自律需要有一系列相应的法律、法规和制度。自律实际上是会计人员的自我约束，没有规章制度，自律作用是极其有限的。

会计职业道德自律管理的法规及制度应包括：会计职业道德自律规范和要求、自律组织建设规章制度、自律检查规章制度等内容。例如，2019年财政部修订的《会计基础工作规范》中，专门规定了会计人员职业道德，包括敬业爱岗、熟悉法规、依法办事、客观公正、搞好服务、保守秘密等六个方面，分别就会计人员的职业品质、工作作风和工作纪律等做出了全面的规定。

（三）自律目标机制

会计职业道德自律目标是指会计职业道德自律机制运行的预定目的或结果。

会计职业道德自律机制基本运行目标就是完善整体会计职业道德和会计人员个体道德，并使二者有机统一。在不同时期或不同地区、不同单位，会计职业道德自律目标无论是整体还是个体，都常常存在不同价值取向、较高级次目标和较低级次目标等的矛盾。要保证会计职业道德自律机制基本目标最佳实现，目标机制须发挥以下功能：

第一，目标决策功能，即保证会计职业道德自律运行目标对各个不同取向目标的绝对支配作用和主导作用；

第二，目标控制功能，即通过自律机制基本目标的分解和具体化，使其内含于各个个体、级次的具体目标中，并随这些目标的实现而最终得以实现；

第三，目标协调功能，即在某种具体目标因过度膨胀或冲动而有悖于总体目标时适时施加影响和干扰；

第四，目标应变功能，即保证预定自律目标的实现值，能顺应外部条件和自律运行过程本身的变化得到有效校正。

（四）自律环境机制

会计职业道德自律机制效应状况，不仅同其内部机制是否优化有关，而且同其外部机制是否优化有关。因此，要保证其有一个正常的外部机制，即在一定程度上依赖于其所处的外部会计及经济机制环境，如全社会的道德教育状况、会计人员普遍的职业道德水准等，不仅同自身的内部机制有关，而且同它与该社会经济、政治、文化等构成的外部机制有关。

会计工作是社会经济管理工作，会计资料是社会资源，会计人员是社会人、经济人中的一部分，只有在从事会计职业工作时，他才是一个会计人员。因此，会计职业道德自律机制的建立一方面要尽可能适应特定环境的要求，另一方面社会要尽可能为会计职业道德自律营造更适宜的内部、外部环境条件。按照《会计法》的要求，在发挥会计人员及组织职业道德自律主导作用的同时，还要充分发挥业务主管部门、政府财政部门以及其他管理部门的监管作用，动员全社会都来支持、关心、理解会计工作，营造一种良好的社会氛围。这样，会计职业道德自律机制才能真正发挥应有的作用。

五、会计职业道德自律建设内容

会计职业道德自律建设主要包括下列内容：树立会计职业道德信念、履行会计职业道德义务、培养会计职业道德良心、注重会计职业道德荣誉、捍卫会计职业道德尊严、坚守会计职业道德节操。

（一）树立会计职业道德信念

会计职业道德信念是指会计从业人员应具备的对做好会计工作的理想追求，包括社会理想，如共产主义理想等对社会的良好期望；还包括道德理想，如把自己塑造为能被社会承认的良好人格形象的愿望，表现为对做人的尊严、价值和品格的追求等对自己社会人格的良好期望。

树立正确的会计职业道德信念，对会计人员个体道德和社会道德行为的倾向、道德品质和道德规范的形成与发展，起着重要的导向性和激励性作用，同时，能够规定道德教育的根本任务和道德修养的基本目标。积极的人生观会形成崇高的理想，崇高的理想又会引导人们一步步走向光明的未来。会计工作是经常与钱、物打交道的工作，会计工作的好坏对一个单位经济活动效果影响很大，因而会计是一项非常重要的工作。会计人员只有树立正确的人生观，确立毫不利己、专门利人、全心全意为人民服务的崇高理想，才能胜任会计这份重要的工作。

（二）履行会计职业道德义务

会计职业道德义务指会计从业人员在一定信念和道德观的支配下，自觉履行对社会、对他人的责任。它包括两方面：其一，社会或他人对会计人员规定的责任；其二，会计人员对社会或他人所负的责任。对社会负责是会计职业道德的核心内容，主要包括：

第一，对社会大众负责。任何一个法人组织的经济活动，都是整个国民经济的重要组成部分，其会计信息是否真实、完整、准确，均影响着国家宏观经济调控的决策。因此，会计职业道德义务首先是对社会整体利益负责，能否对社会整体利益负责，是衡量会计人员是否称职的基本标准。

第二，对债权人、投资者与股东负责。会计人员必须真实地反映企业的财务状况，准确分析投融资行为的可能后果，以便让投资者与股东、债权人正确进行投融资判断。

第三，对单位负责。对单位负责主要表现为对单位财产安全和资金有效运作负责。会计机构和会计人员必须对单位的财产资金安全负责。

履行会计职业道德义务的行为，是将“不得不为”变为“自觉而为”的过程。一个具有很强职业义务感的会计人员，会千方百计干好本职工作，去履行自己的使命、责任；而一个职业义务感不强或没有职业义务感的会计人员，就会把会计工作当儿戏，也就谈不上做好本职工作。因此，增强会计职业道德义务感，是会计人员做好本职工作的基础。

（三）培养会计职业道德良心

会计职业道德良心是指会计人员在履行职业义务过程中形成的道德责任感，以及对自己的职业道德行为稳定的自我评价能力与自我调节能力。会计职业道德良心的表现是多方面的，它表现为会计人员对会计本职工作的责任感、对职业对象的同情感、对自己行为的是非感、对正确职业行为的荣誉感、对错误职业行为的羞愧感。会计职业道德良心主要表现在以下三个方面：

第一，会计人员做出某种会计行为之前，会计职业道德良心要求会计人员依据履行会计职业道德义务的要求，对行为的动机进行自我检查，否定不道德的动机。

第二，在会计行为进行过程中，会计职业道德良心起着监督作用，对符合会计职业道德要求的感情、意志和信念，予以坚持和鼓励，反之则予以否定。特别是在行为过程中认识到错误时，它能使人们改变行为方向和方式，即良心发现，自觉地保持自己正直的人格。

第三，在会计行为结束时，针对自己行为的后果和影响做出评价。对良好后果，内心感到满足和欣慰；对不良后果，内心进行谴责，表现出内疚、惭愧和悔恨。

培养会计人员职业道德良心，就是培养会计人员爱憎分明的立场，培养除恶扬善的精神；就是要把会计职业道德原则、范畴和具体的专业道德要求，变成内心的道德要求，并且用这种内在的要求自觉地指导自己在职业生活中的言行。把外在的要求变成内在的要求，需要一个长期的实践过程。在这个过程中，会计人员必须把树立社会主义会计职业道德的责任感同对会计工作的科学认识结合起来。

（四）注重会计职业道德荣誉

会计职业道德荣誉是指会计机构或会计人员履行了社会责任义务后，得到的道德上的褒奖和赞许。它既反映了社会对会计人员行为的道德价值的一种肯定，也反映了周围人的尊敬程度。

会计职业道德荣誉成为推动会计人员履行职业义务的高尚情感和巨大的精神力量，它可以激发会计人员关心自己的名声、集体的威望和整个行业的信誉，鼓舞会计人员奋发努力，在本职岗位上做出贡献。

（五）捍卫会计职业道德尊严

尊严是认识到自己存在的社会价值而产生的一种自尊心或尊严感。会计职业道德尊严是指社会或他人对会计职业道德的尊敬，以及会计人员对自己职业的珍爱。这种职业道德尊严感，来自于对会计这一职业的崇高信念和社会作用的明确认识。

会计职业道德尊严只能在严格履行会计职业道德义务和责任的过程中形成。要使会计职业在社会中获得应有的地位，并得到社会的承认和尊重，需要会计人员共同努力，追求会计职业的自我完善，得到社会对会计职业的良好口碑，形成有影响力的会计职业精神。捍卫会计职业尊严感能使会计人员在会计工作中坚守责任、胸怀正义，还能最大限度地激发会计人员的自豪感，从而使其在会计工作中处于最佳的精神状态。

（六）坚守会计职业道德节操

会计职业道德节操是指会计人员在职业行为上应体现大公无私和高度自觉的原则性。会计人员的日常工作直接与钱、物打交道，工作中所接触的人和事也与其经济利益有着密切的关系。因此，坚守会计职业道德节操对会计从业人员来说尤为重要。会计职业道德节操包含以下方面：

第一，在局部与整体利益关系上坚持原则。局部与整体利益关系包括单位与国家、单位内部各部门与单位、个人与各部门等利益关系。会计人员应在这些关系的处理中坚持原则，不能以局部利益牺牲整体利益；也要在保护单位整体利益上坚持原则。

第二，在个人与集体利益关系上公私分明。会计负责管理单位的财产物资，在工作上公私分明是对会计人员的起码要求，应做到大公无私。

第三，拒绝拉拢腐蚀。单位任何人想损公肥私、中饱私囊，都逃不过会计的眼睛。因此，会计人员应在拉拢腐蚀面前坚定立场，刚正不阿，一身正气。

会计人员的道德节操是做好会计工作，保持会计人员自身一生清白的最基本的职业道德。

第三节 会计职业道德他律机制

一、会计职业道德他律的内涵

他律是相对于自律而言的，是指服从自身以外的权威与规则的约束而行事的道德原则。德国哲学家康德认为，他律这种约束人们行事的原则，可以来自社会，“快乐的引诱，或对幸福的渴求”，也可以来自“宗教权威、宗教礼仪、宗教狂热与迷信”。

近几年来，我国注重加强社会道德建设，特别是职业道德建设，建立了多层次、适应各行各业的规范，如“爱岗敬业、诚实守信、办事公道、服务群众、奉献社会”。应当说，经过群众的实践和理论的集中，已经形成了比较完整的职业道德规范体系。职业道德的他律就是通过这些规范体现的“应当如何”的要求。这种客观的外在规范对从业者来说是一种劝导，也是一种约束。有了一定的规范，长期坚持下去，个体就会养成适应于职业要求的良好习惯，逐渐由外而内地培养和促进个体道德的自觉性和自主性，这正是他律向自律转化的过程。

可以从以下两个方面来理解会计职业道德他律的内涵：第一，会计职业道德他律是外在于会计人员主体的规范系统，尚未形成会计人员主体自觉，对会计人员主体来说是一种不得已而为之的律令，因而具有外在制约性。它是维护会计职业活动正常进行所必需的社会规则，以及会计职业准则对不同会计执业人员的统一要求。第二，会计职业道德他律是一种外在于会计人员主体的评价系统，它以社会舆论为导向，通过公众舆论的褒贬抑扬实现行为的社会调控。对会计人员主体自身来说，他律作为一种外在于会计人员主体的评价系统往往实现着某种道德之外的目的，因而会计职业道德他律作为对个人主观任意的一种制约，是对维系社会秩序而对个体自律程度不足的一种补充。

二、他律在会计职业道德建设中的作用

会计职业道德建设中他律发挥着极其重要的作用。

首先，会计职业道德建设的过程也可以说是职业道德规范由他律到自律的个体职业道德生成的过程，即通过会计职业道德义务的他律灌输才逐渐提升到形成会计职业道德良心的自律自觉，这是道德形成和发展的一般规律在会计职业道德建设中的体现。在这里他律灌输及制约是不可逾越的，道德的实践性特点决定了他律灌输的必要性。

其次，职业活动至今尚是人们用以谋生的手段，会计职业也不例外。会计职业活动中的道德建设必须从现实活动中的会计人员个体出发，会计人员个体的特点及其矛盾性决定了会计职业道德建设必须运用他律机制。在我国目前体制转型引发道德一定程度缺失的情况下，良心的自我约束力有所减弱，他律的运用显得尤为紧迫和必要。

最后，职业活动作为一项社会性生产，其社会分工的复杂化和利益主体的多元化决定了职业活动需要多种社会规范进行调控。规范最终是通过自律来达到社会控制的目的的，但社会存在决定社会意识，正视我国目前的社会现状也就会发现，会计职业道德建设至今仍是他律型为主。

针对目前的会计职业道德现状，通过建章立制，辅之以必要的社会舆论监督，尤其是会计行业协会监督和行政监督、党纪监督乃至司法监督，从较低层次的规范入手强化他律，会计职业活动中存在的不良现象会大为好转。在道德形成与发展过程中他律灌输阶段无法超越，在道德运作实践中他律还是自律不可或缺的保障，离开他律不仅难以形成自律，而且即便形成也难以持久稳固。古人在论及个人修养时强调“慎独”，但是就目前的社会存在而言，真正能达到“慎独”境界的毕竟只是一部分人。试想在社会震荡、利益重组、改革深入的一段时期，他律的手段远未完备，与其忧心如焚地呼唤自律，毋宁实事求是地建设并加强他律制约机制，促使个体的行为选择符合社会职业规范，再经过长期不懈的培育过程达到主体的自觉升华，否则只能是欲速则不达，超越社会现实和历史阶段的道德建设往往事倍功半。

三、会计职业道德他律机制的形式

会计职业道德建设要遵循道德形成和发展的一般规律，重在培养造就会计从业人员的自律自觉精神。我们之所以要强调他律向自律的转化，是因为自律是他律的基础，他律最终通过自律起作用，离开自律的他律难以从根本上改变人，无法唤起会计从业人员自我修养与自我改造的热情，治标不治本。会计职业道德他律机制主要包括：

（一）行业自律组织机制

建立行业自律组织机制，广泛开展会计职业道德评议讨论制度。为了切实有效地促使会计人员遵守职业道德，保护会计人员不受打击报复，顺应时代发展，应借鉴国际惯例，建立一个权威的会计行业自律组织，实行会计人员自律组织管理。我国的会计职业道德在管理体制上应实行行业自律与政府行为的统一、协调，政府管制应在坚持行业自律原则的前提下明确管理的范围和形式，同时，加强执法力度。行业自律的行为应由各级会计学协会、注册会计师协会、总会计师协会实施。它们的主要任务是：在政府与企业之间发挥桥梁与纽带的作用，把国家宏观经济调控目标、政策取向传导给会计人员，把会计人员的意见和行业的要求传达给政府，维护行业利益。

（二）社会舆论监督机制

长期以来，社会舆论监督在职业活动中发挥着他律制约作用，但这种抽象的监督机制顺应低效率、慢节奏、结构单一的社会体制的需要，运作社会成本较高，并要以全民的文化素质和社会参与能力的一定水准为前提，多半属事后监督。况且这种舆论监督即使为被监督者所接受，但如果从业者对此种舆论充耳不闻抑或闻而不动，或者即便最终有所行动也莫过于慈悲为怀，那么这种监督必定是软弱无力的。

为了配合社会信用建设，我们认为，建立会计人员的诚信档案势在必行，以大力发挥社会舆论监督机制的作用。

（三）法律制度机制

我国十分重视会计立法，已经拥有独立于其他法律之外的《会计法》，颁布后经过实践又进行了修订，这在国际上并不多见，与之配套的会计法规文件则更多。这些法律、法规明确规定了与会计相关的单位、部门、个人在会计行为中的权利、责任；强调加强各单位内部监督及单位负责人、会计机构、会计人员会计监督的法定职责；对违反《会计法》的法律责任，特别是对单位负责人法律责任的规定是前所未有的。但是会计法律在执行中尚存在许多问题。一是会计法规的社会认知度不高；二是存在“有法不依，执法不严，违法不究”的问题。在会计领域，人超越法律控制会计的现象也比比皆是。因此，加大对违反会计法规的惩治与处理力度是根治会计造假的良药，也是促使会计自律最强有力的外力。

（四）财经审计监督机制

当企业的财务行为与会计法规制度发生抵触时，往往片面强调搞活经营，而放松了对违纪违规行为的监督。目前，会计监督、财政监督、审计监督、税务监督等形式上的监督很多，但监督标准不统一，各部门在管理上各自为政，功能上相互交叉，造成各种监督不能有机结合，不能从整体上有效地发挥监督作用。例如，虽然有关部门每年都要进行税收、财务、物价大检查，会计师事务所每年都要对会计报表审计验证，但其经常性、规范性以及广度、深度、力度都不能给企业内部会计监督提供有力的支持，难以形成有效的再监督机制。内部审计作为国家监督体系的组成部分之一，代表国家利益，通过对企业经济活动的监督和控制，保证国家财经法规的贯彻执行。但这种各自设置的内部审计机构，往往不能被企业真正所接纳，基本上起不到监督作用。

（五）内部会计控制机制

内部会计控制机制是指企业各级管理部门在内部相互制约、相互联系的基础上采取的一系列具有控制功能的方法、措施和程序，并进行规范化、标准化和制度化而形成的一整套严密的控制体系，如组织机构控制机制、职务分离控制机制、授权批准控制机制、预算控制机制、财产安全控制机制、会计业务程序控制机制等。通过这些机制我们可以及时发现、纠正可能出现的偏差，防范财务造假，避免把潜在的危机转变为现实的损失，确保凭证有效、记录完整、准确，稽核有力，能有效地堵塞漏洞，防止或减少损失，防止和查处贪污、盗窃等违法乱纪行为。可见，内部会计控制机制是遏制会计做假的重要工具，是实施自动防错、查错和纠错，实现自我约束、自我控制的重要他律手段。

（六）会计监督机制

加强会计监督工作。会计人员如果道德水准不高，可能会受诱惑而失职。一支低素质的会计职业队伍是很难适应市场经济发展要求的。因此，应对现有会计队伍做一次清理，对会计人员水平做一次确认，使不符合条件的会计人员下岗，空缺岗位向社会公开招聘。可以预见，会计队伍整体素质的提高必将有助于会计职业道德水平的提高，也有助于会计监管等各项工作的开展。

（七）会计职业道德教育机制

加强会计职业道德教育。一是加强在职继续教育，可以先在会计职称考试、注册会计师考试中增加有关会计职业道德的内容，同时，对会计人员分层次进行培训；二是加强在校教育，本科、大专、中专学校应在经济类专业中增加会计职业道德教育内容，可单独成科，也可在现有的相关会计课程中追加这方面的内容，方法和手段上可借鉴发达国家的经验，采用诸如案例教学、团体活动和模拟角色以及电话视听等形式进行教学。

第四节　健全以道德为基础的会计法治建设

一、会计法治建设的现实意义

建设中国特色社会主义经济，就是在社会主义条件下发展市场经济，不断解放和发展生产力。市场经济实质上是法治经济，因为市场经济是自由竞争、公平竞争的经济，而实现平等、合理的竞争，就要有维护公平、正义的准则规范，主要是国家机关制定的法规。缺少法律规则约束的竞争必将导致混乱，无法顺利进行下去。要确保市场交易正常有序地进行，必然离不开法律制度的调控作用。市场经济作为主体独立的经济，主体的行为、地位与权利都需要有法律制度来确认和保障，同时，法律也制约着市场经济中的本位主义、自发性、盲目性等非有序化消极因素，促使社会治安稳定，市场经济健康发展。

当前，我国正在建立社会主义市场经济体制，市场竞争机制日益深入渗透到人们经济生活的方方面面。加强法治建设，依法治国，已成当务之急，是发展社会主义市场经济的客观要求。这就要求改变传统的以行政管理手段管理经济的模式，以经济手段、法律手段取而代之，法律已成为调节经济关系和经济活动的重要工具。

（一）以道德为基础的会计法治是社会主义法治建设的必然需要

自中华人民共和国成立以来，我国公布了一系列财务会计法规和财务会计制度，这对于保障会计人员依法行使职权，规范和促进会计工作，保证会计工作的正常秩序，开展经济核算，加强经济管理，提高经济效益，发挥了重要的积极作用。《中华人民共和国会计法》于1985年1月21日经中华人民共和国第六届全国人民代表大会常务委员会第九次会议批准通过并颁布。1993年12月29日，第八届全国人民代表大会常务委员会第五次会议通过了《关于修改〈中华人民共和国会计法〉的决定》，并于同日公布实施。1999年10月31日，第九届全国人民代表大会常务委员会第十二次会议通过了修订的《中华人民共和国会计法》。2017年11月4日，第十二届全国人民代表大会常务委员会第三十次会议通过了《关于修改〈中华人民共和国会计法〉等十一部法律的决定》。《会计法》是会计法律制度中最高层次的法律规范，是会计工作的根本法律，是其他会计法规的制定依据，是指导会计工作的最高准则。《会计法》的颁布实施标志着我国会计工作正式步入法治化轨道。

为了充分发挥注册会计师在社会经济生活中的鉴证和服务作用，加强对注册会计师的管理，维护社会公共利益和投资者的合法权益，促进社会主义市场经济的健康发展，1993年10月31日，第八届全国人民代表大会常务委员会第四次会议通过了《中华人民共和国注册会计师法》，并于同日公布，1994年1月1日起施行。这表明我国注册会计师制度已经迈进法治时代。2014年8月31日，第十二届全国人民代表大会常务委员会第十次会议通过了《关于修改〈中华人民共和国注册会计师法〉等五部法律的决定》。

然而《会计法》和《注册会计师法》的公布实施，并不能说明我国会计法律体系的最终建立完成，会计法治体系尚需在社会主义法治建设进程中建设、完善和健全。习近平总书记在党的十九大报告中明确指出："深化依法治国实践。全面依法治国是国家治理的一场深刻革命，必须坚持厉行法治，推进科学立法、严格执法、公正司法、全民守法。成立中央全面依法治国领导小组，加强对法治中国建设的统一领导。加强宪法实施和监督，推进合宪性审查工作，维护宪法权威。推进科学立法、民主立法、依法立法，以良法促进发展、保障善治。建设法治政府，推进依法行政，严格规范公正文明执法。深化司法体制综合配套改革，全面落实司法责任制，努力让人民群众在每一个司法案件中感受到公平正义。加大全民普法力度，建设社会主义法治文化，树立宪法法律至上、法律面前人人平等的法治理念。”为了严格遵守国家财经法纪和政策，保证国家财产完整和安全，实现国有资产保值增值，促进会计工作做到有法可依、有法必依、有章可循、违法必究，就要加强社会主义会计法治建设，坚持不懈地建设和完善会计法律体系。

加强会计法治建设，要建立、健全、完善会计法律体系，更为重要的是严格执行法律、遵守法律、依法办事，维护法律的尊严。可以说，进行会计法治建设，一方面需要立法，另一方面还需要执法和用法，它们紧密相连，密切相关，不可分割。在过去相当长的时期内，由于我国是在半封建半殖民地基础上开展社会主义经济建设的，因此，法治观念普遍淡薄，长期习惯于人治、权治，有法不依、执法不严的现象并不少见。这也与中国社会的人情观念、人治大于法治观念（长官意志）有关。为了做到有法必依、执法必严、违法必究，就得加强公民的法律意识，深入广泛地开展法治普及教育，真正提高人们自觉护法、依法办事的水平。但是，由于至今为止在会计教材体系中仍然没有一门独立的会计法学，专门、系统、全面地介绍、分析和阐述会计法律科学知识，仅在法学或经济学中简略和一般地介绍会计法，也就无法从根本上对会计人员及有关人员进行专门的会计法治教育。

目前，我国的会计工作人员有1 800多万人，他们法治观念的强弱，对于能否直接发挥会计在社会主义市场经济建设中的职能作用具有重大影响。所以，要加强会计人员的法律教育，普及会计法律知识，改善会计管理工作，维护国家财经法纪，保证会计工作的正常秩序，以便为正确有效地组织会计工作提供科学的会计法律依据，这就必定要研究会计立法、执法和司法等法治建设中的一系列理论和实践问题，全面可行地开展会计法治教育工作，因而也就必然要求建立一门独立的会计法学，对上述问题进行研究、分析和论证，切实增强相关立法的针对性、科学性和完备性。

（二）不断深化的经济体制改革召唤会计法治建设

我国正在进行的经济体制改革是经济手段的改变，其目标模式是建立社会主义市场经济体制，以促进生产力的发展。经济体制改革与法治建设是相互作用、紧密联系的。经济体制改革的不断发展和深化，需要把纷繁复杂的经济关系和经济活动标准，用法律形式确立下来，使法律规范成为调节经济活动及其关系的重要工具，同时，对司法、执法也提出很高的要求，因而成为推动法律规范发展的强大动力；法治的发展能促进和保障经济体制改革，并确认和巩固改革成果，指导改革深入下去，从而保证改革前进的正确方向。

由此可见，国家法律制度是建立市场经济机制的基石，是经济体制改革的必要保障，不可或缺，否则，一切改革都是空话。依法治国是党领导人民治理国家的基本方略。要加强行政立法工作，强化执法监察，推行依法行政。严肃财经纪律，加强审计监督，维护社会信用，强化市场监管，整顿市场秩序。各项法律、法规和行政法规一经颁布，就要严格执行。党的十五届五中全会通过的《中共中央关于制定国民经济和社会发展第十个五年计划的建议》提出：“加强法制建设。重点建立和完善适应社会主义市场经济体制的法律体系，规范市场经济条件下的财产关系、信用关系和契约关系，维护市场秩序，保护公平竞争。”而从实际情况看，目前我国的会计法体系与经济体制改革的需要相比显得很不协调，不能适应现实要求，特别是经济体制改革中提出的一些新问题，尚没有及时制定相应的会计法规。所以，随着市场竞争的日益激烈，为了适应和推进经济体制改革的深入开展，我们必须建设结构合理、形式完备、内容全面的会计法学体系，从而建立、健全和完善社会主义会计法律制度。

（三）会计学科体系需要会计法治建设

会计学科体系是会计学科客观系统中不同层次知识类别的内在逻辑结构及变化规律的科学反映。会计学科体系表明一个国家会计学科的发展水准。《会计法》是调整会计活动过程中所形成的会计关系的各种法律规范的总称，而会计法律规范正是会计工作经验和会计理论研究成果的集中体现，它们是以法律形式把会计工作必须遵循的基本原则固定下来，从而成为大家共同遵循的准则。《会计法》是指导我国会计工作的根本大法，是制定其他会计法规的依据，是中华人民共和国成立70多年来会计工作经验和理论研究成果的集中反映。因此，为了建立、完善我国科学的会计学科体系，必须加快我国会计法治建设的步伐，概括会计法学研究的最新成果。为此，把“会计法学”作为会计学科体系一门必不可少的分支学科加以研究和建设，不仅非常重要，而且也非常必要。

二、以道德为基础的会计法律体系构成

会计法和会计法学是两个不同的概念，范畴也不同。会计法是指对组织会计活动所形成的会计关系加以调整的各种法律规范的总称，主要是指政府及有关主管部门颁布实施的会计法规、法令及规章。会计法学，则是指运用法学基本理论和会计学及其他有关学科的基本原理与方法，探讨、研究和阐述正确有效地组织会计活动及其他有关会计的活动中的法律问题的独立会计学科。会计法学是经济法学的分支学科，又是会计学科的重要组成部分。会计法学的研究对象是会计法律规范，研究的基本内容有：会计法的产生及发展；会计法的定义、内容、职能、作用和原则；会计立法、会计执法和会计司法；正确组织会计活动及其他有关会计的活动中的法律规定问题，如会计人员管理、会计机构设置、会计档案管理、成本管理、固定资产折旧、注册会计师管理、总会计师制度建设等方面的法律规定。

为了建立会计法学，还应明确法律体系、会计法与会计制度的关系、会计学与法学原理的关系等基本问题，其目的是准确界定会计法学的内涵和外延。

（一）我国会计法律体系的框架

法，又称法律，是由国家政权机关制定或认可，并以国家强制力保证实施，具有国家意志性、特殊规范性和强制性，以权利和义务为主要内容，主要体现执政阶级意志并最终决定于社会物质生活条件的各种法律规范的总称。拥有法的制定权限的国家机关由宪法确立，也就是说，只有宪法确定的拥有法的制定权限的国家机关制定、颁布的行为规范和规范性文件才能成为法律规范，才能被称为“法”。一般来说，法律规范的逻辑结构由行为模式和后果模式两部分组成。我国会计工作的“法”，必须是由我国宪法确立的拥有法的制定权限的国家机关制定、颁布的关于会计工作的行为规范，且包括行为模式和后果模式两部分内容的法律规范。

我国宪法所规定的拥有法的制定权限的国家机关制定颁布的关于会计工作的法律规范主要包括：全国人民代表大会及其常务委员会制定的国家会计法律，即《会计法》和《注册会计师法》；国务院及其业务主管部门（主要是财政部及国家税务总局）制定的有关会

计工作的行政法规，包括《企业会计准则》、《企业财务会计报告条例》、《企业会计制度》、《会计基础工作规范》、《会计人员工作规则》、《会计专业职务试行条例》、《总会计师条例》、《会计人员权限条例》、《国营企业成本管理条例》及其各行业成本管理实施细则、《国营企业固定资产折旧试行条例》及其实施细则、《会计档案管理办法》、《会计师事务所管理暂行办法》，以及2019年1月1日后执行的新《政府会计制度——行政事业单位会计科目和报表》，不再执行《行政单位会计制度》《事业单位会计准则》《事业单位会计制度》《医院会计制度》《基层医疗卫生机构会计制度》《高等学校会计制度》《中小学校会计制度》《科学事业单位会计制度》《彩票机构会计制度》《地质勘查单位会计制度》《测绘事业单位会计制度》《国有林场与苗圃会计制度（暂行）》《国有建设单位会计制度》等制度；各省、自治区、直辖市人民代表大会及其常务委员会、人民政府制定的适用于本地区的有关会计工作的地方性法规。

会计法律体系就是由国家政权机关制定和颁布的会计法律、有关会计工作的行政法规及地方性会计法规组成的协调一致且相互联系的有机整体。具体来说，就是由现行分门别类又相互联系的会计法律和法规构成的整体。我国会计法律体系依据其性质和作用可划分为三个部分：

1.国家性会计法律

国家性会计法律有两个方面：基本会计法和专项会计法。基本会计法是调整国家国民经济各部门、各行业所有会计关系的法律规范的总称。1985年1月通过、1993年12月修正、1999年10月修订、2017年11月修正的《会计法》就是基本会计法，即为会计的最基本立法，具有稳定性、全面性、指导性特征。基本会计法是制定其他会计法律的基础，是指导会计实践的重要依据和准绳。专项会计法是调整某一方面会计关系的法律规范的总称，它是根据基本会计法的要求制定出来的。专项会计法是基本会计法的具体化，对基本会计法起着重要的补充作用。目前，我国既有国务院依据基本会计法制定的专项会计法，又有由国务院所属会计业务主管部门（即财政部）依据基本会计法和专项会计法制定出来的实施细则或补充规定。

2.地方性会计法规

地方性会计法规是由各省、自治区、直辖市、省级人民政府所在地的市，以及经国务院批准的较大市的人民代表大会及其常务委员会或人民政府，根据国家性会计法律、国务院行政法规，结合本地区会计工作的具体情况和特点所制定的指导本地区会计工作的规范性文件，并且不得与宪法、法律、行政法规相抵触。

3.其他法律中的会计法规

其他经济法律文献中有许多涉及会计的法规。国家在制定某项法律时，涉及提出会计要求、调整会计关系的问题时，都要根据基本会计法和专项会计法的精神和实质，做出相应规定，要求执行实施。所以，这部分会计法规渗透于各种法律尤其是经济法律之中。例如，《公司法》《民法典》《证券法》等都有关于会计方面的法规。这些法规与国家性会计法律、地方性会计法规相互联系，相互补充。

（二）会计法与会计制度的关系

会计法与会计制度既有区别，又有联系，存在着相互独立且相互制约的关系。会计法是调整会计活动所形成的会计关系的法律规范，属于法的范畴，体现法的主要特征，即普遍性、明确性、肯定性，以权利和义务为主要内容，以国家政权意志的形式出现，是司法机关办案的主要依据，是为人们提供行为标准的社会规范。会计法是我国法的一种形式，是经济管理法规的重要组成部分。

会计制度是处理会计业务必须遵循的规则、办法和程序，体现着会计法的要求，它是我国经济管理制度的组成部分。会计法是宪法确立的拥有法的制定权限的国家机关制定的关于会计工作的行为规范，同时，也是具备行为模式和后果模式两个要素的法律规范；而会计制度是处理会计业务应遵循的一种行为规范和原则规定，不同时具备行为模式和后果模式两个要素，也不具有法的主要特征。这是会计法与会计制度的主要区别。

（三）会计法学建设的层次结构

1.会计学与法学的关系

为了建立会计法学，必须摆正会计学与法学原理两者之间的关系，把看似没有联系的会计学与法学这两门学科有机地结合起来。具体来说，会计法学首先必须遵循法学原理，其次必须体现会计学的基本要求。会计法学在法学上的要求主要体现在形式、结构和术语方面，在会计学上的要求主要体现在内容方面，如法律规范的逻辑结构一般分为行为模式和后果模式两个部分。行为模式是法律规范中为主体如何行为提供标准或准则的范式。它基本上分三种：可以这样行为的模式（授权性法律规范），应当这样行为的模式（命令性法律规范），不应当这样行为的模式（禁止性法律规范）。

后果模式是法律规范中对主体与法的行为模式发生关系的行为所表示的态度，一般指对主体具有法的意义的行为应获得何种后果的规定。它大体可分为两类：肯定性后果，即承认这种行为合法、有效，并予以保护或奖励；否定性后果，即不承认这种行为或禁止这种行为，并对这种行为予以撤销或制裁。目前，我国法律、法规、规章中有一些法律规范在逻辑结构上并不完整，只有行为模式而没有后果模式，这种残缺不全的法律规范在实践中往往因无法操作而失去了应有的效果。不设法改变这种现状，法律结构便不能完善。会计法学所研究的就是运用以上法律结构解决会计法律的适用性、可行性等问题。科学研究、妥善处理上述会计法律结构问题，将有助于建立会计法学，发展和完善会计法律体系。

2.会计法学的层次结构

对于会计法学来说，科学设计其层次结构，是这一学科建设最为关键和重要的问题。我们必须遵循科学、求实、客观的精神，体现法学与会计学紧密结合、相互渗透的原则，按照会计法学的性质，设计出合理有序、条理清楚的层次结构，建立比较理想的会计法学的基本模式。我们认为，会计法学的层次结构大致由以下几个方面组成：

（1）会计法基本理论，主要阐述会计法的产生和发展、会计法的定义和研究对象、会计法的性质和特点、会计法的任务和作用、会计法的原则和体系；还应阐述会计法律关系的定义和性质，会计法律关系的构成和保护，会计法律关系的产生、变更和终止等。

（2）会计立法问题，主要阐述会计立法的基本原则、基本程序和基本内容，以及国家和地方各级有关基本会计法和专项会计法的制定等具体问题。

（3）会计法的执行、仲裁与司法问题，主要阐述会计法的实施执行、会计纠纷的调解仲裁、会计案件的诉讼裁决、司法公证、审核检查等。

会计法学还应介绍世界各国会计法的立法、执行和司法等基本情况。

以上会计法学的基本层次结构体现实用性、稳定性、重要性和全面性的特点。

【专栏 12-1】　　审计署：隐匿销毁会计资料者将受严惩

“任何单位和个人隐匿、销毁会计资料，情节严重的均构成犯罪，由公安机关立案侦查。”这是全国人民代表大会常务委员会法制工作委员会日前对审计署关于隐匿或故意销毁会计资料犯罪主体函询的明确答复。

2001年，审计署驻济南特派办在对某单位财务收支审计时发现，这个单位多名会计人员有隐匿或故意销毁会计资料的行为，涉嫌重大违法违纪问题，资金额达数千万元。由于涉案人员系国家机关工作人员，而我国当时法律对国家机关、事业单位会计人员隐匿或故意销毁会计资料是否构成犯罪规定不明确，一度影响到了案件移交工作。

根据第九届全国人民代表大会常务委员会第十三次会议通过并公布施行的《中华人民共和国刑法修正案》规定，“隐匿或者故意销毁依法应当保存的会计凭证、会计账簿、财务会计报告，情节严重的，处五年以下有期徒刑或者拘役，并处或者单处二万元以上二十万元以下罚金”。这类罪行的犯罪主体是公司、企业中的工作人员。根据《刑法》的一般解释，隐匿或故意销毁会计资料罪的犯罪主体，不包括国家机关、事业单位直接负责的主管人员和其他直接责任人员。

因此，在国家机关、事业单位会计人员能否作为隐匿或故意销毁会计资料罪的犯罪主体问题上，公安机关和检察机关产生了分歧。公安机关认为其受理的隐匿或故意销毁会计资料罪的犯罪主体只限于公司、企业直接负责的主管人员和其他直接责任人员，能否接收此类案件，还要请示上级部门；检察机关则认为涉嫌隐匿或故意销毁会计资料的案件不属于检察机关的管辖范围，应由公安机关受理。因为该类案件管辖权不明，所以，公安、检察机关均认为自己不应受理此类案件。

为依法打击破坏社会主义市场经济秩序犯罪，使犯罪分子得到应有的惩处，济南办就此事向审计署请示，审计署向全国人民代表大会常务委员会法制工作委员会进行了函询。近日，全国人民代表大会常务委员会法制工作委员会发文作了上述答复。这个答复明确了国家机关、事业单位会计人员是隐匿或故意销毁会计资料罪的犯罪主体，对处理此类问题具有较大的指导意义。

资料来源：佚名．隐匿销毁会计资料者将受到严惩［J］．农村财务会计，2002（12）：14.

（四）网络时代对我国会计法治建设提出新的要求

随着改革开放和贸易自由化的发展，全球经济一体化、高新技术产业化、社会信息资本化、市场交易透明化程度日益提高，特别是电子商务蓬勃兴起。IT技术使交流突破了时间、空间限制，交流几乎可延伸到世界任何地方。各国能够直接参与国际市场竞争和国际商贸合作，以及国家之间的贸易摩擦，国家之间的联系越来越紧密，社会、经济、法律环境发生重大变化。

与此相适应，我国会计法学必须面向市场、面向未来，顺应世界潮流，密切关注全球资源配置机制的更新和演变，适应多边贸易体制通用的新规则；遵循国际经贸法律、规则与会计惯例，学习、吸纳和借鉴国外的先进技术和管理经验，加快建立和完善发展社会主义市场经济所必需的一整套制度和机制，赶上世界发达国家的发展步伐，但不能盲目照搬、照抄外国模式，应当从我国国情实际出发，妥善处理普遍性与特殊性、长远利益与短时利益、经济效益与社会效益之间的关系，并有所创新；应当尽快补充和完善有关产权、资产评估、资本信用、财务审计等一系列会计法律规范体系，推进会计改革。

市场经济的发展变化，必然要求中国会计法规准则尽可能接近国际会计惯例，参照国际成功做法，真正体现出中国特色，根据实际国情调整或改变以前资金、成本、利润核算等方面不合理的会计模式，准确揭示企业等经济主体的财务状况，改善投资环境，充分发挥市场对资源配置的基础作用，为公平竞争创造良好的外部环境，促进我国经济和世界经济的融合与繁荣。为此，我们必须进行积极有益的深入研究和大胆探索。

● 第五节　会计德治与会计法治协调机制

一、会计职业道德与会计法律制度的关系

会计法是我国法律体系的重要组成部分，是为了调整和处理会计工作与各方面关系而制定颁布的法律、法令、条例的总称，主要有《会计法》《注册会计师法》《企业财务会计报告条例》《企业会计制度》《政府会计制度》《总会计师条例》《会计人员工作规则》《会计人员岗位责任制》。会计法作为法律体系的组成部分，具有法律共有的特征。它与宪法、刑法和其他法律一样，是统治阶级意志的法律表现，是一种特殊的社会规范，由国家制定或认可，并由国家强制力保证实施。不同点在于，会计法是统治阶级意志在会计领域中的法律体现，是根据统治阶级的利益和需要来调整、处理会计工作与其他各方面关系的特殊行为规范，是国家领导和管理会计工作的重要手段。

（一）会计职业道德与会计法律制度的联系

会计职业道德与会计法一样，都是由社会经济关系所决定的社会意识形态和上层建筑，都为经济基础服务，有着明显的阶级性，两者都是调整会计工作中个人与个人之间、个人与集体之间、集体与集体之间相互关系的行为规范。这种高度的一致性由它们产生的共同基础决定：不同形式的社会主义生产资料所有制是其共同的经济基础，党和国家的路线、方针、政策是其共同的政治基础，马克思列宁主义、毛泽东思想、邓小平理论、“三个代表”重要思想、科学发展观、习近平新时代中国特色社会主义思想是其共同的思想基础，也是它们共同的指导原则。

共同的基础决定了它们目的和内容的一致性。从目的看，会计职业道德和会计法都是为我国社会主义现代化建设服务的。从内容看，社会主义会计法所禁止的行为，一般来说，也是社会主义会计职业道德所谴责的行为；同样，社会主义会计法所鼓励的行为，也是社会主义会计职业道德所倡导的行为。会计法体现了工人阶级和广大人民群众的利益，规定了会计人员的权利和义务，具有广泛、深刻的社会主义会计职业道德内容，所以其法律责任也是会计人员的道德责任。

《会计法》明确规定：“为了规范会计行为，保证会计资料真实、完整，加强经济管理和财务管理，提高经济效益，维护社会主义市场经济秩序，制定本法。”《会计法》反映了社会主义会计职业道德原则的要求。会计职业道德认为自私自利、损公肥私的行为不道德，要求会计人员廉洁奉公、不谋私利。《会计法》要求“会计机构、会计人员依照本法规定，进行会计核算，实行会计监督”，这也符合会计职业道德对会计人员行为规范的要求。社会主义会计法是教育会计人员，传播社会主义会计职业道德的一种手段；社会主义会计职业道德要求会计人员遵守社会主义会计法，认真完成会计法律责任，自觉履行会计

法律义务，教育会计人员自觉、积极地同一切违法乱纪行为作斗争。

（二）会计职业道德与会计法律制度的区别

第一，两者调整的层次、范围不同。会计职业道德是共产主义道德体系的组成部分，它从共产主义道德的高度规定会计人员的行为规范，每位会计人员都应具有会计职业道德。社会主义会计法根据宪法的要求，体现国家在会计活动中的意志，是国家会计政策的法律化，具有普遍的法律效力，是现阶段约束和调整全体会计人员的行为规范，它仅仅反映会计职业道德规范中最起码的要求。

第二，会计职业道德作用的领域、规定的范围较会计法广泛。会计职业道德规定了会计人员的最高行为标准和一些基本原则以及行为规范。《会计法》所规定的行为规范包括在会计职业道德要求之内。会计职业道德的行为规范不仅标准比会计法高得多，而且内容和范围也广泛得多，它贯穿于社会经济活动的各个领域、各个方面。违反《会计法》的行为必定违反会计职业道德；而违反会计职业道德的行为不一定违反《会计法》。

第三，两者调整的手段、方法不同。《会计法》是由文字明确规定的法律、法令、条例，具有强制性，规定的权利和义务具有肯定的形式，一般表现为禁止性规范和命令性规范，对违反《会计法》的行为视情节轻重实行经济制裁、行政制裁直至追究刑事责任；而会计职业道德则是存在于会计人员内心的一种不成文的法，是对他们内心世界的约束力，靠社会舆论和说服教育、榜样的激励、感染力量来实现。当社会舆论对行为的赞扬或谴责引起人们内心的同感，并通过内心的约束力起作用时，会计职业道德就具有强制力，但这与法的外在强制力有性质上的不同。

【专栏12-2】　“没一罚六”！审计机构最重罚单“敲响”行业独立客观公正执业警钟

为协助*ST新亿规避退市，深圳堂堂会计师事务所（以下简称“堂堂所”）与公司签订“抽屉协议”，出具含有虚假记载和重大遗漏的审计报告，最终迎来监管重罚。近日，证监会对堂堂所“没一罚六”的行政处罚正式落地。

证监会披露的行政处罚决定书，公开了堂堂所和*ST新亿签署“抽屉协议”以及年报审计报告如何“出炉”的细节。

时间线拉回至2020年年初，在上交所多次发函催促下，2020年3月26日晚间，*ST新亿发布聘任堂堂所作为2019年年报审计机构的公告，同时披露的还有前任审计机构四川华信（集团）会计师事务所辞任的原因，在其为*ST新亿2018年财务报告出具无法表示意见后却没收到公司应支付的审计费用。公司如此这般，堂堂所为什么能如此笃定可以承接*ST新亿审计业务呢？原来，在*ST新亿正式聘任堂堂所之前，双方已商量好了审计意见。

2020年2月，经介绍，*ST新亿和堂堂所建立联系，经过一个多月的沟通，堂堂所与*ST新亿正式签署《审计业务约定书》和《审计业务补充约定书》。在补充约定书里，堂堂所承诺不对*ST新亿2019年度财务报表出具否定或无法表示意见的审计报告。同时，双方约定，若堂堂所因此受到处罚，*ST新亿全额负责堂堂所及签字注册会计师因处罚而遭受的损失，包括罚金及名誉损失费50万元，以及法律诉讼损失。

“审计是有独立性要求的，审计报告要根据执行的审计程序获得的审计证据的支持来做出专业的判断，如果一开始就限定审计意见，这个独立性是缺失的。”证监会调查人员指出，而且，上市公司聘请会计师事务所做审计，需要签订业务约定书，但是补充协议是不符合职业准则的。

2020年7月下旬，堂堂所原拟签字注册会计师在多方施压下拒绝更改审计意见辞职；2020年8月，堂堂所火速更换签字会计师，在堂堂所承诺补偿潜在的行政罚款和经济补偿背景下，该会计师入职3天便签署审计报告。

最终，堂堂所对*ST新亿2018年和2019年年度财务报表出具了保留意见的审计报告，对*ST新亿子公司韩真源2018年净资产审计报告和2019年财务报表出具了标准意见的审计报告。此后，堂堂所顺利收到*ST新亿支付的审计费用。

在承接了*ST新亿2019年年报审计业务后，堂堂所又陆续承接了多家*ST公司2020年年报审计业务，引起市场关注。2021年2月，证监会对*ST新亿及堂堂所立案调查。

2021年10月，*ST新亿发布公告称，收到证监会《行政处罚及市场禁入事先告知书》。证监会调查结果显示，*ST新亿2018年、2019年年度报告存在虚假记载，包括虚增保理业务营业外收入、贸易收入、物业费收入和租金抵账收入，且2019年年报未对韩真源风险事项予以披露，存在重大遗漏。

2021年11月，证监会向堂堂所下达《行政处罚及市场禁入事先告知书》，因堂堂所出具的文件存在虚假记载和重大遗漏、审计独立性缺失、收入审计存在严重缺陷、函证程序存在缺陷等，证监会拟对堂堂所"没一罚六"，3位相关注册会计师分别被罚100万元、50万元、30万元，同时，分别被采取10年、5年、3年证券市场禁入措施。

资料来源：吴晓璐．"没一罚六"！审计机构最重罚单"敲响"行业独立客观公正执业警钟［EB/OL］．［2022-05-14］．http：//bgimg.ce.cn/xwzx/gnsz/gdxw/202205/14/t20220514_37581027.shtml.

二、会计职业道德与会计法律制度的协调作用机理

（一）会计职业道德是会计法律制度的必要补充

由于《会计法》只反映了会计职业道德规范最基本的要求，因此，是对会计人员提出的最低的行为标准。即使《会计法》有相当周密严谨的条文，也不可能包括会计人员的一切行为规范，再者，目前我国的会计法尚不够健全、完善，执行起来就更不容易。所以，法律体现的义务需要以道德义务作为基础，这样，《会计法》才能充分发挥作用，《会计法》的尊严才能得到保障。在现实的经济生活中，人们的政治信念和道德理想与守法、犯罪有密切联系。会计人员如果有共产主义政治信仰和社会主义会计职业道德规范理想，一般就不会违反《会计法》。那些与会计工作有关的经济犯罪行为，一般与违法者缺乏共产主义信念和会计职业道德有关。因此，要从根本上树立共产主义道德理想，形成浓厚的会计职业道德气氛和强有力的会计职业道德舆论。从某种意义上讲，这种气氛、舆论所形成的道德舆论压力往往比某种具体惩罚还要强大、沉重。所以，会计职业道德能大大提高《会计法》的教育作用和威力，成为社会主义会计法的必要补充。

（二）会计职业道德是执行会计法律制度的重要保障

一般来说，会计法律制度是由国家会计事务管理机关制定的，是以会计人员的工作实践和会计活动本身的客观规律为依据制定的。会计法律制度一旦形成，客观上就规范着会计人员的行为，同时也规范着社会其他人员有关会计工作的行为。不过，会计法律制度以条文形式出现，相对来说是"硬性"的规定。为了使会计工作中的各项规章制度得以彻底地贯彻执行，还必须借助会计职业道德的力量，通过会计职业道德使会计法律制度落到实处。可以说，会计职业道德是执行会计法律制度的重要保障，这是由会计工作本身的特点

决定的。

在会计工作中，会计人员对于会计法律制度往往具有双重意义。一方面，会计人员是会计法律制度的客体，因为会计人员本身要遵守会计法律制度所规定的各项条款；另一方面，会计人员又是执行会计法律制度的主体，因为会计人员有职责根据会计法律制度的规定监督社会其他成员对会计法律制度的执行。不管作为客体，还是作为主体，会计人员都要身体力行地遵守和执行会计法律制度，维护会计法律制度的权威性、严肃性。因此，会计职业道德就成为广大会计人员遵守会计法律制度的内在动力。没有这种内在动力，就难以完全自觉地、真正全面地执行会计法律制度。会计职业道德除了具有上述保证会计法律制度执行的作用外，还有坚持和巩固会计法律制度的作用。它促使会计人员严格把好会计法律制度关口，随时同一切破坏、违反会计法律制度的现象作斗争。

当然，会计法律制度不仅需要执行、巩固，而且本身还需要有一个不断适应客观的会计实践要求的过程。特别是随着经济体制改革的深入开展，有些制度就需要修订、完善，除掉一些过时的规定，增加一些新的内容。会计人员应该加强学习，掌握新情况，发现新问题，提出新对策，主动热情地支持和参与改革，积极宣传和解释新规定，自觉遵守和履行新制度。这是会计人员应尽的会计职业道德义务。实际上，不可能有永恒不变的会计法律制度。会计法律制度的某些改变，是社会政治、经济体制改革的反映，更是会计改革的要求，它可以进一步提高会计工作水平，解放和发展生产力，而且，改革会计法律制度中不适应形势发展要求的规定和条款，本身就具有会计职业道德意义。

（三）会计法律制度是会计职业道德的有力保证

一方面，会计职业道德中的基本行为规范需要会计法律制度予以保障。在现阶段，由于生产力发展程度较低，各种思想观念同时存在，影响冲击人们的思想，因此，会计职业道德不可能成为每一个会计人员自觉的行为规范。这就需要把会计职业道德中最起码的要求用《会计法》的形式固定下来，使之成为强制、普遍的行为规范。例如，20世纪60年代，社会主义法律制度遭到极大破坏，严重影响了会计基础工作，有的人别有用心地指责会计是管、卡、压的工具，有的单位的会计机构因此被解散。在一些经济犯罪案件和违反财经纪律事件中，有些违纪款项就是通过会计人员的手一笔笔记录在会计凭证上的。有的会计人员甚至监守自盗，合伙作案。为了加强经济管理，合理利用资金，保护公有财产，提高经济效益，并有效堵塞漏洞，避免给犯罪分子以可乘之机，必须制定并推行强有力的《会计法》。

《会计法》规定，“单位负责人对本单位的会计工作和会计资料的真实性、完整性负责”，且对会计人员职责作了明确的规定，这就是“进行会计核算，实行会计监督”。《会计法》还明确规定了违反《会计法》的法律责任，并指出凡违反《会计法》的都要受到处罚，视情节轻重给予处分，或依法追究刑事责任。

另一方面，社会主义会计法和其他法律一起严肃有力地打击经济犯罪活动，可以显示法律的威力，同时，有助于对广大会计人员进行会计职业道德教育，有利于会计职业道德舆论的开展和效果的提高。《会计法》体现奖励与惩罚相结合的原则。会计人员在履行会计法律义务取得成绩时，可受到不同形式的奖励，这对培养高尚的会计职业道德，使会计职业道德规范具体化、普遍化，使会计人员自觉地形成和遵守会计职业道德习惯有重要作用。

三、"合理不合法""合法不合理"的对策

会计工作中的"合理不合法"和"合法不合理"是两种很复杂的现象。这里的"理"带有会计职业道德的含义，这里的"法"指的是广义的会计法规，包含会计制度。面对"合理不合法"和"合法不合理"两种情况，会计人员应当采取实事求是的态度，用历史的、发展的和全面的观点进行辩证分析、处理。

【专栏12-3】 好人品往往会给你带来好运气

作家王耳朵先生，曾经分享过一段他的经历：

他在大学刚毕业时去公司上班，目睹了一位同事的离职过程。当时，公司的财务总监准备跳槽，但是正值年底，事务繁多，老总力邀她再继续工作一个月，撑过年底。财务总监满口答应，但是刚过了一周，她就后悔了，再去辞职，老总自然不答应。

财务总监内心不爽，又无处发泄，当天晚上，她就把公司的财务报表和工资表都发到了网上。

这件事情，一时闹得满城风雨，最终的结果是：公司赶紧招了新的财务总监，而之前那位，也因为这件事儿，成了行业内的"知名人物"。原本打算聘用她的那家公司，也拒绝了她。

"我们不怀疑你的能力，但却不看好你的人品。"

身在职场，当然谁都有离开的权利。但是，一个高层次的跳槽者，从来都不会干出这么愚蠢的事情来。他不会和原来的公司闹僵，而是交接完工作之后，华丽转身，给公司留下一个温馨的背影。只有那些低层次的跳槽者，才会像胜利大逃亡一样，只顾自己痛快，而不顾其他。有一点你要明白：职场，从来都不是一锤子买卖，如果你不给自己留后路，那你往往会无路可走。

白岩松说："人品是最高的学位，只有德与才的统一，才是真正的智慧，真正的人才！"马化腾也曾公开表示："在腾讯的用人规则里，最重要的就是人品，人品一定要特别正直。如果人品有问题的话，哪怕他能力再强，我们也不要。"

是啊，人的最终较量，拼的是人品。而你的好人品，往往会给你带来好运气。

资料来源：作者根据相关资料整理。

首先，应该肯定这两种现象是客观存在的。这种客观存在的现实性本身就有一定相对的合理性。为了消除这种矛盾的现象，会计人员需要正视这种现象，不能回避。正视并非轻率下结论，特别是在对哪些是合理的、哪些是不合理的做出判断前应慎之又慎，因为这里的"法"反映了人们对会计运动规律的一定认识，这种认识在什么情况下已经过时，成为不合理的，很难一下子给出定论，需要时间和实践的反复验证。另外，是否合理，还有一个微观、宏观的相对评价区域。有些情况从微观范围看是合理的，从宏观范围看则未必合理；相反，有些情况从宏观范围看是合理的，从微观范围看不尽合理。因此，会计人员在考虑"合理不合法""合法不合理"问题时，要有"局部服从全局，全局照顾局部"的观念，这体现了会计工作的职业特点，是社会主义会计职业道德的具体要求。

其次，对于"合理不合法"现象，应在可能的范围内改革某些"法"，使不合理的东西失去"法"的依据，使合理的东西得到"法"的保护，并积极向上级领导机关提出改革意见，从理论上论证，通过报刊向社会提出讨论，引起理论界和广大读者的注意，形成社会舆论，尽快解决上述矛盾现象，以顺利开展会计职业道德教育和会计法治建设。

【关键概念】

自律机制（Self-discipline Mechanism）
他律机制（Heteronomy Mechanism）
会计法律制度（Accounting Legal System）
会计德治（Accounting Ethics）
会计法治（Accounting Rule of Law）

【复习思考题】

1.如何加强会计职业道德建设中的自律机制？
2.会计职业道德建设中自律机制的主要内容是什么？
3.会计职业道德建设中他律机制的主要内容是什么？
4.为什么会计职业道德的自律与他律必须是统一的？
5.会计职业道德与会计法律制度有何关系？
6.会计德治与会计法治机制如何协调？

【案例分析题】

虚增收入超两百亿元的同济堂将摘牌退市

新疆同济堂健康产业股份有限公司是一家以药品、保健品、医疗器械为主要经营产品，以医疗机构、批发企业、零售药店为主要客户对象，并为客户提供信息、物流等各项增值服务的企业。

2016年借壳新疆啤酒花股份有限公司登录A股，同时与啤酒花公司签订业绩对赌协议，2016至2018年度实现的扣非归母净利润累计不低于15.5亿元。这份对赌协议应该就是同济堂走上财务造假道路的导火索。截至2022年4月30日，同济堂未在法定期限内披露最近一年年度报告，触及股票终止上市情形，2022年7月7日被摘牌，终止上市，几万股东很受伤，辛苦好几年，一夜回到解放前。

造假方式一：虚增营业收入、营业成本、销售及管理费用

同济堂内部管理存在重大缺陷，证监会在核查公司时发现大量问题：

（1）同济堂主要三家子公司同济堂医药、南京同济堂、新沂同济堂2016至2018年期间，会计账簿记载大量的销售收款、采购付款及费用报销等业务无对应的银行收支流水；

（2）同济堂会计账簿记载的收入凭证附件的材料缺失严重，公司无法完整提供与收入确认相关的完整原始单据；

（3）同济堂提供的销售及采购物资的种类、数量、金额等信息与客户及供应商反馈的数据差异较大；

（4）从武汉、南京、新沂税务机关调取同济堂医药、南京同济堂、新沂同济堂2016—2019年纳税记录，显示同济堂记载的纳税金额与税务系统有较大差异，且上述公

司记载的已通过银行存款缴纳税款的会计记录，均没有实际的银行资金支付流水。

通过上述一系列操作，2016年至2018年累计虚增收入207.35亿元，虚增成本178.51亿元，虚增利润总额24.3亿元，超额8.8亿元“完成”业绩对赌承诺。

造假方式二：虚增其他业务收入

同济堂2019年年报披露的其他业务收入（物流服务）和利润为3.86亿元，对应会计处理由公司于2020年6月23日至28日在财务系统中进行调整生成，该项其他业务收入无对应成本费用，公司未提供原始凭证证明交易的真实存在。

因此，认定虚增利润3.86亿元，占2019年年度报告中披露净利润的226.52%。

2022年4月1日，中国证券监督管理委员会对同济堂公司责令改正，给予警告，并处以300万元罚款；对公司董事及高级管理人员等直接负责的主管人员给予警告，并合并处以100万元至500万元罚款的行政处罚。

资料来源：佚名. 五花八门上市财报造假系列（七）[EB/OL]. [2023-01-26]. https://www.163.com/dy/article/HS0NHNPJ055603SI.html.

讨论问题：

1.同济堂是怎样造假的？

2.该造假案曝光之后，专业人士对中介机构职业能力和操守的批判很多。同济堂所涉中介机构下场如何？对我们有何启示？

第十三章

会计职业道德实践与境界升华

【经典警句】

学而时习之，不亦说乎？
有朋自远方来，不亦乐乎？
人不知而不愠，不亦君子乎？
君子务本，本立而道生。孝弟也者，其为仁之本与！
吾日三省吾身：为人谋而不忠乎？
与朋友交而不信乎？
传不习乎？

——孔子《论语》

古代许多人所谓修养，大都是唯心的、形式的、抽象的、脱离社会实践的东西。他们片面夸大主观的作用，以为只要保持他们抽象的“善良主义”，就可以改变现实、改变社会和改变自己。这当然是虚妄的。我们不能这样去修养。我们是革命的唯物主义者，我们的修养不能脱离人民群众的革命实践。

——刘少奇

【学习目的与要求】

1.明确会计职业道德行为的本质、特性、激励模式与选择思路；
2.了解会计职业道德检查与评价的作用、标准、依据及方式；
3.掌握会计职业道德修养的实践原则与方法；
4.了解会计职业道德品质的特点，形成与发展的途径；
5.理解会计快乐指数的设计，以及会计职业道德境界的层次与升华。

【导言】

积极履行新时代企业家的社会责任

习近平总书记在企业家座谈会上指出："社会是企业家施展才华的舞台。只有真诚回报社会、切实履行社会责任的企业家，才能真正得到社会认可，才是符合时代要求的企业家。"这一论述深刻地揭示了新时代企业家与经济社会发展之间的紧密关系。企业家作为企业的领导者，是社会的精英群体，必须处理好个人与社会的关系。只有具备强烈的责任感与使命感，以助力社会发展为己任，超越传统的经济利益最大化的思维，将个人利益、企业经营融入社会的整体利益之中，才能得到社会各方的信任与尊敬，才能实现更大的发展。

企业是现代经济的细胞，企业家肩负着领导企业在激烈的市场竞争中创新成长、健康发展的重任，是企业的灵魂与核心。一大批践行企业家精神的优秀企业家及其领导下的具有国际竞争力的企业，是我国经济持续发展、人民生活不断改善、全球影响力日益扩大的核心支撑与关键力量，是实现中华民族伟大复兴的重要基础。从各级政府到社会公众，都对企业家更好地发挥作用、创造更大的经济社会价值抱有很高的期望与要求。明确自身的社会角色与定位，对社会的期望和要求积极回应，培育有强大正能量的企业文化，坚持依法合规经营、互利合作，带领企业取得良好的经营业绩，为我国乃至全球经济社会的可持续发展做出更大的贡献，是新时代赋予中国企业家的历史重任，也是企业家社会责任的核心内涵。

改革开放以来，伴随着我国经济的快速发展，企业数量也迅速增长，截至2019年年底，我国各类企业达到3 858.3万户，数以千万计的企业家群体在经济社会发展中的作用与影响也日益增大。中国企业家调查系统对全国4 000多位企业经营者的调查显示，我国企业家对履行社会责任有着很高的认可度。95.8%的调查对象认为"优秀企业家一定具有强烈的社会责任感"。80%左右的调查对象认为企业在创造利润的同时，也在为社会创造财富，促进国家的发展。83%的调查对象认为企业履行社会责任对企业的持续发展非常重要。

当前，我国企业家履行社会责任的实践主要有以下几类：热心参与社会公益事业，尤其以民营企业家居多，参与的公益领域非常广泛，从扶贫、助学到支持大学生创业等；致力于绿色创新发展，领导企业开发节能环保新技术与新产品，积极应对全球气候变化；通过创新商业模式帮助产业链上下游更多的企业成长；关爱企业员工发展及家庭和睦，营造公平合理的员工成长环境；围绕制约社会发展的瓶颈领域开展技术创新，积极促进社会问题的解决等。这些负责任的实践行动不仅回应了社会对企业家的殷切期望，也带动了企业的发展，弘扬了企业家精神，为社会树立了正面的典型形象。但同时也存在不少问题，如一些企业家单纯热心社会公益，而其领导的企业却存在严重的环境污染、产品质量等负面问题；有的企业家要求员工高强度工作，但工资待遇却不能与之匹配；有的企业家商业诚信问题突出，其承诺和实际的产品与服务相距甚远等。

概括起来，这些问题产生的原因主要是部分企业家对其社会责任的要求与内涵不清楚、不了解；有些企业家对社会责任的认识片面，在履行社会责任时侧重少数领域，而对其他领域的社会责任认识不到位；政府和社会对企业家履行社会责任缺乏指导，没有形成激励监督企业家全面履行社会责任的良好社会氛围。

当前，我国经济社会发展面临非常严峻的挑战，需要全国上下同心协力、共渡难关，企业家在其中有着不可替代的重要作用。要全面持续推进企业家履行社会责任，需要做好三个方面的工作。一是加大企业家社会责任宣传普及的工作力度，帮助更多的企业家认识、了解其社会责任的内容与要求，形成自觉履责的思想理念。二是形成促进企业家履行社会责任的社会化、市场化的激励约束机制，让积极履责的企业家得到广泛的尊重与回报，让不负责任的企业家受到应有的惩罚。三是深入推进企业家社会责任相关问题的研究与探索，为企业家在复杂多变的国内外经济社会环境下明确发展方向、清晰履责重点提供切实有效的方法指导与支持。

资料来源：王晓光．积极履行新时代企业家的社会责任［N］．光明日报，2020-10-10.

会计职业道德实践活动是总结会计职业道德理论的基础平台与工作范围，具体形式有会计职业道德行为、会计职业道德检查与评价、会计职业道德教育、会计职业道德品质锤炼和会计职业道德修养。

会计职业道德行为，也称会计伦理行为，是在一定的会计职业道德意识支配下发生的有利或有害于他人和社会的，涉及会计人员个人利益与他人利益、个人利益与社会整体利益之间的关系，并能进行会计职业道德检查与评价的行为。

会计职业道德检查与评价是商业伦理道德基本原则和会计职业道德规范得以贯彻并转化为会计职业道德行为的保证。

会计职业道德教育是铸造会计人员高尚道德品质的熔炉，是形成良好的会计职业道德风尚的重要条件，而会计职业道德行为是会计职业道德品质的表现，会计职业道德品质则是会计职业道德行为发展和积累的结果，两者相互作用、相互联系且相互依存，共同构成会计职业道德修养的客观基础。

● 第一节　会计职业道德行为特征与选择

一、行为的本质和一般规律

对“行为”，长期以来有多种解释。按中国古代通行的说法，“行”指的是走，“为”指的是做。《墨子》把“行”“为”二字连同，认为行即是为，“行，为也”“志行悬于欲谓之为”，明确指出人的行为受欲望和意志支配。荀子说：“虑积焉，能习焉而后成谓之伪。”认为行为是人经过思考之后，在理智指导下通过做而实现的活动。被称为行为科学鼻祖的亚里士多德指出：“人的行为是根据理性原则而具有的理性生活。”这里的“理性生活”是指“人的心灵遵循着或包含着一种理性原则的主动作用”，也就是有目的、有意志的“具有主动意义的生活”。这种阐述有其合理性。一些资产阶级伦理学家用生理学、生物学理论去解释人类的行为。他们把人的行为看成生物对外界刺激做出的反射动作，是生物的本能活动。美国著名行为科学家毕尔生说：“行为的改变要根据刺激-反应情境来研究，完全不需要涉及意识伴随物和精神学假设。”这种行为观显然是失之偏颇的。

马克思主义伦理学认为，人的行为是在改造周围环境的社会实践中发生的，通过一定的社会关系表现出来的能动活动，是人类特有的生存方式。由于人是处于社会中的人，不能脱离社会而存在，因此，人的行为就要受到包括自然需要在内的社会需要的目的和意志的支配。人类在不断改变自己所处环境的过程中得以生存和发展，人类的行为就由此产生，并在这一过程中通过实践活动表现出来。没有改造客观世界的实践活动，也就不会有人的行为。在阶级社会里，人的实践活动受一定阶级关系制约，并表现出一定阶级利益和要求的倾向性。

影响人们行为的因素有哪些呢？美国社会心理学家卢因（K.Lewin）提出著名的公式：

$$B=f(P, E) \tag{13-1}$$

式中：B（Behavior）代表行为；P（Person）代表人；E（Environment）代表环境。

卢因认为，人的行为是人与环境交互作用的函数，是人的内在需要以及与环境相互影响的结果。美国著名行为科学家麦格雷戈（D.Mcgregor）提出另一个公式，指出人的工作绩效是个人特性和环境特性两个变量影响的结果，是这两个变量的函数。其公式为：

$$P=f(I_{a, b, c, d, \cdots}, E_{m, n, o, p, \cdots}) \tag{13-2}$$

式中：P（Performance）代表工作绩效；E（Environment）代表环境特性；I（Individual）代表个人特性；a、b、c、d等反映个人特性的具体因素；m、n、o、p等反映环境特性的具体因素。

上述两个公式，概括了人们行为的一般规律，具有普遍的适用性。具体地说，影响人们个体行为的因素不外乎五个方面：生理因素、心理因素、文化因素、自然因素和社会因素。人的行为是很复杂的，是在理智的指导下很多因素共同作用的结果。

二、会计职业道德行为的特性

人的行为有复杂的表现形式和多重的层次结构，其行为的性质特点各不一样。依据人类社会实践活动的主要形式，人的行为可划分为经济行为、政治行为、法律行为、艺术行为、道德行为、日常生活行为等。上述每类行为还可划分为若干层次的行为类型，分别由不同的科学或学科研究。本书研究的是人类社会行为中会计职业道德行为以及各种社会行为的会计职业道德意义。

会计行为按照道德标准可划分为会计职业道德行为和会计职业不道德行为两大类。前者是一种有利于他人、集体及社会的行为，是善行；后者简称会计败德行为，是一种有害于他人、集体及社会的行为，是恶行，会计假账就是典型的会计败德行为。在今天的会计实践活动中，会计行为绝大多数情况下表现为会计职业道德行为，但会计败德行为也时有发生，前文已专门分析介绍过。会计职业道德行为的基本特征在于，它是会计人员对他人与社会的利益关系的自觉认识和自由选择的表现。揭示会计职业道德行为、会计职业道德品质形成及发展的规律性，是科学培养会计人员的社会主义会计职业道德品质的理论基础，也是丰富和完善社会主义会计职业道德规范，正确进行会计职业道德检查与评价、会计职业道德教育的必要前提。

（一）会计职业道德行为是自觉认识的行为

会计职业道德行为是基于会计人员对他人和社会的利益关系的自觉认识而表现出来的行为。这种认识不管是正确的还是错误的，都是构成会计行为的前提。当会计人员对上述利益关系有了正确的认识，并因此付诸行动，就表现为会计职业道德行为；而如果他们对这种利益关系有了错误的认识，这种错误的认识就会支配他们的会计职业道德意识，一旦付诸行动，就表现为会计败德行为。

（二）会计职业道德行为是自愿选择的结果

会计职业道德行为是会计人员在其会计职业道德意识的支配下所做出的抉择，是他们自愿选择的结果，这是道德行为区别于其他行为的重要特征。只要是道德行为，不管在任何时候、任何情况下，就一定会受道德意识的支配，否则就没有道德意义。会计职业道德行为也不例外，在将会计行为付诸行动之前，会计职业道德意识的活动主要表现为对动机的确立，对行为方案的选择和决定；在将会计行为付诸行动之后，会计职业道德意识的活动则表现为行为主体对自身行为的检查与评价和对社会检查与评价所采取的态度。

（三）会计职业道德行为是会计人员意志坚定、高度负责的正义行为

一个具有高度会计职业道德责任感和义务感的会计人员，选择和践行自己的行为时，无论面临多么艰难险恶的环境，都会坚持会计职业道德观念，不屈服于外来压力，"泰山压顶不弯腰"，始终对自己应尽的会计职业道德义务高度负责。在平凡的会计岗位上做出不平凡成绩的财会人员在今日之中国大有人在。还有很多无名英雄，他们选择和践行会计职业道德行为，为国家繁荣和民族振兴默默地工作。

【专栏13-1】　　丁宝桢治水

提到丁宝桢（1820—1886）的名字，许多人都不陌生，这位晚清大臣"前门接旨，后门斩首"，以大智大勇斩杀了御前大太监安德海，发明了"宫保鸡丁"这道舌尖上的美味佳肴。而他的治理水患、兴修水利等事迹却鲜为人知。

丁宝桢并非水利专家出身，但他为官心系百姓民生，十分关注防洪、灌溉、水运等治水要事，两治黄河水患、完成都江堰当时历史上最大规模的修复、开通四川至贵州、云南数百公里的盐运航道。在任山东巡抚、四川总督期间上奏的400余折奏章中，关于治水相关的竟多达65折。

山东"黄患"堪称"无岁不决，无岁不数决"。1871年，黄河在郓城县侯家林决口，多个州县被淹。新任河道总督乔松年以"费用浩繁"为由极力推脱。而时任山东巡抚的丁宝桢素以治黄为"政事第一要务"，顾不上有越俎代庖之嫌，决意抱病销假，亲自督修。正月初二，他就带病赶赴工地，深入勘测，拟订方案，日夜与工人夫役同甘共苦，民众也备受鼓舞，争先恐后抢救决口。2个月之内，不仅成功堵住决口，还增筑堤坝一百多里，受到同治帝嘉奖，称其"勇于任事、督率有力""艰巨独任、功成迅速"。

1873年夏，黄河石庄户决口，丁宝桢决定在严冬时节河水干涸时堵塞。他因请假回乡修葺被盗损的祖墓，将堵塞重任委托给同僚。但直到次年10月，丁宝桢回任销假，才得知工程尚未动工。看到眼前一片汪洋、民不聊生，他十分痛心，一边尽力抚恤灾民，一边立即着手组织督修，并于1875年春完成工程合龙。同月，丁宝桢又奏请"再就北面滩地接筑长堤"，历时5个月，在石庄户下游筑起了250里的障东堤，保障了近百年来此地黄河不再决口。

1876年，丁宝桢调任四川总督，又开启了十年治蜀的进程。其时，都江堰年久失修，水患日甚，且每年都因为春灌无水，导致农民连年到官府上访。于是，丁宝桢上任第二年便开始了组织大修都江堰的工程。丁宝桢将都江堰分水鱼嘴等重点堤堰部位全部改用条石修砌，意在修建成永久性的防洪堤，以免"岁修累甚"。然而，工程刚竣工，岷江就遭遇了百年难遇的大洪水并历时一月之久。尽管整体上新整修的都江堰工程质量经受了严峻的考验，但部分工程仍被毁坏。当时恰值洋务运动与守旧势力争斗，守旧派借机要求调查身

为洋务派中坚的丁宝桢。调查表明，不仅工程符合技术规范，也没有查出贪腐问题。但清廷仍以“堰功败于垂成，复蹈明之覆辙”为由，将丁宝桢降级，仍保留总督之职。丁宝桢并未怨天尤人，反而自备经费，再次兴工修治，到1880年终于功成，灌溉面积由原来的一万亩扩大到十几万亩，结束了都江堰百年不治的历史。

丁宝桢之所以能在兴水利治水害方面如此成绩卓著，跟他善长治水方面的领导和管理是分不开的。他在治水过程中不唯上、不唯古，实事求是，科学治水。在工程施工中，他不仅成立了指挥部门，还专门设立了类似现代的会计、统计、审计、监察等机构。他还十分重视工程管理和经费使用，制定了比较完备的灾民参与修堰和经费核算管理制度。丁宝桢把治理水害、兴修水利的每笔工程账目都算得明明白白，分毫不贪。如1875年丁宝桢督监修筑黄河障东堤结束后，拉出了“菏泽贾庄大工合龙收支各款清单”，尾数精确到“六钱九分八厘”，余款精确到“四十五两三钱二厘”，并亲自撰文书写障东堤碑，此碑至今仍屹立在菏泽李村镇黄河岸边，在碑文中用近一半的篇幅记录工程账目，意在向朝廷、向百姓、向历史交一笔客观真实的明白账。

丁宝桢一生风清气正、廉洁奉公。抢修黄河贾庄口工程原计划用银98万两，丁宝桢厉行节俭，亲自督率，竣工时仅用了54万两，节资几近一半；朝廷奖励的4万两白银，他如数拨给贵州修建道路桥梁；他常年扶危济困，平日俸金多数用来接济贫民，捐助教育；从政20余年后唯一的一次回乡，也不忘倡导办学，为乡村的私学题匾，为家乡的书院维修捐款。

更让人想不到的是，他身为朝廷重臣、封疆大吏，晚年竟要靠举债度日。病危时，他认为所欠债务已无力偿还，只能上奏朝廷：“所借之银，今生难以奉还，有待来生含环以报。”最后竟靠“僚属捐送赙金”才得以入土为安。丁宝桢逝世后本应叶落归根，归葬贵州，但老家已然无人居住。丁宝桢任职山东按察使后，便携家眷和族人到了山东。因此，丁宝桢病逝后，山东百姓联名请求将其灵柩运至济南安葬。光绪帝为之动容，同意“准葬山东”。四川、贵州、山东千万百姓更是无不“思之辄陨涕”。

丁宝桢的同僚，曾如此评价他，“其嚼然不欺，其毅然不挠，其知有国而不知有身，其天性然也”，可谓知人之论。

资料来源：冷静. 乡贤故事：丁宝桢治水［EB/OL］.［2023-03-31］. https：//www.ccdi.gov.cn/lswhn/shijian/202303/t20230331_255931.html.

三、会计职业道德行为的激励和选择

要激励会计职业道德行为，必须懂得激励理论。国外学者，尤其是美国学者对激励理论做了大量深入的研究。其中，影响最大的当推美国心理学家马斯洛（A.H.Maslow）。1943年，他在《人的动机理论》一文中提出“需要层次论”，认为人有五种基本需要：①生理的需要（the Physiological Needs）；②安全的需要（the Safety Needs）；③爱的需要（the Love Needs）；④尊重的需要（the Esteem Needs）；⑤自我实现的需要（the Needs for Self-actualization）。

1954年，马斯洛在《激励与个性》一书中补充了两个层次，即在“尊重的需要”之后，增加了“求知的需要”和“求美的需要”。

麦格雷戈于1970年在其名著《企业的人事方面》一书中对马斯洛“需要层次论”做了进一步发挥。他提出人的基本需要层次是：

①生理的需要：层次虽低，但重要性极大。

②安全的需要：针对危害、威胁和剥削等的保护的需要。

③社交的需要：包括归属、结社、为他人所接受、友谊和爱的需要。

④自我的需要：自尊的需要（包括自重、自信、自主、成就、具有能力和知识的需要）和声望的需要（包括地位、赞颂、赏识与受人尊重的需要）。

⑤自我实现的需要：包括个人潜力发挥，不断自我发展及发挥创造性的需要。

我国学者冬青在上述“需要层次论”的基础上，结合我国情况，提出“C型需要层次图”。

在我国，会计人员的生理需要、安全需要基本上得到了满足。会计职业道德行为是满足会计人员社交需要的手段，获得尊重的前提，达到自我实现需要的途径，最终以实现理想社会为方向和目的。

如何激励会计职业道德行为，充分调动会计人员的积极性和创造性呢？这就要求：一方面是社会、政府、领导和组织对会计人员的关心，应用激励理论，在符合社会主义的原则下，尽量满足他们的五种基本需要；另一方面，通过会计职业道德检查与评价、会计职业道德教育和会计职业道德修养、启发，引导会计人员的思想和行为，促使最高层次需要的形成，并终身为之奋斗。二者结合就是会计人员积极性充分发挥的最佳模式，我们称之为“会计职业道德行为的激励模式图”，如图13-1所示。

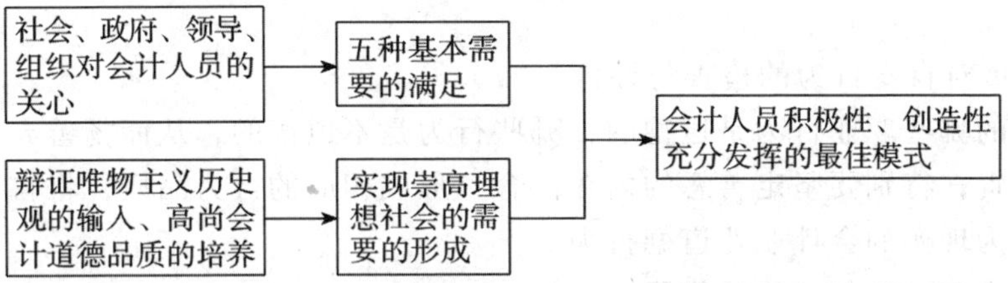

图13-1　会计职业道德行为的激励模式图

现在，我们分析会计职业道德行为的选择问题。在这里，应明确会计职业道德行为选择中的自由与必然的联系。

根据马克思主义伦理学原理，我们知道会计职业道德行为的选择虽然表面上看起来是主观随意的，但实际上，它总是受客观必然性的制约。正如马克思所说，“如果他要进行选择，他也总是必须在他的生活范围里面，在绝不由他的独立性所造成的一定的事物中间去进行选择的。”这表明，会计人员不可能超越客观环境提供的可能性，随心所欲地选择会计职业道德行为。首先，应该看到，客观必然性对人们的会计职业道德行为选择起制约作用，客观必然性制约着人们行为的动机，也制约着人们会计职业道德行为选择的标准和内容，还规定着会计行为的道德责任。其次，也应该看到，人们在选择会计职业道德行为时有相对的自由，人的主观能动性在会计职业道德行为中发挥着重要作用。

会计职业道德行为选择的自由，是指人们对以会计职业道德必然性形式出现的历史必然性的认识，而获得的决定采取某种会计职业道德行为的能力。会计职业道德必然性则是指人们应当遵守的那些符合历史发展要求的会计职业道德原则和会计职业道德规范。一句话，人们对会计职业道德行为的选择，应谨慎细心，要对自己的行为负责。

如何选择会计职业道德行为呢？杜春明在《会计十戒》（《四川财会》，1984）中提出的“会计十戒”，从某种角度而言有助于解决这一问题。会计十戒的要求如下：①对账目戒敷衍；②对原则戒歪曲；③对领导戒迁就；④对亲朋戒徇私；⑤对恭维戒忘形；⑥对私利戒谋求；⑦对威胁戒怯懦；⑧对信赖戒自傲；⑨对决策戒失误；⑩对艰难戒退缩。

● 第二节　会计职业道德的检查与评价

一、会计职业道德检查与评价的内容

在会计工作中，会计人员总会自觉不自觉地根据自己的政治观点和道德观点去评判别人的行为，衡量自己的行为，相应地，会计人员自身的职业行为也会受到其他社会成员的评判。这种评定和判断会计职业道德行为的价值活动，就是会计职业道德检查与评价。它是调整会计人员之间以及会计人员与其他社会成员、集体、国家之间的关系，维护财经制度和财经纪律的重要形式。

会计职业道德检查与评价的对象是会计行为。会计职业道德检查与评价包括两方面内容：

1. 会计人员之间和社会对会计行为的检查与评价

对会计职业道德行为给予充分的肯定、支持和赞扬，对会计不道德行为给予严厉的否定、批评和谴责，处以行政处罚、民事处罚，直至追究刑事责任，使会计人员逐步形成共产主义道德。

2. 会计人员对自身行为的检查与评价

认识自己的哪些职业行为是道德的，哪些行为是不道德的，从而扬善弃恶，履行会计人员的社会职责，特别要坚定善恶的内在信念，形成相应的行为品质，将自己观念形态的道德思想转化为现实的会计职业道德行为。

二、会计职业道德检查与评价的作用

会计职业道德的职能和作用的发挥，主要是靠会计职业道德检查与评价来实现的。会计职业道德检查与评价越是正确和广泛，会计职业道德的职能、作用越能得到发挥，会计职业道德对社会的影响作用就越强而有力。离开了会计职业道德检查与评价，会计职业道德就失去了存在的价值和意义，变成无生命力的东西。会计职业道德检查与评价的作用主要表现在：

1. 会计职业道德检查与评价是会计职业道德规范的捍卫者

会计职业道德的有效性和权威性并不靠它的宣言，而是靠它对人们的行为的实际约束力量，这种力量是由会计职业道德检查与评价来表现的。人们该做什么，不该做什么，什么是善行，什么是恶行，会计职业道德检查与评价起到仲裁的作用。在现实经济生活中，会计人员之间、会计人员与其他社会成员之间关系的调整离不开会计职业道德检查与评价，它为人们传递会计职业道德检查与评价的价值信息，行使会计职业道德的命令职能，是共产主义道德的忠实卫士。

2. 会计职业道德检查与评价是会计职业道德规范转化为会计职业道德行为和会计职业道德品质的“杠杆”

会计人员的道德品质不是自发形成的，会计职业道德检查与评价是会计职业道德品质形成必不可少的重要因素。这是因为，无论是会计职业道德教育还是会计职业道德修养，

都离不开会计职业道德检查与评价。实际上，对人们会计行为善恶的判断过程，也就是对他人进行会计职业道德教育的过程；而会计人员对自身行为善恶的判别过程，则是自我的会计职业道德修养过程。同时，会计职业道德检查与评价所造成的会计职业道德环境和社会风尚，也为会计人员道德品质的形成提供了良好的条件。可见，会计职业道德检查与评价是推动人们把会计职业道德原则和规范转化为会计职业道德信念和习惯的精神力量，没有会计职业道德检查与评价就没有会计职业道德。

三、会计职业道德检查与评价的标准

判断会计人员职业行为的善与恶是会计职业道德检查与评价的基本任务。为此，首先必须明确会计职业道德检查与评价的标准，即善恶的标准。

善与恶，是道德检查与评价中一对更基本的范畴，是用来对人们的思想和行为进行的肯定和否定。在现实生活中，人们总是从一定的立场出发，把一切道德的行为称作善行，把一切不道德的行为称作恶行。就会计职业道德检查与评价的范围而言，符合会计职业道德管理原则和会计职业道德管理规范的行为才称得上善行；反之，则是恶行。在判断会计人员行为的善与恶时，应该认识到：

（1）会计人员在职业生活上的善恶观与社会上的善恶观一样，是客观存在的观念。

（2）会计人员职业生活的善恶观随经济关系和阶级关系的变化而变化。

（3）善恶观的变化是绝对的，但有其相对的客观标准。

我国会计职业道德检查与评价的最高标准就是反映无产阶级利益的善恶标准。具体来说，我国现阶段会计职业道德检查与评价的标准有：

（1）是否有利于国家经济建设和社会生产力的发展。

（2）是否有利于会计工作顺利进行、会计科学发展和财务会计制度贯彻落实。

（3）是否有利于人民生活水平的提高。

其中，最后一点是最根本的检查与评价标准，是终极标准。

四、会计职业道德检查与评价的依据

会计职业道德检查与评价的依据是什么？这涉及会计职业道德行为的动机与效果的关系问题。在通常情况下，动机与效果是相吻合的，但有时也不一致，甚至非常矛盾。因此，在对会计职业道德行为进行检查与评价时，是以动机为根据，还是以效果为根据呢？对此，伦理学界展开了长期的争论，形成了唯动机论和唯效果论。唯动机论者认为，道德检查与评价的唯一标准是行为动机，至于效果好坏，不予考虑；唯效果论者则认为，检查与评价道德行为，只能看效果，不能看动机。实践表明，以上两种观点都不能解决行为善恶检查与评价的根据问题。

马克思主义伦理学强调将动机和效果的辩证统一作为道德检查与评价的根据，揭示了动机和效果的辩证关系。毛泽东同志说：“唯心论者是强调动机、否认效果的，机械唯物论者是强调效果、否认动机的，我们和这两者相反，我们是辩证唯物主义的动机和效果的统一论者，为大众的动机和大众欢迎的效果，是分不开的，必须使二者统一起来。”这一论断，为我们正确地进行道德检查与评价指明了方向。因此，社会主义会计职业道德必须以行为动机和效果的辩证统一作为判断善恶的根据。

在社会实践基础上，动机和效果是统一的，又是对立的。动机和效果的统一，首先是因为两者相互依存，相互包含。动机总是包含着潜在的效果。在行为的整个过程中，动机

总要受到它所指向的预期效果的限制；效果则是在一定动机的指引下形成的，效果中体现着动机。其次是因为两者在一定的条件下能相互转化。人们在社会生活中总要吸收自己以前、同时代人或前辈的行为经验而行动，这些行为所取得的效果，成为人们新的动机产生的基础，新的动机又产生新的效果，这样循环往复，周而复始，一次比一次改进，人类认识就这样不断升华，社会实践就这样不断向前发展。动机和效果的对立，表现为人们行为的主观动机和客观效果有时不一致。由于客观事物非常复杂，人们的认识能力有限，无法完全预料自己的行为过程中可能会出现的各种意想不到的情况，因此，在实践生活中“好心办坏事”，好的动机产生坏的效果，这些情况也常常存在。不过，这种对立是在统一基础上的对立。

动机和效果的对立统一，决定了在进行会计职业道德检查与评价时，既要考虑产生会计行为的动机，又要考虑会计行为带来的效果。把动机和效果在会计实践的基础上统一起来，最终以实践及效果作为检查与评价的标准，也就是毛泽东同志所说的“社会实践及其效果是检验主观愿望或动机的标准”。之所以这样是因为：一方面，人的动机总是从实践中产生和发展的，总要表现为实践活动，而实践的效果最终又是动机的客观表现；另一方面，实践是在主观动机指导下力图达到一定效果的整个过程，效果是整个行为实践过程的最终结果和归宿。一般来说，会计人员在工作中的动机和效果会表现为如下两种情况：

1.好的动机产生好的效果，坏的动机引出坏的效果

譬如，一位优秀的会计师本着为国家、为人民负责的高度责任感，总是做到账面清楚、核算准确、监督严格、收支相符、参与经营、参与管理；相反，动机不纯的会计人员，一定会在账目上做手脚，满足私欲。

2.好的动机产生坏的效果或坏的动机引出好的效果

在会计工作中，这类现象时有发生。例如，刚参加会计工作的新手，尽管有搞好工作的动机，但因为缺乏必要的经验和知识技能而在工作中做不出好的结果。不过，通过总结经验，在随后的实践中钻研业务，纠正错误，最终会使动机与效果一致起来。个别会计人员的不良动机有时也会引出好的效果，这种坏心办好事，常常是道德的伪善者达到其不道德目的的手段，用假象迷惑人。他们所做的“好事”是为了达到不良目的，这种行为必然会在他们的行为中留下痕迹，随着时间的推移，他们的不道德动机也必然会同最后的效果趋于一致。正如列宁所指出的，“实践的发展必须把事情的现象和本质区别开来，假的毕竟是假的，真相终会大白”。这告诉我们，只要坚持实践的观点，就能对动机、效果的道德性质做出正确的判断。

所以，在会计职业道德检查与评价中，我们要坚持动机与效果辩证统一的观点，在会计实践的基础上把动机和效果结合起来，通过效果来看动机，联系动机来看效果。只有这样，我们才能对会计人员的行为做出客观、正确的检查与评价。

五、会计职业道德检查与评价的方式

会计职业道德检查与评价的方式有三种：社会舆论、传统习俗和内心信念。前两者是会计职业道德检查与评价的客观方式，后者是会计职业道德检查与评价对人们的会计职业道德行为进行善恶判定，从而对会计人员的思想和行为产生重大影响。

（一）社会舆论

社会舆论就是众人的议论，是人们用语言或文字对所关心的社会生活中的事件或现象

发表的某种倾向性的意见。社会舆论可分为政治舆论、文艺舆论、宗教舆论和道德舆论等。会计职业的社会舆论是指道德舆论，也就是人们依据会计职业道德检查与评价的标准，对会计人员的思想、行为所做的褒贬，如光荣或耻辱、公正或偏私、正义或非正义。社会舆论具有两个显著特点：

（1）范围广泛，任何人都要受到社会舆论的制约。

（2）具有外在强制性，也就是舆论的压力。

正因为社会舆论具有上述特点，所以它成为影响人们意识的强大力量，成为会计职业道德检查与评价的主要方式。社会舆论就其产生来说，有的通过自觉的途径形成，有的则通过自发的途径形成。从会计领域来讲，自觉的社会舆论是指各级人民政府和国家会计管理机关（财政部门），利用各种宣传工具（如网络、报纸、杂志、广播、电视等），表彰和肯定优秀会计人员的道德行为，谴责和否定少数会计人员的不道德行为，对会计人员进行宣传教育，从而形成一种精神力量，使会计人员接受、遵循社会主义道德规范。

近些年来，我国有关单位在这方面做了大量工作，报纸杂志宣传、报道了许多优秀会计人员的事迹，不少省市，如四川、湖北、吉林、上海等，组织召开了优秀会计人员表彰大会。财政部多次组织全国先进财会工作集体和先进会计工作者表彰大会，共评选出全国先进会计工作者数百名。这些工作对于鼓励会计人员发扬为人民、为国家认真负责的精神，提高会计的社会地位，促成良好的会计职业道德秩序等产生了积极深远的影响。同时，报纸杂志对深原野、琼民源、闽福发、红光实业、棱光实业、银广夏、四砂股份、黎明股份、猴王股份、方正科技、兰州黄河、万福生科、长春制药、大智慧、康美药业、康得新与瑞华等公司的各种财务审计舞弊造假案件的披露，令人触目惊心、愤怒万分，而其中没有一个案件与会计脱得了干系。人们自然把会计与假账联系起来，会计的社会公信力降至低谷。其实，诚信对任何人都很重要，如果我们每个人都以诚信要求自己，都以诚信对待他人，我们的社会就会成为诚信的社会、和睦的社会。所以说，我们今日之中国社会最需要的是诚信。

（二）传统习俗

习俗是长期以来在会计工作实践过程中形成的，习以为常的职业行为倾向，它表现为一定的工作情绪和工作方式。这些会计职业习惯世代相传，具有历史稳定性，是会计人员之间不言自明的道德常规，即所谓的“习惯成自然”。风俗习惯可一分为二：一是新习惯；二是传统习俗，即传统习惯和社会风俗。它是人们在长期社会生活中形成的一种稳定的、习以为常的行为倾向，具有稳定性和群众性两个特点。传统习俗也称自发的社会舆论，是会计职业道德检查与评价的另一种方式。对于会计领域的新风俗要大力支持、肯定、宣传；对于旧习惯和旧风俗的合理部分，可加以改造，对于消极、落后部分，则应予以清除。

（三）内心信念

内心信念是会计职业道德活动的理性基础，它使人们对会计职业道德行为的必然性和正当性做出合理的解释，使会计人员在道德检查与评价中形成一种自知、自尊、自戒的精神，从而成为会计人员对其行为进行自我调整的巨大精神支柱。

上述三种会计职业道德检查与评价方式中，社会舆论和传统习俗是社会方式，内心信念是道德检查与评价借以调整人们行为的内在方式，是一种内在力量。它是构成人们行为的内在动机和性格的有机部分的思想和观点。会计职业道德的内心信念，是指会计人员发自内心的对会计职业道德管理原则、会计职业道德管理规范或会计职业道德管理理想的真诚信服和高度责任感，是会计人员道德情感、会计职业道德观念和会计职业道德意志的内在统一，是会计人员对自身职业行为应负会计职业道德义务的一种会计职业道德责任感。对会计人员来说，会计职业道德检查与评价的广泛性和群众性，对人们的会计行为具有外部约束作用；内心信念则是其自我方式，它表现会计职业道德检查与评价的自觉性和深刻性，对自我会计行为具有内控作用。两者有机结合在一起，才能使会计职业道德检查与评价发挥巨大的积极作用。

六、良心、荣誉在会计职业道德检查与评价中的作用

（一）良心在会计职业道德检查与评价中发挥着十分重要的作用

首先，良心是会计人员对自己行为进行善恶检查与评价和批判的重要力量。在良心的支配下，当会计人员意识到自己的行为给他人和社会带来利益时，就会感到精神上的满足和慰藉；当会计人员做了危害他人和社会的不道德行为时，就会感到羞愧和不安，甚至在内心引起痛苦和悔恨，这就是“良心的谴责”。

其次，良心是会计人员精神生活的道德向导，它引导会计人员遵循会计职业道德规范，从事会计职业道德行为。当一个会计人员想做某件违反道德的事情的时候，良心会呼唤他欲行辄止；当一个会计人员做了不道德的事情而受到良心谴责时，即使别人不知道，他也会决心改正自己的行为，甚至不惜一切代价纠正由自己的行为所造成的后果。假如某个会计人员的行为给社会造成危害，给他人带来痛苦，而自己却没有受到良心的谴责，这表明他是一个不讲道德的人。总之，培养会计职业道德良心是很重要的，是充分发挥会计职业道德检查与评价作用的重要环节。

（二）荣誉对检查与评价会计人员的会计行为发挥着重要作用

首先，荣誉通过社会舆论力量来表现社会对会计人员职业行为的愿望和要求，使会计人员关心自己的行为给社会造成的后果和形成的影响，迫使他们调整自己的行为，以得到社会的肯定和赞扬，避免受到社会的否定和谴责。

其次，会计职业道德中的荣誉感是会计管理工作中一种巨大的精神力量，这体现了会计人员内心的强烈自爱心。会计人员在本职工作中注重集体和个人的荣誉，并通过自身的创造性工作履行对社会的义务，就一定会受到社会的称赞和肯定，而社会对他们的肯定和表扬，又增强了他们对自己工作的光荣感和自尊感，进一步激励他们勤奋工作，为社会主义市场经济建设贡献力量。

● 第三节　会计职业道德修养的实践原则与方法

会计职业道德修养是会计人员进行自我道德教育的课堂，它直接关系到会计职业道德品质的形成和提升。

一、会计职业道德修养的意义

修养是一个含义广泛的概念，通常是指人们在政治、道德、学术以及各种技艺方面所进行的刻苦学习和涵养锻炼的功夫，也是人们经过长期的努力所达到的能力和思想品质。修养一般包括思想意识修养、道德品质修养和科学文化修养三个方面。会计职业道德修养是会计职业道德品质的一部分，主要是指会计人员思想意识、道德品质方面的“自我教育”和“自我改造”，包括按照一定的会计职业道德管理原则、规范所进行的自我批评和自我解剖，也包括在实践中形成的会计职业道德情操和所达到的境界。其任务是会计人员通过对会计职业道德管理原则、规范的认识和体验，使自己在本单位、本系统内享有崇高的威信，因而修养深刻地影响着会计人员的善良与丑恶、光荣与耻辱、高尚与卑鄙、诚实与虚伪等方面的内在信念。会计人员有了正确的内心信念，就能在本职工作中自觉调节个人行为，使个人行为符合会计职业道德规范。

进行会计职业道德修养，具有重大的意义。这种意义可以从会计职业道德修养同会计职业道德检查与评价、会计职业道德教育的区别和联系中加以说明。

（一）会计职业道德修养和会计职业道德检查与评价是紧密相联的

会计职业道德修养要通过自我会计职业道德检查与评价的方式来实现，会计职业道德检查与评价的开展可促进会计职业道德修养的提高。在会计职业道德修养中，检查与评价的因素往往与对道德理想的选择、追求紧密联系在一起，并且始终服从于这种选择和追求。因而，检查与评价在这里仅仅表现为一般的“良心”谴责，而且还从被动状态中解脱出来，成为克服障碍、达成个人道德完善的一种积极力量。这就表明，在会计职业道德修养中，会计职业道德检查与评价的广泛性、深刻性得到了充分发挥。它不仅成为会计人员思想和行为隐蔽的监督者，而且成为他们思想和行为内在的鼓舞者。会计职业道德修养把义务、良心、荣誉、幸福等观点集于自身，推动会计人员为获取更高的道德价值、实现崇高的道德境界而自我反省、自我解剖和自我锻炼。所以，如果说会计职业道德检查与评价是会计职业道德规范的捍卫者，是形成会计人员道德品质的重要杠杆，那么其作用的实现关键在于提高会计人员道德修养的自觉性。

（二）会计职业道德修养和会计职业道德教育是相辅相成的

会计职业道德教育是社会进行的道德活动，会计职业道德修养是会计人员个人自觉进行的道德活动。两者的区别是社会和个人之间的关系在会计职业道德活动中的表现。它们之间可能存在着矛盾和斗争，但两者又是紧密联系的。会计职业道德教育要取得成效，关键是启发会计人员进行会计职业道德修养的自觉性，因为在会计职业道德修养中，会计人员的道德积极性和主动性可以得到充分发挥，会计职业道德教育所提出的道德要求能够转化为会计人员内心的深刻信念，会计人员能够将该信念付诸会计职业道德行为，将其凝结成会计职业道德品质。从这个意义上讲，会计职业道德修养是会计职业道德要求体现在会计人员行为和生活方式中所达到的程度，是对会计职业道德要求的认识与这些要求在行为中的体现的统一，是会计职业道德财富同个人独特的生活经验的统一。因此可以说，没有会计职业道德修养也就没有会计人员道德品质的形成和发展。

总之，会计职业道德修养是会计职业道德的职能和社会作用得以顺利实现的重要基础，是会计职业道德教育的内在课堂，是会计职业道德教育的重要目标。会计人员一旦掌握了会计职业道德修养，就能将自己在社会实践中、在会计职业道德检查与评价和会计职业道德教育中所形成的道德观念、道德信念和道德理想转化为道德行为，凝结成相应的道德品质。其实，一个会计人员高尚的会计职业道德品质，都是他刻苦地进行会计职业道德修养的结果。

二、会计职业道德修养的实践原则

首先要明确会计职业道德修养的目的。我国会计职业道德修养受以公有制为基础的社会主义生产关系的制约，与共产主义道德体系紧密相连，其目的是提高会计人员在社会主义市场经济中的会计职业道德管理水平，培养会计人员的共产主义道德觉悟，造就一代新型会计人员，为实现祖国振兴和共产主义而奋斗。

为了实现这一目的，会计职业道德修养一刻也离不开会计工作的实践。只有在会计实践活动中进行会计职业道德修养，才能使自身的道德品质不断提高。这就是会计职业道德修养的原则，也是它和历史上一切旧的会计职业道德修养的根本区别。古代的伦理学家强调的是脱离实践活动的唯心主义的修养方法。会计职业道德修养之所以强调实践原则，正是因为：

（1）人们只有在实践过程中才能改造自己的主观意识。会计人员只有在开展工作的过程中，通过与服务对象的接触和联系，才能意识到自己的行为中，哪些是道德的，哪些是不道德的，从而进行会计职业道德修养。

（2）会计职业道德修养只能在实践中得到检验和提高。会计职业道德原则和规范对会计职业道德修养提出了明确的目标。这些道德原则和规范必须运用到会计实践中去，通过实践效果检验会计职业道德修养是否符合会计职业道德原则的规范和要求，对照、检查、改正以至清除自己思想、言行中一切与上述原则和规范相违背的东西，从而不断提高会计职业道德修养水平。

（3）会计职业道德修养是一个人从实践到认识，再由认识到实践不断循环往复的运动过程。这一过程不是简单的重复，而是不断向上发展的，永无止境的。只有反复实践和反复认识，才能使会计人员的道德修养不断升华，从而达到一个又一个新的境界。

三、会计职业道德修养的提升方法

会计职业道德修养的提升方法是多种多样的。因为每个会计人员的社会实践、工作环境、生活经历、文化素质、性格特征各不相同，所以修养的提升方法就不能完全是一个格调。总的要求是从实际出发，循序渐进，扎扎实实，持之以恒。具体方法主要有以下三种：

（一）进行两种会计职业道德观念的斗争

要根据客观实际情况，严肃认真地培养自己扬善弃恶的道德感情，以会计职业道德规范为尺度，客观度量自己在会计工作实践中的言行，对各种旧的会计职业道德思想进行严厉的批判和斗争，在斗争中不断提高会计职业道德修养。自觉进行两种会计职业道德观念的斗争，是会计人员道德修养能否提升的关键。会计人员不能离开社会进行会计实践活动。在当今社会，存在着封建思想、资本主义思想和各种旧的道德思想，它们经常影响、侵蚀会计人员。以个人利益为核心的旧道德思想通过各种渠道冲击、影响会计人员的思想和行为。两种会计职业道德观念的斗争将在一个较长的时期内存在。

（二）开展自我批评，严于解剖自己

有道是“金无足赤，人无完人”。由于各种原因，每个会计人员都难免会有这样那样的弱点、缺点和错误。正确的做法是，要敢于正视自己的不足，勇于开展批评和自我批评，严于解剖自己，而这也成为衡量会计职业道德修养高低的重要标准。

会计工作的性质，决定了会计人员要直接或间接地与金钱和财产物资打交道。会计领

域是充满诱惑的地方。目前社会上流行“向钱看”的思想，不健康的思想意识和生活方式会通过各种途径影响人们，会计领域更是渗透的重点。为此，会计人员要始终保持清醒的头脑，不为各种“香风毒雾”所迷惑，不被各种“糖衣炮弹”所击中，更要不断地自我批评、自我反省和自我警惕。会计人员要紧密结合本职工作实际，经常进行自我反省检查，用社会主义会计职业道德原则和规范严格解剖自己，找出自己在道德问题上的不足，逐步提高自身会计职业道德修养水平。在开展自我批评、自我解剖的过程中，对自己要有正确的认识，开展自我改造，培养并逐步形成社会主义会计职业道德情感和观念。为了更好地开展自我批评、自我解剖、自我检查与评价，会计人员还必须有“闻过则喜”的精神，能够虚心听取不同意见，因为一个人不容易发现自己的缺点、不足，即使发现了，认识也不一定深刻。正如俗语所言，“目能见几里之外，而不自见其眉睫”，“当局者迷，旁观者清”。会计人员要善于听取领导、同事和其他同志的批评，接受他们的监督，虚心、诚恳地考虑别人的意见，做到有则改之，无则加勉。

可以说，会计职业道德修养过程同时也是会计人员不断开展批评和自我批评、由不成熟到成熟、由不完善到完善的过程，但这一过程永无止境。正如周恩来同志所说的，“世界上没有完人，永远不会有完人”。

【专栏13-2】　企业家的道德修养与运用

“道”就是浩然正气。这浩然正气无所不包，无所不在。天地得正气，风调雨顺；国家得正气，国泰民安；人体得正气，身心健康，长命百岁。

企业家是企业的首脑，是企业的生产行为、经营行为和市场行为的决策关键。企业家个人的素质和修养，是决定企业命运的“内因”。因此，在讨论现代企业的“企业之道”时，不能不谈谈企业家的道德修养问题。企业家的道德修养问题，主要集中在两个方面：一是“道”的方面，二是“德”的方面。“道”的方面主要讨论企业家应当加强、加深对“道”的认识和领悟。“德”的方面，主要是涉及企业家在体认“大道”的基础上怎样加强与“道”相吻合的“德”的修养。

这样的“道德修养”，虽然与我们日常生活语言中的“道德”的含义并不冲突，但二者仍然是有差异的。通常，“道德”一词在生活中代表着一些具体的道德规范，是一些行为规范的集合，以指令性、准则性为特征，人们无须对其内涵有什么深入的理解，照着去办就行了。而我们这里将要讨论的“道德”问题，是更深一个层次、更高一个层次的问题，探讨的是对“道德”根源的体认、对“道德”精神实质的体认、领悟和自觉地归属于这个精神实质的问题。

简单地讲，普通“道德”课题，是要求人们记住遇到某些事情时应当怎么做，而这里谈及的“道德修养”却是要求我们明白为什么要那样做，进而使我们的思想、行为与道德的精神实质达成高度的统一。我理解，这多多少少，或深或浅，是在生命过程中展开的一个课题。它要求我们用生命去对“道”进行体认，而这种体认会落实在生命之中，融入我们生命的一呼一吸，融入我们的心跳和血液，更融入我们的精神领域之中，变成我们生命的一部分。而这时，我们的生命因为体认“大道”而有了改变，所想的、所讲的、所做的，一发出来，无一不是与“道”同源；而我们的生命就因为体认“大道”而具备了如此不同的特性，这种特性我们管它叫作什么呢？就叫作“德”。

也就是说，悟“道”的生命，自然就具备了“德”。“道”和“德”被老子放在一起谈就是这个道理。“道”是树根，“德”是树上的枝叶花果之全体。“道”无形，但通过有形的事物而发挥，是为“德”。天下万事万物本出于“道”，故天下万事万物本有“德”。天有天道，地有地道；天有天德，地有地德；如此类推，万事万物皆有其道。那么人呢？同样，人背道，则无德；人入道，则自然有德。“道”通过人的生命发扬出来，是“德”；“德”经由人的生命内部反溯至源头，是“道”。

天道、地道、人道、一切道，统统又归属于大道。大道无形、无相、无始、无终、无极，却又可以通过天道、地道、人道、一切道等不同的途径去体察。天地无情、无欲、无为、无心，故常不离道而功德圆满。人因有情、有欲、有为、有心，故常不在道而功亏德损。所以，求道求德，还当以无心者（天地）为师。

古时候的圣人做事，总是出于“无心”。“无心”并不是停止了生命的心智活动。所谓“无心”，实乃“无私”。老子的“圣人无常心，以百姓心为心”说的就是这个道理。

资料来源：薛永新. 大道·无为：薛永新如是说［M］. 成都：四川人民出版社，1996.

（三）“慎独”

“慎独”是指会计人员必须严格要求自己，努力培养强烈的会计职业道德感情和坚定的会计职业道德信念，并且坚持在“隐”和“微”处狠下功夫。履行职责时不管在人前人后、有人无人的情况下，都能一丝不苟，认真负责，恪尽职守。所以，在会计职业道德修养中，要从小处、从无人之处着手，努力把好“隐”“微”的关口，才能收到预期的效果。“慎独”作为修养应达到的境界，是无须任何外来监督和强制而习以为常的一种行为方式。要达到这一境界是很不容易的，要有一个由不自觉到自觉的过程，要经历长期的甚至是痛苦的实践。会计人员必须努力争取达到这种境界，否则，会计职业道德修养不仅不能深入，反而会夭折。会计人员要达到“慎独”的境界，关键在于提高会计职业道德修养的自觉性。会计人员要深刻认识会计工作的目的和意义，树立强烈的事业心，明确会计职业道德修养的方向。

● 第四节　会计职业道德品质的特征与形成

一、会计职业道德品质的特征

会计职业道德作为会计行为原则和规范的总和，不仅体现在会计职业道德关系中，还体现在社会成员的个人品质方面，形成个人的会计职业道德品质。会计职业道德品质同会计职业道德行为一样，都是会计职业道德检查与评价的对象。会计职业道德品质具有稳定性和一贯性，表现为行为习惯或习性，但习惯和习性不都具有道德意义。因此，考虑会计人员的会计职业道德品质，不仅要看会计职业道德行为在某一方面的表现，还要看其各个方面的表现；不仅要看其一时一事个别会计职业道德行为的倾向，还要看其一系列会计职业道德行为所表现出来的一贯倾向，从而全面把握会计人员的会计职业道德品质，揭示会计职业道德品质的基本特征和发展规律。

如何定义会计职业道德品质呢？会计职业道德品质，就是会计职业道德规范在会计人员的个人思想以及会计行为中的体现。会计职业道德品质具有如下几个特点：

1. 会计职业道德品质是客观存在的会计职业道德行为的综合表现

会计职业道德行为是会计职业道德品质的外在表现，会计职业道德品质是会计职业道德行为的内在动因。离开一定的会计职业道德行为，就不能体现会计职业道德品质。会计职业道德行为持续不断地进行，形成一定的会计职业道德习惯，就表现为会计职业道德品质。会计职业道德品质只有通过会计职业道德行为才能表现出来。会计职业道德品质是会计职业道德心理、会计职业道德意识和会计职业道德行为的统一。

2.会计职业道德品质是一种自觉的会计职业道德习惯或习性

会计职业道德品质不仅仅是一种会计职业道德习惯或习性，它还是一种自觉的意志行动过程，是审慎地凭借意志的选择而得到的习性。在会计行为的每一个场合和每一个时期，会计职业道德品质都能凭借一定的判断、选择和自觉意志控制，处理感情和会计行为的结果，是会计人员自觉意志的凝结。这是会计职业道德品质不同于一般习惯、习性的突出特点。

3.会计职业道德品质具有稳定特征和一贯倾向

会计职业道德品质是在会计职业道德行为整体中表现出来的稳定特征和一贯倾向。这里“会计职业道德行为整体”有两方面的含义：一方面，它是构成个别会计职业道德行为主观和客观两方面的统一，是会计职业道德意志和由这种会计职业道德意志所支配的会计职业道德行为的统一；另一方面，它是指一系列会计职业道德行为的统一，是某一时期或某一活动阶段的行为，乃至一生全部会计职业道德行为的综合。会计人员的会计职业道德品质不仅体现在某一个持续进行的会计行为中，而且更充分地体现在一系列行为所构成的会计行为整体中。黑格尔曾深刻地指出，“人就是由他的一串行为所构成的”，“主体就等于他的一连串的行为”。这两句话阐述了会计职业道德行为和会计职业道德品质深刻的辩证思想。它体现了会计职业道德品质不仅是会计人员的内部意志和外部行为的统一，而且是个别行为和整体行为的统一。

二、会计职业道德品质的形成和发展

会计职业道德品质，从其构成内容来讲，包括会计职业道德认识、会计职业道德情感、会计职业道德意志、会计职业道德信念和会计职业道德习惯等基本要素。它们相互联系、相互依存、相互促进所构成的整体就是会计职业道德品质。那么，会计职业道德品质是如何形成和发展的呢？

一方面，会计职业道德品质是会计职业道德现象在会计人员身上的表现，是现实社会关系和会计职业道德关系的反映，因而它的形成和发展必然要受到一定社会环境和物质生活条件的制约；另一方面，会计职业道德品质绝不是对客观物质生活条件的具体会计环境消极适应的结果，它是在会计实践的基础上，经过个人的主观努力所形成的。对会计人员来说，它是一个自觉认识和行为选择的过程，是逐步提高会计职业道德认识、培养会计职业道德情感、锻炼会计职业道德意志、树立会计职业道德信念和养成会计职业道德习惯的综合过程。其具体内容为：

1.提高会计职业道德认识

有目的、有组织、有计划地向会计人员传授社会主义道德知识，提高他们对社会主义会计职业道德的认识。会计人员的任何道德行为都是对其个人与他人、与社会之间关系的自觉认识和自由选择的结果。会计人员的道德认识越全面、越深刻，就越能指导他们正确处理和解决各种道德矛盾，形成明确的道德判断，增强履行社会主义会计职业道德义务的自觉性，自觉进行会计职业道德行为的选择。在现实生活中，少数会计人员做出违反会计职业道德要求的行为，往往与他们的糊涂认识有关。因此，确立和提高会计职业道德认识是培养会计职业道德品质的第一步，也是最关键的一步。

2.培养会计职业道德情感

重视培养会计人员高尚的社会主义会计职业道德情感。会计职业道德情感就是会计人员按照一定的会计职业道德观念，在心理上对会计职业道德要求和会计职业道德义务所产生的各种体验，所抱有的对善恶态度的情绪。可以说，没有会计职业道德情感，就没有也不可能有履行会计职业道德原则和会计职业道德规范的自觉行为，因为会计人员从理论上认识了一定的会计职业道德义务后，并不一定就能按其行动。

当会计职业道德认识转化为会计职业道德情感时，才会对会计人员的行为和举止产生深刻的影响，推动会计人员主动趋善避恶，追求自己情感所向往的美德，反对情感上所不能接受的恶行。同时，会计职业道德情感较会计职业道德认识具有更大的稳定性。有了这种会计职业道德情感，会计人员就能正确对待会计职业，热爱会计工作，正确处理与同事、与集体的关系，摆正个人利益与国家利益的位置，认清自己肩负的责任，顺利完成国家和人民交给的会计核算和监督任务。

3.锻炼会计职业道德意志

会计职业道德意志是指会计人员为了履行会计职业道德义务而克服各种困难和障碍的能力和毅力。会计职业道德意志突出体现会计职业道德行为的意图，表现会计职业道德行为中坚韧不拔的精神，它是在精神上对会计人员行为的指导和支持，比会计职业道德情感更进一步。会计职业道德认识和会计职业道德情感的结合，如果没有会计职业道德意志的支撑，就不能巩固和持久。当会计人员具有坚强的会计职业道德意志时，就会忠于职守，秉公理财，不徇私情，不计较个人得失，克服各种困难，搞好本职工作。如果没有会计职业道德意志，就不能抵制某些领导和群众违反纪律的行为，就不可能忠实地履行职责。所以，培养和锻炼会计职业道德意志，是会计人员践行道德行为的重要条件，是形成会计职业道德品质的重要环节。

4.树立会计职业道德信念

会计职业道德信念是会计人员发自内心地对会计职业道德义务和道德理想的真诚信仰和强烈责任感。相对于会计职业道德认识、会计职业道德情感和会计职业道德意志来说，会计职业道德信念具有综合性、稳定性和持久性的特点。会计职业道德信念表现为坚定地相信社会主义会计职业道德原则和会计职业道德规范的正确性，坚定地相信社会主义会计职业道德原则和会计职业道德规范行为的正义性。当某个会计人员树立了会计职业道德信念时，他就能自我调动、自我命令，长期、自觉、全面地根据自己的信念选择会计行为，从事会计工作。可以说，会计职业道德信念是会计职业道德品质的核心。

5.形成会计职业道德习惯

会计职业道德习惯，是根植于会计人员心中的一种行为。它已经成为会计人员内心的需要，成为一种定型化的自然行为。养成会计职业道德习惯的目的是使会计人员对会计职业道德原则和规范的认识真正深入到自己的血肉里，使其真正地、完全地成为生活的组成部分，变成会计人员的性格特征。可见，养成良好的会计职业道德品质是会计职业道德教育的归宿。只有当会计人员养成了会计职业道德习惯，才能说他具备了会计职业道德品质。

在会计职业道德品质形成的过程中，以上五个环节相互影响、有机联系地构成一个整体。其中，会计职业道德认识是前提，会计职业道德情感和会计职业道德意志是两个必要条件，会计职业道德信念是核心，会计职业道德习惯是归宿。由会计职业道德认识转化为会计职业道德品质，不是简单地、自然地进行的，而是由会计职业道德认识、会计职业道德情感、会计职业道德意志、会计职业道德信念和会计职业道德习惯在发展水平或发展方向方面不断地由不平衡到平衡，由不适应到相互适应的矛盾运动过程。同时，社会经济和劳动生产率的不断向前发展，必然向会计人员提出新的道德要求，这就在客观上要求对会计人员进行会计职业道德教育。只有持之以恒、反复不断地解决构成会计职业道德品质各要素之间的矛盾，才能促成社会主义会计职业道德不断向前发展和会计职业道德品质的形成。

● 第五节　会计职业道德境界升华

“境界”这一概念，在我国西汉时期就开始使用，开始时是指“疆界”“地域”的意思，以后引申为人们所处的境况。“境界”作为思想修养的一个概念，始于佛教，传入中国以后，被佛教理解为每个人对佛经的造诣和理解的不同程度。“斯义宏深，非我境界”，就是这个意思。魏晋时期，人们开始把诗文的立意和造诣的高低、深浅也称为境界。“境界”这一概念就被广泛运用于文学、艺术、政治和伦理道德等各个领域。

会计职业道德境界，就是指会计人员在社会生活和会计实践工作中，按照会计职业道德规范去行动所形成的道德觉悟水平，以及由此表现出来的思想感情和情操。由于每个会计人员所受教育程度不同和自我修养程度不同，他们所达到的道德境界也会存在较大的差别。

一、会计快乐指数的设计

2002年1月14日，国家会计学院诚信教育教材开发组在深圳召开会计师事务所负责人座谈会。敬业所的CPA杨淑琴说了一段朴实的话：“钱是赚不完的，关键是人要快乐。到一个企业去做审计，企业的账目清楚，审计报告真实，所得的审计费用适当，心里踏实，心情舒畅。人生的价值在于快乐地生活着，只要做假心里就不踏实，老是担心出问题，即使还没有出问题，心里也还是不愉快，这样的钱，还是不赚为好。”

【专栏13-3】 **会计快乐指数**

2002年4月15日，在由中共中央组织部和国家会计学院联合举办的中央管理的国有重要骨干企业总会计师培训班上提到的“会计快乐指数”，引起与会人员的极大兴趣。

参加会议的中国人民大学的一位博士提出，应当研究快乐、诚信、人的寿命三者之间的关系，总结归纳一个计算“快乐指数”的具体表达公式。大量事实告诉我们，诚信与市场占有成正比，诚信与人的寿命成正比。因此，诚信不仅在注册会计师行业，而且在全社会，都具有巨大的经济价值，对整个人类也都具有巨大的延续生命的社会价值。如杨淑琴所说，不诚信的钱，拿了不愉快，会让人“愁煞”，缩短生命；诚信的钱，拿了“开心”，延长寿命。

我们设计了一个诚信与快乐相联系的关系指数，即快乐指数：

$$T \times M = H^2 \qquad (13\text{-}3)$$

式中，H（Happiness）表示快乐指数；T（Trust）表示诚信；M（Market）表示市场。

资料来源：常青. 会计快乐指数［EB/OL］.［2002-04-20］. http: //www.e521.com.

二、会计职业道德境界的层次

根据会计人员对待本职工作的不同态度，参照不同级次的快乐指数，会计职业道德境界大致可分为如下三个层次：

1.“雇佣型”会计职业道德境界

在“雇佣型”会计职业道德境界下，会计人员用雇佣观点来对待自己的会计工作，看待本职工作中人与人之间的关系。这类会计人员一般将会计工作看作谋生的手段，不主动发挥自己的知识和技能，只求得到理想的工作和报酬，在会计职业道德上也就满足了。此时他们处于初级快乐指数层次，会计职业道德境界亟待提高。在“雇佣型”会计人员的道德意识和行为中，社会的道德检查与评价和自我的道德检查与评价存在着矛盾。社会对会计人员的道德期望较高，而会计人员对自身的道德要求容易得到满足。

2.“尽职型”会计职业道德境界

处在“尽职型”会计职业道德境界的会计人员以做好分派给自己的会计工作作为最高的追求。他们缺乏远大的道德理想，不能自觉地认识到自己所从事的工作是社会主义事业的一部分。当个人利益与国家、人民的整体利益一致时，他们会认真工作；一旦二者利益出现矛盾，他们就会动摇、退却，这时也正好可以检验他们会计职业道德修养的深浅程度。“尽职型”会计人员在开展会计职业道德自我检查与评价时，会考虑公众利益，但更多的是考虑个人利益。他们会尽可能做到对自我的道德要求符合社会的道德要求，并且力争其个人的会计行为受到社会道德检查与评价的肯定、鼓励和表扬。这类会计人员处于中级快乐指数层次，会计职业道德境界有待提高。

3.“献身型”会计职业道德境界

“献身型”会计职业道德境界，是指会计人员在本职工作中始终做到工作第一，他人第一，全心全意为人民服务。在这种道德境界下，会计人员能从大局出发，摆正并正确处理个人与集体的关系，能从他人和社会利益出发，提出会计职业道德的自我要求，全身心投入会计工作，自觉地使自己的会计职业道德行为符合社会和公众的要求。在这里，会计职业道德的自我检查与评价和社会检查与评价达到了统一，会计职业道德教育收到成效。这类会计人员处于高级快乐指数层次。

以上分析表明，三个层次的会计职业道德境界是递进的，而不是并列的。每个会计人员都可以从较低层次的道德境界向较高层次的道德境界转化。会计职业道德检查与评价、会计职业道德教育和会计职业道德修养的目的是推进会计人员从“雇佣型”境界向“尽职型”境界转化，然后继续向“献身型”境界转化、升华。

应该看到，会计职业道德境界是有止境的，又是无止境的。因为一方面它要受历史条件和会计实践的限制，另一方面它又要随历史条件、社会生产力和会计实践的不断发展而发展。因此，每个会计人员都不能满足于已经达到的道德境界，要在社会生活和会计实践中不断提高自己会计职业道德修养的自觉性，向更高的会计职业道德境界迈进。

【关键概念】

会计职业道德行为（Accounting Ethical Behavior）
会计职业道德检查与评价（Accounting Ethics Inspection and Evaluation）
会计职业道德修养（Accounting Ethics Cultivation）
会计职业道德品质（Accounting Ethics Quality）
会计职业道德境界（Accounting Ethics Realm）

【复习思考题】

1. 简述会计职业道德行为的本质、特性、激励模式与选择思路。
2. 会计职业道德检查与评价有什么作用？有哪些依据及方式？
3. 会计职业道德修养为什么要坚持实践原则？有何方法？
4. 会计职业道德品质有哪些特点？会计职业道德品质的形成与发展有何途径？
5. 会计职业道德境界有几个层次？如何实现会计职业道德境界升华？

【案例分析题】

大诚于人，信通天下：大信会计师事务所七十载

在1945年抗日战争胜利后的举国欢腾中，大信品牌在荆楚大地武汉横空出世；40年后的1985年，在改革开放的春风中，大信品牌涅槃重生，以当时全国首家合伙制事务所的面貌直面市场挑战；时至今日，在中国经济腾飞、“创业创新”的浪潮之中，大信品牌已然脱胎换骨，屹立于注册会计师行业的强者之林。

岁月如梭，弹指一挥间。大信会计师事务所是新中国第一家合伙制会计师事务所，从未更换过所名，更未改变过以诚信立所的信念。“大诚于人，信通天下”的信念将催动一辈又一辈大信人奋发图强。

一、回眸：抗战胜时大信立，74年已逝，来日辉煌可期

经过8年浴血奋战，中国人民于1945年取得抗日战争的伟大胜利，国家开始民族经济复兴的伟大进程。就在这一年，在“九省通衢”的武汉，我国现代会计先行者吴英豪先生怀着服务国家经济建设之情，继上海立信后，以“潘氏模式”在武汉创立中国会计界第二个“三位一体”（会计师事务所、会计学校、会计期刊）的会计师事务所。

1978年12月，党的十一届三中全会之后，“改革开放”的春风吹绿了祖国大地；1980年，财政部做出了重建中国注册会计师制度的战略决策，给我国CPA行业恢复发展带来了巨大希望。在党的改革开放春潮的推动下，吴益格先生为顺应时代形势需要，断然从国企提前退休下海，秉承老师遗愿，在武汉恢复重建我国第一家合伙制会计师事务所——武汉大信会计师事务所，并以“自力更生、艰苦奋斗”的精神，战胜“五无”（无钱、无人、无经验、无靠山、无关系）困难，在短短3年内使事务所在武汉稳稳站住脚跟，为起步与发展奠定了坚实基础。

在当年的市场环境下，“五无”的大信想承揽到业务并不容易，但大信的“草根”特质也使他们更愿也更能吃苦——大所看不上的业务，大信做；大所不愿意去的偏远地区，大信去！从武汉谌家矶一家乡镇企业的报表辅导起步，肯吃苦耐劳、愿放低身价而专业能力又过硬的大信赢得了口碑，改革开放前期纷纷涌现的乡镇企业也给了大信丰足的市场空间，并逐渐形成了“农村包围城市”的态势，事务所发展蒸蒸日上。脱钩改制极大地激发了大信人的创新精神，他们运用“三大法宝”（机制灵活、重用人才、优质服务），在国有事务所“一统天下”的环境下，巧出奇兵，不一味强攻湖北市场，而是采取外围战术，一举抢占山东7家IPO公司、广西3家IPO公司，然后回到武汉，取得“湖北第一”的佳绩。

二、“龙头”进京，肯吃苦再成制胜法宝

经过15年的艰苦奋斗，进入新千年的大信取得湖北省会计师事务所业务收入第一的业绩。但此时，大信也面临发展瓶颈甚至是低谷——在成绩面前，有人已进取心不足；首次合并其他事务所不欢而散，做大道路受阻；有人对日渐年长的董事长吴益格的领导力心存疑虑，对发展前途悲观失望。大信是继续向前，还是就此止步？壮心不已的吴益格经过深思熟虑，决定顺应时代发展的潮流，把事务所总部迁到竞争更加激烈、发展机会更多的北京去，开启大信的二次创业。

此时，正是注册会计师行业发展史上著名的“百所进京”时期，与大信一同涌入北京的，还有上百家不甘在地方“小打小闹”的事务所，他们也有雄心壮志，甚至有更好的背景或资源。但大浪淘沙，进京的“百所”有的迅速发展壮大，有的与人合、被人合后名号消失，还有的则铩羽而归。

三、大信欲建“百年老店”

大信会计师事务所（特殊普通合伙）自1985年恢复重建以来，经过30年的不懈努力，从一个地方所发展为具有H股资格的大型会计师事务所，业务收入突破10亿元，员工超过3 000人，跻身本土所前列，成为促进经济社会发展的重要力量。现阶段的大信更加重视一体化管理，特别关注审计质量保障。对于这方面的工作，他们已经有了初步的打算。

四、“做大”后更重一体化

大信计划通过2～3年的努力，形成管理科学、质量过硬、总所与分所协同发展、规模与质量互为驱动的良好局面，不断巩固和提升行业一流大所地位。

首先是积极推进全所一体化管理。大信将着力解决几个制度性问题，包括解决好合伙团队的价值理念认同度、处理好财务管理与合伙人收益分配机制的制度瓶颈、协调好统一管理与单位间绩效的矛盾冲突。

地区业务总部是大信的管理特色和创新。目前，大信已设立北京、武汉、山东、上海、深圳、江西、吉林、西南等八大地区业务总部。为推进一体化管理，提高审计质量，大信将以“八大”地区总部为重点实施两大举措：一是“八大”地区总部合伙人率先实行在一个“利润池”里收入统一分配；二是“八大”地区总部新增的证券期货、金融等高风险业务项目率先实行按地区、按行业管理。

大信管委会认为，当前，总分所质量控制必须实行一体化管理，分所执业实行分类管理，高风险业务集中由地区业务总部承办。下一步，大信将逐步实施业务项目按地区和按行业管理。他们计划首先完善绩效考核激励机制和利益分配方式，包括内部收入分配办法等，为项目管理改革创新制度条件。随后在基础较好的区域业务总部实行试点，力争用1到2年左右的过渡期，基本实现业务项目按地区和按行业管理。

五、严把审计质量“生命线”

审计质量是会计师事务所安身立命的“生命线”，新时期的大信在这一方面下足了功夫。他们把质量控制的关口前移，严格把控业务项目承接准入关。第一是审慎评估承接拟上市业务项目，要求在承接该类项目时进行全面尽职调查和风险评估。各业务总部、分所承接拟上市企业项目，必须报经质量控制部门评估，经业务总部总经理审批后方能承接。涉及重大风险事项的项目由主任会计师审批。第二是严格把关“接下家”上市公司业务项目。在签订业务约定书前深入了解上市公司的有关事项，高度关注业务复杂程度、财务状况等情况，经事务所风险控制部门讨论，主任会计师批准后方能承接。第三是对于地方投融资平台发债业务项目，大信将保持审慎态度，要求业务部门在承接发债项目前要深入讨论财务重组、资产注入、利润来源等方案的可行性，并以书面形式上报质量控制部门，经同意后方可承接。

六、育人才、重人才是立所之本

能吃苦、打得了硬仗的专业人才是大信持续发展进步的原动力，支持着这家无官办背景的事务所掘取第一桶金，从3 000元注册资本起家到业务收入超10亿元，从湖北武汉进军北京市场。培育人才、用好人才、重视人才是大信的立所之本。如今，大信依然把很大一部分力量投入到人才建设方面。

大信人认为，提高审计质量，关键取决于执业人员素质和专业胜任能力。他们还坚守“诚实做人、诚信执业”的所训，充分利用大信平台优势，积极与对外经贸大学合作，为大信专门开办会计、审计硕士班，从全所选派有经验、有培养前途并具备学士学位的人员去学习、培训，为造就一批高级执业人才奠基。大信不但下决心选拔、引进、培育一批既有深厚理论基础，又有实务经验的高层次专业人才，而且正在争取对外经贸大学和武汉大学等高校支持，着手筹建大信博士后流动站。

“雄关漫道真如铁，而今迈步从头越。”大信已经走过了前后70年的岁月，大信创始人已逝，重建者吴益格也已退居幕后，大信已将管理权向以胡咏华为首席合伙人、主任会计师的管理团队转移。随着事务所股权的稀释，大信已经逐渐摆脱“家族企业”的标签。这家全国最早的合伙制会计师事务所全新演绎着“志同、人和”的合伙理念，向着“立足中国、走向世界、创一流会计师事务所”“打造大信百年老店”的目标进发。

资料来源：小黑妹．大信会计师事务所风雨70年方得“苦后甜”[EB/OL]．[2015-12-11]．http://bbs.dongao.com/thread-3905089-1-1.html.

讨论问题：

1.大信会计师事务所历经七十多年风雨成功执业的原因何在？

2.大信人为什么要坚守“诚实做人、诚信执业”的所训？对我们有何启示？

主要参考文献

［1］中共中央文献研究室．十八大以来重要文献选编［M］．北京：中央文献出版社，2016.

［2］中共中央文献研究室．习近平关于社会主义文化建设论述摘编［M］．北京：中央文献出版社，2017.

［3］丁平准．中国第一合伙所——大信会计师事务所［M］．北京：经济科学出版社，2017.

［4］魏杰．中国经济之变局［M］．北京：中国发展出版社，2009.

［5］刘清．低碳经济下的废弃物管理［J］．经营与管理，2010（10）.

［6］全国工商管理硕士教育指导委员会．商业伦理学教学大纲［M］．北京：机械工业出版社，2011.

［7］叶陈刚．推行职业道德守则　提升注册会计师公信力［J］．中国注册会计师，2010（6）.

［8］叶陈刚．公司内部治理机制研究述评与启示［J］．审计与经济研究，2011（1）.

［9］叶陈刚．企业风险评估与控制［M］．2版．北京：机械工业出版社，2013.

［10］叶陈刚．企业伦理与文化［M］．2版．北京：清华大学出版社，2013.

［11］叶陈刚．商业伦理与企业责任［M］．北京：高等教育出版社，2016.

［12］叶陈刚．审计学［M］．3版．北京：机械工业出版社，2019.

［13］叶陈云，叶陈刚．注册会计师行业信誉危机反思及其治理路径研究［J］．财会通讯，2020，855（19）：133-137.

［14］王艳艳，叶陈刚，双琦．儒家文化、信用治理与盈余管理［J］．中国注册会计师，2021，268（9）：41-47.

［15］叶陈刚．会计职业道德［M］．北京：高等教育出版社，2021.

［16］叶陈刚，罗勇，邱兆学．会计职业道德［M］．2版．北京：经济科学出版社，2022.

［17］周祖城，张漪杰．企业社会责任相对水平与消费者购买意向关系的实证研究［J］．中国工业经济，2007（9）.

［18］周祖成．企业伦理学［M］．北京：清华大学出版社，2020.

［19］施密特．全球化与道德重建［M］．柴方国，译．北京：社会科学文献出版社，2001.

［20］李维安．公司治理学［M］．北京：高等教育出版社，2005.

［21］李维安．公司治理［M］．北京：知识产权出版社，2022.

[22] 弗里切. 商业伦理学 [M]. 杨斌, 石坚, 郭阅, 译. 北京: 机械工业出版社, 1999.

[23] 厉以宁. 超越市场与超越政府——论道德力量在经济中的作用 [M]. 北京: 经济科学出版社, 1999.

[24] 马连福. 公司内部治理研究 [M]. 北京: 高等教育出版社, 2005.

[25] 曾仕强. 胡雪岩的启示 [M]. 西安: 陕西师范大学出版社, 2008.

[26] 蒙克斯, 米诺. 公司治理 [M]. 李维安, 周建, 译. 北京: 中国财政经济出版社, 2004.

[27] 宋希仁. 西方伦理思想史 [M]. 北京: 中国人民大学出版社, 2004.

[28] 苏勇. 现代管理伦理学 [M]. 北京: 石油工业出版社, 2006.

[29] 斯密. 道德情操论 [M]. 韩巍, 译. 北京: 西苑出版社, 2005.

[30] 兰顿, 瓦特肯森. 公司董事指南——职责、责任和法律义务 [M]. 李维安, 牛建波, 译. 北京: 中国财政经济出版社, 2004.

[31] 王学义. 企业伦理学 [M]. 成都: 西南财经大学出版社, 2004.

[32] 赵汀阳. 论道德金规则的最佳可能方案 [J]. 中国社会科学, 2005 (3).

[33] 刘军, 黄少英. 儒家伦理思想与现代商业伦理 [M]. 北京: 科学出版社, 2010.

[34] ANCTIL R M, DICKHAUT J, KANODIA C, et al.Information transparency and coordination failure: theory and experiment [J]. Journal of Accounting Research, 2004, 42 (2): 159-195.

[35] BUSHMAN R, QI C, ENGEL E, et al.Financial accounting information, organizational complexity and corporate governance systems [J]. Journal of Accounting and Economics, 2004, 37 (2): 167-201.

[36] BAMPTON R, COWTON C J.Taking stock of accounting ethics scholarship: a review of the journal literature [J]. Journal of Business Ethics, 2013, 114: 549-563.

[37] BLAY A D, GOODEN E S, MELLON M J, et al.The usefulness of social norm theory in empirical business ethics research: a review and suggestions for future research [J]. Journal of Business Ethics, 2018, 152: 191-206.

[38] COASE R H.The nature of the firm [J]. Economica, 1937, 4 (16): 386-405.

[39] CHRISTENSEN A, COTE J, LATHAM C K.Developing ethical confidence: the impact of action-oriented ethics instruction in an accounting curriculum [J]. Journal of Business Ethics, 2018, 153: 1157-1175.

[40] KOSTOVA T, KENDALL R.Social capital in multinational corporations and a micro-macro model of its formation [J]. The Academy of Management Review, 2003, 28 (2): 297-317.

[41] NAM S W.Corporate governance of banks: review of issues [J]. ADBI Working Papers, 2004.

[42] OECD.G20/OECD Principles of Corporate Governance [EB/OL]. [2005-10-15]. http: // www.oecd.org.

[43] ÖZMEN UYSAL Ö.Business ethics research with an accounting focus: a bibliometric analysis from 1988 to 2007 [J]. Journal of Business Ethics, 2010, 93: 137-160.

[44] SHAFER W E.Ethical climate, social responsibility, and earnings management [J]. Journal of Business Ethics, 2015, 126: 43-60.

[45] TORMO-CARBÓ G, SEGUÍ-MAS E, OLTRA V.Accounting ethics in unfriendly environments: the educational challenge [J]. Journal of Business Ethics, 2016, 135: 161-175.

[46] WILKS T J, MARK F Z.Using game theory and strategic reasoning concepts to prevent and detect fraud [J]. Accounting Horizons, 2004, 18 (3): 173-184.

[47] WEST A.After virtue and accounting ethics [J]. Journal of Business Ethics, 2018, 148: 21-36.

[48] YE C.Discussion on accounting revolution in the time of network [J]. International Finance and Accounting, 2001 (2): 28-35.

[49] YE C. Research on guarding against financial fraud of enterprise's branches [J]. USA-China Business Review, 2002 (2): 24-27.

[50] YE C.Research on the evaluation system of CPA's social responsibility [C]. 5th Internationa Symposium for Corporate Governance, 2009-10-23.

[51] YE C, WANG Y, WU Y, et al.Confucianism and auditor changes: evidence from China [J]. Managerial Auditing Journal, 2022 (5): 625-656.

附录 1

关于印发《注册会计师行业诚信建设纲要》的通知

关于印发《注册会计师行业诚信建设纲要》的通知

财会〔2023〕5号

各省、自治区、直辖市财政厅（局），深圳市财政局，新疆生产建设兵团财政局，各会计师事务所，有关单位：

为贯彻落实《中共中央办公厅 国务院办公厅关于进一步加强财会监督工作的意见》、《国务院办公厅关于进一步规范财务审计秩序促进注册会计师行业健康发展的意见》（国办发〔2021〕30号）要求，适应新时代高质量发展和全面建设社会主义现代化强国对注册会计师行业诚信建设提出的要求，增强行业诚信观念，提升执业质量，营造守法经营、诚信服务的行业文化，我部制定了《注册会计师行业诚信建设纲要》，现印发给你们，请结合本地实际，认真贯彻落实。

附件：注册会计师行业诚信建设纲要

财政部

2023年3月14日

注册会计师行业诚信建设纲要

诚信是注册会计师行业的核心价值，是行业的立业之本和发展之要。注册会计师行业诚信建设是社会诚信建设的重要组成部分。为持续加强行业诚信建设，增强诚信自觉、诚信自信、诚信自强，提升行业自律性、公正性和专业化水平，以诚信驱动执业质量提升，特制定本纲要。

一、充分认识加强注册会计师行业诚信建设的重要意义

党中央、国务院明确要求加强注册会计师行业诚信建设，习近平总书记对行业做出要“紧紧抓住服务国家建设这个主题和诚信建设这条主线”的重要批示。财政部门坚持不懈贯彻习近平总书记重要批示精神，以诚信建设为主线推进行业改革发展，持续加强行业诚信建设，已基本形成符合我国社会主义市场经济特点的行业诚信建设体系，在促进行业健康发展的同时，有力地维护了社会主义市场经济秩序。同时，行业诚信建设与新时代高质量发展和全面建设社会主义现代化强国要求不匹配、不协调、不适应的矛盾仍然突出。加强行业诚信建设，有利于行业更好发挥维护社会公平正义、规范市场经济秩序、保障国家经济安全等作用，有利于培育和践行社会主义核心价值观，全面助力社会信用体系建设。

二、行业诚信建设的指导思想和基本原则

（一）指导思想

坚持以习近平新时代中国特色社会主义思想为指导，全面贯彻落实党的二十大精神，按照党中央、国务院决策部署，以培育和践行社会主义核心价值观为根本，以行业党的建设为引领，坚持遵循法治轨道和职业道德，着力构建诚信建设长效机制，建立健全贯穿会计师事务所及其从业人员全生命周期的诚信管理体制机制；大力弘扬行业诚信文化，在全行业广泛形成守信光荣、失信可耻的浓厚氛围，使守信者受益、失信者受限，使诚实守信成为全行业的自觉行为规范，更好发挥注册会计师执业监督作用，全面助力社会信用体系建设。

（二）基本原则

——政府推动，社会共建。各级财政部门牵头抓总，充分发挥组织、引导、推动作用。各级注册会计师协会充分发挥行业自律作用，将诚信建设落实到考试、注册、培训、自律监管等各个环节。会计师事务所及其从业人员充分发挥主体作用，自觉遵守职业道德规范和执业准则规则。充分调动社会各方力量，广泛参与，共同推进，形成行业诚信建设合力，促进行业规范健康发展。

——健全制度，规范发展。进一步健全诚信标准，将诚信贯穿于职业道德规范和执业准则规则，推进诚信信息数字化建设，规范化构建行业诚信建设长效机制，维护信用信息安全和信息主体权益。

——以人为本，教育为先。注重发挥会计师事务所及其从业人员主观能动性，不断提升和发展自身的诚信价值和理念。重视发挥道德的教化作用，健全完善诚信教育机制，把教育引导从业人员提升诚信意识作为长期任务。

——德法并举，刚柔相济。注重将诚信标准同法律规范相衔接、相协调、相促进。依法整治各类失信行为，坚决纠正串通舞弊、丧失独立性等违反职业规范和道德规范的重大问题，加大守信联合激励与失信联合惩戒实施力度，使诚信执业内化于心、外化于行，成为全行业的自觉行动。

——重点突破，强化联动。选择重点领域和典型地区开展诚信建设示范，以点带面，推动全行业诚信建设取得重大突破。健全行业诚信奖惩联动机制，促进信用信息互联互通、协同共享，积极推广诚信评级评价体系在行业的应用，营造诚实、自律、守信、互信的行业信用环境。

三、以健全规范规则为基础，持续完善诚信标准建设

（三）持续完善职业道德规范

职业道德规范是会计师事务所及其从业人员应当遵守的基本道德要求。遵循社会主义核心价值观，持续修订完善注册会计师职业道德规范，突出维护公众利益宗旨，严格独立性要求，强化以职业道德基本原则为导向，推进职业道德与专业素质相结合。制定职业道德相关实务指南和问题解答，及时提供专业技术支持，回应行业关切，提高全行业理解执行职业道德规范的能力。适时扩大职业道德规范适用范围，推动注册会计师职业道德规范适用于全体从业人员，引导从业人员自觉遵循诚信原则，守住诚信操守底线，筑牢法律法规红线。做好职业道德规范与执业准则规则之间的衔接，及时将职业道德的刚性要求纳入执业准则规则和法律法规。

（四）持续完善执业准则规则

执业准则规则是会计师事务所及其从业人员应当遵循的行为规范，是评价执业行为和执业质量的基本尺度。持续完善执业准则规则体系，持续保持国际趋同，并坚持问题导向，及时解决实务问题，及时回应市场关切。完善以诚信为核心的会计师事务所质量管理准则，推动和指导会计师事务所建立健全以遵循职业道德规范为基础的诚信管理制度，不断完善会计师事务所内部治理和质量管理机制。推动执业准则规则建设闭环管理，健全准则规则执行效果跟踪评价机制，推动准则规则有效实施，并针对执行中发现的问题，完善执业准则规则，充分发挥执业准则规则对会计师事务所及其从业人员执业的规范和指导作用，提高其发现和应对舞弊的能力，促进行业健康发展。

四、以弘扬诚信美德为导向，推动诚信教育与诚信文化建设

（五）全方位开展诚信教育

诚信教育是提高行业诚信水平的重要途径。抓好诚信教育顶层设计，适应社会对注册会计师知识结构、能力水平的要求，加强人才职业化和职业道德培训，不断完善中国注册会计师行业人才胜任能力指南和继续教育制度，健全注册会计师继续教育体系。抓好诚信初始教育，紧扣国家对注册会计师人才的需求，对标国际一流水平，坚持职业导向、原理导向和考生友好导向，进一步完善考试基本制度、组织管理制度、质量保证制度和考试题库建设，加大对考生职业道德和诚信执业的考察力度，推动将考试违规行为纳入诚信管理体系，切实将诚信教育贯穿于考试工作各环节。抓好诚信日常教育，将诚信教育贯穿于注册会计师继续教育各环节，纳入行业高端人才、执业质量提升等各类培训以及行业党校课程体系，强化职业道德年度培训要求，不断提高职业道德培训在继续教育中的学时占比。将诚信教育贯穿于行政许可事项、执业管理、执业质量检查、处理处罚和惩戒等环节，充分利用各级各类管理和服务窗口，广泛开展守法诚信教育，适时开展标准化、规范化、便捷化的诚信教育。加大对新备案从事证券服务业务及诚信评级评价等级较低的会计师事务所的诚信教育培训力度。抓好诚信警示教育，健全警示教育制度，创新警示教育方式，适时编发违法失信案例和审计失败典型案例集，持续开展诚信教育现场教学、反面案例进继续教育课堂活动，建立健全以案说德、以案说规、以案说法、以案说责机制，让全行业受警醒、明底线、知敬畏。落实诚信教育主体责任，推动会计师事务所建立健全从业人员诚信教育及管理制度，开展常态化诚信教育，配备充足的独立性专职管理人员，将职业道德规范遵循情况、参加诚信教育情况和诚信记录情况作为会计师事务所内部考核评价、岗位聘用的重要依据，切实保障职业道德规范行之有效，强化诚信责任。

（六）大力营造诚信文化氛围

诚信文化是行业的道德基础和价值取向。将诚信文化建设摆在行业文化建设的突出位置，倡导注册会计师行业坚持诚信，守法奉公，坚持准则，守责敬业，坚持学习，守正创新，营造“守信者荣、失信者耻、无信者忧”的执业氛围。重视诚信文化平台建设，坚持诚信文化建设主题活动常态化，秉承“诚信为本、操守为重、坚持准则、不做假账”的行业诚信文化，增强行业诚信自觉、诚信自信、诚信自强，实现诚信文化建设与行业发展的紧密结合，推动将诚信文化建设落到实处。重视诚信文化内容建设，把普法教育和道德教育结合起来，以道德滋养法治精神，营造全行业遵纪守法、诚实守信的向善向上氛围。重视诚信文化形式创新，结合发布行业发展报告、举办诚信论坛等方式，广泛宣传行业执业特征、价值贡献、先进事迹和典型案例，推动诚信文化作品创作，丰富诚信宣传载体，提升诚信宣传水平。重视诚信文化传播渠道拓宽，注重发挥新闻媒体在诚信文化建设中的积极作用，增加诚信宣传频次，正面宣传行业价值和贡献，大力发掘、宣传诚信典型，传播诚信理念，树立行业正面形象。重视诚信文化机制建设，不断完善注册会计师注册办法和诚信宣誓制度，增加诚信教育要求，积极推广注册会计师注册前诚信宣誓，推动会计师事务所开展新员工岗前诚信宣誓和重要时点重温诚信宣誓活动。鼓励会计师事务所和注册会计师主动向社会做出诚信承诺，开展诚信倡议活动，签订诚信自律公约，并逐步拓宽诚信承诺覆盖主体，创新诚信承诺方式。

五、以平台建设为抓手，持续完善诚信信息采集和信息监控体系

（七）持续修订完善诚信信息采集和披露管理制度

诚信信息采集和披露管理制度是科学、规范开展诚信信息管理的基础和保障。建立健全诚信信息采集、记录、归集、共享、公开机制，坚持按照依法依规、程序规范、范围明晰的原则，切实加强信息安全，严格保护国家秘密、商业秘密和个人隐私。不断完善诚信档案管理相关制度，全面记录会计师事务所及其从业人员执业情况和信用情况，建立健全标准统一、权威准确的会计师事务所及其从业人员诚信档案。持续完善信息披露制度，提高行业诚信信息披露透明度。研究制定会计师事务所发布透明度报告制度，提高公众对行业的信任度。

（八）全面采集和监控行业诚信信息

全面、完整、准确地记录诚信信息是开展诚信监管的重要基础。持续完善优化注册会计师行业统一监管平台，发挥监管平台“全面记录、实时监控、有效披露”功能，丰富执业能力、执业质量、诚信评级评价结果等行业信息，全面记录和采集会计师事务所及其从业人员执业情况和诚信情况，适时更新诚信档案，做到可查可核可溯。推动会计师事务所和注册会计师诚信承诺履约情况与行业诚信信息采集相衔接。推动构建注册会计师行业重大诚信舆情监测系统，实时监测行业重大诚信舆情，建立风险预判预警机制，及时统筹应对和处理。加强诚信信息数据共享，逐步推动注册会计师行业统一监管平台中行业诚信信息与全国信用信息共享平台的互联互通、数据共享，统筹整合各地区各部门各单位有关公共数据资源，分级分类完善诚信信息数据库，对于可共享数据做到“一口采集、充分共享”，推动构建数据同步、措施统一、标准一致的信用监管协同机制，共同形成行业社会监督运行机制。充分发挥注册会计师行业信息公开媒介作用，利用统一监管平台、各类管理和服务网站、媒体及其他的信息公开渠道，提升行业诚信信息透明度。

六、以加强诚信监管为着力点，健全诚信监管和评级评价制度

（九）从严从实开展诚信监管

诚信监管是诚信标准执行的重要保障。加大诚信监管力度，加强对会计师事务所、注册会计师违背诚信原则的行为和违反审计独立性的监管，坚持零容忍，严肃追究责任。健全完善警示约谈相关程序，督促违背诚信原则的注册会计师履行相关义务、消除不良影响。完善对投诉举报、媒体质疑等的处理机制，畅通投诉举报渠道，在注册会计师行业统一监管平台中建设统一的行业投诉举报模块，做到查实必处、处则从严。充分发挥社会舆论监督作用，形成强大震慑。积极推动会计师事务所建立健全内部投诉、指控政策及相关工作程序，如实开展违反诚信原则行为的自查自纠及报告工作。

（十）推动开展行业诚信情况评级评价

开展诚信情况评级评价是诚信监管的重要基础，是加强行业诚信建设的重要引导。建立健全行业诚信情况评级评价工作机制，研究制定行业诚信情况评级评价制度，持续完善行业诚信评级评价标准，主动加强与相关部门的协同配合，依法依规整合各类行业诚信信息，对会计师事务所开展全覆盖、标准化、公益性的定期诚信评级评价，并主动接受社会监督。加强行业诚信评级评价结果的应用，将行业诚信评级评价结果推送至相关政府部门、金融机构、国有企业、行业协会商会及相关市场主体作为行政许可、信用监管、政府采购、评先创优、资质等级评定、纳税信用评价、审计机构招标等工作的重要参考依据，并依照有关规定向社会公开。

（十一）推动会计师事务所夯实诚信建设基础

会计师事务所是行业诚信建设的主阵地。加强制度指导，不断完善会计师事务所内部治理指南，推动会计师事务所树立“人合、事合、心合、志合”的治理理念，形成诚信、合作、民主、和谐的治理文化。压实主体责任，推动会计师事务所全面有效落实《会计师事务所一体化管理办法》（财会〔2022〕12号），完善内部体制机制，建立以职业道德、执业质量为关键标准的业绩评价体系和晋升机制，树立诚信品牌文化，鼓励和支持会计师事务所将品牌建设与诚信建设、战略实施、文化建设、人才建设、业务发展相结合整体推进。鼓励会计师事务所依法使用诚信信息，优先聘用、培养、晋升具有良好诚信记录的从业人员。

七、以构建分级分类监管体系为重点，健全守信奖励和失信惩戒机制

（十二）建立分级分类监管体系

建立分级分类监管体系是强化诚信监管结果运用的重要方面。按照《会计师事务所监督检查办法》（财办〔2022〕23号）的规定，对会计师事务所实施分级分类监管，对屡查屡犯的会计师事务所，加大抽查力度，提高检查频次。构建以市场主体为核心的全流程弹性监管机制，实施事前信用核查、事中信用评估分级和分类检查、事后奖惩和信用修复的全链条全领域监管。探索触发式监管等日常监管新机制。

（十三）完善守信激励措施

开展守信激励是行业诚信建设不可或缺的重要方式，是诚信闭环管理的重要支撑。完善全国先进会计工作者评选表彰制度，将会计师事务所和注册会计师的诚信执业情况作为评选表彰的重要依据，对严重失信者实行“一票否决”。改进中国注册会计师协会名誉会员、资深会员评选和会计师事务所综合评价百家排名等工作，将诚信评级评价结果纳入评选条件，逐步提高诚信评级评价结果的分值占比。建立“注册会计师诚信执业三十年”等荣誉奖励制度，大力营造褒扬诚信、守信光荣的社会氛围。

（十四）加大失信惩戒力度

开展失信惩戒是行业诚信建设的重要抓手，是诚信闭环管理的重要约束机制。着力健全失信惩戒制度，出台《注册会计师行业严重失信主体名单管理办法》，按程序将涉及性质恶劣、情节严重、社会危害较大的违法失信会计师事务所和注册会计师纳入失信联合惩戒对象名单，依法依规共享和公开相关信息，并实施联合惩戒。推动实施惩戒力度大、监管效果好的失信惩戒措施，包括依法依规限制失信联合惩戒对象招标投标、政府采购、申请财政性资金项目、享受税收优惠等行政性惩戒措施，运用信用记录、警示告诫、公开曝光等行业性惩戒措施，让失信者寸步难行。建立健全失信责任追究机制，对被列入失信联合惩戒对象名单且情节严重的会计师事务所，依法依规对其首席合伙人等主要负责人进行失信惩戒，并将相关失信行为记入其个人信用记录。

八、加强组织保障

（十五）强化组织领导

各级财政部门要加强行业诚信建设的统筹谋划，建立健全政策协调和工作协同机制。各级注册会计师协会要充分发挥督促引导作用，有效开展执业质量自律监管、诚信教育引导等工作，实现自我规范、自我管理、自我净化，推动会计师事务所更好发挥执业监督作用。各会计师事务所要切实履行诚信建设主体责任，完善并严格执行员工行为规范等内部管理制度。行业从业人员要履行直接责任，坚守底线、严格自律，恪守职业道德规范，共同形成行业诚信建设的最大合力。

（十六）加强舆论宣传

要加强对本纲要的宣传培训工作，持续发布注册会计师行业发展报告，宣传注册会计师行业诚信典型，提升行业社会诚信形象，提高行业国际影响力，积极引导社会舆论和市场预期。要充分发挥社会公众、新闻媒体等对行业诚信建设的监督作用，推动行业诚信建设更好融入国家社会信用体系建设，共同筑好筑牢社会诚信堤坝。

（十七）狠抓责任落实

各地财政部门可以根据本纲要，因地制宜研究细化本纲要的具体落实措施，压实各方主体责任，明确时间表和路线图，推动本纲要各项政策措施落地见效。要建立健全对本纲要实施情况督促检查机制，适时组织本纲要实施情况评估，加强督查、强化考核，确保各项诚信建设任务措施落到实处、执行到位。对行业诚信建设过程中落实不力、弄虚作假的单位和个人，依法依规严肃处理。

附录2

导言、专栏与案例分析题索引

第一章　绪　论

【导言】充分发挥道德模范的榜样示范作用——习近平总书记会见全国道德模范及提名奖获得者　2

【专栏1-1】商业伦理对国家强大和经济有序发展十分重要　6

【专栏1-2】得黄金百斤，不如得季布一诺　8

【专栏1-3】以政务诚信建设助力国家治理效能提升　30

【案例分析题】同仁堂最贵重的一味药，或许是诚信　33

第二章　商业伦理判断与道德决策

【导言】充分发挥社会信用体系支撑新发展格局的重要作用　36

【专栏2-1】九好集团“忽悠式”重组案例　38

【专栏2-2】海归博士求职被拒：人品不行，能力再强也没用　42

【专栏2-3】中网联发布《互联网行业从业人员职业道德准则》　45

【专栏2-4】“诚信高于一切”：创业之本、兴业之本　56

【案例分析题】山西天元集团“助人成功”，更要“助人成长”　57

第三章　商业伦理道德原则

【导言】从传统儒家思想到新儒商精神　61

【专栏3-1】海南航空公司文化　65

【专栏3-2】“中国好人”刘希辉：拉面店主撤店不“撤”诚信　68

【专栏3-3】关于钱的忠告　72

【案例分析题】宁波方太公司以道御术　82

第四章　企业内部管理道德规范

【导言】新时代儒商气质　86

【专栏4-1】企业科学发展战略观：要适应两个“上帝”　89

【专栏4-2】诚信社会从诚信领导做起　98

【专栏4-3】重温《出师表》：高管您勤勉尽责了吗？　107

【案例分析题】“家文化”造就苏州固锝公司　122

第五章　企业对外经营道德规范
【导言】信守诺言　取信于民　124
【专栏5-1】双汇生产车间乱象被曝光　128
【专栏5-2】诚筑文明、信助发展——携手共建网络诚信　141
【案例分析题】至诚守信：华为的生命之基　149
第六章　企业信用管理道德规范
【导言】2023年"3·15"主题：用诚信之光照亮消费信心　151
【专栏6-1】中国企业家犯罪报告　154
【专栏6-2】瑞幸咖啡财务造假始末　159
【案例分析题】九十年诚信立潮头之继往开来谱新篇——立信会计师事务所90年发展纪实　170
第七章　中外会计职业道德历史演进
【导言】职业化和信息化：注册会计师行业的双重任务　175
【专栏7-1】会计人员职业道德　180
【专栏7-2】会计人员职业道德规范　181
【专栏7-3】美国注册会计师协会职业道德原则　204
【案例分析题】未尽责审计致大华会计师事务所被处罚　213
第八章　单位负责人与公民会计道德规范
【导言】新时代会计诚信教育探究　215
【专栏8-1】强化监督管理　立起制度刚性　226
【专栏8-2】30多年的行动诠释做人、立业、为民的模范形象　232
【案例分析题】康美药业财务造假与正中珠江会计师事务所——虚构财务报告与未勤勉尽责　235
第九章　会计职业道德规范
【导言】财政部关于加强会计人员诚信建设的指导意见　239
【专栏9-1】增强会计人员诚信意识　243
【专栏9-2】加强会计人员信用档案建设　247
【专栏9-3】健全会计人员守信联合激励和失信联合惩戒机制　257
【专栏9-4】强化会计职业道德组织实施　262
【案例分析题】宁可辞职　绝不做假：一位上市公司CFO的职业抉择　263
第十章　注册会计师职业道德规范
【导言】财政部：加强注册会计师行业诚信建设　268
【专栏10-1】德勤被罚超2亿元！为华融提供审计服务期间存在严重审计缺陷　274
【专栏10-2】财政部：10家会计师事务所被吊销执业许可　284
【案例分析题】广东泰威公司独特的"天地人和"股权设计　290
第十一章　会计假账与财务舞弊的道德对策
【导言】德以治企，教化为先　296
【专栏11-1】缺乏会计职业道德的十种表现　297
【案例分析题】证监会2019年最新调查牵出瑞华"连环雷"——已连累

40多家公司，成中国版安然事件？ 319
第十二章 会计职业道德机制与法治协调
【导言】中国式现代化既造福中国人民、又促进世界共同发展 323
【专栏12-1】审计署：隐匿销毁会计资料者将受严惩 339
【专栏12-2】“没一罚六”！审计机构最重罚单 “敲响”行业独立客观公正执业警钟 341
【专栏12-3】好人品往往会给你带来好运气 344
【案例分析题】虚增收入超两百亿元的同济堂将摘牌退市 345
第十三章 会计职业道德实践与境界升华
【导言】积极履行新时代企业家的社会责任 348
【专栏13-1】丁宝桢治水 351
【专栏13-2】企业家的道德修养与运用 361
【专栏13-3】会计快乐指数 365
【案例分析题】大诚于人，信通天下：大信会计师事务所七十载 367